世界历史五千年

符文棍 主编

上册

中国书籍出版社
China Book Press

图书在版编目（CIP）数据

世界历史五千年 / 符文梠主编 . —北京：中国书籍出版社，2015.3
ISBN 978-7-5068-4615-8

Ⅰ. ①世… Ⅱ. ①符… Ⅲ. ①世界史—青少年读物 Ⅳ. ① K109

中国版本图书馆 CIP 数据核字（2014）第 299373 号

世界历史五千年（上册）

符文梠　主编

策划编辑	罗显华
责任编辑	罗显华
责任印制	孙马飞　马芝
封面设计	彩奇风书籍设计
出版发行	中国书籍出版社
地　　址	北京市丰台区三路居路 97 号（邮编：100073）
电　　话	（010）52257143（总编室）　（010）52257153（发行部）
电子邮箱	chinabp@vip.sina.com
经　　销	全国新华书店
印　　刷	北京高岭印刷有限公司
开　　本	710 毫米 ×1000 毫米　1/16
字　　数	738 千字
印　　张	32
版　　次	2015 年 3 月第 1 版　2015 年 3 月第 1 次印刷
书　　号	ISBN 978-7-5068-4615-8
定　　价	89.00 元（上、下册）

版权所有　翻印必究

前 言

"让世界了解中国,让中国走向世界!"这是我国改革开放的重要目标之一。那么,如何才能让世界了解中国,如何才能让中国走向世界呢?我们认为就是要了解世界的历史!因为,只有了解了世界的历史,才能更好地学习和借鉴世界各国的长处,才能扩大与国际社会的交往。当然这也是我们编写这部《世界历史五千年》的宗旨。

斗转星移,几千年来,人类历史经历了从原始社会、奴隶社会、封建社会、资本主义社会到社会主义社会这样一个漫长而又曲折的发展过程。

原始社会没有剥削、没有压迫,为人类创造了最初的文明。奴隶社会为人类历史揭开了新的一页,同时也给后人留下了许多血淋淋的、恐怖的场面。从原始社会到奴隶社会是历史的进步,它为古代文化的繁荣创造了条件。

公元476年,西罗马帝国灭亡,标志着奴隶制崩溃,封建制产生,欧洲进入了"黑暗"的中世纪。中世纪的历史是封建社会从产生、确立、发展到灭亡的历史。1640年英国爆发的资产阶级革命具有世界历史意义,它对世界历史的进程产生了重大影响。20世纪初,也就是第一次世界大战末爆发的俄国十月革命,建立了世界上第一个社会主义国家。社会主义国家的出现是世界现代史上重要的篇章。

人类经过第一次世界大战和第二次世界大战的血与火的洗礼,世界上每一个国家都在寻求和平与发展,都在用合作与对话的方式与别国交往。因此,当今世界将会发展成为一个相互关系的整体,任何一个国家和地区都不可能离开其他国家和地区而求得孤立的发展。

人类发展的道路虽然漫长、曲折、艰难,每一个阶段都是那么的耐人寻味,但改变不了向前发展的总趋势。历史发展到21世纪的今天,人类社会虽然出现了遨游太空、电子信息、生物克隆、基因工程,但仍然面临着人口膨胀、资源短缺、战争、自然灾害、环境污染等许多令人担忧的问题,这些正在日益威胁着人类的生存。在浩瀚的历史长河中,因为涌现出了许许多多惊天动地、可歌可泣的人和事,才铸成了人类社会灿烂的现代文明。我们学习世界的历史,了解人类的昨天,是为了把握今天,创造明天。当然更是为了让中国走向世界,让中国了解世界。

在本书中,作者用通俗易懂的语言,以故事的形式,跨越时空,浓缩了世界上下五千年的沧海桑田,同时也向青少年读者展示了从古至今人类文明的辉煌。该书是一部生动翔实的历史画卷,是新世纪青少年必读的历史教科书。

该书由于纵贯了世界上下五千年的历史,涉及的史实较多,我们在编写过程中参考了大量的资料,在此,对研究历史、编写历史的有关专家和学者表示衷心的感谢!同时,也对为编写本书付出艰辛的教育、出版部门的朋友致以诚挚的谢意!

该书由于编者水平等多方面的原因,难免有错误和令人遗憾的地方,在此,希望读者和有关专家不吝赐教。

编　者

目录

古老的美索不达米亚

人类最早的文明 2
汉谟拉比法典 4
寻求永生的吉尔伽美什 5
亚述帝国的盛衰 8
神秘的巴比伦城 11
"人头牛身怪"画 12
紫红色的航海人 13

波斯帝国

波斯帝国开国君主——居鲁士 16
波斯癫痫病皇帝——冈比西斯 18
万邦之王——大流士 19
光明使者——摩尼 21

希伯莱文化

古希伯莱人及宗教的兴起 26
犹太教的形成 29
基督教的产生 32

金字塔之光

尼罗河的赠礼 40
侵略狂——图特摩斯三世 42
宗教狂——埃赫那吞 43

十二万生命换来的尼科运河 ·················· 46
非洲最大的陵墓——金字塔 ·················· 47
古代埃及文学 ····························· 49

佛陀世界

佛教鼻祖——释迦牟尼 ······················ 54
政论天才——考底利耶 ······················ 57
孔雀帝国的创立者——旃陀罗笈多 ············ 59
阿育王传奇 ······························· 61
种姓制度下的印度 ·························· 64
坚战和难敌的故事 ·························· 65
印度史诗——《罗摩衍那》 ·················· 67
诗情画意的《吠陀经》 ······················ 69

西方之源

特洛伊之战 ······························· 74
欧洲最伟大的英雄史诗——《荷马史诗》 ······· 76
全民皆兵的斯巴达城邦 ······················ 78
梭伦改革 ································· 80
浴血温泉关 ······························· 81
世界最早的海战 ···························· 83
雅典的伯里克利时代 ························ 87
鬼斧神工的菲狄亚斯 ························ 89
杀父娶母谁之过 ···························· 91
西方第一个科学家——泰勒斯 ················ 93
"数即万物"——毕达哥拉斯 ·················· 95
历史之父——希罗多德 ······················ 96
科斯岛的神医 ····························· 98
审判苏格拉底 ····························· 100
古希腊三大数学难题 ······················· 103
柏拉图学院 ······························ 104
希腊最伟大的启蒙运动者——伊壁鸠鲁 ······· 106
旷世演说家——德摩斯梯尼 ················· 108
马其顿王国的军事天才——亚历山大 ········· 110
使用了二千多年的教科书——《几何原本》 ···· 112
希腊最伟大的天文学家——希柏克斯 ········· 113

最伟大数学家之首——阿基米德 … 114
地心说与日心说在古代 … 115
刻在墓牌上的方程 … 116
民间文学的瑰宝——《伊索寓言》 … 117
帕特隆神庙 … 118
奥林匹克运动会的起源 … 119
纪念一个小传令兵的体育运动 … 120

罗马帝国

罗马城建立的传说 … 124
一张牛皮与一个国家 … 126
布匿战争 … 127
格拉古兄弟的改革 … 129
斯巴达克起义 … 131
文武双全的政治家——恺撒 … 134
儒略历和格里高里历 … 136
奥古斯都——屋大维 … 137
埃及艳后——克丽奥帕特拉 … 139
"祖国之敌"——尼禄 … 141
贵族式的历史学家——塔西佗 … 143
君士坦丁大帝的时代 … 145
著名的维纳斯雕像 … 147
罗马众神 … 148
凝固的音乐——罗马建筑 … 150
古罗马大角斗场 … 151
沉睡千年的古城——庞培 … 153

伊斯兰文化

阿拉伯国家与伊斯兰教的兴起 … 156
阿拉伯哈里发的第一次扩张 … 160
阿拉伯伍麦耶王朝的扩张 … 161
伊斯兰教统治盛期——阿巴斯王朝 … 163
伊斯兰教文化的再次兴起 … 165
世界奇书——《天方夜谭》 … 168

东亚文明

美轮美奂的泰姬陵 …………………………………………………… 172
日本掀起中国风——大化改新 ……………………………………… 174
壬辰卫国战争 ………………………………………………………… 176
缅甸的佛教与仰光大金塔 …………………………………………… 178
古代东方奇迹——婆罗浮屠 ………………………………………… 180
古代东方奇迹——吴哥古寺 ………………………………………… 181
古代中西海上交通 …………………………………………………… 182

封建时代

蛮族的入侵 …………………………………………………………… 186
化学的起源——炼金术 ……………………………………………… 188
确立基督教哲学的奥古斯丁 ………………………………………… 190
中世纪艺术的第一个高峰 …………………………………………… 192
中世纪艺术的第二个驻足点 ………………………………………… 194
领主的天堂——农奴的地狱 ………………………………………… 196
十字军东征 …………………………………………………………… 198
中世纪艺术最后的飞扬 ……………………………………………… 200
哥特式建筑的典范之作——巴黎圣母院 …………………………… 202
马可·波罗及其游记 ………………………………………………… 203
达·伽马与麦哲伦 …………………………………………………… 206
发现美洲的第一人——哥伦布 ……………………………………… 207
"吃羊肉"的圈地运动 ………………………………………………… 210
天才星空观测家——第谷 …………………………………………… 212
马丁·路德与德国宗教改革 ………………………………………… 213
伟大的农民战争 ……………………………………………………… 216
资产阶级革命第一号角——尼德兰革命 …………………………… 218
为西班牙画坛传递圣火的神秘人 …………………………………… 220
代数之父——韦达 …………………………………………………… 221
欧洲最美丽的客厅——圣马可广场 ………………………………… 222
三十年战争 …………………………………………………………… 223
古典主义喜剧大师——莫里哀 ……………………………………… 225
业余数学家之王——费尔马 ………………………………………… 227
刺杀和匕首 …………………………………………………………… 229
凡尔赛宫的来历 ……………………………………………………… 231

欧洲最宏伟的宫殿——凡尔赛宫 ································ 232
法国王室生活小景 ·· 233
伟大的寓言作家和理想主义者——拉封丹 ······················ 237
"阿尔去迪"与法国绘画之父 ·· 238
与米开朗基罗争誉的"巴洛克"大师 ································ 240

文艺复兴

中世纪最后一位诗人——但丁 ······································· 246
卜伽丘与《十日谈》 ··· 248
凡·埃克兄弟与《根特祭坛画》 ·· 250
波提切利与《维纳斯的诞生》 ·· 252
艺术的达·芬奇 ··· 254
科学的达·芬奇 ··· 257
德国最伟大的天才艺术家——丢勒 ································ 258
文艺复兴三杰之一——米开朗基罗 ································ 261
长寿的威尼斯之光 ·· 264
乌托邦的守望者——莫尔 ·· 266
英年早逝的画圣——拉斐尔 ·· 268
站在时代峰巅的巨人——拉伯雷 ···································· 271
西方数学领先东方数学 ··· 273
世界第一大教堂——圣彼得 ·· 274
日心说革命 ·· 276
同一年的革命 ··· 277
血液循环理论发现的艰难 ·· 278
英雄布鲁诺 ·· 279
尼德兰文艺复兴的殿后大将军 ······································· 280
欧洲近代第一个唯物主义哲学家 ··································· 282
塞万提斯与最后一部骑士小说 ······································· 284
行星运动三大定律 ·· 286
磁学之父——吉尔伯特 ·· 287
文艺复兴中的巨人——莎士比亚 ···································· 288
近代物理学之父——伽利略 ·· 290
"我思故我在"——笛卡尔 ··· 293
"自然界厌恶真空"一说的错误 ······································· 295
波义尔把化学确立为科学 ·· 296
出自17岁年轻人之手的定理 ··· 297
帕斯卡与气压和液压 ·· 298

显微镜下的世界 ·· 299
默默无闻的天才——巴赫 ······························ 301

近代英国

斯图亚特王朝 ·· 306
敲响封建社会丧钟的人——克伦威尔 ··············· 309
东印度公司 ··· 312
1688年光荣革命 ······································· 314
英国工业革命 ·· 317
瓜分孟加拉 ··· 322
弹性定律 ·· 324
伟大的牛顿 ··· 325
微积分发明之争 ······································· 328
76年现身一次 ··· 329
色盲化学家开创新时代 ······························· 330
平凡而伟大的法拉第 ·································· 332
免疫的开始 ··· 334
物种起源 ·· 336
19世纪最辉煌的物理理论 ···························· 340
斗争一生的天才诗人——拜伦 ······················· 341
浪漫与现实并存的狄更斯 ···························· 344
谁在呼唤春天的到来 ·································· 346
如流星般闪耀的勃朗特三姐妹 ······················· 349
英国资产阶级革命最伟大的纪念碑 ················· 353
产业革命的序幕 ······································· 354
原子可分 ·· 355
原子结构 ·· 356

近代法国

三级会议 ·· 360
法国外交大臣塔列兰 ·································· 361
法国大革命 ··· 363
"自由、平等、博爱" ·································· 365
启蒙运动 ·· 367
伏尔泰——战士、学者、人 ·························· 369
攻占巴士底与人权宣言 ······························· 374

革命实景	377
革命领袖还是暴君	379
热月政变	381
拿破仑传奇	385
《马赛曲》	395
科学院士波拿巴	397
波旁王朝复辟	399
维也纳会议	401
神圣同盟与四国同盟	404
七月革命	405
波拿巴家族和两个帝国	408
18世纪最后一位伟大的生物学家	413
库仑定律	416
听诊器的发明	417
近代化学之父——拉瓦锡	418
居维叶的功与过	421
安培的贡献	422
物理学又一遗憾	424
音乐史上的怪物柏辽兹	425
"思想者"——罗丹	427
青出于蓝胜于蓝	431
继往开来的文学家——福楼拜	433
《梅杜萨之筏》与勇敢者	434
《泉》与安格尔	435
得到人类最大的赞扬和感谢	437
前进者的脚步	441
超时代的文坛巨匠——斯汤达	444
现实主义大师——巴尔扎克	446
浪漫主义的雄狮——德拉克洛瓦	449
画坛"抒情诗人"与巴比松派	451
政治讽刺画大师——杜米埃	453
浪漫主义的大师——雨果	455

德国的兴起

一个曾经癫狂的沉思者	460
一个挑战德国的豪侠	462
乐圣贝多芬	464

欧洲的数学王子	468
克劳塞维茨与《战争论》	471
古典哲学的集大成者	473
普法战争	476
"铁血宰相"俾斯麦	479
为德国资本主义织裹尸布的人	482
古典主义和浪漫主义的折衷者——门德尔松	484
集作曲与评论于一身的伟大音乐家——舒曼	486
歌剧大师瓦格纳	488
重建古典音乐的艺术家——勃拉姆斯	491
八匹马与大气压拔河	494
二进制数之父	495
星云假说与宇宙起源	496
发现新行星	498

世界历史五千年

古老的美索不达米亚

人类最早的文明

人类不是从猿进化到人就进入了文明时代的，而是从原始的部落文化转向奴隶制的时候，人类文明才开始真正地诞生。

人类的古文明阶段，是人类真正的童年。多少令人神往的传说一直留在后代子孙断续的记忆中，人们执着地试图通过岁月的残片去找寻第一缕文明之光。

曾经在很长的时期里，人们一直在寻找最最古老的文明。越过长江、黄河，走过恒河，离开爱琴海，整个人类的思维触角最后伸向了古老尼罗河水的潮起潮落。

有人认为，古埃及是最古文明的起源。于是，那上埃及与下埃及的神鹰吸引了众多的目光。

尼罗河默默无语。

它见得太多了。沧海桑田，一个错误不过是一个小小的玩笑。

人们确实错了。

人们只知道欧洲文明的源头是古希腊罗马，只知道东方四大文明古国的历史都远远地领先于古希腊，但却把东方四大古文明的排序搞错了。

在《旧约全书》中，记载了"希纳国"，这就是苏美尔，神秘的"美索不达米亚"，这里才是人类文明的摇篮。

随着考古发掘的不断发现，越来越多的历史学家证实了两河流域文明的久远与古老超过了人们熟知的古埃及文明。

至少在公元前5000年至公元前4000年间，苏美尔人就已在此定居，播撒了第一批文明的种子。这两河流域的文明影响了埃及，影响了希腊，影响了犹太人……

两河，是指幼发拉底河与底格里斯河。古代两河流域北部为亚述，南部为巴比伦尼亚。巴比伦尼亚的北部是阿卡德，南部就是苏美尔。

这是一片"肥沃的新月地带"，农耕条件具有天然的优越性。有据可证：两河流域的南部，春季雨水泛滥，扎格罗斯诸山的高山雪水融入两河，河水疯狂上涨，淹没一望无际的平原。而南部平原的尽头，地势较高，成为天然的堤坝，淤泥的土地适宜农耕，丛生的沼泽芦苇适宜畜牧，真是水草丰美的沃土。两河流域南部的确适合于安居。

目前无法说清这块沃土最早的居民是谁，可能有欧贝德人、闪族部落，还有苏美尔人，我们把这最早的文明称为苏美尔文明。

在公元前 2250 年左右，苏美尔文明达到顶峰。经历了城邦制、阿卡德王国、乌尔第三王朝后，约公元前 2006 年，由于阿摩利人与埃兰人的夹攻，美索不达米亚文明第一阶段结束。

阿摩利人占据了巴比伦城，约在公元前 1894 年建立了古巴比伦王国。到了第六代，国王汉谟拉比称雄天下，创立了奴隶制大帝国，后来经历了巴比伦第二王朝、第三王朝，美索布达米亚文明第二阶段告终。

美索布达米亚文明的第三阶段，是亚述帝国的崛起和覆灭。

公元前 626 年，迦勒底人建立了新巴比伦王国，这就是古代两河文明的最后阶段。"空中花园"高达 25 米，成为世界第一大奇观。公元前 538 年，波斯人攻下巴比伦城，古巴比伦于是瓦解。

两河流域的文明不断向周围地区传播，埃及人借鉴了它的文字与建筑，希腊人学习了它的哲学和科学，犹太人丰富了神学，等等。在古代文明史上，两河文明具有深远的意义。

"楔形文字"是古代两河流域众多民族的通用文字。苏美尔人是最早的文字发明者。他们把文字刻在石板上，后来，他们在湿润的泥板上刻痕，然后用火烧或利用太阳晒干。因为笔画呈楔形，所以又称"钉头字"或"箭头字"。许多刻在泥板上的文字留存至今，十分珍贵。

楔形文字影响了埃及文字和腓尼基文字，后者是整个世界字母文字的起源。因为有了文字，苏美尔人中的英雄故事流传到了巴比伦时期就被编定成了书。世界上最早的史诗就是古巴比伦文学的杰出作品《吉尔伽美什》。

古巴比伦时期，天文学知识很发达。早在苏美尔人时期，就在观察月亮运行的基础上编制了阳阴历。巴比伦时代命名的有些星座的名字一直流传至今。人们还绘成黄道十二宫，用来标志太阳在恒星天空中的运行变化。新巴比伦时期，确定了一个星期共 7 天的概念，一直流传到现在。

两河居民信神，他们认为大自然的各种现象都是神，大地是神，山林也是神，日月水火都无一不是，而每个人生下来也都有自己的保护神。他们认为，人没有来世。

巴比伦人代数比几何好，他们解决问题时即使是几何题也尽可能转化成代数。他们已经知道一元二次方程，也知道部分或全部解法。

新巴比伦的王宫富丽堂皇，王宫边上就是世界闻名的空中花园，那是国王尼布甲尼撒为了使他的王妃高兴而建立的。据说远嫁而来的妃子是一位来自米底的公主，对巴比伦的烈日和风沙不能忍受，思念故国。所以，国王下令建了人工堆砌的假山。

新巴比伦最高的建筑是巴别塔。古希腊的希罗多德记载：

"它有一座主塔，是实心的，约一弗隆（将近 201 平方米）见方，共八层。外缘有条螺旋形通道，绕塔而上，可达塔顶。约在半途中设有座位，可以歇息"。在塔顶是"一座大的神庙，庙中是精致的大睡椅，铺陈华丽，旁边有一张金桌子。神殿内没有实际塑造的神像"，因为人们认为神会亲自在睡椅上休息。

两河流域的民族自公元前3000年起就开始立法。现存最完整最著名的是《汉谟拉比法典》，用楔形文字写成，是目前已知最早的成文法律。

由于底格里斯河与幼发拉底河发水日期不确定，古巴比伦人从苏美尔人起就祈祷上天，靠占星来卜算命运，探寻自然。他们因此具有了发达的天文学。

两河盛产石油而缺乏石料，建筑多用土制和沥青浇铸，从遗址中可窥见其宏伟的面貌。

他们的书，是泥板书，看书是需要智慧加"力气"才可以完成的，因为要不停地搬动，很有意思。

人类最早的文明已取得了很大成就。在它之后，第二个文明即埃及文明才出现。亚述学这门学科，就是了解两河流域人类文明之初的学问。

汉谟拉比法典

所谓西亚，是指亚洲西部的一大片土地而言。今天的伊拉克一带就是古代的两河流域，古希腊人把两河流域叫作"美索不达米亚"，意思是"两河之间的地方"。这两条河名叫底格里斯河和幼发拉底河。

两河流域东边是伊朗高原，南临波斯湾，西面与叙利亚草原和阿拉伯沙漠相接，北部为亚美尼亚山地。两河流域北部叫亚述，南部称巴比伦尼亚。巴比伦尼亚也分两部分，其中北部称阿卡德，南部为苏美尔地区。两河流域最早的居民就是苏美尔人。

苏美尔人到底是什么人，他们来自何方，至今仍是个谜。

公元前2750年左右，苏美尔人繁荣的城邦全盛时代过去了，相继出现了阿卡德王国、乌尔第三王朝，直到公元前2006年，又分裂成许多小国。大约于公元前1894年，以苏姆阿布门为首领的阿摩利人占据了巴比伦尼亚，建立了古巴比伦王国。

古巴比伦起初只是一个小邦，在与周围国家的争斗中经常屈居人下，但它交通便利，贸易逐渐繁荣。到第六代王汉谟拉比时，他励精图治，首先整顿内部的经济，积蓄力量。公元前1761年前后，汉谟拉比发展本国已长达30余年，他采用闪电般的突袭战，攻克邻邦拉尔萨，随后数年他接连攻占邦国，最终建立了以巴比伦尼亚为中心的奴隶制国家。

1901年，法国考古队在伊朗苏萨古城遗址发现了一个椭圆形石柱，高约两米半。石柱上方是一些人物浮雕，石柱下方刻着古怪的符号和线条。

大石柱被运到巴黎卢浮宫，古文字和历史学者们研究得知，这是一部宏大的法典。

石柱上端的图画是正义之神沙马什和汉谟拉比，象征着汉谟拉比的权力是至高无上的太阳与正义之神所赐。浮雕的下部是文字，叫做楔形文字，因为这些字每一笔都是从粗到细，像木楔一样。人们破译了大部分楔形文字，发现了其中记载的各种裁决方法和法律规则，这就是"汉谟拉比法典"。

汉谟拉比法典用的是阿卡德人的流行的"塞姆族"（又被称为"闪族"）方言，刻在玄武岩的石柱上，对当时的财产继承、婚姻家庭、租佃雇佣等等关系都有明确规定。古巴比伦的社会复杂程度令人惊叹。由于汉谟拉比法典是目前人类现存最早而完整的法典，所以又称为"世界第一法典"。

汉谟拉比法典的黑色玄武石出土时表面已有损坏，刻在石上的282条共52栏中损毁了7栏35条，幸运的是后来发现了楔形文字泥板，记载的也是汉谟拉比法典内容，两者一比，人们终于弄清楚了全文。

法典有开篇、序言、正文和结尾。有五分之一是用华美的语言称赞汉谟拉比并令后世国王也要遵守他的命令，因为是神给汉谟拉比以崇高的权威。如果对法典不敬就是对神不敬，神就会降灾。其实这样说是为了加强自己的统治。

法典的主要内容是各种条文，这些条文的规定已不为现代文明社会所用，但它却代表了当时人们的认识。

不同的人被分为三个等级，三个等级的人在法律面前并不平等。最受残害的是奴隶。如法典中有这样的条款："如果一个人伤了贵族的眼睛，就应毁了那人之眼；如果一个人折了贵族的手足，就应折断那人的手足。"但是若有贵族伤了奴隶，则不用"以牙还牙，以眼还眼"，只要赔钱甚至什么都不付。

贵族、自由民、奴隶在法律面前很不平等，奴隶处在牛马地位由此而知。如法典第203条、205条还规定，贵族之间殴斗要罚银两，但奴隶若是打人就要割耳。

两河流域的民族自苏美尔人到古巴比伦都有立法的传统。因为有了法律，从而标志着人们已由原始社会进化到更加文明的奴隶社会。汉谟拉比法典就是完备发达的奴隶制度法典，但汉谟拉比没能让后世永远听从自己的命令，历史不是一个人能永远控制的，但黑色的石刻法典却比人的肉体保存久远，它清楚地向后人展示了当时的奴隶社会图画。

寻求永生的吉尔伽美什

巴比伦位于底格里斯河与幼发拉底河之间，是世界人类文明最古老的发源地之一。巴比伦文化的起源可追溯到远古的苏美尔和阿卡德文明时期，苏美尔和阿卡德文化对巴比伦文化有着深远的影响，因此有许多学者认为巴比伦文化更确切地应称为苏美尔—巴比伦文化。

巴比伦文学源远流长，是巴比伦文化的重要组成部分，是世界上最古老的文学之一。而英雄史诗《吉尔伽美什》更是古巴比伦文学的代表作，是世界文学史上最古老的史诗。

但《吉尔伽美什》长期湮灭，不为人所知。直到18世纪末期，法国人发现了带有楔形文字的泥板，才引起了欧洲学者对巴比伦文化的研究兴趣，他们相继在尼尼微等地的古代遗址中发掘出了大量粘土泥板和残片。80多年后，楔形文字才译读成功。1872年，英国的乔治·史密斯从清理尼尼微宫殿遗址出土的泥板残片里，偶然发现了《吉尔伽美什》的第十一块泥板，即"洪水传说"部分。经过半个多世纪的努力，到20世纪

20年代，《吉尔伽美什》的原文才大体齐全。全诗3000多行，由12块泥板组成。不过专家大多认为第十二块泥板是后人加上去的。目前，它已被译为10多种文字，被公认为是最古老的世界文学名著。

《吉尔伽美什》是一部神话传说和英雄故事的汇集，从基本内容来看，在公元前3000多年的苏美尔和阿卡德时期就已经初具规模。据专家鉴定，它最初的写定本可能最迟诞生在第一巴比伦王朝时期，比人所知的荷马史诗早了1000多年；即使其最完备的编辑本，也比荷马史诗最后一次编订本早了500多年。

史诗的情节可分为四部分。

在第一部分里，史诗的主人公吉尔伽美什在乌卢克城实行残暴统治，他凭借权威，欺男霸女，压迫老百姓，激起了贵族和居民们的愤怒。诗中写道：

吉尔伽美什不给做父亲的留下儿男，
[黑夜白天] 他的残暴从不收敛。
[吉尔伽美什] 是拥有环城的乌卢克的保护人？
难道这就是 [我们的] 保护人？[强悍、聪颖、俊秀]。
[吉尔伽美什] 不给做母亲的留下女儿，
[无论是] 武士的闺秀，[或者是贵族的配偶]！

于是人们祈求天上诸神拯救自己。大神阿卢卢便创造了一个半人半兽的勇士恩奇都来与吉尔伽美什对抗。恩奇都原来生活在野兽中间，与虎狼为伴。后来在神的引导下来到乌卢克城。恩奇都和吉尔伽美什经过激烈搏斗之后，不分胜负，两人惺惺相惜，结成好友。

到了第二部分，吉尔伽美什与恩奇都结成好友之后，就放弃王位，一起浪迹天涯，为民除害。他们先后战胜了沙漠中害人的狮子，杀死了杉树林中危害人民的怪人芬巴巴，又共同杀死了残害乌卢克居民的天牛等等。

吉尔伽美什为给人民造福，将生死置之度外。在征战芬巴巴的前夕，他勉励自己的战友恩奇都：

"我的朋友啊，谁曾超然人世升了天？在太阳底下永 [生者] 只有神仙，人的 [寿] 数毕竟有限，人的所作所为，都不过是过眼云烟！你在此竟怕起死来，你那英武的威风为何消失不见？让我走在你前！你的嘴要喊：'不要怕，向前！'我一旦战死，就名扬身显——'吉尔伽美什征讨可怕的芬巴巴，战斗在沙场才把身献'，为我的子孙后代，芳名永传。"

这些话至今听起来仍使人热血沸腾。

但芬巴巴可"非比寻常"，"吼声就像洪水，他嘴一张就是火焰一片，吐口气人就死掉。"吉尔伽美什毫不畏惧，终于在天神舍马什的帮助下打死了芬巴巴。

诗中这样描写：

天神舍马什听了吉尔伽美什的祷告，
便朝芬巴巴卷起强有力的风暴。
大风，北风，[南风，旋风]，
暴风雨的风，冰冻的风，卷起怒涛的风，

热风,八种风朝着他刮起,
直冲着[芬巴巴]的眼睛打去。
他既不能前进,又不能退却,
于是芬巴巴只好投降。
……
但是,恩奇都对[吉尔伽美什]说:
"不要听芬巴巴[所说的]话,
不能让芬巴巴[活下去]!
吉尔伽美什长得英俊、威武。这在史诗第一部分就有过描写:
自从吉尔伽美什被创造出来(?)
大力神[完成]他的神态,
天神舍马什赐给他[俊美的面容],
阿达德授予他堂堂威风,
诸大神使吉尔伽美什丰姿[秀丽],
[他身高]11步尺,胸宽[9指尺],
……
他2/3是神,[1/3是人],他手执武器的风度无与伦比,
他的'鼓'会使他的伙伴们奋起。
大女神伊什妲尔对其萌生爱意,向吉尔伽美什表露时却遭到拒绝。于是伊什妲尔恼羞成怒,升上天国,要挟父亲天神阿努用"天牛"残杀吉尔伽美什的人民。
吉尔伽美什和恩奇都面对凶狠的天牛,强压怒火,机智勇敢,战而杀之:
"天牛"第三次喘着鼻息,[扑向]恩奇都,
恩奇都[躲开了]它的冲击。
恩奇都跳起,将"天牛"的角抓住,
"天牛"脸色惊慌,
用尾巴将[恩奇都]拂去。
恩奇都开口[说话],
[对吉尔伽美什]说:
"我的朋友啊,我们[已经取得胜利]。"
……
[他]将剑[刺进]颈和角中间,
杀了牛,他们扒出心肝,
奉献于舍马什之前。
杀死天牛之后,吉尔伽美什把满腔怒火对准了伊什妲尔,把天牛大腿掷向了伊什妲尔的脸。这个极度侮辱的动作激怒了本觉理亏的天神,她使恩奇都猝死。吉尔伽美什悲痛万分,也感觉到死亡的可怕,决心寻求永生之术,探索生命的奥秘。
第三部分中,吉尔伽美什开始了寻找长生之术的旅途。当他来到沙索利人把守的"上抵无边""下通阴间"的马什山,沙索利人明明白白告诉他此事不会成功。

然而他说：

"纵然要有悲伤和痛苦，纵然要有奇寒和酷暑，纵然要有叹息和眼泪，我也要去，来，给我打开入山门户！"

他取得仙草之后，兴奋异常，并想要把它带给更多的人，以让他们重返少年，青春永葆。但好景不长，就在他洗澡的时候，仙草被蛇叼走了。吉尔伽美什对着江水悲痛大哭。

虽然他空手而归，但是这种"不到黄河不死心"的进取精神难能可贵。他是人类远祖对生命憧憬和向往的化身，无数年来，人们对死亡都无法逃避。

第四部分（第十二块泥板），写了吉尔伽美什和好友恩奇都的灵魂对话。他请求恩奇都把大地的法则告诉他。然而恩奇都的回答却十分的悲痛，人的生命是有限的，谁也控制不了。

吉尔伽美什史诗反映了远古时代人同大自然的斗争，为后人提供了生动的历史图画。

史诗对洪水描写道：

海水平静了，暴风雨住了，洪水退了。

瞅瞅天，已然安静如故，

而所有的人却已葬身粘土。

在高如平房屋脊的地方，有片草原出现，

刚打开舱盖，光线便照射我的脸。

我划船而下，坐着哭泣，

我泪流满面，

在海的尽头，我认出了岸。

在史诗中还表现了很强的哲理，像探求长生，这在人世间直至目前还是奢望，但是却早已成为千古的生命与哲学的话题。

《吉尔伽美什》经过亚述帝国和波斯帝国的传播，对东西方文学都产生了巨大影响。希伯莱文学中的大洪水故事，显然是受到了苏美尔文化影响，后又成为基督教传说。

在苏美尔—巴比伦文学里，尤其是公元前19世纪至前16世纪古巴比伦王国的泥板上的作品，是极其丰富的。

其中《埃努玛·埃立什》是世界上最古老的创世神话，全部刻在七块泥板上，这就是《七块创世泥板》书，约千余行的内容讲述了古巴比伦王国的保护神玛尔都克创造天地万物。在旧约中记载的人类远祖犯罪，上帝七天创世等等都可从中找到原型。

亚述帝国的盛衰

两河流域的第一段历史，是由苏美尔人开创的，苏美尔人势力所到达的地方，是两河下游的施纳平原，其中心为尼帕。之后，闪族人也在两河下游发展，其中心为巴比伦城。

第二段历史是由亚述人创造的。

《民族竞争》一书中描述：

"亚述本身，比起其四邻来，不过是一个贫穷而不重要的地方。其所跨的土地，在底格里斯河中游的西岸，介于北纬35度与37度之间。其处境自成完整而健全的一区：气候的变化不激烈，土地肥沃，又无河水泛滥的危险。其东部为许多小河所灌溉，这些小河或流入伊朗高原，或流入较低的丘陵地带。河床很低，水流平静；只有春夏之交，雨量增加，山雪也溶入其中的时候，河水才溢出到附近各地。水退后，菜蔬等物相继萌芽，几天之中，一片嫩绿。不过这种好景，历时并不是很长：太阳的热力，很快就把潮湿的肥地晒干；菜蔬之类，因之也常有不能成熟的危险。为免此弊，亚述人就掘有许多小小的运河及储水之处，某些痕迹至今仍可发现，旱季到来之时，灌溉也极方便。所有土地，都是这样灌溉的，非常肥沃。每年所出谷物，如大麦、小麦、粟子、胡麻等类，其丰富可与巴比伦相竞争。至于果树，则有阿月浑子、苹果、石榴、杏梅、葡萄、扁桃以及无花果等类。在这样的自然环境之内，很早就有城市产生。多数的城市，都在底格里斯河左岸；当地的资源，足以维持这些城市中相当密集的人口。故此，所有城市，都是人口繁盛的中心；在亚述人的势力达到全盛之时，尤其如此。至于底格里斯河右岸，仅有若干小城，零星分布着，显然是农民耕种之地。"

在公元前3000年，来自沙漠湾的游牧闪族亚述人就占领了这块地方。他们操着闪族土语，受到苏美尔人影响。

起初亚述是一个小王国，东南是巴比伦，西北是赫梯人。公元前1000多年左右，亚述人击退了许多骑猎游牧民族，势力逐渐扩大。但是地中海东岸以实力雄厚的阿勒米人为主，切断了亚述西向发展之路。所以，亚述人在帝国建立之前，并不能到达地中海东岸。

亚述民族一直酝酿自己的势力，直到公元前8世纪前后才成为西亚全境的主人，历时100余年。

亚述人武力雄厚，使用铁器，骁勇善战。在石刻图画中可看到他们的战斗野性：

"他们面孔上的表情，毫无和蔼之像，这与埃及帝国时代之图象截然不同。事实上，亚述人也根本不以和蔼之状为可取：他们不爱同类，不如埃及人之所为；他们心肠硬如铁石，不知怜悯他人，亦复不知怜悯自己；他们毒辣好斗，一如加尔提人，且更受得起严格的训练。他们之出身，无论是出自民间，或出自贵族，天生是士兵坯子。"

亚述人发动的亚述战争是亚述鼎盛时期进行的侵略战争，约发生在公元前9~7世纪。

亚述国王亚述那西尔帕二世（公元前884—前859年）曾多次远征北叙利亚和南高加索。在南高加索，遇到了建国于此的乌拉尔图的抵抗。公元前9世纪中叶，几个毗邻国家组成了以大马士革为首的反亚述大同盟。卡尔激战（公元前854年）之后，亚述军撤退。但不久亚述又开始推行对外扩张政策。公元前8世纪中叶，国王提格拉特帕拉沙尔三世和他的继承者（萨尔贡二世和辛那赫里布）征服了大马士革、南叙利亚和巴勒斯坦，直至加沙城。继他们之后，国王阿萨尔哈东又侵占了南腓尼基和沿海大城市西顿。他在远征到达尼罗河河谷之后，曾一度征服埃及。亚述巴尼帕在位时（公元前669—约前633年),亚述处于极盛时期,成为独霸前亚细亚的大国,始终保持着高水平的军事组织与兵器。

军队是国家机器中最重要的组成部分,军队的成员包括村社社员、农民、手工业者和小商人,出征时由民军组成。在边境和特别危险地区获有分地的移民在出征期间也须服兵役。

公元前8世纪,提格拉特帕拉沙尔三世在位时,对中央和地方的政权机构进行了重要改革,以适应军事的需要,常备军取代了民军。公元前8世纪中叶,由于骑兵成了重要兵种,军队变得机动灵活了,骑兵常常迅猛追击并快速歼灭敌人。步兵由重装和轻装的兵士组成,在军队中起着主要作用,他们身穿铠甲,有盾牌和头盔防护,以弓箭、短剑和长矛为武器。军队中有专门筑路、架桥和设营的部队。筑城技术也得到了发展。亚述人以擅长构筑工事、围城和强攻敌人而著称。他们会使用一种带轮子的攻城器。

长期的战争促进了亚述人军事学术的发展。他们能巧妙地采用正面攻击和侧面攻击,已会将部队排成一定的队形,并知道奋力抢占狭窄的山隘口、山间通路以及在前亚细亚山区和荒漠地区至为重要的水源。一些编年史常把亚述人屡战屡胜的原因归结于他们能迅速进攻,又能迅速地追歼敌军。亚述人还广泛地进行军事侦察和谍报工作。驻外特使均按时向国王报告别国的详细情况,如备战、军队调动、缔结秘密同盟、接见和派遣使节、密谋和起头、要塞的构筑、叛逃人物、牲畜的总头数及收成情况等。亚述人十分重视保障交通线和通讯联络。他们精心维护道路。遇有战况,则在高台上点燃木柴,用烽火报警。通过荒漠地带的通路均筑有堡垒防护,并备有水井。大居民点都设有特别官员和专门"为国王传送公文"的急使。有些地方至今还保存有当时的路标残片,上面载明各城市间的距离和路程所需时日。亚述是内陆国,由于没有自己的舰队而要利用邻国腓尼基的舰队,因此总想占领腓尼基和叙利亚的重要沿海城市。

亚述人广泛地吸取了邻国的作战经验。他们从米坦尼人和赫梯人那里学会了使用骑兵和战车;从巴比伦人那里学会了在国境上建立军屯(每个军屯户都得到一块土地,享有各种特权,为此须服兵役)。同样,叙利亚人在军事上所取得的成就也被邻国所采用。例如,波斯人从亚述人那里学会了筑城技术,学会了用攻城器攻城,以及修筑"供车辆和军队通行的道路"的方法。后来,罗马人又从波斯人那里学会了筑路、架桥和开辟营地。

为了加强专制政权并为其军事侵略政策辩护,亚述也像古代东方其他奴隶制国家一样,广泛地利用宗教观念。亚述神被视为亚述人的最高神。根据当时的宗教信仰,亚述神使所有的部落和民族都听命于亚述的统治。人们常把亚述神描绘为张弓欲射的武士。

在造型艺术中,特别是在宫壁浮雕中,常常有表现战争场面、会战、围攻和部队调动等情景。有关亚述的军事实力及后代暴君镇压被征服人民反抗的骇人听闻的残暴行为,当时及后代的书籍中都有明确的记载。但是,觊觎世界统治地位的强国亚述,其内部却很虚弱:被征服的领土十分辽阔,在经济上互不联系;被征服的部落和民族为自身的解放不断奋起斗争。乌拉尔图人和依兰人连续不断地反抗亚述的统治,始终不屈不挠地争取独立,加之国内阶级斗争日益尖锐,亚述国家终于渐渐走向覆灭。公元前7世纪末(亚述巴尼帕死后不久),米底人和巴比伦人的军队打败亚述人,加速了亚述的灭亡。

神秘的巴比伦城

古代巴比伦有着悠久的历史，是世界古代四大文明发源地之一。古老神秘的巴比伦城就是在这漫长的时间内逐步建成的。

据考古学证实，早在公元前31世纪，在两河流域就出现了几十个奴隶制小城邦。巴比伦就座落在底格里斯河与幼发拉底河之间。后来，这个小城邦经历了苏美尔、阿卡德、乌尔第三王朝的统治。大约在公元前18世纪，阿摩利人占据了巴比伦城，建立了古巴比伦王国。在建国初期的一个世纪内，古巴比伦仍然只是一个小邦，不时地臣服他国。直到第六代王汉谟拉比统治时期，汉谟拉比励精图治，一跃而成为显赫一时的大国。这时，巴比伦城初具规模。但是，汉谟拉比死后，王国立时衰落。到公元前13世纪后半叶，亚述王国复兴，进军幼发拉底河畔，洗劫了巴比伦城。巴比伦城遭到巨大破坏，巴比伦重新沦为任人欺辱的小城邦。直到公元前10世纪初，原居波斯湾沿海的迦勒底人定居两河流域，才受到巴比伦文化的影响，逐渐同巴比伦人融合。公元前626年，迦勒底人首领那波帕拉沙尔受亚述人的指派，率军进驻巴比伦。但是当他到巴比伦之后，却举行了反对亚述统治的起义，建立了新巴比伦王国。公元前612年，迦勒底人联合米底，攻陷了亚述帝国首都尼尼微。公元前605年，又攻陷亚述西部据点卡尔赫末什，亚述帝国灭亡。新巴比伦王国日渐强盛。那波帕拉沙尔死后，其子尼布甲尼撒二世继位。这时，新巴比伦王国到达鼎盛。尼布甲尼撒二世大兴土木，扩建巴比伦城。新城颇为壮观，称为新巴比伦城。

新巴比伦城横跨幼发拉底河两岸，位于今伊拉克中部。新巴比伦城的繁荣与美丽在当时是无与伦比的。它的平面近似方形，占地约100平方公里。周围有高大的城墙。由于缺少良好的木材与石料，城墙与建筑物均为土坯砌筑，表面贴琉璃砖。城墙厚重坚固。城墙顶上可供四驾马车奔跑转弯。城墙外设护城壕沟。每隔数十米筑有一塔楼。全城共有塔楼250座，可从容应付来敌侵犯。城墙的西端屹立于底格里斯河上，是一道天然的屏障。

新巴比伦城四周有100个青铜大门，十分坚固。正门即伊什塔门，位于城市北端。伊什塔门为南北两重，大约建于公元前575年，各由一对向前凸出的方形碉堡夹持着中央拱券门洞组成。城门高14米。门楼表面装饰着彩色琉璃砖拼砌成的浮雕，有狮子、公牛、仙兽等动物，均为侧面形象，造型生动，程式化。雕像排列得均匀整齐，共13行，约500多只。进入城门是一条笔直的中央大道，中央大道贯通南北，宽约22米，石板铺筑。两侧墙壁上排列着狮子浮雕，近1公里长。塔楼城墙顶端均作成雉堞，转角、边缘部位用浅色琉璃勾勒，具有浓厚的装饰效果。

城内道路宽阔平坦，纵横交错，均用石板砌成。西侧有高耸的观象台与马都克神庙。皆以敷釉砖瓦砌成，色彩缤纷夺目。宫殿居于城北，装饰华丽，金碧辉煌，自有一种皇家气派。

宫中最有名的当数"空中花园"，又称为"悬苑"，是人工筑起的一座高达25米的人造梯形小山。山上层层种植奇花异草,人工浇灌。小山上碧树藤萝,花果飘香。清晨是薄薄晨雾,枝青叶翠。夜晚时,皎皎月光,淡淡青霭,宛如仙境。在幼发拉底河沿岸缺少树林的旷野上,更加引人注目,被希腊人誉为世界七大奇迹之一。相传这一人间奇境是尼布甲尼撒为取悦爱妃阿米蒂斯而修建的。阿米蒂斯是当时的美女,被尼布甲尼撒二世从米底抢到巴比伦。美人终日不语,暗自垂泪,她想念那草木繁茂的故乡。为博得美人一笑,尼布甲尼撒二世征集几万奴隶,摹仿伊朗风光,建造了这一人间仙境。

但是,美景不长在,尼布甲尼撒二世死后不久,国内发生严重的政治危机。公元前538年波斯人长驱直入,一举毁灭了巴比伦城。新巴比伦灭亡。从此,新巴比伦城湮没在荒草之中。但是巴比伦文明却流传下来,对西亚乃至欧洲文明的发展都产生了巨大影响。

"人头牛身怪"画

公元前2000年前的苏美尔,留下来一张牛头琴。人们在牛头琴的琴箱里发现了奇怪的画面。画上有三个人物:两个"人头牛身怪"拥抱着一个人,而这个人生着蝎子的尾巴。更有意思的是,相邻的一幅画上画着送酒菜的"仆人",这两位"仆人"是狮子和狼。在一旁演奏乐器的是熊、驴、鹿。

这些画让我们想到儿童的头脑中那些奇奇怪怪的念头,和动画片中的想象出奇地相似,真是生动有趣。但这些画究竟代表了什么意思,至今没有人明白。

今天的巴格达"伊拉克"博物馆中,有一座青铜头像。它是号称"世界四方之王"的萨尔贡一世之塑像。阿卡德王萨尔贡一世是一位骠悍骁勇的人,它的面部刻画得十分简练,寥寥数笔的刻塑,让人感到了一股强悍之气迎面袭来,栩栩如生。

在两河流域出土的汉谟拉比时代的法典刻石,为后人研究巴比伦艺术提供了丰富的资料。石柱上方是日神和他背后的光焰,汉谟拉比向日神祈礼,以示顺应天意。从这些人物中,我们看到古代西亚对埃及的影响,即人物的双肩都过于平展。

亚述的雕塑具有凶猛威勇的特点,人们把强力作为赞美的对象。为了表示力的伟大,亚述人将人和兽的形象结合在一起。在萨尔贡二世的皇宫门口,矗立着守护神"人首飞牛"。把力大无穷的牛添上翅膀,正是神勇的象征。巴比伦人的牛有没有特殊意义不得而知。

古代的埃及、西亚与希腊半岛隔海相望,在文化上走在前面的西亚和埃及,对希腊文明有很大影响。

西亚的绘画中,我们对其奴隶制早期时代资料的了解还很少。从雕刻上可以看出,苏美尔人雕像的典型特点是鹰钩鼻、大眼睛、圆头颅。为了使脸部表情更具活力,有些贵族或地位较高的头像用宝石镶成双眼。

苏美尔人的建筑代表是多级寺塔。他们的雕刻,往往是静态的,线条比较单调、僵化。

古巴比伦人的雕刻更近一步。

赫梯人则不同，他们在山区生活，多石料。所以，天然的石刻很多，场面也更加广阔、宏大。

亚述帝国时，动物的造型尤其突出，因为他们崇武善猎。在王宫墙上著名的浮雕是《垂死的牝狮》，描绘了一只勇猛的狮子，它的两条后腿已经拖在地上，但却依然用两只前爪支撑在地上，仰天长啸，"困兽犹斗"，场面十分惨烈。狮身上的箭牢牢地嵌着，似乎仍在流血。

也许因为西亚是农耕文化，所以牛是力与可信的象征，飞牛可能有此含义。

西亚农耕文化向欧洲大陆的波及影响一般经历了三条线路：

其一是由西亚经里海西侧到达黑海东岸，然后越过高加索山脉波及整个东欧；

其二是由西亚到达巴尔干半岛，再沿着黑海的西岸，跨过多瑙河进入西欧；

其三是由西亚绕巴尔干半岛或经地中海诸岛到达意大利，影响南欧，同时又分成两路，一路北非，一路经西班牙抵法国等西欧诸地。

古代世界是一个比新世界更神秘，更透射着吸引的舞台。我们只知道苏美尔人是有着高鼻子和暗白皮肤的民族，还知道他们中僧侣的地位最高，至于其他，所知甚少。

当然，在文明时代到来以前的旧石器时代以及更早的时代，更加漫长而广阔。

紫红色的航海人

在地中海东岸位于叙利亚的地方，现今黎巴嫩境内，生活着一个民族，距今约4000年前，他们就在小亚细亚沿岸、爱琴海诸岛、黑海沿岸建立联络站，开始商业贸易。

古希腊人称这些人叫"腓尼基"，意思是"紫红色"，这个邦国也就被称作"紫红之国"，居民也因此得名。

据说，有一位腓尼基的放牧人，从海边拾到很多海螺，煮熟后准备享受美味，随手扔了几个喂他的猎狗。狗一咬贝壳，突然鼻子、嘴上都是鲜红一片，牧人以为狗受了伤，赶紧为它治疗清洗。可发现怎样也洗不掉血迹，仔细一看，狗没有受伤，而是被染红的。牧人拣了拣自己煮的海螺，逐一查看，发现壳内有两块鲜红的颜色。就这样他发现了一种天然染料。

在当时人们还不会自己制造提炼颜色，所以天然染料就很走俏。从此人们争先恐后地去捕捞这种海螺，用它的贝壳来做颜料染布，结果染成鲜艳的紫红色。

腓尼基的居民们穿上这种染料染过的衣服，即使穿破了，颜色也还不褪掉。这种现象被周围邦国的人注意到了，都来购买他们的布料做衣服穿。

因为当时的埃及、巴比伦以及希腊、赫梯的贵族、僧侣都喜爱紫红色袍子，所以腓尼基人的布料很受欢迎，人们也就把盛产这种染料的地方称为"腓尼基（紫红色）"了。

因为染料和布料销路特别好，腓尼基人渐渐地放弃了种田，开始经商。他们的航海技术就是在经商的过程中发展起来的。由于他们经商的通路以海路为主，所以又被称为"海上马车夫"。

腓尼基人曾经进行过人类最早的非洲环行。他们的非洲环行发生在公元前2600多年前。

　　有一天，埃及法老召见一批优秀的舵手和航海家，对他们说："你们不是常说自己航海是一把好手吗？我命令你们从埃及出发，沿着大陆的边沿在海中航行，不许回头，如果能回来就重赏你们。"

　　腓尼基人不敢违抗法老的命令，他们也对无人走过的航线产生了冒险猎奇的心理，于是驾着三艘优质大船，装备好水、粮食、商品及必要的工具出发了。

　　三年之后，奇迹出现了，这些航海人又回到了埃及！法老得知消息后十分吃惊，以为是腓尼基人骗了他，然而腓尼基人把沿途所见描绘了一番并拿出风格各异的物产和珍宝，法老终于确信无疑，重赏了腓尼基航海者。从此腓尼基的航海技术更加声名远播。他们造出的双层桨和装备有冲角的战船为希腊人所摹仿。

　　由于腓尼基人的流动性强，他们只建立过一个一个的小城邦。若干年后他们向西部地中海扩张，在西西里、北非、西班牙以及直布罗陀海峡南北，建立了很多商业据点和殖民城市，他们不仅销售木材、布料和粮食等，还从事海盗活动，拐卖人口，贩运奴隶。

　　腓尼基的最初居民可能是胡里特人。公元前3000年，迦南人迁入，二者融合混居，建立了乌加里特、西顿、推罗等城邦。公元前1400年的时候，一场大地震摧毁了乌加里特。在地中海活动了2000多年的腓尼基人渐渐消亡了。

　　腓尼基人是一个商业民族，航海发达。他们有自己的文字，而他们创造的腓尼基字母，正是现在欧洲拼音字母的祖先。

世界历史五千年

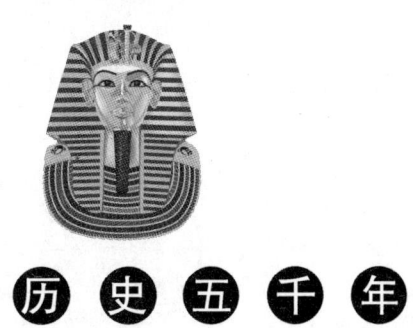

波斯帝国

波斯帝国开国君主——居鲁士

波斯王居鲁士，是一个传奇式的英雄人物。公元前626年，居住在伊朗高原的米底人联合其他国家，一举攻破亚述帝国的首都尼尼微，亚述从此灭亡。因此，米底人崛起，成为西亚强国。不久，米底人征服了伊朗高原南部的波斯人，成为统治伊朗高原和亚述的又一个帝国。

在一个神秘的晚上，米底的第四代国王阿斯提亚格斯做了一个梦。梦中，女儿曼丹妮公主，撒了一泡尿，竟然酿成了洪灾，顿时淹没了爱克巴坦那城。于是，他叫了一个僧侣来占卜。僧侣口吐凶言："您的女儿公主殿下将来要危及国家。"

从此，米底国王对女儿怀有戒心。待到曼丹妮长大成人，国王下令把她嫁给了一个老实而温顺的波斯贵族冈比西斯，而不把她嫁给本国王公子弟。这个用意是十分明显的。

曼丹妮婚后一年，国王又梦见女儿肚里长出葡萄藤，并遮盖住了整个亚细亚！

国王心中的恐惧是自不待言的，他又叫来了僧侣。僧侣说，公主的儿子，日后将取代国王。

这还得了！

国王急忙派人去波斯探听消息，果然公主已经怀孕。无毒不丈夫，他立刻派人把公主接回宫中，准备把新生儿杀死于襁褓之中。

不久，公主生了一子，取名居鲁士。国王阿斯提亚格斯获悉后，派王室总管哈尔帕哥斯把居鲁士带出宫去杀死埋掉。

谁知哈尔帕哥斯没有这么做。他把孩子交给一个放牧的奴隶去处理。结果，奴隶的妻子，出于人的母性，把居鲁士拉扯大。

后来，居鲁士辗转回到了波斯，回到了亲生父母身边。

长大后，居鲁士凭借其贵族地位，逐渐地将波斯10个部落的青壮年贵族都团结在他周围。当时波斯人对米底人的统治十分不满，人们纷纷起来造反。公元前550年，居鲁士率领波斯兵一举灭掉了米底，米底国灭亡。

公元前539年，居鲁士又下令进攻新巴比伦王国的首都巴比伦。

巴比伦国王不以为然："居鲁士自不量力，他要敢来，我叫他们统统淹死在幼发拉底河里。"

原来，巴比伦的城墙宽厚而高大，的确易守而难攻。而且还装有非常特殊的灌水系统，双方若要交战，只要一放水闸，幼发拉底河的汪洋大水就会把城外的敌人冲到200里以外。

居鲁士大军如期而至。

巴比伦国王无心与居鲁士对阵，只是下令"放水"。谁知到了半夜，波斯兵竟然入城了。

怎么会这样呢？

原来，巴比伦国分为三个等级：王室、富商显贵和祭司。平时，这三个等级的人，勾心斗角，互相拆台，有很大的矛盾。居鲁士略施小计，花费重金收买了富商，让他们打开城门，保证进城后不损害他们的既得利益。商人重利，置国家利益和民族大义于不顾，立即俯首贴耳，在国王下令"放水"的同时，把河水引向别处。一切顺理成章，波斯人顺利地占领了巴比伦。

居鲁士踌躇满志。他看见城池高大而富丽，有帝都气象，就果断地下令在此地定都，并且自称为"宇宙之王"，气派大得很。

埃及是居鲁士大帝下一个远征的目标。既得陇，复望蜀，是一切人尤其是帝王的本性。

作为远征的前期工作，他要先行解除后顾之忧，又向里海进军，目的在于消灭那里的马萨盖特国。

马萨盖特国的政权由女王执掌。女人毕竟是女人。她听说波斯兵入侵本国的消息后，万分悲痛地对臣下们说："波斯人占我国土，杀我人民，此恨难消。不报此仇，誓不为人。"

"是，不报此仇，誓不为人！"

"诸位爱卿有何退敌良策？"

"女王陛下，正面强攻或防守，都有极大难度……不如诱敌深入。"如此这般，这般如此，一个锦囊妙计形成于密室之中。

居鲁士大军压境。马萨盖特兵败如山倒。

居鲁士见马萨盖特人如此不堪一击，大喜过望，亲率一队骑兵长驱而进。

马萨盖特人逃到了草原深处。

悲剧诞生了。居鲁士及其将士在一处险要之地陷入重围，号称为"宇宙之王"的居鲁士此时即使有天大能耐也无计可施，叫天天不应，叫地地不灵，徒唤奈何。一代枭雄，被卫兵绑得结结实实，押至女王脚下。

女王指着居鲁士的鼻子，破口大骂："你这个嗜血的魔王！你贪血，就用血来把你染红浸透！"于是她断然下令，割下居鲁士的头颅，把它装进了有血的口袋里。这种血袋，可能就是中国清朝雍正皇帝发明的"血滴子"的雏形或母体罢。

居鲁士死后，其尸被运送归国。他的儿子冈比西斯仰承大统，为其父修葺了一个高大而华丽的坟墓。而今西风残照，不胜凄凉。居鲁士固一世之雄也，如今安在哉!

波斯癫痫病皇帝——冈比西斯

居鲁士死后，其子冈比西斯继位（公元前529—前522年在位），做了波斯帝国皇帝。由于他患有癫痫病，精神极不正常，因此也成为一个刚愎自用、暴戾骄奢的君主，就像中国古代的商纣王一样。

他不再穷追杀死父亲的马萨盖特人和斯基太人，却以征服埃及为首务。说到冈比西斯征伐埃及，免不了又要引出一个传说来：

当年居鲁士听说埃及出名医，遂向埃及法老阿玛西斯讨要一名医生。阿玛西斯精挑细选中了一位眼科高手，让他背井离乡远离埃及为居鲁士服务。这名医生便对法老怀恨在心，在波斯宫廷许多年，他深知冈比西斯好女色。在其继位后，便在冈比西斯面前进言，讲述埃及法老阿玛西斯的女儿是如何千娇百媚，国色天香。冈比西斯动了心，便向法老求亲。

法老阿玛西斯深知这名癫痫国王的脾气，怎能把金枝玉叶的女儿向火炕里推。于是便让前国王的公主尼太提丝冒名顶替，嫁给冈比西斯。冈比西斯不知真假，但尼太提丝对阿玛西斯恨之入骨，便向冈比西斯捅破了法老的换人把戏。冈比西斯大怒，便决定进军埃及。

这只是一个传说。没有这些事情，冈比西斯迟早也会征伐埃及。

公元前525年，远征军到达埃及。阿玛西斯病亡，其子新法老普撒美尼托斯率军会战，战败，被冈比西斯生擒。

冈比西斯这个暴君在失去国家的埃及人面前露出了狰狞的嘴脸。

他首先给自己加上法老头衔，遂使埃及历史上出现一个波斯王朝，亦即第二十七王朝（公元前525—前404年）。

他把埃及高官贵人的女儿都贬为奴隶，让她们当着父母亲的面干苦力活，从肉体和精神两方面摧残她们。接着他又下令处死法老之子和2000多名贵族子弟。但法老普撒美尼托斯保住了性命，后在复辟造反失败后自杀身亡。冈比西斯余怒未消，将法老阿玛西斯的木乃伊扒出，拔掉头发，用棒子戳刺，最后用一把火烧掉。

他不但对埃及人如此，就是对他的亲兄妹，也毫不留情。他久征埃及，深怕波斯本土被其弟巴尔狄亚篡位，于是就派人秘密返回波斯，杀死了巴尔狄亚；有一次，他的皇后规劝了他几句，他却一时性起将其杀死，而这位皇后就是他的亲妹子，因为波斯不容许兄弟姊妹通婚，于是冈比西斯将其带到埃及，在这个兄妹通婚合法的国度和自己亲妹子结为夫妻。由此可见冈比西斯残暴淫乱到了何种地步。

冈比西斯还想以埃及为据点，向西向南远征利比亚和埃塞俄比亚，扩大波斯在非洲的统治，结果遭到失败，导致其癫痫病越发严重，神经过分敏感，喜怒无常。

有一次，他问自己的近臣普列克撒斯佩斯说："你说波斯人都谈论我什么，认为我是怎样一个人？"近臣小心回答："他们无不称赞陛下，但也说您嗜酒过分。"冈比西斯立刻火冒三丈："那波斯人以前不是说谎吗？上次我问几个波斯大臣，他们都说我比父亲居鲁士还强，只有克诺伊索斯表示反对，他说我不如父亲。怎么他们现在又认为我有缺陷呢？我要判断一下，现在你儿子在门外，我一箭射中他心脏的话，波斯人就错了；如果射偏了，那就是我失去了理智，他们对了。"结果一箭正中孩子心脏，就这样，这位近臣的儿子死在了暴君手里。接着又下令杀了12名波斯贵族。

之后，他的病情越来越严重，性情也愈来愈暴躁。他放肆地取笑各民族的风俗，杀死埃及人崇拜的圣牛，让希腊人吃自己死去的父亲，让不许火葬的印度人火葬死去的人……

终于，他的暴行激起了人们的反对。在波斯有一个叫高墨达的僧侣，曾被居鲁士割去双耳，他利用人们对暴虐无道的冈比西斯的不满和自己为王室工作熟悉内幕的条件，假冒被杀的巴尔狄亚在波斯发动政变，自称波斯皇帝。那是公元前522年3月发生的事。他痛斥冈比西斯的罪行，豁免了各族人民三年赋税和兵役，赢得了民心，伊朗高原和两河流域的民族都纷纷拥戴冒名顶替的高墨达。

冈比西斯听到波斯发生政变，气急败坏，召集军队，准备杀回西亚，平定叛乱。但高墨达在国内已深得民心，声势已经非常浩大，已非失去人心的冈比西斯所能镇压得了的。在归国途中，冈比西斯看到这种情景，深知大势已去，后悔不及，自杀身亡。

冈比西斯的猝亡更助长了起义的高潮，起义浪潮由波斯本土传到各省各地，巴比伦、埃兰、亚述、埃及都纷纷脱离波斯，宣告独立。刚刚建立起来的阿黑门尼德王朝面临灭亡的巨大危险。

乱世出英雄，这时阿黑门尼德族出了一位惊天动地的英雄，那就是大流士，他是冈比西斯的堂兄弟。由于他手中紧紧掌握了作为帝国统治核心的波斯军队，又善用谋略，于是终于杀死了冒充巴尔狄亚的高墨达，平息了叛乱，继承了王位，迎来了波斯帝国的又一个盛世。

万邦之王——大流士

冒名顶替巴尔狄亚发动起义的拜火教僧侣高墨达，在冈比西斯死后，便以为坐稳了天下。但是这时却出现了麻烦。由于高墨达夺了王位，接管了前国王的全部妻妾。按照波斯宫廷的规定，王妃平时在宫外住宿，定期入宫陪伴国君。有一次轮到王妃帕伊杜美入宫，其父欧塔涅斯嘱咐她注意皇上有没有耳朵。原来新皇帝即位以来，由于他曾被居鲁士斩去双耳，因此就绝不在公众面前露面，也拒绝会见波斯贵族。于是，许多人都对他的身份产生怀疑，认为新国王很可能是以前的僧侣高墨达，欧塔涅斯就是其中之一。

晚上，高墨达睡后，帕伊杜美果然发现丈夫没有耳朵。得知真相的欧塔涅斯便找到六名贵族同党，其中就包括后来的大流士一世。他们七人商定在某个时间率领士兵突袭王宫。

不久之后，京城就传出了巴尔狄亚是假冒的传言，高墨达恐怕漏馅，便从京城转移到米底的西迦耶胡瓦提堡居住。大流士等人尾随而至，在公元前522年9月利用一个宗教节庆日冲入宫内,将高墨达及其党羽杀了个精光。从登上王位到遇害身亡,高墨达只做了八个月的皇帝,王权就又回到了阿黑门尼德家族手中。

这时大流士等人所面对的局面简直糟透了,居鲁士一手开创的大帝国到现在只剩下伊朗高原的部分地区,其他省份像埃兰、巴比伦、米底等已纷纷独立,波斯帝国面临分崩离析的局面。

于是,建立一个什么政体的国家,由谁来治理国家,就成了摆在大流士等七人面前的首要问题。

欧塔涅斯主张在特权贵族成员中间实行民主制,大家集体统治民族,以防冈比西斯独裁统治的复现。欧塔涅斯后又有发言,主张实行寡头统治,即政权集中在少数有才能的人手中,这些人是民族的精华,这要比让愚昧无知的群众统治强。大流士仍然认为君主制最佳,他认为民主制会使坏人朋比为奸,造成混乱,而寡头统治会造成派系争端,容易引起国家分裂,只要有人能代表人民利益,成为人民的偶像和领袖,那他就应该成为国家的君主,大权集于一身。

后来七人在表决中,大多数同意仍沿用君主专制制度。于是,欧塔涅斯退出王位竞争,只要求自己家族不受任何人统治,其他六人自然同意。六人最后商定次日早晨在郊外汇合,谁的马先嘶叫谁就成为国王。

结果,第二天大流士让其马夫要了个手腕,待六人一到齐,那马便仰天长嘶,于是其他五人便一致承认大流士为王。这样大流士就成为阿黑门尼德族统治波斯帝国的第三任国王,统治时间从公元前522年至前486年。

从此,大流士便率领波斯军队,在八位得力助手(波斯人六名,米底人和亚美尼亚人各一名)的辅佐下,用了一年多时间,逐一平定了帝国内的叛乱,奇迹般地恢复了居鲁士和冈比西斯所征服的全部国土。这场平定战争,共经历了18次战役,斩杀和擒获了八个暴动首领。

看到帝国恢复统一,大流士真是踌躇满志,于是,就命人在米底都城爱克巴坦那通往巴比伦的大道上,在贝希斯敦村附近一雄伟宽阔的山崖上刻石纪功,这就是著名的《贝希斯敦铭文》。

铭文上部为一组浮雕,表现被俘获的叛乱首领被押解至大流士面前。浮雕中大流士昂首直立,脚踏高墨达,左手持弓,右手伸向天空,向波斯主神敬礼,被俘的八个头领在大流士面前背缚双手,鱼贯俯首而行,与大流士形成了鲜明对比。

铭文下部是用波斯楔形文字刻写的全文,在浮雕与正文左侧,又有巴比伦楔形文(上部)和埃兰楔形文(下部)的对应译文。铭文开头就显示了大流士的骄傲与自信:

"我,大流士,伟大的王,万邦之王,波斯之王,诸省之王,叙斯塔斯帕之子,阿尔沙马之孙……按阿胡拉·马兹达的意旨,我是国王。"

大流士以后又继续征讨,扩大领土面积:东面,他攻打至印度东北部,以印度河为界;南面,他扩充埃及面积,把北非的利比亚一带划归波斯;在北面和西面,他组织了东起中亚,西达欧洲多瑙河口的远征,同斯基太人作战。公元前513年,大流士亲率大军横渡博斯普鲁斯海峡,水陆齐发,攻入了欧洲大陆。这场远征虽然没有取胜,却把国界线推到欧洲色雷斯地区一带,形成了对希腊本土的夹击之势。波斯帝国在大流士的不断征讨中达到了空前规模。

地方大了是不错，但也难以控制，假如和居鲁士与冈比西斯一样，只靠军事手段，肯定无法长久维持统治。于是大流士对帝国统治体制进行了一次较为全面的改革。

首先，他把整个帝国划分为23个行省，每个省派一名省长，执掌本省行政、司法和税收大权，但无军权。另设督军统领军权，二者互不隶属，直接听命于中央。

其次就是改革了税制。以前税无定制，随意规定纳贡数量，大流士明确规定各省贡税数额，除波斯省享免税特权外，所有行省都必须交足额的华币税。

大流士还改革军事，建立了一支由波斯人组成的"敢死队"做近卫军；把全国分为5个军区，每一区辖几个省督军，便于国王控制。

大流士为了便于调遣军队，传达政令和收取信息，又增修了许多驿道，以帝国4个首都（苏萨、巴比伦、波斯波里、埃克巴塔纳）为核心，形成通向四面八方的驿道网。传说通过驿道传递，大流士甚至能吃到爱琴海刚刚打出的鲜鱼。并且，他喜爱喝苏萨的泉水，无论到了何地，都非此泉水不饮，于是苏萨的泉水总是源源不断地送到他所在的地方。

经过大流士一系列的改革，波斯帝国进入了它的全盛时期。但是盛极必衰，由于统治并没能根本改变帝国内民族混杂、经济发展不平衡的局面，随着专制统治的加强就引起了各族人民的反抗。处于欧洲的希腊城邦便揭竿而起，发动起义，大流士虽然镇压了这次起义，却引发了著名的希波战争。在马拉松希腊军队把波斯军队杀得大败。大流士，一代英豪，也因此饮恨而亡。这次失败也成为波斯帝国由盛转衰的转折点，埃及乘机脱离帝国，保持独立。同时，帝国内部不断发生争夺王位的宫廷政变，地方官不顾法令，总揽军政大权，联兵叛乱，帝国瓦解的预兆开始出现。此时，马其顿王亚历山大率领军队借口报希波战争之仇，侵入波斯，帝国就迅速崩溃了。公元前330年，波斯帝国最后一王大流士三世为部下所杀，盛极一时的波斯帝国正式宣告灭亡。

光明使者——摩尼

一天晚上，一位怀孕的少妇从梦中醒来，她推醒沉睡的丈夫，说："我刚才做了一个梦，梦到了天使陶恩，他告诉我说咱们会生一个儿子，而且他将负有崇高的使命。"丈夫听了，又紧张又高兴地注视着妻子。这一对夫妇是帕提克和马尔·梅丽，夫妻二人是伊朗名门，而那个孩子便是摩尼教的创始人摩尼，他生于公元216年。

公元1至3世纪，浸礼派是流行于两河流域下游的所谓"诺斯提派"的一个支派，大致主张是：可见的现实世界是由黑暗和恶的势力形成的；人只有靠"去识"，即神秘的直觉知识，才能够了悟自己具有神性。这种宗教气氛弥漫的环境对摩尼的思想有深刻影响。

公元228年，摩尼12岁那年，天使陶恩指示他脱离浸礼教会。公元240年，摩尼24岁，天使陶恩向他作第二次指示，要他公开出面建教。这时他自视为圣灵和一切知识的化身，是由神派遣到人世的"光明使者"。他开始向周围人传教时并不成功，只有他父亲和另外两个信徒听信他。于是他决定出去周游，最先是到萨珊朝都城泰锡封，随后远游至梅克兰、印度西北部和中亚，大约过了一年多，他回到伊朗和巴比伦。

公元242年，萨珊朝开国君主阿达希尔逝世，其子沙卜尔一世继位。摩尼献给沙卜尔一部书，叫作《沙卜尔干》。他在此书开端写道："智慧和善行时时由明神的使者传到人间。有一个时代由名叫佛陀的使者传到印度；又一个时代由名叫耶稣的使者传到西方。时至今日，启示又降下来，在最后这个时代，先知的职分落在我摩尼身上，由我作向巴比伦传达神的真理的使者。"

摩尼不只自认为是神所派遣的最后一个使者，他还要建立一个包含一切现存宗教的要义，不受地区和国界限制而为世人普遍信奉的宗教，他的思想深受沙卜尔一世欣赏。"普遍"宗教适合沙卜尔缔造帝国的需要。沙卜尔支持摩尼传播他的"普遍"宗教。

摩尼所宣扬的教义通常称为"二宗三际论"，所谓"二宗"是指宇宙的两种根本存在，即光明与黑暗："三际"是指由光明与黑暗贯穿着的三个时代。他的神学的宇宙观内容大致如下：

初际，即第一个时代，"世界未立以前，尚无可见世界，只有无限的光明与无限的黑暗两界并存"，明界住着"大明尊"或"明父"，他拥有五个国土，叫作"微妙相"（官能），"微妙心"（理性），"微妙念"（思维）；"微妙思"（想象）；"微妙意"（意志）。这五个国土其实就是光明的五种品质。暗界住着黑暗三王，明暗两界只有一面相接，原本各自相安，宁静状态由于暗界的分子冲入明界而被破坏，初际于是告终。

中际，即中间的时代，也就是明暗二宗或两种势力长期反复斗争的时代。明界既遭黑暗侵入，大明尊于是召唤善母（即生命之母），善母又召唤先意（即初人）抵御黑暗，保卫明界，摩尼说"召唤"或"化出"，不说"生出"，因生产或创造都会将光明分裂。先意披挂着所谓"五明子"甲胄御敌，战斗失败。五明子被众暗魔全部吞掉。先意请求明父救援。

明父又作第二次召唤。这一次召唤出来的是"明支"，"大般"（建筑者）和净风（活跃的精灵），净风深入暗界，救出先意，杀死并支解众暗魔，暗魔吞下的光明分子被挤出来，由净风造成日月星辰；被支解了的暗魔，由善母用它们的皮肉、骨造成十天八地，为的是可以从中挤出更多的光明。大般是建筑者，他的任务应是修筑囚禁暗魔的"铁围四院"。可见世界于是开始形成。

最后，为了彻底解放被暗魔吞食的全部光明分子，大明尊又作第三次召唤。这一召唤出来的是惠明使。惠明使以其美妙的像出现在男女暗魔之前，在男暗魔之前现女像，在女暗魔之前现男像，使他们和她们因贪爱而吐出所有的光明分子。惠明使开动日月二大"明船"，由光明之柱运载"善子"回到光明的本界。但暗魔吐出光明分子时，还随着吐出了"罪恶"，那黑暗的东西落在大地上：一半在湿地（海洋）上，生出一个凶恶的妖怪，被杀死；一半在干地上，生出五树，是为一切植物的起源。原已怀孕的女暗魔的胎儿流产，落在大地上，产生陆海空中的各种动物。斗争至此尚未完结。黑暗之王和他的配偶仿照惠明使的形象生下亚当。亚当身上集中了被黑暗囚禁的光明分子的大部分。随后，夏娃也生下来，她的光明分子少些。就是由黑暗恶魔生下来的亚当和夏娃，他俩成为人类的祖先。亚当和夏娃有光明分子形成圣洁的灵魂，却被禁闭在不圣洁的肉体内。因此，大明尊派遣夷数（耶稣）下界唤醒沉睡中的亚当，使他认识他自己的光明本性和宇宙的由来。夷数叫亚当尝生命树（知识树）的果实。亚当于是彻悟，悲痛呼号道："愿灾害降给创造我身的妖魔，愿灾害降给将我灵魂囚禁在肉体里的妖魔，愿灾害降给那使我成为奴隶的反叛者！"

亚当虽然痛楚肉体囚禁了他的灵魂，因而决定恢复纯洁的本性，但后来终于忘却自制，又与夏娃生了悉特。人类是悉特的后裔，于是光明又遭囚禁。摩尼以为，人必须克制情欲，抛弃物质享受，锻炼纯洁的本性，成为"新人"，以便上升永远光明境界，永享极乐。

但上升并不是一件简单的事。依照摩尼的教义，人有三类：第一类是他的教团中的僧众"电忽那"，那"虔诚信教者"，严守戒律，不婚，不拥有私产，"平一易衣，日受一食"，不肉食，不杀生，不能采摘果实乃至种植谷物。因为这一切都有碍于解放光明。为此，他们常被称为"清静电那勿"，他们死后，还由"光明三柱"引向明界。第二类是摩尼教的一般教士，即所谓"听者"。他们虽然也遵守某些戒律，但仍过着一般的世俗生活，死后要经过多少次轮回，等到完全净化，才得上升。第三类是恶人，他们死后只有在凄惨绝望中飘荡，直到世界末日，到那时，一切光明分子重返明界，恶人堕入无明深坑。宇宙崩溃，熊熊烈火，无边无际，延烧1468年。这就是中际的最后结局，也是后际这最后一个时代的开端。

后际实际上是初际的重现，光明与黑暗永远分离。光明与黑暗在中际的多次反复斗争，结果只是恢复到初际两者并存的状态。光明毕竟不能照亮黑暗，使无明世界出现光明。

总的来看，摩尼的教义是极端的二元论神学和悲观主义的世界观。它在本质上反映伊朗奴隶制危机时期被压迫被奴役的人民大众对现实的不满。当然，这种寄希望于虚幻的明界天堂的宗教不可能给人民大众指引摆脱压迫和奴役的出路。但在教人忍受残酷的现实的同时，它也指出了一个消极抵抗现实的原则，那就是对生育和生产概予否定，这一点确为摩尼教义所独有，而也就是由于这一点，使得它不能长久见容于萨珊朝的统治者。

摩尼被关进伊朗西南部恭德沙卜尔城的监狱，受尽酷刑，于公元277年2月27日死在狱中。

世界历史五千年

希伯莱文化

古希伯莱人及其宗教的兴起

古希伯莱人是闪米特人的一支，很久以前，他们就游牧在自己的发源地——幼发拉底河流域。艰苦的游牧生活使希伯莱人极为厌恶，他们如同其他各支闪米特人一样，一直渴望能找到一块水草丰美、土地肥沃的"福地"，能够使他们永享幸福。

这时的希伯莱人仍处于原始氏族部落时期。他们的宗教信仰依然是原始的多神崇拜，雷雨风暴、树木、石柱、火等自然力量都是他们崇拜的对象。在长期的自然生活中，他们尤其以为火、雷电、风等自然力量最为强大，为了解除这种令人恐怖的自然力量对本部族人的威胁，他们在"先知"的引领下，拜倒在这些自然力量的淫威下，把它们称为自己部族的保护神，并取了一个象征性的名称——"耶和华"，即为"永存者"的意思。从此，耶和华便成为希伯莱人共同信仰的神。

大约到了公元前2000年时，希伯莱部族的族长是亚伯拉罕，他一直有个宏大的理想，即带领族人离开幼发拉底河流域。但是，首先要加强族人的团结以及确立自己在部族中绝对的统治地位。这样，全族人民在自己的领导下，共同努力，才能找到一块"福地"，并且能够占领它。亚伯拉罕一直被此困扰，用什么方法解决这个问题呢？当时私有制已经出现，每个族人都有自己的私人利益，而且由于生活艰苦，互相劫掠的事经常发生，整个部族一直不是很团结，经常有一些复仇的矛盾冲突。亚伯拉罕怎么才能重新统一部族，向理想中的"福地"进发呢？

这一天，亚伯拉罕突然召集族人，宣称自己与显灵现世的保护神"耶和华"订立了规约。根据约定，耶和华立亚伯拉罕为多国之父，并使其子孙后裔繁多，将"迦南福地"赐给亚伯拉罕及其子孙永远为业。而希伯莱人应尊耶和华为"全能之神"，男子都要受割礼，从肉体上作永远的守约，以表示对耶和华的信仰。不受割礼者，即为背约，必从民族中剪除。而且，亚伯拉罕还宣布，耶和华为自己的儿子雅各取名为"以色列"，意为"上帝的卫士"。从此，希伯莱人自称为以色列，其后雅各的几个儿子成为希伯莱人几支派的首领，因而以色列一词便成为希伯莱民族各支派的总称。

保护神耶和华的许诺对厌倦了游牧生活的希伯莱各部族人来说，具有很强的吸引力，因此，他们相信了亚伯拉罕的话。从此，他们把耶和华作为自己的神，团结在多国之父——亚伯拉罕的周围，而且逐渐排斥其他的神灵，而把耶和华作为自己唯一的神。

经过了充分的准备之后，希伯莱人便在亚伯拉罕的领导下出发了。经过艰苦的跋涉，希伯莱人来到了巴勒斯坦地区，这里土地肥沃，水草丰茂，正符合亚伯拉罕所描绘的"福地"，于是，他们便在此定居下来。但这里原有喜克索斯人与迦南人居住，于是，希伯莱人为了这块福地与当地人进行了长期的斗争，渐渐占领了许多地方，安定下来，与当地人也渐渐融合，但是仍有一部分当地人长期与他们敌对，生活并不十分安定。

公元前16世纪，埃及人强大起来，他们打败了喜克索斯人，乘机扩张到叙利亚与巴勒斯坦等地。希伯莱人也不能幸免，成为埃及的属民。这时，又一次不幸袭击了希伯莱人。巴勒斯坦发生饥荒，许多人开始对耶和华产生怀疑，大批的希伯莱人离开巴勒斯坦，迁居埃及，留居那里达几百年之久，但埃及人十分轻视他们，他们沦为埃及的奴隶。向来忍受惯了的希伯莱人虽仍贪图这里的食物，但渐渐又想念起自己民族的保护神耶和华许诺的"迦南福地"来了。

公元前13世纪，埃及法老拉美西斯二世为修建庙宇，对希伯莱人实行强迫劳役，进行残酷的剥削。受尽欺侮的希伯莱人有许多悲惨地死去了，希伯莱人眼看就要有灭族的危险。这时，他们的首领摩西挺身而出，要带领希伯莱人返回自己的"福地"——巴勒斯坦去。他宣称，希伯莱人所受的苦难完全是因为贪图物欲，违背了全能的耶和华的意愿，因而受到了惩罚。如果人们重新回到耶和华的身边，全能的神一定会怜悯自己的子民，让他们重新返回自己的"福地"。

但是，由于希伯莱人久作奴隶，对耶和华的信仰久已废弛，只是在内心深处依稀还有一个耶和华的影子，而且，他们的首领摩西本人也沦为奴隶，这让许多希伯莱人怀疑摩西是否是耶和华派来的使者。摩西为了希伯莱民族的利益，四处奔走，劝说希伯莱人跟随他走。经过了不懈的努力，他的周围总算聚起一批愿意重新信仰耶和华，跟随他回归"迦南福地"的希伯莱人。经过周密的准备，摩西带领着他的族人逃离了埃及。但希伯莱奴隶的叛逃很快被埃及国王知晓，随后率兵追来。当希伯莱人逃到海边时，便绝望了。面前的一望无际的海面上一只船也没有，而后面埃及追兵的旗帜已隐约可望。这时，摩西向耶和华祈祷。上帝显示了奇迹，让红海水面分开一条路，摩西随即率领部族人逃过了红海，到达了对岸。不久，海面重新闭合，正在追赶的埃及军队全部被海水淹没。

这一奇迹极大地提高了耶和华的威望。人们也更把摩西当作了先知，人们相信他就是耶和华的使者。到达西奈山时，摩西称他见到了耶和华。耶和华向他传授了十条戒律，要希伯莱人遵行，这就是著名的摩西十诫：除耶和华以外，以色列人不可有别的神；不可制作或侍奉偶像；不可妄称耶和华上帝的名；当纪念安息日守为圣日；当孝敬父母；不可杀人；不可奸淫；不可偷盗；不可作假见证诬害人；不可贪恋别人的妻子与一切财物。

这十条戒律前四条是关于宗教信仰方面的，强化了对上帝耶和华的信仰。在这里虽然没有否认别的神的存在，但已完全否定了以色列人对别的神的信仰，使耶和华逐渐发展为绝对的惟一神,为犹太教一神信仰奠定了基础。十诫的后六条是关于社会伦理方面的内容,为以色列人确立了明确的行为规范与生活准则。

从此,希伯莱人对于万能之神耶和华的信仰更为明确。摩西死后,约书亚继承其位,他率领以色列人返回了"迦南福地"。

公元前11世纪左右,希伯莱人回到"迦南福地"之后,才发现这里已被非利士人占领。非利士人是爱琴海上的一个民族,被称为"海上民族"。他们原来住在克里特岛与小亚细亚沿海地区,可能遭受外族入侵,被迫离开家乡。他们在入侵埃及未成之后,便来到这里,把迦南改名为"巴勒斯坦",意思是"非利士人的土地"。他们在沿海地区定居下来,并建了几个设防城市,如加沙、加多、亚实突、亚斯卡兰等。他们已经知道使用铁器,武器比较厉害。非利士人成为希伯莱人恢复"迦南福地"最大的敌人。长久以来,两个部族一直相互争战,但是由于希伯莱人不是那种惯战的民族,他们只能躲在山地里,过着艰难的生活。在他们后来的《圣经·士师记》中记载着许多他们在这个时代中的不幸与失败。

公元前10世纪左右,希伯莱人中出现了一位英雄。他就是以色列族便雅悯部落的英雄扫罗。他把以色列族与原居此地的希伯莱人后裔联合起来,形成一个初具规模的统一王国。扫罗被各部选举为第一个国王。他领导希伯莱人共同对付非利士人。但是,南北两方并没有真正团结起来,内部矛盾重重。在季尔河阿山一战中,希伯莱人大败,扫罗与他的三个儿子都战死。他的盔甲被收存在非利士人的维纳斯神庙中,尸体则被钉在伯珊的城墙上。伯珊城原来是埃及人在以色列腹地的城堡,后来被非利士人夺取了。

希伯莱人南北的宗派偏见早就存在,北方的以色列人与南方的犹太人时常发生冲突。扫罗是北方人,南方人不太信任他。扫罗的败死,与他的部下、那个从南方犹太部落出身的青年将领大卫有关。

扫罗死后,国内一片混乱。大卫利用以色列与犹太各部落贵族中不满分子的合作,从而登上了王位。大卫是很有谋略的,他在扫罗开创的事业基础上,采取办法消除了北方以色列人对南方犹太人的积怨,使以色列人臣服于他。另一方面,他与推罗城结盟,开始了反对非利士人的战争,并最终战胜了非利士人。大卫又从迦南人手中夺取了耶路撒冷。在推罗王希兰的保护下,在耶路撒冷建起了城垣、王宫及庙宇,并定都于耶路撒冷。

耶路撒冷位于犹太部落的境内,是一座耸立于高山上的天然堡垒。大卫定都此处之后,以此为砦堡,开始同四周的部落进行战争。大卫在位40年,经常发动对外战争,他首先征服了一些小部族,如摩押人、亚扪人及以东人。战争的结果,大卫的王国强大起来,同时,奴隶人数大增,奴隶制度也大大发展了。在巩固了胜利成果之后,大卫率领手下人大力推进,占领了名城加多,把非利士人逐出了以色列与犹太境内。在同盟国推罗的帮助下,大卫控制了从埃及边界及亚喀巴湾直到幼发拉底河畔的土地,而且还控制了从推罗到埃及的商队大道,从而带动国内商业繁荣起来。从此,犹太人逐渐有了善于经营商业的传统。

这样,第一个统一的以色列犹太王国便建立起来,而且逐渐繁荣强盛起来。政治、经济的繁盛,促进了希伯莱文化的发展,历经无数痛苦与不幸之后,终于迎来了民族的繁盛，这使得希伯莱人更加深了对万能之神耶和华的信仰。

犹太教的形成

大卫建立以色列犹太王国之后，与同盟腓尼基推罗城共同开发商路航道。因为，以往腓尼基人到红海去需要路过埃及，但此时，埃及正在内乱之中，原来的商路受阻。因而推罗王希兰与大卫联盟，先帮助大卫安定了国邦，然后，希兰同大卫共同开发了从腓尼基经希伯莱王国到达红海的安全商业航道，并在红海中建造航船，于是便有了南北往来于耶路撒冷的商运。这样一来，带动起以色列犹太王国的商业发展，南方的许多犹太人都从事经商，大卫更是从商运中获得了大量财富。从而，整个以色列犹太王国便逐渐繁盛起来。

公元前973年，大卫的儿子所罗门继位，所罗门继其父志，继续与推罗王希兰交好。他对外不用武功，他通过外交途径确保了以色列犹太王国在当时毗邻大国中享有平等地位。同时，他与重又兴起的埃及交好，娶了法老的女儿为妻。从而与埃及和推罗共同积极发展海外贸易，特别是红海一带的贸易。此后王国更为稳定和富足。在国家内部，所罗门尽量歌舞升平，大兴土木，建筑豪华的圣殿、宫室与要塞，而且还不惜耗费巨资完成了由大卫时代开始的在耶路撒冷的锡安山上建造的豪华宫殿与耶和华神庙。

这时，希伯莱人的文化也发展起来。受尽苦难的希伯莱人聪明好学，尤其是文学方面的学习。他们直接从叙利亚商人，间接从腓尼基商人那里学会了拼音字母，学会了埃及方面行之已久的书写方法。于是抛弃砖制文书，而采用巴比拉纸作为书写工具。这使得书写大为方便，于是产生了文学，并逐渐繁荣起来，把他们所见所闻所感都记录成篇。希伯莱人对文学有独特偏爱，而对于其他的艺术，如图画、雕刻、建筑等则不感兴趣。

所罗门造就了以色列犹太王国的鼎盛时代。所罗门的传说也传遍了世界各地，如"所罗门的宝藏""所罗门的智慧"等已成为世界性的成语。

但是，希伯莱民族的繁荣太短暂了。

所罗门以经商致富，生活奢靡。到了他统治后期则奢靡至极，商业上的财产已不够这个南方游牧贫民出身的国王挥霍，他开始暴敛于民。宫廷贵族对于北方以色列族的剥削更加残酷，引起以色列人的强烈不满。南北局势又尖锐地对立起来，酿成了由耶罗波安领导的以色列人起义。起义很快被所罗门镇压下去，耶罗波安逃亡埃及。

这时，推罗王希兰已经去世，耶路撒冷不能再得到推罗的援助了，而这时埃及又强大起来，周围的叙利亚、亚述等国也逐渐兴起。以色列犹太王国岌岌可危了。

公元前933年，所罗门去世，其子罗波安继位，国内更加混乱。公元前930年，北方以色列族的耶罗波安带头的起义又爆发了。因有埃及法老示撒的帮助，早对南方政权不满的北方以色列人攻陷了耶路撒冷。这一年，即公元前922年，以色列犹太王国分裂为南北对峙的两国。南方由大卫王朝继续统治，以耶路撒冷为中心，称为犹太；北方以撒马利亚为中心，称为以色列。

其实，北方以色列人与南方犹太人之争由来已久，以色列人居住的北方，土质肥沃，经济发达，但在政治上处于劣势，国家的赋税、劳役大部分落在以色列人的头上。犹太人居住的南方，土地较劣，物产不丰，除耶路撒冷外，极少城市，人民仍有游牧生活的传统。但是，国王大卫、所罗门都是出自南方的犹太人，因而对北方有君临之势。这样，必然引起北方以色列人的不满。同时，由于君王穷奢极侈，在行省摊派徭役与征收苛捐杂税，迫使广大民众过着颠沛流离的困苦生活，因而激起人民的普遍不满。

而更为重要的一个原因是南北希伯莱人的宗教信仰不同。北部希伯莱人因与原有的甘纳尼人邻居乃至混居，所以大都放弃了原来的对于万能之神耶和华的信仰，而转信了甘纳尼神，名叫"尼尔"，即主宰之意。南方的希伯莱人则依然信仰原来的万能之神耶和华。这主要是因为南北方希伯莱人的经济地位不同造成的。北方比较富有，因而北方的神被认为是保护城市富人的；南方比较贫穷，因而南方的神被认为是保护游牧贫民的。因此，南北希伯莱人冲突时起。归根到底，这还是游牧贫民与城市富豪的斗争。

希伯莱人最终分裂为富裕的以色列与贫穷的犹太两个对立的国家。

以色列与犹太分裂后，南方犹太一直在大卫后代的统治之下，北朝以色列则频繁更换王朝。由于历代王朝所推行的军事政策与经济政策，加剧了社会贫富的分化，使得贵族更加富有，而农民纷纷破产，贫民沦为奴隶。剥削越来越残酷，阶级矛盾越来越尖锐，从而爆发了大规模的先知运动，这些先知们假托耶和华的启示，痛斥富人对穷人的强取豪夺，预言巴勒斯坦必将受到惩罚。

南北分裂不到 100 年的时候，北方以色列王阿哈曾残害其人民纳波，劫夺其葡萄园以扩大自己的宫苑。此一惨剧，激怒了富有游牧传统的人民，有个叫伊利耶的人，住在约旦河以东的沙漠上，仍披羊皮，未忘游牧习惯。他跑到阿哈王前，指着已遭蹂躏的葡萄园，宣布国王的罪状。这一行为，引起了耶和华的信徒与城市富豪间的战争。拥护伊利耶的群众，不但把北方以色列王室的人全部杀了，而且杀了许多侍候尼尔神的祭司。

频繁的内乱耗蚀了以色列小王国的力量，而南北希伯莱人的对峙更使以色列雪上加霜。日渐强大起来的亚述见有机可乘，便发动了对以色列的进攻。公元前 722 年，亚述攻陷了撒马利亚，亚述王萨尔贡二世虏其王何细亚以及臣民 27000 多人去美索不达米亚，并迁移巴比伦等地的人占领了撒马利亚，以色列王国从此便从历史中消失了。

犹太王国以大量金银献给亚述才得以苟延残喘。但是，犹太国内的阶级矛盾和斗争也越来越尖锐。公元前 7 世纪，犹太发生了一次贫民奴隶大暴动，国王被杀。新王约西亚继位后，励精图志，整顿内政，实行改革。他召集长老会议与民众会，重申古代律法，对希伯莱的债务奴隶制度做了某些规定与限制。同时，他把耶和华神奉为全国主神，以耶路撒冷为崇拜的中心，使犹太教的法规开始形成。他强调爱国主义精神，从而使国内阶级矛盾得以缓和。这时，亚述已经衰落下去，犹太王约西亚明白自己所处的位置，乘机加强自己，想走上一条强国之路。

约西亚领导犹太王国首先拿埃及开刀，但很不幸，一战便大败，约西亚被虏至米吉多，于公元前 608 年被杀。犹太重新沦为埃及的属国。这时，新巴比伦王朝已经强大起来，他想要对付埃及，便首先拿巴勒斯坦开刀。公元前 597 年，新巴比伦大军攻占了耶路撒冷，迫使犹太等国纳贡称臣，并留下了一些监督官吏。但不久之后，埃及再次出兵巴勒斯坦，推罗投靠埃及，其他一些小国也投向埃及，犹太人四面对敌，不得已也倒向埃及，并杀死了新巴比伦的官吏，以示忠心。新巴比伦王大怒。公元前587年，尼布甲尼撒二世再次进军巴勒斯坦。公元前586年，巴比伦人攻陷耶路撒冷，拆除城墙，焚毁神庙，灭掉了犹太王国。浩劫之后的5万余众全部被掳至巴比伦，这就是历史上有名的"巴比伦之囚"。从此，犹太国家不复存在。

希伯莱人艰辛、悲惨的经历，使他们逐渐认识到，要想在强邻四布的土地上保持自己民族的独立与特性，惟有加强共同的宗教信仰。于是，犹太教关于对万能之神耶和华的信仰进一步得到强化。

希伯莱人沦为"巴比伦之囚"期间，并不都是做奴隶，其中有许多人从事手工业、建筑业的活动。但那种亡国之苦，思乡之情，受异族欺压的苦痛，深深地刺痛着他们的心，使他们渴望返回故土，重建家园。特别是被囚于巴比伦城时日愈久，学得的知识愈多，眼界愈宽，便愈加认识到本民族的屈辱历史，愈加怀念本民族原来的自由幸福。他们渴望回到故里。这时，先知们的政治、宗教活动越来越频繁。有一位著名的先知以西结甚至还做出了复国建都的详细方案。但是，在强大的巴比伦军队的监视下，这显然是不可能的。

希伯莱人重建家国的愿望在残酷的现实生活中寻不到出路，不得不到宗教中去寻找安慰与寄托。这时，犹太先知们为了加强犹太人的团结，极力宣扬耶和华必能拯救犹太人的信念，夸张耶和华的权能，把耶和华说成是宇宙间独一无二的真神。同时还训诫人们，说犹太人之所以受苦都是由于不遵守与上帝立约时应承担的义务，不遵上帝的诫命而受到万能之神耶和华对自己子民的惩罚。因此，犹太人只有反省己过，虔信耶和华，才能得到上帝的拯救。

这些说教使犹太人成为更狂热的耶和华的崇拜者。同时，先知们还极力宣扬救世主观念，即耶和华将派"弥赛亚"（即"救世主"之意）降临人世，解救他们的苦难。这样，在他们的宗教信仰中又增加了对救世主的信仰。于是，犹太教逐渐形成了。该教以上帝耶和华为宇宙惟一主宰，以犹太人为其特选子民，并将希伯莱人的大量历史资料与文学资料汇集起来，成为自己民族宗教的经典——《圣经》。但这时《圣经》中的内容很少，大约只包括："摩西五经"，即《创世纪》《出埃及纪》《利未纪》《民数纪》《申命纪》等经律部分。

公元前538年，波斯灭了巴比伦。波斯王居鲁士决定恢复耶路撒冷，作为征服埃及的立足点，于是把被囚在巴比伦的犹太人一批一批地放回去重建都城，成立了傀儡政权。这时的犹太人已经是开化的文明人了，他们紧密地团结在耶和华脚下，往返于耶路撒冷，建立庙宇，开展宗教组织，建立起政治上隶属于波斯的神权与政权合一的政府。

其后，《圣经》内容不断增添。在波斯人统治期间，他们又从波斯的琐罗亚斯德教中吸收了许多宗教思想，诸如宇宙间善与恶、光明与黑暗的二元神论，讲求来世等信仰。这样，犹太教又逐渐从现实转向虚幻，形成了天国与来世的观念，认为人死后，灵魂是不灭的，依据生前的行为，或升天堂，或堕地狱，到世界末日来临时，进行最后审判。至此，犹太教信奉耶和华为宇宙间惟一的最高神，相信救世主、来世、灭国、末日审判等教义以及与此相适应的教规，教义便最终确定下来了。而犹太教的经典——《圣经》也得以充实,又增加了"先知"与"圣著"两部分,与原来的"经律"共同构成了犹太人的《圣经》。

"先知"包括史书与先知书。其中史书包括《约书亚纪》《士师纪》《撒母耳记》上下两卷、《列王记》上下两卷、《历代志》上下两卷、《以斯拉纪》《尼希来记》等共10卷,是以色列与犹太立国到亡国的历史。先知书包括《以赛亚书》《耶利来书》等15卷。

"圣著"部分是一些诗文集。包括抒情诗集《诗篇》《雅歌》,哲理诗集《箴言》《传道书》,剧诗《约伯纪》及小说《路得纪》《以斯贴纪》《但以理书》等。

希伯莱人原来把《经律》《先知》《圣著》三部分分为24卷编为《圣经》。此外还有《次经》即《逸经》14卷,《伪经》若干卷,因为成形时代较晚,没有及时编入《圣经》。

至此,犹太教便达到了成熟阶段。但是,犹太人的悲惨生活并没有结束。

公元前4世纪初,犹太人刚刚安稳下来,马其顿的亚历山大东征又开始了。公元前332年,亚力山大率军击败了波斯,占领了西亚广大的地区。不久,亚历山大病死,国土被三分鼎立,西亚地区大部分由塞琉古王朝统治。犹太人不堪残酷的压迫,于公元前142年起义,成立了马卡比王朝。但是,这复国的犹太人王朝只如昙花一现,不久又被征服。

公元前64年,罗马的庞培东征,又将犹太夷为自己的属国。公元后不久,犹太人不堪罗马奴隶主的残酷压榨、剥削,在首领的领导下,起义抗战达7年之久,从公元66年一直到公元73年,最后才被残暴地镇压下去,重新建立起来的宫殿、神庙又被夷为平地,城墙被拆,故园再一次成为一片废墟。至此,犹太人流落到世界各地。古希伯莱民族的历史到此结束。但是,犹太人的宗教信仰已根深蒂固。无论他们走到哪里,都坚持着自己的民族信仰,把犹太教传播到世界各地,最终为基督教的兴起奠定了基础。

基督教的产生

犹太人自从历经千辛万苦在巴勒斯坦安居下来之后,仅仅享受了大卫、所罗门统治下的一段短暂的"幸福"生活,不久又先后遭到埃及人、亚述人、巴比伦人、希腊人的残酷侵略与奴役。犹太人流离失所,倍受欺辱与剥削。但顽强不屈的犹太人坚守自己的信仰,相信耶和华神与他们的祖先亚伯拉罕订立的约规,相信他们一定会重建"迦南福地"的幸福家园。

公元前64年,刚刚复苏的犹太又被罗马的庞培占领,犹太沦为罗马的属国。罗马的统治者更为残暴,犹太人所遭受的灾难简直达到苦难的顶峰。犹太人为捍卫自己民族的独立与尊严,与侵略者进行了无数次可歌可泣的斗争,但都遭到了失败,人民被杀戮,田园被毁坏,神庙被践踏,无数犹太人背井离乡,散居异地,忍辱偷生。可他们心中依然存在着复国的幻想。但是,在罗马历代君主的残暴压榨下,这种希望已非常渺茫。他们只好把自己的愿望寄托于宗教之中去。这时,在小亚细亚与巴勒斯坦等地的犹太人居民中，渐渐流行起一种宣称"救世主弥赛亚将要降临"的传说。坚守信仰的犹太人对于先知所预言的复国救世主弥赛亚必将来临，复兴犹太国家的教义坚信不移，于是这种关于救世主的传闻越来越风行于犹太人民之中。弥赛亚被认为是耶和华的使者，是耶和华的化身，他将亲临人间，拯救自己的子民摆脱罗马的残暴奴役。

这时，耶稣降生了。但是，关于耶稣本人的生平我们所知甚少，因为耶稣已被基督教神化，他所有的事迹，都已成为神迹了。他出生的那一年，被作为纪年的标志，也就是现在世界各国通行的公元纪年法。当时，是罗马的开国之君屋大维，也就是奥古斯都（意为神圣庄严）在位之时。传说，当时屋大维听到耶稣降生，并将最终取代自己的位置、解放犹太人时，非常恐慌，他下令要把全城两岁以下的婴儿统统杀死，幸好，耶稣的父母带着他逃到埃及去了。但无数人家的幼儿惨遭杀害，母亲抱着他们死去的婴儿，痴呆着，疯狂着，痛哭流涕着，其情形惨不忍睹。

据说，生于这个灾乱年代的耶稣，其父母是约瑟与玛丽娅。玛丽娅与约瑟都是犹太人。玛丽娅受上帝圣灵感动而怀孕，以处子之身生下耶稣，因而被尊为圣母。耶稣就是圣子（上帝的儿子及人间的化身）。

耶稣在屋大维的儿子——提比略王在位后期时开始传教，耶稣的教义都是从犹太教中转化过来的，例如关于天国、创世纪、末日审判等，教义与犹太教极为相近。但也有很大区别。耶稣开始时传的教很简单，就是"爱人""安贫"与"自谦"。他知道以暴力绝不可能推翻罗马的残暴统治，不如以爱力代替暴力。他说，要爱一切人，爱邻人，爱仇人，这才是爱主、爱神的表现，"有人打你的右脸，你就把左脸也送过去"。耶稣要人们不贪财，要安于贫困，把不必要的财富都施舍给别人。耶稣轻视那些聚敛钱财的富人，说最伟大的人是仆人，受神保佑的是穷人，天国是属于穷人的。有一次，有一位富人跑来跪在耶稣面前，问道："善良的夫子，我当做什么事，才可以承受永生？"耶稣对他说："你为什么称我是善良的？除了神一位之外，再没有善良的。诫命你是晓得的，不可杀人，不可奸淫，不可偷盗，不可作假见证，不可亏负人，当孝敬父母。"富人对耶稣说："夫子，这一切我从小都遵守了。"耶稣望着他，眼中充满怜爱，对他说："你还缺少一件，去变卖你所有的，分给穷人，就必有财宝在天上，你还要来跟从我。"富人听了这话，脸上就变了色，忧愁地走了，因为他的产业很多。耶稣向四周一看，对门徒说："有钱财的人进神的国，是何等的难哪！"耶稣见大家不解，又对他们说道："小子，依靠钱财的人进神的国，是何等的难哪！骆驼穿过针的眼，比财主进神的国还容易呢。"

在耶稣要建的伟大的天国中，他很厌恶那种重形式的宗教与上帝立约现实的交易，他反对那种为了表示虔诚而恪守戒律的行为，他教导人们要真心向善。一次法利赛人与文士上门对他说："你的门徒为什么不照古人的遗传，却用俗手吃饭呢？"耶稣说："以赛亚指着你们假冒为善之人所说的预言，是不错的。《圣经》上说：'这百姓用嘴唇尊敬我，心却远离我，他们将人的吩咐当作道理教导人，所以拜我亦是枉然。你们是离弃神的诫命，拘守人的遗传。'"他又对他们说："你们诚然是废弃神的诫命，要守自己的遗传。"

耶稣所宣讲的，不但有一种道德与社会的革命，而且还暗示着伟大的政治革命倾向。耶稣说他的天国中没有王位，人与人都是平等的。天国不在世界上，而在人心中。耶稣指明，不论在什么地方，天国在人心里影响到什么程度，外部世界也会有同样程度的变革，从而建立一个新的世界。耶稣要融合扩大全人类的生活，他要消除人间的一切偏见与仇视，建立一个人间的乐园。

但是，因为耶稣的教义太深奥了，许多人一听到要他们不但爱仇敌，还要放弃自己的财产，便骇而远之，骂耶稣是疯子。但耶稣心怀大志，早料到会有这种结果，他毫不介意。这位衣衫不整、不名一文的穷牧师，流浪在骄阳似火、灰尘扑面的犹太土地上，不遗余力地宣传着他的教义，靠别人随意的施舍而度日。在他坚持不懈的努力下，他的周围渐渐聚起了一群虔诚的教徒，其中有十二个门徒最为著名，他们忠心地跟随着他，这些信徒多为奴隶、贫苦的农民以及失业流浪者，他们对于今世的幸福早已失去了信心，他们把耶稣当作了犹太教中所说的为了拯救人类而降生世间的"救世主"（古希腊文称为"基督"），因而跟随他，遵守他的简单的教义，成为他的教徒，以期望死后能进入"幸福的乐园"——"天堂"。

据说，耶稣显示了许多奇迹，从而使他的教众越来越多。

传说有一天，他去参加一位邻居的宴席。但是，因为客人多，主人家酿的酒快喝光了。剩下的最后一点也刚被端到席上，但依然不够，主人正愁眉苦脸地站在酒缸旁，不知所措，因为如果扫了客人的兴致，那对于主人来说可丢尽脸了。这时，耶稣在外面迟迟不见酒送上来，便明白了是怎么回事，他径直来到厨房，舀起一瓢清水，倒入了酒缸，对主人说，把它端上去罢，这就是美酒。主人将信将疑，他舀了一点尝了尝，真是美酒，简直比家酿的醇酒还香甜，于是急忙高高兴兴地端了上去，客人们一尝这种酒，直叫喊好喝，开玩笑说主人有私心，先把普通酒端来，大家都喝差不多了，才把好酒端来，叫喊着非要把主人家的酒喝干。只有主人明白其中的奥秘。厨房里，耶稣随舀随添，把酒缸里添满了清水，都变成了美酒，客人们大醉，也没喝完这么多的美酒。

还有一次，耶稣带了门徒渡海，忽然，狂风巨浪骤起，眼看着航船快要翻沉，门徒惊得抖作一团。耶稣安慰他们说："不要怕！"他平稳地走到船头，大声责备了一顿大海，海风、海水马上平静了下来。

据说，耶稣还能治百病。无论是得什么病的人只要一接触到他的身体甚至一片衣角，也会立刻痊愈。盲人眼睛会复明，哑巴会开口说话，瘸子两腿会恢复正常，健步如奔，其他的各种内疾、外疾都会立刻消失得无影无踪。

由于种种神奇的传闻，耶稣的教众越来越多，常常有几百人、几千人跟随他身旁。有一次，大家实在找不到足够的食物来填饱肚子。这时，耶稣就拿了几个饼，用手一掰，变成同样大的两个；再一掰，又变成四个，他不停地掰下去，分给众人食用，大家都吃饱了，还剩下不少。这个奇迹使他的门徒成倍地增长。在他三年的传教生活中，教徒达到几万人，各地都有秘密的宗教组织，势力渐渐强大起来。

但是，因为基督耶稣的教徒都是不信奉罗马教的，而且鄙视崇拜现实的偶像，这种不合作的势力引起了罗马统治者的慌恐。此外，耶稣否认了犹太教中关于上帝耶和华与亚伯拉罕定立约规以及把犹太人选为优秀民族的教义，说什么一切人都是平等的。这引起受尽屈辱的犹太民族，尤其是犹太祭司们的强烈不满，而富人们更是因为耶稣的"富人要进天堂比骆驼穿过针眼还难"的言语而更为仇视他。

一天，耶稣回到耶路撒冷来会见他的门徒并且传教，由于他的一个门徒告密，耶稣被犹太祭司与官吏们捉住，他们为了讨好罗马统治者而把耶稣处死，与他一块受绞刑的是两个强盗。这位出生于犹太伯利恒的犹太人，最终被犹太人自己杀死了。正因为如此，后来的基督教极端仇视犹太人，因为是犹太人杀了人类的"救世主"，而毫不顾及基督耶稣本身也是犹太人的事实。

耶稣死后，人们认为他的影响将从此告终，他的教徒也会消失殆尽。但是，耶稣死后三天，关于他复活的传闻骤起，并传闻在他复活的40日内，曾多次与弟子们呆在一起，并说只要你们遵照我的吩咐去做，我会永远跟你们在一起。耶稣复活后又升天了，据说，他将再次从天上来到人间，结束现世，建立天国，按每个人的德行，决定他应呆的地方，这就是末日审判。据说，耶稣复活的那一天，是在春分月圆之后的第一个星期日，以后这天就被规定为基督教的"复活节"，星期日又被称为"礼拜日""礼拜天"。而耶稣的生日，则被作为"圣诞节"，即每年的12月25日。

关于耶稣复活的事件被教徒们描述得活灵活现。这种传闻很符合当时人们的愿望，很快在各地流行。在耶稣的几位大弟子的推动下，各地纷纷建立秘密的宗教组织，教徒大量地增长。罗马统治者非常恐慌。残暴地处死大批的基督教徒，于是基督教活动转变为地下活动。但人们都坚守自己的信仰，相信救世主耶稣会再次来到他们中间，这给了他们精神上无限的力量。虽然罗马统治者残暴镇压，但由于众教徒们的宣传，特别是教徒保罗的宣传与推广，基督教的影响越来越大。

保罗原名扫罗，在耶稣被钉上十字架时，他还以迫害基督徒而著名。他也是希伯莱人的后裔，他没有见过耶稣，也没有听过耶稣说教。只是在接触基督门徒过程中，被基督耶稣的精神与思想所感化，他说，耶稣不仅是上帝给我们的救世主与犹太人的领袖，而且他的死更是一种牺牲，以使人类得救，正如原始文明时代祭祀上的牺牲者一样。于是，他更名为保罗，皈依基督教。保罗的加入无疑使基督教如虎添翼。因为，早期的基督教徒多为下层劳动人民，会写字懂知识的人很少，而保罗对各宗教深有研究，如犹太教、密司刺教及拜王教等。保罗对基督教的教义教规作了明确的记载并使之完善，从而使基督教义更为清晰。明确的教义吸引着无数人，许多富人权贵也开始加入了基督教，成为了基督徒，从而更加坚固了基督教的社会基础。

基督教从一产生就受到罗马统治者的鄙视与镇压。罗马皇帝尼禄在位时，残忍凶暴，骄奢淫逸，不理政事，胡作非为。公元64年，罗马发生火灾，全城14个区只有4个区保存下来。人们传闻这场大火是因尼禄厌弃简陋的旧城而纵火焚城的。凶暴的尼禄为了制止流言，将大批基督徒当成纵火犯逮捕起来，并用最残酷的手段把他们处死。尼禄的倒行逆施，引起各地各阶层人民的普遍不满。公元66年，巴勒斯坦爆发了大规模的犹太人武装起义。在耶路撒冷，起义者打败了罗马总督，全歼罗马驻军。这时，军队与元老院也反对尼禄。尼禄不得已，自杀身亡，其后继者韦伯芗对犹太人民的起义进行了野蛮的镇压。耶路撒冷城被攻陷，7万居民被卖为奴隶，财产被洗劫一空，无数的无辜居民惨遭杀戮。凄惨的境遇使更多的人加入了基督教。

哈德良在位时，公元132年，犹太人又掀起大规模起义，占领了罗马殖民地，杀死了殖民者。起义坚持了三年，最后被镇压下去，其后的统治者对于基督教与犹太人的态度各不相同，或通融或仇视。到了第二与第三世纪，由于罗马帝国又处于平稳时期，镇压基督教这种新信仰的倾向日渐增加。

戴克里先当政时，他以崇拜朱庇特（即宙斯）为其统治的思想支柱，大规模地迫害基督教徒。公元303年，他颁布法令，禁止基督教举行自己的宗教仪式。不久，他又乘某地发生群众暴动与宫殿被焚毁之机，公开逮捕刑讯与处死基督教徒，捣毁教堂、没收教会的财产，一切圣典与宗教著作都被禁止或销毁。但是，戴克里先皇帝对基督教社会的压迫终于失败。在很多地方皇帝的命令不能发生效力，因为居民与官吏中有许多基督教徒。

基督教势不可挡地发展起来。这一方面是由于基督教的教义与礼仪打破了民族与国家的界限与隔阂，具有世界宗教的因素；另一方面，它所宣扬的平等博爱之说，实行的共济互助、患难相恤的宗教生活，以及鄙视权贵、相信救世主必将降临世间的信念，都极大地吸引着呻吟在痛苦之中的广大劳动群众。

随着基督教的日益壮大，一些富有的农民、工商业者、奴隶主，乃至社会上层人士也参加进来，信奉基督教。这主要是由于社会日益动乱造成的，人人都希望救世主再次降临，创造一个和平幸福的家园。这些富有者有文化知识而且向教会捐献财物，渐渐取得了基督教的领导地位。这使得基督教组织与教义也发生了很大变化，日渐完善起来，形成了古代公教会与主教、长老、执事三级教职制，规定了一套教规，崇拜仪式与圣礼也逐步程式化，最后编定了《新约圣经》正典。

随着基督教的逐步完善，《新约圣经》也日益扩展，最后成为27卷，后来到了中世纪时还收入了《后典》7卷。《新约圣经》中主要包括四大福音书以及《使徒行传》等一些传记、书信等。四大福音书包括：《路加福音》《马太福音》《马可福音》《约翰福音》四种。最终，脱胎于犹太教的基督教圣典便逐步完成了。基督教《圣经》包括原来犹太教的《圣经》（称之为《旧约》）共39卷，《新约》27卷，以及后来的《后典》7卷，这成为基督教徒必备的经书。

随着罗马帝国的日益衰落，基督教势力的日益增大，罗马统治者对于基督教的态度日益缓和。公元313年，罗马皇帝君士坦丁颁布"米兰敕令"，承认基督的合法地位，返还被没收的财产，并授予一系列的特权。

公元317年，伽利略皇帝也颁布了关于信仰自由的条文。公元323年，君士坦丁废止了"四帝共治制"，成为了罗马帝国的惟一统治者。公元324年，君士坦丁在具有战略意义与经济意义的拜占廷遗址上建立了新都，把帝国的首都由罗马迁至拜占廷，后改名为君士坦丁堡。公元325年，君士坦丁在尼西亚亲自主持召开了基督教的"救世主教大会"，确定正统教义，而且君士坦丁抛弃了一切神圣的称号，将基督教的符号加在了他军队的旗帜与盾牌上，以求得上帝神威，无往不胜。君士坦丁临死时受洗成为了正式的基督徒，以求得入天堂。公元337年君士坦丁死后，没过几年，基督教已成为罗马人公认的国教，其他各教众都被吸收了过来。

到了公元375年，狄奥多西一世以罗马帝国名义正式宣布基督教为国教，将亚历山大城的朱庇特、赛累匹斯等神像拆毁，建成了基督教堂。从此之后，罗马帝国内存在的全部寺院与僧侣都成为基督教的了。

公元 395 年，由于罗马帝国内战，正式分裂为西罗马帝国（首都罗马）、东罗马帝国（首都拜占廷，即后来的君士坦丁堡），统一的罗马帝国在历史上不复存在了。而基督教却随之传播开来，并分裂为两个教派，即西罗马的天主教及东罗马的东正教两派。这两个教派前者属拉丁语系，后者属于希腊语系，各为体系地壮大起来，最终成为了西方社会最大的两个教派。基督教义深刻地影响了西方世界的社会与生活的方方面面。

世界历史五千年

金字塔之光

尼罗河的赠礼

埃及以古老悠久的文明著称于世。它位于非洲东北部,北临地中海,南邻努比亚(现在的埃塞俄比亚和苏丹),东濒红海,西接利比亚。

没有水就没有生命,没有大河就没有文明,是大江大河哺育了人类,广阔丰饶的平原是大自然带给人类的厚礼,埃及的古老文明就是尼罗河的丰赐。

尼罗河有两个源头:一条为白尼罗河,一条是青尼罗河。它们在苏丹的喀土穆交汇形成浩荡洪流,曲折向北流贯埃及全境,注入地中海。由于地理面貌的不同,尼罗河的上游多是连绵起伏的山峦、险峻的悬崖峭壁和无边的沙漠,而尼罗河的下游有许多支流,散铺在平地上,像扇面一样。那里湖泊沼泽星罗棋布,是丰饶的尼罗河三角洲。

我们把靠近下游三角洲的地方叫下埃及,靠近上游大沙漠的地区叫上埃及。

在尼罗河下游,每年夏季6月底开始泛滥涨潮,冬季11月份河水低落。这100天左右的定期涨落,淹没了河谷两岸的土地,留下厚厚的淤泥,大量的矿物元素和腐殖质藏在河泥之中,特别有利于庄稼的生长。尼罗河两岸的人们远在五六千年前,就开始过播种收获的农耕生活了。

当克里特岛上的米诺斯人在诺萨斯建造宏伟宫殿的时候,古埃及已经在他们之前1000年成为了一个大国;当意大利半岛的部落还在第伯河畔过着原始生活的时候,古埃及已经强大繁荣起来了。

公元前3000年以前,距今大约5000多年以前,埃及的文明时代到来了。富人和穷人也产生了。在埃及各地,有40多个小国,他们互相之间展开争夺与战争,主要是为了扩大领地,掠夺财富和抢夺奴隶供自己驱使劳作。

这些小国家的首领就是本国国王,他们头戴王冠,人称蝎王。蝎王之间的争夺,最终没能统一埃及。直到公元前3100年左右,埃及形成两个大的王国,即下埃及王国和上埃及王国。这时,两个王国都有了专职的行政官员,还有士兵、艺人和宗教头领。

这段时期,被历史学家叫做早王朝时期。

从公元前3100到公元前2270年,持续了8个多世纪,这样稳定的时期共产生了埃及的六个王朝。第一王朝的建立者，是传说中的美尼斯，人们常常也认为他就是纳尔迈或阿哈，因为没有具体的记载，所以他是久远的传说之中的国王，统领上埃及王国，头戴白冠。当时的下埃及王国头戴红冠，他和白冠国王美尼斯展开决战，尼罗河成为他们的战场。

上埃及与下埃及的士兵手持长矛混战在一起，鼓声螺号声悲鸣，杀声震天。上埃及军队挥动百合花旗，下埃及军队摇舞着蜜蜂国旗，双方伤亡惨重，一时难分胜负。

远古的人们都有自己的崇拜动物，他们往往把崇拜物作为自己的图腾，上埃及人崇拜展翅高飞的雄鹰，他们认为鹰神会保佑他们战无不胜。

厮杀了一天的白冠王美尼斯率领将士臣民祭拜所崇敬的鹰图，他们虔诚地祷告："无所不能的神鹰，你带着我们，你的忠实信徒，征服整个尼罗河吧！"

传说又经历了三天三夜的血战，下埃及的国王支持不住了，军队溃败，红冠王投降。美尼斯高傲地接过下埃及王的红冠，下埃及举国跪拜。从此，统一的埃及王国建立了。为了纪念这次战役，也为了记载自己的辉煌的战绩，美尼斯把决战地点命名为白城，在白城建立了城郭，成为著名的孟斐斯城。

虽然美尼斯取得了很大胜利，头戴白冠与红冠，自称"上下埃及之王"，可他没有完完全全地征服北方。直到第二王朝结束，埃及的统一才完全确立，早王朝时代完结，开始了古王国时期。

以后的第三至第六王朝在一、二王朝基础上继续统治，他们都把孟斐斯作为都城。这段时期政治动乱绝少，国王拥有了至高无上的权力，中央集权的专制统治制度逐渐建立起来。因为南方白冠王美尼斯众民崇拜神鹰，所以在他胜利的基础上，国王成为神鹰的化身，以后历代国王被画成神鹰，这在石刻岩画上被保留至今。

为了进一步统治臣民，国王又被神化成太阳的儿子。太阳神成为众神之王，国王是众民之王，代表天的意志。于是人们也不能直呼国王而必须尊称为法老。

到了第四王朝，法老们生前的尊贵也被带到了死后，他们的坟墓不再是泥砖建成的长方形坟墓，而是金字塔。所以第三至第六王朝的古王国时期又称金字塔时代。

《金字塔铭文》中记载："为他（法老）建造起上天的天梯，以便他可由此上到天上。"一级一级的金字塔就好比梯子，使得法老成为神，沿梯登天。

从早王朝（第一、二王朝）至古王国（第三至第六王朝）时期，埃及文明创造了人类早期的辉煌，此后埃及经历了中王国、新王国共31个王朝，有分裂也有统一，再也没有第一至第六王朝这样持续稳定了。埃及逐渐衰落，先后被利比亚、亚述等国入侵。公元前7世纪中叶，埃及重新独立，但好景不长，又被波斯帝国和马其顿国奴役。公元前30年，埃及成为罗马一省，古埃及消亡了。到公元7世纪阿拉伯帝国兴起，埃及成为阿拉伯帝国的一部分。

古埃及消失了，但它是人类早期辉煌文明的花朵，马克思恩格斯曾经认为，尼罗河水的涨落使人们创立了天文学。不仅如此，古老的金字塔与狮身人面像至今仍默默矗立在尼罗河畔，散发着幽古的神秘气息，告诉人们高潮与低落，辉煌与湮没，还有风沙与文明。

侵略狂——图特摩斯三世

图特摩斯三世是古埃及新王国时代第18王朝的第五位国王。在他统治埃及期间，发动了多次远征，埃及的版图达到了历史上空前绝后的广大程度。他建立了庞大的奴隶制帝国，并在他的花岗岩尖碑上自夸为"胜利之王，诸国之王"。他确实是历史上一位杰出的统帅、政治家、行政官，而且也是最熟练的射手、骑手，以及他那个时代的众多方面的优秀运动员。有人把他称为"古埃及的拿破仑"。

图特摩斯三世在位时间大约为公元前1504年至前1450年，他在大约10岁时继承了王位。

当他年幼的时候，王权被野心勃勃的王后哈特舍普苏特所控制。这个女人不同凡响，她按照她的愿望管理全国的事务。她代替了图特摩斯三世成为埃及惟一的女王，并自称"太阳之子"，因为她懂得适应传统习惯，终日把自己打扮成男性。为了巩固政权，她身着男装，脸带假胡须，为自己雕的像也是男性面目。正当她的权势如日中天的时候，却不明不白地死了。

这时，图特摩斯三世已不再是从前那个柔弱无力的小男孩了。他已成长为一名精通箭术、马术及一切军事技艺的健壮青年。他的地位很快便恢复了。

刚刚复位的图特摩斯三世便面临着米丹尼、叙利亚、巴勒斯坦等王国组成的反埃及联盟的威胁。在军队支持下，图特摩斯三世仅用了短短3个月的时间便安定了局势。他的声名和威望立刻树立起来。他的雄心也猛烈滋长起来。

随后，图特摩斯三世厉兵秣马，发动了他的第一次远征。在巴勒斯坦北部的美吉多附近，图特摩斯三世取得了他第一次战役的巨大胜利。在史书的记载中有这样生动的描绘："陛下驾着金银战车，配备着自己的战斗武器，像常胜者荷鲁斯，像威力的主宰，像底比斯的蒙特，出发了……当敌人看到陛下战胜他们时，就带着恐惧的面孔没有秩序地逃往美吉多去，他们抛弃了自己的马和金银制的战车。"

但是，埃及军队只顾劫掠敌人抛下的金银财物，而贻误了战机，没能及时拿下城堡，又花费了7个月的时间才最终攻陷了美吉多。

此后，图特摩斯三世多次发动远征，接连占领了叙利亚、巴勒斯坦、卡叠什一带。在他执政的22年中，先后远征西亚15次。随着对外战争的胜利，埃及的版图不断扩大，其北部推进到叙利亚的北端，幼发拉底河畔的夫赫朱什城。在南方，他的足迹也达到了尼罗河的第四瀑布。

他除去对外大举远征外，还对内大兴土木。首都底比斯在他的意图下变得格外壮丽，许多新的建筑物如雨后春笋般冒了出来，图特摩斯三世用它们来炫耀和记载自己的战功。在繁柱厅的墙壁上，各种珍禽异兽和多姿多彩的植物被栩栩如生地描绘在上面，那是他们的国王多次出征亚洲带回来的战利品。事实上，他带回的战利品远不止这些小玩意。在20年的对外战争中，他所到之处城镇被毁，村庄荒芜，大批的反抗者被屠杀，余下的人都被当作俘虏带回国内，卖为奴隶。远征的胜利给埃及输入不可估量的财富和源源不断的奴隶，图特摩斯三世统治下的奴隶制大帝国达到了空前的繁荣。

被征服的叙利亚、巴勒斯坦和努比亚各地的王公每年都要向埃及进贡。其他一些周边国家诸如克里特、塞浦路斯、巴比伦、亚述、赫梯等慑于埃及的威力，也不断地奉献礼品。图特摩斯三世为巩固他的统治，采取了两种手段：一种是把被征服国家的王公子弟带回国内作为人质，并给予他们以埃及宫廷的教育，从而使之成为埃及的忠实仆从，消除了后患；另一种就是在被征服地区派遣国王的代理人，并在显要领地驻扎军队，时刻让人感到武力的威胁。

图特摩斯三世耀武扬威了一辈子，在他统治的后期，又如愿以偿地享受着安宁富足的太平盛世。只是人生已老，盛年不再，他同样摆脱不了衰老和死亡的自然之法的审判。应当指出，图特摩斯三世的显赫功绩是建立在侵略的基础上的，他多年的侵略战争给西亚和努比亚人民带来了深重的灾难。每当他为自己的功绩增加一个筹码时，他的罪恶也在随之俱增。

宗教狂——埃赫那吞

古埃及王国分三个时期：古王国时期、中王国时期、新王国时期。埃赫那吞是新王国时期18王朝（公元前1570—前1320年）的一位法老，在他执政的18年里，他致力于宗教改革，在埃及引起一场翻天覆地的宗教革命。

埃赫那吞原名阿蒙霍特普四世，是阿蒙霍特普三世与泰伊所生的幼子。他身材瘦削，目光深邃，从小爱看书，满腹经纶。他这个人挺有个性，自己认准的理，就是几匹马拉也拉不回来。他执政后，要把阿吞神列为全国惟一信仰的神，而把先前所信奉的阿蒙神和其他神打入冷宫，惟"阿吞"独尊，那么他为什么要搞这样的宗教改革呢？

埃赫那吞的母亲泰伊是一位贵族，而不是王族中人，那时在宫廷里实行的是族内婚或者是兄妹通婚，因此埃赫那吞在王族中势单力薄。本来他的父亲要把王权传给他当祭司长的哥哥，不幸的是，他的哥哥早亡。因此，他自然而然成了王位的继承人。他即位后，面对的是陌生的大臣，办起事来总觉得不如自己人顺当。而且他对阿蒙神庙的僧侣互相勾结的做法十分不满，这些僧侣也因颇有势力而显得特别骄横，因此他一上台就想削减旧势力，巩固自己的政权。这样，埃赫那吞就同阿蒙神庙关系紧张起来了。此外，埃及帝国的军事实力也在加强，那些贵族军官们对于法老政权和阿蒙神庙的结合历来不满，他们希望法老政权摆脱阿蒙神庙，通过加强军事实力来提高他们的地位。因此，军事贵族和阿蒙神庙也处在尖锐的冲突中。这些情况就使埃赫那吞下决心以宗教改革的方式来打击阿蒙神庙以巩固王权。但宗教改革遭到保守势力的强烈反对，改革派和保守派的激烈斗争最终使两派走向了分裂。埃赫那吞反对阿蒙神，提出了新的崇拜的对象——阿吞神。

在埃及宗教神话中，有两个天神可以代表太阳，一是拉神，另一个是阿吞神。由于拉神与传统信仰的千丝万缕的联系，最后埃赫那吞确立阿吞神为全国惟一崇拜的神。阿吞神不再像其他天神以人形或动物形状出现，而是以自然界太阳的形象出现，位于中天、光芒四射，赋予万物以生命。埃赫那吞利用了太阳这一形象，获得许多的追随者，他们写就了热情洋溢的诗来赞颂太阳神——阿吞神。有一首诗这样写道：

在天涯出现了您美丽的形象，
您这活的阿吞神，生命的开始呀！
当您从东方的天边升起时，
您将您的美丽普施于大地。
黎明时，您，阿吞神，
从天边升起而在白天继续照耀，
您赶走了黑暗，光芒四射，
上下埃及每天都在欢乐，
人们苏醒了，站起来了，
他们洗身穿衣，高举双臂欢迎您。
您在地上造了一条尼罗河，
您按照自己的意愿把它给了人民，
来养育人民，
就像您创造他们那样。
您是一切人的主人，您为他们操劳，
您是大地之主，为它而升于天空，
一切远方的外国，您也给它们以生命。

全国上下掀起了打倒阿蒙神、建立阿吞神的轰轰烈烈的浪潮。埃赫那吞原名叫做阿蒙霍特普四世，由于名字中有阿蒙二字，因此才改名为埃赫那吞。改革运动引起了自上而下、自内而外的巨大的变化，触及了众多人的利益。许多原先信奉阿蒙神和其他神的埃及民众十分诧异："这是怎么回事？怎么好端端的阿蒙神不让拜了？我们自己的神也不让拜了？"而阿蒙庙的僧侣念经时说："无所不能，万寿无疆的阿蒙神啊，邪恶的手企图遮住你的光辉，疯颠的狂人埃赫那吞要改变您忠诚奴仆的信仰，惩罚他吧！拯救我们吧！"一时流言四起，仿佛人类的末日到了。而那些在宗教改革运动中得益的军官贵族、地主阶级则唱着对埃赫那吞的颂歌，对阿吞神的颂歌。有个官员在铭文中自述："我——按父母双方来说，都是个涅木呼，法老成全了我，使我成为（显贵）而我（本来）是不名一文的人。""他加到我身上的恩惠，像砂子那样数不清。我是在人民之上的百官之长，我的统治者提拔我，因为我遵循他的教诲，我又经常听他所讲的话，我的眼睛每天都洞察你的美丽。""你那像阿吞一样圣明，以真理为满足的法老呵！遵从你的处世教导的人，会过着多么幸福的生活！"

其实，埃赫那吞宗教改革的阻力太大了。改革并不像切西瓜，一刀下去，两面光。宗教改革也触动了王族内部的利益，王族同阿蒙神庙有着千丝万缕的联系，阿蒙神庙受到了强烈的打击，王族中的一些人也坐不住了，他们央求阿蒙霍特普三世和泰伊劝一劝他们的儿子——埃赫那吞，不要让他再这样搞下去了。老法老和泰伊出于国家的安全和对儿子的关心，在埃赫那吞向他们请安的一个晚上，对埃赫那吞晓之以理，动之以情，可就是不能劝说得埃赫那吞放弃。埃赫那吞对父亲说，他知道阿蒙神是底比斯的保护神，阿蒙神庙僧侣及其家人关系盘根错节，牵三挂四，使他的政令难以实行，因此他决定迁都，一则避开可蒙神庙僧侣的纠缠，一则便于管理好埃及和亚洲行省。老法老不同意迁都，但埃赫那吞执意如此，他们也拿他没办法，只好由他去了。

埃赫那吞回到自己的府内，仔细想想父母对他说的话，思忖再三，觉得阿蒙神僧反正已经得罪了，如果现在自己再向他们示弱的话，他们肯定看不起他，而自己也有不少支持者，况且军队握在自己的手里，这更加坚定了他把宗教改革进行到底的决心。这天晚上，他做了一个梦，梦见阿吞神把生命、健康和幸福给予了埃及和他自己，埃及国泰民安，埃及人民处在一片祥和之中。他与王后携手并肩，共赏人间美景。突然一阵风吹过来，他站立不稳，差点摔倒，忙拉王后。王后"啊呀"一声，把他从梦中惊醒。他醒来一看，原来他抓着王后的手睡着了。

第二天，法老上朝召集文武百官，发布敕令："由于阿吞神的感召和阿蒙神庙祭司拒不服从朕的命令，自本日起关闭全国各地非阿吞神的神庙，将僧侣赶出庙门回家，还俗为民。一切公共建筑物和纪念场上的阿蒙的名字必须彻底清除。在全国各个城市必须建起至少一座阿吞神庙，各级地方官员要带头向我的父亲阿吞神献祭、宣誓，永远忠于英明、伟大的造物主阿吞。已没收的其他神庙的土地划归阿吞神庙，禁止僧侣参政。首都迁往底比斯以北300公里的希尔摩。朕已为新都取名'埃赫塔吞'，意为'阿吞垂青的地界'。特令阿伊负责新都营建事宜，赫伦希布负责取缔一切非阿吞崇拜。各级官员必须听从调遣，消极怠工或拒不服从者须严加惩处。"法老颁布完法令就回去了，留下文武百官悄悄议论。

在埃赫那吞的强硬措施下，都城迁到希尔摩，埃赫那吞把政事交给了大臣，自己却沉浸在宗教幻想中。在幻想中与他所认为的神父相交谈，"认为自己是同阿吞神相联系的惟一的人间使者"，他酷爱颂歌和雕刻艺术，整日沉浸在艺术的幻想中，全然不顾外界的现实。他是一个诗人，他的资质管理不了国家。底比斯的僧侣们暗暗集会，举行了向阿蒙神献祭的活动，亚洲被征服的民众也不断反抗，全国的形势并不如埃赫那吞那样看好。埃赫那吞的母亲泰伊专程从底比斯到希尔摩，劝埃赫那吞不要沉迷于幻想，而是要切实地做些实事。而埃赫那吞对母亲的警告置之不理，他认为全国形势一片大好。在他和母亲一同坐车去阿吞庙祭祀的路上，遇到一个青年拦在路上要见他，要送给他一纸草卷。他让卫士去拿，可青年不愿意，非要面呈法老，于是法老允许了，未想到那青年拔出匕首向法老行刺，所幸卫士机灵勇敢，一枪把青年扎死。回到宫中后，他的母亲再次劝他，不要结怨太多，还是放了那些阿蒙神庙的僧侣吧，把他们的财产归还他们。可埃赫那吞仍置之不理。晚上睡觉时，王后也劝埃赫那吞不要再一意孤行了，可他不听，愤而离去。后来王后携带几个儿女离开了埃赫那吞，搬到城北的宫殿去住了。

埃赫那吞仍然推行他的宗教改革，但是他手下的大臣却都敷衍了事。埃赫那吞后来娶了自己钟爱的三女儿安开逊巴阿吞为王后，乱了人伦。不久，埃赫那吞的女儿、女婿遇刺身亡，他也忧郁成疾，身旁只有女儿兼王后安开逊巴阿吞携小女儿在旁守候。公元前1362年，埃赫那吞在寂寞中去世，他的宗教改革也告失败。

十二万生命换来的尼科运河

众人皆知苏伊士运河沟通了地中海与红海,为世界航运提供了极大的便利,是人类改造自然的光辉灿烂的壮举。但很少有人知道,早在苏伊士运河开凿的20多个世纪之前,就有一条运河用曲曲折折的碧波把浩瀚的地中海和狭长的红海连接了起来,它就是尼科运河。

尼科是古埃及的后埃及时代第26王朝的第二位国王。他于公元前610年到公元前594年在位。在他当权期间,开凿了尼科运河。

尼科运河从帕托莫斯(即今天的扎加齐格附近)的尼罗河起,向东经过沙石散布的平地到达俾特湖,再折向南,流经今天的苏伊士港而注入红海。尼科运河不仅把尼罗河与红海连接起来,而且由于尼罗河的布巴斯提斯支流最终流入地中海,从而使地中海与红海沟通起来。

关于尼科运河,据古希腊史学家希罗多德的记载:"这条运河的长度是4天的旅程,它挖掘的宽度足够三列桨船并排行进。"他还提到,由于工程浩大,"在尼科统治期间,死于挖掘工程的有12万名埃及人"。希罗多德的记载经过现代学者的考证,基本上是符合事实的。

然而,在尼科统治期间,这条运河并没有最终完成,直到波斯帝国大流士一世征服埃及后,开凿运河的工程才全部最后完成。尼科为什么没有完成运河的工程,照希罗多德的说法是,尼科接受了布陀神庙的神谕,说开凿运河有违神的旨意,于是便把进行了大半的工程废止了。但这种说法是靠不住的。比较可信的一种说法是:国王的工程技术人员警告他,由于红海的海面比地中海的更高些,如果运河开通,则埃及有被淹没的危险。

至于尼科当初开凿运河的动机,则牵扯到古埃及的政治与经济。

在尼科之前,他的父亲普撒美提克一世建立了第26王朝。他结束了后埃及时期以来几百年的分裂局面,重新统一了埃及。尼科便在父亲开创的统一局面上开始了他的内政外交。

当时新巴比伦王国正在大肆扩张,亚述帝国在它的强力攻势下濒于灭亡,一旦新巴比伦王国攻占了亚述帝国,则它的势力必将会向西大面积扩张,埃及将危在旦夕。尼科当机立断,迅速派兵出征亚洲,援助风雨飘摇的亚述帝国。然而最终却以埃及亚述联军的失败告终,卡赫米什被新巴比伦王国占领。

为了夺回失地,尼科于公元前609年亲自率军远征西亚,途中遭遇了已与新巴比伦王国结盟的犹太国王约西亚的阻击,双方在美吉亚平原交战。约西亚负伤而死,尼科取得了胜利,罚犹太国银子100塔兰特,金子1塔兰特,并在叙利亚和巴勒斯坦统治了三四年。

公元前606年,埃及打败了新巴比伦王国。但不久又被该国王子打败,并从此一蹶不振,不仅失去了对外扩张的力量,而且本身也受到了威胁,便退而加强防守。在尼罗河三角洲东部的达夫耐要塞，地势险要，左侧濒临大海，一大片难以通行的沼泽地是其天然防护，其右侧和南侧贯穿着一条山谷，堪称出入埃及的咽喉要道。尼科便选择了达夫耐要塞，派出重兵镇守。

虽然尼科企图恢复埃及历史上盛大王朝和辽阔版图的梦想没能实现，他多年的军事扩张也未能取得最后胜利，但是他复兴帝国的政策还是表现在了积极发展商业和对外贸易上。与失败的军事行动形成鲜明对照的是，尼科的商业行动做得如火如荼。

为了从事海外贸易，尼科十分重视发展海上势力。他在地中海和红海海岸建造了三列桨战舰，组织了一支强大的舰队，以此作为军事保证。他雇佣腓尼基水手环绕非洲航行了一圈，开辟了海上贸易线。腓尼基人乘坐三只船舰，用了两年多的时间，成功地完成了历史上第一次环行非洲的伟大创举。他们随船带来了沿途各海岸港口的特色产品，受到尼科的隆重接待，并获得丰厚的奖赏。

在同附近亚洲各国做生意时，尼科把埃及的特产运送出去，换回大量银子，大宗的贸易往来加重了运输的复杂性和负担。在当时，陆路交通极不方便，于是尼科便把目光投到了水路交通上。经过一番细致的考察后，他便作出了开凿从尼罗河到红海的运河的决定。这样一来，不仅适应了埃及特别是尼罗河三角洲贸易的需要，而且在一定程度上也为军事活动提供了方便。尼科运河便在酝酿成熟之后投入了实施。虽然尼科运河与现代苏伊士运河河道不同，但是仍不失为现代苏伊士运河的前身，为古代社会文化的交流、文明的进步做出了不可磨灭的贡献。

非洲最大的陵墓——金字塔

坐落在尼罗河畔的大金字塔被公元前1世纪西西里的狄奥多洛斯列为"世界七大奇迹"之一。"金字塔"一词是我国对古埃及的角锥体陵墓的形象称呼，因为角锥体陵墓的每一面都呈三角形，类似于汉字的"金"字形，故称为"金字塔"。

在尼罗河西岸，以孟斐斯为中心，形成了一大片王家墓地。除最主要的萨卡拉和吉萨外，还包括达赫舒尔、阿里安和阿布拉瓦西等地。从开罗附近的吉萨至上埃及的希拉康坡里斯一带分布着大大小小的金字塔，据报导至今为止已发现的金字塔大概有97座。那么这些金字塔是用来做什么的？仅仅是为了让人们观赏吗？不，金字塔是古代埃及法老们的陵墓，它象征着法老的统治力量。

在这些金字塔中，以埃及古王国时期第四王朝的国王胡夫所建的金字塔最大。胡夫的金字塔位于古王国首都孟斐斯以北，今之首都开罗附近的基泽地方。胡夫的金字塔高146.5米，由于几千年来在自然风化作用下，金字塔顶受到严重损毁，现高仅为137.18米；塔基边长230多米，由于塔基被沙石掩埋，现仅为227米；整个塔身由平均2.5吨重的大约230万块巨石砌成，这个庞大的锥体矗立在埃及的土地上，使埃及增添了不少神秘感。

这么雄伟的建筑是怎样建造的呢？在古埃及，没有现代化的机械装备，如吊车、汽车和先进的建筑技术，居然能够建造起一座200多米高的塔，真是不可思议。许多学者提出了各种各样的观点：有的说采用"斜面上升法"，即从采石场用麻绳牵引移动石块到场地，再在金字塔的每一阶层的每一边上建筑起一个同样高的斜坡通路运送石材；有的说仅在金字塔的一个侧面采用梯形斜面的更简便的方法；还有的学者认为几千年前，古埃及人是在外星人的帮助下才建成了金字塔。

建造这么宏伟的建筑应该需要多少人呢？一些专家对此进行了测算。人们根据一些铭文，推测金字塔可能是按照"队"来进行的。每个劳动队通常都用国王的本名或荷鲁斯名命名，如"友善的孟考拉队伍"，"伟大的荷鲁斯卡赫特的队伍"等。这些劳动队通常由"班"和"组"组成。有人认为，每个队分为4—5个班。赖斯讷做了近似的计算，认为每个组可由10—15个人组成，而每个班由200—250人组成，一个劳动队由800—1000人组成。在一个采石场上有1600人劳动。希罗多德曾经谈到建筑金字塔，他说："他们分成10万人的大群来工作。每一个大群要工作3个月。在10年间人民都是苦于修筑可以使石头通过去的道路……金字塔本身的建筑用了20年。"

关于金字塔的建造有许许多多的传说，希罗多德说，第四王朝的国王胡夫在建筑金字塔时，耗尽了财力，这个荒淫无耻的国君竟然让自己的女儿去卖淫，以便勒索报酬，来完成自己的陵墓。又说，他的女儿除了按照她父亲的吩咐去做外，也想给自己留点纪念物，因而请求每一个想和她交媾的人都要给她的营造物提供一块石头。而这些石头便用来修建了正对着大金字塔的三座金字塔中间的一座。这个故事可能是虚构的，但是我们可以从这个故事中看出法老是多么的昏庸，而这些一心想要长寿的人们，这些"尊贵"的人，为建造金字塔付出了多么沉重的代价。更不用说那些用生命和鲜血建造金字塔的底层人民所付出的代价了。

提到金字塔，就不得不提到狮身人面像。这位狮身人面的怪物叫做斯芬克斯。在埃及文献中，这座纪念物一般被称为Horemalchet（"地平线的荷鲁斯"）。因此，"斯芬克斯"或许表示太阳神或国王，而国王去世则和太阳神结为一体。狮身人面像坐落在哈夫拉金字塔的东侧，紧靠河谷庙的西北，似乎是塔陵的守卫者，但也可能是哈夫拉死后与太阳神结为一体的象征。狮身人面像意味着人的智慧和狮子的勇猛力量的结合。狮身人面像身高约20米，长为55米，据说是由一块巨石雕刻而成。如果把另外加上的匍匐在地面上的两只前爪计算在内，共73.5米长。它的头部有5米长，其耳、鼻的长度超过普通人的身长。关于"斯芬克斯"也有许多传说。据说"斯芬克斯"在路口向行人问问题，其实就是猜谜，如果你猜错了，斯芬克斯就把你吃掉，如果你猜对了，斯芬克斯就死。好多人因此而枉送了性命。后来有一个年青人去找斯芬克斯，斯芬克斯就问他："一种动物早上四条腿，中午两条腿，下午三条腿。请问这是什么动物？"这个青年略一思索，说："人。"斯芬克斯大叫一声昏死过去。这就是著名的"斯芬克斯之谜"的神话。这个神话中展示的是古代哲学家对人的思考，人这一生，小时候，用四肢爬还不会走路；长大了，开始直立行走；晚年，老了不中用了，得有一把拐棍。这个故事形象地反映了人的一生，也展现了古代埃及人的智慧。

最后有必要提一下神秘而又让人感到恐怖的木乃伊，那么木乃伊究竟是什么？它是怎样制造出来的呢？其实木乃伊就是干尸。古代的法老们幻想死后仍可继续享福，因此千方百计地保存好尸体，不让它腐烂。为了保存好尸体，必须把尸身涂上香料，取出全部内脏，然后放在盐水里浸泡，然后再填塞防腐物品，最后用麻布绷带把尸体扎好，放进棺材内。埃及的金字塔就是埃及法老存放木乃伊的地方。

有关金字塔仍然有许多谜等待人们去揭开。古代埃及人民所建造的金字塔给埃及带来了不朽的声誉。

古代埃及文学

埃及位于非洲东北部和亚洲西南部，是世界四大文明发源地之一。古埃及的人们凭借他们的聪明才智建造了金字塔和狮身人面像，同时，他们凭借聪明才智写就了不朽的诗篇，创造了光辉灿烂的古埃及文学。古埃及文学是人类文化史上一份宝贵的遗产。

埃及人大约在公元前3300年发明了文字。经过不断的完善，由原先的象形文字逐步发展成用字母、音符、词组组成的复合文字。凭借这些文字，就可把大量流传在民间或者宫廷的文学作品记录和保存下来。

在埃及的古王国时期（公元前3200—前2780年）就已产生了歌谣、诗歌、故事等。这个时期流传下来的比较突出的文学遗迹有：金字塔祷文，即刻在金字塔墓壁上祈祷法老死后升天获福的诗歌；大臣墓地上的碑传；此外还有流传于民间的歌谣、故事，反映普通群众的生活，展现普通人的生命情怀。中王国时期（公元前2780—前1778年）文学作品的质量、数量都得到了极大的提高。一些埃及的文学史家认为，这个时期的文学作品是最精彩的，它在表达、描绘、修辞等各方面均是后来各时期文学的典范，这个时期成为古埃及文学的鼎盛时期。新王国时期（公元前1570—前1090年）最突出的文学体裁是写实的作品，同时还留下一些对神和统治者的赞美诗。

古代埃及文学中取得巨大成就的是诗歌和故事，下面就详细谈谈。

先谈一谈诗歌创作。诗歌的主要功能是展示人的内在生命情怀，表现人的蕴藏很深的人性，但是，另一方面它也承担了反映社会生活的功能。古埃及的诗歌大多是反映社会生活的，从内容上分，有世俗诗、宗教诗和赞美歌等。其中有些诗作是对神的颂歌，有些是下层群众对生活坎坷的哀吟，有些则反映人们对生活的热爱和畅想。

真正的诗歌几乎大都是悲痛之作，只有在悲痛中，生命的诗歌才会被吟出来。古代埃及的下层人民、奴隶、穷苦的手工业者和贫民等，他们在劳动中唱出了反抗之歌。《庄稼人的歌谣》是这方面的代表作。诗中这样写道：

赶快，领队的人，
快驱打那群公牛！
瞧，王爷正站在那儿，
正望着我们呢。

这样的诗作还有《搬谷人的歌谣》：

难道我们应该整天搬运大麦和小麦吗？
仓库已经装得满满，
一把把谷子流出了边沿；

大船上也已经装得满满,
谷子也都滚到了外面,
但还是逼着我们搬运,
好像我们的心是用青铜铸成!

这些诗作真实地反映了下层群众的苦难和心声,真实地反映了那个时代残酷的阶级斗争。《庄稼人的歌谣》写农业奴隶看到监工来了时的那种胆战心惊的心理,生怕监工的鞭子抽打在他们的身上。这里已明显地看出奴隶、奴隶主两个阶级的对立。《搬谷人的歌谣》则展现了一幅"有余者"对"不足者"的剥削图。奴隶们愤怒地抗议着,仓库已经装满了,大船也装不下了,为什么还要没完没了地搬,这些人的心真是狠毒啊!

除了反映苦难的诗,还有爱情诗,其实爱情本身就是一首诗嘛。古埃及的这些爱情诗写人间的忧伤、甜蜜、焦急、渴盼、痛苦,真实地描摹了相爱的人各种各样的复杂心态。例如有一首男子唱给女子的情歌:

我没病装病,
为的是邻居——我的妹妹
好来看望我。
她见到为我治病的医生,
将会嘲笑我,
因为她知道我的病根。
这是妹妹的家,
但愿我是她的看门人。
即使这会使她生气,
听到她的嗔怪我也感到惬意。
我在她面前,
敬畏地如同孩童站立。
但愿我是伴侍她的女奴,
整天形影不离,
目睹韵华,幸福无比。
……

这首情歌听起来同中国的那首"我愿做一只小羊"的那首情歌的意思差不多,都是想让心爱的人把鞭子轻轻地打在他身上。爱情是人类永远吟唱的对象,爱情过程中的酸甜苦辣,以及对爱情的思考是文学表现的永恒的内容。

古埃及的诗歌创作除了劳动歌谣和爱情诗外,还有一些对神的颂歌。在古埃及,太阳神被奉为最高神,中王国时期《阿吞太阳神颂诗》是古代颂歌中的名篇,其中一首这样写道:

他创造出世界上所有的一切,
从他的眼里出来了人类,
从他的嘴里出来了诸神,
为牛群,他创造了青草,

为人类，他创造了果树。
他把生命赋予河中的游鱼，
以及空中的飞鸟，
他给蛋壳中的小鸡以呼吸，
还保存了虫卵的生命。

这里的太阳神成了基督教中的上帝——创世者，被作为万物的创造者来崇拜和歌颂。

除了上面的这些诗作之外，歌咏尼罗河历来也是埃及文学的重要主题之一，尼罗河养育了埃及的人民，养育了埃及的艺术文化。尼罗河是埃及文明的摇篮。众多的诗人采用最美的诗句来歌颂尼罗河。古代埃及有名的尼罗河颂诗，当数拉美西斯二世之子麦尔讷普塔时期的《尼罗河颂》。其中第一节这样写道：

万岁，尼罗河！
你在这大地上出现，
平安地到来，给埃及以生命；
阿蒙神啊，你将黑夜引导到白天，
你的引导使人高兴！
繁殖拉神所创造的花园，
给一切生物以生命，
不歇地灌溉着大地，
从天堂降下的行程。
食物的爱情者，五谷的赐予者，
普塔神啊，你给家家户户带来了光明！

古埃及的诗歌创作让人感到人类文明初期的朴实、天真，让人感到古埃及人多情善良的一面。而古埃及的故事创作则让人感到古埃及人极大的想象力和他们对世界最初的认识。古埃及留下了不少扣人心弦的故事。

中王国时期第十王朝的《能说善道的农夫的故事》，是故事体文学的优秀作品之一。这个故事说一个农夫从瓦迪·奈泰隆赶着驮盐巴的驴子到附近的村子去卖盐，结果路上遇到大官的仆从，这些仗势欺人的仆从把农夫的盐一抢而光。于是农夫到衙门里告状，县令对能言善辩的农夫无可奈何，又不敢得罪大官，只好把这桩公案专呈法老。法老下旨不予决断，除非这个农夫能提出有理有据、说服力更强的辩词。农夫靠着自己的聪明才智，终于说服了法老，法老宣判农夫告得有理，要严惩抢劫者。这个故事通过农夫的遭遇，揭示了古代埃及贵族怎样地剥削农民，欺压下层群众，歌颂了普通群众的聪明才智，敢于同上层贵族斗争的精神。

中王国时期另一个颇为流行的故事是《沉舟记》，说一个埃及水手，为完成法老交给的某项任务乘船到远方某地去。中途遇到大风浪，船只沉没，飘到一个没有人烟的荒岛上。醒来后遇到一条大蛇。这条蛇没有伤害他，而且帮助他回到了埃及。这部作品充满了神话色彩，作品在艺术上颇富特色。在描写巨蛇时运用了拟人化的手法。巨蛇对他说："不要害怕，神保全你的生命，把你带到这座遍地是好东西的岛上。"当他将要离开荒岛时，巨蛇对他说："平安回家吧，回去看你的女儿，并且给我在你的城里留下一个好名声。这就是我所要向你要求的。"这个故事表达了美好、善良的愿望，通篇充满惊险场面和主人公勇敢斗争、不怕困难的精神，真实地反映了当时水手的生活和埃及人民对祖国的热爱之情。

新王国时期留下了许多有趣的故事。如《两兄弟的故事》描写了昂普、瓦塔兄弟俩不寻常的经历。由于嫂嫂的诬陷，弟弟被迫同哥哥分开，前往据说是叙利亚的胶树谷。他行前告诉哥哥，他的灵魂在那棵胶树所开的花上，他一旦遇难，要哥哥找到那朵花放进一杯冷水中。弟弟在胶树谷住下后，胶树谷中的九位神仙给他塑造了一个女子伴他生活。后来这个女子被大海吞没，由于她的美丽又被呈献给埃及法老。由于她的背叛，胶树被砸倒，瓦塔便突然倒地而死。他的哥哥前来搭救，并按照弟弟所说的去做，瓦塔复活了，兄弟两人相拥而泣。后来瓦塔变为一头公牛，又变为两棵贝尔赛阿树，最后投胎到王后的肚中，即背叛他的那个女子。于是他成了法老的儿子，法老死后把位子传给了他。他召集大臣会议，把王后叫来，当面审问她。他封哥哥为一国嗣君，而他当了埃及王。他病故后，哥哥代替了他的位置。在这个故事中，弟弟瓦塔是个善良、正直的人，但是他多次遭女人的陷害、背叛，遭受种种磨难和屈辱，但最终正义得到伸张。弟弟的形象影射了古代植物与水之神、自然界死而复苏之神奥西里斯。奸诈的女人屡次置他于死地，而他却如种子得水，复苏萌生，这说明了邪恶是战胜不了正义的，事物发展的趋势是正义一定战胜邪恶，从某种程度上反映了古代埃及人的是非观。

总之，古代埃及文学是人类历史上的光辉一页，它真实记载了埃及人民的生活，为后来的埃及文学打下了坚实的基础。

世界历史五千年

佛陀世界

佛教鼻祖——释迦牟尼

释迦牟尼，原名乔达摩·悉达多，生于公元前566年，卒于公元前486年。"释迦牟尼"印度语为Sākyamuni，意思是"释迦族隐修的圣哲"。"释迦"为当时的王族名，意为"能仁"，"牟尼"意为"寂默"，合起来意为"能仁寂默"，也可以译为"释迦族的寂默的贤人。"

乔达摩属于刹帝利种姓，而悉达多则是南亚次大陆北部的一个叫迦毗罗卫城（此城在现在的尼泊尔境内）净饭王的儿子。

关于释迦牟尼，佛教有着各种各样的传说，其效果犹如中国的神话。相传他的母亲摩耶夫人在45岁时才怀胎。按照印度的习俗，妇女要回娘家分娩，于是摩耶夫人赶回娘家。但走到半途中，一个名叫兰毗尼的地方，她就分娩了，生下了释迦牟尼。那一天正是印度的吠舍月15日，也就是我国的农历四月初八。

释迦牟尼出生七天以后，摩耶夫人就死了。他由姨母波波提抚养长大。他从小喜爱学习，聪颖过人，过目成诵，对于文学、哲学、算学有着浓厚的兴趣，颇为精通。同时，他又喜欢武术、骑马、射箭、击剑。他的父亲非常高兴，以为释迦牟尼将来一定能有所做为，便决定以后把王位传给他，并希望他能光宗耀祖，成为一个"转轮王"——统一天下的大王。

释迦牟尼自幼过着优越的生活，锦衣玉食，无忧无虑。16岁时，和拘利城公主耶输陀罗结婚，一年以后，有了一个儿子，名叫罗罗。这一时期，释迦牟尼过着奢侈和舒适的生活。

然而，释迦牟尼并不喜欢权势。他满脑子想的全是人世间种种不平的现象：为什么全印度要把人分四等？为什么混血儿是人人唾弃的贱民？

相传有一天，他乘车出游，看见田野里的农民正在烈日下种地。他们一个个面黄肌瘦，汗流浃背，流露出又饿、又渴、又困、又累的神情。那头老耕牛正在地里劳动，疲惫不堪，软弱无力，但是他前面有人拉穿在它鼻子里的绳索，后面还有人用鞭子狠狠地抽打。老牛痛苦地摇晃着双角，气喘吁吁地拉着犁头，犁头插入很深的泥土，慢慢地向前移动。

当他看到这种情形时，不知不觉地喊出一句话："苦啊！"

以后，他看到了老人、残废者、死人，由此而体会到了人生的痛苦，他的内心翻腾着阵阵波澜："人世间为什么会有生、老、病、死，怎样摆脱这种痛苦？"他读了许多书，也不能解答这个问题。他知道权力再大的国王都不能解决这个问题，于是他便决心放弃王位的继承权，去出家修道。巨大的权势、豪华的生活、美丽的娇妻、可爱的儿子，都不能阻挡他出家的决心。

29岁那年的12月8日深夜，释迦牟尼悄悄地骑马奔出都城，到了别国的森林里。他换掉王子的衣服，剃掉自己的头发，做了一个修道者。

老国王不见了自己的儿子，非常着急，派出了五个人去寻找，终于在森林里找到了释迦牟尼，但他坚决不回家。

最初他向一些著名的婆罗门教学者求教。他们的说法是，通过祈祷、奉献和举行宗教仪式，灵魂可以得救。释迦牟尼认为这样不能超出生死、永远脱离轮回。

而实际上当时处于公元前6世纪，印度经济有了显著的发展，突出表现在工商业方面。纺织、武器、金属器皿和珠宝等等手工业非常发达。在恒河中下游，出现了王会城、会卫城、婆罗捺斯和瞻波等繁华城市，一定重量的金属块开始充当货币流通。经济的发展引起了阶级的变化。在奴隶主阶级中，产生了一个新的工商业阶层（富有的吠舍）。他们和武士贵族（刹帝利）在一起，反对居于社会顶端的祭司贵族（婆罗门）。同时，随着社会的分化，农民、工匠和其他劳动者（下层吠舍）的境况恶化，他们反奴隶主阶级的斗争也日益高涨。面临这种情况，武士贵族和工商业阶层一方面反对祭司贵族，另一方面又希望清除受他们剥削的劳苦大众的斗争。

这一切导致思想领域的重大变化，即涌现出一些新思潮、新教派。当时的新思潮、新教派有"六大师""六十二见""九十只种"等。他们在思想领域展开"争鸣"和激烈斗争，斗争的矛头都指向婆罗门教、旧的等级制度、传统观点以及它们的积极维护者——婆罗门僧侣贵族。

释迦牟尼正是在这样的情况下探索教义的。他到尼连禅河畔的森林中苦修，奔波了六年，澡也不洗，历经了千辛万苦。由于营养不良和体力过度消耗，在某一个夜间，他突然晕倒了。醒来以后，他知道苦修得不到什么正果。一天，他走到一条河边，决心下去洗一个澡，把六年来积在身上的污垢统统洗净。河边牧牛的姑娘看到这种情景，给他喝了许多牛奶，释迦牟尼终于恢复了元气。

他离开了尼连禅河，向婆罗捺斯走去。在离开了这座城市不远的伽耶（后称佛加伽耶），看见一棵菩提树，于是他在地上铺上了吉祥草，面向东方，盘膝而坐，对天发誓："如果我不能彻底觉悟，宁可粉身碎骨，也决不从这个座位上起来！"这样，他在菩提树下冥思苦想着解脱世间痛苦的答案。

在他35岁那年的2月8日夜间，当一颗明亮的星星从东方升起来的时候，他突然想通了，大彻大悟，创立了佛教的基本教义。这棵菩提树的遗迹，现在印度的比哈尔省。

教义创立以后，释迦牟尼就开始了他的传教生活。他先后在婆罗捺斯的鹿苑、王会城的竹林精舍、会卫城的的祇精舍等处说法。他被称为"佛陀"（意为"觉者"，汉语简称为"佛")。在长达40年的传教生活中,足迹北达迦毗罗卫,南抵婆罗捺斯,东至瞻波,西迄拘弥。

释迦牟尼所创的佛教教义的核心是"四谛",意为四条道理:

一、苦谛。释迦牟尼传教,从现象论起。他说,人间一切,莫不为苦。生、老、病、死,与亲爱的人别离,同怨恨的人会面,有所求而不得等一切身心现象都是苦。

二、集谛。佛以集谛说明苦的原因。他认为,人生的苦产生于人们的欲爱,有欲爱的而达不到目的就感到苦。他还宣扬,有欲爱就会有思念和行动,有思念和行动就会造成后果,就是所谓"造业",而造了业就不免生死轮回,永堕苦海。

三、灭谛。这是佛教追求的目的,就是悟彻产生苦的原因,并达到一种"涅槃"的境界。"涅槃"的意思是"寂天",佛教用这个词来表示他们宣扬的所谓"不生不灭"的境界。

四、道谛。佛教认为要达到"涅槃",就要修道。道谛是讲他们的修道途径的。

这样,人们通过修行、断惑、涅槃,成为阿罗汉(意为"不生"),再不堕入轮回。

另外还有"十二因缘"(亦称十二缘尘)。是集、灭二谛的详细说明,其主要内容是分析苦因和论述三世轮回之理。这一理论认为:世界万物皆因具备各种"因"(事物生灭的主要条件)"缘"(事物生灭的辅助条件)才能生长和破灭。因缘结合就生;因缘分散则灭。人是世界万物之一,也是因缘结合的产物或表现。基于这一理论,早期佛教把整个人生分为十二个互为条件和因果联系的环节:即"无明"(愚昧无知),"行"(善恶行为),"识"(精神活动),"名色"(精神和肉体的合一),"六入"(眼、耳、鼻、舌、身、意),"触"(接触事物),"受"(感受苦乐等),"爱"(贪欲),"取"(追求取著),"有"(生存环境),"生","老死"。在十二个因缘中,每个前者都是后者之因,后者都是前者之果。如"无明"是"行"的因,"行"是"无明"之果,"行"是"识"的因,"识"是"行"的果,"识"是"名色"的因,"名色"是"识"的果……其中,"无明"与"行"是前世因;"识""名色""六入""触""受"是现世果;"爱""取""有"是现世因;"生""老死"是来世果。这样轮流不息就构成三世二重因果业报轮回。"十二因缘"着重论述的是:人生之苦都源于"无明"而引起的造业果报,生死轮回不息,因而只有消灭"无明",皈依佛法,才能得到解脱,达到不生不灭的理想境界——涅槃。

从此,释迦牟尼走遍了印度半岛的许多地方,传授佛教的教义,据说还一直到达锡兰和缅甸。他反对把人分成等级,反对不平等的现象,同情不幸的人们,同时,宣扬因果报应,认为今世做了善事,后世就有好报,今世做了坏事,后世就有恶报。释迦牟尼的这些主张,有积极的一面,也有消极的一面。他还主张用自我解脱的方法来消除烦恼,否定斗争。

由此可见,释迦牟尼的教义正反映了武士贵族和新工商业阶层的要求。他一方面反对祭司贵族的权威,这一点是有其进步意义的;而另一方面,他又引导劳动人民逃避现实的阶级斗争,对他们起了麻醉作用。

佛教虽然是在反对婆罗门教中产生的,但是,还是不可避免地从后者吸取了一些东西。早在《奥义书》中,就提出了欲念产生人们的愿、行动及其后果,四谛中集谛就继承了这个说法。同时,婆罗门教宣扬生死轮回说,也被佛教继承下来。

由于佛教符合刹帝利和富有的吠舍的要求,并以"众生平等"为号召,在一定程度上吸引着劳动大众,所以,很快地就得到广泛的传播。最早皈依佛教的是两个商人,一个叫谛婆婆,一个叫跋利迦。接着曾与释迦牟尼一起在尼连禅河畔苦修的五个人也信奉了佛教。后来一些婆罗门教祭司、释迦牟尼的姨母和儿子都成了他的信奉者。信奉佛教的人陆续增多,在释迦牟尼传教的第一年中,就拥有信徒1000多人。后来人数更多,其中有国王、贵族和富豪,也有处于社会底层的群众。

信仰佛教而出家修行的男子称为苾刍(或译称比丘,意为"乞士",兼有乞法和乞食两种意义);女子称为刍尼(或译称比丘尼)。在家修行的男子称为波奈迦,意为"清男",女子称为波斯迦,合称"四众"。出家后信徒组成社团,社团称为僧伽。参加社团的人不得拥有私产,而靠布施生活。社团并订有戒律,其中团员有宣扬佛教的义务。

释迦牟尼一生从事传教活动。公元前485年,释加牟尼快要80岁了,重病缠身,但还在到处传教。2月15那天,他来到一条河边,病情加剧,知道自己不行了,就洗了一个澡。弟子们在几棵婆罗树之间架起了一张床,释迦牟尼侧身而卧,枕着右手,谆谆教导弟子们,不要因为失去导师而自暴自弃,而要以佛为指导,努力前进。说完,他就逝世了。以后,人们为了怀念他对弟子的苦心教导,就在寺庙里塑造了释迦牟尼的卧像。并把释伽牟尼诞生那天(四月初八)称为"浴佛节",把他修道的那一天(十二月八日)称为"腊八节"。

释伽牟尼的遗体火化之后,骨灰结成若干颗粒,佛教把这种颗粒叫做"舍利"。后来,八个国王分取舍利,把它珍藏在特地建造起来的塔中供奉,以表示对释伽牟尼的景仰。这种塔用金、银、玛瑙、珍珠等九种宝物装饰。

公元1世纪时,佛教传到中国汉族地区,以后,再从中国传到朝鲜和日本。然而,在公元8世纪以后,印度的婆罗门教重新得势,改名为印度教。所以现在印度国内反倒很少有信仰佛的人了。但是,发源于印度半岛的佛教,依然受到全世界的重视。在北京西郊灵光寺的塔里,据说藏着释迦牟尼的一颗牙齿,人们把这座宝塔称为"佛牙塔"。

政论天才——考底利耶

考底利耶生活在公元前4世纪,是古代印度的政治家和政论家,他所著的《政事论》非常著名,他也因此而成名。

考底利耶,印度语为Kautilys,别名那迦和毗湿笈多。具体生卒年代正史没有记载,已不可考证了。他具备卓越的政治才能,协同旃陀罗笈多在旁遮普一带组织人民起义,推翻了希腊-马其顿侵略者的政权。旃陀罗笈多在他的主谋和协助下,于公元前324年在印度西北部称王,接着率军东征,推翻了腐朽的难陀王朝,定都于华氏城,即现在的巴特那。考底利耶作为国王的大臣、顾问和国师,辅佐国王建立和统治着这个新兴起的庞大的奴隶制国家,是孔雀王朝的奠基人之一。

考底利耶原籍是古代印度西北部文化中心呾叉始罗城,出身在一个婆罗门家庭。他出生后不久父亲即去世，由母亲抚养成人。母亲对他影响很大，她希望儿子成为一个有教养的教师。他经过刻苦学习后，精通三部《吠陀经》，通晓天文、地理，熟悉有关冶金学的知识。他更关心政治活动和国家事务。但他的才华没有得到王室重视，反而引起难陀王朝宫廷的嫉妒和轻视。他决心脱离难陀王朝，另外开辟一个施展自己才能的新天地。考底利耶碰到失意的旃陀罗笈多之后，便把他带到咀叉始罗城，对他施以教育，从而成为旃陀罗笈多的导师和顾问。

从反对亚历山大的入侵开始，考底利耶就支持旃陀罗笈多的事业。最初，他们在咀叉始罗同亚历山大的希腊－马其顿驻军进行斗争。他们组织边区部族，发动印度人推翻外族入侵者的政权。考底利耶在他的《政事论》中充分地表明了对外族统治者的民族仇恨。他指出外族征服者怎样榨干了这个国家的财富。当公元前323年亚历山大在巴比伦死去的消息传来时，考底利耶抓住时机，让旃陀罗笈多发出反对外族侵略者的号召。这种呼吁给他带来了同盟者，众多的印度人民集中在他的麾下，同外族入侵者拼杀。希腊军队于公元前322年被驱逐出去，咀叉始罗城被收复。旃陀罗笈多在考底利耶的协助下，取得了反对侵略的胜利，并在斗争中壮大了自己的军事和政治势力。

在驱逐了亚历山大的侵略军之后，旃陀罗笈多在考底利耶的劝导和协助下，攻打腐败无能的难陀王朝。在战争中，考底利耶进一步施展了他的军事才能。他毫无顾忌地认为，为了达到目的应不择一切手段，他利用敌营中的矛盾，进行分化瓦解，进而消灭敌人。尽管缺乏这方面的史实材料，史剧《罗刹娑与指环印》却从侧面描写了考底利耶为获得旃陀罗笈多的政敌罗刹娑的合作所采取的权术和计谋。他终于笼络和迫使这位难陀王朝末代国家的重要大臣为旃陀罗笈多服务。考底利耶的策略使难陀王陷于孤立。由于考底利耶的谋划，在不到两年的时间内，难陀王朝被打败了，新的王朝——孔雀王朝建立起来了，旃陀罗笈多登上了王位宝座。旃陀罗笈多死后，考底利耶又辅佐他的儿子和继承人宾头沙罗（公元前300年—前273年在位）继续工作了一段时间。

公元前311年前后，塞琉古继承了亚历山大在巴比伦的统治后，转而向东方扩张。公元前304年，他的军队渡过了印度河，孔雀王朝迎击入侵之敌。考底利耶的军事策略发挥了作用，战败了塞琉古。塞琉古把印度河西部一直到喀布尔各省都割给了旃陀罗笈多，相传塞琉古还把女儿嫁给他，而后缔结了和约。孔雀王朝与西亚的希腊人保持着密切联系，这对孔雀王朝的巩固与发展好处极大。塞琉古派往华氏城的使者麦加斯特涅斯在那里住了五年，他写的《印度志》一书，成为研究印度古代史的重要资料。

考底利耶的另一重大贡献是给后世留下了不朽著作《政事论》。这部著作的内容涉及到内政、外交、民政、军事、商业、财产和司法等方面，甚至包括度量衡和历法等。从《政事论》中，我们可以看出考底利耶的智慧和他的多方面的学识，以及他的范围广泛的统治艺术。在以后的许多世纪中，《政事论》引起了众多政治家、研究者的广泛注意。到20世纪初，它的完整的手抄本被发现后，又引起学者的注目，它被整理出版并翻译成多种文字。研究者对它提出许多新的见解，有人认为这部著作不可能是一个人的观点，有着后人的许多修定和增删。大多数学者认为它出自考底利耶的手笔，但经过后人修改，大约在公元2世纪最后修定。

《政事论》是一部巨著，包括15卷，共180篇（按另一种分法为150章）。最重要的内容是关于国家组织的问题，它论述了国家各个部门的职能。国家有会计、财政、矿业、兵工、农业、贸易、航运、畜牧和税收等部门，这些部门涉及社会生活的各个方面。农村按照征税原则加以组合。《政事论》并提到各种不同的交通道路，以及国家和人民在维护交通道路方面的责任。

《政事论》涉及到政府理论和实际方面的许多题目。它论述了国王、大臣、顾问、政府各部及其在外交、战争与和平方面的各种职责。为了加强奴隶主的政权，考底利耶主张国王有绝对权力。国王是最高的统治者、军队的统帅、法律的执行者，他有任命官吏的最高权力，国家是为国王而设的，国王是至高无上的。《政事论》第六部中很明确地叙述了构成"国家"的七种要素，即国王、大臣、土地、要塞、国库、军队和同盟者。他同时提出国王应是精力饱满而头脑清醒的人，国王要调配军队，注意国家收支的核算，留心乡村发展的事务，任命高级官员，下达命令，接受侦探所搜集的秘密情报，制定和执行作战计划。因此，他主张国王必须学习，还要花些时间用于自省。《政事论》论述了一套森严的政治结构，国王、军队、官吏及各部的组织，需要十分周密而雷厉风行的制度和作风。它特别强调对各省行政机构的控制，从而强调加强侦探活动。

考底利耶在《政事论》中也提到货币等经济问题，有一章专门论及钱币的铸造与货币制度的采用，并规定国王在土地的产品中征收 1/6 的赋税，有的甚至高达 1/4。它规定：全印度都是国王的财产，国王征收赋税、罚金及买卖上的什一税。

《政事论》所谈及的问题十分广泛，从某些侧面反映了孔雀王朝的历史，也是当代印度政治历史经验的概括和总结。它一反印度其他文献的常态，脱离了连篇累牍的宗教规范和神话传说的窠臼，而成为论述国家机构与组织问题的一部政治论著。

《政事论》论述了孔雀王朝的整个政治制度，同时也提到了与外国的联系，提到中国的丝绸。据考证，孔雀王朝时代，印度和中国还没有接触，有的学者据此认为这部著作是孔雀王朝以后时期编成的。但《政事论》论述的基本上是孔雀王朝的社会情况和制度。虽然不能排斥此书有后人修改、编纂的成份，但它最初确实出于考底利耶之手却是比较可信的。

《政事论》的作者极端地宣扬了国王在国家中的作用，并强调了使用暴力的恐怖统治，把古代奴隶制印度的政治体制加以理想化。这是由作者的奴隶主阶级立场所决定的，也反映了他的历史局限性。印度以后的历代奴隶主和封建王的专制国家，在官僚政治、警官制度和赋税制度等方面，大体都沿袭了孔雀王朝的制度，作为他们统治和压迫人民的工具，因而不能不肯定《政事论》在这方面所起的作用。印度历史学家也承认："古代印度关于政府的学说，在《法治》和考底利耶的《政事论》中已奠定了主要基础。"

考底利耶这位古代印度政论家的业绩和他的著作《政事论》，已成为印度的历史遗产为后人重视。

孔雀帝国的创立者——旃陀罗笈多

旃陀罗笈多是古代印度的国王，是古代印度的孔雀帝国的创建者。他的父亲是一个氏族首领，母亲是一个村长的女儿，在他幼年时，父亲死于边境冲突中，因而他幼年时孤苦伶仃。但长大一些，他在青少年中间才能出众，被政治家考底利耶所看重。考底利耶把他带到咀叉始罗并使他受教育。

在旃陀罗笈多出现在历史舞台的时代，北印度正处在由小邦分立逐渐趋向统一的时代。

公元前4世纪，恒河下游的摩揭陀国建立了难陀王朝，相传它的建立者出身于社会下层，通过斗争才取得统治地位。他们的势力不仅控制了恒河流域，而且扩张到德干高原。

这以后不久，马其顿的亚历山大率领他的远征军进入印度的西北部，当地人虽曾奋起反抗，终因缺乏统一的指挥，力量分散，而被击败。马其顿的侵略者占领了印度的西北部，残酷地压迫当地人民，破坏了生产力，并且切断了印度与外界商业往来的通路。

奴隶主阶级为抵御危及他们政治和经济利益的外族入侵，要求建立一个统一的强有力的国家，其中工商业阶层更需要政治统一，以发展经济和保护商路，广大的农民、手工业者也渴望统一，以抗击外敌和发展生产。虽然各自的目的不同，统一已成为印度各阶层共同的迫切要求，这也是历史发展的必然趋势。由于难陀王朝后期的统治者很腐败，得不到人民的支持，因此，统一印度的历史任务就落到奴隶主阶级的代表旃陀罗笈多的肩上了。

据说，旃陀罗笈多曾在旁遮普访问过亚历山大，因惹怒了亚历山大而逃走，随后他和考底利耶召集军队，反对马其顿。印度的西北部一些尚处于氏族社会的人和过去的散兵游勇都参加到他们的队伍中来。这时，马其顿侵略者的处境非常困难。公元前326年，坎大哈人民爆发起义，杀死了马其顿总督。第二年，印度地区的另一个马其顿总督又被起义者杀死。亚历山大撤离后，马其顿在印度的统治濒于崩溃。

旃陀罗笈多利用这个机会，扩大其军队。公元前324年，他自立为王，开始了反马其顿的斗争。直到公元前317年，马其顿大将埃于德穆斯被迫撤退，旃陀罗笈多收复了印度西北部。

马其顿侵略者不甘心失败，公元前305年，塞琉古王国国王塞琉古进军印度，战争的经过情况不详。结果是塞琉古将今天阿富汗境内的赫拉特、坎大哈和喀布尔让予旃陀罗笈多。传说塞琉古还把一个女儿嫁给旃陀罗笈多，此外，塞琉古还派遣麦加斯特涅斯出使印度。

旃陀罗笈多还向南印度进军，在他的时代，孔雀帝国的疆界可南达迈索尔。于是印度历史上第一次出现了大体统一的帝国，旃陀罗笈多成为这个帝国的第一个国王。

为了统治和管理这一庞大的帝国，旃陀罗笈多在考底利耶的辅佐下，建立了一套中央集权的专制政治体系。国王是最高的统治者，独揽军事、行政、立法和司法大权。据麦加斯特涅载："旃陀罗笈多日理万机，甚至在更衣和盥洗时，亦须处理政务，接见使臣。"在国王之下，设立御前会议，作为咨询机关。此外，还有负责专门事务的一些文武大臣。他又把全国划分为若干省，作为地方的最高行政单位，任命省长或总督治理，他们都是王族成员或国王的亲信。旃陀罗笈多保留了原来的农村自治公社，它作为社会的基层组织为帝国提供税收和兵源，同时也是专制政治的基础。

据说旃陀罗笈多建立了一支包括60万名兵士的常备军，其中分步、骑、车、象、辎重后勤等兵种。士兵由国家供给武甲装备，并按时发给他们薪饷。

旃陀罗笈多还成立了一个密探组织，让其成员向国王告密，以加强专制统治。

统一的帝国促进了经济的发展，旃陀罗笈多对农业非常注意，专门设立了一个水利部，管理许多运河。麦加斯特涅斯记载道："由于河渠水量丰富，各物生产茂盛，以致可以这样说，饥馑从来没有降临过印度。由于食物充足，那里也从来没有出现过大规模的灾荒。"这段记载可能有些夸大，但也在一定程度上反映了当时农业的发展情况。

手工业也发展起来了，麦加斯特涅斯曾提到印度地下蕴藏金、银、铜、铁和其他金属，可以用来制造各种器皿、装饰品和武器。此外，纺织、珠宝、象牙制品等工艺都有突出的发展。被称为"脂那帕塔"的中国丝的输入，使印度的丝织品更加精美。

这时印度的商业也趋繁荣，出现了华氏城、王舍城、呾叉始罗和婆罗捺斯等大城市。旃陀罗笈多又统一了度量衡，更有利于经济的发展。

总之，旃陀罗笈多统治时期，是印度经济繁荣的时期，他的一系列措施使印度发展壮大。他一生的活动都和印度由分散的小邦发展为统一的奴隶制帝国密切联系着，无论是驱逐马其顿入侵者，还是消灭难陀王朝。

孔雀帝国时代印度经济的发展，说明了旃陀罗笈多的活动顺应了当时的历史潮流，对社会发展起了一定的积极作用。然而，他创建的帝国依旧是奴隶主国家，广大劳动者的境遇仍非常悲惨。除了受到奴隶主的经济剥削、政治压迫，还要受国王密探组织的监控，人身自由得不到保障，而奴隶主则拥有大量的财富。旃陀罗笈多的宫廷生活极为奢侈，外出时乘坐金轿，前面有很长的仪仗队，队内还有犀牛、大象等巨兽。宫殿等建筑皆饰以金银。服侍国王的都是宫娥，甚至狩猎时亦由女卫士护驾。这一切都反映出他的政权本质是维护奴隶主阶级的专制统治。

旃陀罗笈多死于公元前300年，据耆那教文献称，他在死前曾随耆那教教长跋陀罗巴乌到迈索尔，在那里过隐居生活。

阿育王传奇

公元前4世纪晚期，马其顿王亚历山大率军侵入印度西北部，并派总督和驻军进行统治。此后北印度政局动荡不安。公元前324年，孔雀家族出身的旃陀罗笈多，在领导印度河流域人民反抗马其顿入侵者取得胜利之后，自立为王，即月护王。后来，他挥师东进，攻克华氏城，灭了难陀王朝，建都华氏城。公元前305年，旃陀罗笈多击败塞琉古王国的入侵，合并了印度西北部广大地区，从而建立了印度历史上第一个统一帝国——孔雀帝国。他的后继者宾头沙罗统治时期，又征服了南印度一些地方。到第三代君主阿育王统治时期（公元前273—前236年），又征服了南印度的大国羯陵伽。至此，孔雀帝国成为一个幅员辽阔的大帝国，进入了它的全盛时期。

阿育王只是宾头沙罗王众多王子之一。他从小就特别崇敬佛教始祖释迦牟尼，喜欢听佛祖如何经过许多肉体和内心的痛苦而终于成佛的故事。他对他的兄弟们说："佛教可以教人消灭个人欲望，使人安分守己，这对治理国家很有好处。"

公元前273年，宾头沙罗王病逝。不久，为了夺取王位，王子和公主们进行了残酷的内战，其中最激烈的是阿育王和长兄之间的战争。在这场争夺王位的斗争中，阿育王曾经谋杀掉的兄弟姐妹有99人。最后阿育王夺取了王位，但直到称王后的第四年，阿育王才举行正式的登基典礼——灌顶信仰式。

孔雀帝国是一个君主专制国家，最高统治者国王集军事、行政、司法大权于一身。阿育王自称是"诸神的宠爱者"。国王之下设有庞大的官僚机构，有许多大臣分管中央各部，地方划分为若干行省，设总督进行统治。为了强化统治，建有由步兵、骑兵、战车兵和象兵组成的庞大军队。孔雀帝国的君主善于采用宽猛相济、恩威并用的统治政策。阿育王在征服大国羯迦陵的战争中，杀死10万人，俘虏15万人。

羯迦陵战争对阿育王影响极大。战争结束不久，阿育王同佛教高僧优波鞠多进行了多次长谈。最后，在其感召下，他皈依了佛教，成了一名虔诚的教徒。

成为佛教徒后，阿育王对残酷的战争给人民所造成的灾难感到万分后悔。他曾经发布过一个敕令说："战鼓的响声"沉寂了，代替它的将是"法的声音"。今后代替暴力统治和侵略的，将是不竭余力地宣扬佛法，从此以后，他将不再向邻国派遣军队，而是宣扬佛法的高僧。

阿育王所说的"法"，就是以佛教的伦理道德观为基础，强调仁慈的实践和虔诚的思想。他认为，对于每一个人来讲，信仰佛法，重要的在于行动，一个人能否向善，不是看他参加了多少次佛教的仪式，而是看他在每一件事情上是否能按照佛法去做。

阿育王希望每一个人都能以家庭作为人生的基点，首先在家庭中体现他所说的那些道德。主要是要服从父亲，尊崇老师和长辈；对亲朋好友要慷慨和友好；对待仆人和贫苦的人要乐善好施；对待动物要仁慈，不能滥杀。

平心而论，阿育王这些措施，都是有一定进步意义的。

阿育王率先垂范，以身作则。首先，他宣布在全国范围内废除斗兽之类的血腥娱乐，不允许用动物做杀生祭礼，在宫廷里对王公大臣们喜欢的狩猎游戏也加以限制。

阿育王定佛教为国教。他下令在王宫和印度各地树立石柱，开凿石壁，将他的诏令刻在上面。他还召集了全国的一大批佛教高僧，编纂整理佛教经典，在各地修建了许多佛教寺院和佛塔。盛况空前，真是佛教之大幸。

阿育王为了弘扬佛法，他派出了包括王子和公主在内的大批使者和僧侣，到邻近的国家和地区去传教。印度公主在去锡兰（今天的斯里兰卡）传教时，不仅带去了许多僧侣和佛典，还带去了一枝神圣的菩提树的树枝，并亲自种植在锡兰，这棵菩提树在锡兰一直生长到今天。

经过阿育王的一番努力，佛教不仅传遍了锡兰，而且很快传到了埃及、叙利亚、缅甸、中国和世界各地。

除了宣传佛教，阿育王还为老百姓做了许多的好事，如扩大灌溉工程、修筑道路、建立医院等等。阿育王在位的40多年，在国内外都享有很高的声誉。在印度和其他一些国家的历史著作里，他被称为"伟大的阿育王"。印度的孔雀王朝也成了印度历史上第一个强大的统一帝国。就连中国的宁波，也曾经有过阿育王寺，说明阿育王在中国也是有影响的。

佛教的创始当然应该归功于释迦牟尼，但它的大规模传播，则要归功于阿育王。

阿育王的确可称得上是世界史上一位伟大而富有特色的君主。他治下的孔雀帝国包括了除南端以外的整个印度半岛。孔雀帝国的结构和履行的职责已在旃陀罗笈多的私人教师考底利耶所著的《政事论》一书中予以阐明。考底利耶是一位彻底的现实主义者，他献身于"成千上万的国王拒绝接纳的财富之女神"，他的目的是要将"像不妊的母牛那样不结果实"的荒原改变成一个"美好的国家"，他对美好的国家作了如下的解释：

"在王国的中心区和边围的地区拥有首府和省会……力量强大，足以压服邻近地区的国王；没有一片片泥泞的、多岩石的、凹凸不平的荒芜的土地，也没有阴谋家、虎狼之徒、野兽和大片的旷野……拥有肥沃的土地、矿山、树林、成群的大象和牧场……用水不靠下雨……商品丰富多样；能够承担起供养庞大的军队和交纳繁多的赋税的重任；居住的农民都具有乐善好施、积极肯干的品质……这些就是一个美好的国家所应有的优点。"

无论如何，这些优点在孔雀帝国可见到一些。养护很好的公路上，成群的商人、士兵、王室信使和行乞的托钵僧往来不绝，车辆众多，使正式的公路法成为必需。对东海岸羯陵伽的征服促进了贸易，成立了一个海事部专门维护航道和港口。许多寺院的题词证实了向寺院捐款的商会和行会的富有和慷慨。首都华氏城被称为"花城"，以它的公园、公共建筑物、九哩多长的河边地和吸引国内外学生的教育制度而闻名于世。所有的这一切，均靠"国王提取的1/6"的收成来供养，不过，国王提取的收成实际上常提高到1/4，留给农民的仅够维持生存。法律是严厉的，维持秩序的手段也是无情的。军队号称有70万人，配备9000头大象和10000辆战车。精干的密探无处不在，通过信使和信鸽将一连串的报告送交首都。总而言之，这是一个高效率的、严厉的、官僚政治的社会，充分体现了考底利耶所说的名言："政治学是惩罚的科学。"

阿育王的统治表明，传统型的帝国统治发生了根本而独特的变化。他在通过特别残忍的战争之后，内心经历了一番强烈而微妙的变化，如前所述。他在刻于岩石的第13条敕令中这样写道：

"15万人作为俘虏被带走，10万人被杀死，许多倍于这个数字的人死去。……为诸神所爱的羯陵伽的征服者，感到很懊悔，感到深深的悲伤和悔恨，因为征服一个以前未被征服过的民族，包含着屠杀、死亡和放逐……即使那些躲过灾难的人，也由于他们始终热爱的朋友、熟人、同伴和亲属所遭到的不幸而极度痛苦。因之，所有的人都承受着不幸，而这使国王的心情十分沉重。"

由此可见，阿育王的忏悔还是相当真诚的。

推广佛教的目的在于创造一个"安全、理智、所有人内心都很平静、温和"的未来。他仿效波斯的统治者，将自己的敕令刻在岩石山洞和专门建造的柱子上。这些敕令与其说是正式法令，不如说是具有国家训诫的性质。它们的共同特点是，告诫人们发扬佛的美德——朴素、同情、相互宽容和尊重各类生命。阿育王兴办了许多并不给国家带来直接利益的公共事业——医院和国家公费治疗。

阿育王并不像现在某些时候所宣称的，是印度的君士坦丁。他对婆罗门和耆那教也予以慷慨的资助，并帮助各教各派的杰出人士。这不是宗教上的变革，而是一般态度的改变。他强调的是宽容和非暴力主义，不仅因为这两者是合乎道德需要的东西，而且因为它们会促进他那庞大且复杂的帝国的和谐。这在阿育王统治期间证明是很成功的，因为他在民众的欢呼声中统治了长达41年的时间。

孔雀王朝已成为到现在为止的印度历史的一个模式。印度与中国不同，在中国，是长期的帝国统一间隔以短暂的分裂；而在印度，则恰恰相反——是短暂的统一和长期的分裂。这并不是说印度就没有统一，印度有统一，但这是文化的而不是政治的。印度文化强调的是忠于社会秩序而不是忠于国家，正如种姓等级制度的地位比任何政治制度都高这一点所证明的。因而，在一个范围内增进了统一的文化又在另一范围内破坏了统一。

阿育王统治时期，佛教建筑和佛教美术得到空前的发展，这也是顺理成章的。佛寺、佛塔、石窟、石柱、雕像等，其数量之多，制作之精，造型之美，均为以往所不能比拟。其中尤以阿育王法敕与石柱、桑寺佛塔、阿旃陀石窟艺术最富有代表性。阿育王石柱的造型图案现已作为印度的国徽，印度的货币亦以它作为标志。

种姓制度下的印度

古老的印度是世界四大文明发祥地之一，它在创造了辉煌灿烂的文明的同时，也创造了一些负面的东西，如其长期以来形成的种姓制度，对社会形成了消极的影响。

"种姓"一词，在印度梵文中称"瓦尔那"，意为颜色、品质。这是怎么回事呢？

原来，印度的原始居民叫做达罗毗荼人，这个人种皮肤黝黑，他们创造了哈拉帕文化。在公元前2000年代中叶，属于印欧语系的许多部落，从中亚细亚经由印度西北方的山口，陆续涌入印度河中游的旁遮普一带，征服了当地大部分达罗毗荼人。入侵者是白种人，自称"雅利安"，意为高贵者，从一开始就带有种族歧视的意味。

雅利安人对达罗毗荼人的征服和奴役，以及雅利安人内部阶级分化的结果，在社会上形成了森严的等级制度，即种姓制度。

古印度有四个种姓：婆罗门、刹帝利、吠舍和首陀罗。

婆罗门地位最高，是祭司贵族，掌握神权，占卜祸福，垄断文化和报道农时季节。刹帝利是军事贵族，包括国王以下的各级官吏，掌握行政权与军事权，地位仅次于婆罗门。这两个种姓占有大量生产资料，靠剥削为生，构成统治阶级。

吠舍是小生产者，即自由民的中下层，包括农民、手工业者和商人，他们必须向国家缴纳赋税。首陀罗是指那些失去土地的自由民和被征服的达罗毗荼人，实际上处于奴隶地位。

各个种姓职业世袭，互不通婚，保持严格的界限。凡是不同种姓的男女所生的子女被视为贱民，或叫不同接触者。贱民不包括在四个种姓之内，最受鄙视。

婆罗门教宣称把人分为四个种姓完全出于神的意志。《吠陀》是婆罗门教的经典，其中的神话故事被利用来解释种姓产生：造物神"梵天"用口创造婆罗门，用肩和手创造出刹帝利，用膝创造出吠舍，用脚创造出首陀罗。因此种姓的贵贱之别是天经地义的。

婆罗门教宣扬轮回之说，为奴隶主阶级的统治服务：凡安分守己地忍受今生的苦难的人，来生可升为较高级的种姓，否则，即降为较低的种姓。这实际上是在以宗教恐吓被剥削的人，使他们放弃抗争，逆来顺受，在对来世的虚幻渴求中变得麻木不仁。

不仅如此，印度的奴隶主阶级还制定了种种严酷的法律，维护其种姓制度。《摩奴法典》是其典型代表。"摩奴"是婆罗门教神话中梵天的儿子。取这个名字的用意是很明显的，就是借着神的名义进行残酷的统治。

《摩奴法典》首先确认婆罗门是"一切创造物的主宰"，可以强迫首陀罗劳役，首陀罗要温顺地为其他种姓服务。首陀罗不能积累个人财产，婆罗门有权夺取首陀罗的一切。

《摩奴法典》还制定了众多残酷的刑罚，专门镇压低级种姓吠舍、首陀罗的反抗。如"低级种姓用肢体的哪一部分伤害了高级种姓的人，就须将那一部分肢体斩断，动手的要斩断手，动脚的要斩断脚。"还规定首陀罗如果评论婆罗门祭司的品行，就要用沸油灌入他的嘴里和耳朵里。杀死婆罗门的人应处以最痛苦的死刑。但是，高级种姓杀死首陀罗可用牲畜抵偿，或者只简单地净一次身就行了。

此外，法典还对各个种姓的职业、婚姻、服饰、起居、饮食等做了繁琐的规定。如不同种姓的人不能同室而居，不能同桌而食，甚至不能同饮一口井里的水；不同种姓的人严格禁止通婚，从而使种姓的划分固定化和永久化。

每个种姓在各地都有自己的组织，并有种姓长、种姓长老会以及种姓全体大会，处理有关种姓内部的事务，并监督本种姓的人严格遵守《摩奴法典》及传统习惯。倘有触犯者，轻则由婆罗门祭司给予处罚，重则被开除出种姓之外。那些被开除种姓的人也归于贱民之列。

贱民是印度社会中最受歧视的人，他们毫无尊严可言。贱民从事着被人认为是最低贱的职业，如抬死尸、清除粪便等。走在路上，贱民必须要佩带特殊的标记，口中不断发出一种特殊的声音，或敲击某种器物，以标示出自己的身份，通知那些高级种姓的人及时躲避。婆罗门如果接触了贱民，则认为是一件倒霉的事，回去之后要举行净身仪式。

印度的种姓制度实质上是阶级压迫的表现。虽然历经了几千年，种姓制度的影响至今依然存在，并且演变得越来越复杂。

坚战和难敌的故事

坚战和难敌是印度史诗《摩诃婆罗多》中的两个主要人物。"摩诃婆罗多"的意思是伟大的婆罗多族，它是首长达40万行左右的史诗，是目前整理编订成书的史诗中最长的一首，它来自民间口头流传。

坚战和难敌这两个有着血缘关系的堂兄弟，性格迥然不同，在史诗中演绎了一段复杂的故事：

婆罗多族的奇武王生有两个儿子，长子叫持国，由于自幼双目失明，长大后，国事被奇武王交到次子般度手里主持。后来，般度到林中修行，把政事交给了哥哥持国。

持国有100个儿子，人称俱卢族，为首的长兄叫难敌；修行的般度留下5个儿子，人称般度族，他们的长兄叫坚战。

持国公平地对待自己的儿子和弟弟的儿子们，并为这105个子弟请了一位身手不凡的师傅，传授武艺。不料，般度的5个儿子成绩突出，远远超过了持国100个儿子中的任何一个。持国对此倒没有什么意见，只是他的长子难敌非常嫉妒他们。难敌总想谋害般度五子，他使出各种阴谋诡计，甚至想放火把他们活活烧死在紫胶宫中。结果难敌样样都未能得逞，反而暴露了他丑恶的用心。

般度族在长兄坚战带领下逃走了。这时遮罗国王为美丽的黑公主开设了选婿大典，各路英豪荟萃一堂，为争夺黑公主展开了一场激烈的较量。最终般度族的五兄弟以超凡的箭法获得胜利，并合娶了黑公主。

持国不忍般度族流亡在外，便派人接回了五兄弟和黑公主。五兄弟欢天喜地回国了，而且还得到了虽然很贫瘠但占总面积一半的国土。他们开始了艰苦的创业。经过一番努力，荒芜的土地变得富饶、美丽。五兄弟受到当地人的崇敬和热爱，特别是他们的长兄坚战还被尊为王中之王。

难敌在一边看着，不禁妒火中烧。他知道，这次不能再使用暴力，必须想个好主意。经过一番密谋，他设计了掷骰子的骗局，而坚战又上了钩，般度族的一切财富被难敌剥夺了。黑公主与般度族一起沦为难敌的奴隶。得意洋洋的难敌指使他的俱卢族百般虐待、侮辱般度族，甚至想在众目睽睽之下剥光黑公主的衣服，想以此使般度族声名扫地。

持国看到事情闹得太不成体统了，也惟恐这是家庭灾难临头的前兆。于是，他下令恢复般度族的自由，并且归还了他们原有的国土。但是，难敌更加容不下坚战兄弟了，又一次利用掷骰子的赌博术使般度族再次失去土地，并且遭到13年的流放处罚。

坚战采取容忍的态度，带领般度族又过了13年的流浪生活，第13年还是在隐姓埋名中度过的。流放期满之后，坚战按照原先同难敌的约定要求归还般度族的土地。但是，难敌背弃约定，坚决不履行诺言。于是坚战就做了退让，只要求原有土地的一半，即使如此，难敌也不答应，坚战继续退让，只要求几个村庄，难敌就恶狠狠地告诉坚战，连立锥之地都不会给他。

坚战忍无可忍，终于，双方僵持到了必须要用战争来解决问题的地步。经过18天刀光剑影、血流成河的鏖战，俱卢族的兄弟相继阵亡，般度族取得了最后的胜利。

但坚战兄弟并不贪恋权势，他们把国家交给子孙管理，自己则跑到遥远的雪山上去修道。当他们死后，在天堂中同俱卢族相会，双方尽弃前嫌，凡间的愤怒和仇恨都烟消云散，他们都成了天神。

《摩诃婆罗多》描写了婆罗多家族内部的矛盾和斗争。坚战是"仁慈的化身"，他的人生信条是"容忍是最高美德"。他总是很理智地控制自己的愤怒，对别人的轻慢和侮辱总能忍耐和宽恕。在他身上，体现出古老的氏族道德遗风：言行一致，大公无私，不追随邪恶，不同朋友争吵，不贪图别人的财产，不受贪欲支配，也不留恋世间的无常之物。但是，当战争爆发后，坚战却变得狂暴、虚伪了，他用谎言和诡计扭转了不利的战局，干了些违反正法的勾当。坚战的性格发展变化真实地反映了原始社会转变为奴隶社会时军事酋长是怎样转变为奴隶主的。

难敌从刚刚出场就是一个反面人物。他狡猾奸诈、心狠手辣、贪婪无度、野心勃勃，为了夺取权势不惜一切手段谋害亲人，是个典型的政治野心家。难敌的嫉妒心理表现得格外突出。嫉妒是私有观念的反映，是卑劣贪欲的产物，对别人财产的贪欲和嫉妒，使难敌常常产生无法忍受的痛苦和忧愁，他露骨地宣称："刹帝利的责任是不断追求胜利，不管道德不道德。"难敌是一个最早出现在印度文学史上的奴隶主贵族形象。

《摩诃婆罗多》通过以坚战和难敌为代表的般度族和俱卢族的冲突，反映了人民群众的爱憎好恶，反映了他们坚持善行，反对邪恶，追求和平、安宁、富足生活的美好愿望。

长诗最后写五兄弟回到了战场。他们于昨夜被俱卢族偷袭，只有他们五位跑了出去。这五人看到地上血流成河，尸横遍野，景象十分悲惨。于是联想到兄弟家族互相仇杀，给全印度带来严重的灾难。就这样，般度与俱卢讲和，化仇恨为友谊。

最后是火葬，柴火像小山一样堆得高高的，尸体也像小山一样堆得高高的，火焰疯狂地冲上天空。如果人们贪婪和互相仇恨，就像这火一样疯狂，而这时的火所燃烧掉的正是贪婪。

《摩诃婆罗多》是印度古代社会的百科全书，对正义的歌颂是印度人民理想的化身，其结局正是他们团结统一的愿望的反映。

印度史诗——《罗摩衍那》

美猴王孙悟空的大名传扬四方，也许你还不知道，他这个猴王在世界上可不是独一无二的一份。在印度史诗《罗摩衍那》中，就曾出现过本领高强的猴王形象。据说，他还有可能就是孙悟空的前身呢！只是不是主角。

《罗摩衍那》是一首由10万句诗构成的洋洋洒洒的长篇史诗。它在印度长期的民间口头基础上发展起来，描绘了一个具有神幻色彩的动人故事。

故事讲道：阿逾陀城的十车王多年求子，祈心敬意，终于感动了毗湿奴大神，大神便化身为四份，下凡托生为十车王的四个儿子。当王子们长大之后，面临着选立太子的问题。经过群众大会的推选，十车王宣布：立罗摩为太子，继承王位。小王后吉迦伊受人教唆，耍弄手腕，挟制国王，逼着他下达了两个命令：一是让她的儿子婆罗多继承王位，二是流放罗摩14年。

罗摩不愿让父王违背自己的诺言，甘愿忍受被排挤的痛苦，他同妻子悉多、三弟罗什曼那共同去流浪，最后住到森林里。

不久之后，忧郁痛苦的十车王死去了。被立为太子的婆罗多不同意继承王位，决定把住在森林中的罗摩追回来。二人相见后，罗摩坚持不同意婆罗多让位于他的请求。不得已，婆罗多只得将罗摩的鞋带回放在王位上，供起来。他认为这样他才可以权且代兄摄政。

在森林中，十首罗刹王的妹妹热烈地追求罗摩，但遭到严辞拒绝，她转而又去追求罗摩的弟弟罗什曼那，结果被割掉耳鼻。她向哥哥十首罗刹王诉苦，要他为自己报仇。十首罗刹王化身为一头金鹿，出现在森林里，罗摩和罗什曼那为它所吸引，追赶而去，却正中了十首罗刹王的调虎离山之计。他趁机将罗摩的妻子悉多劫掠到他的领地——楞伽城，并诱逼悉多嫁给他。悉多坚贞勇敢，大胆地反抗，誓死不从。

罗摩四处寻找悉多，在这个过程中，他结识了猴王国之君，并结成盟友。罗摩帮助这个猴王打败了篡夺王位、霸占弟媳的不义兄长，因此，他得到了猴王国的帮助，明白了悉多被劫的真相。

于是，罗摩和猴王的军队开始了营救悉多的行动。在天神的帮助下，他们翻山过海，攻入楞伽城，最终消灭了十首罗刹王。悉多获救后，夫妻团圆。

这时，正赶上罗摩14年的流放时期已满，他们夫妻乘坐着云车回到国内，顺理成章地登上王位。而此时，在度过了崎岖坎坷的患难生活之后，罗摩一再怀疑悉多的贞洁，这令悉多非常伤心，她向地母求救，并最终投入大地的怀抱。

大梵天预言：罗摩全家将在天上团圆。

故事大概情节就是这样。

在史诗中，罗摩被描写成最完美的英雄典型，他智谋出众，道德超凡，武力过人，勇敢善战，善于保护人民，深受群众爱戴。人们称颂他："这些品德在身上闪耀，像太阳那样发出万道光彩。"

罗摩高尚的品德，使他能够平静地面对尽人皆争的王位。为了妥善解决家族内部的纷争，维护父亲十车王的良好声誉，他不惜丢弃一切近在眼前的权势和利益，荣华富贵对他来说轻如过眼云烟。他脱下华美的衣裳，换上树皮缝制的遮身物，走进森林，接受了14年的艰苦考验。他这种不谋私利，克己待人，宽恕忍让的精神，体现了人民群众对美德的认识。

关于罗摩的英勇，在史诗中作了生动的描叙。有一段史诗表现了罗摩以盖世的膂力拉断一张需要5000名壮汉才能拉动的宝弓：

成千上万的人们，

看到虔诚的罗摩，

把弓弦装到弓上，

仿佛在游耍欢乐。

这有力的人装上弓弦，

把弓一直拉到耳边；

这光辉的人中英豪，

把这张弓从中间拉断。

迸出了巨大的响声，

像是扫过来的飓风；

又像是那大山崩裂，

大地为之激烈震动,
被这声音所震撼,
所有的人都跪在地上,
只有罗摩兄弟俩除外,
还有牟尼立尊和国王。

罗摩从来不把自己的勇武运用于贪婪的掠夺和罪恶的征伐上。他同猴王建立的是生死与共的友谊,发动的是正义之战——营救悉多,杀死吃人的魔王。

然而,当罗摩当上国王之后,怀疑起他那忠贞的妻子,并把怀孕的妻子冷酷地遗弃在河边。可见,英雄是没有完美的。

悉多虽没有罗摩的形象那样光彩夺目,却也是生动感人的。

悉多的意思是犁沟,她的母亲是辽阔的大地。由于遮那竭国王的收养,她成了公主。但她身上丝毫没有宫廷的腐朽气息,有的只是坚强的意志、勇敢的精神和对爱情的忠贞。她有自己独立的见解和主张,遇事绝对不顺从于人。她说服了曾劝她回家的丈夫,同他一起去流浪,她拒绝了企图用荣华富贵、锦衣玉食诱惑她的十首罗刹王,她更愤怒地斥责了最后怀疑她不贞而抛弃了她的冷酷无情的丈夫,无畏地投进了熊熊的烈火之中。

悉多的故事是可歌可泣的,在她身上凝结着被压迫妇女的理想和愿望。

史诗是人类童年时期的艺术。《罗摩衍那》无疑创造了这一艺术的一个不可企及的高峰。

诗情画意的《吠陀经》

人类以善感的心灵体味世间万象,倾听万籁和鸣。

一只小小的青蛙,在千姿百态的生物群中毫不起眼,也很难称得上美丽可爱,似乎难进大雅之堂。然而,一旦它被诗人的慧眼捕捉,经过妙手的点染,就会脱胎换骨,容光焕发,俨然是美丽的化身了。

中国宋词:"稻花香里说丰年,听取蛙声一片。"

日本俳句:"古池塘,青蛙跳入水声响。"

这两则是传神写意的简笔勾描,还有一则,是精致细腻的工笔之作:

雨季到来了,雨落下来了。
落在这些渴望雨的青蛙身上。
像儿子走到了父亲的身边。
一个鸣蛙走到另一个鸣蛙身旁。
一对蛙一个揪住另一个,
他们在大雨滂沱中欢乐无边,
青蛙淋着雨,跳跳蹦蹦,
花蛙和黄蛙的叫声响成一片。

这朴素而又生动活泼的诗句出自印度的圣典——《吠陀本集》。

吠陀是梵语的译音,古译为"明"或"知识",即学问,是"神圣的知识"之意,也可译为"智慧书"。《吠陀本集》的产生源于古代印度的祭祀活动。婆罗门祭司在主持大型的祭祀典礼时吟唱诗句和经文,长期积淀下大量的诗歌。为了使祭祀时有经可据,祭司们将自古流传下来的诗歌(包括自己的作品)编订成四部《吠陀本集》,奉为圣典,成为祭祀中必不可少的工具。四部分别是:《梨俱吠陀》《娑摩吠陀》《夜柔吠陀》《阿闼婆吠陀》。

最富于文学性的是公元前15世纪左右编成的《梨俱吠陀》,是印度现存最古老的一部诗歌总集,共收集诗歌1028首。前面那首描写青蛙欢迎雨季到来的诗即出自这里。

《梨俱吠陀》的核心部分是颂神赞歌。有四分之一的篇幅歌唱古印度民族的主神因陀罗。他是一位手持雷杵,给人类带来甘润的霖雨、消灭旱魃和黑暗的伟大天神。印度人用气势磅礴的优美诗篇赞颂他的恩惠和功德:

他使摇荡的地球恒定。

他给原始的山岳形体,

他举起拱环的穹苍,

他划分浩瀚的天空,

他是——听着我的歌——

因陀罗,宇宙的统治者!

在上古的印度人眼中,变幻莫测的自然界是神奇的,可敬又可怕的,他们把日、月、水、火、天、地、风、雷都奉为神祇,热烈地歌唱礼赞,祈求能得到神的庇佑,如一首赞颂黎明女神的诗歌:

这个光华四射的快活的女人,从她的姊妹那儿来到我们面前了,天的女儿啊!

像闪耀着红光的牝马似的黎明,是奶牛的母亲,黎明啊!你又是财富的主人。

你是驱逐敌人的,欢乐的女人啊!我们醒来了,用颂歌迎接你。

欢乐的光芒,像刚放出栏的一群奶牛,现在到我们面前了。黎明弥漫广阔的空间。

光辉远照的女人啊!你布满空间,用光明揭破了黑暗。黎明啊!照你的习惯赐福吧!

你用光芒遍覆天穹。黎明啊!你用明朗的光照耀广阔的太空。

诗中那奔放热烈的情感,那丰富巧妙的修辞,以及自然力量的人格化表现,都同中国的《楚辞》中瑰丽的诗篇有异曲同工之妙。

除了《梨俱吠陀》之外,《阿闼婆吠陀》中也有一些清新喜人的小诗。《阿闼婆吠陀》是用以攘灾去病的,大部分诗是巫师的咒语,如一首治咳嗽的咒语:

像太阳的光芒,

迅速飞向远方,

咳嗽啊!远远飞去吧,

跟着大海的波浪。

真是不看不知道,原来想象中可怕的巫师和那些恐怖的咒语,居然可以是这样词句清新,境界开阔,想象丰富,韵律流畅,令人回味再三。

还有一首求雨诗：
雷啊！怒吼吧。请你使大海的波涛汹涌。
雨啊！请你用甜蜜的乳水浇洒大地。
请在求庇护的人身上浇下倾盆大雨：
让那些瘦牛的主人快快回家去。

这些诗是古印度人艺术才华的展示，如同源源不断的甘泉水，给印度文学以丰厚的滋养，更是世界艺术圣坛上，一支独放异彩的奇葩。

此外的《娑摩吠陀》和《夜柔吠陀》则是工具性强一些，文学价值稍逊于前两部。

世界历史五千年

西方之源

特洛伊之战

西方文化的源头是古代希腊,现代欧美的许多观念、精神都源于古希腊。希腊历史的第一篇章是爱琴文明,在希腊的土地上,出现了全欧洲最早的国家。

公元前2000年至公元前1200年间,在爱琴海地区的岛屿上出现了奴隶制的城邦,先后以克里特城和迈锡尼城为中心,希腊的社会发展起来。

在公元前1700年至前1400年的300年间,克里特最为繁盛,以克诺索斯城为中心,传说中的米诺斯王建立了海上霸权,控制了整个爱琴海地区并且还同埃及保持着密切联系。

公元前1450年,克里特岛被来自南希腊的迈锡尼人占领。公元前1400年至前1300年间,迈锡尼文化繁荣,然而经过一场10年之战,迈锡尼人元气大伤。希腊的爱琴文明也逐渐结束,古希腊揭过了历史文明的第一页。

在公元前12世纪前后,希腊人远征特洛伊城,目的是为了抢夺特洛伊的财富。但这件事的起因有一个传说,故事也就从此开始:

小亚细亚西北部有个特洛伊王国,国王为普里阿摩斯,他众多的子女中,最受宠的是王子帕里斯。帕里斯和他的父亲一样爱慕美色。有一天,帕里斯出使希腊去接回自己的姐姐赫西俄涅团聚。

王子到了希腊,在斯巴达遇到了美貌的女子海伦,海伦的丈夫是墨涅拉俄斯,他是斯巴达的新王,老王是海伦的父亲。

帕里斯英俊风流,海伦被他吸引,而墨涅拉俄斯恰好不在宫中,海伦以王后的特殊身份接待了帕里斯。他们一见钟情,海伦竟然上了帕里斯的船逃离了斯巴达,而帕里斯也忘记了自己的使命,最后他们回到特洛伊城。

战争打响了,希腊联军远征特洛伊城,帕里斯与墨涅拉俄斯对阵而受伤,在另一场战斗中却射死了希腊英雄阿喀琉斯。最后,帕里斯被希腊神箭手菲罗克忒斯用毒箭射死。

双方交战无数,希腊人虽然杀死了罪魁祸首,但是复仇的火焰正熊熊燃烧,不肯退兵，交战双方都看不到胜利的尽头。在特洛伊城里面，有人主张把海伦交出去讲和，但这是不可以的，因为她有了第三任丈夫，是特洛伊城的一个将领。在希腊那边，也有人主张撤军，但复仇派占大多数。

夜深人不寐，希腊联军统师阿加门农的大帐中，将领们商量妙计……

没出几天，一个奇怪的早晨。

平常喧嚣的战场，突然间变得死一般地寂静，特洛伊人向城外眺望，只见希腊联军的大营在一夜之间拆得干干净净，旷野上空无一人，远远地，威猛的战舰似乎在大海里，隐约能辨认出来希腊旗帜。

哨兵们先从城中出来，小心翼翼地搜寻，结果一个人影也没找到。

"希腊人逃回去啦，希腊人逃回去啦！""我们胜利了，我们胜利了！"特洛伊士兵不敢相信眼前的情景，但又不得不相信，他们最终欢呼起来。

城里的将军、士兵们都听到了欢呼声，纷纷拥出城来庆祝。来到海滩下，他们准备再打探一下敌情。突然，看见一座高大的木马矗立在那里。

"这是什么？"

人们面面相觑。

"用矛刺一刺。"有人提议。

结果没扎动。

突然，"这儿有个人！"士兵中有人叫道。

只见木马下面有一个人哆哆嗦嗦地走出来："求求你们，不要杀我，不要杀我！"

特洛伊老国王让人把他带过来，这个人下跪禀明实情："我，我躲在这里，因为我没有地方去了，阿加门农要杀我！"

老国王问："这是为什么？"

"有一个希腊将领要退兵，他反对进攻特洛伊，阿加门农很残暴，听不得反面意见，所以把他杀了。他还要把我们，这些将领的亲戚都杀掉，幸亏我趁乱跑到山林里了，可是刚才你们搜山，我，我没地方去了！"这个人悲号不止。

老国王是一个善良的人。他让人把这个希腊人放了，并且准许他留在特洛伊生活。这个人千恩万谢，磕头不止。

"这个大木马是做什么用的？"老国王问道。

"这是希腊人做出来为了祭天的，大王如果把他们的祭品当成战利品拉回去，亲自祭神，会得到好运的。"

"对呀，这是我们的最大的战利品。"人们兴高采烈地说。

老国王信以为真，令人把木马抬进城里。这个木马真的好大，根本不能从城门进去，于是就把城墙拆了个大缺口，把大木马运进城里，准备祭祀天神，以求好运。

晚上，人们点火跳舞，举杯痛饮，狂欢不止，一直闹到疲劳不堪，有的回到宫中，有的躺在街边，有的就睡在了酒席之上。全城静下来了，到处杯盘狼藉，酣睡的人随处可见。

夜深了，有一个人没有睡觉，就是那个希腊人。他悄悄地溜出城来，从白天砸开的豁口爬出来，到了一座山丘，点燃了信号火光。

他又迅速奔回城里，来到大木马前，在木马身上轻轻地敲了三下。只见本来严丝合缝的木马肚子忽然打开了一个小门，20名勇士全副武装，鱼贯而出。他们冲到城门下，打开了城门并且到处放火。

　　在远处海面上的希腊军队看到大火燃起，知道计策成功，他们以迅雷不及掩耳之势杀了回来。他们冲进王宫，斩下老国王的头颅。斯巴达国王冲进海伦的卧室，把那个将领刺死，然后挥剑斩向海伦。

　　可是，突然间他的剑落在地上，他的手无力地垂下来，原来他看到海伦的美丽，下不了手。这时，人们纷纷嚷道："杀了她！杀了她！"斯巴达国王一狠心，再次举起剑，但仍下不了手。

　　正在进退维谷之际，联军统帅阿加门农发话了："饶了她吧，弟弟！"

　　别看这轻描淡写的一句话，可使斯巴达国王得了赦令。他把剑扔在了地上。

　　10年战争终于结束，特洛伊城被毁。特洛伊的男人们大多被杀死，妇女、儿童成了奴隶。

　　3000年来，木马计一直流传不衰。"特洛伊木马"成为一个特有名词，意为挖心战。作为一个成语，其意是"为了消灭敌人而送给敌人的礼物"。

欧洲最伟大的英雄史诗——《荷马史诗》

　　《荷马史诗》是欧洲第一部伟大的文学巨著。它的主要搜集整理者荷马因而也成为最伟大的诗人。

　　大约在公元前15世纪，在希腊半岛南部，希腊人的一个部族阿卡亚人在这里创造了辉煌的迈锡尼文明。公元前14世纪左右，迈锡尼文明进入全盛时期，成为希腊各城中最为强大的部族。在其领地中心，建起坚固的城堡。作为国王贵族的居住地，城内广修宫殿，考古学家在其遗址上发掘出了精美的金面具、金杯、银器及锐利的青铜剑，由此可以想象当年它的繁盛。至今，卫城正门——"狮子门"的残迹仍然雄踞在那里。

　　在公元前13世纪末，迈锡尼联合希腊各城邦，远征小亚细亚地区的特洛伊，进行了长达10年之久的战争，最后希腊人一方获胜，但他自己的力量也被大为削弱。战争结束后，在小亚细亚一带便流传着许多歌颂这次战争中英雄事迹的短歌。在传诵过程中，英雄传说又同希腊神话交织在一起，由民间歌者口头传诵代代相传。每逢节日或盛宴，便在氏族贵族的宫邸中咏唱，一直到公元前9世纪的荷马时代。

　　相传荷马是古希腊的盲诗人，天资聪慧。当时有许多演唱特洛伊战争的歌者。荷马广泛搜集、整理，把原来片断式的短歌围绕一个主题用一条线索联结起来，并穿插了一些有趣的神话故事，使之成为具有高度艺术价值的长篇叙事史诗。荷马编成之后，各地歌者争相演唱。因为经过荷马的整理，线索更清晰，语言更优美，故事更生动。此后，歌者仍是口头传诵，并没有记录成文字。直到公元前6世纪中叶，在雅典执政者庇士特拉妥的领导下，史诗才有了最初的文字记录。公元前3至2世纪左右，亚历山大城的几位学者为之校订、整理，有了最后的定本，一直流传至今。

　　传说，阿喀琉斯的父母举行盛大婚礼的时候，邀请了所有的神灵，却单单把不和女神厄里斯给忘掉了。满心愤恨的厄里斯不请自来，在席上扔下一个"不和的金苹果"，上面写着"给最美的女人"。天后赫拉、智慧女神雅典娜、爱神阿佛洛狄忒三位女神争执不下，一同去找宙斯。宙斯让她们去找特洛伊小王子帕里斯评判。三位女神为了得到金苹果，都向帕里斯许诺了好处。天后许诺他成为最伟大的君主，雅典娜许诺他成为最伟大的英雄，爱神许诺他得到最美貌的妻子。帕里斯把金苹果判给了爱神。后来，爱神帮助帕里斯拐走了斯巴达国王墨涅拉俄斯的妻子海伦，并抢走大批财物，引起希腊各城邦的愤怒。他们公推迈锡尼王阿加门农为首领，渡海远征特洛伊。

　　《荷马史诗》分为两部，第一部《伊利亚特》（也称为《伊利昂纪》），原意为"伊利翁之歌"，分为24卷，叙述了特洛伊战争第十年最后51天的故事。第二部也分为24卷，称为《奥德赛》（也称为《奥德修斯记》），原意为"奥德修斯之歌"，叙述了特洛伊战争后，英雄奥德修斯回国的历险故事。

　　《伊利亚特》开篇以希腊内部的矛盾冲突展开，英雄阿喀琉斯是神之子，骁勇善战，非常重视个人的荣誉。当时希腊军队中瘟疫蔓延。为了避免希腊全军在瘟疫中毁灭，他要求统帅阿加门农送还日神祭司的女儿，阿加门农依仗自己城邦的强大，当众辱骂了阿喀琉斯，并夺走了他的女俘。阿喀琉斯一怒之下退出战场。此后希腊联军屡战屡败，阿喀琉斯的好友帕特洛克罗斯借他的盔甲与盾牌出战，结果被特洛伊第一勇将赫克托耳杀死。阿喀琉斯万分悲痛，他抛弃私愤，以大局为重，重返战场，发誓要杀死赫克托耳，为好友报仇。最终阿喀琉斯誓言实现。他疯狂地用战车拖着赫克托耳的尸体绕城奔驰。特洛伊老王跪着哭求阿喀琉斯归还儿子的尸体，阿喀琉斯恻隐之心油然而生，答应了老王的请求。特洛伊的英雄赫克托耳的尸体被运回城中，全城为之举哀。后来，阿喀琉斯被特洛伊小王子赫克托耳的弟弟帕里斯用暗箭射中脚跟而死。阿喀琉斯出生后，被他母亲在冥水中洗过，全身都不惧刀枪，只有脚跟处被其母亲抓着，没有洗到，成为致命的要害，使得帕里斯为哥哥报了仇。后来帕里斯被希腊英雄菲罗克忒斯射死。希腊联军采用英雄奥德修斯的"木马计"攻克特洛伊城，结束战争。

　　《奥德赛》正是叙述了特洛伊战争之后，希腊英雄、聪明、勇敢的伊大卡岛国王奥德修斯渡海回国的故事。奥德修斯乘船率队返乡，但是一次次的艰难险阻却让他在海上飘流了10年。过巨人岛时，奥德修斯设计用酒灌醉了独眼巨人吕菲摩斯，刺瞎了巨人的独眼，藏身于羊肚子下逃出山洞。为了闯过以歌声迷人然后又使人葬身海底的女妖之岛，他用蜡封住伙伴们的耳朵，又将自己捆在桅杆上，使大家免受女妖塞壬歌声的迷惑。海神为了替独眼巨人复仇，掀起狂风巨浪使他们覆舟，飘流到太阳岛上。因禁不住诱惑，伙伴们宰食了太阳神的神牛。太阳神大怒，以雷霆击碎了他们的航船。在女巫喀尔刻的岛上，伙伴们都被变成了猪，奥德修斯制伏了女巫喀尔刻，救出了中了魔法的伙伴。最后，又被多情的仙女卡吕薄索留住。直到宙斯出面，才让这位漂泊多年的英雄回家。但是，日月如梭，他回到家乡时，家乡的一切都变了。许多贵族青年聚集在他的家里，挥霍他的财产，争着向他的妻子珀涅罗珀求婚。奥德修斯了解到妻子的坚贞，深为感动,他用计杀死了贪婪的求婚者与出卖主人的奴隶,最后一家人终于团聚。

《荷马史诗》是一部伟大的史诗,展示了古希腊氏族社会时期广阔的生活画卷,具有高度的艺术性。《荷马史诗》又是古希腊的一部百科全书,描写了那时的手工业、农业与商业,展示了那时的政治、军事与文化,成为后代了解古代生活的最形象的资料。《荷马史诗》是古代最伟大的史诗,恩格斯称之为希腊人"由野蛮时代带入文明时代的主要遗产"。

全民皆兵的斯巴达城邦

斯巴达是古希腊的一座奴隶制城邦,它地处伯罗奔尼撒半岛东南部的拉哥尼亚地区。这是一个三面环山的美丽处所,中间有一块土地丰饶的小平原,碧波荡漾的欧洛河由北而南纵贯全境,因此这里的农业生产非常发达。

公元前2000年的时候,有一批名叫亚该亚人的希腊部落来到拉哥尼亚地区定居,从此就在这里休养生息,世代繁衍,并且建立起了经济文化比较发达的城市,社会制度也逐渐由氏族公社向阶级社会过渡。这些城市中就有著名的斯巴达。

公元前11世纪左右的时候,一批名叫多利亚人的希腊部落入侵伯罗奔尼撒半岛。进入拉哥尼亚地区的多利亚人分作三个部落,并在一个多世纪之后,于已毁的斯巴达旧城附近,联合成为一个新的政治中心,于是多利亚人的斯巴达城就建成了,这部分多利亚人被称做斯巴达人。

拉哥尼亚地区原有居民都被斯巴达人变为奴隶,并冠以希洛人的称呼,被驱逐到边远地区,同那里的居民合称为皮里阿西人。皮里阿西人被斯巴达人剥夺了公民权,并禁止同斯巴达人通婚,但他们却要承担纳税和服兵役的义务。

随着斯巴达对外征战的胜利,大批被征服者都沦为希洛人。希洛人作为一个整体,是所有斯巴达人的公共财产。平均四五户希洛人供养一户斯巴达人,一半以上的收获物被斯巴达人攫取走了。

斯巴达人无权买卖希洛人,但可以任意伤害希洛人,实行残暴的奴隶主统治。在节日里,斯巴达人常常格外开恩,赏给希洛人一些劣质酒,待到希洛人被灌醉之后,便拖到公共场所,对其施行肆意的侮辱。希洛人即使没有犯任何过错,也每年要被鞭笞一次,以使其记住自己的奴隶身份。

更为惨无人道的是,斯巴达施行一项"克里普提",意为秘密勤务,即派遣一些身藏利刃的斯巴达人潜伏到希洛人居住的地方,伺机捕捉每一个碰到的希洛人并杀死他,有时竟肆无忌惮地跑到希洛人正在耕作的田地里,把最优秀最强壮的那些人杀死。

面对如此悲惨的境遇,希洛人的反抗连绵不断。斯巴达为了维持自己的统治,便在内部实行严格的军事训练,整个斯巴达变成了一座冷酷的军营,这可是前无古人后无来者的一项举动。

首先,斯巴达严格把持人口素质的关口。每一个斯巴达婴儿呱呱坠地之后,都要过两道生死关,第一关是由长老给婴儿检查身体,必须是强健合格的,才能得到父母的养育，如果先天不足或畸形丑陋，则将被丢弃在山谷里。第二关由母亲用烈性酒给婴儿浇身，如果婴儿出现昏厥，经不起考验，则任其死去。

幼儿在 7 岁之前由母亲抚养，从小就培养他不哭、不挑食、不怕黑暗、不怕孤独的习性，以便长大后成为效劳国家的勇敢斗士。

当男孩子年满 7 岁时，就被编入儿童队，离开家庭，过集体生活，严格的体育训练和军事训练从此便成了他们生活中的主要内容。他们学习跑步、掷铁饼、拳击、击剑、殴斗等等各项技能。所有的儿童必须服从他们所在队的队长，甚至包括责罚在内。队长则由一名公认的最勇敢的儿童担当。他们的教官都是 20 岁以上的公民。为了训练儿童的服从和忍耐，斯巴达人制定了一项鞭笞制度，即选择一个节日，所有儿童都跪在神殿之前，用长长的皮鞭猛烈地抽打他们，并且不许出声，谁要是喊叫或求饶，将会受到更加残酷的虐待。这种活动每年都要举行一次。

过了儿童队的关，男孩长到 12 岁时，便升入少年队。要进入少年队，必须通过一次测验。测验项目中最激烈的就是搏斗：两组儿童列队站好，都是赤手空拳，没有任何防护措施。一声令下，双方就冲上前去，拳打脚踢，撕咬抠挖，为了显示自己的力量、智慧和凶猛，他们竭尽全力，无所不尽其极。进入少年队的生活更加严酷，连最基本的衣食都被政府有意地减缩了，他们吃不饱，穿不暖，便生出偷窃的行为来。当统治者知道这一现象后，不但不加以制止，反而有所纵容，因为他们认为偷窃能训练人的机智和敏捷。

20 岁时，斯巴达男青年正式成为军人，30 岁允许成亲，60 岁退伍，列入预备役，终其一生都离不开军事操练。

斯巴达女孩不需要参军，但她们一样要学习竞走、掷铁饼、搏斗等运动形式，从事体育锻炼的时间远远多于她们做家务的时间。斯巴达人认为只有刚强的母亲才能生育刚强的战士，在这种思潮影响下，斯巴达人崇尚在战争中流血牺牲。母亲们并不为儿子的负伤或死亡而伤感，当她送儿子去打仗时，没有祝福的赠言，只是交给他一面盾牌，并说："要么拿着，要么躺在上面。"意思就是要么凯旋而归，要么光荣战死，被人用盾牌抬回来。

斯巴达人作战确实很勇猛。他们从小就被灌输了等级思想，"希洛人是低贱的，应该被高贵的斯巴达人统治"的思想在他们脑海中根深蒂固。长期的军事训练和对文化教育的轻视，使斯巴达人显得更加愚昧、凶残，他们连说话都像军事口令一般简短，没有连续性。

在持续不断的武力扩张中，斯巴达控制了伯罗奔尼撒半岛上的各个城邦，并结成了以它为主的伯罗奔尼撒同盟。在公元前 431 年至前 404 年的伯罗奔尼撒战争中，斯巴达战胜了希腊的另一个有影响的城邦——雅典，从而确立了它在整个希腊的霸权地位。

斯巴达对希洛人的残酷压迫，不断激起希洛人大规模的反抗，有的时间长达十几年之久。在公元前 464 年，又一场希洛人武装斗争的烈火熊熊燃烧起来了。起义军一度进逼斯巴达城下，最后退守伊汤姆山，坚持斗争了 10 年，终于迫使斯巴达统治者向他们妥协。起义军携带着眷属离开伯罗奔尼撒半岛，获得了梦寐以求的自由。

斯巴达的反动统治在声势浩大的希洛人起义中慢慢动摇了。到公元前 4 世纪中叶以后，斯巴达一天天地无可挽回地衰落了下去。

梭伦改革

梭伦（约公元前638—前558年）出身于没落贵族家庭。他年轻时曾经从事工商业，到过小亚细亚等地。他不满氏族贵族的专横，曾作了许多诗篇加以揭露与抨击。为了维护雅典的利益，梭伦遇事挺身而出，因而在工商业奴隶主和下层平民中的威望很高。公元前594年，在下层平民的强大压力下，氏族贵族被迫同意由梭伦担任雅典的首席执政官，授予他改革法律的权力。

梭伦担任了首席执政官后，利用掌握到手的最高权力，从上层建筑到经济基础，向氏族贵族发动了一系列猛烈的进攻。

梭伦所处的时代奴隶制度已经确立，但氏族制度的残余还严重存在。当时的古希腊雅典城邦即梭伦所在国家的氏族贵族凭借血缘门第，飞扬跋扈。贵族会议是城邦的统治机构，其成员全由氏族贵族担任，终身任职。执政官是城邦的首脑，从氏族贵族中选举。先前曾作为最高权力机关的公民议事会，随着贵族权力的增长，已形同虚设。

氏族贵族利用他们所掌握的政权，残酷剥削广大的下层平民。广大农民为生活所迫只得以土地作抵押向贵族借债，如果债务人到期不能偿清债务，就将土地折价卖给贵族，再以佃农身份租种土地，向贵族交纳土地上5/6的出产。甚至债务人还要变卖子女或卖自身为奴还债。下层平民与氏族贵族矛盾日益尖锐。

氏族贵族的专权引起了平民的上层——新兴工商业奴隶主的不满。工商业奴隶主的经济实力不断增长，但由于他们大多出身卑微，在政治上受氏族贵族的歧视，享受不到什么政治权利。经济上，由于氏族贵族的残酷剥削，人口外流，农业生产萎缩，国内市场狭小，从而影响工商业经济的发展。因此，工商业奴隶主迫切要求取消氏族贵族的世袭特权，铲除氏族制度的残余，要求参与掌握城邦的政权，进一步发展奴隶制经济。

在这个反对氏族贵族的斗争中，工商业奴隶主与下层平民一起结成同盟，梭伦就是在这样的历史背景下，领导了一场斗争锋芒直指氏族贵族的"政治革命"，通常被称为梭伦改革。

梭伦利用首席执政官的权力，在政治上按财产多寡把公民划分为四个等级，每个公民依其等级高低而享有不同的政治权利。收入一般是以粮食来计算（工商业者则按其货币收入折合成实物来计算）：凡收入500墨狄那粮食的，列为第一等级，称500单位者；收入300墨狄那的，便入第二等级，称骑士；收入200墨狄那的，列为第三等级，称兵士；其余财产不多或没有财产的公民（不包括奴隶），一律列为第四等级，称为雇工。第一第二等级的公民有资格担任最高官职——执政官，第三等级可担任低级官职，第四等级则不能担任任何官职。

梭伦为了限制和削弱贵族会议的权力，又恢复公民会议作为最高权力机关。公民会议决定城邦大事，选举执政官。此外，又成立两个新机构：四百人会议和公民陪审法庭。

这样，氏族贵族的显赫门第和世袭特权受到了重大的冲击。他们丧失了古城邦统治机构中的垄断地位，而新兴工商业奴隶主则凭借手中的私有财产，跻身于城邦政权。

梭伦还采取措施削弱氏族贵族的经济势力。他规定永远禁止把欠债的小农和他们的子女卖为奴隶。小农因欠债沦为奴隶一律释放，债契全部废除，抵押掉的土地重新归还原主，但是这项规定只适用于原为雅典公民的债务奴隶，因战争被俘或被拐卖来的外族奴隶，不在这个保护范围之内。梭伦还规定了个人占有土地的最高限额，这对氏族贵族刮起的土地兼并之风也是一个打击。

梭伦在改革的过程中，同时采取了一系列有利于发展工商业经济，保护新兴工商业奴隶主利益的政策措施，如改革币制和统一度量衡；提倡每个雅典人学会一种手工艺技术；奖励外邦手工艺人移居雅典；鼓励葡萄酒和橄榄油输出，禁止谷物外销；降低粮价等。此外，梭伦还对贵族的丧葬排场和费用加以限制，并规定没有子嗣的人死时可以用遗嘱自由处理其财产，不必像以前那样只准遗留给本族人。

梭伦改革是一场重大的社会变革，它搅乱了氏族贵族的酣梦，剥夺了他们享有的种种世袭特权。但是，不甘失败的氏族贵族必然要以各种形式进行疯狂反扑，斗争是不可避免的。

梭伦制定的法律在城邦的中心广场上一公布，广大小农、手工业者和工商业奴隶主就表示热烈支持和拥护。而氏族贵族却恨得要命，立即四出活动，借助传统势力，煽动一些人起来闹事，围攻梭伦，反对改革。在这之后，又经过近100年的曲折反复的斗争，到了公元前509年，另一个工商业奴隶主的政治代表克利斯提尼实行了一次新的改革，最终打垮了氏族贵族的反动势力，在雅典确立了奴隶主民主政治。

梭伦改革是符合历史潮流的。改革后，雅典农村中的高利贷及土地兼并之风受到一定限制，奴隶制经济得以迅速发展。同时，奴隶制经济的发展和民主政治的初步建立，促进了文学艺术及自然科学的发展。

应当指出，梭伦改革和他开创的民主政治，在促进奴隶制经济、文化和发展方面虽然有一定的进步意义，但他要维护的只不过是工商业奴隶主的利益；所谓民主政治，也只不过是维护工商业奴隶主的民主，是奴隶主阶级专政的另一种形式。对于下层平民来说，境遇虽有所改善，但十分有限，仍不免受到生活的煎熬。尤其应当指出，雅典经济、文化的繁荣，主要是建筑在奴役外族奴隶的基础之上的。这一切与梭伦改革所代表的工商业奴隶主的阶级本质是分不开的。

浴血温泉关

"过路的客人啊，请告诉斯巴达同胞，我们尽忠死守，在这里粉身碎骨。"

在希腊半岛中部的德摩比利山口（温泉关）有一座古老的坟墓，墓前的碑文便是这段感人肺腑、催人泪下的文字。它讲述的是发生在2500年前的一曲慷慨的英雄悲歌，那一战风云因而变色，草木为之含悲。

公元前492年，亚洲的西部有一个强盛的波斯帝国。随着国力的强盛，波斯国王决定开疆拓土，建立一番名垂千古的千秋伟业。他挟持着强大的兵力向外扩张，在爱琴海地区挑起了一场持续绵延14年之久的战争，史称"希波战争"。

公元前492年和前490年，波斯大军两次远征希腊，但均以失败而告终。但波斯并没有放弃征服希腊的野心。新继位的波斯王为了巩固自己的王位，实现雄霸天下的野心，进行了4年精心的准备，动员了百万兵力，千艘战舰，于公元前480年春天，亲率大军，渡过达达尼尔海峡，进入欧洲。波斯大军沿着爱琴海浩浩荡荡向西进发，一路上烧杀抢掠，使希腊许多的城邦遭到了灭顶之灾。整个希腊面临着亡国灭种的危险。

当时希腊各城邦之间没有一个统一的指挥和调度，但大敌当前，只有团结起来，才能保家卫国。雅典城邦的民主派首领泰米斯托利克在科林斯召开大会，联合30多个希腊城邦，组成了反波斯同盟，由斯巴达率领希腊联军迎击波斯军队。

波斯王薛西斯亲统大军，占领了希腊的狄萨利亚之后，继续向南进发，一路跋山涉水，兵势如虹，在温泉关北面驻扎下来。

温泉关地势险要，历来是兵家必争之地。它的东面是一片茫茫的沼泽地，一直通向海边，西边是陡峭的高山，插翅难飞。温泉关就是打通北、中希腊的咽喉要道，素有中希腊"钥匙"之称，具有重有的军事地位。但是，希腊统帅却并没有充分认识到温泉关守备的重要性，所以只派了三四千人驻守。其中战斗力最强的是斯巴达国王烈奥尼达率领的300名斯巴达勇士，他们就像300只猛虎雄狮一样，等待着波斯百万大军的进犯。从数量上来看，对峙双方的力量对比是绝对悬殊的，可以说根本就不在一个对比层次上。

第一天，波斯军队发动猛烈的冲锋，士兵亢奋、狂怒的喊杀声，刀枪猛烈的撞击声，相互夹杂在一起，回荡在温泉关上空。但波斯军队的数次进攻都被希腊守军击退，希腊守军借助有利的地形，使波斯士兵的尸体垒满了关前。

第二天，悍猛的波斯军队又发动了数次冲锋，但结果同前一天一样，只是使温泉关前多增加了一些波斯士兵的尸体而已。正当薛西斯一筹莫展的时候，一个希腊叛徒前来求见，献计经小路从背后包抄关上守军。波斯王闻言大喜，马上命令"长生队"星夜兼程，顺着那条小路，直扑希腊军营，以图使温泉关守军腹背受敌。

烈奥尼达听到这个消息后，马上意识到问题的严重性，他当机立断，立即命令联军撤退，自己则率领300名斯巴达勇士坚守阵地，决心战斗到底。

第三天清晨，波斯士兵发起了更猛烈的进攻，他们喊着号子，从自己人的尸体上踏过向关上猛冲。斯巴达战士进行了顽强的、艰苦卓绝的回击，他们先是用长矛刺，长矛断了用剑来砍，剑折了就用牙齿和拳头同敌人肉搏。在战斗中，烈奥尼达牺牲了，他的勇士们为了夺回他的遗体奋不顾身，连续4次打退敌人的进攻。最后，从背后偷袭的波斯军队赶到了。斯巴达勇士们陷入了重重包围，但他们没有一个人逃跑，没有一个人投降，最后，全部壮烈战死。

温泉关虽然被攻占了，但是波斯军队也付出了沉重的代价。薛西斯一想到英勇顽强、宁死不屈的斯巴达勇士，就心惊肉跳地问他的手下人："难道斯巴达人都是这样的吗？"

最后，希腊联军终于战胜了不可一世的波斯军人，但人们永远不会忘记烈奥尼达和他的 300 名斯巴达勇士，他们是整个希腊引以为傲的英雄。他们被隆重地安葬在温泉关上，安葬在这块他们为之浴血奋战至死的土地上，在他们的墓碑上镌刻下那句流传千古的碑文，作为希腊人民对英雄们永久的怀念。

"过路的客人啊，请告诉斯巴达同胞，我们尽忠死守，在这里粉身碎骨。"

世界最早的海战

萨拉米海峡是一个宁静的小海峡。现在它很不起眼，十分平凡。但在 2000 多年以前，这里曾发生了一次人类历史记载上最大规模的海战。在这场海战中，希腊的胜利导致了希波战争的大转折。

公元前 521 年，大流士一世继承波斯王位。波斯军队连年入侵希腊领土达 50 余年，这就是希波战争。

公元前 492 年，波斯王的女婿马尔多纽斯率领海陆两军入侵希腊。结果遭遇风暴，退回了亚洲。

公元前 490 年，波斯军队再次进犯希腊，希腊取得马拉松战役的胜利。

10 年之后，希腊陷入内乱之中。只有雅典人比较明智，他们听从了预言家、哲人提米斯托克利斯的建议，防患于未然。他们用罗马尼亚银矿的收入建造了 1500 艘三层桨座的战舰，长可达 41 米，高 36 米，船头有突出的冲角，就像恐龙的巨齿，用铁皮包上，十分锋利。这种船是希腊军中的重要武器。

后来在波斯薛西斯统治时候，发生了德摩比利山温泉关之战，希腊烈奥尼达与 300 名近卫军全部壮烈牺牲。

与此同时，波希海军于阿提苏米姆海峡展开了大战。波斯舰队雄壮浩大，数量众多，希腊人拼死力敌。波斯派出约 200 艘军舰由腓尼基人率领绕过优卑亚岛，企图截断希腊舰队的后路。

这时海上起了一场风暴，台风呼啸着卷起巨大的海浪，冲过西爱琴海海面，将腓尼基舰队毁灭殆尽。这个转变使希腊军队松了口大气，可以全力正面对付波斯人。

双方激战两天，难分胜负，互有伤亡。波斯军号称 30 万，由 100 多个民族联合组成，各种战船 1200 多艘，运输船达 3000 多只。希腊人的船质量好，威力大，但是数量上比不过波斯，难以取胜。

面对比自己强大数倍的敌人，军中开始出现了悲观动摇的议论，失败就在眼前。海军统帅是雅典的提米斯托克利斯，他十分机智英勇，但一时也没有了主意。这时，一个军士惊慌地冲上主帅大船，连报不好。原来温泉关失守，将士全部战死。这不啻雪上加霜，一时间军心涣散，大家乘夜色逃向南方的萨拉米。

希腊残余的海军集中在萨拉米的海峡中。它位于雅典城西的埃莱夫西斯湾南面，在萨拉米岛和希腊本土之间。海峡东端有个叫普西塔利亚的小岛，将海峡分为东西两段，西段宽 800 米，东段宽 1200 米，是一片很窄的小水面。

波斯已胜利在望，攻入希腊的宫殿、城池。希腊的陆地兵力全军覆没，只剩下海军孤军被困，已无多大希望。

这时所剩的兵力是怎样呢？

全体希腊联合舰队总共只有三层楼的战舰358艘，50支桨的战舰7艘。波斯大军对于他们来说，好比巨象踩蚂蚁。一时间，投降的观念弥漫军中。大部分士兵开始逃跑，就连斯巴达城邦的领袖欧里拜德斯也开始盘算后路。

大家纷纷主张逃跑，只有海军统帅提米斯托克利斯主张战斗。领袖欧里拜德斯心神不宁，主张召开军事会议。海军统帅支持欧里拜德斯召开大会，并亲自坐镇中心。

会上，提米斯托克利斯陈述萨拉米海峡的有利环境："希腊的军队，我们可以在窄窄的水面上以少抵多，以寡胜众。如果逃跑、敌人会在广阔的水域围攻我们，那就会寡不敌众。我们要抓住这个险要关口，发挥我们的长处，让敌人的百万大军使不上劲儿，这才有希望胜利！"

这个道理，是"一夫当关，万夫莫开"的守险战策。

提米斯托克利斯是英明的。多亏了他，希腊才成为西方的繁荣古邦，不然早就被波斯消灭了。

希腊大历史学家修昔底德曾这样夸他："显示出无比的天才，尤其是在危急的时刻，他是一个最好的决断者。他还是一个优秀的预言家，他能对实践经验加以理论上的解释，对于没有经历过的事件，他有洞察和预见的能力。"

但在当时，提米斯托克利斯的主战论受到其他将领的反对，他们认为在萨拉米是等死，逃跑还有一线生机。

关键时刻，这位雅典海军首领使用激将法，他对主帅欧里拜德斯说："如果你勇敢地留在这里厮杀，前途会很光明。如果你是个懦夫，我所带领的雅典海军将撤退到意大利。"

雅典海军是希腊联军的主力，如果真的撤退，整个希腊联军的前途真的就会完了。这样一来，欧里拜德斯决定背水一战。

公元前480年9月22日，情况又变了。各个将领犹豫不决，想要用贝壳投票表决。提米斯托克利斯急了："大军压境、拖延战机，势必招致败亡。"但他的说法不被采纳，人们仍然在讨论战与跑甚至降的问题。

提米斯托克利斯只好走了一步险棋。他叫来自己的心腹亲兵，让他去送信。这信是送给敌人——波斯王薛西斯的。他想迷惑波斯王，但很危险，万一被自己的人发现，就解释不清了。

信使来到波斯大营，说到："大王，您的实力使您已经稳操胜券了，我们首领让我来向您密报，希腊联军要撤退，请您拦住他们，以绝后患，若你能为雅典军队开恩，便感激不尽了。"

波斯王薛西斯心想，该不是有诈吧。但转念一想，希腊联军已经气息奄奄，又能有什么诡计呢。只见信上写着：

等待夜幕降临，

希腊人不沉稳。

他们要趁天黑，

向别处忙逃遁。

薛西斯心想，他们已经没多少实力了，我还怕有埋伏不成？这时，间谍报告，说希腊的船只准备打点行囊要逃跑。波斯王大喜，命令军中的埃及舰队绕过萨拉米岛，封锁海峡西口，把希腊军队堵死在海峡中，来个瓮中捉鳖。这是在前几场战役中他常用的方法。于是有200艘埃及舰执行命令去了。波斯王又命令所有战舰并列在一起，抛下锚来停着，等希腊军队溃散后进攻。毕竟希腊的军舰比较厉害，波斯王决定趁乱打劫而避其锋锐。

夜晚到来后，波斯王上了岸，在皮劳斯河口旁的一座小山上搭起帐篷饮酒作乐。他以为就会听到敌人投降的消息了，可以高枕无忧了。军舰里三层外三层，把从萨拉米岛上的赛罗苏拉角直到皮劳斯河口以及萨拉米海峡东端全部堵得严严实实的，真是铜墙铁壁，密不透风，连只苍蝇都飞不出去，希腊舰队已为刀俎之鱼肉。

这时的希腊大营，还在忙于争吵。一位反战将领冲进大帐："大家别争了，我改变主意了，快打吧，因为跑不了了。"提米斯托克里斯心中宽慰了许多。大家一听急忙问原因，这位将领说："我们被围住了，不打只有死路一条。"

"对，死路一条，但只有绝处才能逢生。"提米斯托克利斯接过他的话说，"现在我们已经到了无路可走的地步，只有奋死一拼，才能成功。牺牲了的斯巴达将士是我们的楷模，我们必须拼了！"

这番话说得群情激荡。大家热血沸腾，立时军心团结，要和敌人血战到底。

提米斯托克利斯告诉大家："我已经布置好了战略，现在请大家来执行，勇敢还要有智慧，才能立于不败之地。"

提米斯托克利斯用的正是背水一战的思想，正如俗话所说，"狭路相逢勇者胜"。

很快，作战方案被具体地分派，将士们踊跃执行，空前团结。一支科德斯舰队被调到萨拉米海峡西端去抗击埃及人，希腊军的主力在东端对付正面的波斯大军。

180艘雅典战舰担任左翼，欧里拜德斯的16艘斯巴达军舰担任右翼，中间是其他城邦的军舰。

公元前480年9月23日，萨拉米海战惨烈的场面拉开了序幕并迅速激化。

800艘波斯战舰一看到敌人有动静，都集中到海峡东口去做好战斗准备。战斗开始了。波斯陆战队首先占领了宽仅1800米的普西塔利亚岛。但是这个岛横在海峡中间，于是，波斯舰队被分成两队。结果阵形有些混乱。腓尼基分队从东绕，而一队伊洪人只能走西边，造成拥挤。由于战舰的木桨很多，在这狭窄的水域互相磕碰，甚至绞在一起，船开始晃动。由于海上风浪渐大，岛两端的军队互相之间不能通话，结果失去指挥，像没头苍蝇式地乱撞。

希腊联军一看，机会来了！

两军厮杀在一起。

雅典的军舰较宽，他们早就开始建造力猛船沉的大舰准备海战了，因此异常凶猛。他们的船头是威力很大的尖尖的大角，撞在波斯船上，常把波斯船撞得骨断筋折，波斯士兵还没能短兵相接便落海而亡。

波斯人是远征而来，船也没有希腊的巨大威猛，因此十分不利。而希腊军队异常团结，他们在提米斯托克的临战指挥下撞断了敌手的划桨，结果波斯战船无法控制，只有任人宰割。

波斯舰队由杂牌军队组成，比之希腊联军是混乱不堪，交锋之下开始后退。由于通讯不便，主要是由于杂牌军指挥无法统一，前锋急速后撤，但是赶来支援的后队人马却不知晓。一边是鼓足劲儿向后跑，一边是张起帆向前冲，结果撞了个正着。1000多米宽的海峡被堵了个水泄不通。越乱越遭袭击，被希腊军队片刻之间，撞沉了数艘大舰，撞伤了不少小艇。

雅典军队开始打船上短兵相接的战斗。每艘雅典战舰上是18名步兵，其中14名是重装步兵，4名是弓箭手，远近配合，十分得力。久经训练的希腊兵善长"角斗"，他们杀得敌军横尸船舷，血流汇入海中，海水渐渐泛起红色。

希腊军左翼主力是雅典战舰，他们在整个战斗中起核心作用。按照部署，希腊军舰和爱吉尼坦舰队沿海岸前进，就从波斯王的帐前驶过。波斯王还以为希腊人来投降了呢，没想到希腊军队却迅速地把腓尼基舰队分割开来。

由于速度太快，海军中雅典部提米斯托克利斯一支与总率领人欧里科德斯失去了联系。提米斯托克利斯当机立断，不去理会腓尼基舰队，先冲过去支援希腊右翼和中央部队。

就这样，希腊军队相互呼应起来。波斯军左翼慌忙后退，把中央部队扔在海面上。这下可惨了，波斯中央军队腹背受敌。很快，希腊战舰围攻波斯核心军舰。舰上是波斯王的王后，她急命突围，但已经不可能了。

波斯王后阿提米西亚急中生智，命令旗舰用冲角撞击本军中的战舰。这样一来迷惑了希腊军舰，纷纷转向去对付其他敌人。阿提米西亚一看有机可趁，利用这个封锁线的缺口逃离了战斗，突出重围。

太阳落山了，海风呜呜地吹着。海面被鲜血染红，破桨败舷，死尸漂零，一幅凄惨的景象。打了一天的萨拉米海战结束了。

波斯王放声痛号。

希腊联军势如破竹，一鼓作气攻破波斯陆军阵营，激战8个小时，取得了胜利。

这次大战成为希波战争中的转折点。波斯军虽然人多势众，但军心涣散，而希腊军绝处逢生，正所谓"天时不如地利，地利不如人和"。多民族组成的波斯联军中，很多民族不堪波斯王的粗暴统治，逃跑者有之，准备起义者也有之，这使得薛西斯十分恐惧。

兵败如山倒。十几万大军供给不足，人心惶惶，斗志全无。

波斯王扩张至兴都库什雪山和中亚荒原，南到非洲沙漠，何曾想兵败西邻，最后只得长叹一声，大军全线溃退。

本来，波斯拥有强大的陆军，此战之后，元气大衰，公元前479年，普拉提亚会战波斯彻底溃败。

公元前449年，双方签订卡里阿斯和约。

希腊经此一役，繁荣昌盛起来。

雅典的伯里克利时代

伯里克利是古希腊奴隶主民主政治的杰出代表者。在他的领导之下，雅典进入了"黄金时代"。

伯里克利出生于名门，长在豪贵之中，却没有染上一般纨绔子弟的种种恶习。他教养良好，学识渊博，品格端正，结交的都是堪称良师益友的当代英才，如智者达蒙、哲人泽诺、博学广识的阿纳克萨哥拉斯等等，他们对伯里克利思想道德的培养起到了举足轻重的作用。他刚正不阿、廉洁奉公、胸怀宽阔、目光远大，他坚韧不拔、冷静沉着、器宇轩昂、擅长演说，这一切都构成了他作为一名优秀政治家的品质。

对内，他以加强民主政治为核心。伯里克利代表雅典工商业奴隶主和中下层自由民的利益。公元前462年，伯里克利为健全奴隶主民主政体施行了一系列改革政策，诸如：把国家的政权从战神山议事会转移到公民大会、500人会议和陪审法庭三个部门之下；各级官职向广大公民开放，雅典全体男性公民都可以通过抽签、选举和轮换而获得担任官职的机会；实行公薪制；规定只有父母双方都是雅典公民的人才能获得雅典公民权。

对外，伯里克利为扩大雅典的势力范围和所得利益，加强控制提洛同盟，积极争取雅典在希腊世界海陆两方面的优势和霸权。因此，雅典与斯巴达为首的伯罗奔尼撒同盟成为势不两立的敌人。在伯里克利的主持之下，雅典的军事连连取得胜利，并于公元前454年把海军势力伸展到了伯罗奔尼撒半岛周围地区。雅典在希腊半岛的威势达到顶点。

雅典的另一个强敌波斯也被打败，并于公元前449年双方签订和约。

伯里克利把他控制之下的提洛同盟变为"雅典海上帝国"，并将同盟金库由提洛岛迁到了雅典，盟金变成了"贡金"，雅典成了众盟邦中发号施令的"君主国"。

但是，伯里克利的"帝国"统治激起了一些盟国的不满。于是，他的政敌借机集合保守势力，在对待斯马达、提洛同盟和建设雅典卫城等重大问题上同他进行了针锋相对的斗争。但伯里克利得到了大多数雅典公民的支持，他击败了对手，连年当选并出任雅典最重要的官职——首席将军，完全掌握了国家政权。此时，雅典的奴隶制经济、民主政治、海上霸权和古典文化臻于极盛，璀璨辉煌，堪称"黄金时代"。

雅典的殖民地遍布爱琴海岸，强大的舰队经常出没于辽阔的黑海领域，战争的胜利使它获得大宗的战略物资和赔款。伯里克利迫使各盟邦统一使用雅典的银币和度量衡制，经济飞速发展起来。贸易往来范围既广，商品种类又繁多。充裕的财政收入为民主政治提供了坚实的经济基础，公职人员和服役军人都能从国家领取足额的公薪和津贴，低等级的公民的经济政治地位也得到了改善。

尤其值得雅典人骄傲的是，在伯里克利的倡导推崇之下，他们创造出了足以令千秋万代景仰的高度繁荣的古典文化。

伯里克利这个政治家的不同凡响之处就在于：他的理想和抱负是要使雅典不仅登上希腊霸主的宝座，而且要成为"全希腊的学校"。在他身边，聚集了希腊大批著名的学者文人和艺术大师，杰出的哲学家阿纳克萨哥拉斯、雕塑家菲狄亚斯和悲剧家索福克勒斯都与伯里克利过从尤密。他们在雅典这一安宁和谐的人间圣地相互交游、传道、授业、解惑，寻求真善美，探索宇宙的奥秘和人生的真谛。

伯里克利有一个美丽出众的妻子，她才华超人，灵心慧性，举止典雅，不少哲学家和艺术家都愿与她交流，包括苏格拉底都对她很重视，许多人都跑来向她求教，可谓名噪一时。

为了培养民众的艺术情趣，伯里克利专门颁布政策，发给贫苦公民以观剧津贴，使他们有机会走进剧院欣赏戏剧。他还规定每个节日都要举行音乐会，并附加上一些趣味性的竞赛，这以后就成了雅典人长久以来的传统。为配合音乐演出，奏乐馆也被修筑出来。

大规模修建雅典卫城是伯里克利为发扬光大希腊古典文化做出的流芳百世的贡献。公元前447年，一场浩大的工程拉开了帷幕。一大批出色的雕塑家、建筑师、工艺学者齐集雅典，在以同盟金库的贮存作为经济后盾的基础上，先后兴建了帕特隆神庙、雅典卫城正门、赫准斯托斯神庙、苏尼昂海神庙、埃列赫特伊昂神殿，以及附属于这些建筑的各种塑像浮雕等精美绝伦、千古不朽的造型艺术杰作。

位于雅典中心的卫城是最出色建筑的集合。它建立在150米高的陡峭的山巅之上，全部用大理石修建而成，庄严精美，辉煌灿烂。智慧女神雅典娜的铜像是其中最著名的一尊雕塑，它出自古希腊最负盛名的雕刻家菲狄亚斯之手。这尊神像高12米，形象威严而又优美。雅典娜身穿黄金战袍，头戴黄金头盔，胸前的护身甲上嵌着女妖美杜莎的头像，端正地站立着。她左手持着一柄长矛，右手托着胜利女神尼凯的小雕像，身边放着一面圆形女神盾，盾上雕刻有一条盘旋而卧的巨蛇。神像裸露出来的肢体部分都是用上等的象牙雕刻而成。但这尊雅典娜神像在公元146年被罗马帝国的皇帝安东尼·庇乌搬走，至今下落不明。

伯里克利的文化政策是与其政治、经济和对外政策紧密相连的。无论是修建公共工程还是举办节日演出，其目的都是为了巩固民主政治，改善广大公民的物质文化生活，促进工商业的发展，以及树立雅典的光辉形象来吸引希腊各邦的景仰和向往。应该说：伯里克利的行动是卓有成效的。

雅典的繁荣发展和不断的扩张，引起斯巴达的不安和干预。伯里克利对这一切都心中有数。公元前431年，战争爆发，伯里克利审时度势，沉着应战，第一年的战争基本上按他的计划进行。在为阵亡将士举行的国葬典礼上，伯里克利发表了具有历史意义的重要演说。他从根本制度和生活方式上热情歌颂了雅典的伟大成就，清晰透彻地表述了他的政治思想，应当是他40年政绩的最后总结。伯里克利骄傲自豪地宣布："我们的制度之所以被称为民主政治，因为政权是在全体人民手中，而不是在少数人手中。"

正当他充满信心地领导雅典人继续应战时，一场可怕的瘟疫袭击了雅典城。顿时，城内尸体堆积如山，人心涣散，再加上外敌进逼，怨声四起。在伯里克利政敌的活动下，人们把罪过归咎于他。但雅典仍需他的领导，不幸的是，不久之后，瘟疫也夺去了伯里克利的生命。

在他死后，雅典失去了坚强的领导。伯里克利苦心经营的统一大业功败垂成，古希腊的"黄金时代"一去不复返了。

鬼斧神工的菲狄亚斯

雅典卫城的一处广场上，聚集了来自四面八方的兴致勃勃的人群。众人都在纷纷议论着，等待着一个时刻的到来。

原来，著名雕塑家菲狄亚斯接受了他的学生阿尔卡麦涅斯的挑战，两人商定好各自制作一尊应该放置在高柱顶端的雅典娜像，由观众的意见来裁决胜负。现在，一切都准备就绪，只等着在众人面前亮相。

"阿尔卡麦涅斯，这个毛头小子，胆子可真大呀！居然敢向菲狄亚斯挑战！"

"可不是吗，菲狄亚斯可是他的老师，大名鼎鼎的艺术大师，这小子真是不自量力，这回准有他的好戏看。"

不少人抱着这样的看法等待着，但也有一些人认为这也不一定，毕竟有青出于蓝胜于蓝的时候。

这时，罩在两尊雕像上的布幔缓缓地拉开了。当雕像完全裸露出来的时候，人群沸腾了。人们睁大了眼睛，惊呼道："天哪！那尊雕像怎么那么难看，简直不成比例，它的腿太长了，个头也太高了。"

首先盯住别人的缺点，这是人们的通病。"那一定是阿尔卡麦涅斯的作品。"有人这样断言。

另外一尊雅典娜雕像造型优美，比例匀称，高矮适度，雕刻精细，得到人们一致的称赞，并被认定是菲狄亚斯的作品。

当这师生二人分别站到自己的雕像作品前时，众人不禁大吃一惊，原来事实恰恰与他们的想象相反！他们用疑惑的目光看着师徒二人，纷纷表示不可思议。

只见阿尔卡麦涅斯十分得意，他喜不自禁地向那些投来赞赏目光的人频频致意，他偷眼瞧了瞧他的老师菲狄亚斯，发现他依然镇定自若，满怀信心，嘴角处还挂着隐隐的笑容。

不久，当两尊雅典娜神像都被安放到高柱顶端后，情况出现突变。原本那尊在平地上看起来很标致的雕像，此时显得又矮又小，毫无生气；而另一尊原本看上去不成比例的雅典娜，此时站立在高柱上，匀称得体，神采奕奕，气度非凡。

人群中立时爆发出了掌声。人们为精湛的艺术品喝彩，为真正成熟的艺术家喝彩，为自己亲身领悟了艺术的真谛而喝彩。

菲狄亚斯依然很平静地站在那里……

这个小故事仅仅是菲狄亚斯艺术生涯中一个小小的插曲。作为一名雕刻家，他在他生活的希腊古典时代最负盛名，他的成就灿烂夺目，是繁荣鼎盛的希腊古典艺术宝库中一颗弥足珍贵的宝石。

菲狄亚斯生活在伯里克利时代。约于公元前490年出生，公元前430年逝世。

他早年曾师事两位古典艺术大师：一位是阿格斯拉德斯，伯罗奔尼撒铜雕艺术的伟大代表。从公元前6世纪起，在伯罗奔尼撒半岛上，以奥林匹亚、阿尔哥斯等地为中心，发展起来一个主要雕刻体育运动家像的流派，阿格斯拉德斯是其集大成者。另一位是波吕格诺托斯，他的画艺在当时是首屈一指的，亚里斯多德认为他笔下的人物超凡脱俗，优于现实，曾称誉他为画圣。菲狄亚斯在这两位技艺高超的老师引导下，一步步迈进了艺术的殿堂。

当伯里克利发起建设雅典卫城的工作时，菲狄亚斯已是一名富有声望的雕刻家。他在十多年的时间里，作为伯里克利的主要助手，一直主持卫城的重建工作。他总管全部工程，并参与建筑设计，直接负责了许多重要塑像的雕刻。

雅典卫城广场上的戎装雅典娜女神像，是菲狄亚斯早期作品的优秀代表。雅典娜作为战争和城邦守护之神的英姿被菲狄亚斯艺术地表现出来，女神仪态端庄，造型优雅自然，忠贞、坚毅而又充满智慧。只可惜原物目前已不存在，我们只能通过后世的仿制品中窥得全豹之一斑。

供奉雅典娜女神的圣殿是卫城最高处的帕特隆庙。"帕特隆"是古希腊文的音译，意思是"处女庙"，为雅典最为重要的建筑。它的整个布局是古希腊杰出建筑师伊克提诺斯设计的。菲狄亚斯则参加了用各种雕像、浮雕装饰整个建筑的工作。这项工程历时16年，堪称壮观浩大。

在这座富丽堂皇的神殿里，菲狄亚斯的贡献占据显要地位。他率领他的学生承担了三样工作：一是立于殿堂的雅典娜女神巨像；二是神庙前门、后门以及两面山墙上的装饰性群像；三是神庙房檐上的92块浮雕板和长160米、包括550多个人物像的浮雕带。

这尊位于帕特隆神庙殿堂正中的雅典娜神像是以黄金和象牙镶饰木胎而成，极其光辉夺目。它是一尊高12米的女神戎装站立像，除了女神本身精妙的雕塑外，她身上的盔甲、手上托的胜利女神尼凯呈献光荣冕的小像、以及盾牌上的盘蛇浮雕都令亲眼见到的人叹为观止。遗憾的是，现代人已看不到它的英姿了，甚至连仿制品都难得一见。

浮雕作品也破损严重，幸运的是，尚有山墙上的奥林匹斯山神像和两位命运女神像保存了下来，我们可以从中依稀领略到菲狄亚斯真迹的神韵。

与帕特隆神庙的雅典娜神像可以相媲美的，是菲狄亚斯雕刻的奥林匹亚宙斯像。它也是用黄金象牙镶嵌而成，但却高达14米，而且是采取端坐姿势。比之雅典娜神像、宙斯神像更加气魄雄伟、威严华贵、摄人心魄，俨然一位至尊天神正襟危坐于一片金光灿灿的圣境之中。古希腊人把菲狄亚斯的这一杰作列入"世界七大奇迹"之一，如今我们若想一睹他的宙斯雕像的神姿，只能去寻找奥林匹亚发行的一种钱币，在那上面，有一个源于它的小小缩影。

菲狄亚斯不但技艺精湛，而且诲人不倦，在他一生中，可谓桃李满天下。他的学生中不乏自有建树之辈，如阿哥拉克利特斯、克列西拉德斯，以及发明了科林斯式柱型的卡里马霍斯等等，他们深受菲狄亚斯艺术的影响，虽然各有创新发展，但从整体看来，还是具有潜在的统一性的。

菲狄亚斯的艺术优雅自然，形象完美，达到了近代文艺批评家盛赞的"高贵的单纯与静穆的伟大"的古希腊艺术典型境界。正如有人所说："这些作品特别令人佩服之处，就在于它们虽属人工之作，却具有永恒生命。它们的美丽与秀雅，即使在完成的瞬间，已像是千古不朽的杰作。它们的生动和新鲜，甚至在今天看来，仍仿佛刚刚出自艺术家的斧凿。它们像是年年常春的神物，能够摆脱岁月的折磨，在它们的结构之中，似乎蕴藏着永生的活力和不死的精神！"

菲狄亚斯的艺术体现了雅典城邦繁荣时代的社会理想和古典现实主义的高峰，他本人在艺术史上也成为整个时代的象征。因而，希腊这一古典艺术的黄金时代往往被人们称为"菲狄亚斯时代"。

杀父娶母谁之过

很久以前，在希腊的远古时代，有一个忒拜国。

忒拜国的老王拉伊俄斯有一天得到了一个神示：他的儿子将要杀父娶母。拉伊俄斯吓得出了一身冷汗。他的王后伊俄卡斯忒正在怀孕期间，不久即将临盆。当孩子生下来之后，果然是个男孩，老王拉伊俄斯便狠心地把孩子交给一个仆人，命令他扔到山沟里去。

心肠善良的仆人不忍心对这个无辜的孩子下毒手，便把他送给了邻国科任托斯的一个牧羊人。在牧羊人的抚养下，这个男孩长得健壮活泼。一个偶然的机会，科任托斯的国王收养了这个还不能记事的小男孩，取名为俄狄浦斯。因为王后无子，所以，俄狄浦斯成了他们的独生子，享受着得天独厚的生活环境。

俄狄浦斯受到良好的教育，掌握了高超的武艺，养成一副正直、诚实、英勇的品性，堪称人中俊杰。

在一次酒宴上，俄狄浦斯的一位朋友偶然不经意地说出他不是国王的亲生子。俄狄浦斯大为震惊，他急忙去向父母寻问，但国王和王后都不愿让他知道这个真相，因此并没有确切地答复他。

为了将事情弄个水落石出，俄狄浦斯追问到了阿波罗神庙中。阿波罗依然没有正面回答他的问题，只是告诉他，他将杀父娶母。

面对这个晴天霹雳般的神示，俄狄浦斯痛苦万分。巨大的灾难突然从天而降，而他却无法确定对策，因为他连自己的身世还搞不清楚。

静思默想之后，俄狄浦斯为自己设计了三条道路：一是认定自己是养子，那就可以继续做王子，将来继承王位，安享富贵荣华；二是认定自己为亲生子，但处处避免和父母接触，继续留在科任托斯境内，享受王子的待遇，等父亲死后，自己再继位；三是不管是否王子，为彻底杜绝灾难的发生，努力脱离命运的摆布，放弃王子的身份，远远离开科任托斯，到异国他乡去凭着自己的才华与本领，闯开一片天地，建立下功绩，不枉生了一世。

然而，俄狄浦斯心中很明白，神示是绝对要应验的，无论他走哪一条路，都逃不出噩运的掌心。虽然结果肯定都一样，俄狄浦斯却还是放弃了前两种舒适安逸的道路，而选择了第三条路。

俄狄浦斯结束了王子养尊处优的生活，放弃了垂手可得的金灿灿的王冠，毅然踏上了茫茫征程，开始浪迹天涯。

有一天，俄狄浦斯一伙人来到了一个岔路口，正巧忒拜老王拉伊俄斯带着巡行队伍也赶到这里，路窄人多，必须一方先让路。拉伊俄斯身为国王，当仁不让；俄狄浦斯也曾贵为王子，桀骜不驯。于是，双方展开一场恶斗。凭借高强的本领，俄狄浦斯将忒拜国王拉伊俄斯及其仆人几乎全部打死，只跑掉了一个人。这人恰好就是当年奉命抛弃小王子的老仆。

俄狄浦斯继续前行，不久便到了忒拜。此时，忒拜的人正处于一片惶恐之中。一个狮身人面的女妖把持着城门，她叫斯芬克司。只要有人从她眼前经过，必然会被她叫住，猜一个谜语："早晨有四条腿，中午有两条腿，晚上有三条腿的是什么东西？"无数的人因为回答不上来，惨遭横死。忒拜成了一座不能出入的死城。

当俄狄浦斯来到时，同样被问了这个问题。这难不住智慧超群的俄狄浦斯，他说："这是人。幼年时只能在地上爬，所以是四条腿走路；成年后站立行走，所以只有两条腿；老了就要拄拐棍，当然变成三条腿啦！"斯芬克司的千古之谜被当众点破，这个女妖无地自容，跳崖自尽了。

俄狄浦斯为忒拜人除了大害，被人们拥戴做了国王。按照古老的习俗规定，他娶了先王之妻为王后。至此，神示完全兑现，杀父娶母的大罪已酿成。

光阴荏苒，弹指一挥间，俄狄浦斯已经做了16年的忒拜国王。他才干超群、管理有方，勇于为国之安危、民之冷暖负责，在他的治理之下，忒拜国泰民安、欣欣向荣。俄狄浦斯受到人民深挚的爱戴。

正在这时，又一场灾难降临了忒拜：牲畜不繁殖，妇女不生育，庄稼树木凋零净尽，江河湖泊渐渐枯竭。面对这毁灭性的灾难，俄狄浦斯比谁都焦急。他几天不吃不睡，静候神的指示。

俄狄浦斯的妻弟克瑞翁负责去请示阿波罗，终于他带回了神的回答：只有惩罚杀害先王的凶手，才能清除灾难。俄狄浦斯立即对天发誓：追查凶手，严惩不殆，即使是自己的亲属也决不手软。

先王被杀一案在当年就扑朔迷离，不了了之。事隔十几年后，更成了一件无头案。由于无从下手，俄狄浦斯只得请来预言者加以指点。预言者非常爱戴他的国王，不忍心告诉他事实真相。无奈俄狄浦斯消灾心切，逼迫他讲出了实情。俄狄浦斯震惊之余还是不敢相信的，他以为这是克瑞翁蓄意谋害于他，一场激烈的争吵展开了。王后来劝架，她安慰俄狄浦斯对预言不要太在意，神示有时也未必灵验，因为老王是在16年前被一伙强盗杀死在一个岔路口的。

一向坚信自己无罪的俄狄浦斯，这下陷入了不祥的预感之中。正在这时，科任托斯的使者来到忒拜，澄清了俄狄浦斯的身世之谜。各种迹象表明，他确实就是凶手。只差找来当年的老仆人做最后的确证了。俄狄浦斯不顾王后的苦苦劝阻，火速找到了老仆人，一切真相大白了。

俄狄浦斯严格履行诺言，刺瞎了自己的双眼，自我放逐。

这个英雄的故事就是古希腊著名悲剧作家索福克勒斯所作的《俄狄浦斯王》。

《俄狄浦斯王》是一部命运悲剧。古希腊人认为世界的主宰是劫数，人类难以逃脱命运的安排。索福克勒斯写俄狄浦斯王杀父娶母的悲剧，正是当时人们这一观念的反映。

在希腊神话中，有许多杀父娶母的情节。如天娶地母为妻，克洛诺斯杀父得王位等等。经过学者分析，上古时期，族长衰老，不能从事生产了，子杀父而代之，是合乎初民社会的要求的。既然子杀父是合理的，那么新王继承旧王的一切遗产，包括妻子在内，也是合理的。由此可见，杀父娶母的现象是远古社会发展规律的必然结果，在当时具有普遍性。不仅无罪，而且会被当作英雄行为，世代演绎发展，在子孙中传扬、歌颂。但是，当人类走出荒蛮时代，历史发展到古希腊的"文明"时期，杀父娶母就不再被人所理解了，俄狄浦斯就成了罪人。于是，俄狄浦斯的后裔——忒拜人就为先人的罪行进行辩护，把"杀父娶母"说成是在不知不觉之中做出来的，这样，他们的先王的形象依然是光彩的，古老的传说也显得更合理。最终，人们把"不知不觉"的作为归咎于神意，归咎于命运的安排，谁也逃脱不了命运之掌，哪怕是英雄。

古希腊人就是这样把一切不可理解的事情及不合情理的事情都化解为可理解的与合情合理的。

西方第一个科学家——泰勒斯

泰勒斯出生于米利都一个名门望族，他有腓尼基人血统，是当时希腊世界的著名人物，名列"七贤"之一。

泰勒斯做过雅典的执政官，与梭伦等共同被列为"七贤"，为人所尊敬。他不仅仅具有政治事务上的聪明才智，而且是西方历史上第一个著名的哲学家和科学家。他的学生阿那克西曼德和阿那克西米尼与他一起，形成西方第一个哲学学派——米利都学派。

米利都在现在的土耳其境内，地处入海口。希腊历史学家希罗多德多次说："米利都是海上的霸主。"在这种发达的交流中，泰勒斯受到巴比伦、埃及等古文化的熏陶，学到了许多天文学知识，他把埃及的几何学知识与巴比伦的天文学知识结合起来，开创了希腊的天文学。

关于泰勒斯有很多有趣的故事与传说。

柏拉图在《泰阿泰德篇》中记述了一段故事，说泰勒斯观察夜晚的天空十分专注，他仰头看星星，边看边移动着，没留神脚底下，结果一脚踩空，掉到了井里。他的女奴看到了，说："主人，您只管天上的飘渺，却不顾脚下的实际。"但这件事表明了泰勒斯的精神专注和他不懈的追求精神，女奴又怎么能明白呢？

泰勒斯因为潜心钻研知识，想弄明白大自然的奥秘，把时间大部分花在思考和计算上，所以他不像别人那样有很多时间去经商致富。泰勒斯一度很贫困，遭到人们轻视。有一次，他穿着破旧的衣服走在大街上，一个集市里的富商冲他大喊："喂！尊敬的泰勒斯先生，哲学有什么用，知识有什么用，你看你上知天文下知地理，渊博过人，到头来还不是一贫如洗？没有金子也没有面包，你真是一个傻瓜呀！"

泰勒斯很气愤，对他说："你才是真正的蠢人呢，我是在潜心钻研更深的奥秘，没有你这样的利令智昏的糊涂头脑！"

一年冬天，泰勒斯运用他的天文、农业及数学知识推算出来年橄榄会大丰收，而冬天橄榄榨油机的租金很贵，于是他投入资金租了当地所有的榨油房。等大量的油橄榄丰收后，商人们收购了大量的油橄榄但榨油机奇缺，他们都必须到泰勒斯那里去租。泰勒斯提高几倍的租金，依然供不应求。泰勒斯对曾经嘲笑过他的商人说："自以为是的富翁，瞧见了吗？这一切都是知识的力量，它可以让你由穷到富，也可以让你由富到穷。但我追求的不是穷也不是富，而是知识的真理，它能使我们洞察大自然。我的抱负与你不同，明白了吗？"

公元前585年，传说居住在安那托利亚高原（现在的土耳其高原）上的吕底亚人和米底人之间进行了一场浩大的战争，这场战争持续了长达30年之久，弄得民不聊生。泰勒斯很厌恶残酷的战争，他利用人们对自然知识的愚昧想出一个办法，他对主将们说："上帝对你们进行战争已经震怒了，他要让太阳失去光辉，来警告你们。"

果真，日食如期发生了，士兵们惶恐万分，丢下武器纷纷逃命，主将们也被这个场面吓坏了。日食过后，双方签定了和约，商定永不征战。泰勒斯就这样利用自己的智慧结束了一场战争。

泰勒斯的详细生卒年月已无法准确考查，一是因为年代太久，有关的记载已经失传；二是因为那时世界上没有统一的纪年，参照不同事件的纪年所给出的年代彼此不一致。

根据现代天文断代学的方法，在泰勒斯预言日食的地区约发生了三次日食，一次是公元前610年，一次是公元前597年，一次是公元前585年，我们前面说到的日食就是采用的其中最后一种说法。根据这个时间，可以知道泰勒斯生活的大致时代。

泰勒斯第一个把埃及的测地术引进希腊，并且发展成几何学。有人说他成功地运用了相似三角形的办法测量出了埃及金字塔的高度，方法就是当人的身高与影长相等的时候，那么塔的影长就是塔的高度，这时只需量出地面上的塔影而不必去量金字塔。

泰勒斯首次提出了"地圆说"。当时的人相信"天圆地方"，而泰勒斯认为地像个盘子，地是整个宇宙的中心，太阳月亮都围着地球转。他还认为水包围着大地。这些说法现在来看是不科学的，但却表明了他对流行习惯的不盲从态度，这一点还是值得肯定的。

泰勒斯有一句名言："万物源于水。"这句话很有意义。粗略看这话并不完全正确，可能是因为泰勒斯看到水无处不在无处不有而想到的，比如人离不开水，动物离不开水，植物生长也离不开水，并由此断定万物源于水，这是过于肤浅的。但是这为人们打开了思维的新天地，人们开始走向科学探索大自然的道路，而不是盲目认为世界是由神创造的，是某位大神开凿或变化出的。

泰勒斯提出太阳的直径是日道的1/720，这个数字比我们今天所知道的太阳直径只略差一点，太阳直径如此之大而当时人们并没有先进的测量仪器，全靠数学方法的推算，由此可以想见泰勒斯的数学成就。

据说泰勒斯写过关于春分秋分和夏至冬至的书，观测到太阳在冬至点和夏至点之间运行时速度并不均匀，还发现了小熊星座，方便了导航等等。

总之，泰勒斯是西方第一个有文字记载下来的科学家和哲学家，他开启了唯物主义思想传统，开创了第一个唯物主义学派——米利都学派。

"数即万物"——毕达哥拉斯

毕达哥拉斯，公元前 570 年左右出生于爱奥尼亚地区的萨莫斯。这里是希腊人的殖民城邦之一，与米利都仅一海之隔。在年轻时，毕达哥拉斯就游历求学，他出身豪门，有足够的钱财去周游巴比伦、埃及等等，后来他创建了毕达哥拉斯学派。

毕达哥拉斯学派从公元前 6 世纪末到公元 3 世纪一共持续了 800 多年，为数学做出了巨大贡献。但在毕达哥拉斯生前，无论谁的发现或成果，只要是他这个学派的成员，所做的贡献都记在毕达哥拉斯名下，所以现在人们不能确切地知道毕达哥拉斯本身的重大发现。

毕达哥拉斯学派在研究音乐的基础上，认为世界是数。传说毕达哥拉斯有一次走过铁匠铺，里面打铁的声音高低粗细各不相同，他走进去细看，原来是不同重量的铁相碰发出不同的声音，于是他用琴弦做试验，发现弦长和音律是有关系的，用 3 条弦发出某 1 个乐音以及它的第 5 度音、第 8 度音时，这三条弦的长度之比为 6：4：3。总之，只要符合简单的整数比的弦长，就能发出和谐动听的乐音来。

他还发现自然数的前四名相加，即 1、2、3、4 相加为 10，所以 10 是最完美的数字。

传说有一次毕达哥拉斯去朋友家做客，客人们高谈阔论，又吃又喝，唯独毕达哥拉斯独自一个人望着方砖地面沉思。他用棍子在地上勾出一个图形，一个直角三角形。在直角三角形每条边上都有一个正方形，结果发现两条直角边上的两个正方形的面积之和恰好与斜边上的正方形面积相等。

方砖地上的图形启发了毕达哥拉斯，他认为这个定理太重要了，一定是神启发他发现的，于是他下令杀 100 头牛祭祀天神，并定名为"百牛定理"，也叫"毕达哥拉斯定理"，这就是大名鼎鼎的"勾股定理"。

当然，勾股定理实际上也许并不是这样发现的，这只是一个传说，很多民族的科学家都曾独立地发现过这个定理。

毕达哥拉斯本人到底生卒年是何时，因为年代久远同样也无法考据，只知他在公元前 500 多年时在世。毕达哥拉斯学派是一个神秘的带有宗教性质的流派，集科学、宗教、政治于一身，其教义秘不外传，就是当时的人也很难对他们了解得很清楚。

但自毕达哥拉斯开始，他们崇拜自然数，认为世界万物的关系都可归结为整数与整数的比，也就是分数或无限循环小数。有一位年轻的成员希帕苏斯发现若等腰直角三角形直角边是 1 的话，那么斜边长很特殊，不能表示成分数，这下可犯了大忌，他因坚持真理而被投入了大海。后来数学发展证明，希帕苏斯是正确的，他所发现的是无理数，以上说明了毕达哥拉斯的局限。

在天文学上，毕达哥拉斯首次提出地球是圆的。人们以前只认为是一块平整的大地，而毕达哥拉斯告诉人们地球是一个圆球，这是很了不起的，虽然他的认识不完全正确,但已经迈出了惊人的一步。毕达哥拉斯还认为整个宇宙也是大球,它由10个半径不等的同心球组成,每一个球面是一个行星的运行轨道。因为他认为"10"是完美数,所以天体有10个,天球也是10个,每一个天体在天球上运动。这个假设统治了西方观念长达2000多年,一直认为完美的圆形是天体运行轨道。直到1609年才发现是椭圆形的轨道。

这表明了毕达哥拉斯学派是形式哲学,他们把事物关系尽可能简化成数量,这种方法作为一种研究角度被发展完善,成为一种常用的思维方法。

毕达哥拉斯曾经向泰勒斯学习,开创了米利都学派之后影响深远的大学派——毕达哥拉斯派,为数学、天文学的发展做出了贡献。

历史之父——希罗多德

在小亚细亚的西南海滨,气候温暖湿润,和风吹拂,终年四季如春,古老的哈利卡尔纳索斯城就坐落在这里,它是剽悍勇健的古希腊人在海外开拓的年代里所建立的一座殖民城市。

大约公元前484年,当地一家名门望族吕克瑟司家中诞生了一名男婴,起名叫希罗多德。希罗多德是幸运的,因为他出生在一个豪富的奴隶主家庭,为他从物质上提供了接受良好教育的后盾。他的叔父帕息斯是当地一位著名的诗人,浓厚的家庭文化氛围对他早早就起了潜移默化的影响,从少年时代起,他就博览群书,勤奋学习,尤其酷爱史诗。以后他就走上了研究文化、钻研历史的道路,并创造出杰出的成就,他的史学名著《历史》奠定了西方史学的基础,希罗多德本人也被尊称为"历史之父",影响至今。

在意大利南部的塔林敦海湾附近,有一座图里奥伊城,城中有一座墓碑,上面镌刻着这样的铭文:

"这座坟墓里埋葬着吕克瑟司的儿子希罗多德的骸骨。他是用伊奥尼亚方言写作的历史学家中之最优秀者,他是在多里亚人的国度里长大的,可是为了逃避无法忍受的流言蜚语,他使图里奥伊变成了他的故乡。"

这一铭文可谓是对希罗多德一生的高度概括。

原来,希罗多德的家族因反对本城邦统治者对波斯的附庸态度,相继遭受迫害,他的诗人叔父被杀,多人遭受被逐的惩罚,包括希罗多德在内。

于是,希罗多德从大约30岁左右就开始了长期的漫游。在交通极不发达的古代,他不辞辛苦,足迹踏遍北至黑海北岸、南达埃及最南端、东迄两河流域下游、西抵意大利半岛及西西里的广阔天地。每到一处,希罗多德都要通过向导和译员,认真了解当地的风土人情,凭吊名胜古迹,细心考察文物,多方探寻民间传说和历史故事,研究地理环境,并及时记载下来。他的视野在广泛的游历过程中大大开阔了,这些为他以后写作《历史》准备了丰富的素材。

约在公元前477年,希罗多德来到了希腊的政治、经济和文化中心雅典。当时的雅典正逢伯里克利开创的黄金时代,灿烂辉煌的文化称雄于希腊世界,希罗多德在这里结识了各界名流，包括伯里克利和悲剧家索福克勒斯。他积极地参加了雅典的文化政治活动，他写作的诗文，在这里一度享有盛誉。

希罗多德崇拜雅典的民主政治，对于以雅典为首的希腊城邦在希波战争中打败奴隶制大国波斯的侵略，他十分钦佩。在伯里克利和众友人的支持和鼓励下，希罗多德决心写一部完整叙述希波战争的历史著作，以便把这伟大的历史流传后世。

公元前443年，雅典人在意大利南部的塔兰托湾沿岸建立了一座新城——图里奥伊。希罗多德也跟随移民到了那里，成了这个城邦的公民，并在此潜心著述《历史》，度过了他的晚年时光。公元前425年，59岁的希罗多德平静地离开了人世。

希罗多德的《历史》是一部开创性著作。在他之前，曾有盲诗人荷马的《伊利亚特》和《奥德赛》把民间流传的神话传说整理汇编成史诗，合作《荷马史诗》。作为文学作品，《荷马史诗》以高超的艺术手法描绘了特洛伊战争，对希罗多德产生了深刻影响，但它毕竟不是历史著作。公元前七八世纪之交，出现了希里阿德的教谕诗《田功农时》，在这部古希腊首次以现实生活为题材的长诗中，出现了历史发展的概念。随后在小亚细亚的希腊城邦出现了一种记述神话传说、家族系谱和风土人情的散文，以说故事的方式口头流传于民间。希罗多德吸取了史诗和散文的优长之处，再加上他对历史事件的深入探究，写出了划时代的著作《历史》。

《历史》又称《希腊波斯战争史》，分为九卷，被后人分别冠以九位缪司女神的名字，因此这本书又称《缪司书》。

《历史》按内容可分为两部分：第一部分叙述了吕底亚、米底、巴比伦、埃及、波斯、斯基泰等地区的情况，并介绍了希波战争爆发的原因；第二部分记述了希波战争的经过，从小亚细亚伊奥尼亚城邦起义反对波斯，战争拉开帷幕，到马拉松之战，再到萨拉米斯之战、普拉特亚之战、米卡列之战，一直到公元前478年希腊人占领位于色雷斯的塞斯托斯城为止。

《历史》取材丰富，俨如一部"百科全书"。西亚、北非及希腊的地理环境、民族分布、经济生活、风土人情、政史宗教、名胜古迹无所不包，又引证了大量政府档案文献、碑铭石刻以及前辈学者的研究成果，当然，最有份量的当数希罗多德亲身采访和实地调查中得来的第一手资料。

希罗多德为史学贡献了一种崭新的编纂方法：即以历史事件为中心，记事系统连贯，叙事生动有趣，具有较大的灵活性。《历史》就是这样一部真实性和艺术性相结合的历史巨著。这种体制深刻影响了西方史学界，被奉为正宗，延用至今。一位评论者写道："希罗多德懂得：如果喋喋不休地专谈一个题目，描述得很长，无论如何总会使人生厌。但是，如果在适当的地方停顿一下，夹以他语，就会使人觉得妙趣横生。于是，他就模仿荷马，使他的著作显得丰富多彩。"

希罗多德不愧为一位杰出的历史学家，他胸襟开阔，目光远大，对历史表现出远见卓识。例如，关于希波战争的性质，他谴责波斯远征希腊的侵略行为，认为波斯的失败是因为它的军队成分太复杂，又加上外线作战的困难；雅典获得胜利的原因是实行民主政治，每个人都为自己的权利而奋力拼搏，誓死不屈。但他又不以社会制度的差异来评价民族优劣，他以相对主义的观点为基础，认为习惯成自然，各民族都把各自的习惯视为最佳的,应当彼此尊重。又例如,希罗多德摒弃当时被希腊人蔑视称为"蛮族"的其他民族的偏见,虽然他最推崇雅典,但他认为东方是一切文化和智慧的摇篮。埃及的太阳历要比希腊的历法准确;希腊人使用的日晷最早是由巴比伦人发明的;希腊字母是从腓尼基人那里学来的。

希罗多德在《历史》中首次提出"法律面前人人平等"的问题,他对雅典的奴隶主民主政治存有热忱的向往,热情歌颂它的民主自由和权利平等,认为这是一种合理公正的制度,并把它当作孜孜以求的政治目标。这表明希罗多德是一位思想敏锐的进步思想家。

由于历史时代和阶级的局限,希罗多德不可避免地带有缺陷:如他对古代世界的真正主人——奴隶,以及奴隶反抗奴隶主的斗争,不屑一提;对少数帝王将相,如波斯国王居鲁士、大流士等,他极尽热情讴歌的能事,把他们描绘成历史的主宰,笃信"英雄史观";他还具有浓厚的宗教迷信和宿命论思想,他对神示、梦兆、预言、占卜记载津津乐道,并声称"当城邦或是民族将要遇到巨大灾祸的时候,上天总会垂示某种征兆的"。在他眼中,世事变幻无常,是神安排好了一切,个人幸福与国家的盛衰兴败,都只能听从上天的安排。

有时,《历史》中对于遗闻轶事的记录过于枝蔓,便有人苛刻地称他为"谎言之父",但这是不公正的。近代的考古学和人类学、历史学的发展,正在逐一证实着希罗多德的认真谨慎的治学态度和渊博的学识。

尽管希罗多德的史学观点是唯心主义的,但他依然以其杰出的成就而无愧于"史学之父"的称号。

科斯岛的神医

你可能没有听说过希波克拉底,但你一定知道心理学上将人的气质分为多血质、粘液质、胆汁质、抑郁质四种的说法,它的提出者就是被柏拉图称为"科斯岛的神医"、被亚里士多德称为"伟大的医生"的古希腊人——希波克拉底。

你可能不知道他的影响,那么请看公元1948年,世界医学大会通过了日内瓦宣言,并在次年把这个宣言定为国际医务道德规则,而这个宣言是以希波克拉底誓词为蓝本的。

誓词的主要内容是:我以阿波罗及诸神的名义宣誓,恪守誓约,矢志不渝。对授业之师,敬若父母,倘若需要,我要与他分享钱财,赡养其身,对其子嗣视若手足,如愿学医,我要热心教导,不图报酬。对我的儿子、老师的儿子以及宣誓立约的门生,我要悉心传授医学知识。我要恪尽全力,采取我认为有利于病人的医疗措施,不给病人带来痛苦和危害。不把毒药给任何人。我要清清白白地生活和行医。进入别人的家,只是为了看病,不为所欲为,不受贿赂,不勾引异性。对我看到或听到的不应外传的私生活,不管与我的医务是否相关,我决不泄露,严加保密。

2000多年来,这个誓词一直在流传着。世世代代的医生都这样宣誓过,它深远地影响着医务道德的建立。它的提出者希波克拉底被尊为"医学之父",是欧洲医学的奠基人。

希波克拉底出生于小亚细亚岛的一个医学世家,他从小便跟随父亲学医,日后又在广泛的游历过程中孜孜不倦地学习各地的民间医学,曾在故乡的科斯岛的医学学校里任教。

他的功绩主要在于把医学从宗教迷信中解放出来,奠定了科学的基础。在他之前,医学还禁锢在宗教迷信和巫术之中。人们认为疾病是神的"谴责",得了病就去求神问卜,念符诵咒,不仅被骗走大量钱财,甚至还经常被延误治疗而死亡。癫痫症曾被人看作是"神病",希波克拉底却说,这种疾病一点也不比其他疾病神秘,而是与其他疾病一样,具有同样的性质和相似的起因。

他提出体液的学说,认为疾病是由构成人类机体的血液、粘液、黄胆和黑胆四种液体的不平衡引起的,体液的失调是由外界引起的。

他很注重研究自然环境同人的健康的关系。在著名的《论风、水和地方》一书中,希波克拉底指出,当一个医生进入一座城市时,首先应考虑这座城市坐落的方向、土壤、气候、风向、水源、水质、饮食习惯、生活方式等等,因为这些自然环境因素对人的健康状况起着重大的影响。他的这种看法很科学,至今仍为医学界一致称道。

希波克拉底把疾病看作是发展的现象,认为医生医治的不仅是疾病,更重要的是病人,不能见病不见人,舍本逐末。不仅要把握住疾病的症状,还要了解病人的气质、特征、生活方式等因素。他的名言"寄希望于自然""相信自然的康复力"表达了他所主张的"自然疗法"。他主张不要轻易用药,应尽量使身体自行恢复健康。为了使机体自行康复,他认为调理好病人的饮食、摄取丰富的营养是非常重要的。由此,他驳斥了一些庸医让病人挨饿的荒唐做法。

希波克拉底对外科手术研究也有开创性的贡献。在他所生活的时代,解剖尸体被宗教和习俗所不容,但他大胆地冲破禁令,秘密进行了人体解剖,从而获得了许多关于人体结构的知识,为外科学的发展积累了宝贵的资料。他留下了《骨折》《关节复位》等著作,记载了各种骨折病例和脱臼复位的方法。他最珍贵的外科著作是《头颅创伤》,希波克拉底根据亲自实践得来的经验,用精确的语言记载了对头骨损伤和裂缝等病症施行手术的方法。

医学概念"预后"是由希波克拉底第一次提出来的,他有一篇名为《预后》的专著,讲到医生不但要对症下药,而且还要根据对病因的解释,预告疾病发展趋势及可能产生的后果和康复的情况。这种思想是很先进的。

希波克拉底终其一生留下了十分丰富的医学著作,留传至今有60卷,涉及解剖学、病理学、各种临床诊断、妇科、儿科疾病、外科手术、饮食与药物治疗、预后、医务道德等许多方面,总名为《希波克拉底文集》。他的著作表现出朴素唯物主义辩证法的思想,在近代医学产生之前,一直被当作医学教学的基本教材而广泛流传。

希波克拉底的《箴言》也被人们广泛传扬着。如"人生短促,技艺长青""机遇诚难得,试验有风险,决断更可贵""无故困倦是疾病的前兆""沉疴需猛药""暴食伤身""简单而可口的饮食比精美但不可心的饮食更有益"等至理名言对于人们的养生、保健、事业等方面都有积极的作用。

希波克拉底的精湛的医术、高尚的人品获得人们普遍的尊重。曾有一个动人的小故事反映了希波克拉底在人民心目中的光辉形象：传说希波克拉底与古希腊杰出的唯物主义哲学家德谟克利特交情颇深。由于德谟克利特专心于他钟爱的自然科学和哲学研究之中，他的族人为了霸占他的财产，便以患疯癫症以及败家的罪名对他提出控告。希波克拉底信以为真，立刻赶来为好友治病，可是见面之后，德谟克利特侃侃而谈，涉及哲学、政治、外交各个方面，更谈到了医学。他对医学有精深的研究，并用他创立的原子论来解释疾病。希波克拉底恍然大悟，明白了这是一个骗局，在他面前的德谟克利特是一位非凡的思想家，而不是他族人所说的疯癫病患者。于是，希波克拉底心中充满义愤，他决心一定要为好友清洗冤屈。法庭上，希波克拉底义正辞严地指出："德谟克利特不是疯子，如果非要说有什么毛病的话，那就在你们这些居心不良的人身上，我以我的名誉做保证！"那些被希波克拉底说中的人无可奈何地垂头不语，法庭最终宣告德谟克利特无罪释放。从此这两位巨人联系得更紧密了。

可惜的是关于希波克拉底生平的材料很少，连他的生卒年月都不能很精确地了解，约为公元前460年到公元前377年。但毫无疑问，希波克拉底将永远名垂青史。

审判苏格拉底

公元前399年的一天，在希腊雅典城，阳光、空气和风都一如往昔，可是城里的人却与往常相比有些不同，他们显得有些紧张，一条消息刚刚传遍全城：雅典法庭要审判苏格拉底了！

"苏格拉底？是那个经常出现在街头或市场、运动场的怪人吗？"

"对，就是他，就是那个经常和人谈论问题的苏格拉底。他不论和什么人都能谈上一番。"

"他的知识面很丰富吗？战争、政治、友谊、艺术，他都能讲得头头是道，但他好像最关心伦理问题。"

"他还收了很多弟子呢。青年人都爱跟随他。"

"可不是吗，他是一个很有影响的人物。"

"就是因为他太有影响了，所以今天被告到了法庭上。"

原来，苏格拉底的罪名正是"不敬国家所奉的神，并且宣传其他的新神，败坏青年"。

众多的人涌向法庭，他们都想看看这将是怎样的一场审判。

法庭庄严地开庭了。大法官威严地扫视了一下全场，然后把目光停留在苏格拉底脸上。他说："被告苏格拉底，据悲剧作家米列托斯和他的两位同伴的指控，你整日不但胡思乱想，而且还编造歪理邪说，对神明极其不敬重，大批的青年人都受到你的蛊惑，对国家造成了潜在的危害，你可知罪？"

众人听法官这么一说，不禁大吃一惊。要知道，在古希腊的法律中，败坏青年和亵渎神灵的罪名是要判死刑的,不知道苏格拉底为什么要干这样的事情。大家都把复杂的目光投向苏格拉底,那个已经有了71岁高龄、须发皆白但依然傲立在被告席上的老人。

两道锐利而又倔强的目光从苏格拉底那深陷的眼窝中射了出来,他用浑厚的嗓音理直气壮地答道:"我无罪!"

立时,全场哗然。法官平定了一下场内的气氛,然后说:"既然你认为自己无罪,那你如何解释你的那些歪理邪说?"

睿智的苏格拉底心想,趁着众人都在场,我正好把我的观点陈述出来,作一番宣扬。于是,苏格拉底清了清嗓子,一番慷慨激昂的演说开始了:"我并不制造歪理邪说,也不亵渎神灵,我只是钟爱我的哲学思维,我终日思考人生、思考道德、思考政治、思考自然,我始终在探求人类合理的生存方式,我的言行不但绝对不属于犯罪,而且还是有利于社会的。"

众人被他从容大度的气魄震慑住了,连法官都让他继续讲下去。

"我想请问在座诸位,什么是幸福?什么是美德?它和知识的关系怎样?人生在世,怎样才能获得知识?……

"我认为知识和道德要合而为一。正确的行为来自正确的思想,美德基于知识,源于知识,没有知识便不能为善,也不会有真正的幸福。

"知识涉及一般和典型,而不涉及特殊、个别和偶然。我所谓的美德是慈爱、明智、谨慎、勇敢、正直、节制等等的抽象。我认为知识和美德是可以通过教育而获得的。但最大的困难也是惟一的困难,就是这个世界上缺乏既通晓美德的概念而又能通过言传身教而施教于他人的人。多年来,我都在努力地向这个方向迈进,并做出一些尝试……

"我知道我一无所知,但我并不悲哀,因为我认为从怀疑自己的知识开始的自我认识是认识美德的来源。

"我提倡认识世界不要借助感官,因为那样会被事物表象蒙住双眼,应该通过你灵魂的眼睛——你的内心世界去了解事物,发现真理,这样才是可靠的……

"为了探求真理,我提出了一个方法,即通过问答的形式使对方纠正、放弃原来的错误观念,并帮助他产生新的思想。我不同意智者学派否认真理存在的观点。尽管人们的思想有差异,但应从对立中找到共同之处,找出为大家所遵守的共同原则。

"我的方法就是通过讽刺、助产术、归纳、定义四个步骤从个别现象中抽象出普遍的东西。'讽刺'就是通过不断追问,使对方自相矛盾,承认对此问题无知。'助产术'即帮助对方抛弃谬见,找到正确、普遍的东西,即帮助真理出世。'归纳'即从个别事物中找出共性,通过对个别善行的分析比较来寻找'一般'。通过这种方法可以阐明伦理观念。'定义'即把单一的概念归到'一般的东西'中去……

"此外,我认为天上和地上的事物,它们的生存和毁灭,都是神特意安排的。因此,研究自然界是渎神的。所以我的哲学不以自然界为研究对象,我的目的在于教导人们过道德的生活。"

听了苏格拉底振振有词的演说,众人虽不能完全理解,却也认为他没有犯什么大罪。但这时法官开口了:"那么你的政治观点呢,为什么不敢公之于众?"

苏格拉底闻听此言,不禁一笑,他说:"在这方面,我更加问心无愧。我主张各行各业乃至国家政权都应由经过训练、有知识有才干的人来管理，我反对以抽签选举法实行的民主，这种民主有很大可疑性。

"因为，那些握有权柄、仗势欺人的人往往操纵着民主选举，而真正有才干的人却得不到重用，他们懂得管理，却不能成为管理者，这难道是合理的吗？

"正如一条船应由熟悉航海的人管理，土地所有者懂得农业，运动员懂得运动和锻炼。当纺织羊毛时，妇女应当管理，因为她们精于此道，而男子则不懂。

"那些最优秀的人是能够胜任自己工作的人。精于农耕者，便是一个好农夫；精通医术者，便是一名良医；精通政治之道者，便是一个优秀的政治家。

"因为美德即知识，愚昧是罪恶之源，所以我倡导专家治国论。"

苏格拉底的言论引起许多人默默称许，但却没有人敢站出来公开表示支持。这时，原告米列托斯站起来，气急败坏地说道："你怎么能反对我们神圣庄严的民主选举制呢，就冲这一点，你就是有罪的。你还犯有渎神罪，我是有证据的！"

听了这话，苏格拉底虽然心中疑惑，但依然镇定自若地站在那里。在法官的允许下，米列托斯开始发言："我的证据就是大名鼎鼎的阿里斯托芬创作的《云》。阿里斯托芬通过《云》一剧把你这个虚伪的人揭露得淋漓尽致，你伤风败俗、不敬宙斯、专教别人干坏事，完全是一个无赖，口中却宣讲着冠冕堂皇的哲理。《云》在23年前就已经上演了，这些年来久演不衰，大家一定都很清楚。可是，苏格拉底，直到今天你才被推上被告席，我们的人民对你实在是太宽容了！"

面对米列托斯的叫嚣，苏格拉底陷入了沉思。原来，阿里斯托芬是他的好友，只是由于他留恋过去的"黄金时代"，对当时十分活跃的智者学派深恶痛绝，于是他在喜剧《云》中不加区别地把苏格拉底当作他们的化身而尽情嘲弄攻击。苏格拉底明白，阿里斯托芬不是在蓄意害人。可是万万没想到，今天，他的剧本竟被人利用，拿来作为攻击苏格拉底的证据。而且米列托斯要求判处他死刑。

按照雅典的法律，在法庭对被告进行判决之前，被告有权提出一种不同于原告所要求的刑罚，以便法庭二者选一。但苏格拉底坚持认为自己是有功无罪的，他觉得只有让他终生在卫城的圆顶厅享受国家提供的免费餐，才算合理。在朋友的规劝下，他才提议对他罚款30明那。然而最终，他还是被判处了死刑。

事有凑巧，本该立即执行的死刑却因为宗教的原因而暂停了下来。原来，每年5月，雅典都要派圣船"帕拉洛斯"号满载祭品去提洛岛的阿波罗神庙朝圣，往返的30天内，不得处决犯人。苏格拉底的判决之日适逢圣船启航之时。

在收监的日子里，苏格拉底的学生和朋友们积极筹划着营救他的计划。不久，他们买通了狱卒，制定好了越狱方案，单等着苏格拉底动身。可是，苏格拉底却坚决拒绝了这一生存的希望，无论大家怎样劝说，他都坚持认为自己应该服从国家的法律。

就这样一直拖到了临刑的前夜，他打发走苦苦哀求他的亲人，留下自己的学生，畅谈了一番人生哲理之后，他接过毒酒，一饮而尽……

古希腊三大数学难题

古希腊三大数学难题其实都是几何难题。

大约 2300 多年前，在古希腊的第罗斯岛发生了可怕的瘟疫，人们纷纷向神祈祷。神庙的祭司对人们说，神要保佑人们，但有一个条件，就是要把正方体祭坛的体积扩大到原来的两倍，神嫌原来的祭坛太小，但不能做成别的形状，还要是正方体。

人们开始忙起来，但凭有限的工具不是体积增得太大就是形状被改变了。有的人把正方体的棱长扩大成原来的两倍，可是这样一来，体积就成为原来的 8 倍。

于是人们请教柏拉图，结果这成为一道几何难题。

这当然只是一个传说，但是三大几何作图难题却都是与古希腊学者有关。

希波战争使得伊奥尼亚的城邦相继陷落，伊奥尼亚的精英学者大都逃到了雅典，于是在雅典出现了著名的智者学派。

智者在发展语言和诡辩时，注意逻辑，他们当中有很多是几何学家，在长期的思辩中，他们提出了三大几何难题：

1. 化圆为方。画出面积与已知圆面积相等的正方形。
2. 正方倍积。画出体积为已知立方体体积两倍的立方体的边长。
3. 三等分任意一角。只用直尺和圆规，不标刻度，三等分任意角。

2000 年来，这三道题难倒了无数人。

从公元前 5 世纪开始，古希腊的学者们就开始研究这些问题。这些问题其实是被希腊人解决了的几何问题的延伸，由于他们可以二等分任意角，自然想到三等分，直到任意等分。由于平面上以原正方形对角线为边长的正方形是原正方形面积的 2 倍，自然推广到立体几何，想找出 2 倍的正方体。由于圆的面积可知，那么自然想到找出与圆面积相等的正方形。

据记载，最早研究这些问题的是阿拉萨哥拉，后来梅纳奇马斯、欧几里得、阿基米德这些大几何学家也都研究了这个问题，但都没能成功。直到 17 世纪，笛卡尔发明了解析坐标系，人们才找到了解析几何的工具。

这三个题目用任何手段均可解出来，但古希腊学者附加了一个前提：尺规作图。而实质上，在尺规限定的条件下，这些问题都是不可能解决的。

比如说 2 倍立方，其实要求几何学家用直尺和圆规把长度为 2 的线段开 3 次方，要画 2 厘米、2 分米、2 米等等都行，但要求用直尺和圆规把线段的立方根画出来是不可能的。

笛卡尔最早指出这是不可能的，法国数学家范齐尔于 1837 年严格证明了用尺规不能作出 2 的立方根长度。但若是方法不限，工具可以任意标刻，或者用别的物理及代数等方法，结果都可以求出来。

三等分任意角，如果抛开尺规限制，也可以办到。至于化圆为方，1882 年德国数学家林德曼证明了，用尺规作图办不到。但是用别的方法当然能办到。公元前 460 年出生的智者希匹阿斯就设计了割圆曲线来完成了三等分任意角,但不是用尺规画出来的。

从历史上看,最迷人的莫过于三等分任意角。每年都有大批人,特别是青少年向科学院寄送大批稿件,声称解决了三等分角问题。当然这是不可能的,而他们的方法确实能够任意三等分角。这是怎么回事呢?前面已经讲过,有很多其他方法都可以三等分任意角,这并不是不可能的。青少年们犯的错误主要是把自己的方法误认为是尺规作图法,这主要是由于没有明白尺规作图的含义。也有的人由于对问题了解较少,认为三大难题就是没有限制的,所以求出了解。

也就是说,真正的三大难题是不能求解的,因为均限制在尺规作图范围内。而抛开限制,这三大难题就成为数学游戏,都可以解决,不过需要巧妙的办法和足够的数学思想与知识。

有兴趣的人可以认真了解一下尺规作图的含义,从而得知尺规作图的不可能原理。

柏拉图学院

柏拉图(公元前427—前347年)出生于雅典的名门世家,他的母亲是梭伦的后裔,父亲所在这族则可以追溯到古雅典王卡德鲁斯,在这样一个高贵的家庭里,柏拉图受到了当时所可能达到的最好的教育。

柏拉图的老师是著名的哲学家苏格拉底,柏拉图留下的很多对话著作,多数以苏格拉底为主要角色。然而这位可亲可敬博学多智的老师被雅典的当政者判处了死行,说他"败坏青年"。苏格拉底宁死不屈,饮毒酒而死,柏拉图由此认识到了政治的丑恶与肮脏,他离开了雅典,开始周游世界。

柏拉图到了埃及、南意大利等地方,他认真地学习了毕达哥拉斯派的很多知识。经过约10年左右的时间,柏拉图回到了雅典。正当壮年的柏拉图开始招生讲学。学院建在阿卡德米,在雅典不远的西北郊。

柏拉图是唯心主义的最伟大代表。柏拉图特别重视数学,在柏拉图学院有一块牌子,上面写着:"不懂数学者不得入内",证明了柏拉图对数学重视的程度。

柏拉图认为真正的实在是理解,如我们所画的、所看到的圆,其实纯粹的圆是不存在的,但我们认为是圆,而忽略那些误差,这就是理念。用现代科技观点来看,柏拉图很多具体的理论是荒唐的,但是他的很多思想给后世带来巨大影响,其中也不乏有价值的想法。

柏拉图形成了他特有的唯心主义,后世称为"唯实论",他开创的雅典学院一直维持了9个世纪之久——直到公元529年,罗马查士丁尼大帝才把它封闭。

在柏拉图学院中,有两位十分杰出的人物,他们在天文学、数学上贡献杰出。一位是欧多克斯,一位是亚里士多德。

欧多克斯(公元前409~前356)约于公元前368年加入柏拉图学院,在加入学院之前,欧多克斯已经名声很大,是很多人的老师了。现在遗留下来的有欧多克斯的纸草著作残篇。

柏拉图受毕达哥拉斯影响，认为圆、球这些形状是最完美的，天体都是神圣的，所以它们的轨道是圆周。

从地球是宇宙的中心出发，欧多克斯建立了一个宇宙模型。他认为宇宙是由透明的同心球叠加而成的。每个运动的天体都遵循一层天球的表面，这个球的轴两端固定在外层较大的球上。这样，最最外层的球一转动，会带动它内侧的球转，内侧的球再带动更内侧的球，于是宇宙中的天体就这样运动了。欧多克斯认为当时所见的五大行星又加上日、月等等，共为27个同心球。这27个同心球由最外层的大球转动引起转动，天体也是这样运动的。

其实他的出发点就已经是错误的了，因为他以地球为中心，实际上茫茫宇宙有无数中心，无数个星系，何况地球也不是太阳系、银河系的中心。最有趣的现象是越向后发展，球越多，因为欧多克斯是建立在当时肉眼所及的星体之上的，随着观察的越来越多，这个模型不断地变，人们加来加去、不厌其烦，最终心灰意冷，抛弃了这种学说。

但是欧多克斯提出了一种可贵的思想，就是著名的"拯救"方法。当人们面对自然界的变幻莫测时，怎样找到根本规律呢？建立一个模型，建立一个规则，把杂乱的现象加以规整，有助于整理归纳，从而认清规律。这样的一种模式思维方法，就是拯救观念。

柏拉图之后，希腊世界最伟大的思想家是亚里士多德，亚里士多德是欧洲科学史上的里程碑。他是古代知识的集大成者，被人们称作"百科全书式的大学者"。

亚里士多德公元前384年出生，他的父亲是马其顿国王的御医。亚里士多德很不幸，幼年时父母双亡，是亲戚把他抚养大的。17岁时，亚里士多德到雅典的柏拉图学院学习，前后长达20年，直至柏拉图去世。

亚里士多德提倡归纳法，提倡进行科学研究要有目的，讲究系统和组织。他在知识分类方面成绩巨大。在各门科学和哲学领域内，亚里士多德著作丰富，在物理、天文、气象、生理及胚胎等等领域都留下了许多真知灼见。当然，亚里士多德的错误是很多的，如伽利略后来推翻了他的一些理论。

在逻辑学上，亚里士多德开创了三段论。他开创了演绎形式。在伦理学上，在文学研究、政治研究上，都留下了不朽著作。

我们今天常说的"吾爱吾师，吾更爱真理"这句话，就是从亚里士多德那里来的，因为他后来开创了与他的老师不一样的知识体系，他说过这样的话："我敬爱柏拉图，但我更爱真理。"

公元前343年，亚里士多德做了亚历山大的老师，亚历山大就是历史上所向披靡的大帝，人称亚历山大大帝。亚里士多德常常在散步时和学生讨论学术，因此又被称为"逍遥学派"。

希腊最伟大的启蒙运动者——伊壁鸠鲁

在雅典一座花园的大门上刻有这样的题词：客人，你在这里将生活得很好；这里将给予你幸福，最高的奖赏，这里的学生被称为"来自花园的哲学家"。这座花园是一所学校，但这所学校有时被称为"伊壁鸠鲁的花园"。

伊壁鸠鲁是古代希腊杰出的唯物主义哲学家，马克思誉之为"希腊最伟大的启蒙运动者"。

他出生于萨摩斯岛，自称14岁开始研究哲学。18岁的时候，他为了接受雅典青年在取得公民资格之前必须经过的两年军训而到了雅典。

伊壁鸠鲁曾经师从柏拉图的弟子帕姆菲洛斯，后来又在罗德斯岛就学于普拉克西丰涅斯，对他影响最大的是德谟克利特的唯物主义哲学，不过，他对自己的老师、德谟克利特的弟子瑙昔芬尼却并不怎么尊重，甚至轻蔑地称他为"软体动物"。

公元前311年，伊壁鸠鲁在米特林创办了学校，并亲自执教。办了一年以后，校址迁往拉姆普萨库斯。公元前306年，伊壁鸠鲁定居雅典，买了一所房子和一个花园，继续办学，学校被称为"伊壁鸠鲁的花园"。

伊壁鸠鲁主办的学校是一种特殊团体，其成员力图通过哲学获得安宁、幸福的生活。伊壁鸠鲁是他们崇敬的对象。他是学校的首脑，有三个大弟子协助他，下面还有一批工作人员，其中包括他的哥哥和两个弟弟。学生有男有女，甚至还有妓女和奴隶。一些有文化的奴隶在学校中担任秘书、抄写员之类的工作。学校内的生活是非常简朴的，饮食主要是面包和水。

学校的收入至少有一部分是靠自愿捐助的。伊壁鸠鲁在一些信里向有名望的人请求资助，向学生索取食物和现金。有一次他写道："请你给我送一些干酪来吧，以便我在高兴的时候可以宴客。"在另一封信中他说："请你代表你自己和你的孩子送给我们一些为我们神圣的团体所必须的粮食吧。""我需要的惟一捐助就是这些——要命令弟子们给我送来，纵使他们是在天涯海角也要送来。我希望从你们每个人那里每年收到220个德拉赫麦，不要再多。"

伊壁鸠鲁著述丰富，约有300篇。其中最重要的是有37章之多的《论自然》一书。可惜他的著作绝大多数已经散失，流传至今的只有少数残篇，约100多条警语和一些书信。在流传下来的书信中，按内容的重要性而说，主要有3封：《致赫罗多特斯》主要论述的是原子学说，也涉及认识论的影像问题；《致皮托克列斯》是讨论气象学和天文学的；《致麦诺凯奥斯》除讨论伦理学，还论述了他自己的生死观。1888年在梵蒂冈的一座教堂内发现了87条伊壁鸠鲁派的警语，其中大部分是伊壁鸠鲁本人的。这些警语在学术著作中有时被称为《梵蒂冈格言》，除陈述伦理问题外，也探讨了国家起源问题。伊壁鸠鲁规定弟子必读的40条伦理格言，也保存了下来，称为"要义"。他的著作普遍结构松弛，表述通俗，缺乏文采。

伊壁鸠鲁继承和发展了德谟克利特的唯物主义学说。

他坚持德谟克利特的原子论，强调原子的存在决定一切事物存在的实在性，是事物的本质。他发展了德谟克利特的学说，认为原子除了有绝对充实性（即不能破裂或分割）外，还有大小、形状和重量的不同，物质的差别就是由这些不同决定的。

伊壁鸠鲁发展德谟克利特的原子说，还表现在另一方面，那就是有关原子运动的问题。德谟克利特只承认原子由于重量关系产生的直线运动，即机械运动；而伊壁鸠鲁认为原子的直线运动是跟原子的内部自动地脱离直线运动的偏斜运动相结合的。他的这种主张，以朴素的形式表达了他关于物质运动由其自身内部原因决定的天才猜测。这一主张作为初次尝试，自发地辩证地克服了德谟克利特的决定论所具有的宿命论倾向，是对唯心主义的沉重打击。德谟克利特认为世界上的一切都是由严格的必然性决定的，否认偶然性和自由的存在。伊壁鸠鲁的这种观点否定了斯多噶等派鼓吹的宿命论。他从唯物的原子论出发，认为自然规律的必然性决不意味着人是命运的玩物。

按照伊壁鸠鲁的看法，宇宙是无限的，是由无限多的天体所组成的，神只是存在于无数天体的中间地带，过着幸福的生活，并不对宇宙和人类的生活发生任何影响。

在认识论方面，伊壁鸠鲁是唯物主义的哲学论者。对于伊壁鸠鲁来说，哲学的目的是通过研究和思考使人们得到幸福。他认为，老年人通过研究哲学，才可以回忆过去的愉快，像青年人那样朝气蓬勃。青年人研究哲学则可以懂得未来，无所畏惧而更加成熟。他说："不能医治人们痛苦的哲学家的话是空洞的，不能医治心灵疾病的哲学和不能医治躯体疾病的医学一样无益。"为了获得幸福，必须摆脱各种偏见。

由于伊壁鸠鲁的哲学体系所具有的现实目的，所以在这个体系中，作为向人们阐释幸福生活所应遵循的原则伦理学占有首要地位。

他的伦理学说的核心是快乐论，使人摆脱痛苦。他的所谓快乐，并不是指粗鄙的生活享受。他指出："当我们说快乐是最终目的的时候，我们并不是指某些人所想的放荡的快乐或肉体享受的快乐，这些人或者是不知道，或者是曲解了我们的意思。我们所谓的快乐是指身体的无痛苦和心灵的无纷扰。"他认为对快乐的选择应该服从理智，由理智派生出所有其他善行。不是理智地、有道德地、正直地生活，生活是不会愉快的；反之亦然。

伊壁鸠鲁的伦理学具有明显的个人主义倾向，追求的是个人心灵的宁静。这里表现了他作为奴隶主阶级思想家的阶级局限性。同时，也反映了伊壁鸠鲁所生活的时代特点。由于城邦的瓦解和社会生活的动荡，人们不再像古典时代那样关心重大的社会政治问题，而是局限于个人的小圈子里面。正因为如此，伊壁鸠鲁的生活准则之一便是："不为人们注意地生活。"

他的哲学思想的静观性质也是他阶级局限性的一种反映。

马克思指出：国家起源于人们相互间的契约……这一观点就是伊壁鸠鲁首先提出来的。他以"公正"为例，认为"公正没有独立的存在，而是由相互约定而来，在任何地点、任何时间，只要有一个防范彼此伤害的相互约定，公正就成立了"。

伊壁鸠鲁的这种"充分契约"的政治思想，在当时具有积极的进步意义，旨在反对马其顿人的统治，反对以非人道待遇对待奴隶和妇女。然而，这种思想也有阶级妥协的烙印。

伊壁鸠鲁一生多病，但他能以极大的毅力战胜病魔。公元前270年他病逝于雅典。

伊壁鸠鲁的唯物主义哲学具有巨大的进步意义，因而不断遭到唯心主义者的激烈反对。古罗马作家琉善曾经怒斥焚烧伊壁鸠鲁著作的骗子。列宁揭露过黑格尔对伊壁鸠鲁学说的歪曲。伊壁鸠鲁的后继者曾经同古代世界形形色色的唯心主义者作过长期顽强的斗争。文艺复兴以来，伊壁鸠鲁的哲学著作对欧洲哲学思想的发展产生了重大影响。

旷世演说家——德摩斯梯尼

"德摩斯梯尼，如果你有与你的智慧相当的权力，马其顿人的战神就不可能在希腊握有权柄。"

这是一段铭文，镌刻在一尊青铜雕像上。这尊青铜雕像塑造的就是古希腊卓越的演说家、著名的政治家德摩斯梯尼。

这位演说家兼政治家曾有一名言："辞令的灵魂就是行动、行动、再行动。"他的一生就是遵照这句话去做的。他不断采取积极的行动，与马其顿进行针锋相对的斗争，维护自己的祖国希腊的利益。

当德摩斯梯尼登上雅典政坛的时候，希腊各城邦发生了严重危机。希腊北方的马其顿，在国王腓力二世的治理下迅速崛起，它四处扩张，咄咄逼人。而以雅典为首的希腊各城邦内部对待马其顿的态度形成两大截然对立的主张：一种表示欢迎马其顿干预希腊事务；另一种竭力反对马其顿的扩张，主张消除各城邦之间以及城邦内部的不和，维护独立和民主。

德摩斯梯尼作为后一派的代表，他多次登上雅典公民大会讲坛，发挥全部演讲才能和精力声讨马其顿国王腓力二世，维护雅典的主权和尊严。在一系列演讲中，他力图激发雅典公民保卫城邦的热情，号召全体希腊人团结一致，跟企图奴役希腊人的马其顿国王作殊死的斗争。

德摩斯梯尼反对腓力的演说总计8篇，通称"腓力皮卡"，其措辞之精密，逻辑之严谨，构成强大的鼓动力和说服力，对腓力的行为进行了猛烈的抨击和无情的揭露。从此以后，"腓力皮克"（"腓力皮卡"一词的单数）成了一个专门名词，专指猛烈抨击和揭露政治的演说。如有名的西塞罗反对安东尼的演讲词就被他自己称作"腓力皮克"。

公元前341年，德摩斯梯尼发表了他最著名的第三篇反腓力演说。他指出："关于马其顿人的狡猾阴谋是勿庸置疑的，腓力所力求实现的惟一目标是劫掠希腊，夺去天然的财富、商业和战略据点。腓力利用希腊人中间的分裂和内讧作为达到他卑劣意图的手段。"他认为，尽管目前局势极端险恶，但仍然有可能制止马其顿的扩张。他打了个生动的比喻："当雅典之舟尚未覆没之时，舟中的人无论大小都应动手救亡。一旦巨浪翻上船舷，那就一切都会同归于尽，一切努力都是枉然。"

德摩斯梯尼通过这篇演说词阐述了自己对雅典政治制度的认识。他极度推崇雅典的民主宪法和公民政治自由，他认为这种政治制度有潜在的巨大力量。而雅典的现状是，公民对社会事业的关心和勇于奉献的精神正在渐渐减退，代之以不纳税、不服兵役，一味期望国家的资助，这导致了国家的衰微。在一针见血地指出国家面临的困境和社会的症结之后，他用激动人心的词句鼓舞雅典的公民："即使所有民族同意受奴役，就在那个时候我们也应当为自由而战斗！"

受这篇演说词的鼓舞，雅典人民群情振奋，在隆重召开的公民大会上作出重要决定：派遣使者联络友邦。很快，雅典拥有了自己的反马其顿同盟。在援助拜占廷的战斗中，腓力国王遭到希腊军队的重击，败退而走。

德摩斯梯尼赢得了极大声誉，雅典人把胜利的花环奖给他，作为对他的肯定。他被任命为海军总监，进行了一系列有益于军事行动的改革。但此时，腓力的军队仍然在希腊的领土上不断推进着。希腊组织的反马其顿同盟联军由于各怀私心，不能团结一致，又被腓力在喀罗尼亚发生的决定性战斗中打败。

公元前336年秋天，由于腓力被刺杀，事情又出现了转机，德摩斯梯尼从失败的压抑中抬起头来，积极参加各种公共事务。雅典的公民大会决定为他的功绩做出赞颂，并决定授予他一顶象征荣耀的金冠，而这却遭到了埃斯希涅斯的强烈反对。埃斯希涅斯是亲马其顿的主要将领，同时也是负有盛名的演说家。于是，一场空前激烈和精彩的辩论在这两位难分上下的演说家之间展开了。最终，德摩斯梯尼还是技高一筹，他以充沛的感情和有力的论证赢得了广大听众的支持，而埃斯希涅由于略逊一筹，败给了德摩斯梯尼，他羞愧难当，不得不离开雅典，远走他乡。

从此，德摩斯梯尼享受着崇高的荣誉，应该说是他出众的演说才华为他立下汗马功劳。然而令人意想不到的是，德摩斯梯尼的演说才华并非天生就有，相反，应该说他在此一方面的天然资质是很差的。

少年时的德摩斯梯尼沉默寡言，一旦说起话来，还发音不清，逻辑不明，疲软无力。最终使他走上杰出演说家道路的原因，是源于一场财产纠纷。

德摩斯梯尼的家庭非常富有。他7岁的时候，他父亲就去世了。他父亲去世时，给他留下了一大笔遗产（一个武器作坊、一个家具作坊和其他财产）。由于德摩斯梯尼尚处幼年，遗产被他父亲指定的监护人管理。贪婪的监护人肆意侵吞了他的财产，德摩斯梯尼成年之后，只得到了全部遗产的1/12。他多次索求，也毫无结果，即使通过法庭打赢了官司，也得不到实质性的补偿。为此，德摩斯梯尼决定向雅典著名的演说家、擅长撰写关于遗产问题讼词的伊塞学习演说术。

多年的官司使德摩斯梯尼变成了著名律师。为谋生计，他又代人撰写法庭辩护词，这使他的辩论技艺得到突飞猛进的增长。渐渐地，德摩斯梯尼开始向往政治生活，逐渐向一名演说家迈进。

最初，德摩斯梯尼登上讲坛时，虽然准备好了精彩的演说词，却因吐字不清，含含混混，说不出一句有力度的话，而被挑剔的雅典人毫不客气地赶下了讲坛。而且这样的事情发生了不止一次两次。

然而失败打消不了德摩斯梯尼的决心。他痛定思痛，对自己的缺陷认真地总结了一番，然后对症下药。为了训练发音，他向著名的演员请教朗读的方法，并把小石子含在嘴里,迎着呼啸的大风和汹涌的波涛大声朗诵;为了克服气短,他故意选择陡峭的山坡,一面攀登一面不停地吟诗;为了纠正姿态,他专门装了一面大镜子,随时观察自己的举动,并在头顶上悬挂一柄锋利的剑,以改掉那些多余的动作,尤其是没事就爱乱耸肩的习惯;为了潜心于练习,他把自己的头发剃掉一半,难以见人,于是便留在家中终日练习;为了写出精彩的演说词,他刻苦读书,把修昔底德的《伯罗奔尼撒战争史》抄写了8遍,连他的政敌都不得不夸赞他的修养深厚。他那篇有名的反腓力演说,连腓力本人看到后都说:"如果我自己听德摩斯梯尼演说,我也会投票赞成选举他当我的反对者的领袖。"

由此可见,杰出的成就来源于背后刻苦的锻炼,没有一蹴而就的成功,也没有不劳而获的天才。

马其顿王国的军事天才——亚历山大

马克思曾说过:希腊的内部极盛时期是伯里克利时代,外部极盛时期是亚历山大时代。

亚历山大(公元前356—前323年),古代马其顿国王,杰出的军事家和政治家。他少时即有征服世界的野心,并表现出了卓越的军事政治才能。据说,每当他得悉父亲胜利的消息时就发愁,惟恐自己会因而不能享到征服世界的光荣。公元前336年夏天,亚历山大继位,时年20岁。当时国内环境十分困难,宫廷骚乱,北方各部落暴动,希腊、马其顿起义,此伏彼起。亚历山大果决地击败了各种反对势力。在占领忒拜后,把居民全部出卖为奴,只有神庙和诗人品达之家幸免。使希腊再度屈从于马其顿的统治之下,他以马其顿—希腊联军最高统帅的身份,组织对东方的侵略性战争。

公元前334年春,亚历山大借口波斯人曾经蹂躏过希腊的圣地,又参与刺杀腓力二世,而大举东征。他以解放者自居,利用波斯统治下的希腊人、埃及人等等的不满,许诺帮助他们摆脱波斯的羁绊。实质上,东征是为了满足马其顿贵族和希腊奴隶主从战争中掠夺领土、财富和奴隶的愿望。

马其顿—希腊联军渡过赫勒斯滂海峡,进入亚洲,在马尔马拉海南岸格拉尼科斯河附近,亚历山大和波斯军队首次交锋。亚历山大不顾军队长途跋涉的困难,亲自率军作战,击败波斯军队。这一役的胜利,为亚历山大打开了向小亚细亚进军的通道。不少城邦归顺,只在少数地方,他遇到了希腊雇佣军的顽强抵抗。公元前333年夏,亚历山大的军队在伊索斯城附近和波斯军队发生了第一次激战。波斯国王大流士三世亲率军队以逸待劳,亚历山大集中优势兵力,直捣波斯军中锋。大流士三世溃逃,亚历山大占据了大流士三世的军营。

公元前332年,亚历山大继续向南进军,攻陷许多城市。在此期间,大流士曾向亚历山大提议媾和,表示愿割地赔款,但亚历山大表示当可能取得波斯帝国的全部领土时,他不希望只得到其中的一部分,他并且自称为"全亚洲的统治者"。

公元前332年冬,亚历山大由腓尼基南下,侵入埃及,他特别注意笼络埃及的祭司支持他的统治，对他们大献殷勤，慷慨馈赠。他在尼罗河三角洲，即现在亚历山大城所在的地方建立了一座城市，并用自己的名字命名为亚历山大里亚。

公元前331年春，亚历山大在埃及补充了自己的军队后，率军向东进发，经过巴勒斯坦、叙利亚，来到了美索不达米亚。在尼尼微附近加于加麦拉村，与波斯的军队发生一场决定性的战斗。10月1日清晨，战争开始了。波斯军队首先发动了攻势。大流士三世命令绑着锋利刀剑的战车全力冲扑过去，指望以数目众多、装备精良的战车一举击溃马其顿的方阵，结果扑了空，却被亚历山大的军队击得溃不成军。

亚历山大继续向东推进，深入了波斯腹地。他进行了惊人的掳掠，洗劫了巴比伦、苏萨和波斯利斯的王宫，夺得无数金银和财宝，还下令焚烧了波斯国王的王宫。此后，亚历山大移兵北上，占领了米底首府埃克巴坦那。为了追踪大流士三世，他率军经过险峻的山岭和无水的荒漠，来到了帕提亚和巴克特里亚。这时，巴克特里亚的总督比索斯拥兵自立，擒杀了大流士，自称波斯国王。不久，比索斯为共谋者所弃，被亚历山大擒获。他召开了有巴克特里亚贵族参加的审判大会，并以公诉人身份指控比索斯竟对自己的君主和亲戚大流士三世下毒手。他把自己打扮成波斯帝国政制的维护者，依照波斯习惯处比索斯以极刑。

大流士三世死后，波斯阿黑门尼斯王朝便告终结。亚历山大以阿黑门尼斯王朝的"合法继承人"自居。

为了慑服东方的反抗，建立更大的霸权，他继续兴师北方，转战于中亚细亚。在行进过程中虽遭到反抗，但都被亚历山大残酷地镇压下去了。

为了巩固对被征服地区的统治，他在东方建立了许多要塞城市，并且都用亚历山大命名，派兵驻守。

亚历山大深深懂得，仅仅依靠马其顿人和希腊人的军事力量，是无法统治广袤的帝国疆土的。随着征战的胜利，统治地区的扩大，他越来越多地沿袭波斯帝国及其各地的旧制，擢用东方的降臣。但亚历山大用极其严厉的手段惩办军中的反对者，甚至不惜诛杀一些战功卓著的老将和近臣。

公元前327年，亚历山大率领军队离开中亚，向印度进发。由于对印度的气候不适应和军中瘟疫流行，军队开始拒绝前进，要求回家。马其顿军队开始回撤。

公元前324年初，将近10年的亚历山大远征结束。

亚历山大经过大规模的军事远征，在辽阔的土地上建立起一个前所未有的庞大帝国。它的版图西起希腊、马其顿，东到印度河流域，南临尼罗河第一瀑布，北至药杀水。首都设在巴比伦。

亚历山大竭力鼓励马其顿人和东方女子结婚，以促进马其顿人和东方人的融合。

在巴比伦，亚历山大还积极准备继续进行远征，企图进一步征服地中海西部和南印地区、北非、意大利和西班牙。但是，正在此时，亚历山大突然患恶性疟疾病逝（公元前323年6月13日），终年33岁。

亚历山大作为一个历史人物，对人类社会的发展产生过一定的影响。通过远征，他使希腊同西亚、中亚、印度等地的贸易更密切了；他在被征服地区建立的城市后来发展成各地的经济中心；以往波斯王宫储存的大量金银被铸成货币，促进了商品的流通。这一切在一定程度上促进了东西方经济交流和生产发展。文化上，远征前后，不少希腊学者来到东方，研究东方的科学技术和文化艺术，搜集地理学、植物学和动物学的资料和标本。在社会政治方面，亚历山大的某些措施，尽管对缓和征服者与被征服者之间的尖锐矛盾产生过某些影响，但从根本上说，只是沿袭了东方专制帝国的旧规。

亚历山大并不是"超人"，不应该将其理想化。他之所以能够取得远征东方的胜利，与当时的社会历史条件有关，是当时的时势造成的。

使用了二千多年的教科书——《几何原本》

公元前336年，亚历山大即位，开始南征北战。他征服波斯帝国，打到印度河流域，建立了横跨欧亚非的大帝国。亚历山大十分重视学术，他铁蹄所到之处，学者们收集历史、地理、生物方面的资料和知识，文化迅速繁荣发展起来。

在埃及，亚历山大建立了亚历山大里亚城，古代世界最杰出的科学就在东西方文化的交汇中产生。

埃及的尼罗河水经常泛滥，洪水过后，地界被淹没，人们就要重新测量土地。为了计算地积，人们逐渐掌握了一些方法，几何的萌芽就这样产生了。

公元前320年左右，罗德斯的欧德谟写了一部几何学的历史，这部著作的残篇一直保留在现在。从中可以看出公元前300年左右，在亚历山大里亚生活的欧几里德已经把知识搜集起来，并加以发展和系统化。

在欧几里德那里诞生了一本书，这本书流传使用了2000多年，堪称历史上使用时间最长的教科书。这本几何书被重版过成千上万次，传到欧亚大陆，堪与《圣经》媲美。当传到我国时，正值明代。我国杰出的科学家徐光启与西洋传教士利玛窦合作，翻译了这本书，定名为《几何原本》。"几何"一词，就是徐光启在中国首先使用的。

欧几里德是一个令人尊敬的大数学家，他的具体生平无人可知，但他的故事流传至今。

欧几里德曾经在柏拉图学院学习，后来在几何学上取得巨大成就，成为希腊三大数学家之一。有一次，托勒密王请欧几里德讲授几何学，讲了一段时间，托勒密听不懂，于是就向欧几里德发问："有更简单快捷的方法，不费多大力气就能学会的吗？"欧几里德答道："在几何学中，没有为国王设置的捷径。"另有一件事情，记载了一位青年向欧几里德学习。刚刚学习了几个初级命题，这个青年就问学习几何能对自己有什么好处。欧几里德对旁边的人说，给这个青年三个钱币，让他离开，因为他妄想在几何学中得到实利。欧几里德和他之前的一些大学者一样，也和他的老师柏拉图相似，都强调一种追求真理的精神。

《几何原本》共13篇，共467个命题。爱因斯坦说："一个人当他最初接触欧几里德几何学时，如果不曾为它的明晰性和可靠性所感动，那么他是不会成为科学家的。"

书中讲到了直边形的全等定理、平行定理、勾股定理以及初等作图法，还讲到了几何方法解代数问题，包括求面积和体积，对圆、比例和相似进行了基础定理的讨论，对数论和立体几何也建有专章。其中穷竭法的思想是近代微积分的来源。这一切基本上包括了我们现在使用的数学入门教科书的全部内容。

欧几里德与他身后100年的阿波罗尼（据说是欧几里德学生的学生），以及公元前287年出生的阿基米德并称为希腊数学家三杰。

希腊最伟大的天文学家——希帕克斯

历史上把亚历山大帝国建立（公元前330年）至罗马征服希腊为止的一段时间称作希腊化时期。这一时期诞生了天文学之父——希帕克斯。

希帕克斯在公元前160年至前127年间先后在罗德斯和亚历山大里亚工作。他的著作和生平事迹都不完整，在托勒密的著作里，人们可以窥见希帕克斯的早期开创性工作。

他利用早期希腊和巴比伦的记录进行了天文研究，准确性很高。他还发明了许多仪器，进行科学的观测。这一时期的天文学已经进入"观测天文学"阶段，天文学进入科学意义上的研究，而希帕克斯正是这种意义上的天文之父。

希帕克斯本来在亚历山大里亚，但埃及托勒密王朝走向衰落，人们对学术不像原来那样关心，统治者也不加重视，所以希帕克斯来到了爱琴海南部的罗得岛。在这座岛上，他建立了观象台，开始天文观测。他运用三角函数等方法计算出月地距离，还编制了世纪太阳月亮运动表，用来推测日食月食十分准确。他求出了1年的准确时间，与现在的精确时间几乎一般无二，只差6分钟。在希腊人中，希帕克斯是第一个按照巴比伦的方式把天文仪器上的圆周分成360度的。

希帕克斯创立了球面三角这门数学工具，使几何模型精确成数学描述，希帕克斯还提出了把恒星划分成6个级别。

希帕克先假设地球是中心，然后说明，只要假定日、月、行星等每一个天体都在一个轨道，即本轮上运动，而这一轨道又在一个大得多的圆轨道，即均轮上，围绕着地球运行，这就可以解释行星的亮暗问题。根据直接观察，可以确定这些轨道的大小。这就是本轮均轮系统，比起繁琐的同心球宇宙模型要更科学更简单。虽然他的出发点也有很多错误，但是这种思路却是更接近真实正确了。

希帕克斯根据相似三角形的成比例原理，发明了三角函数，提出了正弦、正切等概念。他把三角平面推广成球面，这是一个创举。

希帕克斯提出的天文运行系统在托勒密那里集为大成，直到1400年后才让哥白尼推翻。他虽然有很多错误，但是他继神话天文学和经典天文学后，取得了观测天文学的巨大成就，这是划时代的，他仍然是希腊最伟大的天文学家。

最伟大数学家之首——阿基米德

世界上最伟大的三名数学家是阿基米德、牛顿、高斯。如果举出第四位的话,那就再加上欧拉。在够得上伟大称呼的数学家里,阿基米德是第一人。

阿基米德是真正的数理科学巨匠,他在物理、数学及工程技术领域都有崇高建树。

人们最熟悉的是他发现浮力定律的故事。据说,叙拉古国王派人打造纯金王冠,王冠制成后,国王想确定王冠是否由纯金制成,但是又不能毁坏王冠,于是把这个任务交给了当时已经很出名的阿基米德。

阿基米德日夜思考这个问题,没有结果。有一次他洗澡时仍然在想办法,他涂满了泡沫进入澡盆,突然间发现身子向下沉,水被挤出澡盆,哗哗地向外流。这一瞬间,阿基米德猛然觉悟,他忽然站起来,这时身上的泡沫还没洗掉。阿基米德不顾自己情形,高兴地大喊着"尤里卡",在大街上跑着,要把这个重大发现公布于众。

原来,阿基米德想到只要把王冠放入水中,再将同样重的纯金也放入水中,如果王冠是纯金,那它排开的水应该和同样重的金子排开的水一样多。这就是著名的浮力定律,现在人们也称为阿基米德定律。"尤里卡"一词,是希腊语"找到了",这个词现在则成了科学发现的代名词,世界最著名的发明博览会就以它命名。

从阿基米德开始,算术和代数成为了严密的科学学科。阿基米德发现了圆锥体积计算方法,这一发现被刻在他的墓碑上。

他在《论数沙》一书中说:"有人认为,无论是在叙拉古城,还是在整个西西里岛,或者在全世界所有有人烟和无人迹的地方,沙子的数目是无穷的,也有人认为沙子的数目不是无穷的,但是想表示沙子的数目是办不到的。可我的计算表明,如果把所有的海洋和洞穴都填满了沙子,这些沙子的总数不会超过 1 后面有 100 个零。"

如果读出来,这是一万亿亿亿亿亿亿亿亿亿亿亿亿!这是数学史上第一个大数,人们叫它"古戈"。

阿基米德利用杠杆原理解释了为什么人可以用一根棍子撬起很大的石头。他的名言是:"给我一个支点,我可以撬动地球。"当时的国王听了表示怀疑,阿基米德于是进行了一场表演,他在港口事先安装好一组滑轮,叫人把绳子的一端拴在港口里一只装满货物的船上,自己却坐在一张椅子上轻松地用一只手将船拖到岸边。国王像看魔术一样,随即下令:"今后无论阿基米德说什么,都要相信他。"

公元前 3 世纪末叶,罗马与伽太基开战,历史上著名的布匿战争爆发了。身处西西里岛的叙拉古也卷入了这场战争。

罗马人进攻叙拉古,阿基米德为了保卫自己的邦国,贡献智慧。他年纪已经很大了,但是仍然大显身手。他发明了投石机,军民们依样制作,打得罗马人伤亡惨重,他还发明了大吊车,竟然能把罗马战船从水中提了起来。还有一次,阿基米德让全城所有的妇女老幼手持镜子,排成一个扇面形,按照他的设计恰好把太阳光聚焦在一起,烧着了罗马战舰。罗马军队当中都流传着阿基米德的威力。主将苦笑着说,这是罗马整个舰队和阿基米德一人的战争。

三年围城,罗马人奈何不了叙拉古,由于内奸的出卖,才终于使城池沦陷。罗马士兵冲进城大肆杀掠。罗马主将正要下令活捉阿基米德,但已经晚了。一个士兵冲进了阿基米德家里,他不认识阿基米德,只见一个老人在沙图上绘制图形,老人冲他说:"不要踩坏了我的圆。"这时士兵过来一剑把老人刺倒在地。

阿基米德就这样去世了,他所代表的希腊科学精神就这样被崇尚武力的罗马人所毁灭。

地心说与日心说在古代

地心说束缚人类长达1400年,直到哥白尼才把人类从地球中心论的迷梦中惊醒。

在希腊时代,可以找到日心说的先驱,他就是亚历山大里亚城的著名天文学家阿里斯塔克。关于他,我们仍然是不知其详,而仅从阿基米德的著作中窥见他的理论和生平。阿里斯塔克约公元前310年出生,与毕达哥拉斯出生地相同。他认为,并非日月星辰绕地球转动,而是地球和日月星辰一起绕太阳转动。他还发现了地球绕轴自转,这个说法实在令人惊讶佩服,在当时这实在是石破天惊的理论。天才往往是超乎时代的,所以天才往往也是不幸的,人们谁也不相信阿里斯塔克。人们为什么不相信阿里斯塔克呢?主要是受亚里士多德的理论束缚。亚里士多德很多物理学理论是从观察中来,但他只停留在事物的现象和想当然的推理,而没有认识到本质规律。例如,人们认为如果地球自转的话人就会被抛开,而如果地球还在匆匆忙忙绕着太阳飞速奔跑的话,地球上的很多东西应被甩在后面。还有天文学家提出,如果地球在动,为什么观测到的恒星的位置不变呢?

阿里斯塔克对第二个问题的回答是十分科学准确的,他说,恒星离我们太远,不是位置没变,而是仪器不精确,没能测量出来,况且地球轨道本来也显得像沙粒与皮球对比一样微不足道。至于第一个问题,我们无法得知当时的回答,因为记载已经失传。但现在我们知道是惯性所致。其实只要想想,在匀速奔跑的车上,乘客跳起来,但不会被车甩下,而是又落回车上,跟在平地差不多,就有点明白了。

近代人们最熟的古代天文学家是托勒密,他约生于公元100年,托勒密是希腊天文学集大成者,他的成名之作是《天文学大全》。在整个中世纪的欧洲,这本书一直被当作权威之作,不容置疑。托勒密把前辈学者亚里士多德、希帕克斯等人的学说加以整理发挥,建立了整个地心体系,达到了当时人们理想中的最标准境界,所以获得了权威地位。

有人说托勒密抄袭希帕克斯,但这些都无法证实。托勒密也好,希帕克斯也好,并不影响人们对理论的理解和评价。

《天文学大全》共13卷,被阿拉伯人推崇为"伟大之至",结果书名也慢慢成为《至大论》。这部书系统总结了希腊时代的天文学,奠定了托勒密作为希腊化时期集成希腊天文学的地位。

托勒密认为，地球是宇宙的中心，天体围绕地球运行；最接近地球的是月亮，以下依次是水星、金星、太阳、火星、木星、土星、恒星，最后是原动天，也就是九重天，是天神居住之地。当时人们肉眼所能观察到的天空没能有反例来推翻这个体系，而在中世纪，这恰好为神的存在提供了位置，因此地心说竟然统治人类思维长达千年之久。

《至大论》成为古代希腊天文科学的结尾音符。有意思的是，托勒密还写过《地理学入门》8卷本，书中计算了地球的大小，他已经知道中国的存在。托勒密的地球数值比正确数值小得多，但因为他的权威，一直流传到哥伦布时代。从他的数值中看出，海洋的面积很小。而公元前276年出生的埃拉托色尼也计算过地球大小，与正确地球半径只相差100多公里，但当时没人相信，因为他的计算证明了地球上海洋约占3/4，而人们认为是陆地最多。

刻在墓牌上的方程

在《希腊诗文集》中有这样一则奇怪的墓志铭，是由麦特罗尔写的，诗歌内容是这样的：

过路之人，
这儿埋葬着丢番图。
请计算下列数字，
便可知他一生经历多少时日。
1/6是他幸福的童年，
1/12是快乐的少年，
再过去生命的1/7，
他建立了和谐的家庭。
5年后儿子出生，
不料儿子先于父亲4年而终，
只活到父亲岁数的一半，
晚年的老人异常悲痛。
丢番图啊，他到底活过几个春夏，
几个秋冬？

这个墓志铭就是古希腊大数字家丢番图的简略一生。对于他，我们知之甚少，只知他约出生在公元3世纪，在亚里山大里亚呆过。通过墓志铭的数字题，我们可以解方程得出他活了84岁。

1842年，数学史专家把数学的发展分成三个时期：第一个原始阶段是用文字叙述代数，这时还没有代数符号；第二时期是用缩写的方法简化代数；第三个时期才是符号代数，人们用数字符号运算。其中第二个时期就是丢番图开创的。

丢番图大约生活于公元246年到公元330年之间，距现在有2000多年了，他可以称得上代数的最初奠基人。

丢番图的《算术》（也可叫《数论》）中记载有一元一次方程的解法，这是一个一般解法，他写道："如果方程的两边遇到的未知数的幂相同，但是系数不同的话，那么就要用等量减等量，直到得出含未知数的一项等于某个数为止。"

这就是现在方程中的移项方法。

丢番图善于从几何中脱离出来，以真正的代数形式推演。这样做就开辟了代数学科，使代数真正具备了自己的思想和方法。

丢番图有一个大的缺点，他的脑子很聪明，解题往往能从具体的题目出发而找到方法，这样固然展示了他的才华，但是从代数的立场看却是损害了科学。

因为一道题与一道题解法都不同，没有普遍的适用价值，没有规律可言，这样就会使探索性的价值降低，对人们研究演绎和应用都是不利的，推广更是难上加难。

德国史学家韩克尔说："近代数学家研究了丢番图 100 个题后，但解到第 101 道题，仍然感到困难。"

在丢番图那里，已经知道了负数运算的符号变化法则。在著作中，丢番图讲到："消耗数乘以消耗数得到增添数，消耗数乘以增添数得到消耗数。"

在此，消耗数指负数，增添数指正数。用通俗的话来说就是"负负得正，负正得负"。

在希腊，几何比代数发达，但从丢番图开始，代数作为一门独立的学科出现了。所以人们称他是代数的鼻祖。

丢番图 6 卷本《数论》一直流传至今，书中收集了 189 个代数问题。在第一卷中首先给出了代数符号和定义。他首先提出了三次以上的高次幂的表示法，这是划时代的成就。他研究了大量二次和三次的不定方程，人们为了纪念他，把整系数的不定方程称作"丢番图方程"。

民间文学的瑰宝——《伊索寓言》

希腊是西方文明的发祥地。公元前 8 到前 6 世纪时，氏族社会解体，奴隶主城邦逐渐形成，个人意识增强，个体情感要求多方面的表达。于是，在这一古风时代，文学、诗歌繁荣起来。在这一异彩纷呈的时代，希腊民间流传着许多以动物生活为题材的小寓言，相传为伊索所作，因而称为"伊索寓言"。

据说，伊索是生活在公元前 6 世纪的一个奴隶，天资聪明，常常编一些小故事，发人深省。主人特别喜爱他，见他才智过人，不忍让他与普通奴隶在一起受折磨，于是释放了他。从此，伊索成了自由人。他到处去讲一些小寓言、小故事，揭露统治者的残暴。故事生动形象，深受劳动人民喜爱。于是，这些小寓言故事便流传下来。

今天我们见到的《伊索寓言》，是后人收集改写的，其中掺杂了一些后代其他民族的故事。

《伊索寓言》共包括 300 多个小故事。这些小故事以动物象征人，表达的是人类社会的现实。《伊索寓言》是下层平民的生活经验与斗争教训的深刻总结。

例如《龟兔赛跑》讲的是森林里举行动物体育大赛,乌龟与兔子比赛跑,那慢腾腾的乌龟当然追不上兔子啦!但是,由于兔子太轻敌,以为躺在树下休息一下也没关系,谁知一觉睡到了天黑,他见路上还没有乌龟的影子,便蹦蹦跳跳地跑到终点。谁知再一看,乌龟早就到了。兔子羞愧地低下了头。这个小寓言告诫人们不要骄傲,要像乌龟一样踏踏实实地做事,不要气馁,要有恒心。《猫与鸡》要人们对敌人提高警惕,不要上当。《农夫和蛇》教导人们不能对敌人仁慈。《狗和公鸡与狐狸》告诉人们要善于运用智慧战胜敌人。《伊索寓言》中还有很多故事揭露了统治者的贪婪、残暴,如《捕鸟人与冠雀》《两个锅》《狮子与野驴》等。这些小寓言故事充满了智慧,含义深刻。但是,《伊索寓言》中也掺杂一些消极的东西,如赞美向强者妥协的《芦苇与橄榄树》,提倡人要谦卑的《两只公鸡与鹰》,宣传乐天知足的《说马幸福的驴子》等。这些寓言真实地反映了下层平民中固守的"只要活着就好"的消极思想。这是弱小的平民在强大的奴隶主专制社会中无力反抗后的必然选择。从历史角度来看,这是应该被理解的。

《伊索寓言》以生动的言语,向一代又一代人们传播着生存斗争的经验,对现代文明有着巨大的影响力。《伊索寓言》不愧为民间文学中的珍宝,几千年来,她在人类文明的长廊中闪烁着独特的光芒。

帕特隆神庙

古希腊是欧洲文明的发源地。无论是文学、艺术、哲学,古希腊的杰出成就都被世人所瞩目。尤其在艺术方面,希腊的古典主义盛期将永远被世人所怀念。帕特隆神庙正是这一时代杰出的典范,她如一颗耀眼的明珠把希腊古典艺术的光芒洒向世界各地。

帕特隆神庙是希腊雅典卫城中最突出的建筑,她里面供奉着希腊雅典城邦的保护神雅典娜。帕特隆神庙自建造以来,经历了几千年的风雨,曾经一度被损坏。

据说,早在公元前8世纪以前,雅典就有了国家。从此,文明之星在这里慢慢升高,日益光明。不久,雅典人就在雅典城中央的一座150米高的山上修建了雅典卫城,并且造了自己城邦的保护神——雅典娜的神庙,称为帕特隆神庙,意译为"处女宫"。

但是,不幸,在公元前480年的希波战争中,雅典城被波斯大军占领,各种建筑都被毁坏,财宝被洗劫一空。希腊军队齐心协力,在保护神雅典娜的激励下,奋勇作战,终于在公元前479年春天,把波斯军队全部赶出希腊,最终取得了战争的胜利。

为了纪念雅典人战胜波斯人,公元前448年,雅典统治者伯里克利在人民的强烈要求下,开始重建雅典卫城与帕特隆神庙,以感谢自己的保护神雅典娜。在伯里克利的主持下,一批出色的雕塑家、建筑家、画家及各种能工巧匠汇集雅典。在著名建筑家伊克提诺的主持下,帕特隆神庙开始动工,经过勤劳智慧的雅典人日夜的奋斗,终于在公元前432年建成。

帕特隆神庙平面呈长方形,建在一个长为69.54米、宽为30.89米的三级台基上。神庙全部用白色大理石砌筑,四面用46根多立安柱式的立柱环绕成四周回廊。入口设于东西两端,各有立柱8根,东西门廊上方形成三角形山花。外檐间隔布置着三陇板,施以鲜艳的红、黄、蓝三原色,嵌着青铜花环与剑盾图案的镀金饰件。陇间壁上是高浮雕,表现拉比斯人与半人半马之战以及希腊人与亚马逊人之战。内檐壁上是一圈带形线浮雕,题材为一年一度向雅典娜献衣礼的节日庆典行列,画面长约 150 米,高约 1 米,图中近 500 个人物与 100 多匹马、牛等牲畜列队前进,场面庞大,气氛隆重而热烈。东西山花分别描绘着雅典娜诞生的故事与雅典娜同海神波塞冬争夺对雅典城保护权的浮雕,这些作品均出自当时著名的雕塑大师菲狄亚斯之手。三角形构图巧妙自然,生动饱满。

而最为引人注目的则是供奉在帕特隆神庙正殿中的雅典娜立像。她是菲狄亚斯的传世名作。雕像高约 13 米,以大理石雕成(一说是以木雕成),表面镶嵌着黄金与象牙。雅典娜头戴战盔,金衣垂地,左手扶着盾牌,右手托着胜利女神尼凯。女神面部表情庄严肃穆,具有一种不可侵犯的神性,同时又有人间妇女那种安详、秀美的表情。雕像充分体现出雅典人战胜波斯大军的民族自豪感,体现了希腊全盛时期的民族精神。每当东方的天空映出第一道朝霞,殿内的雅典娜神像便鲜活起来,据说,会露出神秘的微笑,雅典重新沐浴在神的光芒之下。

但是,在公元 146 年,雅典娜神像被罗马帝国皇帝安东尼·庇乌抢走,至今下落不明。

1687 年,帕特隆神庙大部分被威尼斯人的炸弹摧毁。

18 世纪下半叶,欧洲列强纷纷来此盗运抢夺文物。19 世纪初,一些英国人雇佣大量劳工,几乎搬走了庙内所有的精美浮雕及其他珍品并转卖给伦敦大英博物馆。

历经了几千年的风雨磨难,帕特隆往昔的光辉荡然无存。如今,神庙只剩下那布满伤痕但依然挺立在四周的 46 根多立安式立柱。那威严秀丽的保护神已不知何去,那精美的雕刻也找不到痕迹,只留下岁月的沧桑,默记着往日的辉煌,默记着那曾经绚丽无比的雅典卫城中的明珠。

如今,明珠消逝了。每个到过希腊雅典的人莫不为之垂泪,面对一片废墟,依稀可记起曾经的壮丽。但是,帕特隆神庙依然是人类艺术的圣地。

奥林匹克运动会的起源

奥林匹克运动会是世界上规模最大的体育盛会。她之所以如此被人们关注,不仅是因为她声势的浩大,参与人数的众多,也不仅是因为运动员们精彩的表演,更重要的是,奥林匹克运动会已成为世界人民相互交流、增进友谊的桥梁。五个连在一起的圆环,象征着世界五大洲人民大团结。奥林匹克运动会已成为和平的象征。但是,你可知道,现代的奥林匹克运动会起源于古希腊的奥林匹亚竞技会。

据说,早在公元前 8 世纪以前,当希腊人还没有国家的时候,希腊人自由快乐地生活在小亚细亚地区。在南希腊,即伯罗奔尼撒半岛西部的伊利斯地区,有一片茂密的丛林,希腊人称之为奥林匹亚丛林。这里风景秀丽,花果飘香,被希腊人誉为最美丽的地方。为了感谢宇宙之主宙斯对希腊人的恩泽,希腊人在这里修建了奥林匹亚神庙,里面供奉着宙斯神像。希腊要把这片美丽的丛林献给自己的主人，企求主人与自己同在。神庙落成之后，希腊人举行了盛大的庆典活动，并举行了体育表演与竞赛活动，最初的项目有赛跑、角力、掷铁饼、投标枪等。后来这项活动保留下来，奥林匹亚宙斯神庙成为全希腊体育竞赛的中心。这是一项神圣的敬神活动。在举行体育竞技会期间，任何人不能杀生，一切战争必须停止。因为这是宇宙之王宙斯的节日，谁若违犯了规定，必将受到天神的惩罚。第一次奥林匹亚竞技会大约在公元前776年举行。以后每四年举行一次。全希腊的健康男子都刻苦锻炼身体，以求在会上取得荣誉。在竞技会前夕，雅典城派出使者举着圣火到各城邦通告，要求各城邦停止纷争，遵守规定。当圣火使者聚齐到宙斯神庙时，便点燃神庙中的圣火，一直到比赛结束时才熄灭。因此，在这圣会期间，全希腊都呈现出和平、安宁的氛围。因为这个圣会是宙斯王的节日，所有妇女都不许参加。竞技会上，参与者脱掉衣饰，充分展现男子壮美的体魄，各项比赛异常激烈。圣会结束后，胜利者被戴上桂冠，著名的诗人为他们献上赞美诗，雕塑家为他们制作精美的雕像。胜利者的名字迅速传遍希腊，他的家乡也因此而感到莫大的荣耀，像迎接英雄一样迎接他们的胜利归来。古希腊著名雕塑家米隆的作品《掷铁饼者》就是那时候产生的。

这种圣会一直持续到罗马统治时代。大约公元5世纪，奥林匹亚宙斯神庙内的宙斯像被罗马皇帝夺走，据说那是希腊古典盛期著名雕塑家菲狄亚斯的另一传世名作。但是不久，神像在君士坦丁被烧毁。公元394年，罗马大帝狄奥多西下令禁止举办奥林匹亚竞技会。至此，这项伟大的古代体育圣会消声匿迹。

又过了1000多年，那古老的圣会重新被人们记起。1896年，在希腊首都雅典举行了第一届奥林匹克运动会，这就是近代的世界性奥运会。她沿袭了古代奥林匹亚竞技会的旧制，每四年举行一次，同时又增加了许多新的规定，以适应世界的不断发展。例如，现代奥林匹克运动会，不再局限于希腊本地，她成为世界性的盛会，各个国家都能够参加。运动会不再限制女性，从此，不少优秀的女性都在奥林匹克运动会上展现了巾帼英姿。每届奥林匹克运动会要挑选一个不同的城市举行，以促进世界人民的交流。

如今，奥林匹亚宙斯神庙只剩下一堆残破的古迹，但是，奥林匹亚的精神已在世界各国人民心中留下深深的印迹。

纪念一个小传令兵的体育运动

每四年一次的世界性体育盛会奥运会让亿万人为之倾心。其中有一项重要的比赛更为引人注目，这就是马拉松长跑。这是一场体力与耐力的比赛，是对人类意志的一个考验，是关系一项重要的荣誉的比赛。当你看到这项激动人心的比赛时，你可会想到，这样浩大的比赛运动却是为了纪念一个小小的传令兵。

事情的根源要追溯到历史上最重大的一场战争——希波战争。

公元前6世纪初，波斯发展成为一个强大的帝国，开国大帝居鲁士率领大军四处征战，企图荡平亚、非、欧三大陆。公元前6世纪中期，波斯帝国征服了小亚细亚沿岸的希腊各城邦。公元前6世纪末，波斯王大流士企图征服多瑙河下游的游牧部落西叙利亚人，结果遭到失败。这动摇了波斯大军战无不胜的声威。处于波斯淫威下的希腊各城邦看见了一线摆脱枷锁、恢复自由的希望。起义首先在米利都爆发，迅速扩大到各城邦，希腊本土雅典也派战舰助战，但因力量相差悬殊，起义被残酷镇压下去了。于是波斯王大流士又把矛头指向了雅典。从此开始了长达半个世纪的希波战争。

公元前492年夏天，波斯水陆两路大军沿色雷斯海岸第一次进攻雅典。但是，波斯舰队在卡尔息狄克半岛的阿托斯海角遭遇风暴，陆军又遭到色雷人的攻击，损失惨重，无功而还。大流士一面备战，一面派遣使者到希腊半岛，要求希腊合邦向波斯奉献"水与土"，企图凭以前的声威迫使希腊人屈服，仍像以前一样奴役希腊人。但是，希腊人已看见了光明，怎么会自己放掉这个机会。雅典人把波斯使者投入了深谷，斯巴达人把波斯使者抛入了水井，并讽刺道："井里有土有水，想借你自己去拿吧！"波斯王大流士遭受这样的污辱，勃然大怒，派遣大军第二次出征希腊。

公元前490年9月，波斯大军横渡爱琴海，先摧毁了优卑亚岛上的爱勒特里亚城，然后在阿提卡东北部的马拉松平原登陆，直逼雅典城。情况危急，雅典向斯巴达紧急求援但遭到拒绝。在万分紧急的情况下，雅典司令官米太雅得临时征集了1万人的重装步兵，邻邦普拉提亚派出援军100名重装步兵。米太雅得把这些军队编在一起，士气高昂地去迎战波斯大军。但双方力量相差太多。米太雅得想出了一个奇妙的阵形：雅典军队布成方阵，两翼配备精锐步兵，中军兵力较弱。与波斯大军接触后，雅典中军边战边退，佯装败落，而两翼重兵则迅速包抄前进。雅典军队第一次为自由与波斯大军对阵，士气旺盛，他们浴血奋战，打得波斯军阵脚大乱，纷纷逃到海上战舰去了。而被包围的波斯军队则成了瓮中之鳖，军心大乱，全部被歼灭在马拉松平原上。这一仗，雅典人取得了极大的胜利，歼灭波斯军6400多人，而自己仅损失了192人。雅典将士欣喜若狂，第一次对敌作战竟取得如此辉煌的胜利。司令官米太雅得随即派一名擅于长跑的战士腓力庇第斯去向正在焦急等待消息的雅典城报告这个天大的惊喜。腓力庇第斯当时已受了伤，但他把长官交给自己的这个任务当作莫大的荣誉，因为这1万多人中，只有他被选出去送这个胜利的消息，而且是一场以弱胜强的绝妙的战役的胜利。腓力庇第斯为了早些让雅典城分享胜利的快乐，他一刻不停地奔向雅典城。42公里的路程，腓力庇第斯被胜利的喜悦所鼓舞，一路上不曾歇息，经过3个小时的奔跑，腓力庇第斯踏上了雅典的中心广场，面对涌来的人群，腓力庇第斯挥舞着双手，用全身的力量欢呼道："欢乐吧，雅典人，我们胜利了！"顿时人群沸腾起来。而这个不知名的小兵却慢慢倒在了地上，他脸上带着微笑，但再也没有醒来。

马拉松战役是希波战争的第一仗。希腊雅典人的胜利，极大地鼓舞了希腊各城邦，原来臣服于波斯的希腊小城邦纷纷独立，向雅典靠拢，希腊人组成了"希腊人同盟"，并肩作战，最终在公元前449年迫使波斯人签订了停战协议，承认希腊的独立自由。

为了纪念这场伟大的胜利与那个后来才知道姓名叫做腓力庇第斯的传递胜利之讯的英雄，1896年在雅典召开的第一届奥林匹克运动会上，雅典人规定了一个新的比赛项目，让参与者重新跑过当年腓力庇第斯跑过的路：从马拉松到雅典，称为马拉松赛跑。后来这个项目便保留下来，但路程并不太相同。直到1920年，经过仔细测量，规定路程为42.195公里。这就是现在的马拉松赛跑。

世界历史五千年

罗马帝国

罗马城建立的传说

在意大利罗马城的历史博物馆里，有一尊引人注目的青铜雕塑，名叫"卡皮托利尼山丘的母狼"。每一个前来罗马参观旅游的人都要前去瞻仰一番。这尊雕塑的造型是：一只健壮的母狼微张着嘴，两只耳朵警惕地高耸着，圆睁的双眼看着远方，在母狼身下，两个肥胖的小男孩正仰着头贪婪地吮吸乳汁。这其中有一个充满诗意的神话故事，讲述了罗马的起源。

相传古代希腊的特洛伊城覆亡之后，一群城市卫士在首领伊尼亚的带领下逃了出来。他们坐在一只船上在大海里漂流。许久以后，这些漫无目的的逃亡者看到了一块陆地，他们欣喜若狂，努力向陆地靠近，最后海风把他们吹到岸边。这是一块美丽的土地，太阳照耀着肥沃的平原，鲜花绿草遍布各处，湖泊中倒映出蔚蓝色的天空和洁白的云朵。逃亡者如愿以偿地上了岸，上岸的地方就叫拉丁区。以后，伊尼亚的儿子在拉丁区建立了一座城市，命名为阿尔巴·隆伽城。

许多年过去了，这座城市的统治者依然是伊尼亚的后代，名叫侬米多尔。侬米多尔的弟弟叫阿穆留斯，是一个阴险残暴的人，他一心想做统治者，哥哥成了他的眼中钉。阿穆留斯施展种种手段，设下层层埋伏，最终把侬米多尔赶下台，窃取了垂涎多时的王位。阿穆留斯春风得意，骄横无比，根本不把他那平庸无能的哥哥放在眼里，便留下他一条性命。但惟一使他忧虑担心的是他哥哥的后代中会成长出精悍强干的人来报仇。为此，阿穆留斯残忍地杀死了他的侄子，并强迫他的侄女西里维亚去做不能结婚的维斯塔的女祭司。然而不久，西里维亚不但怀孕了，而且还生了一对孪生子。这令阿穆留斯恼羞成怒，同时也异常惊恐，他被不祥的预感笼罩着。他立刻采取了行动，处死了亲侄女，并让奴隶把孩子扔到台伯河里去淹死。恰巧此时的台伯河正在泛滥，不断上涨的大水汹涌着，激起冲天的白浪。这名奴隶不敢走进深水，就把装着双生子的篮子放在紧靠水边的河岸上，她以为随着水涨，篮子就会被淹没，于是便放心地走了。

然而事有凑巧，上涨的洪水并没淹死那双生子，原因是篮子被树枝挂住了，并且不久后洪水退去。双生子在篮子中大声哭叫，哭声吸引来了一只母狼。母狼丝毫没有伤害他们，反而把他们带回窝中，以乳汁喂养他们。一名放牧者不久后发现了这对双胞胎，他把他们带回家抚养，并起了名字，一个叫罗幕洛，另一个叫勒莫。

兄弟俩在牧人的抚养下很快成长起来。他们身体强壮，动作敏捷，头脑机智，是一对很有影响力的青年。当他们得知自己的身世之后，便下定决心复仇。而此时阿穆留斯的残暴统治已激起了人民的共同仇恨。罗幕洛和勒莫便借着这股反抗情绪组织人民起义，经过奋战，终于推翻了残暴的阿穆留斯。兄弟俩把政权交还给了他们的外祖父侬多米尔，又在当初他们遇母狼而获救的地方建立了新的城市。

这一对患难与共的双胞胎、亲兄弟，虽然在天灾人祸的迫害中都毫发无损，却在安详平静地生活时发生了内讧。他们为用谁的名字给新城命名而发生了争吵，各不相让，以至于刀兵相见，最终罗幕洛杀死了勒莫，用自己的名字命名了新城。这就是罗马城的名字的来历。

罗幕洛建城之后，首先修建了帕拉丁城堡，扩大城区范围。接着召集人民开会，制定出一大套礼仪规范，其中包括专门显示其至高尊严的王者仪仗。他招募了大批精悍强壮的男子组成自己的武装卫队，以巩固自己的地位。来自各地的逃亡人口都能在罗马城得到自由生存的权利，成为罗马的公民。罗幕洛还成立了世界上独一无二的元老院，由100人组成，这些人都是一些大家族的首脑，一旦当选为元老，则他们的家族便被称为父族或贵族。

新建成的罗马城制度严明，人员精干，但遗憾的是人口始终得不到增加，尽管一批批的逃亡者不断涌来，但最终导致这里严重的性别失衡。罗马公民多为男性，而且大多数人曾干过杀人越货、偷窃赌博的勾当，声名极差，因此周围城邦的姑娘没人愿意嫁给他们。

作为一国之君的罗幕洛为此很是忧虑。有一次，他带领着罗马城的公民到周围城邦去诚恳地求婚，但得到的回答是："我们可不愿意把女儿嫁给一群强盗！"罗马人敢怒而不敢言，只得乘兴而去，败兴而归，再做别的打算了。

这一天，正在冥思苦想的罗幕洛突然松开紧皱的双眉，哈哈大笑起来。他招来左右的人，向他们说出了自己刚刚想出的一条妙计，众人无不欣喜若狂。很快，所有的罗马青年都得知了这一消息，他们三呼国王万岁之后，立刻投入紧张的准备之中，悄悄地布下了天罗地网。

不久，罗马城盛大的节日赛会如期举行了。周围部落的人纷纷赶来观看这一热闹的场面。萨宾部落因为靠得近，所以来的人格外多，而且许多爱热闹的妇女都结伴而来，真可谓盛况空前。精彩的游艺节目深深地吸引着观众。正在这时，罗幕洛看准时机发出了预定的信号，人群立刻骚乱起来。所有的罗马青年都冲进人群，每人抱住一个姑娘撒腿就跑，直至抢回家中。惊醒了的萨宾人恼怒异常，可是一切都为时已晚，他们只得忍恨撤退。据说这一次总共抢劫了683个青年妇女，以萨宾部落的占多数，此外还有凯尼纳人、安提姆人及克卢斯图亚人。

萨宾人与罗马结怨最深。经过一年的修整准备，萨宾人的军队在首领塔提乌斯率领下，向罗马人宣战了。一场厮杀，刀光剑影，有死有伤。正在酣战之中，忽然远处传来了妇女的高声哭嚎，不一会儿，她们便冲到了战场上，原来正是那些被抢去的萨宾妇女。她们怀中还抱着吃奶的婴儿，苦苦地哀求停止厮杀。因为对她们来说，一方是自己的父兄，一方已是自己的丈夫，她们不能失去任何一方。就这样，战斗停止了，双方签订了合约。不久后，两个部落便合二为一了。

关于抢劫萨宾少女的传说，反映了当时社会掠夺财富和奴隶是战争的目的之一，同时也反映了罗马人和萨宾人两个部落联合的历史内容。

两个部落合并后，帕拉丁还由罗幕洛统治，而卡匹托尔则由萨宾首领塔提乌斯统治。过了5年，塔提乌斯死了，罗幕洛成为理所当然的惟一国君。他在位37年，为罗马人创立了城邦基础，功不可没。最终，罗幕洛被元老院杀害。

一张牛皮与一个国家

在碧波荡漾的地中海西南岸，广袤的北非大陆的东北角，有一个风光秀丽的地方，名叫突尼斯。历史上曾有腓尼基人在这里建立了一个迦太基国家。

迦太基，在腓尼基语中的意思是"新城"。据传统的说法，它是继腓尼基人先于它而建立的乌提卡而出现的，因此与迦太基相邻的乌提卡被称为"旧城"。

大多数学者把迦太基的建城时间定为公元前814年，但由于时代太久远了，而迦太基古城也太古老了，所以人们对它的建城时间也存在着许多不同意见。

关于迦太基建城，曾流传着一个富于传奇色彩的故事。据传说，迦太基的建立者是一名腓尼基泰尔族的妇女。这名妇女名叫埃利萨，她有一个幸福美满的家庭，生活很富足，丈夫在部族里很有声望，他们俩相亲相爱，共同组织着美丽的家园。可是突然间，她的丈夫不明不白地死了。从此埃利萨的生活一落千丈，她日夜思念着死去的丈夫，以至于感动了上天的神明。一天夜里，当她刚刚闭上眼睛，忽然，一位仙人从天而降。埃利萨赶紧扑上前去，向仙人诉说自己的不幸，诉说对死去丈夫的思念，并请求仙人帮助她。仙人告诉她："你的丈夫死于一个谋杀，主犯就是你们的统治者彼格美利翁，因为你的丈夫对他表示了不满，他派人暗杀了他。如果你要获得幸福，必须离开此地。让大海送你到该去的地方吧。"

埃利萨得知了这一令人震惊的事实真相后，激愤异常。她以自己的家财为后盾，联络了一大批不满彼格美利翁暴政的人，向他发起挑战。但终因寡不敌众，他们被迫开始了逃亡的生活。埃利萨率众登上船只，在地中海上飘流。船只到岸后，他们发现到达的地方叫阿非利加。阿非利加早已有了主人，他们只是外来户。他们明白，再也不可能回去了，只有在这里才能安家立户，可是这里却没有一寸土地属于他们。面对这个困境，埃利萨觉得有必要为众人谋取一块生存之地。可是，当地人怎么会答应呢？

心机灵慧的埃利萨不久便想出了一个绝妙的办法。这一天，她和几名代表一起，求见了当地酋长："尊敬的酋长大人，请看看我们这一群无家可归的可怜人吧，求你施舍给我们一块容身之地，我们将感激不尽。"酋长懒洋洋地抬了抬眼皮，说："这简直是痴心妄想，我没派人赶走你们，你倒奢求起土地来了，休想！"埃利萨见酋长口气如此之硬，依然不慌不忙地说："尊敬的酋长大人，您统治的疆域如此辽阔，您的威严远播四方，我们不敢有过分的要求，只请求您给我们一块小小的土地，供我们居住，不要很大，只需一张牛皮能围得住的那么大的地方。"酋长听了，不禁感到很可笑，心想这个要求太微不足道了，若拒绝了他们，实在不值得。于是他便在沉吟片刻之后，问道："就要求一张牛皮能围得住的地方，此话当真？"埃利萨见有了希望，不禁大喜，忙回答："千真万确，只要这么点儿地方，请酋长施恩惠于我们。"酋长看看左右，众人都是一副鄙夷不屑的模样，都感到这个要求渺小得可笑。于是，酋长传下令来：让腓尼基人自己选择一块用一张牛皮就能包围得住的地方。

埃利萨大喜过望，她立刻取出一张早已准备好的牛皮，顺着边缘把它剪成一根很细很长的皮带，用这根皮带围住了一大片地方，她和她的同伴便住在了哪里。当地人分明知道上了当，却因话已出口，难于收回，只得自认倒霉。那根牛皮带圈住的地方，就是迦太基卫城。因为这个故事，这个地方还被称做"比尔萨卫城"，意思就是"一张牛皮"。

从迦太基建城的故事中可以看出，当初当地土著与腓尼基人是和平共处的。因为占用了土地，腓尼基人每年都要向土著缴纳贡物。而且腓尼基人非常擅长做生意，他们的到来也使当地人的生活变得富足起来。

迦太基就这样逐渐立稳了脚根，并迅速壮大起来。到了公元前7世纪，迦太基已是一个囊括北非、南部西班牙、撒丁尼亚、科西嘉和西西里西海岸的大帝国。

迦太基城是地中海西部的一大商业枢纽。当地居民素以航海和经商著称。迦太基位于东西部地中海相互连接的主要海路上，凭借优越的地理位置，迦太基人主要从事中转贸易的商业活动。它的对外贸易范围之广，经营商品种类之多，所获利益之大，在古代世界是罕见的。它的殖民城市和商业据点几乎遍布于西部地中海沿岸。

他们从北非输入绛红、苏丹的象牙和奴隶、中非洲的驼鸟毛和金砂，由不列颠输入锡、西班牙的白银和咸鱼，从撒丁尼亚取得铅和粮食，从埃及和腓尼基取得传统的手工业制品。西西里的橄榄油和希腊的艺术品也都集散于迦太基。有的商人甚至还带着黄金、白银和食盐从中非洲越过沙漠来到迦太基。有的人从西班牙运来铁和锡，从遥远的波罗的海运来最珍贵的琥珀。

这些商品在迦太基被重新装上船只，启运到地中海和各个地域转卖。为了追求暴利，迦太基商人还不惜冒险远航。如迦太基人汉诺就曾率领一支舰队出了地中海，进入大西洋，并且环行了非洲西海岸。广泛的贸易活动给迦太基带来大量财富，因此，它被称为"当时世界最富的城市"。

布匿战争

欧、亚、非三大洲环抱的地中海，自古以来就以其独特的地理位置而从来都没有平静过，一直是大国角逐的战场。早在2000多年以前，一场长达100多年的"帝国主义战争"就把地中海的海水搅得沸沸扬扬，从此它便没有平静的日子了。

布匿战争发生在公元前264年。古罗马和迦太基两个奴隶制强国为了争夺资源和奴隶，为了夺取地中海的霸权而斗争了100多年，史称"布匿战争"。这是因为罗马人称迦太基的腓尼基人为"布匿"，所以得名。

公元前3世纪初，罗马战胜了意大利中部和南部山地的一些部落以后，又征服了意大利南部的各个希腊城邦，统一了意大利半岛，从一个台伯河畔的小城邦一跃而为地中海西部的奴隶制强国。由于贪欲的无穷，罗马的奴隶主阶层强烈地要求向地中海扩张，妄图把地中海变成它的"内湖"，而这必然同当时强大的迦太基帝国发生冲突。

迦太基人凭借充足的资源和经济后盾，建立了一支强大的军队，足以对付任何来犯之敌。他们的陆军装备精良，是职业的雇佣兵，其中有利比亚人、西班牙人、南意大利人、坎佩尼亚人和高卢人。海军拥有50支桨的战船几百艘，每船配备水兵120人，由专门造船工人装备和水手驾驶。公元前3世纪，迦太基海军牢牢掌握着从叙拉古到塔林敦的西部海域。

西西里富饶而肥沃，有谷仓之称。迦太基人为了占有它而与希腊人争斗了数百年，这次，罗马人也为之垂涎三尺。为争夺西西里，罗马人同迦太基人展开了第一次布匿战争。

罗马军队于公元前264年渡过了莫西拿海峡，马到成功，迅速占领了莫西拿城，并迫使迦太基军队后撤。迦太基人为收复失地，立即派出一支军队出征，并正式向罗马宣战。战争初期，罗马凭借自己的步兵优势，占领了西西里的大部分地区，但是它的海上力量远不能同迦太基相匹敌。为此，罗马大肆扩建海军，并充分发挥步兵的优势，于公元前260年首次在西西里海面上大败迦太基海军。接着，公元前256年，罗马以330艘战船和4万人组成的一支舰队远征非洲，企图一举消灭迦太基，但却未能如愿。双方自此以后都元气大伤，无力再战，于是便签订了和约。第一次布匿之战以罗马的胜利结束，西西里被罗马占领，成了罗马的第一个行省。

但和约并未彻底解决罗马同迦太基的争端，不久，新的战争又因为利益争夺而打响了。第二次布匿之战中涌现出一位杰出的战略家——迦太基军队的统帅汉尼拔。汉尼拔25岁时就当上了迦太基驻西班牙军队的最高统帅。他年轻力壮，精力旺盛，思想成熟，意志坚强，同时有良好的文化修养。他从小生活在军营环境中，接受了艰苦的锻炼，在他的父亲——迦太基大将哈米尔夫的培养下，具有吃苦耐劳的精神和坚韧不拔的毅力。他自幼便抱负非凡，立志长大后打败罗马，征服意大利，一洗迦太基战败的耻辱。在他掌权之后，几乎征服了希伯鲁斯河以西的整个地区，并做好了战争准备。

这时，汉尼拔看准了萨贡杜姆这个与罗马结盟的城市作为战争借口。他日夜围攻萨贡杜姆，终于占领了这个城市，引起罗马人向迦太基正式宣战。

罗马人计划分兵两路：一路以西西里为基地，派出水陆大军，进攻非洲，直取迦太基；另一路只用小股兵力进军西班牙，钳制汉尼拔的军队，使其不能援助非洲本土。汉尼拔不愧为杰出的军事家，他以惊人的胆略率部队翻越阿尔卑斯山，进入敌人境内，给罗马以出其不意的打击。公元前216年春，汉尼拔占领了坎尼城，他以极小的伤亡大败了敌军，使罗马一度处于极其危险的境地。但罗马人固守中部意大利，重整了军队。而且随着时间的推移，汉尼拔孤军深入的弱点也逐渐显露出来，兵力和粮食的补给日益困难。罗马借机收复了本土城市，不久，又夺取了西班牙。

公元前205年，罗马军队转到了非洲迦太基本土上，转入决定性的进攻。汉尼拔被紧急调回应战，最终以他有生以来的第一次失败告终。迦太基被迫于公元前201年接受了屈辱的和约。从此，迦太基丧失了非洲以外的所有领土，解除了主要军备，偿付大量的赔款，并且把对外战争的决定权交给了罗马。从此，迦太基一蹶不振，罗马取而代之，成了西部地中海的霸主。

第二次布匿战争之后，罗马势力日益膨胀，于公元前2世纪中叶征服了马其顿、希腊，削弱了叙利亚、埃及等国。随着罗马的东扩，迦太基也在渐渐地复苏，重新成为一座繁荣的城市。这引起罗马人的忌恨和不安。

为了永久消除这个对手，罗马人于公元前149年又挑起了对迦太基的战争，第三次布匿战争又爆发了。迦太基人在大敌压境之时被迫求和。而罗马人蛮横地命令迦太基人毁掉城市，移居到离海15公里以外的内地。迦太基人不能接受，于是便团结起来，万众一心，坚持抵抗了4年。最终在罗马军队的围困之下，发生了饥荒和瘟疫，迦太基被罗马军队攻占。城市被付之一炬，大火烧了15天，最后被夷为平地，并用犁耕出沟来。存活的迦太基人全部被卖为奴隶，迦太基的领土成了罗马的阿非利加行省的一部分。一个曾在历史上煊煊赫赫的大帝国就这样消失了。

格拉古兄弟的改革

"同胞们，大家想一想，在意大利，天上飞翔的每一只鸟雀，地上跑的每一头野兽，都有一个可以栖息的巢穴，而那些为意大利的光荣战斗和牺牲的人得到的待遇却连鸟兽都不如，他们只能享受阳光和空气。"

"他们没有自己固定的住所，终日里携妻带子到处流浪，处境如此之悲惨。"

"将军们欺骗士兵，号召他们为保卫祖坟、宗庙和家园去战斗，去挥汗流血，可是事实上，很多罗马人既无祖坟，又无家园了，他们是为别人的奢侈享乐和堆积财富去战斗，去牺牲的，这就是事实真相！"

"他们被称为世界的主人，可是却穷得没有立锥之地……"

公元前133年，古罗马城的中心广场上，一位英姿飒爽的青年人正在慷慨激昂地发表演说。这个人正是不满30岁的新上任的保民官、贵族改革家提比略·格拉古。这里正在召开平民大会。

会场上气氛异常热烈，广大的平民听了格拉古的演说，联系到自己悲惨的处境，不禁心潮澎湃，他们积聚了多年的委屈顷刻间爆发出来，他们振臂高呼："我们要得到土地！""我们要有自己的家园！"声音响彻云霄，此起彼伏，经久不息。

原来，随着罗马奴隶制的发展，土地兼并越来越严重，贵族奴隶主霸占了大量土地，平民纷纷破产，终日为维持生计而奔忙，同时还要面对服兵役的任务。法律规定服兵役的人必须自备服装和武器，这些平民连这个能力都没有。因此，罗马的军事力量也大大减弱了。

以格拉古兄弟为代表的罗马奴隶主贵族改革派认为，在这种情况下，必须限制一下过分集中的土地，并将贵族非法占有的国有土地收回一部分，分配给无地的平民耕种，以缓和日益紧张的社会气氛，适当解决罗马兵源枯竭的问题。于是，在公元前2世纪下半叶，格拉古兄弟毅然发动了一场以解决土地问题为中心的改革运动。

公元前134年，提比略·格拉古在平民支持下宣誓就任保民官。一上任，他就公布了他的改革提案，其中限制了一个家庭最多占有土地的数量，以及把国有土地分配给无地平民的政策。但提案遭到了保守派贵族的疯狂反对，因为这一提案损害了贵族的利益，正是这些贵族占用了大量的国有土地，而且实际上早就成为各家的私产。

为了阻挠这一提案的通过，他们派出另一个保民官，占据了大量国有土地的屋大维来出面行使否决权。然而，在平民大会上，屋大维被愤怒的平民群众撤了职。接着，大会立即通过了提比略的提案，使之上升为法律，并选举提比略、提比略的弟弟盖约·格拉古及提比略的岳父组成三人委员会，负责该提案的施行。

尽管三人委员会的工作遭到了贵族保守派千方百计的阻挠和破坏，但他们坚持不懈，取得了一定的成效。

一年后，任期已满的提比略为了使工作能延续下去，改革的成果不至于化为乌有，便决心竞选连任下一任保民官。而此时贵族保守派却正在伺机杀害他。

正当提比略在发表竞选演说之时，一名保守派的暗探借口提比略用手指了一下脑袋的动作是想戴王冠，要推翻共和国，他大叫大嚷，一群早已埋伏多时的武装暴徒一拥而上，对提比略下了毒手，广场上顿时展开了一场短兵相接的搏斗。结果提比略和他的300多名追随者惨遭杀害。

平民争取土地的运动并未因提比略之死而终止。公元前123年，提比略的弟弟盖约·格拉古当选为保民官。盖约提出的粮食法案规定，由国家供应城市平民以廉价粮食；土地法案规定，继续执行由提比略开创的土地改革政策。由于意大利境内土地已经不多，盖约提出了一项移民计划，以满足平民对土地的需求。

不料此计划一出，立刻被贵族保守派利用来作为反对改革的武器。他们利用许多平民留恋故乡不愿离开意大利的心理，策动另一个保民官李维·德鲁斯编造谎言，保证平民不离开意大利本土，把移民点全设在意大利境内。实际上这是根本不可能的。而且李维还蛊惑人心地提出免去盖约所规定的获得国有土地的平民应向国库缴纳的租金。

平民中相当多的人上当受骗了，他们不再拥护盖约，而是倒向了李维。贵族保守派见一计得逞，便加紧步伐，以暴力来扼杀改革运动。在一次祭神仪式上，保守派爪牙公然向盖约和他的支持者挑衅，引起一场搏斗。结果保守派抓住这个借口，用利剑、标枪对改革派进行了疯狂的屠杀，3000人死于非命，盖约逃入丛林后，绝望地自杀了。

一场进步的改革在血腥的镇压中归于失败。但格拉古兄弟的功绩不会被历史遗忘。他们的改革，在一定程度上限制了贵族对国有土地的兼并，改善了小农经济的地位。据记载，在改革期间约有800多破产平民获得了土地。然而，贵族保守派的势力还是大大强于改革派的，罗马的平民和奴隶并没有站在统一的立场上，他们的力量毕竟要虚弱很多。

公元前111年，罗马国家正式承认贵族霸占的国有土地永归私有，小农分到手的国有土地可以转让。于是，土地兼并之风又盛行起来了。

斯巴达克起义

公元前1世纪初,罗马已是一个领土相当广袤的奴隶制大国。在连绵不断的对外战争中,数以万计的战俘变成了奴隶,罗马到处都建立起大规模使用奴隶劳动的大庄园。

在罗马元老贵族的暴虐统治之下,奴隶的命运悲惨之极。法律规定,奴隶主对奴隶有生杀予夺的大权。奴隶主为了尽快收回买奴隶所花费的成本,便挥舞着皮鞭强迫奴隶一刻不停地劳动。在他们眼里,奴隶只是会说话的工具。为防止奴隶逃跑,奴隶主给奴隶戴上沉重的脚镣,套上坚固的项圈,圈上还写着:"抓住我,不要让我逃跑。"奴隶没有婚姻权,只有少数人才有这个机会,奴隶所生的子女,也被看作奴隶主的财产。老弱病残的奴隶,不是被卖掉,就是被送到台伯河中的一个荒岛上活活地冻饿而死。年轻力壮的奴隶也只有在监工的鞭笞下,一刻不息地劳动,直到死了为止。

处境最为悲惨的奴隶是角斗士。角斗是罗马统治者的一种最野蛮、最残酷的娱乐。罗马政府还专门建造了巨大的角斗场,如弗拉维半圆形角斗场,可同时容纳50000人观看角斗。经过专门训练的角斗士,被奴隶主强迫着手握利剑、匕首,两两相斗,或者是与饥饿的野兽格斗,以此让奴隶主观赏取乐。一场角斗的人数,起先只有几对,后来增至几十对,最多达到300多对,奴隶主在血流成河的搏杀中得到变态的娱悦。当角斗快要结束时,奴隶主以手势决定角斗士的命运:如果大拇指朝上,则打胜的角斗奴可以留下性命;如果大拇指朝下,则被残忍地杀死。角斗场上还设有专门的人来检查被打死的角斗奴,用烧红的铁猛刺死者,看他是否真正死去,倘若还有动静,就用沉重的大锤把他活活打死,扔掉。

血腥的统治使奴隶们忍无可忍,起义的火种一触即发。

斯巴达克,这个"具有高贵的品格,为古代无产阶级的真正代表"的英雄人物就在这个时候应运而生了。他本是色雷斯人。色雷斯位于巴尔干半岛东南部,濒临爱琴海和黑海。当罗马进兵北希腊时,色雷斯人奋起反击。斯巴达克参加了战斗,不幸被俘,最初在罗马辅助部队中服役,因不甘驱使,多次逃亡,而被卖为奴隶。他有魁伟的身材,健康的体魄,英俊的面貌,而且臂力过人,卡普亚的一所角斗士学校将其买下做了角斗士。

角斗士非人的待遇令斯巴达克忍无可忍,他决计率领同伴逃出牢笼。他说:"宁可为自由而战死于沙场,决不为敌人取乐而丧身于角斗场。"在他的激励之下,200多名角斗士串联起来,秘密商议起义计划。

不幸的是,由于叛徒告密,斯巴达克不得不果断采取行动,即刻提前率领七八十名角斗士以厨房里的刀叉、棍棒为武器,杀死卫兵,逃出了城市,一直奔到几十里以外的维苏威火山。在路上,他们截获了好几辆运载角斗武器的大车,装备了自己。就这样,公元前73年夏,震撼历史的斯巴达克大起义爆发了。

在意大利西南部的维苏威火山上,起义军安营扎寨,他们选出了三位领袖:斯巴达克为首领,高卢人克利苏克斯和日耳曼人恩诺马乌斯为副将。维苏威火山濒临那不勒斯湾，地势险峻，除一条崎岖小路可通山顶外，到处都是悬崖峭壁，易守难攻。起义军在这里积蓄着力量，并且不时走下山来，在附近的坎佩尼亚平原惩罚奴隶主，解放奴隶。

很快，许多奴隶和农民闻讯从四面八方投奔而来，起义队伍迅速扩大到1万多人。他们不仅在短短几个月内缴获了当地驻军的大量武器，而且从附近庄园里获得了大批给养。起义军纪律严明，作风良好，深得奴隶和平民的支持和欢迎。

这革命之火震撼了奴隶主阶级，他们开始惶恐不安。元老院急忙于公元前72年春派遣克罗狄率领3000名官兵包围维苏威火山。惟一的一条山路被封锁了，他们以为这样起义军会被困死山上。

斯巴达克临危不惧，他发出响亮的号令："宁可战死，不愿饿毙。"形势十分严峻。起义军却出奇制胜，他们用山上的野葡萄藤编成绳梯，一直垂到谷底，顺着这绳梯到达了山底。趁着夜黑风高，起义军在斯巴达克率领下悄悄绕到敌人背后，一声令下，发起猛攻。敌人丢盔弃甲，溃不成军。克罗狄败逃而走。

斯巴达克起义军经过维苏威一战，声名大震，更多的人投奔而来。斯巴达克把扩大的军队整编为投枪兵、主力兵、后备兵和骑兵四大部分。随后，他们逐步控制了坎佩尼亚平原。在分析了敌我力量对比之后，斯巴达克认为，要在罗马国家的心脏地区建立巩固的奴隶政权，是比较困难的。因此，他计划把起义军带出意大利，摆脱罗马的奴役。进军路线设置为：穿越坎佩尼亚平原，抵达亚得里亚海岸，然后沿着海岸线北上，再翻越横亘在意大利北部的阿尔卑斯山，进入罗马势力尚未达到的高卢地区，在那里建立起奴隶的乐园。

公元前72年秋，斯巴达克大军浩浩荡荡地出发了。元老院急忙派遣行政长官瓦里尼乌斯率领两个军团共12000人前去阻截。起义军针对瓦里尼乌斯的分进合围战术，制定出选择敌人薄弱环节，集中精兵逐个击破的方针。

交战开始了，斯巴达克精兵杀向瓦里尼乌斯副将博利乌斯带领的2000人马，并且迅速取胜。继而，起义军把矛头转向前来增援的科辛纽斯副将。科辛纽斯不仅全军溃败，而且命丧沙场。起义军节节胜利，但由于连日作战，需要适当休整。瓦里尼乌斯便借此时机，把起义军逼到一处荒无人烟、道路崎岖的山区角落里，并筑垒挖堑，妄图置起义军于死地。

此时的起义军缺粮少兵，精疲力尽，再加上天气寒冷，形势非常危急。然而斯巴达克召开紧急军事会议，策划出了一个巧妙突围的计策：夜里，起义军在营寨门前钉上一些木桩，把敌人丢下的一具具尸体绑在上面，旁边点起篝火，远远看去就像哨兵在站岗放哨，并且留下一名号兵按时吹号。在神不知鬼不觉的情况下，悄悄地撤离了营寨，他们沿着瓦里尼乌斯认为无法通行的山路迅速冲出了敌人的包围圈。

天亮之后，瓦里尼乌斯方知中计。他气急败坏地率军追击，不料起义军早已选择有利地势，设下埋伏，沉重打击了敌人。

起义军威震四方，又有大批奴隶带着马匹投奔而来。斯巴达克日夜督造武器，实行严格的军纪，平均分配战利品，保护人民生命财产，禁止军队抢劫，在征集军需物资和武器时，都给以十足的偿付。正当起义军风头正劲之时，领导层发生了意见分歧。克利克苏斯不同意斯巴达克主张的翻越阿尔卑斯山出境，他坚持让起义军留在意大利同统治者斗争到底。最终他们分道扬镳，克利克苏斯率领3万人马离开了斯巴达克。

公元前72年冬天，克利克苏斯率领的起义军在阿普里亚的加尔干诺山附近同罗马元老院派出的格里乌斯军队相遭遇。一场血战之后，终因寡不敌众，克利克苏斯英勇牺牲，军队损失大半。余下的人又重归了前来救援的斯巴达克义军。

由斯巴达克率领的一支起义军经过辗转奋战，历经艰难终于冲破了敌人的围追堵截，胜利到达了阿尔卑斯山下。队伍发展到了12万人。此刻，再也没有敌人的围追堵截了，只要翻过山去，胜利就实现了。然而，阿尔卑斯山高耸入云，山顶终年积雪，气候恶劣异常，起义军辎重繁多，要想翻越大山，绝非易事。而且此时的起义军斗志昂扬，信心倍增，他们认为自己有足够的力量战胜罗马的奴隶主。因此，斯巴达克又改变了进驻山北高卢的计划，掉转头来，挥师南下，直捣罗马。

惶恐的奴隶主得知消息后，慌忙召开了元老会，他们推来推去，谁也不敢担当重任。最后，手段强硬、狠毒无比的大奴隶主克拉苏出任了新执政官，他被委以"狄克推多"（意为独裁者）的大权。为整饬军纪，扭转败局，他实行了残忍的"什一抽杀律"，即把临阵脱逃的士兵分成10人一组，以抽签的方式每组处死一人，顿时有4000名士兵丧生。同时，克拉苏把兵力增至10万人。

克拉苏以为起义军会进攻罗马城，因此在相关大道上设下重兵，妄图歼灭起义军。然而，斯巴达克绕过罗马城，指挥义军纵穿意大利半岛，准备渡过摩萨纳海峡，占领富于战斗传统的西西里岛，以便与罗马统治者作长期的斗争。但是，这个计划却失败了。原来，为了解决渡海问题，起义军曾与西西里海盗达成协议，租用船只，但由于西西里总督维里斯收买了海盗，结果起义军上当受骗，船只落空。斯巴达克不得不再次率军北上。

而此时，狡猾阴险的克拉苏为了将起义军困死在半岛南端，命令士兵在布鲁提伊半岛的最狭窄地带挖出深、宽各四五米的一条深沟，长达50余公里，还用挖出来的土筑成一道又高又厚的土墙。起义军三面临海，一面受敌，处境相当危险。

一个风雪交加的夜晚，斯巴达克一面命令士兵们点起篝火，又唱又跳麻痹敌人，一面又率领1/3的步兵巧妙地利用树枝、柴草、泥土和敌人的尸体填平了一段壕堑，并且火速地通过了封锁线，敌人的阴谋又破产了。

脱险后，斯巴达克决定将军队带到布林的西港，从那里东渡亚得里亚海到希腊去。然而队伍内又出现分歧，两员部将公然率领12000人脱离主力，单独行动，结果被克拉苏消灭在鲁干湖畔。正当起义军急速向布林的西进发时，一支罗马军队已抢先占领了那里。起义军又一次腹背受敌。

斯巴达克深知东渡的计划已不可能，于是便果断地回迎战克拉苏。公元前71年春，阿普里亚境内，一场鏖战开始了。起义军奋勇厮杀，顽强不屈，但付出了惨重的代价，6万名奴隶壮烈牺牲了。斯巴达克身先士卒，冲在阵线最前沿。最后只剩下1万人了，他们宁死不屈。突然，斯巴达克被一名罗马军官从背后猛刺了一枪，接着，他的大腿也被刺中，跌下马来。战士们冲上前去，救出斯巴达克，并让他骑一匹快马赶快突出重围，以图大计。可是，斯巴达克毅然刺杀了那匹战马，他要与生死与共的战友一起流尽最后一滴血。他站立不稳，便屈下一只膝，手持武器，坚持到了生命最后一刻，壮烈地牺牲了。

6000名起义军俘虏被凶残的克拉苏钉死在从卡普亚至罗马沿途的十字架上。一场气壮山河的奴隶大起义就这样不幸失败了。

但是，斯巴达克起义声势之大、力量之雄厚、影响之广泛，都是史无前例的，它给予罗马奴隶主阶级以沉重的打击，震撼了罗马奴隶制的基础。这次起义代表了罗马奴隶起义的最高水平。

斯巴达克作为起义军的组织者和领导者，是历史上一位杰出的领袖和统帅，表现出无比英勇的斗争精神和卓越的军事才能。他的光辉形象一直激励着世代热爱光明和自由的人类勇敢地奋斗。

文武双全的政治家——恺撒

凡是初学拉丁文的人，都有一本必读之书，叫做《高卢战记》。这是一本用标准的拉丁文写作的著作，它文笔清新、结构严谨、叙事翔实、妙趣横生，记载了公元前58年到公元前50年共计8年时间内罗马军队出征高卢的历史事迹。它的作者便是大名鼎鼎的盖乌斯·尤利乌斯·恺撒，他是古罗马杰出的政治家、军事家和文学家，也是共和国著名的独裁者。

恺撒于公元前100年出生于罗马古老的显赫的尤利乌斯家族，少年时便有非凡的抱负，他崇慕权力和荣誉。由于良好的家庭背景，他受到高等的教育，曾到罗得斯岛学习修辞学和演说术，并且曾拜在古罗马著名的演说家毛路门下。因而恺撒不只拥有政治家的野心，而且拥有文学家的才华和雄辩滔滔的口才，这使得他在政治道路上如虎添翼。

恺撒生活的年代正处在罗马奴隶制社会各种矛盾激化、共和国发生严重危机的阶段，由于家族的优势，恺撒早早地就与政治结缘。13岁时他当选为朱比特神的祭司，18岁时又娶了著名民主派人物秦讷的女儿为妻。后来，为了躲避政治迫害，他不得不过了一段流亡的生活。

公元前78年，危险消除之后，恺撒踏上了回国之路。途中遭遇了一群海盗，海盗见他气宇不凡，料定是个有来历的人，便抬高价码向他索取20塔兰特作为赎金。不料恺撒竟对他们的要求不屑一顾，还提出愿意支付50塔兰特，海盗们连连称奇，不禁对他刮目相看。当恺撒刚刚获得自由后，他便领着一支军队清剿了那股捉他的海盗，并且从中获得大宗财物。

在政治道路上，恺撒还擅于以金钱铺路。他经常慷慨捐资，甚至不惜荡尽家财，欠下大笔债务。但这样一来，他也笼络了许多人心。

在西班牙任职期间，恺撒政绩卓著。他通过征服许多部落而使罗马统治的疆域大大地扩展了。而且战争的胜利使他发了财，他的部下包括士兵们也都分到了油水。大家对他很满意，宣布他为"英白拉多"，即胜利的统帅之意。恺撒开始向最高权力的目标一点点进发了。

恺撒的雄辩的口才、改革派的形象、慷慨大度的品德和在西班牙等地的战功，在平民和相当一部分上层人士中间赢得了极高的声誉。同时，他也致力于拉拢声名显赫的权势人物以形成联盟。公元前60年的夏天，恺撒如愿以偿地同庞培、克拉苏这两位巨头达成相互支持的协议，史称"前三头同盟"。罗马这三位有巨大影响的政治家谁也不能单独掌权，于是他们便联合起来，同元老院相抗衡。

公元前59年，恺撒在庞培和克拉苏的支持下当选为执政官。在他执政斯间，进行了一系列的有益于社会进步的改革。在遭到贵族派的激烈反对之后，恺撒凭借掌握的兵权和其他两头的支持，取得了胜利。根据恺撒的命令，在罗马开始公布元老院和公民大会的决议，他要以这种形式影响社会舆论，于是历史上最早的官方报纸就诞生了。

执政官任期届满之后，恺撒于公元前58年出任了高卢总督。他利用当地部落间的重重矛盾，借口解决纷争而派兵入侵。他用分化瓦解和武力征服相结合的办法，逐渐吞并了整个高卢地区。这些都由他自己亲手记载在《高卢战记》之中。

对高卢的征战是恺撒政治生活的重要阶段，他把从高卢掠夺来的巨额财富用来进一步收买城市贫民和网罗党羽。随他征战多年的10个军团是他重大的政治依靠。这引起了克拉苏和庞培对他的嫉妒。好大喜功的克拉苏在对帕提亚的战争中阵亡了，而庞培则日益靠拢贵族派，殚精竭虑地打击恺撒。至此，前三头同盟彻底瓦解了。

很快，敌视恺撒的势力在元老院会议上占了上风，庞培被授权招募军队。恺撒处于生死攸关的时刻。公元前49年1月10日，恺撒带领少量兵力以迅雷不及掩耳之势突进罗马，夺得了罗马政权。他对政敌实行宽大怀柔的政策，获得了一部分元老贵族和骑士的支持。公元前48年，恺撒发动了同庞培争夺东方各行省的战争，在著名的法萨卢战役中，彻底击败了庞培。在途经埃及时，他把依附于他的埃及女王克丽奥帕特拉七世扶上了台。

一场内战过后，恺撒胜利回师罗马，被推举为集军、政、司法、宗教等大权于一身的独裁官，成了名符其实的无冕之王。

但是恺撒的独裁和实行的一系列措施，削弱了元老贵族的势力，更引起了他们强烈的不满。他们视恺撒为共和国的颠覆者和王权的觊觎者而加以反对，公元前44年3月15日，恺撒被密谋刺杀了，他身中23处剑伤，倒在庞培雕像的脚下。在政治的浪潮中乘风破浪了几十年的恺撒，尽管取得了至高的地位，最终还是丧身于政治的漩涡之中。

恺撒称得上是一个伟大的人物，堪称文武双全。在政治上他是一个伟大的改革家。在军事上他足智多谋，英勇善战，常常能身先士卒，以少胜多。在文化方面，他的贡献也不小，如恺撒于公元前46年对罗马的历法进行了改革，制定了通常所说的"儒略历"，这种历法影响深远，在西欧用到16世纪，在俄国用到1918年，至今还为许多东正教徒所使用。恺撒还堪称为一位文学家，他良好的文化修养使他在骑马行军的征战生活中还能进行文学创作。他留下过大量书信和演说辞，可惜都已散佚。据历史上的一些文学家的记载，他曾写过《论类比》《反加图》《沿途杂记》等涉及面不同的著作，但流传至今的只有《高卢战记》和《内战札记》两部影响颇大的著作。这两部著作记载了恺撒亲身经历的事件及其生活的时代特色，既是战争回忆录，又是具有文学价值的重要史料。

儒略历和格里高里历

上小学时，我们就掌握了阳历月份的天数，都知道有两个新年，一个是元旦，一个是春节，还有就是2月份的天数很特别，其实，这里面有许多天文和历史原因。

古代埃及贡献给了人类重要的计时方法。由于天然的尼罗河水潮伏有序，埃及人为了计算它的时间，从观察自然界得出很多规律。他们发现三角洲地区尼罗河涨水与太阳、天狼星在地平线上升起同时发生，他们把这样的现象两次发生之间的时间定为一年，这一年有365个昼夜，也就是365天。他们把全年分成12个月，每月30天，余下的5天定为节日。因为尼罗河水变化，他们把一年分成三季，即"泛滥季""生长季""收割季"，每季4个月。埃及人把昼和夜各分成12个部分，每个部分为日出到日落或日落到日出时间的1/12。埃及人用石碗滴漏计算时间，石碗底部有个小口，水滴以固定的频率从碗中漏出。埃及人突出的时间观念是以太阳为标准，所以称阳历。

埃及人很早就知道一年不是整整365天，而是略微长一点，约长1/4天，但是因为保守的统治阶级坚持365天一年，所以，现在每4年就要闰一次年，闰年多出1天，以补足4年来少的那些时间。

当时世界上也有民族以月亮为准，然后增添时日，这就是阴历。希腊使用的就是阴历，阴历需要闰月。

公元前8世纪时，罗马历法更加混乱，罗马历法每年只有10个月，每月30天，剩下60天不算月，因为正赶上严冬。这样他们一年只有360天，弄得十分混乱。

儒略·恺撒征服埃及后，先进的埃及阳历被带到罗马，天文学家索西琴斯建议皇帝废掉混乱的罗马历，以古埃及的阳历为基础，重新编历。当时埃及的历法虽然先进，但是按一年365天过，4年就差出去1天而他们不加补足，所以时间长了就会弄错。亚历山大的天文学家注意到了这个问题，恺撒在颁布新历法时就有了这样的规定。

由于当时罗马人认为奇数是幸运的，所以把奇数月规定为大月，每月31天，偶数月为小月，每月30天，幸运月都多出一天来，为的是让幸运常在，但这样一来一年是366天，这一天减在哪月呢？当时古罗马死刑必须在2月执行，所以就让这不好的2月少一天吧，2月就成为29天了。

到了奥古斯都帝，他的生日在8月，他想怎么能让自己在小月出生呢，于是下令将8月份以后的双月定为大月，单月定为小月，以表示自己出生所带来的不同。8月原来只有30天，变成31天就要从别的月减一天，所以又从2月份减了一天，2月就只有28天了。

儒略历是以恺撒命名的阳历，较符合节气变化，受到人们的普遍欢迎。但还不十分精确，因为它的一年是365天，其实真正的一年不是365又1/4天，而是365.25 – 0.0078天。到了公元1582年，日期会差出10天多。所以教皇格里高里又颁布了新的改动，改动之后的儒略历称格里高里历。他规定逢百之年只有被400整除的年份才是闰年，我们今天所采用的公历就是格里高里历。

自 1912 年中华民国起，我国也采用了现在的公历，但农历也同时在民间使用。

奥古斯都——屋大维

公元前 63 年的一天，在罗马的一位富裕而有声望的元老家庭中，诞生了一名健壮的小男孩，他就是日后青史流芳的古罗马杰出政治家——屋大维。

屋大维的母亲阿提娅是当时的罗马独裁者恺撒的姐姐尤利娅的女儿。凭着这层关系，15 岁时屋大维被选入极有权势的大祭司团。由于屋大维从小表现出聪慧机敏、果敢大胆的优秀资质，深得恺撒的喜爱。恺撒曾把 18 岁的屋大维送到伊利里亚的阿波罗尼亚学习，并把他收为养子。

公元前 44 年 3 月 15 日，恺撒被贵族共和派刺杀。他在遗嘱中已经把他的养子屋大维立为自己的继承人。屋大维闻讯赶回，依靠恺撒遗嘱留给他的财产和豪富亲友的资助，在元老院的支持下募集了一支军队。当时恺撒的部将安东尼自命为恺撒继承人，并占据了他的财产，对屋大维采取蔑视和敌对的态度。

屋大维首先在穆提那战争中将安东尼打败，收服了许多恺撒派部队。但此时却又遭到元老院的轻蔑和敌对，同时恺撒从前的一位骑兵长官雷必达也在迅速崛起。面对这种情况，公元前 43 年秋，屋大维同安东尼、雷必达在北意大利的波伦亚附近会晤，并缔结了协定，史称"后三头"同盟。这实际上是一个军事独裁集团，在"安定国家的三头政治"的名义下，夺取了国家最高权力。

然而，三头之间的矛盾日趋激烈，他们都想实现个人专政，尤其是发自安东尼方面的阴谋和斗争始终不断。但为了维护罗马的领土安全，大家还不得不保持暂时的相互妥协。三头在公元前 40 年于布隆迪西乌姆达成新的协议，决定在以后的作战行动中互相援助，并重新分配了行省。

屋大维在自己的势力范围内不断地扩大并巩固自己的权威，经过几年养精蓄锐，他打败了雷必达，并剥夺了他的军权。对于安东尼，屋大维自有手段。当时安东尼已与埃及女王克丽奥帕特拉七世结婚，并把罗马东方行省的部分地区赠给她及其子女，这种破坏罗马领土的行为激起了罗马人强烈的不满，屋大维抓住一切机会来煽动这种不满情绪。他不顾古老的习俗规定，从供奉灶神的贞女手中索得安东尼的遗嘱并公布于众，其内容包括安东尼要求把他葬在亚历山大里亚，批准他对克列奥帕特拉七世的赠予等等。屋大维利用元老院和公民大会的名义，剥夺了安东尼的一切权力并宣布他为祖国之公敌。

公元前 31 年 9 月 2 日，屋大维在阿克提乌姆海角打败安东尼，次年进兵亚历山大里亚，安东尼伏剑自刎。至此，长期陷于内战和分裂的罗马重新统一起来，屋大维成了罗马惟一的统治者。在此后长达 40 年的时间里，屋大维改造了罗马世界，他的统治被称为罗马的"黄金时代"。

公元前 27 年 1 月 13 日，35 岁的屋大维在元老院发表了洋洋洒洒的长篇演说，出人意料地宣称放弃一切权力，把共和国交还给元老院和罗马人民，自己做一个普通公民退隐林下。这一着欲擒故纵，投石问路，果然激起了巨大反响。元老们惴惴不安，如履薄冰，弄不清屋大维葫芦里卖的是什么药。他们纷纷恳请屋大维收回成命，以免国家和人民重遭劫难。屋大维再三推脱，终于抵不过众人的苦苦请求，便宣布愿意为全体人民的利益继续执政。元老院不禁感恩戴德，于公元前27年1月16日授予他"奥古斯都"的尊号，意为神圣、庄严、伟大。同时，元老院还决定在会堂正中设置一面金盾，镌文称颂屋大维的"英勇无畏，宽厚仁慈和公正笃敬"。

机智谨慎的奥古斯都惟恐重蹈恺撒的覆辙，尽量把自己的政权用合法的外衣掩盖起来，因而在国家制度上还保存着共和的外壳，共和政体的机关如元老院、公民大会以及官员的选举制仍然保存着。奥古斯都从罗马人的传统习惯和情感角度出发，公开宣称他的权力是元老院和人民授予的。罗马人喜欢称呼他为"普林西斯"或"第一公民"，因为他创立的国家制度称为"元首制"，他本人自称为元首，即国家第一人、第一公民。在元老院名册上，他的名字列在第一位。事实上，奥古斯都创立的元首制，是一种隐蔽的君主制。元老院经过清洗，完全受奥古斯都的控制；公民大会除了在形式上选举指定的高级官职外，没有任何作用。奥古斯都总揽了军事、政治、宗教等方面的大权。

20年内战结束了，罗马人民向往和平。国外的敌对行动终止之后，武装冲突的狂热在各个地区被平息，法律和秩序在恢复，和平被重建。罗马人产生一种恋古复古情绪，奥古斯都顺应潮流，提倡恢复古时淳朴的习俗。他采取了一系列引人注目的措施。为健全日益瓦解的罗马家庭，他奖励生育，与放荡行为做斗争。为恢复古老的宗教崇拜，他带头捐款从事大规模修旧建新工程，昔日破旧倾圮的神庙换上了庄严肃穆的新容。在他的倡导下，罗马贵族们竞相仿效，一年内，80多座崭新神庙相继落成。最为宏伟的是用大理石建造的奥古斯都广场，广场周围环绕着柱廊和神庙；在帕拉提乌姆山上的是阿波罗神庙；在卡皮托利乌姆山上的是朱庇特神庙。奥古斯都的将领阿格里帕做得尤为突出，他除了修建剧场、水道和豪华的浴场以外，还修建了一座著名的万神殿。罗马城在这一番大刀阔斧的修整之下，面目焕然一新。奥古斯都曾自豪地说："我接受了一座用砖建造的罗马城，却留下一座大理石的城。"

此外，奥古斯都宣布大赦，取消了内战期间所下达的一切非常性指令。从埃及带回的巨额财富使他有充裕的资金奖赏将士，广济平民，而不须求助于近几十年来所例行的没收财产的恐怖政策。他曾使约30万罗马贫民领到粮食和金钱，还有30万人得到份地和金钱。

奥古斯都很懂得社会舆论和心理因素的力量。他在内政外交频频得手的同时，没有忘记利用一切宣传手段来为巩固他的元首政治服务。

他通过他的密友盖乌斯·麦凯纳斯·基系尼乌斯，大力笼络社会名流。在麦凯纳斯周围集合了以维吉尔、贺拉西为代表的一批当时社会上最负盛名的作家和诗人。他慷慨地为他们提供各种帮助，同时又让他们为奥古斯都尽情讴歌，以文艺形式颂扬他的文治武功。奥古斯都自己也经常写诗做文，附庸风雅。在他到各行省巡视时，总要带几个诗人同行，以示宠幸。

铸币也被奥古斯都利用，充分发挥它的宣传功能，因为在古代世界，铸币是惟一的能够流传最广的东西。对外战争的每次重大胜利，每一项重要工程的兴建成功，以及发布每一个重要法令，几乎都在铸币上得到反映。随着货币的广泛流通，奥古斯都的大名和声望传遍了帝国的每一个角落。

慢慢地，奥古斯都成了人们心目中神圣不可侵犯的君主。几乎所有的行省都建立起了罗马女神庙和奥古斯都圣庙。人们每年都从省内各地汇集到省府举行隆重的祈祷仪式。奥古斯都对此不但不反对，反而暗地里加以鼓励和提倡。一批批为他而建的神庙如雨后春笋般地在意大利的大小城镇中矗立起来。

公元前2年，奥古斯都被元老院、骑士和平民一致宣布为"祖国之父"。

公元14年9月14日，奥古斯都在巡视意大利时，途中经过坎佩尼亚的诺拉城，突然染病去逝，享年77岁。

奥古斯都生活在罗马奴隶制社会急剧变化和动荡不安的时代，他凭借着从苏拉开始到恺撒所奠定的社会、思想基础，凭借他那善于审时度势的政治目光、灵活机智的政治手腕和知人善任的组织才能，彻底结束了内战，顺应时代潮流，以元首制代替了共和制，创建了帝国，使罗马得到了长达200年左右的比较稳定的统治。罗马帝国呈现出繁荣昌盛的景象，为人类创造出辉煌灿烂的古代文明。奥古斯都本人虽有不少缺点，但他无愧于一代伟大政治家的称号。

埃及艳后——克丽奥帕特拉

在古代埃及有一位因美貌而闻名于世的女人，她的名字叫克丽奥帕特拉，她是埃及的女王。她的传奇般的一生构成了一道独特的风景。

当她39岁的时候，她被罗马军队战败，成为阶下囚。罗马统帅屋大维威胁她如果她自杀的话，就杀死她的子女。克丽奥帕特拉知道屋大维不会杀她，而是让她受百般的折磨，让她这个高贵的女王受尽污辱。她想自杀，可又不能死，因为那样将威胁到孩子的生命。她左右为难，最终她选择了死。她让自己的心腹侍女将一条小毒蛇放入送给自己的一堆水果中，让一个农民送进来。农民骗过了门卫，把水果篮交给了女王，并且示意她一切都已经做好。然后克丽奥帕特拉拿出纸和笔，给屋大维写了一封信，恳请他格外开恩，把她和安东尼葬在一起。写完信后，她又浓妆艳抹，换上女王的盛装，从容地从果篮里抓起那条毒蛇放在自己柔软的胸脯上，让小毒蛇咬了自己的乳头，顿时感到灼热的疼痛，在走向死亡的路途中，在她的脑海依依浮现出她辉煌而又坎坷的一生……

克丽奥帕特拉是埃及国王托勒密十二世的幼女，从小就聪明伶俐，美丽动人，而且经过良好的教育，会多种语言，可以说是一个极有才干的女人。她也自称为太阳神的女儿，觉得上天似乎把一切美好的东西赋予给了她。

托勒密十二世可以说十分疼爱自己的这个女儿，宠着她，爱护着她，她有什么样的要求都尽量满足她，这就使这位聪明的公主从小就有极强的占有欲，特别自私自利。从小在王宫长大，宫里各派争夺权力而互相斗争，使她耳濡目染，决定以后要当统治埃及的女王。她向她的父亲提出要当女王的要求，她的父亲不忍拂逆她的意愿，答应让她做女王。

公元前51年，托勒密十二世去世，克丽奥帕特拉与她的弟弟（也是她的丈夫）托勒密十三世共同执政于埃及。克丽奥帕特拉实现了她梦寐以求的愿望，成为了埃及王后。可惜好景不长，没过几年，两位君主为了彼此的利益而发生了冲突，"一山不能容二虎"，克丽奥帕特拉被迫逃亡到叙利亚。在叙利亚招兵买马，准备攻回埃及复辟她的王位。而她的丈夫托勒密十三世也做好了准备迎战……

克丽奥帕特拉等到羽翼渐丰，将要返攻埃及时，罗马的统治者庞培被恺撒追到了埃及。庞培想投靠托勒密十三世，借助埃及的军队同恺撒再战，可没有想到托勒密十三世自有他的想法，他想获取恺撒的信任和支持，坐稳自己的江山，于是他让他的重臣波希纽斯设计杀害了庞培，把庞培的首级割下来献给恺撒。可恺撒对于谁做埃及的君主倒未在意，反而对埃及人杀了庞培感到不满。因为庞培一则是罗马数一数二的人物，尽管是政敌可曾经也是自己的战友；二则庞培是他的女婿。因此，他厚葬了庞培，并严厉追查杀害庞培的凶手。

克丽奥帕特拉听说恺撒到埃及后，于是想见恺撒，希望得到他的支持。克丽奥帕特拉听说过恺撒的许多故事，十分崇拜他，认为他是自己心目中的英雄。她曾经听说过这么一件事，恺撒在20岁时，被海上的强盗抓走，强盗们向他索要20塔兰特的赎金。恺撒傲慢地对那些强盗说："难道我只值20塔兰特吗？我的身价要比20塔兰特多得多，你们应该要50塔兰特才对。"接下来几天，他整日吟诗，把他写的诗念给强盗们听，一点也不担心自己的生命安全。过了几日，他的家人用50塔兰特把他赎了回来。他回去之后，立即召集军队把海盗们给灭了。恺撒的自负和雄心深深地折服了克丽奥帕特拉。而恺撒的战绩更让克丽奥帕特拉为之倾倒。恺撒曾任罗马执政官、高卢总督。古代高卢分南北两部分，恺撒所任的高卢总督实际上只管辖南高卢，为了实现自己的雄心壮志，恺撒要征服北高卢人。他以4个兵团为后盾，历时10年，占领了800多个城堡，杀死和俘虏了200多万高卢人，把罗马的边界推到莱茵河岸边。之后，恺撒又带兵入侵日耳曼地区，攻入不列颠王国。恺撒为罗马立下了赫赫战功，也赢得罗马人的崇拜。

克丽奥帕特拉想依靠恺撒这棵大树来恢复自己的王位。公元前47年3月，21岁的克丽奥帕特拉离开叙利亚，从海上悄然抵达塔尔塞斯。28日登陆这天，克丽奥帕特拉仔细沐浴，让侍女在她的身体上涂满了香油，然后裹在一张毛毯里，献给恺撒。

一天晚上，恺撒正在看书，突然侍从跑来说埃及女王克丽奥帕特拉送礼物来了。按照埃及人当时的规矩，第一次送给客人礼物要送毛毯。恺撒看见两个人抬了一张毛毯进来放到地上就走了。当毛毯慢慢展开时，克丽奥帕特拉美丽的胴体展现在恺撒面前，恺撒一见这么美丽的女人顿时失态，不知该怎么办才好。克丽奥帕特拉娇羞地请恺撒屏退左右，然后说："我就是克丽奥帕特拉本人。"恺撒早闻埃及女王是如何如何的美貌，而且心向往之，未想到今天会有如此艳福。恺撒被埃及女王的美丽深深折服了。两人尽鱼水之欢，不在话下。从此恺撒与克丽奥帕特拉整日待在一起，享受无尽的艳福。然后，这位埃及女王提出了她的要求，她要恢复她的王位，恺撒答应了她。没想到托勒密十三世已经得知克丽奥帕特拉的阴谋，他与他的重臣波希纽斯孤注一掷：调集埃及所有的部队围困了恺撒4000人的罗马军团。幸亏罗马援军及时赶到，否则恺撒会遭灭顶之灾。结果埃及军团被摧毁，托勒密十三世溺死，战争过后，恺撒扶持克丽奥帕特拉登基。

公元前 44 年，恺撒在罗马遇刺身亡。三年后，恺撒以前的部将——安东尼在奇利奇亚召见埃及女王，欲兴师问罪。未想到怒气冲冲的安东尼未跟女王交手，就被女王的美貌而折服，拜倒在女王的石榴裙下。公元前 37 年他们在埃及宣告结婚。

此时的安东尼，对克丽奥帕特拉的痴迷已到了疯狂的程度，他把罗马在东方的部分领土作为结婚礼物送给美丽的女王，这得罪了罗马法老院和罗马人民。他用一纸休书把自己的妻子屋大维娅休了，而屋大维娅是屋大维的姐姐，这激怒了屋大维，更加激化了他们两人的矛盾冲突。罗马元老院和屋大维联合，宣布安东尼为罗马的"公敌"，并对克丽奥帕特拉宣战。

公元前 31 年，安东尼与克丽奥帕特拉率舰队与屋大维在亚克兴海角展开会战。战争结果，安东尼战败而死。当屋大维攻入埃及后，克丽奥帕特拉仍想以色相来勾引屋大维，但屋大维不理她。这样，她看到大势已去，自己终不免一死，与其受尽折磨而死，不如痛痛快快死去，她不顾屋大维的警告而自杀身亡，于是出现了本文开始的一幕。

她死之后，埃及人民厚葬了她。都说"红颜祸水"，然而又有谁能够真正理解她克丽奥帕特拉——这位埃及艳后呢？

"祖国之敌"——尼禄

在古罗马政坛上，可谓群星闪耀，流光溢彩，一代代杰出的政治家、伟大的领袖可谓层出不穷，令后人景仰赞叹。可是，罗马政坛并不是一个只出产黄金的地方，一些渣滓败类也混杂其间，尼禄便是其中最臭名昭著的一个。

公元 1 世纪中期的一天，罗马宫廷里正在举行一次盛大的婚礼。金碧辉煌的厅堂里，各路嘉宾云集，贺礼堆积如山。熊熊燃烧的火炬照亮了雕刻精细的妆奁和铺陈华丽的合欢床。正当人们兴高采烈地观赏这一切并默默祝福即将结为连理的新人时，证婚人出场了。场内立刻肃静下来。只听证婚人宣布："婚礼现在开始！"在热烈的掌声中，新人出场了。从新郎俊秀的外表上，人们暗自在心中描画着那蒙着面纱的新娘俊美的容颜。当面纱摘下来时，场内气氛霎时凝固了，人们呆在那里，原来，那暴露出来的新娘真面目，竟是他们的国君，一个十足的大男人——尼禄。

这场闹剧并不是演戏，而是荒淫无耻的尼禄为满足他放荡的欲望而真实操练的，他正在按照全部合法的婚姻形式，公开把自己嫁给一名叫华达哥拉斯的淫童为妻。他的荒唐行为达到了无以复加的地步。

尼禄是腐朽、没落的罗马社会上层分子的代表，在他身上曾演出了一幕幕的丑剧，可作为笑谈。

尼禄从小生活在克劳狄乌斯王朝宫廷里，他并非皇子，只是因为他那阴险多谋、贪权好势的母亲在他父亲死后嫁给了皇帝，并施展种种阴谋诡计和毒辣手段包括毒死皇帝克劳狄乌斯，才使他有机会登上皇帝宝座。

在充满腐朽虚荣和阴谋倾轧的环境里，尼禄早早就被腐化，放荡不羁。当他称帝后，奉行"君主所为，尽皆合法"的原则，生活荒淫无耻，罗马的任何一条街道都能变成他狂欢作乐的地方。

　　刚开始由于他年幼无知，不理政事，他的母亲把持着一切权势。公元58年，尼禄结识了轻狂毒辣的罗马贵夫人波培娅·萨宾娜。这个萨宾娜可是个非同寻常的一个人物，据说她什么都有，"美丽、聪明、财富，样样俱全，可就是缺少一颗正直的心"。尼禄被她深深地迷住了。可是他的母亲阿格里皮娜竭力反对，并扬言要公开宣布让他异父弟弟布里塔尼库斯来代替尼禄。尼禄怀恨在心，再加上萨宾娜的影响，尼禄决计干掉他的亲生母亲。

　　公元59年的一天，阿格里皮娜正坐在船上巡游，突然船身发生倾斜，所有人全都掉到了水里。阿格里皮娜拼命挣扎，终于爬到岸上，她正自庆幸捡了一条命，不料一队手持利刃的近卫军冲了过来，三下五除二结束了她的性命。这些当然都是尼禄干的。接下来他又杀死了他的妻子，同情妇萨宾娜结了婚。

　　从此，尼禄更加肆无忌惮地胡作非为。在他主持之下，来自世界各地的所有丑陋和淫猥的东西都能在罗马找到位置并且得以流行。

　　尼禄自诩多才多艺，举凡吟诗作赋、歌唱演奏、竞技角斗无所不能。他常在宫廷举办极端豪华的赛会，自己作为朗诵者、歌手、演奏师或者角斗士登台表演，可惜他演技拙劣，吸引不了几个人。他很不服气，认为罗马人缺乏艺术细胞，不懂得欣赏他的艺术，于是他便率领大批扈从到各地巡回演出。在希腊，他得到了观众给予的足够的赞赏和热情，便心满意足，激动不已，以为终于碰到了知音，他把希腊人当作惟一懂得他的艺术和尊重他的威势的人。作为回报，他赐给希腊自治权，这倒是人们始料未及的。

　　尼禄对艺术的热情和兴趣远远大于他应从事的政务。他对举办各种形式的宴会乐此不疲。据记载，尼禄的宠臣都挖空心思地投其所好。有一个叫提格利努斯的近卫军长官，制作了一只木筏，放在阿格里巴湖上，宴会就安排在筏上。他准备了一些木船作为拖船，拖动筏子在湖心荡漾。小船都是用黄金和象牙装饰的，荡桨者是一色的娈童，按年龄的大小和淫荡的程度来安排。他从山南海北搜罗各种珍禽异兽，甚至从大海捕来海上生物。在湖岸的一边，设置了院舍，坐满了贵族妇女。对岸，一群裸体的娼妓搔首弄姿，猥亵地舞蹈着。当暮色渐深的时候，从湖滨所有的丛林和房屋里传出一阵阵歌声，相互唱和，到处都闪烁着灯光。尼禄就在这一片淫靡之光中乐不思蜀。

　　公元64年，一场大火几乎将罗马城完全吞噬。尼禄在火海中兴致勃发，登上高台，高声歌唱有关特洛伊毁灭的诗篇，安闲得意地观赏熊熊燃烧的大火和火中惊惶失措、奔忙逃窜的人群。

　　为了敷衍群众，他也采取了一些措施解救难民，以"慈善者"的身份做出庇护和供养受难者的姿态。其实他早就对罗马城的旧貌表示不满，正好借此机会准备按自己的意图修整一番。不过，他抢先修建的是自己豪华的"金屋"。这个"金屋"可谓非同凡响，它占据了罗马最中心的地区，而且整个宫殿内部用黄金、宝石和珍珠来装饰，餐厅的天花板以象牙饰边，而且可以转动，无数的花瓣和香水一起在转动时飘洒下来。而这座王宫的出奇之处，并不在于那些俗烂的金镶玉饰，而是在于野趣湖光、林木幽邃、阔境别开、风物明朗。

　　住在如此美丽的人间仙境，尼禄的良心却并没有得到净化，他残暴无比。曾有流言说这场大火是尼禄为观赏火光而放,为洗清自己的罪名,尼禄抓住了一些纵火嫌疑犯,对他们施以最残忍的手段。如用兽皮蒙起来,让群犬撕咬而死,或绑在十字架上,天黑后点火燃烧,当火把用。此番暴行更让人看清了他禽兽的本质。

为了维持他无止境的奢侈生活,尼禄大肆搜刮钱财,无论是平民还是显贵,都是他勒索的对象,这激起社会各阶层对他的普遍反抗。同时,大规模的武装起义也此起彼伏。在各种力量的冲击之下,骄横一时又极度空虚的尼禄很快陷入四面楚歌的境地。

面对即将灭亡的命运,尼禄居然荒谬地认为他能用动人的歌喉打动他的反对者,他要以一个歌手和朗诵者的身份到起义者中去,希望靠表演和歌唱就能再次获得和平。

然而,此时民众的心中正像火山一样喷发着不满和愤怒。尼禄的禁卫军也起而反叛他,元老院宣布尼禄为"祖国之敌",众多的军团纷纷竖起起义的旗帜。

尼禄失魂落魄地逃出罗马城,在一处阴暗潮湿的角落里,他暗自哀叹:"多么伟大的艺术家就要死了!"然后,他掏出一把匕首,眼一闭,结果了自己的性命。

一代别具一格的政治丑角就这样告别了人世。

贵族式的历史学家——塔西佗

罗马帝国时代有一位著名的历史学家、文学家和演说家,他是古代杰出的历史学家之一,他以高傲的贵族态度对待人民群众,对待学者。在他视野之内,重要的只是皇帝、元老院、军队和罗马城,但他却名留青史,在史学上占有重要地位。他便是普布利乌斯·科尔涅利乌斯·塔西佗。

关于塔西佗的生平几乎没有什么记录流传下来,我们只是从他著作中偶尔的透露,以及他的朋友小普林尼的一些书信中得到一些线索。他大概出生在山南高卢或那尔旁高卢,父母情况不详。有的学者根据老普林尼的记载,推断塔西佗的父亲为骑士,曾任比利时高卢行省的高级官员。还有人从塔西佗的姓氏属于罗马最有名望的贵族,断言他出身于贵族家庭。但是单凭这个姓氏不足为信,因为行省的家庭时常采用颁给他们罗马公民权的总督姓氏。不过无论如何,塔西佗显然出生在行省的富裕家庭,受过良好的教育。他一生的大部分时间是在罗马度过的。他在少年时代,曾师承当时著名的修辞学家克文提利安努斯,学过修辞学、文学和散文写作。他的简练有力、灵活多变的文风主要得益于早年的严格培养。他还跟随著名的演说家马尔库斯·阿佩尔和尤利乌斯·塞孔杜斯学习法律和雄辩术,后来从事律师工作。从塔西佗作品中流露的高傲的罗马贵族思想也可以说明他属于社会上层。他对于当时社会下层民众不仅缺乏同情之心,还常常表露出轻侮的态度。

据塔西佗自己说,他最早参加政治活动是在韦斯帕西安怒斯皇帝时代,开始可能当一名低级官员,后来在军团中当参将。这些职位都是当时青年的进身之阶。公元77年,塔西佗和罗马显贵、执政官阿格里科拉之女结婚,阿格里科拉是当时军政界的要人,后来更因出任不列颠总督而享有声望。塔西佗宦途顺利,除了自己的才能之外,大概也得力于岳父的提携。大约在公元81年他出任财务官,公元88年又升任行政长官。与此同时，他还成为负责保存西比林承书的祭司团的成员。从公元 89 年到 93 年期间，他不在罗马，可能是在北方一个行省任职。所以阿格里科拉死时他们夫妇都不在死者身边。在这段时期内，他可能游历过罗马帝国北部边境，对于日尔曼人的知识大约就是在这时得到的。他回到罗马是在多米齐安努斯皇帝统治的最后几年，亲眼见到多米齐安努斯对元老贵族的残酷迫害，这导致他对世袭君主制产生极大的憎恶。

公元 97 年，在皇帝涅尔瓦治下，塔西佗达到了罗马官阶之顶峰，荣任执政官。这年他为著名的将军鲁福斯作了葬礼演说，据小普林尼书信，我们可知塔西佗在当时已是罗马著名的演说家和文学家，声誉很高。小普林尼曾盛赞说：鲁福斯的伟大须配以塔西佗的精彩演说才能相得益彰。塔西佗从执政官卸任到出任行省总督，等候了约莫十四五年之久。据 19 世纪末在加里亚的马拉萨城发现的一个铭文，公元 111 年之后不久，塔西佗担任罗马重要的亚细亚行省总督之职。在此之前，塔西佗在罗马开始了他的历史及文学创作活动。他的主要历史著作《历史》约在公元 104－109 年之间写成，与此同时，塔西佗作为元老还经常发表公开演说，出席法庭作辩护演说等。小普林尼的书信中多次提到他们两人互相观看演说稿的事。在这期间，塔西佗曾和小普林尼一起弹劾阿非利加省总督马里乌斯·普里斯库斯，这位总督终于以勒索枉法等重大案情遭到可耻的流放下场。在出任行省总督之后，他大概把主要精力集中在写作另一历史名著《编年史》上。

塔西佗共保存了五部著作，我们可以依次介绍：

《演说家对话录》是塔西佗最早的一部作品，大约完成于公元 79 至 81 年，他在这部书中谈论的是罗马演说术衰落的原因，认为罗马帝国时期演说术之所以衰落下来，主要是由于社会生活的改变。

公元 98 年，塔西佗完成了两部著作，一本是《阿格里科拉传》；另一本是《日耳曼尼亚志》。《阿格里科拉传》是塔西佗为他的岳父所写的一部传记，文中记述他岳父的生平和事业，尤其是他在不列颠任总督时期的作为以及后来在多米齐安努斯皇帝统治时期的情况，全文以颂扬阿格里科拉的人品道德、军功政绩为主旨。显然，塔西佗在这里是为其岳父表白。因为在多米齐安努斯统治之下，许多贵族遭到残害，而阿格里科拉能保住官爵未遭毒手，当时不免有所微辞，塔西佗竭力替他岳父作辩护，说明阿格里科拉和多米齐安努斯之间也有不和，只因他谦和谨慎才幸免于难，并指出"即使在暴君之下，也能有伟大人物"。

《日耳曼尼亚志》是《阿格里科拉传》的姊妹篇，它可能是塔西佗早年在行省做官时对自己感兴趣的日耳曼人所作的研究和观察的一篇总论。这篇作品详细地报道了罗马帝国时代莱茵河和多瑙河以外大日耳曼尼亚以及居住在该地区各部落的情况，其中所述的有关日耳曼人的经济生活、政治组织和社会生活，以及日耳曼人各部落的分布情况、风俗习惯和宗教信仰等，都是绝无仅有的珍贵材料。

他在公元 104 至 109 年完成巨著《历史》一书，共有 12 卷或 14 卷（据说《历史》和《编年史》合起来共 30 卷，因大部分已散佚，卷数无法确知），此书包括的时间是从公元 69 年格尔巴当权开始到公元 96 年多米齐安努斯之死为止。塔西佗在晚年完成的另一篇名著《编年史》，显然是模仿李维，继承他的巨著《自建城以来》。塔西佗的这两部主要著作合起来是一部完整的公元 1 世纪罗马帝国史，而他们所保存下来的部分则是我们研究罗马帝国初期的重要史料。

从塔西佗的写作中我们可以看出他倾向于共和制度，对于帝制有着强烈的反感。他认为从奥古斯都死后直到图拉真以前的时代都是悖逆不道的，他厌恶鄙视这一时代的所有"元首"，对他亲身经历的尼禄和多米齐安努斯的暴政更是深恶痛绝。他把暴君的出现归咎于世袭君主制，而在探究世袭君主制的成因时，他却囿于个别人物的作用，他认为奥古斯都始终是个独裁军人，提伯里乌斯才是专制君主制的奠基者。他对帝国初期的统治者的残暴、荒淫、丑恶和愚笨都作了无情的揭露和尖锐的讽刺，这些在当时被崇奉为神圣的皇帝，在塔西佗的笔下却成了微不足道的人物。

塔西佗对他生活的时代持有批判态度，他以历史学家特有的眼光和洞察力，对于帝国初期的统治者的狰狞面目，以及当时社会上各种矛盾和黑暗所作的揭露，使我们对当时社会情况具有较深刻的认识。

他写作史书时搜集史料细致认真，亲自采访。他为了弄清公元79年维苏威火山爆发的情况并核实老普林尼之死的传闻，曾两次写信给小普林尼，请他详尽讲述当时事件发生的过程。

像希腊和拉丁史学家一样，塔西佗在他自己的著作中喜欢编制重要人物的长篇演说辞。这些演说辞大多有史料依据，但也有一定的渲染和虚构。在《编年史》中有一篇克劳狄乌斯的演说辞，而后来在卢丹努发现的铜版铭文恰好也保存了克劳狄乌斯这篇演说辞的大部分。两个文本对照来，内容大抵相同，但用词和细节则存在差别。

虽然塔西佗作为一个历史学家，比不上修昔的底斯，不能深刻揭示历史发展的基本原因，而且他总是以贵族的高傲态度对待人民群众，但他所描述的暴君形象，对后世政治思想的发展有一定的影响。怀有革命情绪的作家和政治家往往把他看作专制制度的挞伐者。法国大革命时期，塔西佗备受推崇。

君士坦丁大帝的时代

公元313年对基督教徒来说是一个十分重要的年份，因为在这一年，君士坦丁同当时据有巴尔干半岛和伊利里亚的另一奥古斯都李基尼乌斯在米兰会晤。李基尼乌斯前来米兰首先是为了实现他与君士坦丁的姊姊康士坦提娅的婚姻，并借此肯定他们间的联盟和友谊。在这次会见中，双方共同签署了一个著名的宗教宽容敕令——"米兰敕令"。敕令承认基督徒同其他异教徒具有信仰自由的同等权利，并把过去被没收的教堂和教会财产归还给他们。这是对流传日广的基督教的一个让步，也是向基督教寻求支持的一种表示。

这位向基督教作出巨大让步的君士坦丁即君士坦丁大帝，是罗马帝国后期著名的皇帝。

君士坦丁出生在上麦西亚省的内索斯（今南斯拉夫东部的尼什城）。他是罗马帝国西方奥古斯都康士坦提乌斯与其第一个妻子赫莲娜所生的长子。当公元293年康士坦提乌斯被任命为恺撒时，君士坦丁年约18岁，可是他父亲被提升的幸运事件却同时伴以他母亲被离弃的不幸遭遇。在他父亲与西方奥古斯都马克西米安努斯的女儿提奥多拉的皇室婚姻盛典之后，君士坦丁继续在对埃及和对波斯的战争中为东方奥古斯都、"多米努斯"戴克里先效劳，并因显示了自己的勇武和才能而升任了高级军官的职位。在父亲于公元305年5月1日递补为西方奥古斯都，而他自己没有被任命为恺撒之后，君士坦丁才回到了父亲身边。当时康士坦提乌斯正在不列颠对蛮族加里多尼亚人作战。公元306年夏，康士坦提乌斯在担任奥古斯都15个月之后死于约克。君士坦丁被军队宣布为奥古斯都。这时已继承戴克里先皇帝的东方奥古斯都伽列里乌斯也被迫授予他恺撒称号。但是，君士坦丁为了确立自己在西方的统治地位，他还花了6年时间与其他三个竞争者斗争。公元312年，他在意大利击败了自称恺撒的马克森提乌斯，胜利地进入罗马，并占有了原属马克森提乌斯管辖的意大利、非洲和西班牙，从而成了西方名符其实的奥古斯都。他在击溃其对手的军事行动中，在他军队中的大批蛮族雇佣部队曾起了重要作用。

公元313年君士坦丁与李基尼乌斯在米兰会晤，双方共同签署"米兰敕令"，这是对流传日广的基督教的一个让步，也是向基督教寻求支持的一种表示。基督教从此成为帝国的合法宗教，变成了国家政权的精神支柱。后来，经过吞并战争，在全部罗马世界中，就剩下君士坦丁和李基尼乌斯并立的局面了。

但这两个奥古斯都并立的局面维持不满一年，他们之间就由于领地的边界问题和李基尼乌斯阴谋纵恿君士坦丁任命的恺撒反对君士坦丁而争吵起来，随即开始了战争（公元314年）。这次战争没有取得决定性的结果，彼此缔结了和约，和平局面又勉强维持了几年。战争于公元323年重新开始，君士坦丁取得了最后胜利：占领了巴尔干和小亚细亚，在尼科米底亚包围了李基尼乌斯。君士坦丁从此成了帝国的独裁统治者。

君士坦丁恢复了帝国的统一，但是真正的分裂因素并没有被消除。他虽然抛弃了戴克里先的四君共治制度，但是他驻扎在各地的军团实际上就是一个一个的小力量团体，这使他在事实上仍然实行了共治。

他的大儿子17岁，名叫克里斯普斯，奉命去保卫莱茵河边界和治理高卢。但是他受了别人的蒙蔽，把大儿子处死了。这样，君士坦丁与前妻的惟一儿子就死了，而他的新任妻子的三个儿子被委以重任，治理帝国的一些地区。

其中，君士坦丁二世掌管西班牙、高卢和不列颠，康士坦提乌斯二世掌管亚洲行省和埃及，康士坦斯掌管意大利、西伊利里亚和非洲。此外，君士坦丁的两个侄儿达尔马提乌斯和汉尼巴里阿努斯治理着较小的地区，前者驻在哥特前线，后者在黑海沿岸。

君士坦丁本人统治的只是巴尔干半岛和黑海附近，把主要的精力放在了边境多瑙河一线。

君士坦丁实质上也是分封，不过戴克里先分封的是异姓王，而君士坦丁分封的是同姓王。这样，罗马的君主制在君士坦丁手里到达了一个新的高度。这样做是为了不使皇权落入外姓手中，但是却引起家庭的分裂，大家为了夺权而相互残杀。帝国潜伏着危险，而且也必然爆发。

在君士坦丁那里，军队的战斗力加强了，所谓的蛮族（各游牧等部落）人在军队中当兵，使得军队骁勇的程度大大加强。由4万名哥特人组成了"同盟者"，这是一支特殊的队伍，从帝国的政府直接领取饷银，许多蛮族人在帝国军队中担任了高级军官的职位。

在君士坦丁帝国里,寄生性的官僚机构是十分臃肿的,官僚们享有很多特权,这些人都把效忠君主当成职责与信条,君主的意志就是法律。国家的较高公职人员同时担任宫廷的总管。帝国的政务和皇帝的私人事务混在一起,无法明确区分。宫廷中的开销很大,仆人众多,宦官太监占得最多。仆婢们担任各种差役,有的做理发师,有的是厨师。据载,理发师在宫中有1000多人,厨师也有1000多人,可以想象当时宫廷的庞大。

君主专制制度的最后确立,表现在修建君士坦丁堡上。拜占廷被修成了君士坦丁堡,它有很多有利条件。这个城处在经济文化较发达而危机的影响很小的东方,战略上可以巩固边防,与叙利亚和多瑙河相呼应。君士坦丁堡还直接控制着从黑海通向地中海的海峡,仿佛是亚洲通往欧洲的关口或桥梁。

君士坦丁时期,接受了基督教,这为他自己的统治找到了很多理论。虽然君士坦丁本人在临死前才接受洗礼,但是他实际上对基督教是有心扶持的。

他赐给基督教会很多特权,积极参与教会内部的纷争。基督教的僧侣可以免除对国家的徭役,而主教有权审判教会案件。教会还有接受遗产、馈赠、购买以及释放奴隶的权利。君士坦丁以及后来的王位继承人还向教会慷慨地捐赠钱财。

不到100年的时间,教会日益富有起来,土地也越来越多,全部土地的1/10已属教会所有。那时,为了和阿里乌斯教派相对抗,君士坦丁于公元325年在尼西亚主持召开了大会,会议由主教参加,号称"全世界大会"。这次会议制定了所有基督徒都必须遵奉的信条,即圣子基督与圣父、圣灵三位一体,他们是永恒的。

君士坦丁于公元337年患病,最终接受了洗礼,但洗礼是阿里乌斯教派的教士给做的。因为这个教派极其拥护世俗政权,所以它在很大范围内获得了君王支持。直至4世纪80年代中期,尼西亚教派才在全帝国范围内取得了完全的胜利。

公元337年5月22日,君士坦丁在接受洗礼几天后死于尼科米底亚驻地。

著名的维纳斯雕像

阿芙洛蒂忒是希腊神话中爱与美的女神,她掌管人间的婚姻、爱情与生育。在罗马神话中,她被称为维纳斯。

从远古时期,人类就崇拜生育。繁殖之神到古希腊罗马时期,成为掌管人间生育,而且集爱与美于一身的女神维纳斯,更为人们所喜爱、崇拜。当时神庙中都供奉着维纳斯。那一时期杰出的雕刻家们创作出许多完美的维纳斯雕像。保存至今的则成为无价之宝。

在追求理想之美的古希腊时代,现存最早的维纳斯雕像是"女祖先维纳斯",作于约公元前430至前400年,原作已失,现仅存罗马时期的复制品,藏于巴黎卢浮宫。女神身披轻纱,头微垂,右手举过肩挑着衣服,左手轻抬,提着裙子,一只轻巧的乳房裸露在外,整座雕像显现出一种怜爱与静穆。

而整个希腊时期最为著名的维纳斯雕像是古希腊最负盛名的艺术家普拉克西特创作

的"尼多斯的阿芙洛蒂忒",原作创作于公元前370年,已失。现存罗马时期的复制品,珍藏于罗马梵蒂冈博物馆。当时,普拉克西特在同一时期完成了两座维纳斯雕像。其一是穿衣服的,另一是裸体的。普拉克西特给两座雕像订了相同的价格,有权利选择的柯斯居民选择了穿衣服的,他们认为这一座雕像是严肃而朴素的。普拉克西特以创作充满明朗宁静情绪的雕像著称。他最著名的作品就是那一座裸体的阿芙洛蒂忒,这一座雕像被尼多斯公民买去。这座雕像由于它的漂亮——温柔的目光,喜悦的神色和高兴的表情——而受到高度赞扬。在许多赞美它的诗中,有一首借女神之口情不自禁地叫道:"普拉克西特,你究竟在哪里看过像我这样的裸体?"人们爱上了它,一位热心的收藏家——比西尼亚的希腊化的国王尼古米底,被它弄得神魂颠倒,以致他提出以取消尼多斯人的公共债务(那是一笔巨额的债务)来换取这座雕像。但尼多斯人明智地拒绝了,因为这座雕像使他们的城市闻名。女神左手抓着脱下的衣服(衣服与装洗澡水的坛子连为一体)正准备洗澡,坛子的坚硬质感同柔软的充满生气的体型形成鲜明对照,右手微垂,指出她的力量的源泉,自然的外貌和宗教意义优美地结合,显现含蓄、柔婉的神性。

公元前4世纪中期还产生了半裸的维纳斯名为"卡普亚的阿芙洛蒂忒",女神身体微侧,正举着一块盾牌,对着她的左边盾牌中的倒影,欣赏自己柔美的身姿,盾牌使腿上的织物保持在适当位置,造成了轻纱后面的神秘美与爱的提示。这座雕像的罗马复制品,藏于那不勒斯国家博物馆。

而最为神秘的、影响最大的是米洛的阿芙洛蒂忒,也称为米洛的维纳斯,是一座半裸的女神雕像。她显然是把卡普亚的阿芙洛蒂忒的姿势与部分裸体的普拉克西特的尼多斯的阿芙洛蒂忒的面部类型加以结合产生的。雕像上的题字证明,这件作品的作者是雕塑家亚历山大(也可能是亚赫山大,由于某几个字母已掉落,无法完全查明他的名字)。这件作品是没有两件的,目前还没有找到它的可靠的复制品,制作的年份也不很明确,这位谜一样的女神自从被发现以来,产生巨大的影响。虽然她是希腊化时期的作品,但却体现出希腊古典时期盛期的艺术特征。女神形象的高度完美、高度理想化,不但具有一切女性的气质,而且显示出一种神的完满自足、一种特殊的庄严高贵气质。形体的下部是漂亮的裙褶,具有较庄重厚实的纪念碑性质,而上体柔美的裸体,微昂的秀气的头部,丰满圆润的肢体既有女性的温柔,又有神的安详与伟大。特别是她的断臂之谜,吸引人们对它进行过各种猜测。有人说维纳斯的双手正扶着橄榄枝或是战盾。有人说这是维纳斯出浴图景。她正在朝身上涂抹橄榄油,这是古希腊人的习俗。也有人说她的右臂正拉住下滑的衣裙,左臂扬过头,手里握一支金苹果。但所有的猜测都不尽人意,都不如断臂的维纳斯更完美。今天,这座谜一样的女神珍藏于巴黎的卢浮宫,而她的复制品则在世界各地都有出售。

罗马众神

古代罗马人信奉"万物有灵",他们认为每个物体和每种现象都有各自的神祇。所以，古罗马的原始宗教是多神教。

在早期的以农业为基础的公社生活中，罗马人崇拜他们身边与生活密切相关的事物神祇，他们相信这些神祇是生活的保卫者。如家神拉里斯负责保护房屋和土地；谷神彭那特斯看守谷仓；维斯塔是灶神，使炉火燃烧；朱庇特主宰太阳和雨水；马尔斯在春天里使万物复苏，变得充满生机和活力。还有一些生物的主宰也是罗马人崇拜的对象，因为他们能帮助农民或牧民生产和劳动，在人出生、童年、结婚和死亡的紧要关头能给以引导，使其顺利渡过。

罗马人特别崇拜两位神祇，一是家神拉里斯，一是谷神彭那特斯。为了祭祀他们，每个家庭都有自设的祭坛和祭典。女灶神维斯塔是罗马人尤其虔敬的神祇，因为她影响家中的祸福。罗马人专设女祭司在维斯塔女神庙里，负责看管祭坛上的灯火，使它终年永不熄灭。如果灯火突然熄灭了，对罗马人将是巨大的打击，他们认为那是社会灾难的一种预兆。

在罗马建城之后，城市居民的信仰又不大同于乡下人的信仰。他们对维斯塔、拉里斯、彭纳特斯和其他土地、牛羊监护者实行公共礼拜，而另外一些神的职责则发生了转换：如马尔斯成为战神，在战争年代赐福于罗马；朱诺守卫城门；朱庇特则是罗马幸福的保护者。

随着文明的发展，到公元前6世纪末的时候，罗马的神被人格化，并仿照人的形象制作出来，并且住到了神殿里，有偶像供人礼拜。由于受伊达拉里亚人的影响，罗马早期的神殿和礼拜的偶像都是属于伊达拉里亚类型的。

除了神祇崇拜外，罗马人还从伊达拉里亚人那里学来了占星术，凭借飞鸟、雷电和风雨的不同迹象来解释各种征兆。

当罗马文化同希腊文化相接触以后，受到希腊宗教的巨大影响，罗马宗教吸取了希腊的神话，并把希腊人信奉的神祇与自己的神祇相对照并揉合在一起。如希腊的天神宙斯同罗马的朱庇特，都是宇宙万物的主宰；宙斯的妻子赫拉同朱庇特的妻子朱诺，都是妇女、婚姻和生育的保护者；朱诺娃等同于雅典娜，是智慧女神；希腊神话中的阿芙洛蒂忒同罗马人的爱神维纳斯都掌管人间的爱情和美。希腊神话中独有的医药神也被罗马人接纳，并为它在台伯河附近的岛上建立了神龛。传说生病的人在医药神的神庙中睡上一宿，第二天就可痊愈，因为当他睡觉之时，神为他治好了病。

在连年的征战和与不同国家的接触中，来自各国的神祇都受到罗马人的崇拜。如：埃及的女神埃赛斯，掌管生育和繁殖，特别受到庞培士兵的崇拜。典籍中记载了布匿战争期间，罗马元老院为了向人民输入新的精神，而决定采用外国的仪式。公元前207年，为祭祀来自希腊的地狱神，罗马人准备了一批特别的节目。公元前204年，又引进了东方弗里基亚人的裸体女神，即地母神。密斯拉是真理的纯洁之神，他能引导人们走向光明，对于密斯拉神，罗马人的礼拜格外庄重，他们不允许妇女参加，以神圣的公牛作为献祭牺牲，所有的男人——包括富人和穷人，自由人和奴隶，只有男人才能作为信徒取得资格礼拜他。礼拜仪式是秘密进行的。信徒形成一个秘密的社会，使用他们自己的暗语，并履行宗教仪式和斋戒。

罗马的宗教仪式非常复杂，需要有较多的祭司来执行。祭司的作用很大，他们联合组成各种祭司团。大祭司团中的最高祭司是祭司长,作为全国祭司的首脑,他规定日历,主持祭典,并且有权解释法律,可谓权势显赫。其次是占卜祭司,掌管求神问题,遇事给人们作预言,他们往往利用这一点凌驾于一切之上。

凝固的音乐——罗马建筑

提到罗马的建筑,人们一定会首先想到那具有标志意义的巍峨雄壮的凯旋门和气势宏大的斗兽场以及圆形大剧场。

的确,罗马建筑的成就突出地表现在公共建筑物与纪念碑式的建筑方面。

为了纪念帝王的功勋,特别是为了炫耀他们对外征服的武功,凯旋门和纪功柱这两种建筑形式在罗马帝国时代兴起了。建于公元 81 年的"提图斯皇帝凯旋门"是最有名的一个。它是为纪念罗马战胜犹太人起义而建立的,凯旋门上的浮雕描写的是提图斯出征犹太人的胜利情景。在一块高 2.4 米的浮雕板上刻着皇帝提图斯乘坐着一辆由四匹彪悍健壮的大马拉着的战车,耀武扬威地凯旋而归,场面热烈,气势宏大。在皇帝的身后有一位胜利女神的雕像,她微微地张开双翅,飘飘欲飞。因为胜利女神的出现,这块浮雕的内容就更加醒目,而主题也更突出了。另一块浮雕表现的是战胜犹太人获得的战利品,以犹太人的七烛圣灯为主。这座凯旋门的浮雕是以现实主义和浪漫主义相结合的创造手法为特色的。

纪功柱中的代表性作品是"图拉真纪念柱",大约建于公元 114 年。这个圆柱高达 27 米,柱身上的浮雕表现了图拉真皇帝对达西亚人(即今天的罗马尼亚)的战争,内容分为战斗、行进、攻城、渡河、牺牲、谈判等一系列活动,雕刻了 2500 多个人物,表现手法活泼有力,工艺技术也达到纯熟的境界。整个浮雕可以当作一幅 200 多米的连环画来看。

凯旋门和纪功柱就欧洲的造型艺术来说,当为首创,但若同中国古代的宫阙墓阙以及后来的牌坊、华表相比较,或同埃及神庙之前的石门相比较,则具有许多类似之处。这其间的联系与区别对人们来说,是一件值得细细玩味的事情。

圆形剧场原本兴起于希腊,曾一度是希腊的特产,但它深刻影响了帝国主义时代的罗马建筑艺术。

罗马的圆形剧场或斗兽场往往能容纳观众 5 万至 10 万人之多。它与希腊同类建筑的不同之处,在于演出场所不在中心而移到一边去了,中间成了一个"池子",用来作为观众席。

最典型地代表了这种剧场结构的是罗马的"哥罗赛西姆大剧场"。这个大剧场始建于皇帝韦伯芗时代,即公元 69 年,最终完成于该帝之子提图斯皇帝时代,即公元 80 年。韦伯芗皇帝和提图斯皇帝为纪念他们镇压犹太人起义,便建造了"哥罗赛西姆"大剧场。从外面看来,该剧场有四层,然而,其内部层次很多并不与外部有一致的连属关系。剧场内可容纳 8 万余名观众,三层高大的拱门和 80 个出入口保证了众多观众出入畅通,不致拥塞在一起。剧场最下一层是通路,二层、三层都是用以照明的巨窗。中心舞台周长 524 米，场面宽阔。令人称奇的是，这个舞台可以灌水成湖，用以表演海战的场面。为此还专门配备了起重装置，可以吊起战船，真是一大奇观。

罗马人的公共浴场很有意思。它们一般面积广大，可容数千人，它不仅可供人们洗澡，同时也是公众集会的场所，还可以用来进行娱乐休闲活动。

保存最完好的罗马浴场是 3 世纪的"卡拉卡拉浴场"。它建成于公元 235 年，历时 23 年，占地 27 万平方英尺，可容纳 1800 人的中央大厅长 170 英尺，宽 82 英尺，在建筑上首次安装了天花板。此外，建于公元 305 年的"戴克里先浴场"可容纳 3000 人，其中有冷、温、热、蒸气四种浴池。热气由下边热空气房间供应，通过墙壁中间的竖式或卧式的管道把暖气输送过来，各式各样的露天娱乐场如角斗、赌博、演剧等等都有设置。浴场的外围部分还有演说的场所，这种建筑被这样的设置赋予了更大的政治性和社会意义。

罗马城的水道桥梁建筑也是反映其城市文化进步的标志。

公元前 38 年修筑的"克劳狄水道"至今还有残迹可寻，当时罗马城的城市用水正是通过这样的 11 条水道输送过去的。

桥梁中最著名的是法国南部尼姆地方的"加尔桥"，它是公元前 19 年由大将阿格里帕修建的，用以引导乌兹水到达尼姆城。这座桥由上、中、下三层构成，水管安置在最上层，它不同于一般渡河用的桥梁。类似这种桥梁之残存者有罗马的"密尔维阿桥"，以及黑来尼的"奥古斯都桥"，分别建于公元 109 年和公元 140 年。

在奥古斯都统治时期，为了显示新政权的强盛和恢复古代宗教信仰，他不但修了古庙，而且还修建了很多新的神庙和公共建筑。

那个时代最美丽的艺术品是奥古斯都和平祭坛，用鲜花和果实加以装饰。祭坛上的浮雕展现了奥古斯都和他的家族、教士、行政长官行进在国家行列中，他们正为迎接和平而供献牺牲。此外还有表现伊尼阿斯到达拉丁姆，大地母亲带着她的婴儿的内容，全部都是寓言中的神话人物，象征着帝国的富有、繁荣和强大。

在神庙中最出色的是供奉朱庇特等神的万神殿。万神殿建于公元前 27 年，规模宏大，略呈舟形。它的主要部分是一个高和直径相等的 42 米的大穹窿顶，内中不设神龛，有特殊的空阔宏大之感。

罗马人在建筑艺术上的一项著名成就便是以拱顶代替了平顶，并发展了拱顶的类型：一种是半圆筒形拱顶；第二种是四方拱顶，即由两个圆筒拱顶交叉形成；第三种是圆屋顶。这是罗马建筑师解决房屋建筑结构问题的天才创造，是他们世代智慧的结晶。

罗马的建筑艺术堪称人类艺术的瑰宝。屋大维自称是他把泥砖的罗马变成了大理石的罗马，其实这里凝结着的是无数能工巧匠的心血和智慧、才华和灵魂，还有无数普通劳动者的辛劳与汗水。漫步在罗马城，处处都是凝固的音乐，等待着灵慧的眼睛来发现，等待着善感的心灵来品味。

古罗马大角斗场

角斗场又称为圆剧场，出现于罗马共和末期，是罗马统治者为满足奴隶主的娱乐及麻醉转移自由民的反抗意志而建筑的。其平面多为椭圆形，由两个半圆剧场合二为一。古罗马时期的角斗场颇多，保留至今的尚有十多处。但其中最大、保存最好的是位于罗马市中心东南的大角斗场，称为科罗赛姆大圆剧场。

科罗赛姆大圆剧场始建于公元72年，当时古罗马帝国皇帝韦伯芗建立了强大的弗拉维王朝。他对犹太人民的起义进行了残酷的镇压。耶路撒冷城被攻陷，财产被洗劫一空，无数的无辜居民惨遭杀戮，7万多居民被贩卖为奴隶。韦伯芗大帝为了纪念自己的功绩，开始修建科罗赛姆大圆剧场。他驱赶8万名奴隶，历时8年，在公元80年建造完毕。其间共使用了约10万立方米石料与300吨用于勾联条石的铁条。据说，在这座大圆剧场落成之日的典礼上，用5000头老虎、狮子等凶猛野兽与3000名角斗士连续表演了100天。传说这座大圆剧场的设计师登齐奥就作为第一个牺牲品被投入场中，成为饿得已经疯狂的野兽的美餐。一时间，场上刀光血影，虎啸狼嗥，猛兽之间的撕咬、角斗士们之间的残暴杀戮以及人与兽之间的殊死搏斗，留下满地的残尸污血。后来，为了吸去竞斗中流下的污血，场地上铺满了沙子。因此，这里又被称为竞技场 arena，拉丁文原是"沙滩"的意思，即为竞技沙滩。竞技场下面有地下室，供角斗士逗留及关闭野兽之用。大圆剧场并不仅仅为奴隶主贵族表演人与兽的角斗。有时，剧场中心舞台还被灌满水，成为一个湖泊，用来表演各种海战的场面。

公元5世纪左右，由于雷击与地震，科罗赛姆大圆剧场遭到严重损坏。曾经进行过几次修复，但不久又遭地震破坏，最后成为一片废墟，不再有人在这里表演。后来一度成为罗马的采石场，很多石条被运走建成别的建筑，例如圣彼得大教堂，在它那里就能找到从大圆剧场搬来的基石。直到后来，教皇公内德托十四世于1740年颁布法令，宣布大圆剧场为圣地，任何人不得随意践踏破坏。这样，大圆剧场得以保存下来。1800年以后，经过几次修复，大圆剧场大体上恢复了原来的雄姿。

科罗赛姆大圆剧场是个椭圆形平面的露天大剧场。它的立面总高为48.5米，分为四层，全部用灰华大理石贴面。下面三层是连续的券柱式围廊，底层是雄健的多立安柱式，第二层是秀美的爱奥尼柱式，第三层是华丽的科林斯柱式。最上层是实墙，装饰着科林思壁柱，是公元3世纪加上去的。立面没有主次前后，适应人流的均匀集散。券柱柱廊产生明暗虚实的对比变化，又统一于整体的韵律、单纯的形体中，气势雄浑。椭圆形平面的长轴为188米，短轴为156米。观众席也分为四层，共有60圈大理石座位，可容纳8万名观众。剧场周围均匀分布着80个出入口，当表演结束或有紧急意外发生时，可以很快疏散观众。观众席从低向高分为四等。最低层为包厢，为皇帝、贵族、主教及其他高级官吏所设；第二层为地位尊贵的市民、小奴隶主所设；第三层是平民百姓的席位；第四层据说专门为妇女所设，座椅全为木制；再向上还有一个宽阔的平台，没有座位的人可以随意站在那里观看表演。中央表演区也呈椭圆形平面，长轴为86米，短轴为54米，周长524米。沙场周围是一圈5米高的坚固护墙，是为保护观众安全而设。

这个庞大的建筑由石块、铁条与混凝土建成。观众席架在底层七圈柱墩上，采用了筒形拱、交叉拱、环形拱、放射形拱的技术，结构简洁明了、完整统一，达到很高水平，代表了古罗马建筑艺术的杰出成就。它的基本型制为现代体育场的建造树立了典范。

科罗赛姆大圆剧场作为古罗马奴隶制度的永恒象征炫耀一时。岁月流逝，它记载着劳动人民的血汗与智慧，也记载着无数个灵魂的哀鸣与不平。它作为一个时代的见证震撼着每一个善良的灵魂。

沉睡千年的古城——庞培

18世纪初叶的一天，在地中海岸边的亚平宁半岛上，一群意大利的农民正在维苏威火山脚下不远的地方劳碌着。他们顶着火辣辣的日头在修筑一条水渠。天气很热，不一会儿，他们便都汗流浃背了。忽然，只听"砰"的一声，一名农夫一锄头砸在一块坚硬的东西上面。他定睛一看，啊，那暴露在阳光下的闪闪发光的竟是一堆古钱币！工地立刻沸腾了，人们努力地挖着，果然不久后，又发现了一些钱币和许多经过雕刻的大理石碎块。这个消息不胫而走，意大利政府派出专人前来调查。

调查结果出来了，原来那些钱币都是古罗马时代的，据推测这里可能是庞培古城的遗址。果然不久以后，人们又在附近挖出了刻有"庞培"字样的石块。1748年，意大利政府开始了对庞培古城的发掘工作。

庞培古城约建于公元前7世纪，它只是当时罗马帝国的一座小型城市，但它却能典型地反映罗马奴隶制经济、文化发展的情况。到公元1世纪时，庞培城已经相当繁荣。可是突然间它却从地球上消逝了，在长达1900年的时间里，被人们渐渐遗忘了。这是怎么回事呢？

原来就因为庞培城坐落在维苏威火山下。维苏威火山巍峨峻峭，挺立在亚平宁半岛的南端，俯瞰着波光粼粼的那不勒斯海湾。自有历史记载以来，直到公元1世纪，维苏威火山都是长时间地处于"休眠"状态，没有人想到它居然是一座活火山，因为从外表看去，它是那样平静，同普通的山峰一般无二。

但是，当时间走到公元79年8月24日下午1点多钟的时候，维苏威火山顶部突然喷出滚滚浓烟和无数火星，发出震耳欲聋的爆炸声。刹那间，天昏地暗，地动山摇，平静的那不勒斯海湾也掀起狂风巨浪，咆哮不止。山顶喷出的火星就是熔岩，当它们落到地上的时候，已凝固成坚硬的石块。一时间天崩地裂，大量的石块和火山灰从天而降，在地面上积了厚厚的一层。接着，火山喷出的大量水蒸汽升到寒冷的高空之后，遇冷凝结，一场倾盆大雨又铺天盖地地打下来。大雨引起山洪暴发，大量的火山灰和石块在山洪的裹挟下形成一股巨大的泥石流向山下奔去。很快，位于维苏威火山南麓的庞培城被整个淹没了。此后，维苏威火山每过若干年就喷发一次，庞培古城被越埋越深。从此，它只留存在典籍里，连它的遗址都被人们忘却了。

当人们重新发现庞培古城后，经过200多年的开掘，终于使这座在地下沉睡了数十个世纪的古城重见天日。由于庞培城是被泥石流埋没的，因此它的建筑，器具等等文物都得到了完好的保存。

庞培城占地约1.8平方公里，四周是坚固的石砌城墙，总长4800米，设有8座高大的城门。城里纵横方向各有两条笔直平坦的大街，呈井字形把全城分成9块地区。每块地区又有许多小街小巷。街巷的路面，是用石块铺成的。大街铺的是石板，宽 10 米，非常平整。街道两旁还铺有人行道，设计十分合理。

可以想见，当年这里人流涌动，熙熙攘攘，奴隶主富豪们乘坐着六人扛抬的轿子招摇过市。运货的四轮车来来往往，连绵不绝，金属的车轮把坚硬的石板路面辗出了两道深深的车辙。这车辙至今还历历在目，仿佛历史的见证。

在街道的每个十字路口都设置了饰有精致雕像的石制水池，用以储存清澈甘甜的泉水。泉水通过平地架起的渡槽，从城外山上引到城内最高点的一个水塔里，然后流向各个公用水池和富豪庭园中的喷泉池里。

至今在庞培城已见不到高大雄伟的建筑，原因是它们都毁于公元 63 年庞培还未被淹没时发生的一场大地震。从那些高大的石牌坊、雕刻精细的大理石门框、祭坛和高出地面三四尺的石板地基可以看出，当年这里的建筑物有多么雄伟壮观。

庞培城的官府、法院和庙宇都坐落在城西南部的一个长方形广场上，那里曾是政治、经济和宗教的中心。当年这里的商业已非常发达。从广场东北面的一座商场可以看出，当年这里店铺鳞次栉比，商品琳琅满目。在这里的一间水果铺里，货架上还摆着依稀能辨出形状来的各种果品。在一家药店里，还发现了正在制作的药丸。在一间面包房的烘炉里，一块烤熟了的面包不但保持着原有的形状，而且上面所印的面包商人的名字清晰可见。此外，还有大量自产自销的店铺兼手工作坊，加工呢绒、珠宝、石工、香料、玻璃、铁器等等。

奴隶买卖自然不可少，在商场上专门设有出售奴隶的高台。当年那些不幸沦为奴隶的人，胸前都挂着一块小木板，上面写着年龄、健康状况、价格等等，在奴隶贩子的监视之下，站在高台上，任人选购，然后像猪狗一样被人任意践踏、驱使，一直劳作到死。

庞培城设有角斗士学校，发掘时发现了 63 具披枷戴镣的角斗士骨骸。显然，他们是在泥石流到来时无法逃脱而死在这里的，实在可怜。可是如果没有这一次天灾，他们的命运照样是凄惨的，他们将被送到庞培城东南角上的角斗场上去，在相互厮杀或与野兽的搏斗中，在奴隶主丧心病狂的残忍娱乐中，毫无价值地死去。

庞培城以凝固的遗址向世人表明，当年这里是奴隶主的天堂、奴隶的地狱。

世界历史五千年

伊斯兰文化

阿拉伯国家与伊斯兰教的兴起

阿拉伯半岛位于亚洲的西南部，东临波斯湾与阿曼湾，西滨红海，南濒阿拉伯海，即印度洋西北水域，北界美索不达米亚平原、叙利亚与巴勒斯坦等地。整个半岛为一辽阔的高原，沙漠绵亘，炎热少雨，土地干旱，除少许平原与绿洲外，不宜耕作。西部红海沿岸至赛拉山脉的希贾兹地区，水草较为丰盛，绿洲错布，宜于放牧，游牧的阿拉伯人大多聚居于此。希贾兹以南的也门地区，因受印度洋季风影响，雨量丰富，气候温和宜人，碧野葱翠，农业发达，素有"阿拉伯福地"之美称。

阿拉伯半岛是闪米特族的发源地。从遥远的上古时代起，闪米特族曾多次从阿拉伯半岛向埃及、地中海沿岸与美索不达米亚平原等地迁徙。

阿拉伯人属闪米特族的一支，是滞留在阿拉伯半岛故乡的最后一支闪米特族。前伊斯兰时代，阿拉伯人分为南方人与北方人两部分，南方阿拉伯人主要聚居在富庶的西南部也门地区及附近沿海一带，他们很早就发展起农业生产，并经营过商业贸易等，建立起一些经济文化水平都较高的城市。北方阿拉伯人主要以游牧业为主，生活在希贾兹与内陆地区，过着原始社会末期的公社制生活。他们逐水草而居，终年漂泊不定。骆驼与椰枣在他们的生活中具重要意义。骆驼是运输、贸易与作战的重要工具，有"沙漠之舟"之称。驼肉可食，驼乳可饮，驼皮可制衣服，驼毛可做帐幕，驼粪可作燃料，驼尿可以护肤、驱蚊。而更重要的是骆驼能忍受干燥缺水的沙漠生活。椰枣是他们重要的食物，也是骆驼的饲料，椰枣用水浸泡发酵后，可制成甜美可口的饮料，椰枣树皮可制绳索，树干可做建筑材料。此外，马在阿拉伯人生活中也有重要作用，是阿拉伯骑兵不可缺少的作战工具。这时的阿拉伯半岛，在文明邻邦的眼中是游牧蛮族的偏僻之壤。

随着私有财产的增加，阿拉伯人社会内部日益分化，各氏族部落之间劫掠与复仇战争连绵不绝。战争成为男子夸耀荣誉、光宗耀祖的崇高事业。

无休止的氏族部落战争加剧了阿拉伯社会的矛盾与对立，推动了阿拉伯氏族社会自野蛮状态向文明时代的过渡。

当时，阿拉伯人信仰的是多神的原始宗教。日月星辰、动植物、岩石与泉水等等都被视为某种神灵的化身而加以崇拜。他们的崇拜圣地是麦加。

麦加位于阿拉伯半岛西部希贾兹的南部，坐落在南北长约 3 公里、东西宽不足 1 公里的山谷之间，闷热少雨，渗渗泉是惟一的水源。麦加有座古老的克尔白神庙（意为立方体形的房屋，中国穆斯林称之为"天房"），供奉着安拉以及象征其他神灵的各种自然物，神殿东南壁上镶置着一块黑色陨石，传说是天使易卜拉欣的遗物，被麦加人奉为神圣，顶礼膜拜。这里每年朝圣者云集，同时举行集市，进行贸易。因此，麦加作为一个古老的宗教圣地而受到保护。

6 世纪时，南方阿拉伯人聚集地也门地区先后沦为埃塞俄比亚与波斯帝国的属地，生产遭到破坏，城市残破，商业萧条，一度繁荣的南阿拉伯文明衰落了。这时，商业航道转移到埃及红海水域，麦加处于有利位置，商旅往来，迅速发展成为阿拉伯半岛的经济文化中心。住在麦加的古莱西部落作为克尔白神庙的监护者，掌握着麦加的统治权。古莱西人经营城内外贸易，往来于半岛各地以及叙利亚、巴勒斯坦、两河流域、东非等广大地区。广泛的商业活动，一方面加强了阿拉伯各地区之间的经济联系，确立了麦加作为阿拉伯经济文化中心的地位；另一方面加剧了阿拉伯氏族社会的分化与瓦解。在长期的商业活动中，形成了一个新的商人贵族阶级，他们在广泛的经历中，接触到许多先进事物与先进思想，其中包括从南阿拉伯文明时期传入的一种崇拜神的犹太教与基督教。同这些宗教信仰相比，阿拉伯半岛的多神崇拜、部落战争与政治分裂，对那些富有思想的阿拉伯人来说似乎太原始，简直是一种耻辱。他们深感阿拉伯社会的落后性，倾向于社会革新，特别是中小商人贵族阶层成为社会革新的中坚。时代正处于危机与变革时期。

公元 569 年，在麦加的古莱西部落哈希姆氏族的一个没落的商人贵族家庭，出生了一个小男孩，他叫穆罕默德。

穆罕默德刚生下不久，他父亲即去世了。6 岁时，母亲又离他而去。他先跟着祖父、祖母生活，但不久祖父、祖母也逝世了。伯父收养了他。穆罕默德的童年可以说是凄苦的，众多的亲人先后离他而去，一次次的创痛击打着他幼小的心灵。幼年贫苦的牧童生活，使他深深懂得了生活的艰辛。少年时，穆罕默德随伯父到各地经商，对流传很广的犹太教与基督教有了一些了解。他也参加过一些部落战争。他深为自己民族的落后而心痛。

25 岁时，穆罕默德成为麦加富孀卡狄伽的商业代理人，不久便与其结为夫妻。这成为穆罕默德事业的转折点。从此，他有条件致力于阿拉伯社会革新的研究。穆罕默德先后到过叙利亚、巴勒斯坦、美索不达米亚等地，与各界人物广泛接触，增长了丰富的阅历。他逐渐接受了一些犹太教、基督教的思想，倾向于一神信仰。这时，不幸又袭击了穆罕默德。他的两个儿子先后夭折，只留下两个女儿。又一次经历了心灵的伤痛，使穆罕默德变得更加沉默了。他经常陷入一种沉思的状态，并且时常隐居于麦加附近的希拉山洞中。

公元 610 年，他开始在亲近的人中宣传新的一神教信仰，声称他在山洞中过夜时，安拉通过天使加百列向他颁降最初的启示，让他作为安拉的使者向众人传布主的真理：安拉是创造宇宙万物的惟一真主，人死后将受真主的审判。信仰安拉并行善者，死后复活，升入天堂。反对安拉及作恶者，将入火狱。这便是穆罕默德创立的伊斯兰教。

阿拉伯人中曾经出过几位先知，因此，人们习惯上是相信先知的话的。而且，穆罕默德的宗教理论很有吸引力，尤其是对于中下层贫民。因此，先是他的亲人伙伴，后来是邻居等先后接受了他的伊斯兰教。

"伊斯兰"一词在阿拉伯语中是"顺服"的意思，特指顺服安拉的旨意。信仰伊斯兰教（中国旧称"回教""清真教""天方教"）的教徒，称为"穆斯林"，意为"顺服者"，即顺服安拉旨意的人。伊斯兰教的主要经典为《古兰经》，是穆罕默德死后，由教徒赛义德·撒比特根据穆罕默德生前的启示在公元652年记录编纂而成的，共114章，6200多节。《古兰经》内容丰富多样，除教义、仪式与生活准则等外，还涉及社会制度、经济状况、法律规章、伦理道德与社会生活等方面。穆斯林认为《古兰经》是安拉通过先知颁降的神启，是神圣的永恒真理。此外，《圣训》（系穆罕默德及其主要弟子的言行录）也具有很大的权威性，在伊斯兰教经典中仅次于《古兰经》。

伊斯兰教基本教义分为宗教信仰与宗教义务两个方面。宗教信仰包括"主信"：即信安拉，信仰安拉是惟一的神；信使者，信穆罕默德是安拉的使者；信天使，信天使的启示；信经典，信《古兰经》是安拉的"启示"；信前定，信宇宙间一切事物皆为安拉前定；信末日，信"死后复活"及"末日审判"。宗教义务包括"五功"：第一为"念功"，穆斯林在礼拜和其他重要宗教活动中，必须首先口诵清真言："除安拉外，别无神灵。穆罕默德是安拉的使者。"以此对自己的信仰进行公开的表白与作证。其次为"拜功"，穆斯林应每日礼拜五次，分别在晨、晌、晡、昏、宵五个时间内举行：脱掉鞋子，跪在一张地毯上，头叩地，面朝麦加方向祈祷。每星期五中午，在清真寺举行一次聚礼。每年举行两次会礼（开斋节、宰牲节）。通过礼拜以颂扬真主的仁慈与德性，祈祷神佑。第三为"斋功"，伊斯兰教规定每年9月（伊斯兰历）为斋月，斋月内从日出至日落，禁绝饮食与房事。以此使穆斯林尝试饥饿之苦，缅怀过去，节制私欲。第四为"课功"，即缴纳天课，凡穆斯林皆须以其财产之多寡，每年缴纳一定数额的天课。天课主要用于宗教活动及赈济方面，它是穆斯林表示对主的真诚与自我赎罪的一种形式。第五是"朝功"，即朝觐麦加克尔白神殿。有条件的穆斯林，一生至少要去麦加朝觐一次。平时个别的朝觐称为小朝，每年按规定的时间前往麦加举行集体朝觐称为大朝。届时来自各地的穆斯林，通过朝觐仪式，祈祷真主降福，瞻仰圣迹，以志缅怀。

此外，"圣战"也是穆斯林应尽的重要的宗教义务之一，《古兰经》有多处号召穆斯林为安拉进行"圣战"的训令。"圣战"原指穆罕默德率领穆斯林对异教徒进行的宗教战争，后来泛指在伊斯兰教旗帜下所进行的一切对异教徒的征战。

伊斯兰教独尊安拉，反对多种信仰与偶像崇拜，动摇了克尔白神庙的传统地位，损害了麦加统治者的权益。以阿布·苏非扬为首的麦加大贵族坚决反对伊斯兰教，采取各种手段迫害穆罕默德及其信徒，公元622年9月，穆罕默德及其信徒被迫离开麦加，秘密迁往麦地那。这一迁徙事件就是著名的"希吉拉"，是伊斯兰教发展史上一个重要转折点。公元639年，哈里发欧麦尔将希吉拉之年规定为伊斯兰教的纪元，并以公元622年7月16日为伊斯兰历的岁首。

麦地那原名雅兹里布，位于希贾兹北部的一处绿洲，距麦加以北约400公里左右。

居民有两个阿拉伯部落与三个犹太人部落，阿拉伯人居于统治地位，其中有不少人早已皈依了伊斯兰教。穆罕默德迁来之后，以麦地那为基地，把从麦加迁来的穆斯林（称为迁士），与麦地那原居的穆斯林（称为辅士）组织起来，建立一个称为"乌马"的政教合一的穆斯林公社，同时把雅兹里布改名为"麦地那·乃比"，意为先知之城，简称"麦地那"。

乌马建立了17条组织条例，历史上称为《麦地那宪章》。在乌马内部，所有穆斯林不分氏族部落，皆为兄弟。乌马维护公共秩序，保护私有财产，禁止劫掠与仇杀，必须为主的事业竭尽忠诚。这样，乌马就打破了阿拉伯氏族部落的血缘关系，消除了氏族成员仅对本氏族忠诚的狭隘观念，把不同氏族部落的阿拉伯人统一在伊斯兰的旗帜下。乌马是以宗教与地区作为基础的、新的特殊形式的国家形态，即政教合一的阿拉伯国家的原初形态。穆罕默德作为安拉的使者，是安拉在大地上的代理人，掌握乌马的最高权力，集宗教、政治与军事大权于一身。

乌马成立之后，穆罕默德便以麦地那为根据地，对麦加的反动势力展开了积极的进攻。公元624年，穆罕默德率领穆斯林于麦加西南的白德尔，一举击败了麦加古莱西贵族的武装力量。

公元627年，麦加古莱西贵族联合麦加周围的游牧部落，集结了1万多人的武装队伍进攻麦地那。穆罕默德鉴于敌我力量悬殊，决定利用麦地那三面环山的天险地势，在绿洲的道路上深掘壕沟，据险固守。麦加联军久攻不下，给养供应困难，不得不退兵。穆罕默德乘势追击，俘敌400余人，斩杀无数，此即有名的"壕沟之战"。

壕沟之战，穆斯林取得奇迹般的胜利，因而被认为是神助的结果，影响巨大，以致麦加贵族亦不得不与穆罕默德谋求妥协。公元628年，双方签订10年休战条约。从此以后，麦加人皈依伊斯兰教者与日俱增，其中包括不少的古莱西贵族。穆罕默德的声望日益提高。迫于形势，麦加统治者决定承认穆罕默德的权威。公元630年1月，麦加贵族改宗伊斯兰教。

其后不久，穆罕默德下令：克尔白神殿中只保留黑石作为伊斯兰教的圣物，其他供奉之物均予清除，克尔白神殿改为清真寺，并规定麦加为伊斯兰教的圣城。

麦加的归顺，标志着伊斯兰教在阿拉伯的决定性胜利。麦加城是当时阿拉伯的政治、经济、文化中心，尤其因为有克尔白神殿，麦加更成为宗教中心。从此之后，阿拉伯半岛各地部落纷纷派遣代表来表示皈依伊斯兰教。到公元632年6月，阿拉伯半岛已大部分统一。

公元632年6月8日，穆罕默德于麦地那溘然逝去，终年62岁。死后葬于他在麦地那的住所，陵墓之上建有著名的麦地那圣寺。这里，也成为伊斯兰教的圣地之一。

至此，阿拉伯国家与伊斯兰教已初具规模。经过后代哈里发的扩张、征战，阿拉伯国家日益强盛起来，伊斯兰教及伊斯兰文化也因而得到广泛传播，最终成为世界性的大宗教之一。

阿拉伯哈里发的第一次扩张

公元632年6月,伊斯兰教创始人穆罕默德去世。这时,伊斯兰教陷入了分裂的危险。

因为穆斯林社会是穆罕默德天才的结晶。他死之后,各部落酋长认为,他们对穆罕默德的服从,已随他的死一起完结。于是,他们停止纳贡,开始不遵守教规,自由行动。伊斯兰教历史上称之为"变节"。于是,伊斯兰教的捍卫者开始进行攻打叛教部落的战争。但是,虽然战争制服了叛教部落,迫使他们回归伊斯兰教社会,但这些部落仍然心中不满,一有机会还会叛离。最理想的解决方法就是以利益为引诱,许诺每个伊斯兰教徒都能得到自己喜爱的战利品。依靠对外袭击,使各部落为自己的利益而共同征战,团结在穆罕默德的伊斯兰教中。由此,后来伊斯兰教的对外征战扩张并不是为了宣传教义,而只是为了保证伊斯兰教不分裂。随着后来征战的进行,伊斯兰教义不自觉地传播开来,到后来就变成主动的宣传教义行为。伊斯兰教能够广为人民信仰,这是穆罕默德所没有想到的。

率领各伊斯兰部落向外袭击的首领是哈里发,即代理人,代替先知穆罕默德的世俗地位。他不是宗教领袖,而只是世俗首领。由于在攻打叛教部落的斗争中,穆罕默德的岳父艾卜伯克尔担任了领导职位,护教有功,因此这第一个要率领各部落出征的首领职位便自然而然地由艾卜伯克尔担任了,他是第一任哈里发。但是在他的任期内,主要是力量的准备时期。艾卜伯克尔在公元632年继任哈里发之后,逐渐把各伊斯兰部落统一到伊斯兰教日月旗下,建立起一支强大的军队。不久,就对拜占廷与波斯两大帝国发起进攻,拉开了阿拉伯大征服的序幕。

公元634年,欧麦尔继承艾卜伯克尔当选为哈里发。在他的领导下,早期的侵略发展成正式的征服战争。之所以如此,是因为拜占廷帝国与波斯帝国在公元602年间长期进行战争,以致两败俱伤,而且国内矛盾重重,欧麦尔率领伊斯兰大军乘虚而入。欧麦尔东西挥戈,充分利用自己一方沙漠作战的丰富经验。他们不像拜占廷与波斯人那样骑马作战,而是骑骆驼作战。这样可以随意发动进攻,且一旦需要,又可撤回到沙漠的安全地带。因此,阿拉伯军队都是选择沙漠边缘的城市作为他们的主要根据地。公元634年3月,一小队阿拉伯骑兵,共约800人左右,横穿沙漠到达大马士革。增援部队到达后,阿拉伯人包围了该城。但由于缺乏围攻城市的经验,他们株守城下达6个月之久。公元635年9月,城内弹尽粮绝,守城部队被迫投降。于是,阿拉伯人占领了大马士革。阿拉伯人在占领希拉之后,在伊朗曾经遭到几次失败,波斯军队用战象作为突击力量,一度使阿拉伯人深感恐惧。阿拉伯部队获得增援后,于公元637年6月1日在卡季西亚会战中获得大胜,不久即轻取波斯国都克泰西丰。由于对波斯军队作战连续取胜,他们占领了摩苏尔与讷哈范德两城,并使波斯并入了阿拉伯哈里发国的版图。

在西部,公元636年,阿拉伯人在约旦河支流耶尔穆克河谷与拜占廷联军对敌。阿拉伯人乘迷眼的沙暴发动进攻,几乎全歼希腊、亚美尼亚与叙利亚基督教混合部队。皇帝希拉克略逃进君士坦丁堡，将整个叙利亚丢给了阿拉伯人。哈里发欧麦尔随之而转攻富裕的邻邦伊拉克。那里的闪米特人已部分地皈依基督教，他们对波斯与琐罗亚斯德教统治都不满，这使阿拉伯人的进攻很轻松。而君士坦丁堡在被围两年之后，于公元638年向阿拉伯人投降。公元640年，阿拉伯人在夺取重要港口克萨里亚后，完成了对叙利亚与巴勒斯坦的占领。公元641年，阿拉伯人几乎未遇抵抗便占领了埃及。同年，占领了美索不达米亚。次年，阿拉伯人同亚历山大城签订了条约，未经战斗便进入该城。

征服战争给阿拉伯社会带来了很大变化。阿拉伯人在战争中获得大量的战利品，除土地交给国家统一支配外，其余财产一律按照《古兰经》的规定分配。为适应军事活动与被征服地区的日益增多，欧麦尔建立了一系列新的统治制度与机构。在军事方面，他建立起年俸制的常备军，并以氏族部落的组织形式作为军队编制的基础。在占领区建立军事城市，实行军事统治。这些军事城市既是一定地区的军事中心，又是政治中心。同时，为了在经济上确立阿拉伯征服者的特权地位，他建立了阿拉伯人的年金制度，即所有阿拉伯人每年都可以从国库领取一定数额的年金。为管理国家各项事务，欧麦尔还建立了一系列行政机关，并且利用伊斯兰教的精神巩固权威、强化统治。他扩建了克尔白神殿，在各地兴建清真寺，他规定了伊斯兰历的纪元，并向各省区派遣伊斯兰学者，负责宗教事务或担任法官。他认真贯彻执行伊斯兰教教律，聘请伊斯兰学者做顾问，参与制定国家的大政方针。由此，欧麦尔的军事扩张及其创建的各种制度，为阿拉伯帝国的建立打下了基础。此外，由于他实行宗教统治，使得伊斯兰教传播出去，为伊斯兰教由地区性宗教变为世界性宗教打下了基础。

正当欧麦尔雄心勃勃，要大干一番事业时，不幸的事情发生了。公元644年11月3日，欧麦尔被一个波斯俘虏暗杀身亡。其后，奥斯曼继任为第三任哈里发。

奥斯曼继位后，在前辈的鼓舞下，继续扩张战争，并建立了海军，占领了呼罗珊、亚美尼亚、北非的利比亚以及拜占廷的海军基地塞浦路斯岛等地区。他在位期间，规定了《古兰经》的标准本，称为"奥斯曼定本"，沿用至今。

奥斯曼不仅掌握了军、政、教三大权，而且获得大量财富，并安排自己的亲信重臣去各地统治。他的这种专制统治引起了伊斯兰教内其他领导阶层的不满，其中以穆罕默德的女婿阿里一派为甚，他们组成一个新的宗教派别——什叶派。公元656年6月，什叶派刺杀了奥斯曼，推举阿里为第四任哈里发。但不久，这一派内部又产生分化，另立出军事民主派，他们不满阿里的专制统治，要求人人平等，不能再有特权阶层。后来两派矛盾激化，最终，军事民主派于公元661年刺杀了阿里。

这一时期，由于国内矛盾斗争频繁，被占领区的人民群众又时常起义，阿拉伯人只能把主要精力放在治理国内。这样，被占领区内的宗教信仰统治得到了加强，对外扩张的势头减弱，阿拉伯哈里发国的第一次扩张告一段落。

阿拉伯伍麦耶王朝的扩张

公元661年哈里发阿里死后，叙利亚总督摩阿维亚自称哈里发。摩阿维亚出身于伍麦耶家族。他掌握哈里发大权之后，取消了哈里发的选举制度，实行了伍麦耶家族专政，而且把首都从圣地麦地那迁到了叙利亚的大马士革，开创了伍麦耶王朝的统治。

伍麦耶王朝遵奉伊斯兰教的正统派。它的旗帜与衣着均为白色，古代称之为"白衣大食"。摩阿维亚当权之后，为了巩固哈里发的统治，残酷地镇压了什叶派与军事民主派的反抗。在国内平定之后，哈里发摩阿维亚打着"圣战"的旗号，继续大规模向外扩张。

摩阿维亚率领阿拉伯大军，继续向南高加索、中亚细亚、波斯东部与小亚细亚进攻，而且也侵入了欧洲境内。公元644年，东征的阿拉伯军占领了阿富汗首府喀布尔，然后北上侵入中亚，征服布哈拉、撒马尔罕与花剌子模等地区，直至帕米尔才为唐军所阻。与此同时，另一支阿拉伯军队攻入印度河流域，占领信德。在北非，阿拉伯人尽挫拜占廷驻军，占领了突尼斯以西直到大西洋沿岸的整个北非地区，使得当地的摩尔人皈依了伊斯兰教。

公元711年，一支由300多名阿拉伯人与7000名信伊斯兰教的摩尔人组成的军队，被派遣到比利牛斯半岛深入侦察西哥特王国的领土。由于西哥特人在军事上软弱无力，加之王国内部产生矛盾，这支部队得以占领了比利牛斯半岛上很大的地区。

公元712年，阿拉伯主要部队在此登陆，在半岛上大部分地区建立了阿拉伯人的统治。公元732年，阿拉伯人穿过比利牛斯山，进攻法兰克王国。10月4日，阿拉伯军队同查·马德统率的法兰克人在普瓦提埃附近进行了大会战，结果，阿拉伯人大败而归。又由于当地居民进行了顽强不屈的抵抗，而且当时阿拉伯军队内部各部族之间产生矛盾，不久，阿拉伯人不得不退出了高卢，暂时中止了向欧洲的进军。

此外，在争夺战中，阿拉伯人还对君士坦丁堡进行了三次进攻。他们想依靠优良的攻城器材与强攻兵器，如可以拆卸后用骆驼运载的投石车与攻城器等，一举消灭拜占廷这个古老的国家。但是，由于拜占廷利用君士坦丁堡的天险以及"希腊火"（用松脂、硫磺等制成的一种高度可燃性混合物撒在海面上，在敌舰进攻时点燃，变成火海，以此御敌）顽强抵抗，而终究未能得逞。

阿拉伯的对外侵略，加速了阿拉伯社会封建化的进程，并建立了一些以哈里发为首的神权专制形式的中央集权封建主义国家。由于阿拉伯的侵略扩张，伊斯兰教在各个被侵略的国家得到了传播。同时，阿拉伯人广泛吸收被征服地区的先进文化，开始形成了具有多民族文化特色的阿拉伯伊斯兰文化。这时，社会比较稳定，许多学术研究工作也普遍展开。

但是，另一方面由于哈里发的封建统治和对农民的残酷欺压与剥削，以及民族压迫政策，许多人生活日益贫困。例如麦瓦利人与迪米人在自己耕作的土地上，要上缴收获物的1/3甚至1/2，并承担各种徭役。这大大激发了矛盾，导致了人民的不断起义。

公元747年，一个改信伊斯兰教的波斯人阿布·穆斯林在呼罗珊起义，得到当地农民、手工业者以及许多奴隶的响应，声势浩大。公元750年，居住在伊拉克的大贵族阿巴斯加入了起义军，他是先知穆罕默德叔父阿马斯的玄孙，他高举"还权于先知家族"的旗帜，以恢复神权政体为号召，在波斯人的支持下，消灭了伍麦耶王朝，建立了阿巴斯王朝，开始定都于库法（今大马士革），后于公元763年迁都至巴格达。

而被推翻的伍麦耶王朝的王子逃亡到西班牙，建立起后伍麦耶王朝，历史上称为科尔多瓦哈里发国家。公元 10 世纪时，经济文化日渐繁荣，科尔多瓦与巴格达成为伊斯兰世界东、西辉映的两颗明珠，对欧洲文化产生过巨大影响。

伊斯兰教统治盛期——阿巴斯王朝

公元 750 年，阿巴斯率起义大军击溃了伍麦耶王朝，建立了阿巴斯王朝，定都于大巴士革（也叫库法）。阿巴斯王朝旗帜为黑色，史称为"黑衣大食"。公元 762 年，王朝迁都至巴格达。这实际上意味着阿巴斯哈里发政权开始放弃地中海，接受波斯的传统，寻求波斯的支持。阿巴斯王朝的建立标志着阿拉伯帝国发展新时期的开端。

阿巴斯王朝的第二代哈里发是曼苏尔。在他统治时期，实行了大规模的政治改革。他把哈里发制度与波斯君主专制制度结合起来，建立了一种神权哈里发专制政治体制。曼苏尔声称，哈里发不再是先知的代理人，而是伟大的主——"安拉"在地上的代理人，即"安拉在地上的影子"，哈里发要代表安拉在地上行使神权，统治一切。从而，曼苏尔建立起了君主专制集权的统治制度。由于哈里发便是神，是先知，他说的一切都是真理名言，他代表的是无所不能的安拉。因此，伊斯兰教众在星期五举行聚礼时，必须为哈发祈祷、祝福。

曼苏尔为了贯彻专制集权统治，建立了一套组织庞大而严密的官僚统治机构，而且设立首相一职作为政府最高长官，辅佐哈里发总理万机，权位极大。中央机关设各部门，分掌各种行政事务。

为了给这个严密的政权体系提供一种坚强的后备力量，阿巴斯王朝建立了最强大的军队。阿巴斯王朝的军队不同于前代伍麦耶王朝的模式，他并不是以阿拉伯部落作为基本的军事组织，而是从各地各民族中招募青壮年男子，经过严格的军事训练，按实际需要组建职业化常备军。军队的核心是近卫军，驻在首都巴格达，人数约 3 万。近卫军装备精良，待遇优厚，并享受政府提供的口粮与津贴。初期的近卫军主要由波斯呼罗珊人组成，后来改由突厥奴隶担任，军队更勇猛。

这时，虽然阿拉伯军仍然一直在外作战，但只是少数军队，已经没有能力继续扩张了。他们所做的无非是抢劫一些财物而已。

阿巴斯王朝经过一系列改革，又有强大的军事力量为后盾，因此，阿巴斯王朝逐渐繁盛起来。在这种社会稳定、经济富足的环境中，伊斯兰文化得到了迅速发展，呈现出一派欣欣向荣的景象。而巴格达、开罗、科尔多瓦则成为阿拉伯文化的三个中心。

从公元 8 世纪中叶到 9 世纪中叶的百年翻译运动是阿拉伯伊斯兰文化史上的重要里程碑，也是世界文化史上的重要事件。它促使阿拉伯伊斯兰文化体系最终得以完成，而且促进了东西方之间的文化交流。开展这个运动，既是社会生活的需要，也是文化发展与传播宗教和加强统治的需要。阿巴斯的几任哈里发都很重视这项工作，并且大力支持。其中曼苏尔是翻译工作的首倡者。文化的繁荣，一方面使阿拉伯帝国自身得到充实与发展，另一方面又使阿拉伯伊斯兰文化广为传播。政治、经济、文化等各方面都达到了阿拉伯帝国的鼎盛时期，成为当时世界上最富强的国家之一，几乎与当时中国唐朝不相上下。

阿拉伯帝国是一个包括多民族、多宗教与各具不同历史文化传统的庞大的政治联合体，虽然当时伊斯兰文化占绝对主体优势，但社会矛盾依然复杂而尖锐。为了维持这个大帝国得以正常运转以及统治阶级的豪华生活，阿巴斯王朝对广大人民进行了无情的搜刮与掠夺。

9世纪初，国库存款多达9亿多第尔汗。这些财产中约有1/3用于庞大的军队与政府开支，其余的部分大多被皇室、贵族挥霍浪费掉了。哈里发拉西德的皇后左白黛去麦加朝觐，耗资3000万第尔汗。哈里发马门结婚时，用贵重的龙涎香照明，黑夜如同白昼，而且以金盘盛着千颗珍珠，撒向马门与皇后。贵族也十分富有，一个省级法官的月俸高达4000第尔汗，大贵族巴尔麦克家族仅是动产就有3亿多第尔汗。而所有这些财富，无一不是从下层劳动人民身上搜刮来的。

在这样残酷的剥削与掠夺下，劳动人民生活十分艰苦。农民饥寒交迫、衣食不周，手工业者工资很低，难以维持生计，而奴隶的命运更为悲惨。统治者的横征暴敛最终逼迫忍无可忍的劳动人民起来反抗。9世纪中叶之后，人民起义遍及全国。

公元816年，阿塞拜疆爆发了著名的巴贝克起义，提出了土地公有，废除租税与徭役、解放奴隶的口号。因此，起义军得到农民、手工业者与奴隶们的广泛响应与大力支持，起义大军达到30万。所到之处，人民莫不欢欣振奋。阿巴斯哈里发征集大军对起义军进行了残酷的镇压。但是，起义军民奋勇反抗，与反动军队进行了英勇顽强的斗争，前后持续了20多年，终因装备实力相差悬殊而失败，但也极大地削弱了反动力量。阿巴斯哈里发刚刚扑灭这一处火焰，别处又燃起了革命的烽烟。9世纪后期，在巴士拉地区爆发了黑奴大起义。这些黑人都是从非洲掠夺来的奴隶，他们承受不了繁重的劳动，终于在一个伊朗的阿拉伯人阿·伊·穆罕默德的领导下揭竿而起。阿·伊·穆罕默德提出了废除无道的哈里发、建立人人平等社会等更为激进的革命口号。起义军除了黑奴之外，还有农民与牧民。起义军很快发展到20万人，他们攻占了巴士拉城。然后以此城为大本营，四处出击破坏庄园，处死贵族、商贾，严重威胁着巴格达的安全。阿巴斯哈里发不得不又征调早已疲惫不堪的军队前去镇压，但几次都遭到失败。但是，正当起义力量逐渐壮大时，起义军内部出现矛盾，削弱了力量，反动军队乘虚而入，于公元883年攻陷巴士拉，血洗巴士拉城。统治者的残暴激起了人民更大的反抗。由于这个自称"真主安拉代言人"的哈里发的暴虐，使得许多人对伊斯兰教逐渐反感、厌恶，他们要恢复真正仁爱的安拉世界。9世纪中叶，在伊拉克、呼罗珊、巴勒斯坦与叙利亚等地，什叶派逐渐活动了起来，后来在领袖哈马丹·卡尔马特的领导下声势壮大起来，兴起了对阿巴斯王朝的反抗运动，称为卡尔马特派起义。这一派主要是农民，他们不恪守伊斯兰教仪式的一般规定，不奉行每日5次礼拜与整月的斋戒，也不赞同朝圣活动。

公元890年左右，卡尔马特派在伊拉克北部爆发起义，夺取波斯湾西岸的巴林，以哈萨为中心，建立了卡尔马特国家。阿巴斯王朝再也无力应付这些起义了。卡尔马特国家的声势逐渐壮大了起来，公元930年曾一度攻占圣地麦加，劫走了圣物黑陨石，后来虽然送回，但已大大削弱了阿巴斯王朝的声威。各地起义纷纷而起。西班牙、马格里布、埃及、叙利亚等地先后独立。阿巴斯王朝日渐衰落。到了10世纪以后，阿拉伯帝国已经四分五裂，徒有虚名。

1055年，十字军东征，塞尔柱人攻陷巴格达，解除了哈里发的政治权力，只给他保留了宗教领袖的地位。1258年，蒙古大军西征，最终灭掉了阿巴斯王朝。

蒙古人的统治使阿拉伯伊斯兰文化遭到严重破坏，学者被驱逐，书籍被焚烧，成果被毁灭。1264年，元世祖忽必烈正式册封旭烈兀为伊儿汗，成为蒙古四大汗国之一。至此，阿拉伯帝国覆灭。但是，伊斯兰教却得到了广泛的传播。

伊斯兰教文化的再次兴起

蒙古大军攻占巴格达之后，虽然后来也都皈依了伊斯兰教，但是，蒙古人勇猛好战，在文化方面并没有什么发展。

伊斯兰文化要再次兴起，这个重任落到了奥斯曼土耳其帝国身上。

土耳其人是西突厥人的一支。原来居住在呼罗珊一带，信仰伊斯兰教。13世纪初，蒙古大军西征。土耳其人西迁到小亚细亚一带，依附于塞尔柱突厥人建立的罗马苏丹国，在小亚细亚西北部靠近拜占廷边境处获得一块领地。

13世纪中叶后，罗马苏丹国屡次遭受蒙古的侵略而趋于衰落。1299年，土耳其部落首领奥斯曼一世乘机独立，建立了奥斯曼土耳其国家。随后，奥斯曼一世开始了扩张战争。当时的拜占廷帝国与罗马苏丹国家衰弱不堪。从而为土耳其的扩张创造了极为有利的条件。

1326年，奥斯曼的儿子乌尔汉从拜占廷夺得了布鲁萨城，并且迁都至此。

布鲁萨是拜占廷在小亚细亚的军事重镇，位于小亚细亚西北角，隔着马尔马拉海与君士坦丁堡相对。但由于拜占廷帝国早已衰落不堪，已无力镇守此处，乌尔汉很容易地拿下了布鲁萨。这意味着拜占廷帝国在亚洲的统治结束了。

乌尔汉迁都布鲁萨之后，实行了一系列改革措施。他把传统的民兵制改为雇佣制的常备军，并且组建了装备精良、训练有素的步兵。在各方面准备好之后，乌尔汉打着"圣战"的名义不断进攻拜占廷帝国。土耳其军队势如破竹，轻而易举地攻占了大片领土。到14世纪中叶，乌尔汉大军已占领了拜占廷在小亚细亚的全部领土以及罗马苏丹国的大部分土地。奥斯曼土耳其国家日益壮大起来。

由于奥斯曼土耳其国家的强盛，拜占廷帝国内部为争夺皇位而引起的矛盾以及外部巴尔干邻国对拜占廷的侵略，往往依靠土耳其人帮助解决。奥斯曼土耳其国乘机占领了巴尔干大部分地区。1362年，奥斯曼土耳其把首都迁到了亚德里亚堡，改名爱德尔纳。1389年，土耳其大军在科索沃战役中大败巴尔干联军，巩固了自己在巴尔干的地位。这使得奥斯曼土耳其军威大振，引起了欧洲封建主的恐慌。为了阻止土耳其人继续深入欧洲大陆，德国、法国、捷克、波兰与匈牙利等国家组织了欧洲联军——十字军，征讨土耳其，企图消灭这一新的威胁力量。1396年，双方在尼科堡会战，奥斯曼土耳其大国气势高昂，又由于欧洲联军内部矛盾不断，土耳其人一举全歼了欧洲联军。至此，奥斯曼土耳其国家便成功地切断了君士坦丁堡与巴尔干内地的联系。君士坦丁堡也成为瓮中之鳖。

但是，这时奥斯曼土耳其帝国内部却出现了危机。

1402年，奥斯曼土耳其军队在与蒙古人的安哥拉会战中惨败而归，国王苏丹巴耶塞特也受伤而死。他的四个儿子为争夺王位，发生了内战，国力大减。亚洲一些小地方纷纷独立。巴尔干联军瞅准时机又卷土重来。奥斯曼土耳其帝国处于危亡之中。

1421年，穆拉德二世力挽狂澜。他成功地粉碎了拜占廷皇帝支持他兄弟穆斯塔法的叛乱活动，很快恢复了帝国的声威，而且强迫拜占廷皇帝献出了除君士坦丁堡及城外供水地区以外的全部领土，并且每年要向土耳其帝国交纳3万杜卡特的岁贡。在亚洲，他迫使诸王公重新宣誓效忠苏丹，承认他的宗主权力。1448年10月，穆拉德二世在第二次科索沃会战中又一次严重挫败了欧洲十字军的进攻，巩固了其在巴尔干地区的地位。

1451年，穆罕默德二世继任苏丹，把夺取君士坦丁堡作为主要奋斗目标。他们做了大量的准备工作，尤其是增强了海军力量。因为，虽然这时的君士坦丁堡只不过是一个孤城了，但由于其地形险要，易守难攻。

1453年4月，苏丹穆罕默德集结17万精锐部队及400只战船，向君士坦丁堡发起总攻击。当时君士坦丁堡城内居民只有5万人，而能参加作战的居民不到1万人。但是，由于君士坦丁堡地势险要，设防坚固，而且守城军民顽强战斗，致使土耳其军队停滞不前。后来，穆罕默德以保障热那亚人的商业特惠为条件，在热那亚占据的加拉太地区铺设了一条涂油的木板滑道，把70只轻型战船拖上滑道，顺坡而下，到达金角湾，从侧背进攻君士坦丁堡，城内守军腹背受敌，难于防卫。5月29日，土耳其军队攻破罗马门，强行突入，君士坦丁堡陷落。国王也在混战中被杀死。至此，历时1000多年的拜占廷帝国彻底灭亡。

1453年6月1日，穆罕默德亲临君士坦丁堡，下令停止屠杀，把圣索菲亚大教堂改为清真寺。不久，迁都君士坦丁堡，改名为"伊斯坦布尔"。从此，奥斯曼土耳其帝国正式建立起来。

穆罕默德二世在定都君士坦丁堡之后，采取一系列新的政治、经济、文化政策，吸引了大量的居民投奔而来，从而使政权更为巩固，经济与文化也逐渐发展繁荣起来。以后，穆罕默德二世继续向巴尔干扩张，先后征服塞尔维亚、波斯尼亚、黑塞哥维纳与阿尔巴尼亚。其后，土耳其人又打败威尼斯与萨非王朝的联盟，夺取了爱琴海的大部分岛屿，而且使得瓦拉吉亚、摩尔达维亚及南克里米亚臣服。

16世纪，土耳其人开始向东方扩张。1514年，塞里姆一世率领10万大军进攻萨非王朝。一度占领其首都大不里七与巴格达。1516年，土耳其大军对阵埃及马木路克军，在叙利亚阿勒颇附近把埃及军队打得落花流水，占领了阿勒颇，并且乘胜追击，把大马士革及叙利亚、巴勒斯坦地区全部踏在了自己的马蹄下。并且在1517年，攻陷开罗，灭掉了埃及马木路克王朝。土耳其人还控制了包括圣城麦加与麦地那在内的希贾兹以及也门地区。这样，土耳其人不仅掌握了东地中海、红海的重要商道及埃及的巨大财富，而且成为伊斯兰教圣地的保护人。这样，塞里姆一世及其后继者们真正成为了伊斯兰教的哈里发，在为自己的政权增加了神圣性的同时，也开始了大力宣传伊斯兰教，把伊斯兰文化传播到他所占领的广阔土地上。

苏里曼一世时，奥斯曼土耳其帝国进一步加强征服战争，东西同时挥戈。在东方，苏里曼继续同伊朗萨非王朝作战。他率领大军多次侵入伊朗，夺取了萨非王朝的西部大部分土地。1555年，双方议和，依约土耳其得到了伊拉克以及亚美尼亚与格鲁吉亚的部分土地。在西方，苏里曼以夺取欧洲腹地为目标。1521年，占领了贝尔格莱德，进而攻击匈牙利与奥地利。1526年8月，土耳其军队在摩哈奇附近打败捷匈联军。1529年，土耳其向匈牙利中部发起进攻，9月，占领了布达，入侵奥地利，并开始围攻维也纳。但是，土耳其军队屡攻不克，最后由于粮秣匮乏与疾病流行被迫撤退。1530年，奥地利与土耳其进行和谈，但未能达成协议。1532年，土耳其大军卷土重来。但是，查理五世统率的奥军在匈牙利中部成功阻止了土军进入。1533年7月，在伊斯坦布尔签订和约，规定匈牙利西部和西北部仍归奥地利管辖，但奥地利每年必须向土耳其苏丹进贡3万杜卡特，并保证不进攻匈牙利东部受土耳其操纵的扬·查波尔斯基的军队。从此，这一战场暂归沉寂。直到1540年，土耳其再次挑起战事。在北非，苏里曼占领了的黎波里、突尼斯与阿尔及利亚等地。帝国极盛时期版图横跨亚、非、欧三大洲，东起波斯湾与高加索，西达摩洛哥，南自尼罗河中游，北至奥地利与俄罗斯边界，囊括了昔日拜占廷帝国与阿拉伯帝国的绝大部分领土以及匈牙利、摩尔达维亚与克里米亚等地。

奥斯曼土耳其帝国把如此广阔的土地统一在伊斯兰哈里发的日月旗下，使伊斯兰教达到前所未有的辉煌。

但是，在帝国内部，征服者与被征服者、各民族、各派宗教及各种社会矛盾纵横交错。尽管苏丹竭力强化集权统治，但奥斯曼帝国始终不是一个真正的中央集权国家。由于土耳其始终都在征战，恣意掠夺与聚敛财富，极度苛刻的捐税制度逼得广大劳动人民倾家荡产。16世纪，人头税为20～25阿克切，到17世纪初，增加到了140阿克切，而且税吏贪污，甚至把税额提高到500阿克切。除人头税之外，农民还要负担土地税、什一税、牲畜税与牧场税等等。不堪残酷奴役与压迫的各族人民不断爆发起义。而且伊斯兰教内部不同派别之间，斗争非常激烈，什叶派与正统派（逊尼派）进行了长达1个世纪的斗争，不但造成了穆斯林世界的分裂，而且严重地削弱了奥斯曼土耳其帝国在欧洲的统治力量。在这内乱频频的时候，欧洲各国乘机反攻。这时的奥斯曼土耳其国只能屡屡退败。

在苏里曼之后，许多苏丹沉湎酒色，生活腐化，任人惟亲，甚至公开卖官鬻爵，贿赂公行。这引起了军队的反抗与叛乱，甚至废黜或谋杀苏丹。穆斯塔法、巴耶济德、奥斯曼二世与易卜拉欣等都是因此而被废或谋杀的。苏丹大权旁落，禁卫军与大封建主掌握了实权。他们乘机扩大自己的权益，把封地变为世袭的私有领地，拒绝为苏丹提供捐税与兵役，直至割地自立。国家号令不行，纲纪废弛，曾经强大一时的奥斯曼土耳其大帝国，在内外交困的情况下，日趋衰落下去。

奥斯曼土耳其帝国统一了伊斯兰国家，使伊斯兰文化重新兴起。但由于苏丹王一直征战，对于伊斯兰文化、经济并没有多大发展。

世界奇书——《天方夜谭》

相传，在古代印度和中国的海岛中，有一个萨桑国。国王养着庞大的军队，宫中婢仆成群。国王有两个儿子，大儿子山鲁亚尔英武果断，他继承王位后为人公正，博得人民的拥护爱戴，国家不断地繁荣、富强，君民都过着快乐的生活。

但是有一天，山鲁亚尔去打猎回来，无意中看见王后与奴仆在花园中一起饮酒作乐，嬉戏歌舞，直到日偏。国王气极，因为，在古代，王后本应是尊贵的，不应与奴仆混在一起。于是山鲁亚尔愤怒地杀死了王后与奴仆们。从此，他讨厌妇女，讨厌她们的不忠。山鲁亚尔要报复所有的女人。他每天娶一个女子，睡过一夜便不问青红皂白地杀死她们，然后再娶，再杀死。从此，百姓惶惶不安，纷纷携带女儿逃走，城中十室九空，全国笼罩在恐怖之中。国王却依然迫令宰相去寻找女子，供他虐杀。宰相每天愁眉不展。他的大女儿山鲁佐德知书识礼，聪明贤淑，她要求父亲把自己嫁给国王，或许能凭自己的智慧，拯救姐妹们，拯救这个衰落的国家。山鲁佐德与妹妹约定了一个计划，要妹妹进宫请求姐姐在最后一夜再给她讲一个故事。妹妹敦亚佐德依照做了。国王正心绪不宁，一听要讲故事，也就同意了山鲁佐德姐妹的请求，这样一直讲到天色微明，国王在一旁听得正着迷，山鲁佐德就住口不讲了。国王想继续听，决定暂时不杀她。第二夜，山鲁佐德讲到关键时刻又停住了。这样，一个故事一个故事地讲下去，一直讲了一千零一个夜晚。国王听后大为感动，认识到自己的错误，正式立山鲁佐德为王后，从此，这个国王又恢复了往日的幸福、快乐。而这一千零一夜讲的故事也被记录下来，称为《一千零一夜》，中文翻译为《天方夜谭》。"天方"，是我国明代以后对阿拉伯国家的称呼，又因阿拉伯人喜欢听故事，凉爽的夜晚常聚在一起，或讲故事，或朗诵诗歌，"夜谭"，即为"夜谈"，夜间谈话的意思。

《一千零一夜》实际上是古代阿拉伯人集体智慧的结晶。它经历了从人民群众口头创作，到文人搜集整理的漫长过程。它的成书过程，大致可分为三个阶段，最早起源于波斯文学故事集《一千个故事》，这是《一千零一夜》的起始部分。波斯人很爱讲故事，晚会、市集、宫廷都是他们讲故事的场所。早在公元10世纪中叶，在波斯民间就流传着这些故事。到了11世纪，《一千零一夜》被翻译为阿拉伯文，在阿拉伯地区广泛流传，又增添了不少阿拉伯地区的故事，主要是关于黑衣大食的故事。大食帝国是伊斯兰教创始人穆罕默德所建立的阿拉伯人的宗教神权国家，建立于公元630年。大食帝国又分为黑衣大食、白衣大食、绿衣大食。黑衣大食建立于750年，都城为巴格达。经过几百年的时间，黑衣大食就产生了不少传说，并最终被阿拉伯人收入《一千零一夜》中。这时，《一千零一夜》就基本定型了。到了14世纪，《一千零一夜》传到埃及，又增加了不少埃及人的故事。到16世纪末，这部书在埃及最后完成。这就是我们今天见到的《一千零一夜》。

《一千零一夜》故事形式多样，有动物故事、神魔故事、爱情故事、惊险故事以及寓言、童话等，她描写人物众多，展示了广阔的社会生活。例如最为著名的《阿里巴巴与四十大盗》的故事，显示了劳动人民的诚实、勤劳、勇敢与机智。阿里巴巴是一个勤劳、正直的农民，他靠砍柴为生，一日他在森林中无意得知了强盗的藏宝洞，于是他得到一些意外之财，从此富了起来。阿里巴巴把这个秘密告诉了哥哥，但贪财的哥哥被困在洞里，被强盗们杀死了。这伙强盗又来追杀阿里巴巴。强盗头子假装作卖油商人，让强盗们藏在油瓮中，到阿里巴巴家求宿，企图杀害其全家，但被聪明机智的女仆马尔基娜识破，她将计就计，用热油将强盗们全部烫死，从此过上幸福的生活。马尔基娜是古代阿拉伯人民高度智慧的化身，也是阿拉伯民族不可战胜的巨大力量的生动写照。

另一个《神灯》的故事也被世界人民所传诵。主人公阿拉丁在魔法师的指引下进入地下宝库，得到了一盏神灯。他借助魔戒指与神灯的法力，使自己转危为安，由贫而富，并且又与国王的女儿结婚，过上幸福生活。但是由于偶然，神灯被窃，他失去了一切，经过艰苦奋争，一切又失而复得。这表明了阿拉伯人民对美好生活的向往与追求，而这种追求也是几千年来世界各国人民共同的向往。

《一千零一夜》经过千百年的传诵，除旧增新，是古代人民心灵与智慧的结晶。她很久以前就为世界各国传诵，获得高度评价。《一千零一夜》是亚洲文明中璀璨的明珠，被称为世界奇书。

世界历史五千年

东亚文明

美轮美奂的泰姬陵

16世纪初,来自中亚草原的莫卧儿人侵入印度西北部,在德里建立了强大的莫卧儿王朝。这一王朝经济发达,文化繁荣。莫卧儿人的伊斯兰艺术是外来文化与印度传统文化的交汇融合中产生的,它兼收并蓄,新颖独特,体现在诸多方面。

皇陵建筑是莫卧儿伊斯兰文化的标志之一。在莫卧儿王朝为数众多的皇陵中,最典型、最壮观的要数泰姬陵。它坐落在古老的恒河支流亚穆纳河之滨,与著名的亚格拉古城隔河相望,气势磅礴,蔚为壮观。它被列为世界八大建筑奇迹之一。

这座陵寝的建造源于一段稀世难得的帝妃之恋。莫卧儿王朝的第五代帝王叫沙·贾汉,他的王后泰姬原名叫蒙泰姬·玛哈尔,意思是"宫廷之冠",这是沙·贾汉赐给她的封号,但被讹传为泰姬·玛哈尔,这就是泰姬陵名字的来历。泰姬生于1592年,19岁时嫁给王太子古兰姆,封为贵人。古兰姆登基后,称沙·贾汉皇帝,泰姬亦荣升为皇后。她容貌出众,才华超群,与皇帝情深意笃,朝夕相处。她先后生下了14个皇子。1630年,又一次身怀六甲的泰姬随皇帝出征,途中遭遇难产而死去,时年仅38岁。沙·贾汉皇帝顿足痛惜,回天无力,为了满足皇后生前的宿愿,寄托自己深沉的哀思,他决定在亚穆纳河畔建造一座规模空前的陵墓。

泰姬陵的设计和构思是仿照德里东郊的胡马雍陵——莫卧儿帝国的第二代皇帝的陵墓,但泰姬陵比胡马雍陵更加巍峨,也更富有代表性。

1631年,来自印度各地、中亚、波斯、土耳其和欧洲国家的建筑大师、工匠、石匠、镶嵌技师和伊斯兰的书法家纷纷投入到泰姬陵的营造工作之中。由土耳其人建筑大师乌斯塔德·伊萨总揽全局,每天投入2.3万个劳动力,耗资4000万卢比(约合时价2.3亿美元),历时22年,于1653年竣工。其耗资之巨,历时之久,用工之多,都令世人咋舌。

泰姬陵布局严谨,造型优雅。陵长579.12米,宽304.8米,呈长方形,占地面积17.7公顷,陵周围用红砂石砌成的围墙环绕着。整体分为三大部分:陵墓位于最北端,中间是一个正方形的花园,南边是种植着花木的庭院和大门。寝陵的东西两侧各建有相同式样的两座建筑：一是清真寺，另一是答辩厅，左右呼应，对称均衡。陵的四边各有一座高达40米的尖塔，也称拜楼，在建筑设计上具有科学性。它们统一地向外略微倾斜着，这是为了防止一旦发生强烈地震，拜楼倒塌压毁泰姬陵，这样，它们只会向外倒塌，不会威胁到泰姬陵了。拜楼内有50层阶梯，可供阿訇和穆斯林拾级而上，颂诵《古兰经》，或向圣地麦加朝拜。

从大门到陵寝，有一条宽阔的红砂石铺成的通道，中间贯穿着前院、花园。通道两侧是人行道，一连串的喷泉组成的水池一路相伴，四周铺满鲜花和青草，池水倒映着洁白的陵墓，飘飘欲动，相映生辉。

整座陵墓修建在一座白色大理石的正方形台基之上，台基高约7米，边长约95米，寝宫居中。陵身高约74米，为一座有12个面的复杂形体，它的设计体现了伊斯兰教"天圆地方"的概念。陵墓平面为边长56.7米的抹角正方形，上空为一个直径17.7米的高耸、重叠的圆穹隆，在穹顶四角还环峙着4座小圆顶凉亭，以苍天为背衬，形状优美大方，犹如一朵朵飘浮的白云，人称"大理石之梦"。

寝宫的墙壁呈八角形，上面共有24扇小拱门，分上下两层。正前面是入口，各有一扇高达33米的大拱门。门框上用黑色大理石镶嵌着用伊斯兰书法写成的《古兰经》经文，其中有一句是"邀清心的纯洁者，进入天堂的花园"。

寝宫共有5间，在中央宫室砌有一条辐射状走廊，与其余4间小室相通。各宫室随处可见镶嵌着的金玉宝石，玲珑剔透，流光溢彩。寝宫四壁有精致的透雕花窗，传说其门扇窗棂系出自中国工匠之手。在中央宫室里还安放着一扇八角形的白色大理石镂空屏风，最初是用黄金镶嵌宝石制成的，后被奥朗则布皇帝拆换下来。但大理石的屏风四周也镶嵌着五色斑斓的宝石，其中有一朵用61块彩色宝石镶成的绚丽夺目的玫瑰花，是陵园中最珍贵的工艺品。

寝宫正中央，用8扇大理石屏风围着两具空石棺，真棺则安放于底下一间八角形的地下室内。石棺上有用翡翠、水晶、玛瑙、珊瑚、孔雀石和红宝石等20多种五颜六色的宝石镶嵌出的百合花、茉莉花等图案，花朵的枝干用黄金制成，其色彩之鲜艳，工艺之精细，纹路之清晰，可称巧夺天工，无与伦比。

由于整座陵墓系由纯白大理石砌成，一日之内，随着晨曦、正午和傍晚三时阳光的强烈明暗不同，照射在寝陵上的折光和色彩就会变幻莫测，呈现出不同的景致。正如沙·贾汉所称誉的：

人间若有幸福乐园，

即在此地，即在此地，舍此无他。

沙·贾汉皇帝曾梦想在亚穆纳河的另一侧为自己建造一座与泰姬陵一样的黑色大理石陵墓，再用黑白两色的大理石建造一座跨河大桥，把遥遥相对的两座陵墓连接起来。可以想象，如果这一切变成现实，那将是怎样一幅瑰丽的图景啊。事实上，在泰姬陵建成后的第五年，年迈的沙·贾汉皇帝就被他的第三子篡夺了王位，他晚年在悲惨凄凉的囚禁生活中度过，死后只得到了一具比泰姬石棺还要小一号的棺椁。好在他被安葬在泰姬旁边，这种帝妃合葬的结果应该还是满足了他的心愿吧。

泰姬陵的构思和布局是一个完美无缺的整体，它充分体现了印度伊斯兰建筑艺术的气势宏伟、庄严肃穆、富于哲理和充满魅力的时尚。英国旧牛津学派的印度史专家阿瑟·史密斯认为，泰姬陵是"欧洲和亚洲天才结合的产物"，因为当时欧洲文艺复兴时代的一些建筑大师，如意大利的吉埃济尼莫·维济内奥、法国建筑师奥斯汀·德·博尔多等参与了设计。尽管西方艺术的某些因素对印度建筑风格有所影响，但毫无疑问的是，泰姬陵是印度文化的瑰宝，是莫卧儿伊斯兰建筑的典范。

日本掀起中国风——大化改新

日本是与中国一衣带水之邻国，是东亚文明的一部分，长期以来受中国的儒家文明的浸润，并结合自己的具体情况，成为东亚文明的一道美丽的风景线。

传说，在秦的时候，秦始皇为寻求长生不老药，遂命方士徐福带着3000童男童女到海上。徐福到达日本，但并未归来，而成为日本人的祖先。这些虽属无稽之谈，但说明了中日交往由来已久。

汉朝的时候，据汉书记载，和日本有往来。在日本曾出土了东汉赐给日本一首领"汉倭奴国王"的印，说明当时东汉王朝视日本为自己的属国。

但是，日本和中国文化的深度融合则在隋唐时期。

这时隋唐重新实现统一，朝鲜的新罗亦崛起，这对日本产生了强烈的影响。本来大和民族可以凭借垄断从朝鲜半岛输入大陆文化的优势而统治全国，但是新罗却使日本在朝鲜半岛连续受挫，到公元562年，日本丧失了在朝鲜的最后据点。日本不能通过吸收中国大陆的先进文化和对中国商贸来维持经济的活力，使得朝廷和大贵族的威信大大降低了。

日本在朝鲜的战事失败后，统治阶级在国内的矛盾激化了，他们由对外掠夺改为对内压榨，各地豪强纷纷兼并土地，争战不休。由于中央贵族向地方扩张，引起了中央和地方关系的恶化。同时下层人民因为生活每况愈下，以至于"老者唤尊招，而死于道重。幼者含乳，与母共死"，因此亦对现状有强烈的不满。

在这时，日本就只有引进先进的中国文化——这对他们来说也是最现实的——才能够挽救危亡。

6世纪末叶以来，中国君主专制集权思想对日本影响日益加深。而中国的强大和稳定，更使得这些制度罩上了一层眩目的光环，为日本有识之士所推崇。

圣德太子致力于提高王权的措施，是大化改新的先声。

圣德太子自公元593年担任摄政。公元603年制定冠位12阶，整顿朝廷贵族官僚的身份制度，强化等级制度，借之尊崇君主威权，加强朝廷纲纪。次年，圣德太子制定了"宪法"17条，揉合了儒、法、释诸家思想，这是以道德规范为主的贵族必须一体凛遵的政治规范。由于受到南北朝大陆文化的影响，他一方面强调"君君臣臣"的伦理，号召臣民各守本分，各安职责，"以和为贵"，"以礼为本"，以达到君至上，天皇集权的目的；另一方面又受"南朝四百八十寺"的风气所影响，号召"笃敬之宝"（儒法佛），崇尚佛教，广修寺院，用佛教"忍"的说教来教化臣民，缓和阶级矛盾。在朝鲜通道被阻隔后，日本直接向中国派遣留学生和遣隋使，直接从中国大陆汲取先进文化的养分。

圣德太子的改革核心在道德和宗教方面，没有解决根本的问题，但这种尝试使得日本重获与中国文化沟通的机会。而此之后，日本奉行的方针实际在此时已经出现，如儒家思想。佛教教徒、留学生和遣唐使，尤其派遣留学生，则为日后日本文明与进步，以及大化改新奠定了基础。

唐朝取代隋朝之后，唐太宗不久便即位。在他即位期间，唐律完善，突厥被李靖击败，经济迅速得到恢复和发展，中央政权畅通无阻，国泰民安，文化昌盛，史称"贞观之治"。日本留学生目睹这一切，对于中国文化耳濡目染，渐渐由羡慕到接受，归国后，对日本部民的陋习和贵族擅权极为不满，强烈要求改变现状，像唐朝一样，君主集权，废除民族社会的部民制。

留学生南渊请安、僧旻等创办学馆，宣传唐朝律令制度，为政治革新作舆论准备。大化改新的砥柱人物中大兄和中臣镰足都曾就读于此。

公元645年，唐太宗应新罗之请，发兵讨伐高句丽，由于日本一向与新罗为敌，因而使日本感到了压力。在中大兄、中臣镰足的领导下，在留学生的支持下，于6月12日利用接见朝鲜来使的机会，发动政变，剪除权臣苏我氏及其党羽，夺取了中央政权。随后，孝往天皇即位，建年号大化，中大兄为皇太子兼摄政，中臣镰足及一些归国留学生受到重用。公元646年元月，颁布新诏书，开始各项改革，史称"大化改新"。

大化改新的内容有：

在"普天之下，莫非王土；率土之滨，莫非王臣"的思想指导下，废除王室和贵族一切私有土地和部民，而土地和人民都直接归属于天皇。

在吸取唐朝均田制的同时，实行"班田制"。

租税制度上，采纳唐的租庸调制。

在国家机构上，建立中央集权制。吸取郡县制，并结合日本国情，设国（省）、郡、里等单位，由国司和郡司治理，而国司、郡司由中央任命。中央设立二官八省，类于中国的三省六部制。

以上各项措施中，显然有中国唐朝文化的印痕，而且有的则干脆照搬唐朝制度。

保守势力，并未善罢甘休，他们为保护自己既得利益，竭力反对改革。好事多磨，在天武天皇时期，大化改新的成果才得以确立。天武天皇发动"壬申之乱"，击败保守势力，夺取皇位，万事独裁，事必躬亲，确立了天皇专制的集权体制。公元681年，他制定"飞鸟净御原令"。公元701年，修成"大宝律令"。公元718年，制定"养老律令"。至此，大化改新的成果被完全确立。

大化改新确立了封建生产关系，结束了日本长期四分五裂、政出多门的局面，从而使日本的经济、文化都有显著发展。

至此，我们不得不敬服日本民族对外来先进文化的拿来主义精神。此后明治维新和战后体制的变化，又是这一精神的延续，惟其如此，日本才能身处僻岛而不落后，并且逐步成为令世界刮目的强国。

但是，"淮南之橘生于淮北而为枳"，唐的制度也并未完全适宜日本国情。中国的体制是逐步形成的，封建体制自战国时始，历任秦、汉、晋、南北朝以至于隋唐，非一朝一夕之力。日本的从上而下的改革，本身又缺乏强有力的社会基础，强大的世袭贵族对这些措施进行了一定程度的调整，由旧贵族转化为拥有新的方式获取新的地位和权力，从而削弱了大化改新诸多措施的作用。藤原家族之先人即是大化改新的名臣中臣镰足，他们专权达200余年，形成两头政治。而天皇的主要责任是延续子嗣，此外便过着奢靡的生活，不过问朝政。这种局面开了幕府专政的先河，一直延续到国门被欧洲人打开。这在中国是少见的，尤其是隋唐之后。

壬辰卫国战争

一天夜里，500多艘兵船出现在露梁海面，去解救顺天之围。突然一位将领一声令下，兵船遭到了猛烈的袭击，海面上火光冲天，如同白昼，只见火光下日寇横尸满舱。原来这是日军正率领500多艘兵船和大批士兵去解顺天之围，组织进攻日舰的将领叫李舜臣，他是朝鲜著名的将领。而上面的战争情景正是朝鲜壬辰卫国战争的一个场面。

日本大化改新后，派遣水陆大军侵略朝鲜，并妄图以朝鲜为跳板，进而侵略中国，建立一个以日本为主宰，包括日本、朝鲜和中国的殖民大帝国。英勇的朝鲜人民奋起抗战，并得到邻邦中国的大力支援，最后打败了日本侵略者。因为1592年是壬辰年，所以这次卫国战争称为壬辰卫国战争。

日本之所以有此野心，是由于大化改新后，长期处于封建割据状态的日本实现了统一。16世纪后半叶，出身于中等封建主的日本统治者织田信长（1534—1582年）及其后继者、部将丰臣秀吉（1536—1598年）经过几十年的征战，约于1590年初步完成了日本的统一。

丰臣秀吉对内实行高压政策，下令收缴民间兵器，严防人民造反；对外实行武力扩张，掠夺土地财富。他把侵略矛头首先指向朝鲜，并为此在九州的名古屋设立了大本营。

朝鲜地处亚洲大陆东缘，三面环海，北与中国山水相连，南隔朝鲜海峡与日本相望，1392年后处在李氏王朝的统治下。丰臣秀吉侵略朝鲜时，正值李氏王朝统治时期。1592年4月，丰臣秀吉任命小西行长、加藤清正率领陆军十几万人，九鬼嘉隆率领水师9000人、战船700余艘，渡过朝鲜海峡，在釜山登陆，然后分兵三路向北窜犯。

朝鲜由于统治阶级内部争权夺利，国防松弛，军队缺少训练，因此在敌人的突然进攻面前，措手不及。日寇长驱直入，仅用了两三个月的时间就攻陷了京都汉城及开城、平壤等重要城市，侵占了朝鲜大片国土。朝鲜国王避居鸭绿江边的义州。

朝鲜人民为了保卫祖国的独立与自由，到处组织义兵，抗击日本的野蛮侵略。各地的义兵虽然都是自发的，没有统一的领导，但由于义兵具有强烈的爱国心，奋勇作战，前赴后继，因此给日寇以沉重打击。

李氏王朝的一些爱国将领在人民群众的推动下，也积极投身于抗日行列，和广大军民一起英勇杀敌、保家卫国。水军将领李舜臣就是其中的一个。李舜臣根据所掌握的情报，判断日本将对朝鲜发动侵略战争，因此上任后积极整顿所余水师，赶造兵船、器械。战争爆发后，他立下誓言：愿以一死为期，直捣虎穴，扫尽妖氛，欲雪国耻之万一。部下将领深受鼓舞，个个义愤填膺，敌忾同仇。

1592年5月，李舜臣率领兵船85艘，在巨济岛的玉浦港海，大败日本水军。当时停泊在港内的日寇兵船有50多艘，而大部分水兵都上岸劫掠去了，因此毫无作战准备。5月7日，当日军突然发现朝鲜水师后，慌忙登船逃跑。李舜臣抓住战机，向敌人发起猛攻，激烈的战斗一直持续到次日清晨。在这次海战中，朝鲜水师共击毁、击沉日寇兵船40多艘，击毙敌官兵不计其数，并缴获大量战利品，而朝鲜水师方面，没有损失一船一卒。玉浦海战的胜利阻遏了日本水师对陆军的配合与支援，打乱了丰臣秀吉的侵略部署。

继玉浦海战之后，李舜臣又率领朝鲜水师接连取得了几次海战的胜利。7月间，在离巨济岛不远的闲山岛附近海面，朝鲜水师击毁日本战船约百艘，歼灭了日本水师的主力。日本陆军在占领平壤后，也被迫停止前进。

中国与朝鲜唇齿相依，两国人民是休戚与共的兄弟。日本发动侵朝战争后，朝鲜政府即遣使赴明朝求援，明朝政府深知丰臣秀吉侵朝之目的，"实所以图中国"，决定派兵援朝抗日。

1592年12月，明将李如松率大军43000人，渡过鸭绿江，与朝鲜军民并肩战斗。1593年1月，朝中联军经过激烈战斗，收复平壤，又乘胜收复了开城。李舜臣配合陆上朝中联军的猛烈进攻，率领朝鲜水师袭击日寇在朝鲜的海军基地釜山，取得了重大成果。义兵也到处开展游击战，不断消耗敌人的有生力量。日寇惊恐万状，不得不撤出汉城。这样，朝鲜国土大部分光复，日寇退守南部沿海一带。

丰臣秀吉在走投无路之中，一面训令小西行长在庆尚、全罗两道沿海地带修筑工事，作长期顽抗的准备；一面遣使与朝中方面进行议和活动。于是从1593年4月起，在朝鲜出现了将近4年的所谓和平交涉时期。明朝政府为了争取谈判能顺利进行，将大部援军撤回国内。

丰臣秀吉在和谈中提出了一系列无理要求，遭到朝鲜方面的拒绝。同时，他以和谈为幌子，扩军备战，蓄谋扩大侵略战争。

李舜臣对敌人的和平烟幕有所警惕，当他被朝鲜政府任命为全罗、庆尚、忠清三道水军统制使后，积极整顿水师，培养军事指挥人员，赶造大批枪炮兵船，并在沿海地区实行军事屯田。这些措施进一步提高了朝鲜水师的战斗力。

丰臣秀吉一心要除掉李舜臣，瓦解朝鲜水师，为此不惜施展阴谋诡计。1597年初，日寇派遣一名奸细，潜入朝鲜政府内部，散布谣言说：侵朝日将加藤清正乘船在釜山附近一小岛遇险，在岛上滞留7天，而李舜臣不派人前去捉拿。朝鲜国王信以为真，竟以所谓"欺骗国王，放走敌将"的罪名，于1597年2月将李舜臣逮捕起来，命令元均接任统制使。元均是一个贪图禄位，昏庸无能，整日寻欢作乐的无耻之徒。李舜臣苦心整饬的朝鲜水师，在他手上弄得军纪涣散，战斗力急剧下降。

丰臣秀吉趁机于同年2月底，借口谈判破裂，令小西行长、加藤清正率领14万日军，另派兵船散百艘和水兵几万名协同行动，再次大举侵略朝鲜。

日寇为了消灭朝鲜水师，再施阴谋诡计，派遣上面提到的那个奸细打入朝鲜军队的内部，假惺惺地献策说：目前，日本大军已开至对马岛，即将在釜山登陆，朝鲜水师善于海战，如果日军驶抵釜山附近海面时，给予迎头痛击，必获全胜。朝鲜海陆军总指挥听信了奸言，命令元均率领500艘兵船出海迎敌。结果元均遭到日本水师伏击，几乎全军覆没。

接着，日本侵略者按原定计划，水陆并进，攻占了朝鲜的著名谷仓全罗道。朝鲜又一次面临着严重的民族危机。

明朝政府应朝鲜政府的要求，再次派遣4万大军，渡过鸭绿江，与朝鲜军队会合，组成朝中联军，向南挺进。1597年9月，联军抵达汉城与北犯的日军遭遇。朝中联军在朝鲜人民的积极支持下，连战连捷，迫使日军不得不向南退却。

同时，朝鲜政府在人民的强烈要求下，于1597年8月重新任命李舜臣为统制使。李舜臣复职后，大力复整朝鲜水师，建造兵船，使朝鲜水师的战斗力逐步得到恢复。

1598年7月，由陈璘、邓子龙率领的中国水师入朝与李舜臣率领的朝鲜水师合会。从此，朝中水师并肩作战，屡败日寇水师。

日本侵略军在朝中联军的沉重打击下，陷于进退维谷的境地。8月，丰臣秀吉在忧伤中死去。侵朝日军将领小西行长，为了逃脱覆亡的命运，再次提出和谈要求，遭到朝中方面的严正拒绝。

9月，朝中陆军分成左中右三路进攻日军的三大据点——蔚山、泗川和顺天，迅速将小西行长、加藤清正分别围困在顺天和蔚山。小西行长无计可施，只得派人突围至泗川请求援兵。11月17日，盘踞在泗川的日将岛建议弘率领500多艘兵船和大批士兵去解顺天之围，途中遭到突袭，于是出现了本文开头的一幕。

在这一战中李舜臣中弹身亡，为祖国流尽了最后一滴血。在这次战斗中中国水师将领邓子龙也英勇牺牲。但这次战斗取得了辉煌的胜利，日军彻底滚出了朝鲜。

缅甸的佛教与仰光大金塔

西方向来以基督教为宗教正宗。封建统治者为了更好地统治人民，因而广修教堂，其中有许多绝世之作。

东方则向来以神秘的印度佛教为正宗。因此，东方的封建国王们大兴佛寺。其中也有不少旷世之品，如印度尼西亚的波罗浮屠、柬埔寨的吴哥寺等。

在这些世界闻名的佛教建筑杰作中，还有一个也不得不提，它在佛教建筑中金光闪耀，璀璨夺目，犹如黄土中的珍珠、钻石一般，特别引人注目，那就是"仰光大金塔"。

仰光大金塔位于东南亚佛教圣地——缅甸。缅甸大约在公元5世纪开始盛行佛教。历代统治者都十分推崇佛教，大约到11世纪中叶，在蒲甘王朝的统治者阿努律陀国王统治时期，缅甸从斯里兰卡正式引进上座部佛教——小乘佛教，并且用缅文拼写了巴利文的三藏典籍。从此，整个刚刚统一的缅甸开始成为信奉单一的上座部佛教国家。蒲甘王朝大兴佛事，史有"建寺王朝"的称号，据说，在方圆仅26平方公里的蒲甘城，竟造有佛塔440多万座，号称"四百万宝塔城"。

后代封建国王也十分重视佛教。如缅甸最后一个王朝曼德勒王朝，对于佛教推崇更甚。曼德勒城，梵语即"多宝之城"，其中有一个世界著名的佛教圣地——曼德勒山。传说，2400 年前，释迦牟尼曾派弟子阿南陀来到这里宣讲佛法。现在，山上寺院的佛龛里还供奉着释迦牟尼的遗物，从山麓到山顶有一条长廊，一层层蜿蜒而上，共有 3380 多级。山上有 8 座大寺院，里面有许多佛像，大部分用金箔包身。其中有一尊释迦牟尼的木雕立像，高达 9 米，手中持念珠，姿态美妙，栩栩如生。

缅甸真可谓崇佛之极。但是，在如此众多的佛教建筑中，只有仰光大金塔最为杰出。

仰光大金塔坐落在仰光市区北部茵雅湖畔一座林木葱翠的登哥德拉圣山之上，像一只覆盖在地上的巨钟。缅甸人称仰光大金塔为"瑞大光塔"。在缅甸文字中"瑞"是"金"的意思，"大光"是仰光的古称。

据说，仰光大金塔建于公元前 585 年。相传，那时印度发生大饥荒，缅甸人科迦达普陀两兄弟，载了一船稻米去救济。在一棵菩提树下巧遇佛祖释迦牟尼，兄弟俩向佛祖敬献蜜糕，佛祖回赠二人 8 根佛发，回国后，兄弟俩将佛发呈献给缅王奥加拉巴。为珍藏圣发，缅王于是下令营造大金塔，地址选在登哥德拉圣山之上，以把佛发藏于塔内。到 11 世纪蒲甘王时，这里成为缅甸的佛教圣地。

据记载，大金塔最初建成的时候，塔身只有 8.3 米高。后来，仰光大金塔经过历代的多次修建，规模不断扩大。德彬瑞蒂王用相当于自己与王后体重 4 倍的金子，为金塔作过一次整修。1774 年，大金塔经过了一次最大规模的修整。阿瑙帕雅王的儿子辛漂信，亲自来到仰光，把塔身加高到现在的 100 米。并且在塔顶安装了新的金伞。

今天，呈现在我们面前的仰光大金塔，虽然历经无数的风雨，但依然规模宏伟，气度不凡。

大金塔周围有东、西、南、北四个大门。各门口左右两旁分别矗立着一尊巨大的石狮，它们昂首远望，守卫着这个佛教圣地。进了大门，各有一长廊阶梯从地面直通大理石平台。平台的最外围环以 64 座小佛塔，中间是 4 座庞大的中佛塔。这些佛塔以石料与木料造成。在小佛塔的壁龛中，各藏有形态不一的玉佛。塔下四角均雕有缅甸式的狮身人面像。在 4 座中佛塔的正中，也就是整个大理石平台的中央，就是金碧辉煌的主塔——仰光大金塔。

大金塔基座周长 427 米，塔身用砖砌成，上面贴满金箔，费黄金约 7 吨多。塔顶用黄金铸成，上面加有精致的宝伞。宝伞由金属制成，重约 1.25 吨，宝伞上挂有 1065 个金铃与 420 个银铃，伞下是一个直径约 27 厘米的金球。金球上镶嵌有近 7000 颗的红宝石、蓝宝石、金刚石以及其他的各种宝石，璀璨夺目。微风吹来，悦耳的铃声在空中荡漾，别具情致。大金塔内有一尊玉石雕刻的坐卧佛像，护以精致的栏杆。每逢佛教节日，前来参拜的人络绎不绝。

在塔的西北角与东北角各有一口古钟，前者建于 1778 年，重 25 吨；后者为缅王孟坑在位时捐铸，重 40 吨。这两口巨钟是幸福吉祥的象征，也是佛教文化的标志。据说，信徒连击三遍大钟，即可实现自己的夙愿，心想事成。因此，每天有不少善男信女，前来钟前敬拜，以期好运降身。

仰光大金塔不仅是缅甸民族文化的代表，而且是缅甸人民独立的象征。19世纪以来，殖民主义者的皮靴曾经几度践踏过它。缅甸士兵曾经用生命保卫过它。它所遭受的凌辱，正是整个缅甸民族灾难的见证，同时也是鼓舞缅甸人民斗志的象征。

古代东方奇迹——婆罗浮屠

婆罗浮屠，意即佛塔，是世界著名的佛教千年古迹。她位于印度尼西亚爪哇岛首府日惹。

据历史记载，公元824年，是夏连特拉王朝统治时期。当时，印度佛教已经传入，夏连特拉家族笃信佛教，为求善果，全国广修庙堂、佛塔。婆罗浮屠是当时最大的佛教建筑，工程浩大，统治者驱赶了几十万奴隶与农民，共开采了55000立方米石料，花了13年才建成。

建成之后，这里一直是佛教圣地，无数僧侣、香客接踵而来。据传佛塔里面藏有佛祖释迦牟尼的舍利骨。一时间，香烟袅袅，宛如仙界。1006年，火山大喷发，居民纷纷逃离，从此佛塔日渐荒废，逐渐被埋在风沙之中。14世纪中，伊斯兰教进入爪哇，佛塔逐渐被人们遗忘。19世纪初，爪哇被英国占领，英国总督在游乐时发现了这座宏伟瑰丽的古代建筑，并组织人开始挖掘、修复。1973年8月，在联合国文教基金会的援助下，当地政府开始大规模地修复婆罗浮屠，经过10年的艰苦劳动，直到1983年2月23日，完美如初的婆罗浮屠才重新展现在世界人民面前。

婆罗浮屠位于日惹市北41公里处的一座小山丘上。她采用印度佛教的建筑艺术，是一个阶梯状、外方内圆、四面对称的实心佛塔，共有10层，从底到顶层窣堵坡共31.5米高，佛塔的设计、雕刻忠实体现了佛教教义。最底两层是基座，呈正方形，边长约111.5米，占地约1.22万平方米。中间五层方阶，逐层收缩，象征"地界"，每层方阶外侧有障壁，形成四面环绕的重重廊道，廊道内视野封闭，每隔几步就有一石壁佛龛，中间有一坐禅佛像，五层共有佛像432个，神情各异，千姿百态。廊壁上满是浮雕，描绘着佛本生的故事，取材于大乘经典，形象生动，描绘了人生由尘世到极乐世界的过程。廊壁内浮雕有2000多幅。所以，婆罗浮图又称为"千佛塔""千佛坛"。再向上到第八层豁然开朗，三层圆阶逐步缩小，布置着三圈共72个石刻镂空的窣堵坡。每座窣堵坡中有一尊佛跌坐像，外视不见全貌。这三层圆阶象征"天界"，72座窣堵坡意味着佛教悟道，其玄妙教义不再诉诸形体。在这72座环形的窣堵坡中央，是一座直径为9.9米的大窣堵坡，大窣堵坡为实心体，其中奥秘不可窥探。寓意着不可捉摸、非物质形态的最高境界。婆罗浮屠气势宏伟，四面中间各有一条笔直的石道直达塔顶。每一层正中都有拱门，上面刻有怪兽的形像，用以守卫圣地，阻退恶人近佛本身。婆罗浮屠整个建筑构造严谨，犹如一巨大的曼陀罗（佛教圆行或方形的修法坛场），体现了佛的神圣与庄严，显示着爪哇人民的聪明与才智。

婆罗浮屠是世界上最大的佛教建筑之一，她同中国的长城、埃及的金字塔、柬埔寨的吴哥寺一起被誉为古代东方四大奇迹，是智慧的古代印度尼西亚人献给世界的圣礼。

古代东方奇迹——吴哥古寺

传说，在柬埔寨金边湖畔无际的原始森林中有一座美丽而神秘的古城。那里藏着无数的珍宝，所有的建筑都是由黄金构成，到处镶着价值连城的宝石，而且普通的金币银币到处都是，铺满了路面。河里流淌的是香甜的牛奶，房间里摆满了稀有的美味……那是一个极乐世界。生活在那里的人无忧无虑，永远年轻。但是，只有幸运的人才能找到它。而且还要经过九九八十一层刻苦的修炼才能到达极乐城内部，过上神仙般的生活。

1861年1月，法国科学家亨利·莫阿为了寻找热带植物标本，来到了金边湖畔。他稍作休息，开始向森林深处行进。当他正用锋利的刀劈断藤葛时，他的视线被一大块平整的巨石吸引，虽然上面生满了苔藓，但仍隐约露出优美的线条构成的图案。这里怎么会出现人工建造的石块？他疑惑地抬头四面眺望，透过层层的树影，就在前面不远，他看见一片辉煌的建筑群。他惊异地跑过去，激动得好像哥伦布发现了新大陆。登上高处，在苍茫的林海中，隐现着无数的宫殿、宝塔与寺庙。亨利·莫阿是一位幸运者，他证实了那个美丽的传说，但也毁坏了那个传说。那是一片无与伦比的建筑，但是没有一个人，他没有碰到一个人。只有美丽的鸟与远古的风相伴。

这片古建筑群就是世界闻名的柬埔寨吴哥石窟，又称为吴哥寺、小吴哥。它与中国的万里长城、埃及的金字塔、印度尼西亚的婆罗浮屠并称古代东方四大奇迹。

吴哥寺是柬埔寨故都吴哥建筑群中最为壮观的一景。故都吴哥位于暹粒省金边湖北面，系9世纪初吴哥王朝所建，这里集中了历代国王兴建的许多宫殿庙宇。吴哥寺建于1112年至1152年，正是高棉国王苏利耶跋摩二世统治盛期，当时经济繁荣，文化兴盛，造就了这一东南亚最宏伟壮丽的建筑群。

吴哥寺兼容佛教和婆罗门教教义，同时又是苏利耶跋摩二世的陵墓。整个建筑占地长1550米，宽1400米，外有壕沟，内设数重回廊。入口门楼设于西面，隆重华丽，作为陵寝，附会佛教西方冥界。主体建筑是筑于三层台基上的一组尖塔，中央一座，其余分布于四角，神殿设于塔内，称金刚宝座塔。吴哥寺原有尖塔9座，尖塔簇立，象征佛教传说的宇宙中心须弥山，但现在只剩5座。顶层台基上的中央尖塔体积最大，塔尖离地65米，塔身收缩成曲线，浑厚端庄，台基四角各置一造型相同，体积较小的尖塔，成拱卫之势。塔身表面布满莲花蓓蕾式的雕饰，底层回廊长215米，宽187米，高2米，石砌廊壁上全是浮雕，曾敷彩镀金，总共800余米。浮雕题材部分取自印度两大史诗《罗摩衍那》和《摩诃婆罗多》，部分歌颂国王领导将士抵御外敌的光荣业绩，人物众多，神态各异，栩栩如生。浮雕场面宏大，表现了空间纵深层次，体现了印度佛教艺术风格的影响，同时大量的螺旋状图案雕饰具有典型的地方风格，显示了民族民间艺术的特色。吴哥寺全部建筑用石块砌筑，有的石块竟重达8吨，建筑时没有使用灰浆之类的粘合剂，显示出柬埔寨人民的勤劳与高超的建筑艺术，以及繁荣的文化艺术底蕴。

然而，这一世界文化的珍宝在公元1433年之后，却奇迹一样地消失了，只留下那美丽的传说，一直到1861年才被幸运的亨利·莫阿发现，从而为世界人民寻回了这座无价的珍宝，让世界人民更为东方古代文明的辉煌而赞叹。现在，吴哥寺已成为世界著名的游览圣地。

古代中西海上交通

中国古代很早就同西方进行海上交通，沟通了人民之间的友谊。西汉时期，由于中外友好往来的需要，开辟了通过南海至东南亚及印度的海上航路。

汉武帝在位时（公元前140—前87年），中国人乘着装载黄金和丝绸的海船，从广东的徐闻、合浦出发，穿过南海，经印尼、缅甸，远航至印度东海岸，在那里"市明珠、璧琉璃、奇石、异物"。差不多同时，印度人也绕过马六甲海峡，运货到中国来进行贸易。

在西汉时期，技术尚不发达，怎样才能远涉重洋到达印度呢？没有坚固的能经受大海波涛的船只是不行的。中国是具有悠久造船历史的国家，远古时代的人们受树叶浮于水上，独木顺流而下的启发，便制造了舟楫；春秋战国时期中国的东南沿海出现了造船工厂；秦汉时期，统治阶级重视"耕战"，造船业得到迅速发展；汉武帝时期，已能建造容纳1000人的战船，这类大型船舶，具有坚固的船体结构和良好的航海性能，为持续远航提供了条件。

古代的航海中，船舶航行的动力主要靠风力，勤劳智慧的人民在长期实践活动中发现了太平洋信风的规律。夏季海上气压高，亚洲大陆气压低，风从海洋吹向大陆，形成西南季风。到了冬天，亚洲大陆气压高，海洋气压低，风从亚洲大陆吹向海洋，形成东北季风。冬天，从中国沿海出发的海船，利用东北季风通过南海，到印尼，再穿过马六甲海峡，直达印度和斯里兰卡。然后再候得西南季风，从原路返回。但如果对季风规律掌握不好，便会出现一些事故或者中途耽搁。公元411年9月，到印度去取经的一位法显和尚，从斯里兰卡搭商船回国。由于这时已是西南季风之末，东北季风将起，出发后发现风向不定，费了三个多月才航行到爪哇，并不得不在爪哇滞留到次年5月，待西南季风再起，才改乘另一艘商船回国。

中国和印度航线的开辟，使中国和东南亚沿海各国建立了直接的贸易往来，同时又通过阿拉伯人，间接沟通了伊朗和埃及。

阿拉伯人聚积在阿拉伯半岛，由于东濒波斯湾、南临印度洋、西界红海的特殊位置，使其成为东西方交通的枢纽。早在公元前几世纪，阿拉伯人发现了印度洋季风的秘密，他们航行于红海、波斯湾和印度、斯里兰卡之间，将东方各国的货物，包括中国的丝绸和印尼马鲁古群岛的香料，运到红海的苏伊士，然后由骆驼运至埃及的亚历山大港，再转运欧洲。他们又将西方的货物以及非洲的象牙和香料，贩运到印度，再转输中国和其他亚洲国家。

公元45年，一个名叫希帕努斯的罗马水手，探知了印度洋信风的奥秘。从此以后，罗马商人便接连出现于印度洋上。他们沿着阿拉伯人开辟的航路，从埃及出发，航行于印度洋上。除阿拉伯人之外，印度人也在中国与罗马帝国之间进行中介贸易。

汉代时，中国称罗马帝国为大秦或黎轩。公元前2世纪下半叶，张骞通西域之后，通过著名的丝绸之路，中国与罗马帝国有了间接的往来。公元166年，一个自称是罗马帝国使者的叙利亚商人，经海路到达印度支那，然后从那里来到中国，向汉朝赠送了"象牙、犀角、玳瑁"等物，第一次实现了罗马同中国的直接交往。三国和东晋时期，罗马帝国陆续遣使中国。公元226年，罗马商人秦论取海路来与吴贸易，孙权待他如上宾。自秦论访问中国以后，吴国派往扶南等国的外交官员康泰，在所著《吴时外国传》和《扶南传》中注意了有关大秦和通往大秦海路的情况。

关于中国船舶直达波斯湾的时间，据阿拉伯历史学家说，公元5世纪常常看到中国船舶来往于幼发拉底河上。不过，直到公元7世纪以后，中国和阿拉伯的海上交通才频繁起来。中国出产的丝绸、瓷器和纸张，很受阿拉伯人的欢迎。

唐宋时期，中西海上交通盛极一时，广州、杭州和泉州都是当时国际贸易的重要港口。阿拉伯大旅行家伊东·白图泰曾经访问中国，盛赞泉州为"世界最大港之一，或称为世界惟一之最大港亦无不可也"。

中国的造船和航海技术，在唐宋时期不断改进。远航海船一般采用尖底造型，船身扁阔，平面近似椭圆形，多帆樯，设计精良，配备齐全，船身巨大，"不忧巨浪"，深受各国赞赏。中国不仅造船技术居于世界的前列，还是首创用指南针导航的国家。指南针又叫罗盘针，利用磁针在地磁场中能定向的原理制成。早在战国时期，中国劳动人民已经发现了磁极的指极性，用"司南"辨认方向。"司南"便是指南针的雏形。后来经过改进，将磁石磨成针，放在手指上或碗边上来确定南北，北宋的政治家和科学家沈括（1030—1093年）觉得上述方法仍不完妥，磁针在摇摆不定的船上容易滑落，于是他建议用蜡将单线缀在针腰，这就是最早的罗盘。因此，到了宋代，中国海船便使用罗盘测定方向了。后来指南针由中国传入阿拉伯，再由阿拉伯人传到欧洲。罗盘用于航海，有力地促进了航海事业的发展。

中国同东非直接的海上交通，开始于唐代。在这之前，两者之间的贸易往来，都是通过印度人和阿拉伯人转手。公元977年，阿拉伯使节访问北宋朝廷，有一随员"目深体黑"，这可能是访问中国的第一位非洲黑人。1071年和1083年，桑给巴尔（层檀国）的使节，经阿曼、南印度和苏门答腊，两度访问中国。这是东非国家同中国建立直接友好往来的开端。在宋代，中国海船在印度洋上的航程也继续延伸到了亚丁湾和东非。

1405年至1433年，明朝郑和七次下西洋，遍访亚非三十几国，是古代中西海上交通史上的壮举。郑和的船队常拥有60多艘大船，连同中小船只，共有100多艘。船队在一望无际的海洋上航行，浩浩荡荡，绵延数里，蔚为壮观。其航行路线是：从东南沿海出发，经印度支那、印尼、穿越马六甲海峡，到达斯里兰卡和印度。然后或横渡印度洋，直抵东非海岸；或进入阿拉伯海，经波斯湾及亚丁湾，抵达东非。

中西海上交通的开辟，在中国与亚非各国之间架起了一座友谊的桥梁。通过这座友谊的桥梁，中国和亚洲、非洲各国的无数友好使者，不畏惊涛骇浪，彼此进行访问，增进了相互之间的了解。通过这座友谊的桥梁，中国和亚非各国互通有无，对各国的社会经济发展产生了良好的影响。通过这座友谊桥梁，中国和亚洲非洲各国彼此进行文化交流，取长补短，互相学习。

15 世纪末、16 世纪初，西方殖民主义者踉跄东来，到处烧杀掳掠，横冲直撞，在海上掀起一阵阵恶浪，从而阻碍了中国与亚非各国友好往来。但是，共同的遭遇却加强了中国人民和亚非人民的相互同情和支援。近代以来，在反帝、反霸、反殖的伟大斗争中，中国人民和亚非各国人民往来又有了新的发展。

世界历史五千年

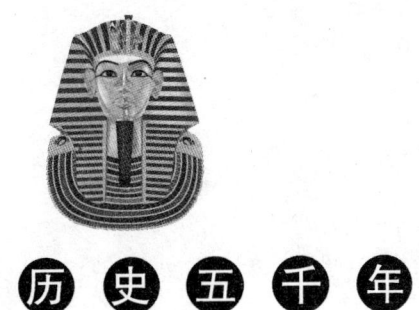

封建时代

蛮族的入侵

正当罗马人徜徉于跨洲大国的胜利之中时,一场浩劫在默默酝酿中,中国在沐浴汉王朝的光辉文明时也在和古罗马一样承受着痛苦。这是一场空前的浩劫,代表古典文明的国家都遭受了这次创痛,中国汉朝、印度笈多王朝、伊朗萨珊王朝和古罗马帝国无一例外。这场浩劫就是3至6世纪的蛮族入侵。它结束了古典文明,预告了中世纪文明的到来。

"蛮族"是对欧亚大陆各文明国家北方游牧民族的统称,包括匈奴人、突厥人和日耳曼人,由于它们的游牧文明比之于农业文明落后,故有此称。

蛮族的入侵肇始于他们自东向西大范围的迁移,而这次迁移又因为匈奴对汉王朝的战争而失败。匈奴在其领袖冒顿单于的率领下成为一个强大的民族,在击败林胡等邻近民族之后直接威胁到汉王朝的边境安全。汉高祖刘邦在平城迎战匈奴,被匈奴围困七天七夜,后用陈平之计方才脱身,这次失败使得汉王朝长期奉行和亲政策。但到汉武帝时,汉王朝的国力空前强大,于是汉武帝一改无为而治的治国方略,对匈奴采取攻势。公元前133年至前119年间,汉将卫青、霍去病屡败匈奴,深入匈奴境内2000余里,收复失地,巩固边防。在强大的汉军打击下,匈奴分裂为南北两部,南单于率部降汉,北匈奴西迁。

匈奴人北单于和一些大贵族率领部众于公元91年离开了漠北,向西方迁徙,迁向中亚和欧洲。而留下的一部,在汉族先进文化的影响下,逐渐弃牧务农,为了寻求较好的耕地,向南方农耕地区迁徙。之后,这些内迁的民族上层人士利用西晋内部的矛盾,以本族武装为基础,相继起兵反晋,建立割据政权。从4世纪初至5世纪中叶,它们在中原地区先后建立了16个政权,历史上称为"五胡十六国",实际上不止这些数字。它们的入侵,严重威胁了汉族文明,成为中国历史上最长时期的动乱因素。

而西迁的匈奴人,却给西方世界造成了多米诺骨牌式的冲击。公元372年,匈奴人越过伏尔加河。在俄罗斯平原,他们迅速击败最东边的日耳曼族东哥特人,接着,又胁迫邻近的西哥特人渡过多瑙河,进入罗马帝国境内,而这些被迫西迁的日耳曼人,受到了罗马人的残酷压榨，当他们无法容忍罗马人的虐待时，便武装反抗罗马人的统治，最终将罗马帝国毁灭。

此后数十年，日耳曼人和匈奴人的铁蹄又践踏了意大利、高卢以及巴尔干半岛。

公元445年，阿提拉上台，匈奴人的势力达到极盛，罗马人与日耳曼各派势力在错综复杂的斗争中，都想拉拢匈奴人以制服对方，而阿提拉在各派势力的矛盾中巧妙周旋，从中渔利。公元451年，阿提拉率领匈奴人联盟冲进高卢人的心脏，严重威胁了罗马和新建的蛮族国家的利益，罗马大将阿埃提乌斯组织了联军迎击阿提拉，双方在卡塔劳温战场发生激战，不分胜负，于是便绕过阿尔卑斯山，从东方进入北意大利，先夷平阿奎利亚，后征服波河下游地区，突然出现在未设防的罗马城门前，但是并未入城，使罗马城幸免于难。个中原因，后人无法得知。一种说法是罗马的主教利奥一世说服了这位匈奴人首领，另外一种说法是匈奴军中发生瘟疫，粮食供应不足，而且东罗马的援军已经到来，阿提拉不得已而撤兵。阿提拉挥师北上，一年之后，他暴卒于新婚之夜，身边躺着他的日耳曼新娘。此后，他的帝国随即崩溃，匈奴人定居在多瑙河下游，东哥特人的暂住地潘诺居丘，逐渐从历史中消失，而西罗马帝国得以苟延残喘。然而，匈奴人的大肆破坏，粉碎了罗马帝国对诸国的控制，他们游刃有余地进出罗马边境，使得罗马的边防不堪一击。阿提拉带着令人生畏的名字走进史册的故纸堆中。但罗马人并没有万事大吉，现在还不是他们弹冠相庆的时候，因为日耳曼人来了。

日耳曼人在公元前已经居住在欧洲中部：北起波罗的海，南达多瑙河，西自莱茵河，东迄维斯杜拉河之间的地域内。在恺撒所著的《高卢战记》一书中，可以窥见其生活状态。这时它们还处于刀耕火种的原始农业时代，但农业对于他们没有太多的吸引力，他们将畜牧业、狩猎作为生存之本，在组织上他们处于部落时期，军事上实行民主制，类似于满族人关前的八旗制度，但这时的军事组织不是常设机构，战争一结束，官兵便解甲归田。可见，此时他们还是处于原始社会时期。

公元3世纪之后，日耳曼人的生活有了显著的进步，他们可以制造铁器，在日耳曼居地北方诸部中，金属加工业、织布业和造船业相当发达。在公元2世纪时，日耳曼的农业由刀耕火种进到休耕制，甚至出现了二圃制，在畜牧方面亦有长足进步，已可以培育出优良品种的马和牛。而定居在莱茵河沿岸的法兰克人，最早完成了畜牧业向农业的过渡，在人口和总实力的增长上也最快。但总的来说，日耳曼人的生产力水平还很低，城市还没有出现。

罗马人在征服高卢之后，其北方边境便与日耳曼人近在咫尺了，全长500公里的边境线外，分布着大约500多万日耳曼人，他们之间的矛盾便是不可避免的了。起初罗马人采取攻势，掠夺奴隶和扩张领土。但是罗马帝国的国力日见衰微，使得他们越来越抵挡不住日耳曼人的压力。庆幸的是，日耳曼人的各部落虽然有相同的宗教信仰和社会制度，也有相近的语言，但他们之间的积怨很深，统一意识非常薄弱，相互之间争斗不已，因而使罗马帝国长久地幸存下来。在日耳曼人通过各种渠道不断渗入罗马帝国时，罗马人采取了以日耳曼人对付日耳曼人的办法：一方面，他们对一部分日耳曼部落移居境内，给予一定保护政策，让他们为罗马帝国防守边界，视之为同盟者；另一方面，他们挑唆各部落间的战争，使之无力亦无暇入侵罗马。但是这种政策却是脆弱的，罗马帝国无可避免的衰弱将无可避免地使其丧失对盟友的控制,而丧失对盟友的控制将无可避免地使罗马大门洞开。

当匈奴人发起了前所未有的进攻的时候,罗马人苦心经营的纵横捭阖的政策便轰然崩塌了,日耳曼人趁着匈奴人将罗马人摧毁得奄奄一息的时候,给了罗马人致命的一刀。

公元378年,西哥特人在弗里提格伦的率领下举行起义,在阿得里亚堡附近击败皇帝瓦伦斯的军队,罗马军队几乎全军覆没,瓦伦斯阵亡,从而打破了罗马人战无不胜的神话。这次的起义被狄奥多西皇帝镇压,但在其死后,阿拉里克再度率西哥特人崛起,并于公元410年攻陷罗马。阿拉里克纵兵大肆焚掠,虏走皇帝的妹妹,满载而归。罗马古都"永久之城"的陷没,标志着罗马帝国的彻底没落。

在罗马军队节节败退之时,日耳曼人在罗马的领土上建立了自己的国家。

公元407年,盎格鲁、撒克逊等部落占据了英格兰;公元411年,汪达尔人割据了西班牙行省;公元419年,西哥特人以土鲁斯为中心建立了西哥特国家。与此同时,勃艮第人占据了罗讷河流域,法兰克人在高卢北部扩张。

终于,在公元476年,西罗马末代皇帝罗慕洛斯奥古斯都被日耳曼人首领奥多亚塞废黜,这一事件标志着西罗马帝国的终结。

东罗马帝国在上述事件之后亦曾力图恢复古罗马帝国的辉煌。查士丁尼说,他希望"上帝将授我们以罗马人因怠惰而丧失的那片帝国领土",他也曾努力过,并且在20年间成就非凡,一度又使地中海变成罗马内湖。但历史无情,阿瓦尔人像匈奴人一样,带来了欧洲历史的连锁地震,他们将伦巴第人赶到意大利,而伦巴第人又将东罗马的军队逐出亚平宁半岛,查士丁尼的梦想最终破灭。

公元568年,伦巴第人建立了自己的王国,首都在拉文那,为欧洲民族大迁徙划上了一个句号。

而在东方的中国,却有相反的结局,虽然一度有过畜牧业取代农业,阿尔泰诸语言取代汉语的危险,但是最终隋朝统一中国,使得这一危险化为乌有。而内徙的五胡,亦多被同化。塞外的突厥分裂成东西两部,并在唐时被彻底打败,从而又有了突厥的西迁。

西方的民族大迁移,虽然毁灭性极强,但所谓不破不立,侵略不过是给注定要消亡的文化以致命的打击,却催生了新的文明,新的文明在此时已经如怀胎十月的孩子,呼之欲出了。在这次浩劫中,所有地区的文明都幸存下来了,惟有西方例外。因此,西方文明才能够毫无束缚地朝新的方向发展,新的技术、新的制度、新的观念,在这里没有任何的历史枷锁,从而超过欧亚等其他幸存的文明,显示了无可比拟的优越性。

化学的起源——炼金术

阿拉伯炼金术是化学发展史上重要的一页,科学起源于巫术和蒙昧,正是炼金术奠定了化学的基础。在西方语言中,有很多词是从阿拉伯转化而来的,可见阿拉伯炼金术之影响巨大。

炼金术的理论根据是希腊古典哲学家提供的。柏拉图认为，物质本身没有性质，它的外在形式就是它的性质，它可以变化。这种唯心思想到亚里士多德更加重了伦理色彩，他认为世间万物都在做出努力，努力向着尽善尽美的方向改变自身，所以人可以帮助万物转化。希腊晚期的哲学家进一步认为，自然万物，都有内在的灵气，都有生长的趋势，都是活的有机体。

以上这些思想综合起来，被炼金术所采用。一部分哲学家想使贱金属成为贵金属，换掉贱金属的灵气就可以成为贵金属了，因此开始研究具体操作。而很多工匠在从事冶金铸造的过程中发现很多金属的光泽发生改变，他们经常制造一些假金属，真假难分使他们具备了很多技术，后来在唯心哲学的影响下，技术与思想指导相结合，炼金术就盛行起来了。

实用的炼金术通常经过四个步骤：第一，把锡、铅、铜、铁熔合成一种黑色合金，在这种合金中，锡、铅、铜、铁都失去了自己的心灵和本性，而成为"一体性"的某种物质。第二，加入水银、砷或锑，使铜变成白色，从而和白银相似。第三，加入少量黄金，用作"发酵剂"。最后一步是用硫磺水，即硫化钙或染媒剂来处理这种白色合金。这样，合金就呈现黄色，在炼金术士们看来，颜色发生变化，金属的性质就变了。实际上今天我们知道，它们不过是合金，根本没有发生质变，但那时术士们是孜孜不倦地追求炼金技术的，他们"点石成金""点铁成金"，忙得不亦乐乎。

亚历山大时期，炼金术流行了300年。直到公元292年，罗马皇帝戴克里才下令禁止，把炼金术士驱散，炼金书籍烧毁。

亚历山大时期著名的炼金术士是佐西默斯，他神秘地把宗教仪式和炼金过程混在一起，把四个过程称黑变、白变（成银）、黄变（成金）、净化。这样使下贱低微的金属变成具有高贵灵魂的黄金。这虽然是荒唐可笑的，但也可以使人们的技术提高，尤其是化工工艺水平。炼金术士们发明制造的蒸馏器、熔炉、烧杯、过滤器等化学用具，直到今天仍是化学实验室里的常用设备。

公元8世纪前后，中国的炼丹术传入阿拉伯，在亚历山大传统和中国炼丹术的基础上，阿拉伯掀起了第二次炼金术高潮。

在阿拉伯人的炼金术中，占中心地位的理论是"精灵"和"形体"。凡易挥发的都称为"精灵"，像水银、硫磺等等。"精灵"中硫易挥发，好动，属火，是雄性；但汞好静，属水，是雌性。汞硫结合，就像雌雄动物的交配和人的结婚，可以生下后代，那么汞和硫结合就可以生成各种金属。所以炼金主要使用硫化汞。

阿拉伯炼金术中有两个人最为著名，一位是前期的贾比尔，一位是他之后的阿尔·拉兹。

贾比尔是一位医生，他特别注意观察化学反应。他把水银信奉为童女，说它能起死回生，能将贱金属统统变成黄金。贾比尔提出了金属的两大组分理论。他认为金属之所以贵贱不同是因为含汞和硫不同。谁含的汞多就高贵，含的硫多就低贱，所以必须改变汞与硫的比例。这样他在炼金过程中采用了分析计量的方法，走上了实验科学之路，成为近代化学的先驱。

阿尔·拉兹也是一位著名的医生,在巴格达十分出名。他的著作《秘密的秘密》记下了很多化学反应,提出了汞、硫、盐三种元素说,一直影响到17世纪。

炼金术传到欧洲,正赶上欧洲中世纪时期,结果更加走向愚昧。贪婪的君主们雇佣炼金术士不分昼夜工作,炼取黄金。并且教会利用炼金术宣扬教义,扬言只有借助咒语、祈祷、卜卦、招魂等等才能炼出真金。这种情形长达四五百年。

总之,炼金术盛行东西方2000多年,它告诉人们,文明是从愚昧中走出,科学是从无知中而来。千万莫走回头路,相信科学,莫要迷信。

确立基督教哲学的奥古斯丁

公元386年的一天,一位男子在他的好友面前表示要彻底忏悔,说自己信奉摩尼教,评议《圣经》是犯了罪过。跟着就像发疯似地跑进花园,在那里哭泣、顿足、捶胸、敲额,随后又将跟在身边的好友赶走,躺在一棵无花果树下痛哭流涕。据他说,由于他的虔诚,上帝显灵了。一个男童要他读使徒保罗的书,唱着:"拿着,读吧!拿着,读吧!"他读了保罗《罗马书》的两节,顿觉一道恬静的光射进了他的心房,驱散了心中阴霾笼罩的一切疑团,于是决定受洗。这年秋天,他辞去教授职务,以便"献身上帝"。

这个"献身上帝"的人是古代基督教会的著名神学理论家和著作家——奥古斯丁。公元354年11月13日,他出生于北非塔加斯特城以北60公里的一个小镇上。父亲名叫巴特利亚乌斯,是当地的多神教教徒,以能宽容异教著称。母亲蒙尼卡出生于罗马贵族家庭,是一个虔诚的基督教正统派教徒,她的信仰对奥古斯丁有一定影响。

他在启蒙学校里学习拉丁文和算术,并读荷马、维吉尔的作品。12岁时,他被送到塔加斯特城的一所文法学校。后又被送到马都拉城,去攻读文法和雄辩术,不久又转到迦太基去求学,主攻修辞学将近5年。在迦太基,他热烈地追求荣誉,同时过着放荡、任性的生活。

公元373年,他成为一名摩尼教徒,同时研究星相、占卜,还阅读罗马作家西塞罗的著作,从此对哲学产生了浓厚的兴趣。后又读了柏拉图、亚里士多德的一些著作。

奥古斯丁的宗教信仰,与当时北非的状况有密切的联系。当时在北非有重大影响的有三个教派:一是摩尼教,当时在北非有相当广泛的影响;二是基督教的多拉图斯派,努米底亚柏尔人大多信奉这一教派,但公元313年米兰敕令后,罗马皇帝君士坦丁曾下令不给这个教派以合法地位;三是基督教正统派,它当时在北非的势力不很大,还不如前两者。因此,奥古斯丁选择摩尼教作为自己寻求出路的靠山。

公元375年奥古斯丁从迦太基的学校毕业,回到塔加斯特教授雄辩术近一年。公元376年,他到迦太基的学校教授雄辩术,延续了7年多。他的思想在这段时间经历了一些重大的变化。他一度竭力研究星相术的狂热下降了。与此同时,他对摩尼教也日益疏远。4世纪70年代,基督教正统派进一步与罗马政权结合,教会的势力正迅速发展,摩尼教在北非的势力减弱了。这是他与摩尼教疏远的真正原因,在此期间,奥古斯丁又接触到新柏拉图主义和新斯多葛主义的著作。他在迦太基教书不受学生的欢迎,因而于公元 383 年动身去罗马。

在罗马,他在自己住处招收学生讲授雄辩术,同时研究新柏拉图主义。新柏拉图主义宣扬神是万物的源泉和归宿,是一种神秘的唯心主义哲学。这种哲学后来成为奥古斯丁教授哲学的基础和灵魂。他在罗马教书不到一年,通过罗马摩尼教徒的帮助,谋得了在米兰市教授雄辩术的职位。公元 384 年,奥古斯丁到米兰之后就去拜谒当时权势显赫的米兰大主教安布罗西,并曲意拜文化水平比他低的安布罗西为老师。他听安布罗西解释圣经后,摆出一副开始悔悟的样子。他说自己过去读《圣经》拘泥于字句,以致走上了死路,过去信奉摩尼教,评议《圣经》是犯了罪过。

于是公元 386 年的一天,又发生了文章开头的一幕。公元 387 年 4 月 24 日,奥古斯丁在米兰接受安布罗西为他主持的洗礼。公元 388 年他回到家乡,按当时修道院习俗隐居了 3 年。然而,实际上他并不是在隐修,而是在从事种种活动,他和他的朋友结成了一个小的宗教团体,以求扩展势力。同时,他把斗争的矛头指向摩尼教,以向基督教会献媚。为此,他写了几种论著,出席公开辩论,诋毁摩尼教。这样,奥古斯丁在教会内开始有了点名气。公元 391 年,隐居期满,他在希波城拜谒该城主教瓦勒里乌斯,受到赏识,被选为希波教会的神甫,举行了神职人员授职礼,并当上了瓦勒里乌斯的助手。公元 392 年,罗马皇帝狄奥多西颁希法令取缔异教,使基督教正统派成为罗马国教。正统教会加紧迫害异教和异端。公元 395 年,瓦勒里乌斯死去,奥古斯丁升为希波主教,此后一直任职到死。

奥古斯丁从任神甫起即直接参与打击多拉图斯教派和阿哥尼斯特斯的活动。多拉图斯派形成于 4 世纪初,它保留了早期基督教的一些特点,实行教产公有,反对教会与罗马政权结合。4 世纪 30 年代曾组织发动北非努米底亚、毛里塔尼亚奴隶、隶农发动起义。4 世纪中叶,这个教派和阿哥尼斯特斯几次受到挫折,但仍坚持斗争。公元 393 年,奥古斯丁利用多拉图斯教派内部发生的分歧,向多拉图斯教派发动进攻,又乘罗马军队镇压毛里塔尼亚的柏柏尔人起义之机,鼓动大地产主强迫隶农改信正统教派。他频频地召集会议,一面表示正统教会应向多拉图斯派作些让步,一面向罗马政府提供多拉图斯派和阿哥尼斯特斯活动的情报,要求罗马政府加紧镇压。后来,在奥古斯丁积极活动下,正统派迦太基会议决定请求皇帝干预教派事务。公元 405 年 2 月 12 日,西罗马皇帝宣布多拉图斯派为非法,多拉图斯派教徒遭到了更残酷的迫害,不少教徒被屠杀。

公元 409 年至公元 410 年,阿哥尼斯特斯运动又形成了新的高潮。在一封信中,他辱骂阿哥尼斯特斯"狂暴起来""违反法律达到疯狂的程度",诬蔑奴隶、农奴反抗主人是"厚颜无耻",叫嚷阿哥尼斯特斯是这一切的"罪魁祸首"。

公元 411 年,迦太基总督马尔策林召开迦太基宗教会议,多拉图斯派领袖佩蒂利安、演说家哥丹契和奥古斯丁等在会上展开了舌战。马尔策林(正统派教徒)偏袒一方,将辩论变成了对一派的审判。公元 412 年 1 月 30 日,罗马皇帝宣布多拉图斯派有罪,规定如不改信正统派,即没收财产、实施肉刑等。多拉图斯派的教堂被没收,教徒被屠杀或被迫自杀(殉教),死者不计其数。迫害引起了阿哥尼斯特斯更剧烈的反抗,他们焚烧正统派教堂,刺杀正统派神职人员。

从这时到 20 年代,奥古斯丁非常活跃,写了不少文章,作了不少讲演来打击多拉图斯派和阿哥尼斯特斯。他还提出两项所谓"原则"以对付多拉图斯派：一是"恐怖有益"，鼓吹以恐怖手段对付异端，这个"原则"为后来两欧教会设立宗教裁判所袭用；二是"强迫进来"，即强迫其他教派改宗正统教。北非的正统教会和罗马政权实际执行了奥古斯丁的这些"原则"。

此外，奥古斯丁还不遗余力地打击其他异端和异教，从事一些迫害对手的活动。

公元430年5月，日耳曼族汪达尔人包围了希波城。8月28日，76岁的奥古斯丁死于被围的希波城内。

中世纪艺术的第一个高峰

中世纪是指欧洲的封建时代。这一时代由于严厉地推广"一种信仰"的基督教，把古代希腊罗马的文化艺术几乎扫荡得一干二净。因此，爱好文明，尤其是推崇古代文明的学者称中世纪为"黑暗的时代"与"艺术的荒蛮时代"。

但是，中世纪虽然毁灭了古代文明，却也建立了自己特别的文明。中世纪依然有自己的艺术，只是不再是"人神合一"的维纳斯，而是变成了绝对崇高的上帝。

中世纪第一个艺术高峰称为拜占廷艺术。

公元395年，罗马帝国分裂为东西两帝国。东罗马帝国首都君士坦丁堡是古代希腊移民城市——拜占廷的旧址。因而东罗马帝国又称为拜占廷帝国。西罗马帝国灭亡之后，东罗马帝国却继续保持了约两个世纪的相对稳定、繁荣的时期，并将帝国的历史持续到15世纪。在这一段时期内，拜占廷以基督教（后来特称为"东正教"或"希腊正教"，以区别于西方的罗马天主教）文化为主体，又保留了较多的古希腊、罗马文化，并且吸收了东方阿拉伯、伊斯兰的文化，从而形成了独特的艺术风格，称为"拜占廷艺术"。

拜占廷艺术的第一个黄金期大约在6世纪。这一期间在君士坦丁堡兴建的索菲亚大教堂被认为是拜占廷艺术的典范。教堂宽敞高大、气魄雄伟，中间巨大的圆顶稳定地搁在四个拱门上，这种饱满的拱形圆顶一向在西亚流行。所以当15世纪拜占廷陷落之后，土耳其人只须在教堂外的四角添上四条尖顶圆柱，就成为他们的清真寺了。这座曾被誉为"东方与西方，过去与未来结合"的索菲亚教堂，内部装饰也极为富丽堂皇，特别是以碎瓷、金属和石料嵌成的所谓"马赛克"壁画，此后一直成为拜占廷美术中心的代表形式。当时一位官员这样评价马赛克艺术："拱形屋顶下展开一块块金色的彩画，像金色的水流用它金色的光芒照射人们的眼睛，使人们难于凝视，就像仰望着春天正午的太阳。"中世纪实行宗教封建统治，皇帝就是上帝的直接代言人，拜占廷人以华贵的金银材料与缤纷的彩色图案来装点教堂与一切圣物，以暗示宗教势力的宏大与"天堂"中的幸福，这种风尚也是自拜占廷艺术开始的。

马赛克镶嵌画中最有代表性的作品是意大利拉文纳的圣·威塔尔教堂中的纪念查士丁尼大帝的《查士丁尼大帝和随从》与纪念皇后西奥朵拉的《皇后西奥朵拉和随从》两幅壁画。查士丁尼是6世纪拜占廷的皇帝，他抱有恢复罗马大帝国的雄心，他制定的

《法典》是欧洲第一部系统的法律条规。他积极推广基督教。这里的两幅"马赛克"是他兴建索非亚教堂之后完成的。查士丁尼大帝手捧着向教堂献金的宝盒,他的两边是拉文纳主教马克西米安与官员们,再加上侍从武官,前后重叠暗合耶稣的十二门徒之数,中间的查士丁尼便不言而喻为上帝的儿子耶稣了。西奥朵拉皇后同样手捧宝盒,她的两侧是男女侍从们。但是所有的人物都是缺乏生气的,没有丝毫人性的活力。这也正是拜占廷艺术所要追求的,所有的人物都尽力表现出平稳庄重,以显出他们与凡人的不同。这种修长的身体,细小的手足,大眼弯眉与瘦小的头部,就成了拜占廷艺术中人物形象的模式了。但是,精美的镶嵌工艺却显示出工匠技艺的高超:金色的底子上,在大块黑白中夹以艳丽的彩色,造成了威严而辉煌的效果。正是上面那位官员所说的那样,几乎使人不敢凝视,可能正是这种耀眼的效果使得艺术家们不太注重人物细节的刻画了。

到了公元8世纪,皇帝利奥三世在公元730年宣布了对圣像的否定,于是,圣像破坏运动开始了。其子也继其父之志,继续大搞圣像破坏。但同时也站出了一派肯定圣像者,经过约100年的斗争,终于又在君士坦丁堡实现了圣像复兴。这时拜占廷帝国又恢复了稳定,出现了拜占廷艺术的第二个黄金期。这时,拜占廷的造型艺术初步形成了自己的风格。在宫廷直属的抄本所里,古代抄写本的忠实模写极为盛行。著名的《尤西阿画卷》与《巴黎诗篇》明显是古代作品的模仿,特别是后者,画面上朝气蓬勃的大卫在弹琴,音乐神坐在身旁,森林之神与各种动物也静卧倾听,趣味盎然。圣像肯定派在肯定圣像外表的同时又强调礼拜的对象不仅是神本身,而是这个神像所代表的实际"神灵"。因此,这一时期的圣像在用人形表示神像的同时,更强调用人的形象传达神的灵气。只是要超越人的真实性,不表现出现实的远近、立体性。这一时期的"马赛克"画面形象占了更大空间,镶嵌的碎片比以前更细小,色彩的微妙变化更具有绘画效果。

同样,这一时期的雕刻艺术也排斥现实空间的远近感、立体感。因此,这一时期,雕刻艺术在整个拜占廷艺术中都不盛行,圆雕作品更为稀少,一般都为教堂内障壁石及建筑外壁装饰的石板浮雕。而且内容多为树木、花草,动物及装饰性纹理,人物形象几乎没有。这样的浮雕严格来说也不是浮雕,只是一种稍有起伏的绘画。

这一时期,还有一种圣像画。这类圣像画一般都是用蜡、胶或蛋白调和的颜料在木板上绘制的。这种圣像画也是从古希腊时的肖像画继承、演变过来的。有时,圣像画中还采用镶嵌的手法。奇怪的是,拜占廷艺术中圣像画中的神的形象大不同于壁画中那种威严、呆板、毫无生气的面孔,而是一种微带笑容或者是愁苦之状的表情。

总的来看,中世纪的拜占廷艺术发展是一种逐渐向人性恢复的过程,只是这种过程极为缓慢,以至使人们错误地以为拜占廷没有艺术,所有的只不过是简单的模仿与极度的浮华铺张的庸俗之作,好像中世纪的人们一下子成了野蛮人。殊不知,在经历了一个动乱的时代之后,所有的一切都有一个恢复、确立的过程,拜占廷艺术融汇了多种文化的内涵,成为东、西方文化共同培育出的奇异之花。尤其是在其建筑、装饰风格上,既有东方文化的神秘气息,又有西方的简洁与阔大。它以东方文化特有的对称统一及繁复铺张的形式去表现西方文化中的神祇。应该说,拜占廷文化,是东西方文化的第一次亲密接触。

战乱之后,在那个所谓的"黑暗时代",依然有光彩夺目的艺术坚守着自己的圣地。

这第一位勇士就是"拜占廷艺术"。

中世纪艺术的第二个驻足点

自从西罗马帝国于公元476年被欧洲北方的日尔曼人征服之后，国内一直不得安宁。东方来的匈奴游牧民族一直在不断挑衅，日尔曼及其他民族也不断互相争夺。这段时期是一个民族迁移的时期，同时也是一个文化融合的时期。这种动荡不安的局面持续了几百年。

到了公元8世纪初，法兰克帝国的查理曼大帝为扩大领土与罗马教皇互相支持，企图恢复古罗马的辉煌。但是，查理曼大帝死后，国内又陷入割据状态，这时，阿拉伯人从海上入侵法国东南部，日尔曼一支也袭击法国，政局又陷入混乱，成为民族交汇的又一次高峰。在平静下来之后，这种新的文化融合必然结出一种独特的果实，这就是兴盛于公元11至12世纪的"罗马艺术"。

这里的"罗马艺术"不同于古希腊之后的"古罗马艺术"，而且二者大相径庭。二者之间也没有什么必然的、直接的联系。

罗马艺术是多民族文化融合的产物，主要是由日尔曼人创造的。罗马艺术分布很广，几乎遍及了所有直接受拜占廷艺术影响的国家与地区。尤其是在法国、西班牙与英国产生了罗马艺术的代表风格。

罗马艺术主要体现于建筑与雕刻艺术，它是与拜占廷艺术截然不同的。

教堂建筑是罗马式建筑的代表。罗马式教堂的平面设计中，祭室通常是在建筑的东端，在带有重要圣气的主祭坛的下面，也有东西祭室相互对称的。但罗马式修道院的教堂却往往沿着祭室的圆壁成放射状地突出几个小祭室。教堂的中殿与左右侧廊由列柱隔开。也有些小教堂有侧廊，但有的大教堂却增设双层侧廊，空间范围大为增加。教堂的围廊在罗马式教堂中尤为重要，它紧紧环抱着地下圣堂，信徒们来往于围廊之间，瞻仰着殉教者与圣人们的墓棺。罗马式教堂常把地下圣堂的窗子开在东侧祭室的阶下，室内光线阴暗，造成一种压抑感与恐怖感。

罗马式教堂整个建筑被一个巨大的石造圆顶覆盖。这首先是考虑到建筑的牢固性而且防止火灾，尤其是考虑到内部构造的视觉效果、音响效果及象征意义。圆顶的全部重量都贯注在左右壁上，为了承受这种压力，建筑师采用了大量的立柱与带有狭窗的坚实壁体。这成为罗马式建筑的特点之一。当时，为了减轻墙壁的负重，建筑师们还设计了一种尖头拱顶。这成为后来哥特式建筑的雏形。此外，还有一种支叉圆顶，一般只用在侧廊上。

罗马式教堂的立面不同于拜占廷的宽阔、敦厚，而是与古希腊神殿一样，创造性地运用了水平面的壁洞与垂直面的层楼。同时，为了突出高大庄严的效果，在屋顶上设计了一个金字塔似的塔楼，有时两边还附有小型塔楼。同它的装饰效果平行的另一种作用是作为防御外敌侵犯与农民起义的堡垒。

此外，罗马建筑与拜占廷艺术或古罗马艺术一个更大的差别，是罗马式建筑把建筑的装饰与结构紧密结合起来,建筑家们不但喜欢力的效果与和谐的韵律,并且也比较注意建筑外观上的装饰,有的建筑的正面甚至出现繁复的装饰性雕刻。

这种罗马式建筑的典范之作均在法、英两国。其中较有名的是法国的圣夫罗教堂与圣希尔教堂以及英国的达拉姆大教堂,均为12世纪所建。

罗马艺术中的雕刻也是与建筑共存的。据说也有个别的圆雕神像,但都已毁坏。罗马艺术中雕刻的杰作依然是作为建筑的装饰物而出现的。最为著名的是公元1150年建成的法兰西罗达尔·达姆大教堂的正面大门,被称为"王之门"。中间大门的圆拱中表现的是"基督之荣光",正中的基督被象等福音家书的四个动物围着,下面楣石上是12使徒。在圆拱的饰带内侧是天使,外侧是并列的两排"默示录"的老人。左边的门拱中是圣母圣子与持香炉的天使。下面两段楣石表现的是基督幼年的情景。右边的门拱中是"基督升天"的场面。三个大门的左右还立有17根人像圆柱,整个门饰共雕有人物200多个。装饰手法极为华丽。这里的雕刻与拜占廷艺术中那可怜的平雕大不一样,人物形象几乎完全凸立出来,形象逼真。

此外,罗马式的圆柱多以人像柱为主。似乎是从古希腊的仙女立柱学来,只是罗马式立柱都是强力的男性。这种阳刚之力的展示也正是罗马建筑的风格。柱头雕刻的风格更是成为罗马艺术的鲜明特征。罗马柱式与多利克柱式及科林斯柱式并称古代建筑三大柱式。

罗马艺术在绘画上的成就较之建筑与雕刻稍为逊色,主要是源于"加洛林"风格,绘画的主要形式是抄本与壁画。

罗马艺术的抄本作品更偏重于现实风格,同时与拜占廷艺术一样具有神秘气息。这是从东方借鉴的。抄本中的杰作是《圣·马可罗经图》。圣·马丁面容悲苦,他手里拿着经书,但是没有去看它,而是扭头惊讶地谛听上帝的使者(一个有翼的狮子)送来的指示。这幅画最为出色的是圣·马丁衣服的纹理处理。线条虽然很粗糙,但疏畅飞动,毫无滞感。另一幅是《圣·路加》的画像。画中更多地体现了东方文化的对称、均衡性,构图典雅,与拜占廷艺术有明显不同。

罗马艺术中的壁画不同于拜占廷的"马赛克"。由于罗马教堂内的光线比较暗淡,为适应这种条件,罗马壁画偏爱于色彩鲜亮的颜料,而且一个更为显著的特点是:罗马壁画的线条粗重,几乎不带有任何明暗的透视因素,从而使教堂内的氛围更为神圣。

罗马艺术在历史上只兴盛了几个世纪。后来"哥特式"风格发展起来,这种新的艺术风格在空间上比罗马式建筑更富有表现力,因而,到了12世纪末,罗马式艺术几乎已全部被哥特式艺术风格取代。

罗马艺术同样是多民族文化融汇的结果。但是,它的风格中体现了一个尤为重要的因素,那就是战争。在罗马艺术形成之前,在那块土地上进行了近百年的征战,这种心理成为这一地区人民心理上的积淀之一。体现在建筑上便是高大、结实,充满了力与美的韵律。尤其是那种尖塔式建筑,是直接为战争服务的。因此,随着社会的日益繁荣、稳定,这种心理也就逐渐淡化。虽然随后的"哥特式艺术"依然是力的展现,但已转为对上帝的崇拜。

罗马式艺术,一个时代的见证。

领主的天堂——农奴的地狱

《红楼梦》中佃农交给贾家的那份年礼体现着中国封建社会地主对农民的剥削。无独有偶，西欧的封建庄园里也在进行着有过之而无不及的剥削，因而西欧的封建庄园常被称为领主的天堂、农奴的地狱。

封建庄园是封建主经营的大地产，在各国的封建社会中普遍存在过。西欧的封建庄园盛行于中世纪早期，即公元9至11世纪。它既是农业生产的基层单位，也是社会的基层组织。

公元9世纪，封建制度在西欧已经确立，封建统治阶级——国王、贵族、高级僧侣兼并农民的土地和农村的公有土地，成为大土地所有者，而广大失去土地的农民则沦为农奴。

西欧的封建庄园是一种典型的自然经济，领主和农奴的生活必需品基本上都由庄园自己生产，只有少数产品，如盐、铁之类才到庄园以外去交换，一般用不着货币。一般庄园都有城堡式的领主住宅、教堂和教士住宅，有农奴们简陋的茅舍，有加工麦子的磨坊、烘面包的烤炉、制造皮具的铁工房和酿制葡萄酒的酒坊以及仓库等。庄园的土地是条形的，分为领主自用地（通常是庄园中最好的土地）和农奴的份地。领主的自用地并不连在一起，而是和农奴的份地犬牙交错。耕地分为春播、秋播、休耕三部分，每年轮换一次，休耕地在当年作为牧场。

领主对农奴施以种种残酷的剥削。虽然法律明文规定：领主对于农奴的统治权是受着公民权的限制的，农奴的人力和生命受着国王的保护！但实际上，领主可以把农奴连同土地一起出卖或转让，可以对农奴施以种种酷刑甚至将其折磨至死。领主对农奴的剥削名目繁多，主要是榨取劳役地租和实物地租。

实物地租是相当繁重的。公元9世纪时，巴黎郊外一份地产记录的规定充分证明了这一点：领有份地的农奴除了每周为领主服3天劳役外，一年当中还得向领主缴纳半头公牛或4只公绵羊、4个迪纳理（1个迪纳理约等于1/10克黄金）的人头税、5个牟底（1个牟底约等于250升）的谷物、非领主森林所产的木板和板块各100块、6只生蛋的母鸡等等。每逢节日和婚丧嫁娶，农奴要给领主送礼，而且条件十分苛刻，比如有的地方规定：农奴送的小鹅如果"吃草的时候趴在地上，样子十分难看"，就得退回重送，农奴送的母鸡必须"在平地上能飞到凳子上"，如果被怀疑有病，也得退回重送。农奴在自己份地上劳作的时间并没有保障，因为领主除了榨取繁重的实物地租外还有沉重的劳役地租。农奴一个星期要有3至5天用自己的工具无偿地为领主耕作，余下的时间才可耕种自己那块从领主手里租来的份地。农忙的时候，农奴要连续多天为领主干活，"甚至让自己成熟的庄稼浸在雨水中也得去给领主劳动——搬运、耕耘、播种、收获"。平时，农奴还得为领主砍柴伐木，修路建屋，巡逻守卫，甚至夜间驱赶青蛙，使领主得以安眠。

领主还利用设立的酒坊、油坊和面包房吸吮农奴的膏血。领主蛮横地规定，农奴不准用自己的磨盘磨麦子，不准用自己的酿器酿制葡萄酒，不准用自己的炉子烤制面包，所有这些用具都得使用领主的，而每用一次就得纳一次税。

苛捐杂税之中还有所谓军器税，领主往往借征收这项税款为名，索取农奴最好的马匹或其他牲口，如果没有，则取走一件最值钱的东西。

除了领主的剥削之外，天主教会对农奴的剥削也十分残酷。教会规定，农奴必须将自己收入的 1/10 缴给教会，名曰什一税。实际缴纳的往往不止 1/10，达到 2/10 或 3/10，广大农奴不胜负担。

农奴终年劳动，为领主做牛做马，而生活十分困苦。他们住的是低矮的茅草屋，而且往往还要兼作牛棚、猪圈，人畜杂居；穿的是破衣烂衫，很多人冬天没有棉衣御寒，最多加件外衣，用绳子往腰间一束；吃的一般是麦糊或燕麦粥加一点盐。农奴没有受教育的权利，他们甚至连结婚的自由都没有，领主把男女农奴都看作是自己的财产，如果妇女嫁到庄园以外去，那么领主就少了一个剥削对象。因此，妇女要和庄园以外的人结婚，必须事先得到领主的同意，而且还须交付一笔领主认为满意的赎金——外婚金，作为"补偿"。

领主及其家属饱食终日，挥霍无度，想尽方法寻欢作乐，而农奴却要遭受如此大的剥削，领主把自己的欢乐完全建立在农奴的辛勤劳动之上。

领主们往往有许多的庄园，尤其是那些大领主有几十个甚至成百上千个，它们分散在各处，相隔很远。因此领主经常带着他的家属及随从，像一群蝗虫一样，从一个庄园吃到另一个庄园，尽情挥霍。

平时，庄园的具体事务是由一批庄吏管理，庄吏又有庄头、管家、总管之分。庄头管生产，分配生产任务，并进行监督；管家代表领主，主持庄园，征收租税，处理纠纷；总管位于若干管家之上，代表领主每年巡视各地庄园，稽查帐目，处理司法案件。这些庄头、管家、总管与领主狼狈为奸，竞相残害农奴，有人揭露说："如果领主叫杀头，管家们则吩咐剥皮。"

领主和庄吏为了维护对农奴的统治，无止境地榨取农奴的血汗，在庄园里设有法庭，并豢养了一批警察和反动武装。庄园法庭由领主及其代理人担任法官，另有陪审员若干名。陪审员名义上由农奴中间选举产生，实际上全都由领主操纵，充当领主的工具。陪审员若不听从领主的摆布，就要受到制裁，甚至财产也被没收一空。农奴如果向庄园法庭告发领主，那"只能是向领主告发领主"。结果，被告逍遥法外，作为原告的受害农奴却轻则遭到罚款、鞭笞，重则被投入监狱。因此，广大农奴是有理无处说，有冤无处伸的。

哪里有压迫，哪里就有反抗。广大农奴采取各种方式，反抗领主残酷的经济剥削和政治压迫，他们公开申明："我们是自由人，我们要做自由人。"

领主们也害怕农奴的反抗，他们为了麻痹农奴的斗志，便借助反动的天主教会作为精神工具。中世纪早期，几乎每个西欧人都是天主教徒，否则在社会上便没有立足之地。因此教会往往用开除教籍来威胁农奴，胡说什么一个人如果被开除了教籍，就意味着成了上帝的弃民，死后也就别想升入天国了。但是，广大农奴针锋相对地回答说："即使堕入地狱去，也胜似忍受那些贡赋的压迫。"表现了农民阶级敢于藐视上帝的革命精神。

因此从公元9世纪中叶起,西欧连续爆发农奴起义。比如,10世纪末,法国诺曼底爆发了一次大规模的农奴起义。11世纪30年代,法国布列塔尼的农奴又揭竿而起。这些起义打击了封建领主的反动统治,推动了社会的向前发展。

农民起义此起彼伏的打击,西欧社会生产力的发展,城市的兴起,货币与商品经济深入农村,逐渐瓦解了庄园的自然经济。因此,西欧的封建庄园日趋没落。

十字军东征

十字军东征是西欧教会封建主对东部地中海沿岸国家进行的侵略战争。十字军东征先后共8次,经历了近200年(1095—1291年)。对东西方的社会、宗教、文化等各个方面都有重大的影响。

之所以会出现十字军东征,是因为西欧城市的兴起和商品货币经济的发展,使封建主越来越不满足于固定的封建地租收入和他们日益增长的奢侈生活的需求,加上西欧人口的增长、封建战争和灾荒等原因造成了西欧的社会危机。罗马的天主教会除了有着与封建主相同的物质欲望之外,它还妄图合并拜占廷的东正教会,并迫使近东的穆斯林改宗基督教,以建立罗马天主教的世界帝国。除了以上两种力量之外,西欧的商人,特别是意大利的威尼斯和热那亚商人也非常热衷于东征,因为他们要从拜占廷人和阿拉伯人的手中夺取商业利益。东征人员中也有一部分是农民,他们是想到东方寻求新的生活,借此机会逃脱封建剥削和压迫。在这种情况之下,几种力量交织在一起,组成了"十字军",开始了历时达200多年前后共8次大规模的入侵近东的战争。

巴勒斯坦是耶稣生活和殉道的地方,耶稣的坟墓就在耶路撒冷,因此耶路撒冷被基督教徒视为"圣地"。1055年,塞尔柱突厥人占领巴格达,控制了阿拉伯帝国之后,进一步进攻拜占廷帝国,并且准备进攻君士坦丁堡。拜占廷帝国因长期受到周围外族的入侵,力量大为削弱,已无力抵抗,只好向教皇乌尔班二世求援。这正是东征的最好借口,1095年,教皇乌尔班二世在法国南部克勒芒城召开大会,他向到会的各种人发表了极为诱惑性的演说,并且谎话连篇,他说信奉伊斯兰教的突厥人正在向东方的基督教徒大举进攻,屠杀和俘虏了许多人,破坏了许多教堂,在上帝的国度里大肆掠夺,要所有的人到东方去给那里的基督教徒以援助,从异教徒的手中夺回圣地和解放主的坟墓,并且给予物质利益进行诱惑,说东方遍地流着奶和蜜,是充满欢娱的快乐的天堂。于是各地纷纷组织"十字军"。因为这次战争是在"十字架反对弯月"(即基督教徒反对伊斯兰教徒)的旗帜下进行的,出征的基督教徒都以十字为标记,所以被称为"十字军"。

首先行动起来的是受到教皇煽动和诱惑的农民,由于他们急于摆脱自己的穷苦境遇和封建的奴役与压迫,于1096年春在修士彼得和穷骑士华尔的率领下,带着家眷和器具开始了他们悲惨的东方之行。他们没有武器,在路上经常受到当地居民的袭击,死伤很多,到小亚细亚之后很快地被突厥人歼灭,幸存的仅十之有一。这些穷困的农民本来是想到东方来过美好的生活的,但是他们得到的却是家破人亡,成为十字军东征的第一批牺牲者。

当然，第一次十字军东征并不都是这些乌合之众的农民，更为重要的是由骑士组成的正规军团，他们总计有30万人，武器精良，具有一定的军事素质。在他们途中经过小亚细亚和巴勒斯坦地区时，那些在土耳其人统治下的封建小国根本就没有能力对抗这支强悍的十字军。这支十字军经过艰苦的斗争，占领了爱德沙、安条克和耶路撒冷等地。这些疯狂的十字军士兵，每到一处就开始疯狂地掠夺和大规模地屠杀。他们宣布：无论谁先闯进某家庄园，谁就是其的主人。十字军将士都在一夜之间暴富了。而耶路撒冷的人民却饱受蹂躏。十字军在他们占领地共建立起几十个大小不等的十字军国家，其中耶路撒冷王国最大，比较大的还有安条克公国、特里波利伯国和爱德沙伯国。但是这些十字军国不断地受到当地人民的反抗，都先后灭亡了。

为了挽回败局，西欧的封建主又进行了第二次十字军东征。在与十字军的斗争中，萨拉丁的实力逐渐地强大。萨拉丁在位时励精图治，并且建立了一支强大的军队，以恢复被十字军占领的土地作为自己的任务。他的军队给予十字军以沉重的打击，并于1187年7月活捉了耶路撒冷的国王。之后萨拉丁又击败了第三次十字军的入侵。

耶路撒冷的陷落使西欧的封建主十分震惊。在教皇英诺森三世的竭力组织之下，组建了第四支东征的十字军。这次东征的目标本来是萨拉丁国家的核心——埃及。但是埃及是威尼斯的贸易伙伴，而拜占廷却是威尼斯商业劲敌。于是威尼斯商人以利益相诱惑，使这次十字军东征把矛头转向了拜占廷。当时拜占廷帝国已经完全的衰落了。再加上有被废黜了的皇帝伊萨克的儿子阿历克塞许以20万马克的巨款作为报酬，并以同意东西方教会合并为条件，请求十字军的援助。使得1204年4月十字军攻陷了君士坦丁堡，并且对这座历史名城进行了长达一个多星期的掠夺，数以万计的艺术珍品和文化古迹被破坏。有的十字军为了掠夺金银财宝，竟然挖掘坟墓，偷窃其中的随葬品。十字军的第四次东征完全暴露了西欧封建主组织十字军的目的，他们根本就是受利益的驱动，物质利益对于他们来说是最重要的。他们东征根本不是为了"圣战"，不是为了"解放主的坟墓"。他们完全可以因物质利益而去进攻信仰同一宗教的国家——拜占廷。

经过第四次十字军东征，宗教所鼓吹的"圣战"实质日益被广大人民所认清，加上教会中高级僧侣的生活日益腐化，使教会的威信极度下降，人民再不相信宗教所提出来的口号了。加之以前几次的东征大多以失败而告终，人民再没有以前那么高涨的热情了。

因此，在1217年至1270年间，西欧的封建主虽又先后组织了四次十字军东征，但是由于规模小，影响都不是很大。使人气愤的是，在十字军东征的低潮中，竟然出现了所谓的"儿童十字军"。这些十字军都是12岁以下的儿童，因为在基督教中有一种荒谬的说法，成年人是有罪的，只有儿童才是纯洁无罪的，所以儿童的十字军会受到上帝的保卫，能夺回圣地。但是这些大约有五、六万的儿童不是死在半途之中就是被作为奴隶卖到了埃及。1291年埃及人夺取了十字军最后的据点阿克，结束了历时两个世纪之久的十字军东征战争。

十字军东征无论是对东方还是对西方都具有十分重大的影响。对东方来说，它给东方人民带来了严重的灾难，它屠杀生灵，破坏且阻碍了近东各国的社会发展。对西方来说，十字军东征的影响就更加的巨大了，它使西欧掠夺了大量财富，克服了社会危机，促进了社会的发展。此外，十字军东征还动摇了教皇的权威，使得封建农奴制趋向于瓦解；促进了东西方文化的交流，使得东西方贸易获得了巨大的发展。但是这一切都是东西方人民通过艰苦的劳动所创造的，血腥的十字军东征只是在客观上起了推动作用。

中世纪艺术最后的飞扬

当罗马式艺术正处在繁盛阶段的时候，社会生产力继续发展，整个社会更趋于繁荣、稳定。同时，社会结构也发生了巨大变化，大量农民涌入城市，市民阶层大量增加，市民文化逐渐发展了起来。在战争之后百废俱兴的时代，封建统治者惟一的希望就是加强统治，防止激进的人们弄出乱子。他们采用的惟一的方法就是利用宗教，以宗教力量把这些活跃的市民们乖乖地牵到上帝面前。但要提高市民的信仰就需要一种震撼人心的力量。于是，在这种力量的要求下产生了"哥特式艺术"。

哥特式艺术其实跟哥特人一点关系也没有，当它出现的时候，哥特人早已融入其他民族了。文艺复兴时，这个词由拉斐尔第一次提出，是指野蛮人的，不开化的艺术。但是，哥特式艺术却一点也不野蛮，反而是极为精致的艺术。它是1000年的中世纪文化、艺术积累的最高成就。

哥特式艺术最早出现于12世纪上半期，在伊尔德法兰西省。此后便迅速流行起来，到了13世纪末，哥特式艺术已完全取代了罗马式艺术，达到了它的顶峰阶段。

在哥特式艺术中，建筑的成就最为突出，几乎创造了世界建筑史上的一个奇迹。

哥特式建筑的主要精华体现于教堂建筑中，其最主要的特点是尖顶拱券与垂直线，不同于罗马建筑的圆塔与水平线。罗马艺术这种特点仅体现于门窗与桥孔，而哥特式建筑的这种特点却随处可见，不仅大大增加了支撑的高度，而且用细长的柱子与拱券代替了墙壁，支撑起整个建筑物。这样，就一下子打破了罗马式教堂的坚厚、敦实的感觉。整个建筑平地拔起，直冲云天，一切厚重、浑沉的成分都被摈除了，它那特有的尖顶，尤如奇峰异突、高耸入云，仿佛要把人们的精神引向宇宙的彼岸，使得整个建筑以一种灵巧、华丽、上升的力量紧紧控制了人们的情感。

此外，教堂内部的空间更加高大、宽畅、明亮，涂金的柱子之间是镶满彩色玻璃的大窗，显得辉煌而神秘。与室内灯火的闪耀交错，映照着千姿百态、玲珑剔透的雕像、雕花，使人们感到无边的崇高与辽远，感受到神权的至高无上。

教堂的外部也极尽装饰之能。高耸入云的尖顶，有如矗立的蜡烛，由细密的拱柱组成的教堂，好像放大了的金银首饰或镂空了的广东象牙雕刻，因为这里到处都是雕刻，到处都是艺术的精雕细琢。整个外观给人一种轻盈、飞舞的感觉，从而引起人们一种向往天堂的情绪。

当这种哥特式风格逐渐流行起来时，各个城市都尽量使自己教堂的设计规模与装饰超过其他城市，以显示自己的富有与强大。这种攀比的风气首先根源于各封建割据势力的浮华、虚荣之心，以及市民阶层的极力拥护。据说，典型的哥特式建筑——巴黎圣母院建造时，巴黎妇女纷纷捐献出自己的金银首饰，与铜铁等融在一起而铸造了塔楼上的那口巨钟。所以说，教堂建筑体现了整个社会的共同努力与创造，是整个城市创造的成果，成为城市的巨大纪念碑。

由于这种攀比之风，哥特式教堂穹隆的高度不断增加，垂直的效果也更加明显，这使得连形拱廊愈来愈大，并且随着垂直线的加高，把尖塔与钟楼都加了上去。几乎所有的哥特式教堂都朝着细长、高耸的方向发展。这样就使得建筑本身丧失了坚固性，极为脆弱，特别是有的建筑往往片面强调精致豪华，修建的时间旷日持久，甚至还未最后竣工就倒塌毁坏了，从而浪费了巨大的财力物力。这种过于浮华、铺张、矫饰的风格同时也引起了一些人的不满，例如，崇尚返归自然的法国思想家卢梭就直言不讳地说："那些有耐心修筑这种玩意的人，实在是丢脸！"

但是，另一方面，中世纪集结了社会所有精华，经过近1000年的积累，政治、经济、文化、艺术等社会各方面都得到充分的发展，而且中世纪是封建宗教统治，统治者推崇基督教，而且能够集结社会上巨大的财力与物力，从而建造出这空前绝后的杰作。这也是古代人民勤劳与智慧的象征。

哥特式教堂的主要典范之作，就是建造于12世纪晚期、完成于13世纪中叶的法国巴黎圣母院，以及同时代的卢昂大教堂等。教堂宏伟高大，装饰之工精巧细致，为历来的艺术家们所赞赏。著名的浪漫主义大师雨果在小说《巴黎圣母院》中曾以一个章节的冗长文字来描叙巴黎圣母院，对这座哥特式教堂典型的建筑与雕刻艺术极尽赞美之辞。著名的印象派画家莫奈曾被卢昂大教堂所吸引，连续画了20多张画，以不同的侧面、不同的感觉展现了这座哥特式大教堂的完美之姿。罗丹更是为了追寻到这种艺术的神秘之美，跑遍了哥特式建筑的故乡——法国，并写出《法兰西大教堂》这本巨著。

除了法国之外，哥特式建筑的精美之作还在英国。英国的建筑师们创造了"装饰式"建筑，这就是直接影响了法兰西与德国的晚期哥特式建筑的"火焰式"。于1350年完毕的埃克希达大教堂就是装饰式教堂中最精美的建筑之一，它以大量的装饰用于建筑，甚至扩及到拱顶，这样的结构有了脱离尖顶拱形的倾向，尤其是中殿半附式柱头的放射性处理，发挥了最大的装饰效能，更完美地展示了哥特式艺术的魅力。

在"哥特式艺术"的时代，绘画与雕刻都有较大的发展与较高的成就，雕刻更为繁荣。因为哥特式建筑本身就是一件精心雕琢的杰作，无论是门楣、经台、僧座、壁龛、门廊、檐口，还是柱头，甚至连排水沟的上面也有浮雕或圆雕之作。而且圆雕又是主要形式，为数之多往往以千万计，这比罗马艺式时代更为进步。题材内容仍以基督教圣经为主，如巴黎圣母院西部中央的拱板浮雕《最后的审判图》、夏特尔教堂的浮雕《耶稣诞生图》等，都是典型的例子，至于立体雕像基督、圣母、使徒等等更是随处可见。在这些宗教题材之外，哥特式艺术更为突出的是出现了一些世俗人物，如法国阿米安教堂的《骑士像》、德国汉堡教堂之《骑士像》等，都是鲜明的例证。此外，更具世俗性的还有农民收获、教师讲课等日常生活场景，甚至民间的神话故事如"狐狸传奇"之类也成了教堂的装饰雕刻题材。更为引人注目的是工匠们在大教堂的墙壁上还创作了以僧侣们为对象的漫画式雕刻，如在羔羊面前做弥撒的狼、穿着法衣对鸡鸭讲道的狐狸、长着驴耳朵的教士等，非常生动、传神、引人发笑。而这些在中世纪前期与中期是根本不可能见到的，因为这是对至高无上的上帝的侮辱，是对上帝的人世代言人——国王、皇帝的最大嘲讽。由此，我们可以看出中世纪文化艺术的逐渐发展，趋于进步、解放的倾向日益明显。

雕刻艺术中最为突出的杰作是德国纳乌堡教堂中一对《捐助人》的圆雕之作。无名的民间工匠在这一对早已逝去多年的教堂捐助人——艾凯哈特与乌塔夫妇的形象中，异常生动地塑造了好像是他自己亲眼见过的骑士与贵妇的典型。艾凯哈特扶着长剑以无比尊严的气度护卫着身旁的乌塔，无比娇贵的乌塔正放低遮挡面颊的领子，似乎准备向人答话，深红色的斗篷、金色的冠冕与淡红的面颊，构成谐和而沉着的色彩，这两个人似乎随时可以从台架上走下来，加入到善男信女的行列中去，尤其是乌塔的雕像使人想起中国麦积山著名的宋塑《女供养人》。两作品相距只有一两百年，但在刻划的真实、艺术概括与装饰手法的统一上，同样达到了相当完美的境界。

哥特式艺术中的绘画除了那些作为书籍插图的"细密画"之外，构成这一时期主要特征之一的就是玻璃画。由于哥特式教堂尽量缩小壁画，以造成一种垂直、峭拔的气势，使得教堂内部的传统装饰手法——壁画已无用武之地。但是哥特式教堂所特有的巨大玻璃窗几乎占据了柱间的整个壁面，从而成为哥特式艺术家们一个艺术独创的机会——染色玻璃窗的兴起。最初的窗花是先用铅条编织成各种物像的轮廓，然后再用小块的彩色玻璃镶嵌而成，所以单线图案与彩色玻璃相结合是其主要特点。染色玻璃窗的颜色比较丰富，基本的色调是红、蓝、紫三种色彩。夏特尔教堂的玻璃画《耶稣传》与希尔日教堂的玻璃窗称得上完美之作。阳光透过宽大的窗子射进教堂，光色缭绕，五彩缤纷，衬托出那一幅幅表现基督、圣母、使徒的作品，恍惚中以为到了仙境。

到了14世纪下半叶，由于资本主义兴盛起来，展开了与封建教会制度的斗争，从而掀起了欧洲历史上最为著名的"文艺复兴"运动。中世纪至此结束，作为中世纪最后辉煌的哥特式艺术也成为历史的绝唱。

哥特式艺术是在中世纪几百年间的准备基础之上形成的，主要是源于一种崇拜基督教的兴盛，也是由于几百年持久的战乱使得多民族的文化融合、交汇，从而最终结出了成熟的果实——哥特式艺术。这种无比崇高、雄伟的宗教崇拜的典范之作，成为中世纪各方面能力的最高象征。同时，它也记录了人类自身解放的历程，成为封建社会的终结者，也为伟大的"文艺复兴"作了充分的准备，透露出黎明的曙光。

哥特式艺术，送走了神灵，迎来了人性！

哥特式建筑的典范之作——巴黎圣母院

巴黎圣母院是欧洲中世纪最著名的教堂，也是法国最古老的哥特式建筑之一，被称为"中世纪建筑中最完美的花"。公元1163年，教皇亚历山大三世亲自为教堂奠基。历时将近100年，到1250年，教室大部分建成，后来又几经修缮，直到公元1345年，才完全建成。

巴黎圣母院屹立在塞纳河畔，巴黎城的中心、西堤岛上，入口向西，教堂前面是一个小广场，为市民集市与节日活动的中心，这些在法国浪漫主义大师雨果的《巴黎圣母院》中多有描写。巴黎圣母院是十字形平面构架，宽48米，纵深130米，可容近万人，四排纵向柱子将空间分为宽阔的中厅与狭长的两侧通廊。中厅高约35米，是侧通廊的三倍半，墩柱承重，屋顶采用了尖券六分肋骨拱，这是哥特式建筑的结构特征之一。两侧和东端外墙建有飞扶壁，以平衡屋顶拱券的侧推力，整个结构体系近似框架式，合理而轻盈。

巴黎圣母院最为著名的是它的立面。在法国有一个古老的说法：要建一个完美的教堂，必须取巴黎圣母院的立面、兰斯的雕塑、夏尔特尔的塔楼和亚眼的中厅。由此，可以看出巴黎圣母院立面的华美。巴黎圣母院的正面体现了早期哥特式教堂的典型构图：粗壮的墩柱将立面纵分为三段，两端各是一个高68米的塔楼，南面的塔楼中有一座重达13吨的巨钟。据说，这座钟铸造时加入了许多金银，是当时巴黎妇女为教堂捐献的。北面的塔楼设有387层阶梯，可以拾级远眺。两排横贯的水平雕饰又将这三段连接起来。最下层并列三个尖券门洞，精雕细琢，层层凹进，称为"透视门"。门上刻有描绘《圣经》故事的浮雕，中央为《最后的审判》，是表现"世界末日"到来时，耶稣宣判每个人命运的场面，为善者升入天堂，罪不可恕者被打入地狱。左边的一幅是《圣母与圣婴的故事》，右边的一幅是《圣母与圣安娜的生活》。门洞上面是一个长条壁龛，供奉着耶稣基督等28位犹太历代帝王像。中间一层正中是一个直径达12.6米的大圆窗，是用整块石料镂空镌雕而成，上面镶嵌着37块彩色玻璃，阳光从窗中射进，绚丽多姿，恍如天堂，南北两侧的尖券形窗户由于券柱结构开得很大，上面用彩色玻璃镶拼成一幅幅圣经故事的图画。在教堂的中央，耸立着一座高达90米的尖塔，华丽纤细，自有一种超凡的脱俗的气质。

轻盈的尖券肋骨架拱，高峻的立柱，阔大的窗户，空灵的飞扶壁，削弱了传统建筑的厚重感，造成一种飞跃的动势，而尖券的门窗、华盖、山花进一步助长了这种动势。直刺云天的尖塔把世人的目光引向苍穹，令人产生虔诚仰望的崇敬之情，在那至高处与上帝身心交融。维克多·雨果正是在教堂顶层，在塔楼深处发现了饱含悲痛与沧桑的一个希腊文词汇，它刻在灰暗的石壁上，是坚强有力笔迹"命运"，维克多·雨果由此触发灵感，写出了感人至深的名著《巴黎圣母院》。

几个世纪以来，巴黎圣母院一直作为法国宗教、政治与民众生活中举行重大活动的场所，每一个时代都在她身上留下了历史的印记。它是欧洲建筑史上一个划时代的标志，成为一种圣洁、凄美力量的象征。

马可·波罗及其游记

马可·波罗（约1254—1324年）出身于威尼斯的商人贵族家庭。他的父亲尼古拉·波罗和他的叔父玛窦·波罗都是威尼斯的富商大贾。在他来中国之前，他的父亲和叔父已经到过中国一次。除了父亲与叔父对他远游中国的影响之外，中国自古代起便开始的中西交通，也给马可·波罗的远行提供了有利的条件。

亚洲和欧洲是毗连在一起的一片大陆,其间并没有什么不可逾越的障碍。然而,由于路途遥远,在交通工具不发达的古代,中国和欧洲之间的交通往来是很困难的。

但中国人自公元前 139 年至前 126 年,汉武帝派张骞出使西域以来,便沟通了与西部的交往。公元前 119 年至前 115 年,张骞再度通西域,并遣副使至安息(伊朗)。此后,中国人到西方去的就逐渐增多了。

在汉朝,中国和罗马帝国有一些贸易往来,当时的"丝绸之路"沟通了中国和欧洲,它经过天山、中亚、伊朗、两河流域直达地中海东岸。公元前 1 世纪中期,中国的丝绸已经成为地中海地区最珍贵的衣料。

公元后 1 世纪,班超再次通西域,并派副将甘英往通罗马帝国,甘英走到伊朗西部,中途折返。

公元 2 世纪初期,罗马帝国在东方的疆界已经包有美索不达米亚大部分。于是,罗马商人得以从波斯湾泛海,经印度洋来到东方。公元 166 年,有一个自称是罗马使臣的叙利亚商人,从现今的越南来中国通好。这是历史上第一次有记载的罗马与中国的直接交通。

及至唐朝(公元 618—907 年),中国和东罗马帝国已经有商业往来和文化交流,其中最重要的事迹便是中国育蚕泊丝的西传。

公元 7 世纪到 11 世纪,阿拉伯人垄断着东方和西方之间的贸易,他们的足迹遍及亚、非、欧三洲。中国的四大发明——罗盘针、造纸术、印刷术、火药,都是经过阿拉伯人之手而逐渐传播到西方去的。但到此时,欧洲人对于中国和其他亚洲国家的情形还知道得不多。

13 世纪时,蒙古游牧封建贵族肆行武力扩张,把亚洲的大部分和欧洲东部置于它的控制之下。1237 年至 1240 年,成吉思汗之孙拔都率兵西侵,征服了俄罗斯,在那里建立了钦察汗国。1252 年至 1260 年,成吉思汗之孙旭烈兀率兵征服波斯、两河流域和叙利亚,在亚洲西南部建立了伊儿汗国。这样,蒙古帝国的疆域,在西边就达到了黑海、高加索、叙利亚一带。

这时地中海区域的形势是:第四次十字军东征(1202—1204 年)以后,意大利的威尼斯城邦垄断了地中海东部的航运和贸易。威尼斯的势力范围和蒙古帝国衔接了起来,这些形势都有利于马可·波罗的东来。

而马可·波罗的父亲和叔父的中国之行无疑是马可·波罗中国之行的直接原因,1260 年,他的叔父和父亲二人到君士坦丁堡经商,认为如果和新成立的蒙古汗国进行贸易,必有厚利可图。于是他们采办了一批珍贵的货物,渡过黑海,把所带的货物献给了汗国首领,得到数倍于原价的赏赐。后来,他们被邀请一同往见大汗,大汗忽必烈对他们优礼有加,询问了西方国家的一些情况。

他们二位在中国稍事逗留之后,即西行归国,于 1269 年回到威尼斯,与离别了约 10 年之久的家人团聚。这时马可·波罗已 15 岁。

约 1271 年 11 月,马可·波罗随同父亲和叔父一起踏上了前往中国的迢迢旅程,1275 年 5 月终于到达蒙古大汗的驻所上都。在 1275 年至 1292 年这 17 年间,马可·波罗和他的父亲、叔父一直在元朝供职,马可·波罗很快学会了蒙古话和汉语,深受忽必烈的器重。他除了在京城大都（今北京）视事之外，还经常奉大汗之命巡视各省或出使外国，他的足迹遍及长城内外、大江南北。后来，他奉命出使南洋，到过越南、爪哇、苏门答腊等地，他每到一处，总要考察当地的风俗民情和物产状况，向大汗报告。

1286 年，波斯汗阿鲁浑的宠妃死了，遗言要由她本族的蒙古贵族之女来继为王妃。忽必烈选定了一位蒙古贵族少女阔阔真，要由海道送往波斯嫁与阿鲁浑，而马可·波罗刚从南洋出使回来熟悉海上航行情况，于是忽必烈便让马可·波罗及其父叔护送阔阔真到波斯，然后便道西归。

1292 年初，这三个威尼斯人连同他们的随从等 600 余人踏上了西行之旅，经过无数的困难，随行 600 人只有阔阔真、波罗家族三人和少数其他人幸存，费时两年又两个月，终于抵达波斯。之后，三个威尼斯人由波斯继续西行，回到了意大利。1295 年末，他们三人回到了其在威尼斯的旧居，此时，他们离家整整 26 年了。他们因从中国带回无数金银和奇珍异物，俨然成了威尼斯的首富。

1298 年，马可·波罗出钱装备了一艘战舰，参加了热那亚与威尼斯因商业利益而引发的战争，并亲自担任舰长，加入了对热那亚的作战，结果威尼斯大败，马可·波罗被俘入狱。

在热那亚狱中，马可·波罗经常向人们讲述他在东方各国的经历。后来他原原本本地讲述了他在中国以及其他亚洲国家的见闻，并由同狱中一位名叫罗思蒂谦的人记录了下来，这便是《马可·波罗游记》或《东方见闻录》。

马可·波罗的《东方见闻录》全书分四部分。第一部分描述了马可·波罗东来时沿途所经过的一些国家和地区，包括亚美尼亚、两河流域、波斯、中亚、帕米尔高原、天山南北等地的风土人情。第二部分记载了元朝初年的政事和大汗忽必烈进行的那些战争，描述了大汗朝廷的威仪和北京、西安、开封、南京、镇江、扬州、苏州、杭州、福州等名城的繁华。第三部分介绍了中国邻近的一些国家和地区的情况，包括日本、缅甸、越南、老挝、泰国、爪哇、苏门答腊、印度和斯里兰卡，此外还提到非洲的阿比西尼亚（埃塞俄比亚）、桑给马尔、马达加斯加等。第四部分讲成吉思汗以后蒙古诸汗国之间的战争和俄罗斯的概况。

《东方见闻录》给欧洲的知识界开辟了一个新天地，人们争相传诵，不胫而走，很快被译成各种欧洲文字。不过当时欧洲还没有印刷业，《东方见闻录》起初都是手抄本。在翻译和传抄过程中，难免有损益。

14、15 世纪欧洲的一些地理学家，主要根据《东方见闻录》所提供的地理知识，绘制早期的"世界地图"。据说，这些地图对于哥伦布发现新大陆还有过意外的功劳。因为哥伦布曾细心研读了那本《东方见闻录》，并细心作了批注，1492 年的那次著名航行，原是要来中国和印度，只是无意中到了美洲。哥伦布以为他到了印度，所以称当地土著居民为印第安人。而且一直到他死的时候，他还以为他所到过的古巴岛是马可·波罗所说的日本。在这个意义上可以说，哥伦布是在马可·波罗的影响下开辟了通往美洲的新航路的。

达·伽马与麦哲伦

世界上最早探寻新航路的是葡萄牙人。多年以来,葡萄牙人不断派遣探险队沿非洲西海岸向南摸索到东方去的航路。1415年,葡萄牙人占领了非洲西北角的休达,建立了最早的海外殖民据点,由王子、"航海家"亨利担任总督。此后,葡萄牙人以休达为基地继续向南航行,1419年侵占马德拉本岛,1431年侵占亚速尔群岛,1443年侵占毛里塔尼亚的阿尔吉恩岛。70年代初,葡萄牙人到达几内亚湾,并穿越赤道进入刚果和安哥拉地区。

1487年,巴托罗缪·迪亚士沿着非洲西海岸航行遇到大风时,他的船失去控制,随风向南飘去,一连13天不见陆地。当风力缓和下来时,迪亚士让他的船向东方航行,但是不久他发现已经在不知不觉之间越过了非洲南端而进入印度洋了,由于船员已经筋疲力尽,乃掉船回去。在归途中他发现了非洲最南端的海角。迪亚士回国后,葡萄牙王命名该海角为"好望角"。这就为开辟通往印度的海上航路奠定了基础。

这些探险与其他几次取道陆路和海路的探险一起,使葡萄牙人成为欧洲地区内对世界地理学和商路最有知识的人。然而,由于政治和财政方面的困难因素,他们在迪亚士绕过好望角后未能继续前进。

这里需要提及的是哥伦布,他是发现美洲大陆的第一人。但他生前一直把他发现的大陆误认为是远东地区,是印度西部的岛屿,因此称之为西印度群岛,并把那里的居民称为印第安人。其实,哥伦布的船队到达的地方是美洲大陆中部、大西洋西岸、中美洲东岸的一群岛屿。这就是人们所说的哥伦布"一个最伟大发现的最大错误"。

真正继承迪亚士事业的是达·伽马。他在1497年7月8日率领四艘海船从葡萄牙启航。他具备一个好的条件,就是已知道"好望角"的纬度。他不是靠近海岸航行,而是远离海岸,这样既无搁浅之险,海风又吹得强烈而均匀。他在安全地到达预定的纬度时,便朝正东方向驶去,终于绕过好望角,沿非洲东岸航行,于1498年3月到达莫桑比克。之后继续北上,在肯尼亚由一位阿拉伯水手领航,渡过印度洋,于1498年5月20日到达印度西南海岸的贸易重镇卡里库特。

达·伽马在卡里库特未受到热烈欢迎。居住那里的阿拉伯商人因他们传统的垄断受到威胁,尽力阻挠这些欧洲闯入者。此外,葡萄牙的贸易货物多半为零碎小物件和羊毛织物,不适合印度市场。事实上,葡萄牙人完全低估了印度文明的水平和高级程度。因此,达·伽马与卡里库特通商之所以有困难,不仅因为当地阿拉伯商人的敌视,更重要的还因为葡萄牙(和整个欧洲)当时生产不出什么能使东方诸民族感兴趣的东西。欧洲制品通常比东方产品质量差、价格高。达·伽马的一位同伴说:"我们没能……使这些货物按我们希望的价格出售……因为在葡萄牙能卖得300里尔的一件很漂亮的衬衫,在这里仅值……30里尔,而30里尔在这国家是一笔巨款。"

达·伽马费了很大劲收集了一船胡椒和肉桂,离港回国,于1499年9月到家。这船货的价值相当于整个远征队费用的60倍。这是人类历史上第一次完成从西欧绕非洲来到东方的航行，从而开创了东西方之间最短的海上航路。

当然，葡萄牙人开创这条新航路的目的是为了做买卖，所以他们决心垄断新航路上的全部贸易。为此，他们采取了野蛮的暴力手段。达·伽马曾在后来的一次航行中发现几条从麦加返航的无武装船只，他捕获了这些船只，并且用他的一个葡萄牙同伴的话来说：“在搬空船上的货物之后，禁止一切人将船上的任何摩尔人带出来，然后下令把船烧了。"

经过数千年的地区隔绝之后，使欧亚大陆的两种文化首次面对面的这一划时代的会合，性质就是如此。

葡萄牙人独占非洲去东方航路上的贸易及他们所获得的惊人利润，推动欧洲其他国家的冒险家们寻求到东方去的其他航道。哥伦布寻找中国的美梦虽然连续失败，但人们还是渴望向西航行到亚洲。

斐尔南多·麦哲伦是葡萄牙的贵族，他怀着和哥伦布同样的信念，认为如果绕过南美洲，进入当时所说的"南海"就可以直通东方，到达盛产香料的摩鹿加群岛。葡萄牙国王不支持麦哲伦的计划，于是他在1517年到西班牙去，西班牙国王给了他资助。1519年9月20日，麦哲伦率领5只船、265名水手从西班牙出发。船队渡过大西洋以后，就沿着巴西海岸南下，到第二年10月，发现了一条水流湍急的水道，麦哲伦初步判断这可能是一条通往"南海"的海峡，船队顽强地坚持在风浪中继续向西航行。经过大约一个月左右的时间，一片浩瀚无际的大海展现在人们的面前。也就是说，他们穿过的确实是一条连接大西洋和"南海"的海峡，人们几十年竭力寻找的这条海峡，终于找到了。为了纪念麦哲伦的航行，人们就把这条在南美洲南端的海峡叫麦哲伦海峡。船队驶出麦哲伦海峡继续前进，途中风平浪静，没有遇到过大的风浪，船员们都说，这真是一个太平洋。从此，"太平洋"这个名字就一直沿用到现在。在太平洋上航行的三个多月里，生活非常困难，船员们只能用脏水解渴，用木屑和老鼠充饥。1521年3月，远航队到达菲律宾群岛。麦哲伦因同当地的居民发生争斗而被杀死。他的同伴乘坐剩下的两只船继续航行，在1521年11月初到达了麦哲伦曾经梦寐以求的摩鹿加群岛。他们因为要躲避葡萄牙人的追杀，所以用船满载着掠夺来的香料等物资，经过印度洋，绕过非洲，在1522年9月6日回到了西班牙，终于完成了这次举世闻名的环球航行。整个航行一共经过3年时间，参加远航的水手，活着回来的只有18个人。

麦哲伦的航行，是人类史上第一次绕全球航行一周的航行。它彻底证明了地球是圆形的说法，也就是"地圆说"为人类航海和科学事业作出了有益的贡献。

麦哲伦的环球航行，不但对科学的发展和人类对宇宙的认识有着重大意义，而且对于欧洲的经济生活也发生了巨大的影响。它在加快欧洲资本主义发展的同时，也给亚洲、非洲和美洲人民带来了殖民奴役。西班牙人从此深入到中美洲和南美洲的古老文明地区，探索他们垂涎已久的"黄金国"。

发现美洲的第一人——哥伦布

克利斯托弗·哥伦布是世界著名的航海家，因为他曾带领船队横渡大西洋，开辟了美洲航路，成为发现新大陆的第一人。因此，他的名字早已是家喻户晓，尽人皆知。

哥伦布于 1451 年出生在意大利。年轻时，他就多次参加过短途的航海活动。哥伦布和其他青年一样，喜欢冒险和旅行。

当时的欧洲社会正经历着一场深刻的变革。经过千年的发展，社会生产力有了明显的提高，随着社会经济的发展，欧洲各国流通的都是金币，由于人们对货币需求的不断增加，势必造成了社会上流通的货币奇缺，严重地制约了资本的积累。再加上黄金又是重要的装饰品，财富的象征，因此，整个欧洲出现了黄金热，上至国王下到臣民都在疯狂地寻找黄金。造成了黄金缺乏的原因还在于此前东西方之间贸易的不平等。东方的香料、丝绸、瓷器和其他产品不断地涌入西方，而西方没有与之相交换的产品，只有用黄金和白银来交换，从而导致了金银的大量外流。由于开采技术的限制，欧洲每年的黄金开采量是非常有限的，这远远不能满足人们的需要。而人的欲望是无穷的，作为航海家的哥伦布也不例外。他曾说过："黄金是一个令人惊叹的东西！谁有了它，谁就可以为所欲为，做到一切。有了黄金，可以把灵魂送上天堂。"恩格斯也曾说过："葡萄牙人在非洲海岸、印度和整个远东寻找的是黄金；黄金是白人刚踏上一个新发现的海岸时所需要的第一件东西。"

意大利旅行家马可·波罗在他的《马可·波罗游记》中把东方描写得非常富有，黄金遍地，香料盈野。当时到东方可不是一件容易的事，要历经千难万险。11 世纪时，欧洲封建主曾有过十字军东征，企图到东方掠夺一番，结果伤亡惨重。

但是，时间已经到了 15 世纪末，英国、法国、葡萄牙、西班牙等国家纷纷崛起，当时的天文地理知识也有了很大的发展。人文主义者重新发现的古希腊人关于大地是一个球形的学说，在当时也已被不少人所接受，再加上欧洲的造船技术的日益成熟，中国发明的罗盘针在欧洲的广泛应用等等都为远程航海提供了便利的条件。于是便有了一些冒险家们为了金闪闪的黄金驾起了远航的风帆。最早探寻通往印度航路的是葡萄牙人迪亚斯，早在 1487 年他就到达了非洲的最南端的海角——好望角。虽然没有得到大量的黄金，但给那些跃跃欲试的冒险家们带来了很大的鼓舞。哥伦布当时已经是一个很有航海经验的水手了，他也蠢蠢欲动，决心去远航，探寻新的航路，并为此制定了一个海上探险计划。

有趣的是他计划从西欧出发一直向西航行，目的地是东方的中国、日本及印度。当时的地圆说虽已广泛地流行，但关于地球之大小及陆地、海洋的距离，尚在臆测和估计之中。哥伦布的这个计划是建立在对于地球距离的错误估计上面的。他所依据的估计有二：第一是马可·波罗对于亚洲东西两端之间的距离及对于日本与亚洲大陆之间的距离的估计（他估计为 1500 英里），第二是托勒密对于地球周围长度的估计。事实证明，这两个估计都是错误的。他由此得出错误的结论：从西欧经过大西洋到日本去的距离不足 3000 英里，向西航行是西欧到亚洲的捷径。而当时葡萄牙人根据精密的计算，正确地认为到东方去的最短途径是从西欧出发，绕非洲南端，然后折向东北方向航行。因此，当 1484 年哥伦布向葡萄牙王室提出他的航行计划时，遭到了拒绝。但他没有放弃自己的雄心，他虽然多次碰壁，但仍四处寻求资助。直到两年后的 1486 年，他来到了经济基础强大的西班牙王宫，向国王再三恳求，当时的女王伊萨贝拉由于对于地理知识的无知，再加上当时西班牙经济的强大，早有向外扩张的野心，终于接受了他的计划。1492年4月17日，西班牙国王和哥伦布签定了一个协定，即"圣大非协定"。该协定答应提供一切人力、物力和封他为新发现岛屿和土地的统治者，并把新土地总收入的1/20授予哥伦布，但新土地的所有权属于西班牙。哥伦布欣然答应了这些条款。这里出现一个既饶有兴味又耐人深思的历史"假若"的问题：幸亏哥伦布作了一个错误的估计，假若他估计正确的话，他一定不会向西航行，从而也就发现不了美洲新大陆。历史的客观后果，往往是超越了参与其事的历史人物的估计。

1492年8月3日，哥伦布率领3艘帆船，从西班牙的巴罗斯启航，航员中有可靠的水手和有能力有经验的军官。他们9月6日离开加那利群岛，扬帆出海。他的船队由3艘大帆船和87名水手组成。哥伦布指挥一直向西航行，他对途中的每一群海岛、每一片水草都仔细观察，不放过一点线索。幸而一路上都是顺风，航行得很顺利。但是一天天一周周地就这样在企盼和等待中过去了，所见到的仍是烟波浩淼的汪洋，连陆地的影子都看不到。水手们越来越不安。为了安慰疲惫不堪的大家，哥伦布向他们谎报了航行的距离。其实连哥伦布自己也发愁了，因为按照他的原计划早已应到达日本了。10月9日他向众人宣布，如果3天之内仍看不到陆地，就转回去。10月12日凌晨，就在船员们怨声四起、绝望至极之时，历史的时刻终于到来了。突然听到船员一声惊叫："啊！陆地！"大家都纷纷涌向船头，屏息目视前方，远远的水天相接处有一个黑点，黑点越来越大，果然是一个海岛。大家高兴得犹如绝处逢生，一同舍舟登岸。面对繁盛的草木，哥伦布欣喜地宣布这里为西班牙的土地，并命名为圣·萨尔瓦多岛。圣·萨尔瓦多意为救世主，其实这个岛屿就是现在的巴哈马群岛中的华特林岛。哥伦布以为他已经到达了印度，所以把当地人称为印第安人。对于人类来说，这是一个关系到世界历史重大转折的时刻，因为发现了美洲新大陆，从而也就打开了新旧大陆之间不知经历了多少个世纪的闭塞。

哥伦布在离开圣·萨尔瓦多后，没有向西而是向南继续航行，到达了附近的古巴和海地。然而令他失望的是，这里并没有他想象中的黄金和香料，只是有许多他从未见过的动植物和风土人情。但是，哥伦布却以殖民者的身份在那里建立了据点，用廉价的欧洲商品换取印第安人的贵重物品。而印第安人把这些远来的白人当作宾客来热情地款待，万万没有提防他们的野心。而正是这些人宣布了他们灾难的到来，因为哥伦布把欧洲的先进武器——大炮和火枪带到了岛上，开始了对岛上人民的疯狂的血腥统治。

1493年3月15日，哥伦布为了显示他的成功，他带着掠夺来的财富和10个印第安人返回西班牙，向欧洲人宣布他已经找到了通往印度的航路。这在当时引起了轰动，哥伦布得到了国王的礼遇，成为了西班牙的贵族。

西班牙君主热心支持哥伦布的航海事业，又拿出大量资金，帮助他继续进行远征。

1493年，哥伦布率领一支大舰队，又离开西班牙扬帆出海。这个舰队有三桅船、轻舰和双桅船，总共17艘。这次远航的目的不是开辟新的贸易市场，也不是征服东方的王国，而是到伊斯帕尼奥拉（海地）岛上定居，建立一个既采矿又从事农业的殖民地，并以这个殖民地为基础到中国及印度去。这个殖民地建立起来后，他当上了第一任总督。由于他缺乏管理的才能，这个殖民地没有兴旺起来。

哥伦布一直到逝世前，一直认为这是亚洲的一个海岛。后来一个叫作亚美利加的意大利冒险家于1499年也率船到达美洲。他穿过了中美洲大陆，看到了浩瀚无际的太平洋，从而证实了哥伦布发现的并不是印度，而是欧洲人过去不知道的一个新大陆。后来，人们就把那里称为亚美利加洲，即美洲。

哥伦布虽然生前没有认识到这是一块新大陆，但客观结果却超出了他的主观认识。他的冒险活动仍称得上是世界航海史上的一次壮举，是世界交通史上的大事。他当之无愧地称得上是发现美洲新大陆的第一人。其结果是使东西方的文化进一步得到交流和碰撞，同时也使西方殖民主义者的殖民活动更加猖獗起来。

"羊吃人"的圈地运动

15世纪的英国还是一个农业国，每一块土地早已有了自己的主人。为什么能出现圈占土地的情况呢？说起来的确让人匪夷所思。但从历史的角度来看，它发生在英国却是必然的。

在15世纪以前，英国的生产主要还是以农业为主，纺织业在人们的生活中还很不发达。到了15世纪末，随着西班牙和葡萄牙人对新航路的开拓，国际间贸易的扩大，在欧洲大陆西北角的佛兰得尔地区，毛纺织业突然繁盛起来，毛纺织品成为国际市场最畅销最赚钱的商品，进而使得毛纺业成了英国的主要工业。

毛纺织业的迅猛发展，使得羊毛的需求量逐渐增大，市场上的羊毛价格开始猛涨。英国是西欧大陆边缘上的一个岛国，境内多山地，气候湿润，非常适合养羊业的发展。自然条件的优越自然而然地使英国成为一个养羊大国。这时的英国除了满足国内的需要而外，还可以满足国外的羊毛需要。而贵族地主们也越来越认识到养羊业比农业更有利可图。这时，一些有钱的贵族便开始投资养羊业。

养羊需要大片的土地。贵族地主们开始经营起资本主义的牧场，他们用暴力把原来租种他们土地的农民赶走，甚至把他们的房屋拆除，把可以养羊的土地圈占起来。一时间，在英国到处可以看到被木栅栏、篱笆、沟渠和围墙分成一块块的草地。被赶出家园的农民，则变成了无家可归的流浪者。这就是英国著名的圈地运动。当时一位著名的作家托马斯·莫尔在一本叫作《乌托邦》的书中把这种现象比喻为"羊吃人"。他说："绵羊本来是很驯服的，所欲无多，现在它们却变得很贪婪和凶狠，甚至要把人吃掉，它们要踏平我们的田野、住宅和城市。"这个简洁、真实、精辟的概括，正是对资本原始积累罪恶的控诉和揭露。

圈地运动首先是从剥夺农民的公用地开始的。起初，他们所圈占的仅是森林、草地和沼泽等公用地。但随着毛纺织业进一步发展的需要，圈地的规模越来越大。他们开始采取各种方法，把那些世代租种他们土地的农民赶出家园，甚至把整个村庄和附近的土地都圈起来，变成养羊的牧场。到16世纪，圈地面积竟占了英国土地1/2以上。

曾有一群农民在向国王控诉一个叫约翰·波米尔的领主的上诉书中写道：
"这个有权有势的约翰·波米尔用欺骗、暴力占有您的苦难臣农——我们的牧场，这些土地是我们世代所拥有的。他把这些牧场和其他土地用篱笆围上，占为自己所有。

"后来，这个约翰·波米尔又强行夺取了我们的住宅、田地、家具和果园。有些房屋被拆毁，有些甚至被他派人放火烧掉，我们被强行驱逐出来。如果有谁不愿意，波米尔就率领打手包围他的家。这些人手持刀剑、木棒，气势汹汹，凶猛地打破他家的大门，毫不顾忌他的妻子儿女的号哭。

"约翰·波米尔为了圈占我们的土地，不惜将我们投入监狱，毒打、致残，甚至杀害，我们现在连生命都难保全。"

在这种强行的圈地运动中，农民以前以各种形式租种的土地都被贵族强行圈占了。他们的牧业庄园变得越来越大。

而那些被驱赶出家园的农民，宁肯当乞丐和流浪者，也不愿到工厂里当工资劳动者，受资本家的压榨。在延续了300多年之久的（从15世纪70年代到19世纪末）圈地运动过程中，英国国王虽然也进行了一定程度的限制，颁布了一些限制圈地运动法令，但鉴于这种情形，英国国会最终还是在1688年批准圈地为合法行为。累计国会通过的有关圈地法案达2500件之多。

通常，那些流浪的农民，一旦被抓住，就要被绑在马车后面，被鞭打得遍体鳞伤为止，然后送回原籍"从事劳动"。如果该流浪者再次被捕，就要被割去半只耳朵。如果第三次发现他仍在流浪，就要处以死刑。

后来，英国国会又颁布了一个法令，规定凡是流浪一个月还没有找到工作的人，一经告发，就要卖为奴隶，他的主人可以任意驱使他从事任何劳动。这种奴隶如果逃亡，抓回来就要被判为终身的奴隶。第三次逃亡，就要被判处死刑。任何人都有权将流浪者的子女抓去做学徒，当苦役。

圈地运动的合法化，使得贵族地主们更加肆无忌惮地对农民进行驱赶和迫害，广大农民被迫离开土地进入城市成为城市无产者。迫于生计，他们不得不进入生产羊毛制品的手工工场和其他产品的手工工场，成为资本家廉价的劳动力。在这种非人的手工工场里，工人的工资是十分低廉的，而且每天则要工作十几个小时。这时，英国农民的人数已经减少到了有史以来的最低数量。

从16世纪30年代开始的英国宗教改革，更加速了剥夺农民土地的进程。亨利八世先后废除了3000座以上的天主教堂和寺院，没收了教会的土地，把教会的一大部分地产随意赏赐或分发给王公大臣，这些人把旧的世袭佃户大批赶走，使农民陷入绝境。

广大农民为了反抗圈地和政治上的迫害，掀起的起义运动也是此伏彼起。其中著名的有1536年至1537年林肯郡和约克郡的农民起义、1549年诺福克郡罗伯特·凯特起义等。但这些起义最终在英国王朝统治者的血腥镇压下都先后失败了。

但是，农民的反抗斗争却动摇了封建统治，迫使斯图亚特王朝的统治者开始照会禁止圈地。到了18世纪，声势浩大的圈地运动逐渐走向尾声了。

总之，圈地运动作为一个历史现象，它的出现并不是偶然的，是与英国当时的政治、经济发展分不开的，我们应该用历史的、辩证的观点来审视这一历史现象。正如马克思在《资本论》中说的那样："掠夺教会地产，欺骗性地出让国有土地，盗窃公有地，用剥夺方法，用残暴的恐怖手段把封建财产和氏族财产变为现代私有财产——这就是原始积累的各种田园诗式的方法。"圈地运动为英国资本主义的发展提供了有利的条件。这种"羊吃人"的圈地运动为它准备了大量的、除了自己的劳动之外一无所有的廉价劳动者。

天才星空观测家——第谷

近代天文学观测是以伽利略发明天文望远镜为转折的。在此之前，人们只是利用肉眼观察，尽管拥有各种各样的仪器，但大都是定位计量所用，而起不到望远镜的作用。

在肉眼观测星空的时代，有一位杰出的天文学家，他堪称肉眼观测星空的最后一人，也是极杰出的一位，他就是丹麦天文学家第谷。第谷全名是第谷·布拉赫，1546年生于丹麦一个贵族家庭。

有意思的是，第谷是托勒密地心说的忠实信奉者，但他的观测，却为哥白尼的日心说发展开辟了道路。

第谷13岁时便受到良好的学院教育，进入丹麦最著名的大学——哥本哈根大学。起初，他在那里学习哲学和法律，这使得他的头脑具备了较好的理论思想基础。但当他14岁那年，也就是1560年，他的兴趣发生了转变。当年，天文台预报8月21日会发生日食，第谷由此感到好奇，结果确实发生了日食，他被神秘的天文科学迷住了，决心探索宇宙的规律。

就这样，第谷改学数学和天文学。从1563年开始，他自己购买仪器进行天文观测。第二年，第谷就发现了一个天文学界的错误，即实际上木星与土星的运动与当时流行的星表是不一样的。这样一来，第谷更坚定了自己的天文学研究信心。

1572年11月11日，秋夜明朗，星空灿烂。第谷趁着大好时机，勤奋工作，持续观察。天空中突然出现了一颗明亮的星。以前从未发现过这颗星，现在却出现在仙后座，异常明亮。第谷惊讶了，因为传统的亚里士多德的观点认为星空是完美不变的。他于是跟踪观察这颗星，废寝忘食，夜以继日。

这颗亮星竟然一天比一天亮，成为天空最亮的星，比金星还要耀眼。到白天阳光明媚时依然能见到这颗亮星，直到一年多之后，这颗奇怪的星才消失了。

第谷发现这颗星没有运动，所以认为是一颗恒星。第谷发明了用"新星"一词来说明这种星，他还估算出这颗星十分遥远。直到现在，人们还沿用第谷发明的词来称呼这种现象。其实，第谷观测到的是恒星转变过程的一个环节。恒星也有生有死，有形成有毁灭。恒星到了晚期，在就要衰灭之前，会有一段时期的剧变，导致其光芒大增，这就是超新星。为了纪念第谷，人类科学史上明确观察的第一颗超新星便被命名为"第谷新星"。以前的古籍即使有记载，也不是科学意义上的发现和观测。

根据自己的观测，第谷写成《论新星》。此书的出版引起天文学界的极大重视。丹麦国王腓特烈二世也得知这一消息，他不想让优秀人才外流到当时的天文中心德国，于是请第谷主持一个天文台工作。

在维文岛上，国王专门修建了天文台，第谷亲自主持。这个天文台1580年落成，是近代天文学史上第一个真正的天文观测台。

第谷在皇家天文台工作了将近 20 年，直到腓特烈死后。这个研究基地在第谷的积极努力下，成为世界闻名的天文中心，在天文观测的细致性等方面，达到了最高水平。第谷本人制造了很多精密的天文仪器，他创造的赤道式天文仪器更是首创，成为近代天文装置的雏形。

1577 年，第谷观测了当时的一颗大彗星。他证明了这颗彗星在月球之外，至少是地球到月亮距离的 3 倍。这个看法又驳斥了流行的亚里士多德观点，亚里士多德认为，彗星是大气现象，是月下世界所发生的事情。第谷进一步还指出，彗星穿越行星天空。这样一来，希腊宇宙论中的水晶天球概念就被动摇了。因为彗星的穿越而打破了固定的一层层轨道。但第谷内心是不愿意打破地心说体系的，他提出了一个折衷体系，没有进一步探讨彗星轨道的自然原理。保守的世界观阻碍了科学规律的发现。例如，恒星没有视差本来有两种可能：一种是恒星过于遥远，一种是地球根本不动。第谷宁可相信地球静止不动，也不愿打破神学结合的地心说而思考前一种可能。

尽管如此，第谷还是取得了惊人的成就，他提出的折衷体系就承认五颗行星绕太阳运动。这一点和哥白尼的思想不谋而合。

第谷的观测推动了历法改革。1582 年，基督教更改了多年来使用的儒略历，颁行了格里高里历，就是建立在第谷的工作之上的。第谷还发现了黄赤交角的变化，月球运动的二均差。他的观测还直接导致了世界最先进星表的绘制。

1588 年腓特烈二世去世了，新任国王克里斯蒂安与第谷不和。因为第谷在平常生活中脾气不好，常与人争强好胜，而且他的贵族出身也使他免不了带有骄傲自大的毛病。

1597 年，第谷失去了皇家资助。德国国王鲁道夫二世邀请第谷到布拉格，就这样，第谷搬往布拉格，带走了全部仪器和资料。

由于落后的世界观，第谷虽然积累了大量足以发现震惊世人的规律的资料，但却没能从中发现真正的星空规律。而这一切，被他的学生和助手开普勒完成了。

第谷与开普勒的合作堪称佳话。第谷虽然很傲慢，但当他在布拉格想寻找助手时，收到了一个平凡青年的著作《宇宙的奥秘》。他很欣赏青年的科学精神和事业心，同时被青年的信所打动，于是二人在一起密切合作了。这个不出名的青年就是开普勒。他二人信奉的观念不同，第谷信奉地心说，开普勒信奉日心说，但却在工作上合作无间。

第谷毫无保留地把珍贵资料全给了开普勒，并委托开普勒编制行星运行表。1601 年 10 月 24 日，第谷因病去世，他喃喃地说："我多么希望我这一生没有虚度呀！"

1602 年，开普勒不负重托，将第谷的成绩整理出版，使人们永远铭记这位杰出的天文观测家。

马丁·路德与德国宗教改革

提起宗教改革，势必会说起德国的马丁·路德。这次宗教改革是 16 世纪首先爆发在德国、随后迅速席卷西欧的一次大规模的、意义深刻的社会政治运动。它由新兴资产阶级所发动,得到了广大农民和城市平民强有力的响应,个别国家的君主大力支持,部分下级贵族也积极投入,对封建的天主教会展开了猛烈的冲击,促使天主教会发生分裂,涌现了反映资产阶级要求的基督教新教派。

德国宗教改革是欧洲宗教改革的一个突破口。它之所以首先爆发在德国,是与德国存在的特殊的经济政治情况分不开的。

15 世纪末和 16 世纪初,德国经济有了显著的发展。封建经济仍占统治地位,但个别工业部门已经出现资本主义生产关系的因素,出现了分散型甚至少数集中型的手工工场。其经济发展的突出特点是它的不平衡性。德国的大部分城市多分布在边境地区,注重国际贸易,对外联系一般多于对内联系。德国没有形成全国统一的经济中心。这种分散性的经济特点成为影响德国经济发展的主要障碍。

经济的分散性影响了政治的发展。与当时已经形成中央集权制的英、法不同,德国从中古以来形成的分裂割据局面依然存在。

德国在天主教世界是受罗马天主教会榨取最多的地区,也是劳动人民最受剥削的地区,因而是灾难最为深重的地区。这就使得 16 世纪初的德国社会的主要矛盾仍然是封建势力和广大人民群众的矛盾。而封建制度又被罗马天主教会罩上神圣的灵光。因此要反对封建制度必须首先反对教会,德国第一次反封建的资产阶级革命只能采取宗教改革的形式。正是因为在德国,民族压迫、阶级压迫与宗教压迫交织在一起,这就是为什么宗教改革首先爆发在德国的原因。

在德国宗教改革中,首先发难的是马丁·路德(1483—1546)。他出身于萨克森一个富裕的市民家庭。18 岁时入爱尔福特大学学习,后来转到维登堡大学。这期间,他深受人文主义和唯名论思想影响。大学毕业后,他进入爱尔福特奥古斯厂修道院做修士。1508 年,路德以神甫身份在维登堡大学讲学,后来成为神学教授,并担任维登堡修道院副院长和图林根地区部分修道院的监督。在这期间,他探讨了人文主义、城市异端以及宗教改革家约翰·威克里夫和约翰·胡司等人的学说。1510 年和 1511 年两次访问罗马,目睹了罗马教廷的腐败。所有这些因素,促使他逐渐改变了对天主教会的传统观念,并决心从事宗教改革。

16 世纪初,历届罗马教皇都利用赎罪券为其聚敛钱财。1517 年 10 月,教皇立奥十世派特策尔去德国兜售赎罪券,他们宣称,当钱币扔在钱柜中叮当作响的时候,灵魂即会应声飞入天堂。这种敲诈勒索的伎俩,促使德国人民觉醒,激起路德的愤怒情绪。当他在《圣经》的《福音书》中看到了早期基督教会的民主、平等精神时,耳目为之一新。《福音书》告诉他:耶稣基督之死,业已代人类在上帝面前赎了罪,信徒只要相信耶稣,就可以得救。换言之,他从《圣经》中悟出了"信仰耶稣即可得救"的道理。具体说来:第一,人要想自己的灵魂得救,要依靠个人的虔诚的信仰,而不需要教会神职人员的干预;第二,信仰的惟一依据是《圣经》,而不是天主教会一手制定的神学。实际上,这就是否定教皇的权威,从而肯定《圣经》的权威。

1517 年 10 月 30 日,马丁·路德起草了名为《关于赎罪券的功效》的 95 条论纲,第二天贴在维登堡教堂门口,公开抨击贩卖赎罪券的行为,并宣布他的宗教主张是:信徒得救既不靠教皇,也不靠圣礼,而是靠对基督的虔诚信仰,只有信仰上帝,与上帝直接打交道，灵魂才能得救。在这里，路德不仅否定了贩卖赎罪券的行为，而且也否定了教皇和圣礼，从而触动了天主教会的根本。但是论纲并未直接针对教皇，为与教皇妥协留有余地。反对罗马天主教会的德国人民，却按照自己的意愿来理解论纲，各阶层迅速起来响应。如火如荼的德国宗教改革的群众运动爆发了。农民、平民群众奋起反对教会，市民、骑士，甚至还有部分诸侯也卷入了反教会的浪潮。论纲成为动员群众起义的纲领，路德成为宗教改革运动的核心人物。

路德的信仰得救思想的传播和发展必然与教皇和教会的权威发生冲突。群众把论纲由拉丁文译成德文，人人争相传诵，迅速传遍全国和基督教世界。群众普遍关心的是改革旧教，创立新教；改革旧的社会秩序，建立新的社会秩序。1519年7月，改革深入发展，终于促成路德与教皇的分裂。此时在莱比锡举行了路德及其信徒与教皇代表的公开辩论。辩论中，路德公开否认教皇权力是神授的，不承认教皇是上帝的代表。认为信徒不服从教皇而信仰上帝同样可以得救。他指出宗教会议的决议也会有错误：康士坦茨宗教会议宣布胡司为异端就是错误的，胡司的思想中有许多是基督教的真理。这种公开否认教皇和宗教会议的主张，使得路德开始走上与罗马教皇决裂的道路。

1520年是路德革命精神的最高峰。这年年初，路德公开号召人民用百般武器讨伐教皇、枢机主教和大主教等，把它们统称为"蛇蝎之群"。6月间他又发表了一篇战斗檄文，即《罗马教皇权》，断然喊出将罗马教会势力从德国驱逐出去的口号。路德在德国人中名声大震。在这一年路德先后又发表了几篇重要文章，即《致德意志民族的基督教贵族公开书》《论基督教自由》和《教会被掳于巴比伦》。前者是路德的政治纲领，后二者是路德的宗教纲领。在《公开书》中，路德号召德意志贵族联合起来，反对教皇，走法国的道路，实现民族独立；主张德国不能再忍受教皇的劫掠和搜刮，停止向罗马教廷缴纳教会的一切收入；提出向教皇要求政治、经济、宗教和文化等方面的独立权利。路德政治纲领中的一个重要问题是"信仰得救"。基督徒只要以圣经为依据，虔诚地信仰上帝，他的灵魂就一定能得救。至于信仰是什么，路德虽然没有解释为理性，但也不排除激进的思想。稍后路德又强调信仰自由和思想自由，这对冲破天主教的桎梏，解放人们的思想具有深远的意义。路德主张简化宗教仪式，只保留洗礼和圣餐两种圣礼，减少宗教节日，允许神甫结婚，反对奇装异服等等。

1520年6月，教皇发布训令，斥责路德的学院为异端邪院，并限令路德在60天内承认错误。路德则宣布，教皇的训令是"反基督"的，称教皇为"怙恶不悛的异教徒"。同年12月20日，路德在维登堡把教皇的训令当众投入火中。路德对教皇的蔑视和反抗达到了一个新的高度。

1521年4月，教皇与皇帝查理五世勾结，在沃姆斯召开帝国会议，要路德去承认错误。路德在会上宣称："除了根据《圣经》证明我是错的外，我现在不会、将来也不会后退。"皇帝发布诏令，逮捕路德。

在沃姆斯会议后，路德便被萨克森选侯腓特烈保护起来，一个时期他在瓦特堡过着世俗的生活，留了长发，因为他不再是天主教修道士了。他仍孜孜不倦地写信或写文章，热心地宣传自己的教义。这个时期他还从事《圣经》的翻译，把它译成德文，所依据的是未被篡改的希伯莱文及希腊文原本。他的德文《圣经》译本在德文发展史上占有重要地位，因为他在文章结构、词汇和文字表达等方面都有创新，为德文立下了规范，对于德文的发展起了巨大的作用。1543年，路德翻译的德文《圣经》面世了，海涅认为他对圣经的翻译是"创造了德语"。

1546年2月，路德死于其出生地萨克森的艾斯勒本，享年63岁。

伟大的农民战争

1524年至1525年，德国爆发了声势浩大、波澜壮阔的农民战争，它是宗教改革运动的深入和发展。这次农民战争遍及德国大部分地区，全国约有2/3的农民参加了斗争，这在德国和西欧的历史上是空前的。这次农民战争有三个中心，即士瓦本、法兰克尼亚、萨克森和图林根。西部的阿尔萨斯，东部的提洛尔、卡林提亚等地也都爆发了起义。

1524年夏，士瓦本南部地区首先爆发了农民起义，起义队伍迅速扩展到3000多人，起义农民拒绝向领主缴纳赋税和服劳役。年底，闵采尔来到这里。在这以后，接近闵采尔的起义者，起草了第一个纲领——《书简》，对城乡贫苦的群众遭受僧俗领主和政府的压迫进行了强烈的控诉，并强烈谴责了贵族、僧侣的特权地位，号召用人民的力量，清除封建领主，建立公正的秩序。这个纲领的基本思想是打倒现存的统治阶级，并由普通人掌握政权。

1525年3月初，起义队伍在整个士瓦本地区迅速扩展，组织了6支农军，总数达三四万人。其中，有不少闵采尔的信徒，他们成了起义队伍中的核心和骨干。3月6日至7日，3支农军队伍在门明根实现联合。3月中旬，占据优势的温和派为与敌人谈判，提出了有名的门明根"十二条款"。它主要反映富裕农民的利益，要求废除农奴地位（第三、第十一条），减轻苛税和徭役（第六、第七条），归还被领主侵占的公社附属地。"十二条款"尽管带有温和的色彩，仍在农民中间得到广泛的传播，农民按革命精神理解十二条款的具体要求，使它成为反封建斗争的纲领。士瓦本农军尽管人数众多，声势浩大，但内部意见分歧，行动不一，斗争不力，4月底为诸侯军队司令官特鲁赫泽斯的谈判和镇压两手策略所击败。

在法兰克尼亚地区，1525年3月末爆发的农民起义，规模最大，斗争也最激烈。起义农民组成几支农军，达30万人。他们占领了几百个城堡和修道院，惩办了他们痛恨的封建主。但起义队伍成分比较复杂。革命形势的迅速发展，使许多骑士混进起义队伍，有些甚至窃踞了领导地位。这里有许多中小城市，在起义高潮时，大家纷纷投到起义一边，城市贫民积极支持农军，并从城市内部配合斗争。但是市民阶级，特别是希望与贵族结成同盟的分子，企图利用农民运动来达到其本身的目的。1525年4月下旬，反映市民阶级利益的文德尔·希普勒取得了一支农民联军的领导权，并邀请骑士担任联军统帅，进而解除了农民领袖对联军的领导。5月，在海尔布琅城召开农民军的代表会上，希普勒提出了一个纲领，被称为"海尔布琅纲领"，又名"帝国改革纲领"。纲领提出一切政权必须服从帝国皇帝，剥夺僧侣的世俗权力，规定了全帝国的立法和以等级代表为基础选出的法庭；统一度量衡，统一币制，取消商税、过境税、食品税以及其他苛捐杂税，保护商路安全；允许农民赎买封建义务，赎金等于常年租金的20倍。《海尔布琅纲领》规定的一系列有利于市民阶级发展和使帝国集权化的条款，具有一定的进步意义，但在当时却无法实现。1525年5月，特鲁赫泽斯进入法兰克尼亚地区，首先镇压了维尔茨堡的暴动。海尔布琅的城市贵族见风转舵，开始与特鲁赫泽斯谈判，并为诸侯军队打开城门。希普勒逃走。6月，维尔茨堡市民投降官军，特鲁赫泽斯镇压了法兰克尼亚最后一支农民起义军。

在萨克森和图林根地区，由闵采尔直接领导下的农民起义斗争最为英勇坚强。这个地区的采矿业比较发达，除农民外还有许多矿工参加起义。缪尔豪森城是该地区起义活动中心。1525年3月17日，缪尔豪森的平民和矿工推翻了城市贵族的统治，建立了普通人掌权的"永久会议"。闵采尔是这个革命政权的实际负责人。随后，起义浪潮迅速扩展到整个图林根和萨克森地区，声势浩大。诸侯贵族惊慌失措，急忙调兵。4月底，由黑森邦伯爵菲力浦统率一支官军向缪尔豪森发动进攻。闵采尔组织一支8000人的起义军进行抗击。由于起义军缺乏武器和训练，又缺乏作战指挥经验，于5月16日被官军击败。5000多人惨遭杀戮，闵采尔受伤被俘，遭受严刑拷打，英勇不屈，从容就义。5月25日，缪尔豪森城投降，并入萨克森公爵领地。

上述三个地区的农民起义失败后，农民战争基本结束。只有个别地方分散的起义仍在继续，有的甚至坚持到1527年。

由宗教改革所引发的德国农民战争，是德国早期资产阶级革命的组成部分。它的任务是摆脱罗马教廷的剥削和干涉，消灭封建割据，实现国家的统一；主要革命对象是教皇和诸侯；革命的主力是农民和平民，市民则是一定时期内的革命同盟军。农民战争的杰出领袖闵采尔，他的革命理想是先进的，革命意志是坚定的，身处危境，宁死不屈，壮烈牺牲，表现了一个革命者的坚贞气节和崇高品质。

农民战争失败后，农民的处境更加恶化。在战争中数以十万计的农民惨遭杀戮，农民所争得的果实被全部剥夺。封建主变本加厉地压迫和剥削农民，农奴制又在德国死灰复燃，不仅南部的农民，而且北部和东部的自由农民全部降到农奴地位，担负着沉重的徭役和租税。

德国农民战争的事实表明，苦难深重的农民阶级是民主革命的主力军。他们前仆后继，浴血奋战，表现得十分英勇。但是这个阶级由于小生产的局限性和分散性，使他们眼光短浅，组织纪律性差，乡土观念较重，往往在紧要关头畏缩不前，各支义军之间不能协同作战、互相支援，结果被敌人各个击破，最后全局失败。这次农民战争的经验表明，农民阶级是不可能单靠自己的力量取得革命战争胜利的，必须在其他先进阶级领导下，农民才能完成革命战争的历史任务。

16世纪的德国，能够领导农民的资产阶级和无产阶级，都处于萌芽形成的时期，发展不够成熟，不可能担负起革命领导阶级的使命。路德、希普勒和海尔布琅的市民阶级是如此，闵采尔及其革命战友也是如此。恩格斯指出，德国农民战争所以失败，主要是由于最有利害关系的集团即城市市民的不够坚决。农民阶级只有在无产阶级的领导下，结成工农联盟，才能取得彻底胜利和真正解放。

从这次宗教改革和农民战争中惟一获得好处的是封建诸侯集团。他们在群众反对教皇和教会的斗争中,大大加强了自己的政治和经济地位。他们夺取了大部分教会财产,加强了对农民和城市的压榨,牢固地控制了割据地方的封建贵族势力。他们利用路德的宗教思想巩固自己的实力和地位,并最终使路德宗教会成为手中的驯服工具。1530年,帝国议会在奥格斯堡开会,路德派应皇帝指令,向议会提出正式信仰声明。于是在路德指导下,由其信徒梅兰希顿起草,向议会提出路德教的信仰纲要,即有名的《奥格斯堡信纲》。这个声明是由路德在会上亲口宣读的。信纲除绪论外,共28条,重申"因信称义"(即信仰得救)和反对教皇最高权威的著名思想,并规定教徒必须服从当时的国家政权和法律,遵守各项社会制度。天主教会和皇帝反对这项声明,要求路德撤销,路德不服,将声明用德文和拉丁文同时公布,故亦称"奥格斯堡告白"。后来这个声明成为路德教的信仰纲领。这个信纲标志着路德教成为诸侯官方的宗教,诸侯成为本国教会首领。路德教的确立和发展,在各方面都有利于诸侯的集权地位。

德国农民战争虽然失败了,但它沉重地打击了天主教会在德国的势力,从而使天主教会再也不能恢复以前的地位。农民战争显示了农民群众的伟大力量,也给后人留下了宝贵的教训。1856年4月16日,马克思在致恩格斯的信中写道:"德国的全部问题将取决于是否有可能由某种再版的农民战争来支持无产阶级革命。如果那样就太好了……"无产阶级革命只有在农民的支持下才能取得胜利的工农联盟思想,是马克思主义革命理论的一个重要组成部分。

资产阶级革命第一号角——尼德兰革命

16世纪,由于殖民掠夺和对外贸易的发展,西班牙势力强盛一时。1516年,西班牙国王斐迪南逝世,哈布斯堡家族的查理以外孙的身份继承王位,称查理一世。1519年,查理的祖父、神圣罗马帝国皇帝马克西米连去世,查理又贿选了皇帝,称查理五世。这样一来,查理成为西班牙、尼德兰、德国的统治者。到16世纪中叶,查理建立了跨欧、美、非的"日不落"帝国。

但是,在貌似强大的背后,却隐藏着深刻的矛盾,尤其是在尼德兰。

"尼德兰"意为低地,指莱茵河、些耳往河下游及北海沿岸一带低洼的地区,约在今日的荷兰、比利时、卢森堡和法国北部地区。早在13、14世纪,尼德兰的手工业和工商业就相当发达。在新航路发现后,更加促进了尼德兰经济的发展。16世纪的尼德兰,是当时欧洲最先进、最富庶的地区之一,资本主义关系的工商业已有相当发展。随着资本主义的产生和发展,社会阶级结构和阶级关系亦发生了深刻的变化。贵族阶级分化成两部分:一部分转化为资产阶级性质的新贵族,另一部分固守旧特权,过着封建剥削生活。查理一世和其子腓力二世都以建立世界天主教帝国为己任,保护天主教,对异教徒进行残酷迫害。因而尼德兰新旧贵族都反对西班牙的专制统治,新贵族力图摆脱工商业发展的枷锁,旧贵族则希望通过宗教改革,夺取教会的土地和财产。而资产阶级的态度更激进,他们要求推翻西班牙的专制统治,废除封建制度,发展资本主义。卡尔文教成为尼德兰资产阶级反对西班牙封建专制统治的一面旗帜。

但是,西班牙的倒行逆施却有增无减。1550年,查理颁布惩治异端的"血腥教会"的政令,同时也对贵族及资产阶级采取怀柔政策,加以笼络。但其子腓力二世却连这一点仅有的施舍亦不给,反而加重对尼德兰的政治上压迫、经济上压榨。他把亲信格兰维尔派往尼德兰,并提升为红衣主教,严格执行"血腥教会"。这一措施严重破坏了正常的秩序,使得尼德兰经济严重倒退,从而激起了普遍的敌对情绪。

1565年,尼德兰人与西班牙的对抗公开化。11月成立了以奥兰治·威廉亲王之弟路易为首的"贵族同盟",抨击西班牙的统治。1566年4月5月,奥兰治·威廉等百名贵族组成同盟成员在布鲁塞尔举行示威游行,向尼德兰总督玛格丽特递交请愿书,要求停止迫害新教徒、召开三级会议、撤退西班牙驻军,免除格兰维尔的职务,但遭到拒绝。

西班牙当局的顽固立场终于激起了大规模的武力反抗。1566年8月,弗兰德尔一些工业城市爆发了声势浩大的破坏圣像活动,他们攻击天主教会,捣毁教堂和寺院,没收教会财产,打开监狱释放囚犯,强迫当局停止迫害新教徒。起义迅速在尼德兰蔓延,成风起云涌之势。

西班牙当局为了对付起义者,便虚与委蛇,一方面假装答应起义者条件,另一方面暗中积极备战。在1567年秋,阿尔发公爵率军进入尼德兰,对起义人民进行血腥镇压,并且继续实行压榨政策,尼德兰工商业纷纷倒闭,几十万人流亡国外,革命转入低潮。

但是尼德兰人并未甘心就范,血腥的镇压反而激起他们更大的反抗。中下层人民组织了森林游击队和海上游击队,而贵族则依靠外国雇佣军作战。在1572年4月1日,一支海上游击队占领了布星尔城,北方各地纷纷响应,并组建了以奥兰治·威廉为首的革命政权。在此以后,他们又挫败了西班牙的反攻。北方的胜利鼓励了南方各省的人民,南方亦发起了波澜壮阔的革命。

1576年,在根特召开了南北方代表参加的三级会议,通过了"根特和解协定"。废除了处治异教徒的一切法令,但独立等问题却未获解决。三级会议里的贵族和西班牙签订了"永久敕令",以求妥协,条件是西班牙必须承认"根特和解协定"。但尼德兰新总督唐·约翰却在墨迹未干时便撕毁"永久敕令",力图诉诸武力。北方各省又掀起了更为彻底的革命,而南方贵族却在阿拉斯召开会议,组成"阿拉斯联盟",出卖革命,向西班牙当局妥协,使南方革命形势发生急剧变化,西班牙迅速恢复了在南方的统治秩序。

为了维护革命成果,北方各省遂成立了"乌特勒支同盟",宣布"更加紧密地结成联盟",永不分裂,同盟以各省代表组成的三级会议为最高权力机关。1581年7月26日,三级会议宣布废黜腓力二世,成立联省共和国,即荷兰共和国,威廉当选为首任执政。西班牙及南方反动势力用软硬兼施的办法,重新控制了南方各大城市,南方与北方遂成对峙的形势。

西班牙不甘心失败,又屡次进攻北方,但是屡次遭受失败。同时,联省共和国在国际上得到了英法等国的支持。随着西班牙与英法战争的节节败退,形势越来越对联省共和国有利。1588年,西班牙的无敌舰队在对英作战中全军覆没。1589年至1598年,西班牙干涉法国的战争又遭失败。西班牙此时已无力扑灭尼德兰革命的火焰。于是在1609

年 4 月，西荷缔结 12 年休战协定，这在事实上承认了联省共和国的地位。1648 年，三十年战争后的威斯特伐里亚和约才正式承认荷兰的独立。尼德兰革命自此在北方取得完全的胜利。

尼德兰革命是历史上第一次成功的资产阶级革命，为资本主义的发展开辟了道路，它吹响了资产阶级革命的第一声号角，其作用是不可忽视的。

虽然尼德兰北方获得独立，但南方仍然处于西班牙的统治之下，故而在欧洲没有产生更深远的影响。

在尼德兰革命胜利之后，荷兰的经济得到了迅速发展，成为"海上马车夫"，跻身于殖民大国的行列，我国台湾亦曾被其侵占过。

为西班牙画坛传递圣火的神秘人

西班牙地区的绘画，尽管在 16 世纪以前经历了长期的发展，但却一直是默默无闻的。几乎没有人听说过西班牙有较出名的画家与作品。要想找到一个堪称闻名于世的画家，那是不可能的。

这种状况一直持续到 16 世纪后半期，直到公元 1575 年。这一年，西班牙来了一个外乡人，而且是一个神秘的外乡人。他自称来自希腊，已游历了很多地方，这里就是他的故乡。

既然这个外乡人自称是国民。于是，西班牙王菲利普二世便招他为爱斯可尼亚修道院做内部装饰工作。但西班牙王并不欣赏这个神秘外乡人所作的祭坛画《圣马奥尼·维斯的殉教》。于是，这个外乡人失望而去。

但是，这个外乡人并没有离开西班牙，他喜欢这里，尤其是西班牙的旧都——托莱多。因为这里的风光及世俗人情在这个外乡人的心中激起了绵绵的乡情。于是，他便在这里定居了下来。因为他自称是"圣火之源"——希腊的子民，于是，人们便叫他"格列柯"，即希腊人的意思。

这个希腊人在这里定居下来之后，便如同把诗艺的圣火带来了一样。很快，他高超的画技便显露了出来，深得当地人的喜爱，于是，西班牙的绘画便渐渐传出了盛名。当然，带领西班牙艺术家们在画坛上争得一席之地的首领和带路人就是这个希腊人——格列柯。

埃尔·格列柯，原名多敏尼柯·西奥多柯波利，于 1541 年出生在希腊克里特岛上。在青年时代，他就显示了高超的艺术才能。他的启蒙阶段是在拜占廷艺术中长大的。拜占廷的圣像画与壁画的风格对他产生了很大的影响。

大约在格列柯 25 岁的时候，他来到了意大利，受到威尼斯画派的影响，尤其是威尼斯画派的代表人物提香的风格对格列柯有很强的吸引力。格列柯对提香作品中独具特色的色彩非常迷恋，对之进行了精细的研究。这之后不久，格列柯又到了罗马，伟大的艺术家米开朗基罗众多的雄伟、苍劲的现实主义作品给格列柯很大的冲击力。在意大利的岁月，格列柯很容易地接受了人文主义的精神。

这一时期，格列柯创作了《三位一体》《基督被捕》《吹松明的男孩》《卡沓涅的婚礼》等优秀作品。

1575年，格列柯随同许多意大利画家来到西班牙，并应西班牙王菲利普二世的邀请为宫廷作画。但他的风格不被宫廷重视，于是他离开宫廷，独自来到托莱多居住。在西班牙的岁月中，格列柯本身所独有的神秘气质受到天主教狂热精神与怀疑主义哲学的影响而激发出来。从此，他独具风格的画风也趋于成熟。他的作品《圣衣的剥夺》标志着这一画风的成熟。尤其是在他的代表作品《奥尔加斯伯爵的葬礼》中，这种神秘不安的气质更得到充分的展现，这幅作品是为托莱多圣多米教堂而作的。

传说，中世纪时，奥尔加斯伯爵无疾而终，当他下葬时，奥古斯金与斯捷兰两位圣使身着法衣，从天而降，来迎接奥尔加斯伯爵的灵魂去天堂。格列柯在《奥尔加斯伯爵的葬礼》中正是展示了这一场面，画面分成上下两部分。上部是乌云密布的天空，衬托出一种阴冷、不安的氛围。圣徒们正立在空中迎接着伯爵即将升天的灵魂。下部分是现实的葬礼场景。所有的人物都以托莱多真实的人为模特。人们的脸上都现出一种惊愕，交织着对上帝显示奇迹的惊异以及一种对死亡的恐惧。这样，天空与地面、现实与幻觉融为一体。格列柯以一种阴暗的色彩与神秘的光线，把人物的体型拉长，透露出一种敏感、激动的气质，神秘不安的情绪。

格列柯所描绘的经常是在痛苦中领略欢乐与遭遇磨难而不作反抗的人物，以及在甘美的忘我境界中获得最高幸福的人。格列柯善于以色彩与光线为手段，展示宗教或肖像内容，从而透露出内在的情绪，而且这种情绪很多都是一种令人费解的神秘气质。其他较有名的作品有《十字架》《复活》《五旬节》，以及肖像画《弗拉·巴拉维奇诺》风景画《托莱多》等等。

格列柯从拜占廷艺术起步，先后接触到自由自在的威尼斯风格、佛罗伦萨的雄伟、奔放以及西班牙神秘的怀疑主义哲学，而且又处于社会的变革之际，这猛烈的色彩冲击着画家敏感的心灵，在他心中产生多重的矛盾冲突，表现在他的画笔上则是一种震撼人心的生动的光与色的摇曳、激荡与颤动。格列柯把这种新的因素带到了死气沉沉的西班牙，从而产生激烈的碰撞，最终，使西班牙产生了一批优秀的画家，并在世界画坛上求得了一席之地。所以说，"格列柯"，这个希腊的子民，为西班牙画坛送来了圣火。

格列柯，是西班牙人神秘的生命。

代数之父——韦达

16世纪末，法国同西班牙开战。在战争中，西班牙采用密码通讯，符号非常复杂，他们还用这些密码同法国国内的特务联系，致使法国情报泄露，法军节节败退，西班牙步步紧逼。

法军截获了西班牙的一些秘密信件，但人们看到的是天书般的符号，谁也弄不懂。法国国王亨利四世请著名的国务活动家、律师韦达帮忙。韦达在当时已很有名声，他是一位业余数学家。韦达利用代数知识，破译了一份很重要的西班牙情报，法军扭转了战局,不出两年,西班牙战败。

西班牙的宗教裁判所认为韦达施展妖术,认定韦达背叛了上帝,要把他处以火刑。但是韦达身在战胜国法国,西班牙奈何不了他。

韦达的所有空闲时间都在研究数学,有时为了解决一个问题,他可以几天不睡觉。据说,韦达还以他精湛的数学知识,为国家赢得了荣誉。

当时,比利时也有一位数学家叫罗梅纽斯,他也深受国民推崇,国王感到很自豪。一次比利时使节向法国国王夸口:"你们国家的数学家没人能求解我国数学家罗梅纽斯一个关于45次方程的问题。"这道题是1573年罗梅纽斯在《数学思想》一书中提出来的。

法国国王下令国内数学家求解此题,但很长时间过去了,没有人报告结果,国王心里闷闷不乐。一天,韦达与国王交谈,国王提起这件事情,并把方程给韦达看,结果韦达在几分钟内求出了答案。国王高兴地夸道:"韦达是我国乃至全世界最伟大的数学家。"当场奖赏韦达500法郎。

1591年,韦达出版了《分析方法入门》一书。这部书中,韦达不但使用字母表示未知数,还使用字母表示方程中的各项系数,发展了解二、三、四次方程的统一方法,以及根的各种变换。这是人类历史上第一部符号代数学,它明确区分了"类的算术"和"数的算术",划分了代数与算数的界限,人们因此称韦达为"代数之父"。

韦达常使用代换法解方程,他只承认方程有正根,因此不能完全认识方程的全部解,他的解法接近于现在的一元二次方程根与系数的关系,为了纪念他,人们把根与系数的关系公式叫"韦达定理"。

韦达于1540出生在法国的丰特内,他本名叫弗朗西索·韦沃特。韦达是他的拉丁文名字。韦达生前写出不少著作,但多数没有出版发行。他利用《几何原本》第一个提出了无穷等比级数的求和公式,发现了正切定律、正弦差公式、纯角球面三角形的余弦定理等。

大数学家笛卡尔说:"我继承了韦达的事业。"

欧洲最美丽的客厅——圣马可广场

传说,在很久以前,基督圣徒马可到意大利各地传教,当他乘船经过当时还未开化的威尼斯时,风暴骤起。船被刮到一处荒凉的浅滩上搁浅了。虔诚的马可向上帝祈祷。恍惚之中,马可仿佛听到天使的声音:"愿你平安,马可!你将与威尼斯长存。"马克便在威尼斯呆了下来,经过马可多年的传教,威尼斯人皈依了基督教,享受着上帝的恩泽。马可死后,威尼斯人尊之为保护神,以狮子为标志。威尼斯为求神福,希望上帝无时不在自己身边,以马可的名字命名了许多建筑,圣马可广场就是其中最为著名的建筑之一。

圣马可广场位于威尼斯大运河北岸的里阿托岛上,许多世纪以来就是威尼斯社会与政治中心,因其地面由石块与大理石铺成,素有"大理石沙龙"之称。广场南临亚得里亚海湾，周边由建筑群合围而成，主要建筑完成年代不一，至16世纪文艺复兴时期，圣马可广场基本定型。

圣马可广场平面大致呈曲尺形，是三个梯形空间的组合。从大运河来进入广场，南面有一过渡空间。一对高大的、顶部饰有雕像的红色花岗岩圆柱标志着广场的入口，东侧的圆柱上站立着一只展翅欲飞的青铜狮像，这就是威尼斯的城徽——"飞狮"。飞狮的左前爪拿着一本圣书，上面用古老的拉丁文字写着上帝的神谕："我的使者马可，你在那里安息吧！"总督府转折的立面将人们引向南北延伸的广场，广场两侧建筑的底层空廊产生一种动态韵律，将人的视线引向天空，前方的赭红色的圣马可钟塔摩天掠云，金色的圣马可教堂遥遥在望。走到北端向西一转，便进入大梯形广场——圣马可广场的主空间。

圣马可广场的主空间纵深是175米，宽边90米，窄边56米，是一个大大的梯形结构。广场主要由圣马克堂、总督府及16世纪的图书馆、办公楼构成。这些建筑风格多样，但底层全做成开敞柱廊，使得广场与建筑之间自然和谐地统一在一起，而且，建筑物的大小高低变化也统一于广场的空间结构，错落有致，没有丝毫的局促、沉重之感。圣马可钟塔是广场的中心，高98米，平面方形结构。钟塔初建于9世纪末，14世纪重建，16世纪在塔顶又加上一座天使像。圣马可钟塔已成为广场的标志和威尼斯城市的标志。

圣马可广场的主体建筑——圣马可教堂是典型的拜占廷风格，其平面为希腊十字型，四臂等长。它建于1063年至1094年，后来又几经修改。十字的中央及四翼覆盖着一组共五个大穹顶。中央一个最为高大，表面以金色马赛克铺底，装饰着彩色大理石，富丽华贵，具有浓厚的东方艺术气息。这里安放着圣马可的灵柩，同时也是储存东方珍宝的地方。例如教堂正门上方的一组马拉战车的青铜雕像，就是早先古希腊的遗物，掠自君士坦丁堡。

广场东西的总督府，是典型的哥特式建筑。最初建于公元814年，屡经火灾，现在的建筑是公元1309年至1424年所建，是威尼斯繁盛年代的象征。过去为执政官的官邸，现在成为艺术与兵器展览馆，馆内收藏许多珍宝。

在圣马可教堂的右前方还有一座钟楼，系15世纪所建。顶部有一座巨钟，钟旁各立一个毛利人雕像，每当整点时分，他们便挥动手里的大锤，自动地敲响巨钟。

圣马可广场环境优美，南面可以远眺湛蓝的海湾及小岛上的圣景——圣乔治教堂。广场内装点着许多雕像、灯柱、旗杆，倍觉亲切。当地居民与来自四方的游客在这里待客会友，游览散步，置身于古代建筑的胜迹之中，令人心旷神怡，因此被誉为"欧洲最美丽的客厅"。

三十年战争

德国内部的宗教纠纷和政治冲突以及欧洲诸国的对外扩张和争权的斗争，终于导致三十年战争的爆发。这是欧洲第一次大规模的国际战争，主要战场在德国，战争的结果对欧洲有深远的影响。

三十年战争是从1618年捷克人民起义开始的。捷克本来是以西斯拉夫人为主的国家，11世纪中叶以后长期依附于神圣罗马帝国，并日益在帝国内占据重要地位。胡司战争后，捷克摆脱了帝国的控制，取得了政治上的独立。1526年，德国封建反动势力在镇压农民战争之后，将捷克重新并入神圣罗马帝国，由皇帝兼任国王。捷克在胡司改革和胡司战争之后，已为新教的传播作好准备。16世纪前半期，路德教和卡尔文教很快在捷克传播开来，新教势力在捷克占据了统治地位。1609年，德皇鲁道夫二世签署了一份"大诏书"，承认捷克新教派的合法地位，并允许捷克实行宗教信仰自由政策。1616年，德皇决定任命斯提里亚公爵斐迪南为捷克国王。此人是一个狂热的耶稣会士，上台后便要取消"大诏书"，力图恢复天主教在捷克的统治地位。1618年斐迪南下令禁止布拉格新教徒集会。为此，捷克国会立即提出抗议，拒不承认斐迪南为国王。国王则宣布捷克新教徒为"暴徒"。1618年5月23日，布拉格市民举行起义，冲入王宫，按照捷克人惩治叛徒的古老习惯，把国王的两个钦差从窗口投入壕沟。这个"掷出窗外"成为捷克起义和三十年战争的开端。

三十年战争可分为四个阶段。1618～1624年是战争的第一阶段，主要是德国内部皇帝镇压捷克起义和新旧教诸侯之间的战争。布拉格起义后，捷克由推选的30名"护政官"主持国政，废除了斐迪南的王位，驱逐了耶稣会士，并召集民兵组建了军队。为了抵抗皇帝和天主教同盟军队的进攻，捷克人竭力谋求新政同盟和英、法、荷等外国势力的援助。1619年，捷克国会推选新教同盟首领巴拉丁、选帝侯腓特烈为国王。6月，捷克军队攻入奥地利，并向维也纳推进。8月28日德皇马提亚斯病逝，斐迪南当选为帝，是为斐迪南二世。他为了获得天主教同盟的支持，许诺将巴拉丁选侯资格转让给天主教同盟首领巴伐利亚公爵。天主教同盟答应派军队镇压捷克起义，与此同时，捷克起义军也得到新教同盟的支持。但在紧要关头，萨克森选侯私下与德皇达成妥协，腓特烈也表现得很软弱。1619年末，天主教同盟军队迅速解除了维也纳之围，并开始转入反攻。1620年11月，天主教同盟军队在布拉格附近白山高地打败了捷克军队。腓特烈临阵脱逃，避难于尼德兰。布拉格被攻陷，起义民众惨遭杀戮，新教徒财产多被没收。不久，巴拉丁也被攻占，选帝侯资格转归巴伐利亚公爵。捷克起义以失败而告终。

1625～1629年为战争的第二阶段。天主教同盟和德皇的胜利，使欧洲许多国家感到不安。1625年，法国促成英国、荷兰、丹麦等国结成反哈布斯堡联盟，并资助丹麦出兵德国。德国新教诸侯也支持丹麦的行动。德国内战从此扩大为国际战争。1625年初，反哈布斯堡联军分三路进攻：丹麦军队侵入德国西北部、英军从西面进攻捷克、新教诸侯的军队从东方进攻奥地利和巴伐利亚。1625年4月，德皇任命瓦伦斯坦为皇家军队总指挥。此人是拥有12万公顷地产和10万雇佣军的捷克大贵族。1626年4月，瓦伦斯坦军队击败英军，天主教同盟军也在8月间击败丹麦军队。之后，瓦伦斯坦挥师北上，进占波美拉尼亚和麦克伦堡。1627～1628年又从丹麦手中夺回重要港口维斯马和罗马托克。丹麦退出战争，保证不再干涉德国内政。瓦伦斯坦本人因军功被德皇封为麦克伦堡公爵。战争的第二阶段至此结束。

1630～1635年为战争的第三阶段。德国皇帝势力的加强和丹麦的战败，引起德国新旧教诸侯的不满。国际上的敌手也担心德国的强盛会对他们国家构成威胁。于是波罗的海强国瑞典于 1630 年对德宣战。瑞典国王古斯塔夫二世亲率大军于 1630 年六七月间迅速攻占波美拉尼亚和麦克伦堡，同德国新教诸侯勃兰登堡、萨克森选侯联合，打败天主教同盟军队，进抵德国南部地区。正值瑞典军进攻的关键时刻，天主教同盟内部发生矛盾。1630 年 7 月在累根斯堡召开的选侯会议上，天主教诸侯惟恐瓦伦斯坦势力变大，以军队纪律松散为借口，迫使德皇罢免了瓦伦斯坦。1631 年底和 1632 年，瑞典军队取得节节胜利，先后攻占了维尔茨堡和法兰克福等重要城市。德皇为挽救颓局，重新启用瓦伦斯坦。瓦伦斯坦首先把进占捷克的萨克森军队赶走，随后把瑞典军队吸引至萨克森，集中优势兵力进行决战。

1632 年 11 月，双方在吕岑（又译吕层）发生激战，成为三十年战争中规模最大的战役。瑞典军虽然占据优势，取得微小的胜利，但是国王阵亡。1634 年 1 月，皇帝与天主教同盟又发生内讧，瓦伦斯坦再次被解职，军权由皇太子执掌。1634 年 9 月，在诺德林根大败瑞典军队。1635 年 5 月以后，萨克森等新教诸侯纷纷脱离瑞典阵营，相继与皇帝议和。战争第三阶段至此告终。

1635～1648 年是战争的第四阶段。丹麦、瑞典、英国与德国、西班牙的厮杀以及德国内部新旧教诸侯的互相残杀，至 1635 年已经精疲力竭，消耗殆尽。一直躲在幕后的法国，见时机已到，便公开走向战场，收拾战争残局。

1635 年，法国正式对西班牙宣战。次年，法国与瑞典结盟，公开参加战争。不久，荷兰、威尼斯和匈牙利等国宣布支持法国，相继参加法瑞联盟与德国、西班牙和哈布斯堡势力作战。战场扩大到西班牙、尼德兰和意大利等地。

战争之初，法国受挫。西班牙军队从南北两路攻入法国。在德国战场上，法瑞联军进展顺利，瑞军重新占领波美拉尼亚和麦克伦堡。1642 年 9 月，瑞军在萨克森重创德皇军队。1643 年春，法军在洛可瓦会战中击败西班牙。此后法瑞军队在法国战场上接连取胜，甚至攻入奥地利和巴伐利亚。皇帝和天主教同盟无力再战，被迫求和。此时瑞典军中瘟疫流行，士气低落，法国对新爆发的英国资产阶级革命感到不安，而且法、瑞摩擦日趋严重，因此也无意再战。1643 年以来，交战双方一直在威斯特发里亚的闵斯特城和奥斯纳布鲁克城谈判。1648 年八九月间达成协议，10 月 24 日参战双方分别缔结了两个和约，合称威斯特发里亚和约。三十年战争至此结束。

古典主义喜剧大师——莫里哀

老迈的法国国王路易十四坐在华丽舒适的椅子上与亲近大臣闲聊，一起追忆昔日的辉煌。路易十四问道："是谁让我的时代流传千古？"大臣认真思索了一会儿，毕恭毕敬地答道："是莫里哀，陛下！"

莫里哀是谁？他怎么会有如此大的影响力？

莫里哀原名让·巴蒂斯特·波克兰，他是世界上最伟大的古典主义喜剧大师。他那些杰出的作品世界闻名，他的名字将永被牢记。作为莫里哀时代的国王路易十四也不得不承认,是莫里哀让他统治的时代灿烂无比。

莫里哀出生于 1622 年。他的父亲是一名宫廷陈设商,后来花钱买了一个"皇帝侍从"的称号,从此成了贵族。莫里哀从幼年时便喜欢戏剧,但是他父亲希望他学法律,以便以后能够在宫廷工作。大学毕业后,禁不住戏剧诱惑的莫里哀毅然走出家庭,开始从事戏剧活动。1643 年,莫里哀与同学组织了"光耀剧团",从事戏剧创作与戏剧演出。顽固的父亲坚持让他回家,走他已为莫里哀设计好的路。莫里哀正在创业阶段,怎舍得放手,于是他与父亲订了两年的约定:如果莫里哀在两年内能够成名,父亲将不再限制他,任凭他自己发展,如果两年中莫里哀一无进展,将不得不听从父亲的安排。莫里哀充满了必胜的信心,不知疲倦地工作。但是,剧本创作一个失败一个。两年很快过去,"光耀剧团"因负债太多,宣布解散,莫里哀也因为债务问题,被法院拘留。父亲赶来,替他还清了债务,一心想着领儿子回家。但是一觉醒来,莫里哀已不知去向。莫里哀偷偷地参加了另一个巡回演出的剧团,早已离开巴黎了。

莫里哀在法国各地流浪了 13 年。他凭自己的才学以及这 13 年的经历,开始创作剧本。得到剧团领导查理·杜佛莱尼的赞赏,莫里哀创作的剧本演出大受欢迎。1652 年,莫里哀接替了年老的查理·杜佛莱尼,开始领导剧团。1658 年,剧团应召回巴黎在卢浮宫为国王演出,很受路易十四的赞赏。从此,莫里哀与剧团就留在了巴黎。

1659 年,莫里哀在巴黎正式上演了第一个剧目《可笑的女才子》。通过两个贵族青年向一对资产阶级出身又喜欢模仿贵族举止的外省女子求婚的故事,嘲笑了贵族阶层咬文嚼字、故作风雅的恶习。以后陆续出演了《丈夫学堂》《夫人学堂》《凡尔赛即兴》等剧,又把矛头指向了教会,讽刺教会对人性的压制。这些喜剧不同于贵族沙龙中那种矫揉造作的垃圾品,以独特的喜剧效果获得了观众的认可。

从 1664 年开始,莫里哀开始进入了丰收阶段,他创作了一部又一部极为成功的作品,而尤以他 1664 年的作品《伪君子》为代表。在这部剧中,莫里哀塑造了一个好色、伪善、贪婪、凶恶的教会人物答丢夫的丑陋形象,把矛头直接指向教会。《伪君子》是五幕诗体喜剧,主人公是答丢夫,他以出色的伪装骗得富商奥尔恭的信任。奥尔恭把"虔诚"的教士答丢夫请回家来教导自己的儿女。但是答丢夫除了在奥尔恭面前极为虔诚外,每天都是大嚼松鸡与羊腿,酒足饭饱之后不是睡大觉就是在玛丽亚娜兄妹面前颐指气使,他甚至连祷告都不做。后来答丢夫见奥尔恭实在是容易被骗,便渐渐露出了本性。他竟去勾引奥尔恭美貌的妻子欧米尔,结果被奥尔恭的儿子达米斯揭穿,但奥尔恭却宁愿相信答丢夫也不相信自己的儿子,竟把他赶出家门。后来他们设计让奥尔恭看到了答丢夫的丑恶面目。奥尔恭才幡然悔悟,一怒之下要赶走这个骗子,谁知诡计多端的答丢夫趁奥尔恭不注意,早就偷得奥尔恭对国王不忠的证据,并以此要挟,要占有奥尔恭全部的财产。就在这个骗子的阴谋就要得逞时,英明的国王送来大赦的命令,并抓走了骗子答丢夫,使剧情由极悲猛然转入极喜的大快人心的场面。由于这个戏剧对教会的极力讽刺,遭到反动势力的极力反对,屡遭禁演。但莫里哀坚持斗争,上下活动,求得国王的同意,立即又开始了对教会的轰炸。教会对之恨得要命,把莫里哀革出教门。但莫里哀依然坚持现实主义的创作,继续批判社会的黑暗。当时,《伪君子》的影响如此巨大,人们竟把"答丢夫"当作伪君子的代名词了。

除《伪君子》外，莫里哀还创作了其他一些杰出的喜剧作品，例如 1665 年上演的《唐·璜》。唐·璜是西班牙古代传说中的一个人物，他容貌漂亮，仗着自己是世家子弟，无恶不作。一次他引诱了军事统领的女儿，统领愤怒地质问他，唐璜在双方争斗中，杀死了统领。但统领阴魂不散，设计捕捉了唐·璜，把他拖入地狱。莫里哀借唐·璜的故事尖刻地讽刺揭露了贵族阶层的罪恶生活。剧本的上演遭到反动势力的仇视，被迫停演。

《恨世者》是另外一部揭露贵族伪善的力作。主人公阿尔赛斯看不惯贵族阶层表面上文雅正直，实际上自私自利、庸俗无聊的生活。他总想脱离这个社会，却莫名其妙地爱上一个专好诋毁别人的风骚寡妇色里曼娜。当阿尔赛斯请求色里曼娜同自己一起脱离这个社会时，却遭到恶毒的嘲笑。阿尔赛斯自己反倒成了可笑的人物。

1668 年，莫里哀上演了《悭吝人》。其情节是借用了古代罗马喜剧家普劳图斯的《一坛黄金》，描绘了一个吝啬鬼阿巴贡的丑态。通过阿巴贡为得到更多金钱的可笑行为，揭露了资产阶级惟利是图的本性。

1668 年，莫里哀又发表了《乔治·党丹》。富商乔治·党丹为了取得贵族身份，娶了一个名声不好的没落贵族的女儿。但是岳父岳母与妻子自恃是贵族，都看不起这个资产者，妻子又与人私通，乔治·党丹受尽了侮辱。莫里哀针对当时社会的风气，嘲讽了资产阶级向贵族阶级妥协的可笑举止。

晚年的莫里哀创作了一些闹剧式的作品，有《布索那克先生》《醉心贵族的小市民》《女博士》等。其中最为出名的是他于 1672 年创作的《史嘉本的诡计》。剧中以下等奴仆史嘉本为主人公，描写了聪明勇敢的史嘉本帮助主人反对专制家长，最后取得胜利的故事。

1673 年 2 月 17 日，莫里哀带病演出他最后一个剧本《无病呻吟》。莫里哀在场上抑制不住地咳嗽，观众却以为是他出色的演技。第四场演出后，莫里哀咳血倒地，观众报以热烈的掌声。却见莫里哀倒在地上，久久不起来谢幕，才知道莫里哀竟病得如此厉害，不禁都失声痛哭。夜里，莫里哀被送回家不久，又一阵猛烈咳嗽，血管破裂，不治而亡。由于莫里哀生前对教会百般揭露、讽刺。教会不准把他的遗体埋葬在教堂的坟地里。后来，国王路易十四出面求情，才被允许埋在公墓的一个角落里，与那些没有受过礼的死孩子埋在一起。

莫里哀的逝世震惊了那些喜爱他的观众。虽然教会对莫里哀的葬礼百般阻挠，在寒冷的黑夜，仍有成千上万名忠实的观众举着火把为莫里哀送葬。

莫里哀去世了。他留下的那些作品为他带来巨大的声誉。从 1680 年至 1960 年，法兰西喜剧院共演出《伪君子》2654 场。这在法国是无与伦比的。莫里哀是一位严肃认真的伟大的古典主义喜剧大师，他的一切成就都将与他的时代一起被历史铭记。

业余数学家之王——费尔马

费尔马，也翻译成费马，他是法国一个业余的数学家。他在数论、解析几何、概率论等方面有巨大的贡献，被人们誉为"业余数学家之王"。

提到费尔马，最有名的是至今悬而未决的费尔马大定理，现在已有人称已解出，正在通过审定。

皮尔·费尔马，1601年8月20日出生于法国。他的父亲是一位皮革商人，他的母亲出身于法官家庭。在加龙河边，费尔马成长为一名律师，他精通多种语言，尤其对数学极为热爱。

费尔马后来当了图鲁斯议会的议员，做了社会活动家。费尔马待人谦逊温和，不愿意参与官场的勾心斗角。他为官清正廉明，生活交往多为有名的科学家、学者。

费尔马结识了很多学者，数学家和哲学家聚会他也常常参加。那时梅森、罗伯瓦、迈多治、笛卡尔等人常在梅森家里聚会，讨论哲学、数学问题，被人们称为"梅森学院"。

1666年，梅森学院这个民间聚会被国王与政府认可为一个机构，这就是法国科学院的前身。费尔马30岁以后，几乎把精力全都放在数学研究上，他的家境优越，家庭和睦幸福，交际圈又多为学者，这一切使得费尔玛在业余的范围内取得了专业的数学成就。

费尔马和笛卡尔一起，完善了平面解析几何，是他第一次把三元方程应用于空间解析几何学。费尔马同帕斯卡一起，讨论了赌本分配的问题，成为最早的概率论问题。

1637年，费尔马在阅读丢番图《算术》时研究了不定方程 $x2 + y2 = z2$，在那页书的空白处作了批注："将一个立方数分为两个立方数，一个四次幂分为两个四次幂，或者一般地将一个高于二次的幂分为两个同次幂，这是不可能的。关于此，我发现了一种绝妙的证明，可是这里空白太小写不下。"

费尔马没有想到，因为他的随意，留下了几百年来数学界一道难题，成为费尔马大定理。

把费尔马大定理推广到最一般情形，用方程表示即：不定方程 $x^n + y^n = z^n$，$(n > 2)$，且 n 是自然数，得出的结论是没有正整数解。比如说，$x^3 + y^3 = z^3$，这个方程就没有正整数满足要求。$x^4 + y^4 = z^4$，也不可能找着正整数 x、y 和 z，使得等式成立。

费尔马的绝妙证法谁也无从得知，但费尔马提出的这个结论却吸引了一代又一代的数学家。所以，其实这是个猜想，却至今也没有人能够推翻它。

费尔马定理经巨奖悬赏，包括欧拉、勒让德、阿贝尔、狄里克莱、库莫尔等数学家都做过尝试，虽然取得了一定进展，但都没能最终证明。当然，数百年来也没有人能推翻这一定理。

欧拉严格证明了 n = 3，4 时，费尔马猜想正确。柏林大学教授库莫尔采用新的方法，将费尔马的结论证明到 n = 100。最近，美国加州伯克莱分校的罗瑟利用计算机证明了 n 不超过 4100 万时，费尔马大定理都是成立的。

1908年，德国的哥廷根科学院按照德国数学家俄尔夫斯凯尔的遗嘱，把他的 10 万马克作为奖金。谁能完全证明费尔马大定理（或者否定它），就可以获得 10 万马克。结果大批的业余人员也投入了这场证明中，但均无一人能准确解决。

俄尔夫斯凯尔限期100年，在1908—2007年之间，若有人证明此定理，便可获奖。人们现在甚至不关心费尔马定理能否被证明，因为它已经成了"一只生金蛋的母鸡"。

在证明大定理的过程中，出现了很多漂亮的方法、精妙的思想，引发了很多领域的方法沟通，促进了很多理论的出现，如无限递降法就是一例。

数学家们甚至不希望人们尽快证明出定理，因为"杀鸡取卵"，得不偿失。

1993年6月23日，美国普林斯顿大学教授、英国数学家安德鲁·威尔斯在英国剑桥大学牛顿数学研究所作的题为《模型式、椭圆曲线和伽罗华表示法》的长篇报告的结尾处，宣布已经证明了费尔马大定理。紧接着，剑桥大学发表了声明，并介绍了费尔马大定理的历史。

历史上已有过许多人宣称证明了费尔马定理，但结果证明都是错误的。这次是20世纪末最后一次证明，现如今威尔斯正简化证明，而费尔马大定理的专著也出版有多种。

费尔马还提出了一个费尔马小定理。在1640年，费尔马提出：如果p是质数，并且a与p互质，那么数$ap-a$必定能被p所整除。这是初等数论中的重要定理。

费尔马还曾向意大利物理学家托里拆利提出过一个问题：在已知三角形内找一个点，使此点满足到三个顶点的距离之和为最小。

托里拆利用了好几种方法解决了这个问题，其中还有物理上的力学方法。在这个问题的解法中，意大利数学家维维安尼的求解严谨而优美，堪称代表。大约300年后，维维安尼的解法又由匈牙利数学家里兹重新发现。费尔马本人也有求解。这个问题具有实际意义，比如维修所与三个居民区的位置，如果维修所在理想点上，则可以省时省力。

人们称上面问题所求出的点为费尔马点。

费尔马进行数学研究，淡漠功名，而且观点散见于批注中。1665年1月12日，费尔马在图鲁司去世。他的儿子在数学家们的帮助下，将费尔马的各种散论和观点整理汇编，出版了《数学论集》两卷。费尔马生前不愿著书立说，此书的第一版成为珍品。

1891—1922年，《费尔马全集》出版了。人们永远纪念这位业余数学家的天才成就。

刺杀和匕首

1610年5月14日星期五下午近2时许，亨利四世离开卢浮宫要到阿尔塞纳尔去。他乘的是一辆没有玻璃窗、挂着皮门帘的笨重马车，车上陪同国王的有7个人：国王坐在里边座位的左侧；他的旁边坐着德·佩尔农公爵；他的对面座位上坐的是德·利昂库尔和德·米拉博先生；左边长凳上坐着元帅德·拉福尔斯公爵；右边则是德·拉瓦尔凡和德·罗克洛尔两位元帅。当时的德拉费罗内里街非常狭窄，一辆板车刚巧和一辆载货马车相撞，堵塞了交通。国王的马车只好停在一个铺子门前，铺子的招牌上画着一支箭射穿了一颗戴着王冠的心。

有一名叫拉伐伊阿克的青年从卢浮宫一直尾随国王的马车，也来到此地。

拉伐伊阿克是一个身材不高的结实的小伙子，红润的脸庞，棕色的头发。他18岁那年就开始受到偏头痛和发烧等病痛的折磨，继而产生幻觉：他仿佛听到仙乐萦耳，其中夹杂着一种如同小号般嘹亮的声音。他从家中孤零零的炉灶火舌中，望见了许多稀奇古怪的形象，他不禁思忖，这是否就是上帝的"启示"，示意杀死亨利四世是他应尽的职责。拉伐伊阿克31岁那年,从昂古列姆来到巴黎,茫无目的只是逛逛,准备第二年冬天返回昂古列姆。当他在巴黎城内闲逛时,遇到了国王乘坐的马车,他便追赶起来,但被一个卫士拦住了,此外,他当时也没有带武器。回去后,他向一位耶稣会神父求救,神父劝他摈除邪念好好地生活。他的心情较以前平静了些。不料,刺杀亨利四世的念头还是苦苦缠住了他。1610年复活节那天,他做完弥撒,又走上了去巴黎的路途。

拉伐伊阿克在一种神秘力量的驱使下,只用了8天的时间就走完了120法里,从昂古列姆到了首都巴黎。到巴黎后,他住在圣雅克旧郊区的"三新月"客店。不久,他想换客栈,却遭到第二家店主的拒绝,于是这位忧郁的旅客只身一人在客栈的咖啡厅内,正不知如何是好的时候,发现桌子上扔着一把匕首,他抄起来便逃之夭夭了。

在一个隐密角落,他仔细地端详这个武器:刀刃锋利,只是刀把不太合适。他找刀剪匠修好了刀,便胆战心惊地来到卢浮宫前,徘徊了半个多月。这时,他突然放弃了刺杀皇帝的念头,重新踏上回家乡的路。他还把刀尖向墙上撞,弄了一个缺口。但很快,他又下定决心,返回了巴黎。

又是几天焦虑不安的等待之后,就是5月14日,他找到了时机,跟上了亨利四世的马车。在那个铺子前,他借马车停下的当儿,挨身近前,也许他的目光落到了店铺的招牌上——那也许就是一种提示,于是他一脚蹬着马路边,一脚踏上车轮,扑到亨利四世和德·拉福尔斯当中,向目标猛刺过去。亨利四世嚎叫道:"我被刺啦!"接着他又挨了第二刀,倒在血泊之中。陪同的人全跳到石子路上,捉住了凶手,拉伐伊阿克也没打算逃跑。马车上只留下了德·拉福尔斯,他扶着亨利四世一动不动的尸体。当马车匆匆返回卢浮宫后,宫内一片惊慌:年轻的王太子吓得魂不附体,王后哭得如泪人一般。据说,王后不愿意看到刺杀亨利四世的匕首,人们就把它交给了德·拉福尔斯,由他用珠宝匣锁了起来,藏在家中。

这只匕首被存放在珠宝匣内,133年中没被挪动过。直到1793年大革命时期,德·拉福尔斯的宅邸受到偷盗和毁坏,国民议会议员拉卡纳尔拯救了匕首,并把它放在贝日腊克市政府的档案馆里。1808年法兰西第一帝国时期,这把匕首被还给了德·拉福尔斯家族的后代。

刺杀亨利四世的故事和珍贵的匕首的经历似乎该告结束了。但到了1815年,路易十八复辟,新任的贝日腊克市市长为了表达他的热忱,就把拉伐伊阿克的匕首献给了国王。这当然是一把赝品。这样的孝敬使路易十八大为感动。匕首被系上了一块黑纱,陈列在火炮博物馆里,展览了很长时间。几年后,有人发现那刀是假的,便把刀从展览橱里撤了下来。接着发生了更麻烦的事,在柏林一家古董店的橱窗里出现了第三把拉伐伊阿克的匕首。

但真正的文物只有一件,它被装在一个类似猎人穿的灯笼短裤样的套子里。匕首两边的刃都很锋利,刀上镀了金,还刻着一个被花环围绕的"H"——亨利四世名字的第一个字母——和一则拉丁文格言,匕首的柄是鹿角做成的。这把装饰精美的刺杀过亨利四世的匕首,一直被保存至今。

凡尔赛宫的来历

1643年，法王路易十三圣驾归西。太子继承了王位，其时尚不足5岁，称路易十四。他自幼登基，自然无法亲力国事，便由其母安娜太后摄政主事，但实权却掌握在首相马扎然的手里。马扎然改革政治，法国逐渐走上了富强之路。1661年，23岁的路易十四亲自临政，不断加强王权，巩固统治。

路易十四被称作"太阳王"，这自然象征了他的权威。这个称呼是这样来的：国王亲政一年后，一个叫作杜弗里埃的古玩商，为国王陛下设计了一个徽志——一轮光芒普照全球的红日，下面镌绣着"堪与太阳媲美"的字样。这一构想深得年轻国王的欢心。从此之后，国王纹章、王宫家具用品、御榻帷幔、龙车华盖，便都有这个徽志了。"太阳王"由此得名。

马扎然死后，"太阳王"又任命柯尔柏为财政监督官。柯尔柏一上任，便盯住了财政总监富凯——这是个喜爱炫耀、夸富显贵、挥霍无度的大臣。柯尔柏谏言弹劾富凯，使路易十四对富凯丧失好感。

正在富凯还不知官位岌岌可危之际，他以万贯家财，有意在家乡将他那座简陋的宅院修建成富丽堂皇的宫殿。没想到，这更让他滑入命运的深渊。富凯的计划中，这里要被修建成一个既包含豪华家具、贵重器用、名贵画作、精美地毯，又可以金屋藏娇、接待情妇的安乐窝。于是他网罗当时的名家设计筹划，想使家宅筹建得惊世骇俗。一批才华出众的建筑师、园艺师、画师耗费了四年精力，竟然在业已荒芜、荆棘丛生的旧宅原址上，建起了一座举世罕见的豪华宫殿。这是怎样的一番盛景啊：宫殿矗立在大理石台基上，巍峨壮丽；园中绿树成荫，苍翠掩映；林艺造型奇特，引人入胜；池水碧波涟涟，平滑如镜；小径蜿蜒交错，曲折通幽……再加上数不尽的雕像，开不完的繁花，真可谓神仙富地了。

这是富凯的独出心裁之作，许多贵族纷纷赶来，欲一睹它的容姿。路易十四也起了好奇心，便在1661年7月通知富凯，他将到园中一游。这时富凯已给家府取名"沃宫"，他接到消息，便积极准备起来。

那时，沃宫还没有修饰完毕。后来著名的画家勒布伦刚刚主持修饰彩绘大厅的穹顶。园内喷泉引水还缺少工程环节，花木修剪也须进行。为了给国王和王后准备歇驾的厅堂，富凯租下多辆马车，将他在其他宅邸的家具、古董、墙饰、地毯、金银餐具、水晶器皿络绎不绝地运到了沃宫。他又聘来著名厨师，准备下罕见的山珍海味。他出重金请当时的名剧作家莫里哀在一个月内编出一部新喜剧并熟练排好，又请来最有名的芭蕾演员。他还考虑到皇帝要轻松游遍园中每个角落，于是又准备好了许多敞篷马车。

富凯苦心操办，不惜重金，终于将迎接皇上的事料理妥当。他想，皇上要是看到沃宫的豪华，见他迎接的周到，定会对他更加器重。他要接替马扎然作首相的愿望似乎已经实现大半了。

8月17日晚6时，皇上驾到。富凯立即奔向大门，满面春风地躬身迎接，他想好了：如果皇帝夸奖，必要让他赞够，自己再略作谦逊，然后可以伴驾游园了。不料一见宫室的豪华排场，皇上竟一句话也没说，反而脸色冷漠，目光寒利，显得极为不愉快。富凯竟一时丈二的和尚摸不着头脑，他哪里知道，自己准备下的空前盛况已极大地刺伤了"太阳王"作为一国之君的自尊心、虚荣心。路易十四自幼生长在王宫，没想到沃宫比自己那建成已有数百年的卢浮宫更加气派，他虽贵为帝王，却也从没见过如此辉煌的场面，年轻好胜的国王已经妒火中烧了。他当下认定，富凯的举动是大肆宣扬他的富贵无敌，意在羞辱朝廷。再加上有柯尔柏前面上奏富凯贪赃枉法，路易十四便下定决心，要除掉这个"暴发户"。想好后，颇有自制力的路易十四很快收起目中的寒气，脸上也有了笑容，恢复了常态。但是在沃宫住的这一晚，他没有安眠，而是在计划怎样除掉富凯。

果然，国王巡幸沃宫后的一个月，王宫火枪手队长达达尼央便捉走了富凯，可怜的沃宫主人只得在监狱中度过余生的16个春秋了。

路易十四在沃宫那一晚还许下了另一桩心愿，就是为王室修建一座举世无双可睥视一切的豪华皇宫。于是他在逮捕富凯后，抄没了他的家财，也特地将沃宫的建筑图一起夺来了。沃宫的设计师、园艺师、画师等，又被皇上聘用了。

工程地址选在了紧靠马尔利森林的努瓦西宫一带。这本是16世纪贡迪家族的领地，它居高临下，从这里举目四眺，可以隐约望到森林中矗立着的一座风车，贡迪家人称它为"石磨房"。路易十三曾在这里度过童年少有的难以忘怀的幸福时光，他便有意在这里建造一座狩猎的小行宫，但没想到路易十四超额实现了父亲的愿望。1662年，"太阳王"设想的工程便破土动工了。整整10年后，果然建成了甚至超出路易十四预料的园林殿堂，这就是至今仍可称为人类艺术瑰宝的凡尔赛宫。1762年，法国王室从巴黎的卢浮宫迁来此处定居。

欧洲最宏伟的宫殿——凡尔赛宫

凡尔赛，原为路易十三的一处旧猎庄，位于巴黎西南22公里。后来，路易十四见这里空气清新，风景秀丽，地势开阔，非常喜爱这里。当时，正是法国君主专制统治的鼎盛时期，于是路易十四便决定在这里建造庞大的园林宫殿，来显示自己的尊严与威名。1661年，工程开始。路易十四先后召集了著名的建筑师勒伏·孟莎、室内设计师勒勃亨、园林设计师勒诺特共同承担新宫的设计。依照路易十四的要求，保留了旧猎庄——一个向东敞开的三合院，后来称为"大理石"院。新宫以此为中心，向四面延伸扩建，形成一朝东敞开的阶梯状连列庭院，南北两翼长达575米的巨大建筑物。新宫的建造动用了上万个劳动力及畜力。到公元1756年，终于完成了这一举世闻名的经典之作，凡尔赛宫是欧洲最宏伟、最美丽的皇家宫苑，它集中了当时法国的国家财富与艺术技术上的成就，凝聚着法国人民的智慧与血汗，成为法国君王尊严的象征，同时也是法国强盛的象征。

凡尔赛宫由主体宫殿、大小特里安努宫及御苑组成。

主体宫殿长为 575 米，宽约 400 米。中央大理石院是法国封建专制统治的心脏，是路易十四的起居活动中心。正中一间是国王的卧室，正对着宫殿前放射形的练兵广场与直通巴黎的爱丽舍大道。南翼是王子、亲王的寝宫，北翼是宫廷王公大臣的办事机构及教堂、歌剧院等。新宫的布局忠实体现了维护君主尊严的严格秩序。宫中共有 2000 多间房屋，可供 1000 多名外国君主或达官显贵同时下榻。建筑全部用石材砌造，立面装饰着古典柱式，突出水平线脚，统一匀称，体现了古典风格。内部装修富丽典雅，精雕细琢，采用了巴洛克风格。墙壁与立柱全部用多彩的大理石砌成。名贵的地毯、壁毯、披满珠玉的吊灯与壁灯，尽显奢靡的皇家气派。中央部分布置了宽阔的连列厅与堂皇的大理石阶梯。最有名的是"镜廊"，也称为镜厅。

镜廊位于凡尔赛宫中部，一般举行重大仪典时使用。镜廊长 76 米，宽 14 米，高 12.6 米。一侧开窗，一侧墙上安装了 17 面大镜子，每面都由 483 面小镜子精心镶拼而成。用各色大理石贴面。装饰着科林斯壁柱，绿色的大理石柱身，铸铜镀金的柱头柱基，柱头雕饰为带双翼的太阳，寓意为当时被尊为"太阳王"的路易十四自己。拱顶上的壁画为国王路易十四的史迹图，再现了一个个风起云涌的历史场景。两旁的壁龛内，供奉着 8 座古代天神的全身塑像及其镀金的钢盔钢甲及 8 尊罗马皇帝的大理石半身雕像。金碧辉煌的室内装饰，如画的室外风景，在那巨大明亮的镜中映出，宛如仙境。

小特里安努宫是路易十四为自己心爱的女侍官所建，也称为夏宫。有名的"玛丽·安图娃奈特草屋"就在这里，后来路易十四又在附近建了一所更大的宫殿。宫殿全部用绿色与粉色大理石砌成，拥有房间 72 间，这里被称为大特里安努宫。娇小轻盈的大小特里安努宫把凡尔赛宫衬托得更加庄严、威仪。

凡尔赛宫西面对着著名的凡尔赛花园，也称为御苑。花园面积约 6.7 平方公里，是世界上最大的皇家园林，也是欧洲规则式园林的典范。花园与宫殿一体设计，轴线长约 3 公里，是宫殿建筑中轴的延伸。花园中央掘有一十字形水渠，周围布置着草坪、花坛与道路。两侧有大片密林。在道路水池的尽头或交叉点上，设有雕像喷泉，交相辉映，许多题材表现到太阳神阿波罗，水池中的那尊阿波罗像，头戴月桂冠，他驾着马车从水中腾跃而出，象征着自诩为"太阳王"的路易十四。

金碧辉煌的凡尔赛宫是法国古典主义艺术的最优秀典范，它的出现及所用的设计手法对欧洲各国在宫殿、园林、城市规划等多方面产生了重要影响。此后，凡尔赛宫经历了欧洲动荡不安的风云岁月，许多重大的历史事件都与它有关。凡尔赛宫又是历史的见证者。

法国王室生活小景

景一：路易十四的御膳

路易十四的牙齿不好，胃口却很壮，食欲相当旺盛，给他这个牙全被拔光的皇帝治办饮食的需有 324 人，从面包到台布，从蜡烛到木柴，都由这 300 多人组成的御膳房负责。国王传膳时，由 36 名端膳的宫廷侍从和 12 名手执镀金嵌银权杖的护卫组成的队伍在御膳大总管率领下走过道道宫门，穿过条条回廊，绕过个个大厅将御膳送到设在国王寝宫里的餐桌上。这一过程，还必须有鼓声奏和。

国王路易十四开始单独进膳了，因为森严的等级制度，连其妻儿也很少和他共进一餐。

国王起床后早餐只喝一个汤或一杯撒尔维亚水，午餐定在上午10点，膳单上的条目多得惊人，谁也想不到仅供一个人用的午餐中竟包括6个菜汤、8个正菜、6个烤菜和不计其数的餐尾食品——水果、蜜饯、果汁。而且这些菜的原料无一缺少不了阉鸡、山鹑、鸽肉、苍鹰肉、牛肉。举个例子说，8个正菜中两大盘热荤菜中有烧小牛肉和苍鹰肉，必用共重27斤半的两块肉做；两小盘热荤菜中的烩鸡块定是用6只鸡来烹。这还不能尽兴，路易十四的晚膳中还要有各色鸡共27只、各类鸽24只、山鹑4只，外加8斤牛肉、4个肉饼。

即使在斋戒期间，国王的膳单中也必须有一个汤——用1只阉鸡、4斤牛肉、4斤小牛肉和4斤羊肉煮成，24条各种做法的珍贵鱼类，两只乌龟，100只牡蛎，等等等等。

胃口极好的路易十四食量过人，但他也得剩饭。而那些剩饭，要么赏赐下人，要么就让挖帝国墙角的御仆们转卖宫外，谋取暴利了。

景二：路易十五"秘密"亲征记

1715年9月1日早8点，王宫侍从长急匆匆自国王寝宫中跑出，大声宣示："国王驾崩了！国王万岁！"。这头一句说的是刚死去的国王路易十四，后一句说的是将继位的国王路易十五。

"太阳王"路易十四幼年继位，经过毕生努力，振兴法国经济，将法国专制君主制推向鼎盛，扬威四海。他的继位者路易十五是他的孙子，父母早亡，年幼无知，13岁半亲自临政，15岁举行成亲大典。可青年皇帝要么围猎取乐，要么追逐女色，直到一代君王的他年方而立才致力秉政。他改革朝廷礼节，率兵亲征，前者未能成功，后者的经过却着实是个大笑话。

1744年，奥地利皇位继承战拼杀正酣，法军是普鲁士头号盟友，正与英、奥军对垒。元帅德·诺阿伊奏请国王亲征，定能施展治国身手。路易十五大喜过望。但他不知道，元帅想控制国王，又怕别人影响。于是路易十五又得到请示，为了不让宫中上下乱作一团，国王能否单枪匹马不带一个随从上前线。"勇敢"的路易十五竟赞同了，他表示在军中要像一个士兵那样生活，把这件事当做一个"秘密"。

然而宫中早已知道并都在谈论这个"秘密"了。上到王公大臣、武将文官，下到车骑侍卫、随从奴仆，人人都觉得自己是国王须臾不能离开的人物，是王朝的栋梁。一想到国王要撇开他们的服侍，个个惊恐万分。4月26日，大家得知有一小队御林军将随驾护卫，才稍许放了心。然后，又有100名瑞士卫兵领到了只有随皇帝出征时才穿用的金边斗篷。马上消息又传来，正在休假的近卫军轻骑兵也被召回了部队。继而车骑大总管，王室大小马厩里的饲养官也行动起来了。宫廷大总管——8岁的孔德亲王还没着急，他的代理人已严厉指出国王不带餐具保管和膳食侍应动身出征是不合礼法的。优柔寡断的路易十五于是又乖乖地命令御寝宫、御衣房和御膳房的全体人员都动员起来待命。这一下子人可多了，光御膳房里就有御膳房监督，御膳总管，御厨长，烤肉、汤羹、糕点、拌生菜等各御厨,司酒、司肉、司果官,面包总管和面包师、御膳盛装、运送、传令人员,御膳侍应,餐具保管,洗刷总管,采买以及掌烤肉铁扦仆役,汲水仆役,众小厮等……不计其数!

外交使团也行动起来了,不等请求获准,便收拾起行装。此时,皇家马队已整装待发:150匹马鞍辔齐备,12个精选出来的年轻侍从每人备了一匹披着金流苏红毡毯的坐骑,一支火枪和一把佩剑——小马厩侍从配镀银剑,大马厩的配镀金剑。国防大臣一见如此备战,便抢先下手订做了许多台布,收罗了40名军厨。最后,一大队牧师和皇家小教堂神甫都准备动身,索瓦松区大主教和两个堂区牧师也收拾了行囊。此外,积极准备行李的还有国王的忏悔师贝鲁索神甫,皇家小教堂的神职人员,拉提琴的,唱诗班的,管圣器的等等不可列举了。出征前,自以为能悄悄离开凡尔赛的路易十五来到圣埃蒂埃纳堡,试穿戎装:护胸甲、头盔和臂铠,这一身行头在整个征战期间都由兵器制作所所长看管。

5月2日至3日夜间,长期"保密"的御驾亲征终于要开始了,心情激动的路易十五告别妻儿,以泪辞行了。

5月21日凌晨3时,留恋不舍的国王终于登上马车,奔赴前线。随车护卫的有20名贴身卫士,后有11副轿椅、一辆行李车和一辆餐车。国王马车刚一启程,专侍国王马匹的小马厩的侍从们立即出发,随后陆续上路的有门卫、24名纠察卫士、皇家守夜巡逻队、王室近卫军、近卫骑兵、百人瑞士卫队、国王金库人员、御衣房人员、大马厩侍从、御骑兵统领、御膳房御衣房人员、御教堂神职人员……就连国王情妇的马车也匆匆紧跟上来了。

这就是路易十五的不讲排场、不带随从的"秘密"亲征的真实情景。

景三:王子和公主们的生活

位于凡尔赛的法国王宫,以奢华糜费著称于世,然而繁文缛节、宗教礼法也极其复杂。生活在这里的王子和公主,注定要过被禁锢的高贵日子。

让我们看看路易十六的父亲,这位由于早逝而未及执政的王太子及其姐妹的童年是如何度过的吧。

从褪褓中起,王太子就被关在王宫大楼第一层楼房内,几乎足不出户。每遇到节日,他必定被谁领着接受一些他不明原因的颂词和礼物。在他6岁时,被当作新年赠品一般地从他喜爱的女教师身边抱走,移交给男人管教。当时的场面可想而知,抓住女教师裙子死死不放的王太子被几个男人硬拖到新寝宫内。他的忧伤无人能懂,还要接受严格的教育。没有同龄伙伴,没有吸引他的书籍,却总要受到礼仪的束缚和折磨。他不能享用爱吃的饭菜,却还要处处注意装模作样以礼仪行事,时时忍耐一心猎奇的参观者的观看。

其他规矩还多着呢。

有一次,王太子给父王写了一封信,落款是"您忠实的儿子和臣民"。太傅竟不让发走这封信,原因是法兰西王子和父王通信时,礼仪规定落款要用"您极卑贱和极恭顺的臣仆和儿子"。还有一次,王太子举行舞会,他的五位姐妹们应邀来跳舞,结果因他们地位太高,缺少舞伴,而使舞会死气沉沉,毫无乐趣。又有一天晚上,王后亲临舞会,谁知便苦了她的金枝玉叶们。原来,礼仪规定,公主们跳舞时两眼不能离开母后,不管跳到何处,身形如何变换,总得望着王后,结果舞会过后,公主们个个喊叫脖颈酸痛。

长期被礼仪束住手脚的王太子,自己也有了极强的礼法意识,1737年3月,他不知何故被太傅关了起来,受到处罚:他去做弥撒时,只准带一个跟班;走过前厅时,站岗的士兵奉命不给他举刀致敬。可怜的小王太子努力克制自己,表现出无动于衷的神色。然而三天之后,严厉的惩戒结束了,当王太子看到卫士们又向他敬礼时,竟禁不住嚎啕大哭起来。

说到身为金枝玉叶的各位公主,语气就要有些凄凉了,因为她们可以说是命中注定要嫁到异国去的"无关紧要"的人物。尽管她们娇生惯养,享有许多特权,但还是逃不过被送进监狱般的修道院继而在十一二岁时远嫁的命运。

1739年,路易十五的大公主路易丝·伊丽莎白不到12岁,便由父母作主和表兄西班牙王子唐·菲利普订婚了。在此之前。她从来没有见过王子,甚至不知道他的名字。紧接着进行了出嫁前的置办工作,昂贵的嫁妆自然难以尽述。8月26日晚,公主的正式订婚仪式在凡尔赛宫举行。公主身穿绣金黑色大礼服,头上的婚纱长达8米半。公主的父母姐妹无不痛苦万分,却还装出高兴的神态。离别的时日倏然而至,国王心情沉重,王后泣不成声,姐妹们泪流满面,相互紧紧地拥抱在一起,抽噎绝望地互道永别。最后,壮观的车队在鼓乐齐鸣中,载着公主驶向了西班牙。

景四:路易十六的日记

要了解革命前最后一位皇帝路易十六的生活思想,最好去查阅他的日记。他是大革命前惟一的一位每天记述自己行动的国君。日记从1766年写起,直到1792年结束,内容包括日记、狩猎笔记和账目。这部枯燥乏味的读物悲凉地展现出这位身世高贵、结局悲惨的国王的内心世界。

16岁当王太子的路易十六得到了一位世界上最迷人的公主做未婚妻,当时整个凡尔赛都为她倾倒,而他本人却在日记上写道:"1770年5月14日,同王太子妃会晤……16日,婚礼,洞房在靠近镜厅的套房中,皇家宴会设在歌剧院大厅……11月23日,偕王太子妃骑马……1773年6月8日,我和王太子妃到了巴黎。"这便是一切有关皇帝的爱情章节了。

但是,路易十六精心写了一张"我骑过的马的名单",更细致地统计了猎获过的各种兽类的数量。如这一条:"杀死200只燕子——1784年6月28日。"他还忠实地记录了26年中他洗过43次澡,患过两次消化不良等疾病。他对政治无动于衷,每当召开会议时便写"无事可记"。1789年6月20日"网球场宣誓"那天,他记的是:"去比塔尔狩鹿,猎到一只。"7月14日法国资产阶级革命开始那天是:"无事可记。"10月5日王宫被包围,他写下:"在夏蒂荣打猎,杀死野物18只,狩猎为事变中断。往返骑马。"革命沸腾时期,他的日记中只简单地写到:"无事可记。"这本冗长单调的读物惟一引人之处,就是探索"无事可记"同大革命中哪一个著名日期相吻合。

1791年7月路易十六在大革命的震摄下阴谋逃跑未遂,在日记中他几乎整整一个月全写上"无事可记。在大厅里祈祷。"直到他日记的最后一页,仍写着"无事可记——

1791年12月31日"。1792年1月21日路易十六被送上断头台,也许日记写到这一天,他还会用"无事可记"来概括他的激情、希望,表达他的思想、愤慨。

与"无事可记"和狩猎记实同时,日记中还明确记下了国王的各种个人开支,他亲自编制,列表汇总搞得清清楚楚。对日记中的种种记录不禁令人生疑:皇宫各级侍从共600多人到底是做什么的?因为尽管皇帝有庞大的御膳房,却还记下"付一个软面包和两个面包费1路易12苏",尽管皇帝有方圆20法里全球闻名的花园,还要"付鲜花费54路易",尽管他有8个制鞋师,却还要"付皮鞋款30路易"……路易十六很怕开支过大,每当他发现账目有出入时就要重新演算,细细誊写。他在"细致"盘账的同时,他的财政大臣在王宫的另一侧也在算账:需要6亿5千零50万里佛尔才能填补宫廷挥霍造成的亏空。啊!倒霉的路易十六在这当中可是清白的呀!

伟大的寓言作家和理想主义者——拉封丹

一只年轻的小老鼠,刚刚长大成人,还没有遇见过猫,他就想,凭仗我的谦逊有礼,我好好地请求猫饶过我的性命,就能让老猫心软的。这一天,这只小老鼠突然就碰见一只猫。于是,小老鼠请求道:"让我活下去吧,一只像我这么大,像我这点花费的耗子,就真的能成为这家人的负担吗?你认为主人、夫人以及他们的全家就因为我而要挨饿吗?我只要一颗麦粒就吃饱了,吃上一只核桃我都要发胖。现在我还太瘦小,等一些时日吧,留下我这顿饭,以后与您的少爷们再一起分享吧。"

这只小老鼠就这样对老猫说着。老猫回答道:"你搞错了,你这番演说是对我说的吗?那你就等于说给了一个聋子。要一只猫,老猫,饶你的命?这是从来没有过的事!根据猫的法律,你就去阴间吧。你死吧。你就这样去那边对纺织三姐妹演说吧。我的孩子们以后会有别的东西吃的。"

说完。老猫就把小老鼠给抓住吃了。

从"我"的寓言中,可以得到如下教训:年轻人爱幻想,认为一切都能做到,而老年人则是实际的,残酷无情的。

上面那个"我"是谁呢?

"我"就是指拉封丹,他是法国最著名的寓言作家。上面那个小寓言,就是他写的,名叫《老猫与小老鼠》。

让·德·拉封丹是法国17世纪的著名作家。他写过戏剧、散文、小说、故事诗、短诗以及寓言诗等,尤其以他的寓言诗最为著名。从1668年到1694年这一段时期内,拉封丹共发表了寓言诗12卷,有239首,这些作品都以动物世界寓指人类社会。有的揭露封建王朝的黑暗统治,有的谴责贵族权贵们的行径暴虐,也有的描写了劳动人民苦难的生活,它极其广泛地反映了17世纪下半期法国封建社会的现实面貌。我们不仅可以从中得到许多许多智慧,而且,我们还能从中得到丰富的知识。不但能让我们很好地了解古代社会的法国现实状况,而且能帮助我们很好地处理现代生活中我们遇到的凡人小事,它对我们的成长与生活很有用处。而且,拉封丹的这些作品对于寓言诗这种体裁的发展作出了很大贡献。这些寓言故事流传很广,因此,它的作者——让·德·拉封丹的名字也传遍了世界。拉封丹凭着他的寓言诗而成为了世界著名的作家。

拉封丹于1621年在法国香槟省沙多·基埃里城降生。他父亲是一个国家公务员。大约在1641年,拉封丹进入神学院学习。但他在这里只呆了一年半便退学了,因为他实在受不了神学院中那种死板、愚昧的教育。于是,他转而去学习法律。由于拉封丹爱上了文学创作,他的功课很不好。直到他28岁的时候,他才毕了业,获得了巴黎最高法院律师头衔,但是,拉封丹从未打过官司。这时,他更着迷一样地投入到文学创作之中。此后,他的名气渐渐大起来,当时的权臣富凯、德抄莎白莉爱尔夫人等都曾充当过拉封丹的保护人。晚年时,拉封丹的声名更为显赫,他被选入法兰西学士院。1695年,拉封丹在巴黎病逝。

拉封丹一生创作颇丰,尤以寓言故事出名。他从青年时就仔细观察生活,悟出了世间许多奇妙的故事,包涵了深刻而丰富的寓意。如在《樵夫与森林》中,讲叙了这样一件事。

有个樵夫不是折断了斧子上的木柄,就是把它弄丢了。这个损失不可能马上就弥补过来。最后,这个樵夫低声下气地哀求树林让他带走一根小树枝,以便另做一支手柄。

也许他会到别处使用他营生的工具吧?也许他会让许多的杉松继续生长吧?因为每个人都会尊重这些树的历史与魅力的。

于是,天真的树林就施舍了一些树枝给他。但是,树林马上后悔了。这个卑鄙之徒在给斧子装上了手柄之后,专门用它来砍伐他恩人的主要枝干。现在这位恩人时时刻刻在呻吟着,正是自己的施舍使它饱尝酷刑。

"这也是世人以及宗教信徒们的所作所为,他们以恩人之德来伤恩人之心。这些事情我都懒得提起。但是有多少温馨的绿荫处于这样的凌辱之中?这方面谁不痛心疾首?哎!我的呼呼真是白费了。我已经遭嫌了。忘恩负义与欺骗的行为将永远盛行。"

拉封丹对于这个世俗的世界已经失望了。但是,他依然以一种坚强的毅力与极大的热情,来完成他的劝世之言。心中依然对于那些使他伤心的人们充满期望,总希望那些丑恶的人能够从他的寓言中受到教益,使得人人都成为一个好人,使这个社会成为一个理想中的世外桃源式的美好社会。这个心中充满智慧,教人学会在现实社会中生存的拉封丹,他自己心中却充满了幻想。只是,这个幻想是属于全人类的美好理想,我们所有人都应该拥有它。

拉封丹虽然生活在几百年之前,但他已经是一个伟大的理想主义者了。

"阿尔去迪"与法国绘画之父

阿尔去迪是古代希腊传说中一个世外桃源式的乐土。

尼古拉·普桑是17世纪法国最为煊赫的大画家,是"学院派"的先驱者。

普桑虽然被称为"法国绘画之父",但是,这位法国画家一生中有大半辈子不在法国。他迷恋于"阿尔去迪"式的乐土,一生都在寻找那种宁静、完美、崇高的风范。因此,普桑从他30岁时起,便定居罗马,沉浸在古代希腊、罗马的古风之中。一直到死,他的灵魂也在追随着古典主义的完美。

但是,毕竟他生活在现实的社会,因此,现实社会中种种的不安情绪常常入侵他心目中的乐土。其中的典范之作便是《阿尔去迪的牧人们》。

画面上展现了这片乐土宁静的生活。天空是明净的蓝,温煦的阳光沐浴着这片宁静的土地,在优美的树木旁边,四个牧人戴着花冠拿着牧杖,围着一座石墓好像在探讨什么问题。

一个虬须的牧人,手指铭文,跪在地上,试图读出墓石上刻着的铭文。他对面一个年轻的牧人,一脚自然地踏在一块石头上,他俯下身,似乎读出了铭文,他用手指着铭文以略显惊畏的目光回头看着一位女牧人。那铭文是用拉丁文写成的:"即使在阿尔去迪也有我。"近来的一些评论家认为,这个"我"代表"死神",意思是即使在美好的世外乐园——阿尔去迪,"死亡"也是不可避免的,含有"人生无常,美景难再"的意思。所以,除中间二人颇似紧张之外,左边的青年一手抚着墓顶,脸上似现悲伤之色。而右边那位仪态庄严的女牧人,一面抚慰着那位年轻牧人的背部,似乎在安慰他不要惊慌,一面又陷入哲人般的冥想,平静的面容上浮现出感慨的微笑,似乎在说:"死又何惧?死在美丽的阿尔去迪,岂非幸福?"的确,画面上是一片宁静、优雅、牧歌式的抒情气氛,没有一丝悲痛恐惧的色彩。而构图的均衡对称,变化与对比的适度,姿态的从容庄重,显出一派希腊古风的典范。尤其是女牧人长袍上希腊雕刻式的优雅的褶纹,更能令人生发出思古幽情。因而,也有人认为这个女牧人是希腊神话中某位女神的形象。总之,那优美的风景,以及那神秘的铭文,让人在牧歌式的田园生活场景中感受到一丝不安。这种不安像个谜团一样,困扰着画家,也困扰着我们,但是,却永远也搞不懂。

普桑于1594年出生在诺曼底省一个优美的小村庄——安德勒斯。他从小喜爱幻想,喜欢坐在草地上,一边放牧牛、羊,一边沉浸在伟大的古希腊神话世界中去。于是,他自己学着画画,画那些典雅、静穆、崇高的古代神灵。但因为没有专业的老师教他,因此总是画得不太好。1612年,普桑抱着寻找名师的目的来到当时的繁华之都——巴黎。但是,名师没有寻到,却被巴黎人的生活习惯吓坏了。于是,他又逃回故乡。惟一的收获是研究了一些古代名家的作品。于是他开始自学。

不久之后,普桑第二次出征,这一次他去了古典文化荟萃的圣地意大利,他深为这些古典精品所感动。终于在1624年,普桑决定定居罗马,因为他觉得自己已经离不开这里了,好像他天生就该呆在这里,这里才是他真正的故乡。

此后,普桑的画艺突飞猛进,很快就以一种纯净的古典美风格扬名天下了。法国人都知道他们有一位著名的画家住在意大利罗马。时间久了,法国国王始终觉得这样自己很没面子,1640年,法国皇帝路易十三下诏把普桑请回法国。但是,在巴黎,普桑对一切都感到陌生。一切他都不喜欢,尤其是宫廷生活及染有那种庸俗风趣的艺术家们更让他别扭。于是,普桑只在巴黎呆了两年,便又回到了罗马。一直到他1665年去世,普桑再也没有离开意大利,也再没有回过他的第一故乡——那个优美的小山村。或许,他早已把那个故乡给忘了,他头脑中只有他的"阿尔去迪",只有他的理想了。

普桑一生创作了许多作品,重要代表作中,除了《阿尔去迪的牧人们》之外,还有《诗人的灵感》《基督治愈盲者》《所罗门法庭》《哀悼基督》《解放了的耶路撒冷》《花神之国》《冬》等,大都表现出一种从容、高贵、优雅的古代雕像的风格。例如《解放了的耶路撒冷》,画面安排得很有匠心,多情的少女在战场上寻到了自己英勇的武士,但全身铠甲的英雄已重伤倒地,一位战友扶着他起身,少女则割下长发为他裹伤。画面选择的正是美丽的少女一手握住发夹,一手举剑断发的情节。从实际着想,用头发裹伤口远不如割下一条衣衫更合用。但是,从情感上看,在普桑的想象中,温柔的金发为英雄裹伤,更富有"崇高的古典诗意"。这正体现了普桑一生的追求。

因此,普桑的作品具有一种宏大的气度与端庄的美感,法国人忘不了这位不爱故乡的故乡人,至死,也要用一顶"法国绘画之父"的桂冠来抓住他,不让这位伟大的灵魂太逍遥了。

与米开朗基罗争誉的"巴洛克"大师

日神阿波罗爱上了河神的女儿达芙妮。但是,达芙妮拒绝日神热烈的追求。阿波罗不愿放弃这次爱情,于是,阿波罗便追赶达芙妮。达芙妮惊慌失措地拼命逃脱……阿波罗在后面迈开大步追赶……终于,达芙妮已经精疲力尽了。眼看着阿波罗就要到她身后,他的气息已经吹着飘在达芙妮脑后的头发了。达芙妮眼看着自己就要落入阿波罗的怀中了,她惊恐地喊道:"父亲,救救我吧!我的美貌太引人喜爱,把它毁了吧?"她的乞求还没有说完,她柔软的胸部就长出了一层薄薄的树皮,头发长成了树叶,而臂变成了枝干,双脚变成了扭曲的树根……

最终,这位少女变成了月桂树。为了纪念自己心爱的姑娘,兼管文艺与诗的日神阿波罗就用桂冠赏赐给优秀的诗人们。

这是罗马诗人奥维尔在《变形记》中描写的日神追逐达芙妮的故事。但是,却有一位伟大的艺术家把阿波罗追逐达芙妮以及达芙妮变为月桂树的那一瞬间用完美的雕塑展现在我们面前,简直比我们想象的还要完美,还要逼真。达芙妮在呼喊、奔跑中显出的温柔与惊恐,让人顿起怜爱之心。

这位伟大的艺术家就是贝尼尼。贝尼尼是一位天才的"巴洛克"大师,他在建筑与雕塑上的威名足以跟文艺复兴"三杰"之一的伟大的建筑家、雕塑家、画家米开朗基罗一争高下。

"巴洛克"原意是"不圆的珠"或"荒谬的思想",含有不整齐、扭曲、怪诞的意思,大约是18世纪古典主义者奉献给自己不太赞同的前辈艺术的一个称号。"巴洛克"作为一种风格,流行于17世纪至18世纪初。如果文艺复兴可以归为"古典主义","巴洛克"则可归之于"浪漫主义"。因为米开朗基罗以自身的浪漫气质对古典原则有所突破,所以有人称米开朗基罗为"巴洛克的先驱!"但是认真来说,米开朗基罗作品中那种雄伟的崇高气质是所有的"巴洛克"作品所无法比拟的。即使是天才的"巴洛克"大师贝尼尼也稍逊一筹。但是，贝尼尼以这种扭曲、怪诞的风格所创造的杰作，依然构成了 17 世纪极为辉煌的一页。

罗伦佐·贝尼尼于 1598 年出生于那不勒斯一个雕刻家的家庭。他的父亲彼特罗·贝尼尼是当时一位著名的雕刻家，以娴熟的大理石技艺而著称于世。小贝尼尼从小跟随父亲学艺。1606 年，当小贝尼尼 8 岁的时候，父亲带他一起到了"巴洛克"艺术的中心——罗马。当时，小贝尼尼就以从父亲那学来的高超技艺受到注意。后来，小贝尼尼逐渐接受了"巴洛克"的风格。这种风格在他手里更为得心应手。贝尼尼经常把建筑与雕刻结合在一起，甚至打破它们之间的界线，又常常在雕刻中运用绘画的手法，造成一种建筑、雕刻、绘画的混合物。因此，在"巴洛克"盛行的罗马，贝尼尼的光彩日益耀眼。

1622 年，小贝尼尼奉诏入教廷供职，并很快得到教皇的赏识，并因为他的功绩向他颁发了基督勋章与骑士头衔的称号。从此，小贝尼尼便一直在宫廷任职，并逐渐以他的才华得到了"巴洛克"大师的称号。

贝尼尼的主要贡献在于建筑与雕塑上。虽然他的绘画作品也不乏出色之作，只是因为"巴洛克"风格主要在建筑与雕塑上体现出来，所以，贝尼尼也因为建筑与雕塑作品而成为了伟大的艺术家。

在建筑上，让贝尼尼名声大振的是圣彼得大教堂的修筑。圣彼得大教堂是从公元 1505 年开始修建的，先后经过了好几代建筑家的努力。其中最有名的就是米开朗基罗，他修建了一个无以伦比的中心天顶。1624 年，教皇任命贝尼尼为总工程师，开始改建圣彼得大教堂。同时，这也开始了贝尼尼辉煌的艺术生涯。

贝尼尼为大教堂的内部设计了天顶、主祭坛、礼拜堂、壁面、墓碑以及装饰雕刻等。可称得上他初期代表作的还有教堂正面的广场。圣彼得大教堂的成功让贝尼尼名扬四海。但他自己的建筑精品却是另外三个教堂的设计，即圣多马·索·特·奥拉诺奥教堂、圣安德烈·阿尔·奎利纳列教堂以及圣玛丽娅·特拉斯奇奥芙教堂。

这三个教堂的平面分别设计为希腊十字、椭圆形与圆形三种不同形式。它们的正立面却都是以两翼的附柱、壁面与中间突出的柱廊强调整个建筑的体积感。正面的这三个部分俨然一体，却又各具独立性，从而使教堂的正立面既有严格的统一，又有丰富的变化，使建筑的每一部分都具有一种极力的扩张感。这使得贝尼尼的作品变得刚劲有力，引人注目。教堂内部，椭圆形的空间像圣彼得广场一样给人一种辽阔宽广的感觉。教堂的壁龛嵌在巨大的圆柱之间，庄严而纯朴，几乎可与石神殿媲美。教堂内部的空间也有其独到之处，在上部，贝尼尼以金色象征"神圣的空间"，下部则用灰暗象征"市俗的空间"。天国永远是一种幻想的幸福的虚空。而市俗则永远是一种灰暗的痛苦的现实。当时，大多数"巴洛克"式宗教建筑都巧妙地使这种象征性的"神圣空间"与"市俗的空间"相互并存。这也称得上是"巴洛克"的特点之一。

贝尼尼在设计与解决复杂的建筑物时所表现出的超人的才智，使他成为当时意大利艺坛中最有影响的大家之一。由于他的名气，1665 年，法国国王路易十四邀请他去修建卢浮宫。这一建筑最终由克劳德·彼罗完成。

贝尼尼不仅仅是 17 世纪伟大的建筑家，而且也是一位伟大的雕刻家。他作品丰富，不仅仅是为教堂、陵墓做纪念性、装饰性雕刻，而且也为权贵们创作了许多雕像。他的作品同他的建筑一样，具有外表华丽的"巴洛克"风格。

贝尼尼最早的作品是《大卫》，是为红衣主教斯契比法·波尔查宫的花园雕刻的。同样属于这里的作品还有《普罗赛比娜的掠夺》《埃涅伊与安西斯》《阿波罗与达芙妮》等，共为四组，其中最为著名的就是《阿波罗与达芙妮》，描绘了阿波罗追逐河神之女达芙妮与达芙妮变为月桂树的故事。

到了1646年，贝尼尼又创作了《圣女苔列莎》，这幅作品标志着贝尼尼在雕刻艺术上"巴洛克"风格的成熟。

《圣女苔列莎》是贝尼尼为罗马的维多利亚教堂创作的。圣女苔列莎是西班牙的一个女尼，一个反宗教改革的"英雄"，贝尼尼选择的是她梦见代表上帝的天使，把一支金箭插进她的心房中的情景。这种笃信上帝到了狂迷状态的幻觉，被贝尼尼处理得非常逼真。女圣徒半倚半卧地睡在一片云朵之上，一个顽皮可笑的天使，正举起一支金箭刺向睡觉的圣女。两个人都在云朵之上飘着，靠在一个壁龛的前边，他们顶上用金属制成的太阳的光芒，正从壁龛上射下，把他们两人笼罩起来，从而形成神圣的感觉。圣女苔列莎脸上现出一种昏迷状态中的痛苦而又甜蜜的表情。

人们觉得这件本来是赞颂灵魂的神圣交感的事件，在这里却似乎变成真的尘世的肉体之爱了。但是，贝尼尼对此是有根据的，他曾研究过那位圣女的日记，当写到梦见自己被天使的金箭刺胸时，苔列莎描绘道："我痛得大声呼叫了，可同时又觉得很甜蜜，这是医疗之痛而非肉体之痛，这是灵魂所受的上帝的甜蜜抚慰……"这种描述，似乎也不像皈依宗教的圣尼的心理。早期基督教有一位圣人圣杰罗姆，他曾劝一个贵族姑娘出家为尼，他写信告诉她说：做了修女就是嫁给了上帝，上帝就是她的"新郎"，您母亲就是神的岳母了。可见，圣女苔列莎有那种幻想也是说得通的。而贝尼尼选择这样一个场景，一方面显示了自己高超的技艺，另一方面则是对于"神人交感"的精神愉悦在现实中的刻画。

此外，贝尼尼在装饰性雕塑上也有非常突出的贡献。例如圣彼得大教堂广场上的方尖碑、喷泉及柱廊顶端的圆雕，还有后来为罗马城设计的大量装饰性雕刻，其中以《四条河的喷泉》与《多利多之泉》最为著名。

《四条河的喷泉》是安装在娜翁广场上的一个巨型的组合雕刻。它由自然的石灰岩的山石构架成巨大的形体，四条带状的水从山石中喷涌而出，标志着世界的四条河流——多瑙河、尼罗河、恒河、拉普拉塔河。在自然的山石结构上，贝尼尼以大理石为料，雕刻了四个巨人，是历史悠久的大河的象征，即自然孕育了人类，而人类强大的力量正立于自然之上。这个喷泉还带有一个方尖碑。西库斯多斯五世在占领埃及之后，在埃及建起了第八个方尖纪尖碑。从此之后，方尖碑就成了天主教对于异教胜利的象征。在这里，它成为纪念教皇功绩的纪念碑。

贝尼尼除了在建筑与雕塑方面取得了巨大成就之外，他还创作过许多肖像雕刻品，例如《斯契比洪·波尔查像》《英诺森十世像》《康斯坦查·布奥娜列里像》等，尤以前者著名。

贝尼尼终生不倦地工作，一直到80多岁。他从来不对自己的作品满足，他一直都在不断地探索与追求之中。据说，有一次贝尼尼驱车经过娜翁广场时，气愤地拉下了马车窗帘而不瞅一眼那个杰出的作品《四条河的喷泉》，他嘴里还不停地念叨着："哼，干得那么糟糕，真丢人！"

但是，贝尼尼尽其一生所创作的伟大作品，却绝对称得上17世纪的典范之作。贝尼尼是一位天才的艺术大师，是罗马"巴洛克"艺术的最伟大代表。

1680年，这位辛劳一生的大师沉沉地睡去了。罗马教皇说：贝尼尼对于罗马是必要的，罗马对于贝尼尼也是必要的。

世界历史五千年

文艺复兴

中世纪最后一位诗人——但丁

恩格斯曾经说过:封建的中世纪的终结与现代资本主义纪元的开端,是以一位大人物为标志的。这位大人物就是意大利人但丁。但丁是中世纪最伟大的诗人,他埋葬了中世纪,又开拓了一个新纪元。

但丁·阿里盖利于 1265 年出生于意大利佛罗伦萨一个古老的贵族家庭。当时意大利工商业繁荣,是欧洲资本主义因素最早出现的地方,佛罗伦萨、米兰、威尼斯等地已是繁荣的经济中心,资产阶级力量日益强大。但是,由于罗马教皇与神圣罗马帝国皇帝争夺对意大利的统治,意大利四分五裂。在但丁的故乡佛罗伦萨形成了两个互相斗争的政党:基白林党与贵尔夫党。基白林党是封建贵族政党,支持神圣罗马帝国皇帝;贵尔夫党是资产阶级政党,支持罗马教皇。但丁的母亲是基白林党,父亲属于贵尔夫党。但丁从小受母亲影响较大,喜爱古典文学。他特别崇拜罗马大诗人维吉尔,尊之为导师。同时,但丁对其他领域也有很深的研究,如绘画、音乐、哲学等。少年的但丁,曾经爱上邻家小女孩贝阿特丽采,这是一种近乎骑士式的精神之恋,但是,不幸的是小女孩在 1290 年夭折了。但丁把这份纯洁的爱深深藏在心里,并常常激发他那诗人的灵感。1292 年,诗人写了《新生》,这是由写给贝阿特丽采的 30 首抒情诗构成的,以此纪念自己深爱的女孩。诗中表达了摆脱禁欲主义束缚,追求纯洁自由的爱情愿望,同时也流露出对贝阿特丽采早亡的深切悲伤,这是西欧文学史上第一部向读者袒露作者自己最隐秘情感的自传性作品。

1293 年,贵族政权被摧毁,基白林党被粉碎,贵尔夫党上台,但是不久又分裂为黑白两党。年青的但丁投入了白党,积极反对教皇干涉佛罗伦萨内政。1302 年,黑党在教皇与法国军队的支持下夺得政权。但丁全部家产被没收,且被判处终身流放。艰苦的流放生活使但丁走入更广阔的现实空间,他看到了教皇统治的黑暗,看到了城邦纷争的危害,强烈希望祖国的统一。这些对他后来的创作产生了巨大的影响。1304 年至 1307 年,但丁写了《飨宴》与《论俗语》。1309 年,他写了《帝制论》,其中明确表达了自己的政治主张。在漫长的流放生活中,但丁一直坚持同教皇作斗争,他一直没有回故乡,直到1321年，但丁客死拉文那。但是，但丁死前完成了他最伟大的作品《神曲》，成为不朽的诗人。佛罗伦萨人曾多次要求拉文那归还但丁的骨灰，但都遭到拒绝。

《神曲》是但丁在流放中写的一部长诗，分为《地狱》《净界》《天堂》三部。原作品名为《喜剧》，后来人们因这部书的伟大，加上了"神圣"两字，称为《神圣的喜剧》，中文译为《神曲》。

《神曲》结构精妙而严谨。地狱、净界、天堂三部每部包括33篇，加上开篇序言，共为百篇。结构上的三，暗含基督教的"三位一体"；百篇的数目象征十全十美、完满。而且每一部中，地狱、净界、天堂各分九层，九可视作三的倍数。诗的内外结构严密契合，使全诗形成一个严密的艺术整体，同时使作品具有某种神圣的意义。

诗中自叙诗人在人生的中途（35岁），在一片黑暗的森林中迷了路。他正想朝一个洒满阳光的山顶攀登时，忽然出现了三只野兽——狮、豹、狼（象征强权、淫欲、贪婪）挡住去路。正在危急时刻，古罗马的伟大诗人维吉尔出现了，他受贝阿特丽采之托前来援救但丁从另一条路通向光明的山巅。他们避开了三只野兽的阻拦，维吉尔告诉但丁，阻挡他的母狼性格非常残忍，肚子从来没有饱过，与它勾结的野兽越来越多。"直到那著名的猎狗出世，才能把他们一一杀尽"。这里的"猎狗"，似有所指，后代学者绞尽脑汁也没有搞清这一谜团，至今仍争论不休，未有定论。

维吉尔引导着但丁首先游历了地狱。地狱分为九层，为漏斗形状，底在地球中心，入口在北半球，基督教圣地耶路撒冷为其顶点。从上到下，罪人灵魂依照生前的罪孽轻重，分别被放在不同的层中受刑罚。罪行愈大者愈居在下层。但丁把贪色、贪吃、易怒和邪教徒看作严重罪犯，打入地狱。如他把死去的教皇尼古拉三世打入第八层石穴中遭受火烧。他怒斥教皇尼古拉三世："因为你的贪心，使世界变为悲惨，把善良的踏在脚下，把凶恶的捧在头上。"这位教皇头朝下栽在喷火的石洞里，露着的双脚被烧得颤抖不已。虽然当时教皇逢尼法西八世还没有死，但是由于他罪恶太大，但丁已给他在地狱中安排好位置，以表示对这个干涉佛罗伦萨内政、破坏意大利统一的罪魁祸首的无比痛恨。他通过维吉尔的口说："那些顶上精光没有头发的是教士，是主教，是教皇。因为他们特别的贪得无厌。"但丁把批判的矛头直指各级教会人士与他们的最高代表教皇。

游完地狱，维吉尔带着但丁通过地心，顺着盘旋曲折的岩洞小径走出地球，到了净界山下。净界山在地球的南半球的大海上，状为孤岛，与北半球的地狱遥遥相对。净界山下是一片沙滩，山体分为七层，山顶是一乐园，加起来也是九层。沙滩上修炼的是生前忏悔太晚与被逐出教会者。中间七层惩戒人的七大罪恶：骄、妒、怒、惰、贪财、贪食、贪色。山顶乐园风和日丽，鸟语花香，是一派"伊甸园"景象，当一个人根除所有罪恶，达到纯洁的境界，就可以升到这里，等待被上帝接入天堂。

维吉尔带领但丁来到山顶，忽然维吉尔不见了。这时圣女贝阿特丽采出现了，她带领但丁游历了天堂。天堂分为九重，层层围绕地球旋转。从下向上依次为月球天、水星天、金星天、太阳天、火星天、木星天、土星天、恒星天与水晶天九层，分别为能坚持信誓者、行善的灵魂、多情的灵魂、对哲学与神学有造诣的灵魂、为信仰而战死的灵魂、正直聪明的君主、隐逸寡欲者的灵魂、胜利灵魂及九大天使居住地。九重天之上是无迹的天府，居住着幸福的灵魂，最高之处是上帝的所在。但丁看到了上帝，那耀眼的光芒一闪而逝。

但丁的《神曲》以梦幻的形式游历三界。对世间百态一一归类,尤其对教会、权贵的丑恶行径给予了深刻的揭露与批判,表达了对争取自由爱情精神的同情。比如在相爱而被惨杀的情侣弗兰采斯长和保罗面前,但丁听完他们凄惨的故事之后,大为感动,竟至"因怜悯而昏晕""像死尸一样倒在地上"。但丁的《神曲》用象征主义的手法,内涵丰富深沉,他结束了一个罪恶的时代,又开创了一个光明的世界。而且《神曲》内容丰富繁杂,包罗万象,神学、哲学、天文、地理、伦理学、神话、民间文学及社会生活方面的知识广泛涉猎,可称为中世纪文化的"百科全书"。

但丁的《神曲》一改正统的拉丁语言,首创用意大利民族语言写作文学作品,对于意大利民族语言的统一和民族文学的发展,起了很大的作用。但丁是中世纪最伟大的诗人。

卜伽丘与《十日谈》

1348 年,在欧洲中世纪,一场可怕的瘟疫在意大利繁华的都市佛罗伦萨发生了。这可怕的黑死病使得十室九空,一时间丧钟常鸣。

这就是《十日谈》的背景。

意大利是资本主义关系最早发源的地方,也是文艺复兴运动的发源地。但丁是人文主义文学的先驱,彼特拉克和卜迦丘是早期人文主义文学的杰出代表。

《十日谈》的作者就是乔万尼·卜伽丘。他是第一个通晓希腊文的人文主义学者。他出身商人家庭,受过大学教育。早年在那不勒斯时,卜伽丘接触过宫廷和贵族骑士生活,后来他回到佛罗伦萨,拥护当地共和政权,积极参加反对封建贵族的斗争。1350 年,他与彼特拉克交往,共同提倡古典文化。

短篇小说集《十日谈》是卜伽丘的代表作,其题材主要来源于历史事件,以及东方故事和已经流传很久的轶闻趣事。

下面我们来看《十日谈》。

在史无前例的大瘟疫中,10 个青年男女侥幸活了下来,一起逃到郊外,住进了一所十分美丽的别墅。在大自然的怀抱中,十分惬意怡人,只见鸟语花香,青山流水,到处一派勃勃生机。

这情景和可怕的城市瘟疫对比,简直是天上人间与地狱鬼都。大家躲在这美丽安全的地方,为了使生活更有情趣,他们约定,每人每天讲一个故事。就这样,他们住了 10 天,讲了 100 个故事。《十日谈》凭借这个线索把 100 个小故事串了起来,以瘟疫来象征中世纪的黑暗,以 10 个青年男女象征反抗黑暗的中世纪的人文主义,表现了作者对个人价值追求的肯定。

《十日谈》开明宗义地批判了天主教会,其中"扬诺劝教"更是意义深刻。

故事是这样的:

巴黎住着一个富商,名叫扬诺。他有一个朋友亚伯拉罕,是一名教徒,笃信犹太教。扬诺认为天主教是正宗,希望自己的朋友改信天主教。在他的劝说之下,亚伯拉罕决定去罗马考察一番,看一看天主派遣到人间来的代表——教皇的气派到底怎么样。他果真赶到了罗马教廷,但是他看到了什么情景呢?

"从上到下,没有一个不是寡廉鲜耻,犯着'贪色'的罪恶,连一点点顾忌、羞耻之心都不存在了,因此,竟至于妓女当道,有什么事要向廷上请求,还要走后门……"

继续观察的结果,使他看到更多的罪恶,贪得无厌,爱钱如命,买卖圣职。一幕幕惊心触目的事实使亚伯拉罕得出结论:罗马根本"不是一个神圣的京城,而是一个容纳一切罪恶的大熔炉"!

教皇、红衣主教这些人无恶不做,他们本应是天主教的支柱,但是却成为天主教的蛀虫,只能让天主教尽快垮台,迅速消失。

如果按照通常的做法,作者似乎应该让亚伯拉罕放弃天主教,离开罗马。但是卜伽丘和通常的做法不一样,这也正是他匠心独运的地方,他让亚伯拉罕这样说:"可是不管他们怎样拼命想把天主教推翻,它还是屹然不动……这么说,你们的宗教确是比其他的宗教更正大神圣。"

结果,亚伯拉罕竟去教堂接受天主教洗礼去了。

《十日谈》的"扬诺劝教",就是一把锋利的匕首,直刺天主教会的心脏,在卜伽丘的故事面前,中世纪的教会成为滑稽的嘲讽对象。

卜伽丘在很多故事里揭露了教会的敲诈勒索。

"裁判官的故事"讲道:

一个富人在酒店里喝了几杯酒,一时高兴,便信口胡说大话,他说他正喝的美酒是耶稣所喝的美酒。这句话传到了宗教裁判所那里,一件小事立即变成了大事。谁都知道这是一句戏言,喝酒昏了头的戏言,但裁判所却要从这件事上打主意。

裁判所的神父打听这个人的情况,得知这个人很富有,有田地还有金银,心想这好机会绝不能错过。于是下一道紧急的命令,逮捕那个富人,罪名是污蔑基督。他们用死刑来威胁这个富人,这个富人只好请人疏通,"献上一大块'脂膏',让神父搽在眼上,也好医治修士见钱眼红的毛病"。这样,富人被从轻处罚,小事变成大事之后又大事成为小事,只拘留了几天就被放了。

在中世纪,严厉残酷的统治是由天主教会推行实施的。他们有宗教法庭和裁判所,可以对任何有悖宗教的言行进行定罪。其实,宗教裁判所就是一种特务机构,遍布西欧各地,所有的人都被暗地监视着,冤假错案数不胜数,其中的贪污受贿、勒索敲诈现象比比皆是。可以说,天主教会血债累累。

对于进步人士,如布鲁诺等人,他们严厉残酷镇压。对于平头百姓,他们用宗教来愚昧麻痹。直接揭露他们压榨人民的作品是很少的,在当时,也就是《十日谈》中有这么一篇。

卜伽丘在写这篇作品之前,也十分踌躇,心里思量很久,终于下了笔。但是他只能避重就轻,对裁判官的敲诈勒索进行了嘲讽,而没有更加严厉地批判。作者自己说:"像蚊子那样叮人一口。"

但是我们知道,那时只要一句戏言就可致杀身大祸,更何况《十日谈》所表露出的思想和天主教格格不入呢。当时尚处在文艺复兴运动早期，卜伽丘是先驱者，他冒天下之大不韪，用《十日谈》向天主教会发出了全方位的挑战，并且进攻的炮火威力无比，每一则故事都像火药味十足的战斗檄文，击中教会的要害之处。《十日谈》的出现，就是和天主教会短兵相接，作者的勇敢精神是无可比拟的。卜伽丘不断受到天主教会的威逼利诱，但他毫不屈服。

作者去世以后，还被挖坟鞭尸。我们知道了这样的历史环境，才能更加深刻地理解《十日谈》的意义。作者对旧制度旧世界束缚人的自由无情地嘲讽，表达了向往新世界的愿望。

意大利近代有一位著名的评论家桑提克斯这样说："但丁结束了一个时代，卜伽丘开创了另一个时代。"

凡·埃克兄弟与《根特祭坛画》

根特城的圣贝文教堂中，突然来了许多人，有虔诚的教士，也有来自各国的游览者，他们都整齐地立在祭坛面前，安静地望着祭坛，没有一丝声响。这时，圣洁的音乐轻轻响起，所有的人们都遽然肃穆、虔诚、崇敬地望着祭坛。随着那音乐的旋律，祭坛的两翼徐徐打开。人群中传来低低的惊呼声，所有的人都睁大了双眼，兴奋地望着那里面显现出来的圣物。那就是辉煌夺目的12幅祭坛画。

根特祭坛画是现存最早的带有签名的尼德兰绘画作品。这一组祭坛画共包括21幅作品，是当时最伟大的画家胡伯特·凡·埃克应根特市市长多库斯·威德之邀于1415年绘制的。由于这位大画家于1426年去世，作品由他的弟弟扬·凡·埃克于1433年完成。这组盖世佳作自从它完成之后就历经磨难，不是遭损于火灾，就是被侵略者掠夺，要么就是被盗，直到1951年经过彻底修缮后才重新回到根特的圣贝文教堂之中。

《根特祭坛画》的题材都取自《圣经》，表现了对耶稣牺牲自己而拯救人类的上帝之爱的祈求与赞颂。

《根特祭坛画》是一种多翼式"开闭形"的祭坛组画。外面9幅。闭合的祭坛内12幅。每逢节日的礼拜盛会，祭坛的两翼伴随着音乐打开，人们才得以见到这12幅杰作。

这12幅祭坛画分为上下两部分与左右两翼。上部的中央是端坐的《耶稣》，左右两边分别是《圣母玛丽娅》与《施洗者约翰》，再向外就是左右两翼，两翼的内侧分别是《合唱的天使们》与《奏乐的天使们》，外侧分别是《亚当》与《夏娃》，下部的中央是一大幅《羔羊的崇敬》，左右两翼的内侧分别为《裁判官》（此画于1934年被盗，现存的是摹本）与《隐者》，外侧分别是《骑士》与《巡礼者》。当祭坛的两翼闭合时，人们只能看到两翼外侧的9幅画，这9幅画分为上、中、下三段。上段从左至右地画着预告耶稣降生的男女先知，分别为《预言者撒卡尼雅》《埃及的女预言者》《库麦的女预言者》及《预言者米卡》，中段是《受胎告知》，下段从左至右分别为《祭坛的供养人约多库斯·威德》《洗礼者约翰》《福音书记者约翰》与《约多库斯的妻子赛贝娜》。

《根特祭坛画》这一组共21幅作品中，以《羔羊的崇敬》最为著名。它是根据《约翰福音》与当时流行的《黄金故事》而作的。画面展现于一片原野之中，一只白羊站在正面的祭坛上，白羊胸部流出的血注入到酒杯中。祭坛的周围跪着一些有翅的天使。画面的最近处有一口井泉，井泉的两边跪着或站着的是一群预言家、哲学家等与基督的弟子们，他们正期待着耶稣的归来。在远处还站着一些主教、圣女等，各种橄榄叶表明他们都是殉道者。

这是一幅神圣而庞大壮观的场景。画家以丰富的色调对各种事物进行了极为精确细致的描绘，尤其是各种稀奇的树木、花草散布在林中的草坪上，而且这种色彩与画边格板上的金子及宝石交相辉映，从而把启示录的景象描绘成了一幅人间天堂图。在一群刻画细致的人物中，人们好像也得到了真正的欢乐与幸福。他们在赞颂救世主耶稣，从而把人的力量与神秘世界的力量结合在一起，对人充满了信心与希望。这也是文艺复兴人文主义思想的体现。

下面的《受胎告知》中，手持百合、穿着浅色衣袍悄然进入屋内的天使与双手交叉在胸前举目向上的圣母玛丽娅虽然被分隔在构图的两边，但由于画面构图与人物动作的巧妙安排，使其成为一个自然的统一体。在射过阳光的窗子外面，隐现着许多市民的小房子，从而使这种宗教题材的画面增添了一些亲切的现实感。这种精致入微的细节描写成为凡·埃克兄弟的画风中的一大特点。

《根特祭坛画》是尼德兰早期文艺复兴美术的里程碑之作，从而也确定了凡·埃克兄弟在新艺术上的主要奠基人的地位。此外，《根特祭坛画》又是世界上第一件真正的油画作品。画面色彩鲜明，辉煌艳丽，虽然经过了数百年的历史，画面仍然艳丽如新，这在当时的确是一种绘画技法上的突进。因此，《根特祭坛画》在绘画史上的意义远远超出了一般意义上的革新与创造，它开创了整个欧洲绘画的新纪元，而这些成就无不应归功于凡·埃克兄弟。他们也因此被称为"色彩的创新者"与"油画的发明者"。

关于用油调色的先例早在 10 世纪时就有记述。据称当时的僧侣画家尤捡克里亚斯就用油调过色彩。关于油画技巧早在 1410 年以前就有艺术家们进行过很多试验。但是因为多以蓖麻油作为调色的媒介物，颜色干得很慢，作画极不方便。凡·埃克兄弟重要的贡献就是发明了一种比较方便的油质媒介物，就是在经过曝晒浓缩之后的蓖麻油中掺入一定成份的、具有挥发性的松节油，从而使作画的时间紧凑了。同时，这种中和的液体很容易调和颜料色彩，运笔流畅自如，又可层层敷设，使得画面层次分明，清透鲜亮，使油画技法更适合了写实的要求。可以说，凡·埃克兄弟是在镶板画上第一个成功地使用油画技法的艺术家，此后这种新的绘画方法传入意大利，然后又传入了威尼斯。从而使得以色彩著称的威尼斯画派得到很快的发展。

凡·埃克兄弟为世界绘画史做出了巨大贡献。

凡·埃克兄弟出生于利布尔库的马赛克城。哥哥胡伯特·凡·埃克的资料很少。据说是出生于 1366 年，生前已是很有名的大画家。弟弟扬·凡·埃克的出生日期也不清楚。有的说是 1380 年，有的说是 1390 年。也有人折衷，说是 1385 年。弟弟于 1422 年成为约翰伯爵的宫廷画家，风格逐渐形成。后来，他移居佛兰德尔，开始同哥哥合作。此后，他受到艮第公爵的青睐，成为宫廷画家。他一生享尽荣华富贵，也留下大量的传世名作。1441 年，扬·凡·埃克死于布鲁日。

扬·凡·埃克早期的作品主要有《教堂中的圣母》《圣母与罗林天主教》《在自己房中的圣母》《圣巴巴娄》等。

自从扬·凡·埃克完成了《根特祭坛画》并且定居布鲁日之后,他的艺术达到成熟阶段,成为他创作的黄金期。扬·凡·埃克这时主要致力于肖像画创作,其中有不少传世之作,如《阿伯加蒂主教像》《提摩多斯像》《戴红头巾的人》以及《阿诺弗尼夫妇像》等。

其中,尤以《阿诺弗尼夫妇像》为典范,被认为是"欧洲艺术中第一幅心理肖像画"。阿诺弗尼是路长的一个商人,在他定居布鲁日之后,与扬·凡·埃克交往密切。这幅画是描绘这位被菲力浦公爵封为骑士的阿诺弗尼与妻子在新婚洞房中的景像。阿诺弗尼举起右手表示他将终生珍爱并养活他的妻子,新娘则伸出右手放在新郎的左手上表示永远做自己丈夫的忠实伴侣。这里所有的细节描写都很使人对这个幸福的婚姻引发美好的联想,蜡烛、刷子、苹果、扫帚、念珠以及两人之间的可爱的小狗,都透露着新婚的温馨、喜悦。夫妇两人手拉着手,含情脉脉,与周围的环境形成了完美的统一。其中一个最为精彩的细节刻画,就是利用镜子来丰富画面的空间处理方式,扩大了作品的容量,增强了画面的真实性与生动性。首先,夫妇的背影映在了墙上的镜子里,此外,墙上的镜中还映出了室内的摆设以及前来参加婚礼的人。据说,其中一个就是扬·凡·埃克的身影。这个小镜框的四周装饰着10幅小型的耶稣受难图。小镜子上方的墙上刻着"扬·凡·埃克于1434年在此"。由此,我们可以感受到这兄弟两人的独特之处就是细节的真实与传神。这一方面归因于人文主义精神要求的现实主义风格,另一个原因就是他们自创的独特油画技法,使得这种精雕细琢成为可能。

凡·埃克兄弟以自己的天资奠定了尼德兰文艺复兴运动的基础,同时又开创了欧洲绘画史上的新时代。

波提切利与《维纳斯的诞生》

裸体的维纳斯如一粒晶莹剔透的珍珠一般,从贝壳中站起,升上了海面,翱翔于天上的风神们鼓动翅膀,把她吹向岸边,这里就是维纳斯最初的落点——塞浦路斯岛。山林女神从林中走出,展开手中的长衫以备覆盖她的裸体。许多玫瑰花在轻风的吹送下,绕着维纳斯窈窕而柔美的身姿飘舞。漾溢着青春生命的肉体,美丽娇艳的鲜花,是向宗教禁欲主义挑战的宣言。那玉雕般的裸体、微妙的曲线与波浪般的金发,和谐优美。浓郁的诗意与恰当的夸张珠联璧合。蓝色的海面上泛着轻波,艳丽的玫瑰随风轻舞,构成一幅充满人性自由的爱与美的和谐。波提切利笔下的维纳斯被认为是美术史上最优雅的裸体。她身体纤美而柔弱,脸上带着一种天真无邪的稚气,尤其是她那一双出神的大眼睛,似乎在单纯无知中又含有某种哀伤与迷惘。她像一个初落人世的婴儿,惊讶得发呆,直觉中预感到某些未知的苦难与不幸。

这幅波提切利的名作便是《维纳斯的诞生》。据说,这个维纳斯身上带有著名的美女茜蒙奈塔的影子。茜蒙奈塔是当时闻名的美女,她16岁嫁给佛罗伦萨的委斯普琪,但不久即被佛罗伦萨的统治者美第奇家族的朱里安诺抢去。在茜蒙奈塔22岁的时候，美第奇家族举行选美会，茜蒙奈塔当选为"女王"。但是，红颜命薄，第二年她便暴病身亡。举行葬礼时，没有棺椁，只有一张无比舒适的大床与无数的鲜花，她的美应尽情展示给自然，而不应被无端地封盖。全城人为之送行，观者无不伤心流涕。波提切利的这幅《维纳斯的诞生》便创作于不久之后。

波提切利出生于1447年，他是一个皮革匠的儿子，幼年时跟随他的哥哥学习珠宝工艺。后来从师于修道僧菲利普·利比，后来又受普拉乌奥罗与佛洛基阿现实主义的影响。由于他的作品杰出，受利美第奇家族的赏识，成为宫廷中的座上客，但这位出入上流社会的大画家依旧保持着他作为小市民身份的要求变革的理想，他的作品中充满了现实主义与人文主义的精神。

波提切利早期的作品主要有《荣光的圣母》《三贤王的礼拜》《圣赛巴斯殉教》《博士来拜》等。《博士来拜》取材于《圣经·新约》马太福音，描写圣母玛丽娅在一个破旧的马厩里分娩耶稣后，惊动了东方三个博士来朝拜这个新生圣者的场面。画面的中央是博士们跪在圣母玛丽娅所抱的小耶稣面前，侍从们拥挤在两边。整幅画面把圣母母子描绘成一普通的农家妇女与小孩，周围的人们似乎并没有把这一场面看作神圣的事情。特别是站在最左边的那个穿黄衣服的人，他的脸朝外面，一副怀疑的神态，这个人就是波提切利本人。而且据说所有的人物都以美第奇家族宫廷中的人为模特。波提切利在这幅画中表现了对至高无上的上帝的神圣性的怀疑。

中期，波提切利主要画了西斯廷教堂中的《摩西的历史》《科拉、达燃与阿比拉姆三死》《基督治癞》等三幅壁画以及《春》《战神马尔斯与维纳斯》，还有他的传世名作《维纳斯的诞生》等。

其中《春》也是一幅很杰出的作品，故事取材于当时诗人波里西安的寓言诗，描绘了一幅象征春天到来的众神的故事。在一个密密的树林中，小爱神丘比特兴奋地在空中飞舞，胡乱地射着他的爱神之箭。左边是众神的使者麦丘利，他为众神开路，报告着春的消息。旁边是身着透明的轻纱欢乐地起舞的三美神，她们是爱神维纳斯的三个侍女，分别代表青春、欢乐与光辉，她们围成一个圆，边舞边行，跟随着麦丘利。再向右，也就是画的中间部分，爱与美的女神维纳斯静立在那里，脸上洋溢着微笑。风神奔跑着把头戴花环、身着花衣的春神从林中推出。春神边走边撒播着春天的种子，立刻绿草茵茵，野花盛开，大地充满了春天的气息。紧跟在风之女神后的是龙神，他脸上带着悲哀的神情追逐着漂亮的风神。整个画面展示了春暖花开的欢乐气氛，与《维纳斯的诞生》一样，充满了诗情画意的浪漫色彩，同时，又显示出淡淡的忧伤，这是通过最右边的龙神与风神的追逐来表现的。

波提切利在他晚年为大诗人但丁的《神曲》做了插图，并完成他晚期的名作《诽谤》《弃儿》《怜悯》《十字架》等。

《诽谤》是一幅象征性的寓言画。描写了一个长着驴耳朵的法官安稳地坐在"无知"与"迷信"中间，这时"嫉妒"拉着一个人，"不幸"拉着一个人来到法官面前，"虚伪"与"欺骗"装饰着"不幸"的头发跟在后面，接着是一个身披黑衣、戴着黑帽的丑恶巫婆，她一边走一边回头看着身后指天盟誓表白内心光明的裸体少女"真理"。但是"真理"太弱小了,几乎一副怜乞的神态,脸上呈现着忧伤。据说,这是波提切利为受诽谤而死的僧侣萨优那罗拉所作。萨优那罗拉是当时一位有名的民主改革家。他主要是不满美第奇家族的罪恶统治,为守卫"纯洁的宗教与道德",并且维护穷苦人利益而开始发动改革运动。但后来因遭受诽谤而冤屈地死去。波提切利在这幅画中对受诽谤者表达了深切的同情,同时也因为看到了真理的无力而深为失望。在这幅画中,波提切利表现出更为明显的悲观色彩,虽然他心中依然有那个柔弱的真理,但是在他早期与中期作品中的那种诗情画意,及那种浪漫的、轻微的欢愉之情已找不到了。他自己也感觉到真理虽然存在,但在他那个时代依然只是隐藏于黑暗之后的微弱灯光。

晚年,波提切利变得十分消极,充满了悲观主义色彩。1510年,他在佛罗伦萨悄然地逝去。

波提切利是文艺复兴初期的伟大画家。他属于佛罗伦萨画派,一生几乎没有离开过佛罗伦萨。佛罗伦萨画派的主要风格就是现实主义,艺术上的特色是雄伟、悲壮。但是,作为这一画派中的代表人物——波提切利,却只继承了其现实主义的一面,在被人文主义理想所振奋的心灵中,充满了浪漫的幻想。因此,波提切利的杰作都表现出一种饱含自由的、明亮的诗情画意。同时,也由于画家清醒地看到了社会中的苦难,画中总透露着忧伤,这种倾向在其晚年作品中更为明显。但是,波提切利依然以自己杰出的作品为解放人性的"文艺复兴运动"开创了先河。

艺术的达·芬奇

一提起达·芬奇,人们就会想起画鸡蛋的达·芬奇,想起他那气势宏大的《最后的晚餐》,想起他那神秘的《蒙娜丽莎》。达·芬奇是一个天才的画家。但达·芬奇不仅仅是个天才的画家,他还是一个天才的科学家。达·芬奇在建筑、机械、化学、生物解剖、天文、地理等几乎各个领域都留下了历史的足迹。达·芬奇是个全才,他是一个时代的巨人。

达·芬奇于1452年4月15日在佛罗伦萨的芬奇镇降生。达·芬奇是一个私生子,母亲叫加特丽娜,是个农民家的姑娘,在生下达·芬奇之后,便抛弃了他。达·芬奇从小失去母爱,在父亲的教导下长大。父亲名叫比埃罗,是本地法庭公证人,家境富裕,达·芬奇童年过得很幸福。

达·芬奇从小便对大自然充满了兴趣,他喜欢各种各样的小东西,有时便用笔把自己感兴趣的东西画出来,渐渐地,邻居都疼爱地称他为"小画家"。父亲比埃罗被儿子的喜好打动了。于是在1466年,送儿子到佛罗伦萨学画画。老师是当时佛罗伦萨有名的画家与雕刻家弗罗基俄,他对学生非常严格,他首先让达·芬奇练习画鸡蛋。鸡蛋不是特别好画吗?小达·芬奇早就自己学会了。可是老师弗罗基俄依然让他练。小达·芬奇只画了半天就画烦了,他要求老师教他学绘画。弗罗基俄看了看小达·芬奇画的蛋,认真而慈祥地说:"你首先练好画蛋吧。""这么简单的事,一学就会,还练什么呀?"小达·芬奇十分不解,他以为老师故意不肯教他真的本领。弗罗基俄严肃地说:"画蛋是最不容易的事,每个鸡蛋的形状都不同,同一个鸡蛋不同的摆放又不同,放在不同的光线下更不相同,你怎么会认为画蛋容易、简单呢?"小达·芬奇这才恍然大悟。从此认真真练习画蛋,从来不偷懒。天才的达·芬奇经过努力学习很快超过了他的师哥们。又过了几年,达·芬奇学成师满。这一天,老师弗罗基俄正在画《基督受洗图》,他瞅了瞅在一旁观看的达·芬奇,说:"你能在这儿画一个天使吗?"达·芬奇接过笔,便在一个适当的位置画了起来。几天后,达·芬奇笑着走到老师身旁说:"我画完了,您去看看。"弗罗基俄正想要指点指点达·芬奇的作品,他信步走到画前,揭开帷布,面对达·芬奇的天使,弗罗基俄目瞪口呆,只见达·芬奇的天使活泼可爱,既有幼儿的童雅,又有天使圣洁的气质,全然不同于弗罗基俄自己创作的毫无生气的呆板的天使。弗罗基俄赞赏地点点头,说:"好极了,以后绘画的事就交给你了。"弗罗基俄预言了达·芬奇在绘画领域的巨大成就。据说,弗罗基俄此后再也没有拿过画笔,他专门从事雕刻艺术去了。

1477年,达·芬奇离开了弗罗基俄画室,开始独立创作。天才的达·芬奇一开始就显示了高超的技艺。他陆续完成了《受胎告知》《吉涅芙拉·岱·宾奇肖像》《贝诺亚圣母》等作品。在这些作品中,达·芬奇全然抛弃了传统的模式,赋予作品中的人与神以自然的生命。

1480年,达·芬奇创建了自己的画室。开始,他接受了佛罗伦萨圣纳多·阿·司柯伯多寺院的聘请,画一幅《博士来访图》。达·芬奇对画中每个人物进行了细致研究,站什么位置,比例多大,服装如何,表情如何,他画了许多草图。但是不懂绘画的僧众们却已着急了,抱怨达·芬奇只是闲着,不动手。达·芬奇一气之下,辞了这份工作。后来他又动手创作《圣哲罗姆》,也没有完成。1482年,达·芬奇只身来到米兰。当时米兰的统治者斯福查公爵推崇科学与艺术,达·芬奇在公爵手下担任军事技师、水利工程师、建筑师与画家。从此,达·芬奇安定下来,专心从事自己的事业,公爵很器重他。

1490年,达·芬奇在米兰广场上完成了巨大的骑马雕像,这是为斯福查公爵的父亲法兰西斯科·斯福查制作的。塑像宏伟、壮丽,充满战斗的激情。不幸的是,这个伟大的作品在16世纪被法国人摧毁了。在绘画方面,达·芬奇又创作了许多著名的作品,如《来齐利亚·格莱拉妮肖像》《岩间圣母》《李塔圣母》等。

1498年,达·芬奇完成了他历时4年的巨作《最后的晚餐》,故事取材于《圣经》中犹大出卖耶稣的故事。耶稣是基督教的先知,是上帝在人间的代言人。耶稣去耶路撒冷过逾越节的时候,犹太教教众密谋趁机抓住耶稣,但只是没有人带路,这时,耶稣的一个门徒犹大推门而进,提出只要有30个银币的酬金,他就愿意帮忙。晚上,耶稣与自己的12个门徒共进晚餐。他给大家分了饼与酒,说:"饼是我的肉,酒是我的血,你们吃了之后,便能享受上帝的福泽。"他沉默了一会儿,又忧郁地说:"你们中间有一个人要出卖我!"众门徒听了,躁动不已。忠诚者非常气愤,心细者悄悄观察别人,只有犹大心里有鬼,虽然装作不知道的样子,但脸上露出了胆怯的神气。但终究耶稣没有指出是谁。饭后,耶稣与几个亲近的门徒在客西马尼花园中祈祷。忽然一群人手持火把与武器冲了过来,这时犹大走到耶稣面前,喊了声老师,然后抱吻耶稣。耶稣斥责犹大说:

"犹大，你用接吻来作为出卖我的暗号吗？"这时，那群人冲了上来，趁机抓住了耶稣。达·芬奇正是描绘了耶稣在晚餐上宣布完那句话后，众门徒的表情，从而展示了12门徒各自的性格。画面上有13个人，以一平面排列于观众的眼前，耶稣坐在中央，分摊双手。两边分别列有6人，以人物自然的神态动作集中为4个小人群。从左起，第一组最左边是巴多罗买，他的表情似乎怀疑自己听错了，他从座位上立起，手按着桌子，面对耶稣，现出愤怒的样子。安德烈是左起第三人，他惊讶地举起双手，好像不知道为什么会发生这种事情。他们两人中间的小雅各急于要弄情怎么回事，从背后伸手去拍左边第二组的第一个人彼得，这一组是达·芬奇着墨最多的。彼得老人情绪激昂；似乎大声问着叛徒是谁。左边第五人是犹大，他就藏身于彼得身旁，他脸色灰暗，身体后倾，右臂支在桌上，手里紧握钱袋。左边第六人是约翰，他双目下垂，两手交叉，身体微斜，一副忧郁的样子。右边左数第一人是多马，他伸出一个指头，好像在询问："有一个叛徒？"第二人是老雅各，他与多马并坐，他伸开双手，一副怀疑的表情。第三人是腓力，他双手抚着心口，好像在表白忠贞。最右边三人是马太、达太与西门。马太是右边左数第四人，他双手指向耶稣，又转身询问达太。达太是第五人，他也不清楚，转头询问西门。西门坐在最右边，张开双手，好像说："我也不知道！"达·芬奇通过12门徒神态各异的表情、动作，揭示了人物的内心活动，谴责了叛徒的卑鄙行径。

1499年10月，法军攻占米兰。达·芬奇到威尼斯避难。后来，佛罗伦萨与比萨开战。达·芬奇于1503年3月回到故乡。从事于运河、港口的建筑工程。1503年，达·芬奇为佛基奥宫画了《安加利之战》。

这一年，达·芬奇又受一富商的委托为他妻子画一幅肖像。因为这位不幸的妻子刚刚失去最可爱的小女儿，心里万分悲痛。但是，她这种郁郁寡欢的样子怎么能画进肖像中去呢？为了引这位夫人一笑，达·芬奇及其助手费了九牛二虎之力。请她观看戏剧，不笑；请她欣赏舞蹈，不笑；请人为她唱歌，不笑。最后，达·芬奇请来一个喜剧师，为她讲笑话，表演各种滑稽的样子。终于，这位年青、漂亮的母亲才展开了笑颜，但也只是微微有一些笑意。达·芬奇抓住这一刹那的微笑，用自己的画笔记录下来，经过4年的修改，这幅杰作终于完成了，这就是神秘的《蒙娜丽莎》。

这之后，由于达·芬奇崇尚自然、表现人性的倾向越来越显露，遭到当时统治者美第奇家族的反感。一些媚上的宫廷艺术家也纷纷表示反对。达·芬奇的创作精神受到挫折，从此衰退下来，后来的作品如《圣安娜》《施洗者约翰》等都已恢复了传统呆板的手法，没有什么新意。

1515年，达·芬奇失意离开祖国，迁居法国。他本想找一个新的环境开始自己新的事业。但是，这里也很不如意，每天疲于奔命。1519年5月2日，终因疾病缠身，抱憾而终。

达·芬奇逝去了，但由于他伟大的作品而成为世界著名的艺术家。此外，达·芬奇在科学方面，也做出了巨大贡献。他曾广泛地研究了数学、天文、医学。在他遗留的手稿中，人们还发现了许多机器的设计图样，许多化学实验器材的速写图纸。达·芬奇曾多次实地参加运河工程的设计工作。在法国入侵米兰时，达·芬奇设计了许多作战工具，如移动桥梁、登塞壁梯、火炮、耐火战船及类似现代坦克的战车等。在天文方面，在哥白尼之前,他就否定了地心说。在力学方面,牛顿还没有提出万有引力学说,达·芬奇就提出了重力法则。地理方面,在麦哲伦环球航行之前,他已计算出地球直径为7000多英里。解剖学方面,达·芬奇不顾教会的禁令,偷偷解剖了30多具尸体,详细研究了人体构造,绘制了大量精确的图像,成为欧洲历史上第一个全面系统地描述人体骨骼与人体肌肉与各器官的人。他还是最早研究人的心脏功能与血液循环原理的人。在机械方面,达·芬奇曾以蝙蝠为原形设计了第一架飞行器,为了飞行员的安全,他还设计了降落伞。其他的还有起重机、挖泥机、压榨机、织布机、纺纱机以及温度计、闹钟等等诸如此类。凡是与人类生活有关的,他都深入钻研。只是由于当时的社会条件,这些东西大都没有制成,只存有图纸。

有人曾经这样说过:如果达·芬奇能把他的一切著作发表出来,人类的科学会推进100年。由此我们可以看出,达·芬奇不仅仅是个大艺术家,他还是一位伟大的科学家,他是一个全才。

科学的达·芬奇

达·芬奇全名列奥那多·达·芬奇。他于1452年4月15日出生在意大利佛罗伦萨地区的芬奇镇。他的父亲是佛罗伦萨有名的律师、公证人,而她的生身母亲则是一个酒店的侍女,出身低微。

达·芬奇是私生子,没有受过正式的教育,主要在家里随父亲读书学习。14岁以前,达·芬奇没有远离过故乡,曾经向建筑学家学习工程建筑。他的天才从小就表露出来,1468年,达·芬奇去佛罗伦萨进修,拜访了当时的大科学家保罗,得到不少科学知识。

达·芬奇是一位著名的画家,同时又是科学技术上的天才,他在工程术、物理学、生理学、天文学方面,都做出了划时代的成就。

达·芬奇多从实用方面接近科学,他的研究开启了近代科学的实验普及。一般认为,近代实验传统最早是培根开创,直到达·芬奇才标志着人们越来越多地接受这种方法。

作为画家和雕塑家的达·芬奇,他要精确地研究人体构造,于是他不顾教会传统,弄到许多尸体,加以解剖。他的解剖图既是精美的艺术品又是准确逼真的医学资料。据说他解剖过30多具尸体,他在列维之前提出了血液循环的构想,并且细致研究了心脏构造。

对心脏研究是达·芬奇在生理学上的突出成绩。他用水的循环来比喻血液运行。水由山流到河,由河又流入海,最后成为云,又化为雨降到地面。他还研究了眼睛的构造和活动方式。他制造了一个眼睛的视觉部分模型,并说明视网膜成像的原理。

1482年,达·芬奇见到了米兰的摩罗公爵。他满腔热忱,想说服公爵统一意大利,为此他上了一份自荐书,说他发明了炸弹、战车、大炮、攻城机等等可以用于战争的先进设备,可以投入生产。然而公爵并没有重用达·芬奇。达·芬奇在米兰居住了17年,从事绘画和自己热爱的技术研究。

这段时期内，达·芬奇试制飞行器。他研究了鸟的飞行，这种仿生的思想极其珍贵。他为了设计潜艇，研究了鱼的构造。他还设计了降落伞、升降机。

1502年，达·芬奇当了建筑师和工程师，后来又当了军事工程师，为教皇亚历山大六世的儿子服务。

1513年，达·芬奇到了罗马。1515年，达·芬奇为法国国王服务。64岁时，还亲手设计了灌溉系统。1519年5月2日，天才达·芬奇——文艺复兴的巨人，逝世了。

达·芬奇绘制了一张世界地图，准确描绘了美洲和南极大陆的位置，而当时哥伦布刚刚发现美洲新大陆，并且还错认成亚洲。后来麦哲伦航海时，就是用达·芬奇绘制的地图为指导的。

在天文学上，他认识到地球也是诸多星体之一，整个宇宙是一部机器，月球靠反射太阳光而发光。

达·芬奇在科学方面的重要思想都记录在他的笔记本上，生前没有完全公布于世，因此没能对近代科学产生直接影响。但他生前是一位社会名流，他提倡实验，在笔记本上写道："自然界的不可思议的翻译者是经验。经验绝不会欺骗人，只是人们的解释往往欺骗自己。我们在种种场合和种种情况下谈论经验，由此才能够引出一般的规律。自然界始于原因，终于经验。由此我们应反其道而行之，必须从实验开始，以实验探究其原因。"

这宝贵的思想影响了当时以及后世，成为近代科学的推动思想。人们说，如果达·芬奇的研究及时公布，科学将提前100年。

德国伟大的天才艺术家——丢勒

公元1505年，威尼斯画派的开创者、提香的恩师乔凡尼·贝里尼接待了一位来自北方的客人，他很年轻，一头卷曲的褐色长发自然地披在肩上，脸上显现着圣徒般的、洞察一切的高贵神态。这位年青的先生的登门拜访，让大画家乔凡尼·贝里尼深感荣幸与惊讶。在他认真地解答了这位年青人提出的一些深刻的问题之后，这位高贵的青年诚恳地问："先生，如果我也能够为你做一些事，我会深感荣耀。"乔凡尼·贝里尼犹豫了一会，小心地提问道："您能不能送我一支您用过的旧画笔？"乔凡尼·贝里尼知道这个问题是提得太唐突了。因为，在当时，艺术还带着手工特技和师徒秘授的风气，画家自制的颜料、画笔等常常带有保密性质。但是，乔凡尼·贝里尼对这位青年人的作品太惊讶了，尤其是人物的须发，特别的纤细、特别的流畅，简直就不是人类所能为的，于是，乔凡尼·贝里尼对于这位年青人的画笔便产生了深厚的兴趣。但会不会被拒绝呢？他心里惴惴不安，人家要拒绝也是应该的，这是人家的秘密嘛，只是不要让人家怪罪才好，乔凡尼·贝里尼心里已经抱着失望的结果了。只见那位年青人沉默了片刻，说道："好的！"他竟然同意了。乔凡尼·贝里尼简直要欣喜若狂了。

但是，当这位年青人抱来一大堆他用过的旧画笔时，乔凡尼·贝里尼失望了，他以怀疑的眼神望着这位年青人满眼的诚恳之色。因为，这位年青人拿来的画笔全都是最为普通不过的画笔。乔凡尼·贝里尼怀疑这位年青人在骗他。敏感的年青人当然立刻就感觉到了。他什么也没说，随便在这堆破笔中拿了一支，蘸上颜料为乔凡尼·贝里尼画出了一缕柔软、纤细、波浪式的女性秀发。乔凡尼·贝里尼看他真的是用如此普通的笔画出如此纤细柔美的秀发，这才相信了年青人。他失望地在那一堆中拣了一只画笔作为纪念，他心里却对这位年青人更为敬佩了。

这位能让大画家乔凡尼·贝里尼敬佩不已的年青人是谁呢？他就是德国文艺复兴运动中最杰出的画家——丢勒。

阿尔卜列希特·丢勒生于1471年5月21日，出生地为德国当时的人文主义思潮中心纽伦堡。这个城市十分繁荣，科技文化也很发达。其父原为匈牙利的一个金银手艺匠。丢勒幼年时跟随父亲学手艺，但逐渐表现出对绘画的极大兴趣。1496年，丢勒跟随当地著名画家沃尔盖莫特学画，以后又拜了几位名师。1494年，丢勒回到纽伦堡，成立了自己的画室。不久，他在妻子的陪伴下第一次遍游意大利，回来后开始创作。这一时期他的作品主要是德莱斯特与卡巴希的祭坛画《父亲的肖像》《自画像》，铜版画《圣一克里索斯多姆》《三农民》《浪荡子》，木刻《男子澡堂》《山姆逊》以及15幅木刻组画《圣约翰启示录》。

《圣约翰启示录》本是圣经里最后一篇充满了恐怖奇想的经文。丢勒借用了圣约翰受到世界末日的启示，利用隐晦曲折的含义，影射了罗马的暴政必将遭受报应。其中最有代表性的是《四骑士》。画面中最远处的一个正拉弓射箭骑马奔驰者代表"征战"；较近的一个手挥宝剑正纵马而行，他代表"战争"；第三个骑高头大马者，甩起空着的天平，表示罪恶的灵魂已不必再称了，他代表着"饥荒"；最近的一个枯瘦的老者身骑瘦马，手持钢叉紧紧殿后，他代表"死亡"。这四骑士在罪恶的人群中奔驰，无情地践踏着倒下的人群。在"死亡"的马蹄下，一个身着华服头戴王冠的皇帝正瞪着惊恐的双眼迎接着自己的末日，他的高贵的身体已被踏烂，他那高贵的头颅即将被地狱中的怪物所吞。此外，各阶层的罪恶深重者也都将受到严惩。天上乌云滚滚，雷电交加，神明的天使正在空中指出哪些是作恶者。整个画面充满了剧烈的变动。正义之剑无往不利，雷电也为之怒吼，任凭那些恶贯满盈者在惊乱、恐惧、哭泣中逃窜，"死亡"一个也不会放过。

此外，这一组木版画中，像《巴比伦的淫妇》及《天使米哈伊尔与魔鬼之战》等也非常有名。《圣约翰启示录》是丢勒这一时期版画的代表作。历史学家们历来都把这15幅无论是创作思想，还是技法上，都取得了杰出成就的版画，作为德国中世纪美术终结的标志以及新的艺术时代到来的里程碑。在这些杰出的作品中，丢勒开始使用自己那种新颖别致的签名——合（即A与D的组合）。

《圣约翰启示录》一举成功，使丢勒名声大振，一跃而成为德国画坛上的新星。他对自己的力量充满信心，例如，在这一时期他的自画像中，丢勒把自己画成了一个圣使徒的样子，其造型设计则与基督耶稣相像。"一头极为精细的卷曲长发左右分开。脸上现出一种庄严、肃穆的神情，一双充满智慧的眼睛饱含怜悯之情，他右手指向自己的胸膛，似乎在表明自己的心迹。"这其实就是一幅基督像，是丢勒心中的拯救人世的上帝模样。在丢勒心中，基督耶稣已不再是宗教意义上的至高无上者，而是一个正直的人，他有着一颗热爱祖国关心人民的心，这才是人间的上帝。而这也正是文艺复兴人文主义者关心的从事变革、推动时代前进的崇高的品格。在这里，丢勒把自己画成基督的样子虽然有自我夸耀的因素在内，但同时也表明了丢勒思想的深刻及人格的伟大。他在那里，好像正说着马丁·路德的名言："我坚定立场，我只能这样做。"

丢勒不但绘制了这种似乎带有一点神秘主义色彩且寓意颇深的自画像。而且，在他的大幅宗教题材的作品《罗塞库拉契的祝祭》与《圣三位一体的礼拜》中，他也以"旁观者"或"助手"的形象多次出现在画面上。

1500年以后，丢勒在绘画上又有了新的发展与成就。例如《博士来拜》《海之奇迹》《复仇女神》《圣玛丽娅祭坛画》《亚当与夏娃》等都是比较优秀的作品。

1505年，正当纽伦堡瘟疫流行的时候，丢勒第二次游历意大利。他在威尼斯画派的大画家乔凡尼·贝里尼的指导下，对威尼斯的油画技法与色彩有了深切的感受，同时，他在艺术上的杰出成就也受到了意大利同行们的青睐与敬佩，从而出现了开头的那一幕。这一期间，丢勒主要创作了《威尼斯妇人》《戴念珠的圣母》《罗塞库拉契的祝祭》《圣三位一体的礼拜》《赫拉祭坛画》等，只是最后这幅杰作《赫拉祭坛画》不幸于1509年遭到焚毁。

丢勒经过两年的学习之后回到纽伦堡。这一时期又产生了不少作品，其中的《骑士、死神与魔鬼》《在书斋中的圣哲罗姆》《忧郁》等三幅被公认为他创作黄金期的三大铜版画。在《骑士、死神与魔鬼》中充满一种紧张的，令人不安的情绪，画面上是一个坚韧不拔、意志刚强的基督徒在恶势力中前进。丢勒表达了自己的观点，那就是在这样一个动乱不安、充满痛苦的社会中，人文主义者应该如同"基督骑士那样向专制的恶势力宣战"。

《书斋中的圣哲罗姆》刻画一个全力以赴地进行科学研究的学者形象。画面展现了一间狭小的书房内，圣哲罗姆正沉浸在自己的事业之中。地上是一群已被科学的力量驯服了的、打着盹的温顺的野兽。透过那彩色的窗子，缕缕阳光照射进来，现出安适的氛围。丢勒在这里鲜明地举起科学的人文主义大旗，并对科学必定战胜野蛮的伟大力量充满信心。

《忧郁》所显露的情感思想更为曲折难解，被人们称作"一首听不明白的交响乐"。画面中的人物手中拿着圆规，她的脸上表现出一种犹豫、怀疑、失望的复杂表情。屋内到处散落着沙钟、天秤、锯子、刨子与钉子等。所有的一切都是安静的，似乎已经凝结。爱神停止了嬉戏，小狗也疲倦地睡为一团，屋内笼罩着一层昏黄的光，又似乎一切都已停止了很久，落了一层淡淡的灰尘。整幅作品既好像是展示了科学探索的庄严与伟大，又好像是对科学早已疲惫的沧桑，还好像是处于激烈的思想矛盾的斗争中，她做出了抉择——拿起了圆规。无论怎么设想，《忧郁》依然是一个解不开的谜。

这三幅铜版画标志着丢勒版画艺术的高峰。其实，早在中世纪就已出现了铜版画，但一直没有得到发展。在丢勒的这三幅作品中，丢勒利用新颖的构图，采用平行线、交叉线及点线的结合来表现物体的不同质感与形体，从而获得了完善的效果，让17世纪带有匠气的铜版画黯然失色。

在丢勒的晚年，他的创作趋于圆熟。其中，最为著名的就是《四使徒》。《四使徒》创作于1526年，当时是赠给纽伦堡市参议会的。这是两幅狭长的巨幅画像，描绘了耶稣的四大门徒：约翰与彼得、保罗与马可。左边的一幅是仁爱与智慧的象征，身着柔软的红色斗篷的青年是约翰，他的身旁是身材魁伟的彼得正在俯着阅读。右边一幅是正义与力量的象征，身体高大的保罗穿着厚重的白色斗篷，一手拿书，一手拿剑，他的身旁是机警勇敢的马可。两幅作品形成了鲜明的对比。丢勒完全抛弃了意大利那种在宽阔的空间背景中展示人物的习惯方法，把四个人物紧凑地安排在画幅之内，从而使画面给人以更强烈的冲击力。

两年之后，即1528年4月6日，丢勒在纽伦堡去世。

丢勒是一位勤奋一生的伟大艺术家，他一生创作了大量的作品及理论著作，其中有350幅木版画、100幅铜版画、100多幅素描及60多幅油画。此外，他还留下了丰富的文字材料，除了他的自传、书信及日记外，丢勒还对艺术理论进行了深入的研究。他完成了《测量指南》《巩固城市之要求》《人体比例论》三大著作，尤其是《人体比例论》更是美术史上的重要著作，丢勒在其中写道："我们乐意观看美的事物，因为这能给我们以欢乐。"真的艺术，包含在自然之中，谁能发掘它，谁就能掌握它。

丢勒不仅是个伟大的艺术家，而且也是一个筑城学家、建筑家，丢勒的伟大足可以与当时最伟大的人物相媲美。因此，德国的大诗人歌德说道："当我们明白知道了丢勒的时候，我们就在真实、高贵、甚至完善之中，认识到只有最伟大的意大利人才可以和他的价值等量齐观。"

文艺复兴三杰之———米开朗基罗

文艺复兴是欧洲历史上最为重要的时代。经过黑暗、死寂的中世纪，人性开始复归自然，封闭在上帝的口袋中的人们开始看见一丝自由的阳光。有人说过，压迫得越深沉，反抗得越激烈。中世纪后期，追求自由的人们为了那一线光明把早已气息奄奄的中世纪弄了个天翻地覆。这个伟大的时代，造就了伟大的巨人。其中尤为突出的艺术家就是米开朗基罗。

米开朗基罗于1475年3月6日诞生于佛罗伦萨的卡普累斯镇。他的家境很好，父亲是本地的行政长官。父亲让小米开朗基罗接受很好的教育，希望他能够走自己的路，在政治上有所作为。但小米开朗基罗天生喜爱绘画，喜爱艳丽的色彩。他坚持自己的意愿，要学习画画。父亲终究压制不了这个顽强的小家伙，终于让步。米开朗基罗被送到佛罗伦萨。从此，米开朗基罗便拜当时鼎鼎有名的大画家吉兰达约为师，正式学习绘画。吉兰达约的画风是一种近似于现实主义的创作，讲究真实、精确地再现现实生活场景。米开朗基罗正是喜欢这种接近自然的风格。于是米开朗基罗小小年纪就表现出惊人的毅力，他对艺术如此痴迷，有时坐在名作旁边一看就是一天。勤奋、刻苦更加上小米开朗基罗少有的天赋，他进步很快。经过一年多的学习，他已掌握了各种绘画技巧，这时，他又开始对更为自然真实的雕刻产生了兴趣。于是他离开了吉兰达约的画室，转而去学习雕刻了。

小米开朗基罗经过认真比较，选了当时佛罗伦萨最伟大的雕刻家多纳太罗一派作为自己的学习方向，因为这一派如同古典雕刻家那样，注重人体的自然结构，因为多纳太罗已经逝世，米开朗基罗只好拜其学生贝尔托多为师。聪明的米开朗基罗做出这样的选择主要不是因为贝尔托多的艺术水平高，更重要的是，贝尔托多主持着佛罗伦萨的古典雕刻的收藏所。其中收藏的作品让小米开朗基罗神往已久。

在贝尔托多的教导下，米开朗基罗进步神速。他每天流连在古代希腊罗马时期的精品面前，为其中表达出来的自由的人性而惊奇不已，更为那冰冷的石头传达出来的激情与深刻的思想而震撼。米开朗基罗一边学习，一边试着搞自己的创作。1492年，米开朗基罗完成《山道之战》浮雕像。作品取材于希腊神话。山道是希腊神话中半人半马的怪物，性格恶毒，经常干一些坏事。有一次，山道参加希腊人的婚礼。酒醉之后，砸烂了婚礼堂，并企图抢走新娘。在激烈的争夺中，山道被希腊人打得落荒而逃。《山道之战》正是展示了战争中激烈的场面，很有一些古代作品的风韵。除了这幅作品外，米开朗基罗早期还创作了《阶梯旁的圣母》，表达的是社会中真实的女性之美。因为米开朗基罗这种明显的反叛中世纪封建制度的作品，米开朗基罗被当时的统治者美第奇家族所注意。在公开反叛或者顺从的抉择中，米开朗基罗选择了逃避。1494年，佛罗伦萨被意大利的死对头法国的军队占领，美第奇家族衰落下去。这时，被压迫的人民举起了起义的大旗。米开朗基罗不知加入哪一方，于是离开了佛罗伦萨。

米开朗基罗在外地辗转流离，一方面顺路看一看各地的艺术精品，一边逐渐看清了社会真正的潮流。他被劳动人民那种古朴纯真的品德所感动。终于，米开朗基罗决然地站到了人民的阵营中。1500年，米开朗基罗完成了他的杰作《哀悼基督》。米开朗基罗完全学到了古典艺术的精华，把观众的目光自然而然地引渡到那深切哀伤的情绪之中。圣母坐着，默默注视着在她膝头躺着的历经苦难的基督那僵硬的尸体。这件作品完成后，送到罗马大教堂，一经展出，轰动了全城，米开朗基罗这位不出名的年轻人更让人们惊奇不已。这是米开朗基罗的成名作。他郑重地在圣母胸前的衣带上，划下了自己的名字。

1501年，米开朗基罗回到了佛罗伦萨。在新的政治风气下，米开朗基罗也激情迸发，他对自由光明的未来充满着幻想。1504年，米开朗基罗完成了他的杰作《大卫》。这件作品更完美地展现了米开朗基罗那种近于古典的写实风格。让人们在大卫健康的体魄中感受到那气势雄伟的尊严、钢铁般的意志与无坚不摧的力量。

1505年，米开朗基罗被教皇叫到罗马去工作。当时教皇朱里奥二世计划了许多大规模的工程。米开朗基罗被这宏伟的蓝图所振奋，他跑前跑后自荐承担了采石料的工作。经过八个多月的辛劳，教皇突然又打消了所有计划，让米开朗基罗万分失望。更令人难以忍受的是，教皇要求米开朗基罗自己垫付工人的酬金。米开朗基罗终于看清了这些上层人物的丑恶面目，他不顾反叛教皇所带来的严重后果，独自回到了佛罗伦萨。教皇大怒，几次要求米开朗基罗返回罗马。为了保证自己的家乡不被教皇的军队践踏，米开朗基罗忍辱回到了罗马，忍受被奴役的生活。1506年，教皇命令米开朗基罗制作一座教皇本人的雕像，米开朗基罗不想触怒教皇，历时两年完成作品。1508年，教皇变本加厉，竟让雕刻家米开朗基罗承担西斯廷礼拜堂屋顶的绘画工作。虽然米开朗基罗幼时学过绘画，但他早就转向雕刻艺术，已许多年没有摸画笔了。这样巨大的任务竟让一个没有经验的雕刻家去完成，教皇显然是想刁难米开朗基罗。坚强的米开朗基罗愤恨地接受了任务，没有丝毫的犹豫，但要求教皇不能干涉他的设计方案。教皇被迫答应了。

1508年5月10日，米开朗基罗开始了这件伟大艺术品的创作。他凭借艺术家特有的才气，加上幼时的基础，一边画一边摸索。他把壁顶作为表现的中心，画了9幅连续性的关于上帝创世纪的巨幅图画，尺度比例是规则的一小一大，从祭台到门口，依次是小幅的《上帝划分陆地与海洋》、大幅《上帝创造亚当》、小幅《上帝创造夏娃》、大幅《亚当与夏娃的堕落与被逐出伊甸园》、小幅《诺亚的牺牲》、大幅《洪水》、小幅《诺亚醉酒》。画面的边缘饰以宏伟的建筑装饰，四周点缀着12位男女先知的画像，从而与教堂中古代艺术家的杰作完美地交融在一起。在这里，米开朗基罗尽情地展示了自己的才华。经过四年的艰苦劳作，这一伟大的作品终于完成。展示之后，整个意大利轰动了，人们不远千里来这个教堂欣赏米开朗基罗的杰作，就连那位蛮横的教皇也禁不住点头称赞。

1513年，教皇朱里奥二世死去。米开朗基罗觉得心里轻松了很多，心想以后再也不会为这些蠢笨的蛀虫工作了，他们根本不懂得艺术，真正欣赏他的作品的只有人民。但是，傲慢的权贵仍不放过他，朱里奥家族要求米开朗基罗为死去的朱里奥二世建造陵墓。米开朗基罗悲愤而又无奈，他不想把自己的艺术生涯浪费在这无用的坟墓中。于是，他把全部的热情与精力倾注到30多个能够让他发挥艺术天赋的雕像中。在这些作品中，米开朗基罗着力最多的是《摩西》像，它与《垂死的奴隶》一道，成为米开朗基罗的代表作。

1527年5月，德意志攻占罗马，佛罗伦萨人民举行起义，推翻了美第奇家族统治，建立了共和国，米开朗基罗成为共和国最积极的拥护者。但是后来，由于最高司令官巴力翁尼叛变通敌，起义失败。起义者受到残酷镇压。米开朗基罗躲在教堂中，得以幸免。受教皇胁迫，米开朗基罗不得不继续为教皇服务。

世事的沧桑，把坚强的米开朗基罗磨练得更为成熟，他的风格也由开始的哀伤逐渐变为沉郁悲壮。这一时期，米开朗基罗主要的作品是放在美第奇家族墓室中的两组象征性的雕像。一组是《昼》与《夜》，一组是《旦》与《夕》，都由一男一女组成，表达了米开朗基罗悲愤沧桑的心情。如《夜》这座雕像，主人公是一个健美的妇女，但以不和谐的姿态沉睡着，左手撑在屈起的左腿上，支持着低垂的头。她靠着一个带着惊愕表情的面具，象征着世间令人不敢相信的罪恶。在她的脚边有一只猫头鹰象征黑夜。米开朗基罗在为这座雕像写的一首诗中这样写道：

无知无觉，像顽石一样地沉睡

对于我是最大的幸福

让负担与耻辱都远离我吧！

不要把我唤醒，也不要在我身边

大声说话。

直到1534年，教皇克里门特二世死去，米开朗基罗趁机摆脱了美第奇家族的控制。

从此，他自由地居住在罗马。

1536 年，米开朗基罗应教皇保罗三世的要求为西斯廷礼拜堂祭台作壁画。为了将原有的壁画与自己曾作的壁画相融合，米开朗基罗取材于基督教世界末日的大清算，那时所有的灵魂升上地面。基督亲自审判，谁入天堂，谁入地狱。米开朗基罗将这幅壁画题名为《最后的审判》。米开朗基罗进行了大胆的创新，让一切灵魂都赤裸裸地面对上帝。整个画面气势宏大，透露出严肃冷峻的氛围。经过五年多的辛劳，这幅巨作完成了。画中鲜明的斗争精神立刻遭到反动势力的攻击，要求毁掉这幅作品，但慑于米开朗基罗在群众中的崇高声誉，教皇也不敢轻举妄动，最终这幅杰作保存了下来。

晚年，米开朗基罗主要从事建筑艺术。教皇让他设计了罗马的洪尔理塞宫。后来，米开朗基罗又负责圣彼得大教堂的建筑工程。他重新采用了最初设计者的希腊十字平面，并设计修建了一个无与伦比的圆顶。这是米开朗基罗在建筑艺术上杰出的作品。

1564 年 2 月 18 日，米开朗基罗在罗马逝世，享年 89 岁。遵照他的遗愿，佛罗伦萨人把自己最伟大的艺术家的遗体偷运回佛罗伦萨，安葬在圣·罗伦索教堂。

天才的米开朗基罗一生努力与封建权贵作着坚强不屈的斗争，以自己不朽的作品表达了打破黑暗、追求自由的精神，展示了伟大的艺术家全才的成就。无论在雕刻，还是绘画、建筑方面，米开朗基罗都有光辉的作品。他与同时代的达·芬奇、拉斐尔被尊为文艺复兴时代的"三杰。"

长寿的威尼斯之光

在文艺复兴运动中，意大利佛罗伦萨画派的艺术成就达到了顶峰。到 15 世纪末 16 世纪初，意大利出现了顶峰之后的沉寂。但在威尼斯地区，却依然保持着文艺复兴的荣光。这是根植于无忧无虑的威尼斯社会生活之上的威尼斯画派为文艺复兴运动增添的最后的辉煌。

威尼斯画派由 15 世纪著名大师乔凡尼·贝利尼开创，又在其两个徒弟身上放射出耀眼的光芒。但是，由于师兄乔尔乔内英年早逝，发扬光大的任务就落在了提香身上。提香果然不负众望，他以自己的技艺与长久的生命在文艺复兴中为威尼斯人争得了一席之地。因而美术史上不但把提香尊为威尼斯画派的代表人物，而且还送给他一个"长寿画家"的雅号。他同时代的画家委罗内塞在一幅题为《迦拿家的婚宴》的画中，把他认为重要的画家都画进了一个乐队里面。其中提香表现为一位精神旺盛、胡子最长的老人，以此来明示他的年龄最高。这位长髯老者正全神贯注地弹奏着一架巨大的"贝斯"。

提香·委塞利这位大画家年龄到底有多大呢？他自己给西班牙国王写信称自己生于 1477 年，那么到他 1576 年去世时应为 99 岁。但人们认为画家给国王的这封信中可能故意增加了自己的年龄，从而能够乞得怜悯，多得一点酬金。他同代的传记家瓦萨利说他生于 1489 年，但另有一个"档案"上则记录他生于 1482 年，人们最终也未能解开这个谜团。

提香出生在阿尔卑斯山环抱的比埃奥·特·卡达莱。他 9 岁时开始学画，先从师于高斯特亚诺·奇卡多,后来才拜在威尼斯画派大师乔凡尼·贝利尼门下。提香经常与师兄乔尔乔内合作,但他只是当个助手。不幸的是,他这位才华早露并在美术史上留下盛名的师兄英年早逝,30岁刚过就死了。而这时的提香刚刚处在探索阶段。提香仔细研究了师兄的画风,最终帮助师兄完成了他的绝世遗作《入睡的维纳斯》,以及乔尔乔内生前未完成的其他一些作品。

提香自己初期的作品主要有《基督与奸妇》《宝座上的圣马可》《花神》《吉普赛圣母》《莎乐美》《打扮中的少妇》《音乐会》《三种年龄》《人间的爱与天上的爱》等。

《人间的爱与天上的爱》是提香对师兄乔尔乔内的艺术经验的全面总结,提香想通过作品表现出自然和人间,基督教的爱与异教的爱相互共存的理想和睦的世界。画面中充满了牧歌式的安详、宁静的情调,美丽的人物带着优雅的沉思。又有人说,画中的人物应是美狄亚与维纳斯,其中的裸体美神维纳斯正在旷野中劝勉身着华服的美狄亚跟那个冒险来求金羊毛的希腊英雄逃走。但是,画中情节依然令人迷惑不解。或许,提香在这里根本就不是表现什么情节,他只是展示那种柔和的风景以及在风景衬托下的生动的肉体质感,从而表达现实人的幸福与精神纯洁之美。

此后,提香自己的风格逐渐形成,并创作了威尼斯画派的典范之作。

在16世纪70年代以后,提香又创作了许多作品,真正体现了他自己的风格。如《戴手套的男子》,代表了提香这一时期肖像画的成就。其他的还有《圣母升天》《辟萨罗圣母》《维纳斯之赞颂》《酒神祭》《巴库斯与阿利阿多尼》(《酒神的狂欢》)等。

《酒神的狂欢》取材于希腊神话,表现的是酒神巴库斯遇见了被情人抛弃的少女阿利阿多尼而与她产生爱情的场面。画面上,巴库斯为阿利阿多尼的美貌所吸引,飞奔向她。而一群野性未消的男女精灵则在他们身边载歌载舞,狂乱地嬉闹。提香一改他惯有的宁静,将优美的情致转变为浓烈艳丽的色彩与急速的运动,从而体现出追求自由爱情、要求人性解放的主题。这是对日渐沉重的宗教禁欲主义枷锁的宣战。

到了提香的晚期,其作品风格更为成熟。除了为一些权贵作肖像画之外,他还创作了如《参拜神庙》《音乐家与维纳斯》《乌尔宾诺的维纳斯》《抹大拉的玛丽亚》《鞭挞基督》《圣塞伯斯提安》等。其中《乌尔宾诺的维纳斯》又称《浴后的维纳斯》,是提香为乌尔宾诺公爵所画。画中维纳斯的姿态与其师兄乔尔乔内的名作《入睡的维纳斯》中的人物相似,只是把背景换为一间卧室,全裸的维纳斯躺在舒适的床上。而且这位醒着的维纳斯更具有人性的灵光。

《抹大拉的玛丽亚》又叫《忏悔的玛格达林》,这是提香晚年的代表作之一。玛格达林是圣经中所写的一个妓女,因受耶稣感化忏悔了过去的罪恶,得到赦免而皈依宗教,成为圣女。著名的雕刻家纳多太罗在一百多年前曾作过相同题材的木雕,那是一个眼窝深陷、皮肉松弛、牙齿脱落的老妇人形象。而提香则让她依然保持了青春的美貌,只是阴暗的风景增加了悲哀的氛围。近处的骷髅头骨暗示她罪恶的灵魂已死,她已经看完了摆在骷髅上面的圣书,仰望天空,满脸虔诚,暗示她已皈依上帝,获得了新生。这个妇人被提香刻划得栩栩如生,好像就是威尼斯大街上的美貌女人,表现出一股蓬勃、旺盛的生命力,向往着人世的欢乐。

提香到了晚年名声远扬,不少权贵主动与他交好,以求得他的作品。关于西班牙国王查理五世在观赏提香作画时帮他拾画笔的传说,更增加了他的身价。但提香却决不是一个阿谀权贵的艺术家,他一直保持着作为一个艺术家应有的自由,即描绘现实的自由。他画的《马上的查理五世》虽然一身铠甲金光闪闪,好像挺英武,但他那张脸在提香的笔下显露出来,却依然是现实中那个国王的嘴脸——好大喜功的神情,精神萎缩衰老,一脸浮华做作,显示出他内心的空虚。还有《保罗三世》,提香以一个狐狸式的脸生动、传神地刻画出他的阴险、狡诈。

提香以自己的一生光大了威尼斯画派,为文艺复兴运动作出了自己巨大的贡献,足以让他的老师与师兄含笑于天国。此外,提香对色彩艺术也做出了极大贡献,进一步完善了油画的技法,为后来的艺术家们开创了新的道路。

提香的一生,正如他的传记家瓦萨利所说的:"他用崇高的画幅装饰了威尼斯、意大利以及世界上许多其他地区,艺术家们都对他表示崇敬,并且在许多方面向他学习,而他的作品也就像他的名字那样将永远被人们珍重。"

乌托邦的守望者——莫尔

一位远涉重洋归来的葡萄牙水手希斯拉德向他的朋友讲述了一个稀奇的见闻:

在茫茫无际的大海上,有一座叫做阿布拉克萨的孤岛,岛上风光秀丽,气候宜人。54个城市分布在全岛各处,它们的规模都差不多,语言、风俗、制度、法律毫无二致。岛中心是首府亚马乌罗提,以便于人们聚会议事。

在这个岛上,一切土地、房屋、生产工具都归大家共同使用,是一个公有制社会。居民的房屋每隔10年要抽签调换一次,以杜绝私有观念的产生。大家共同劳动、共同生产,劳动产品在各个城市之间可由国家无偿调拨,互通有无,消费品实行按需分配。这里不存在货币和商业,金银如同粪土,遭到人们的鄙视,并且被做成便桶、溺器。没有人用得着金钱,因此也没有人对金钱会起贪心。这是一个人人关心集体富裕、没有个人私有财产的理想社会。

这里的居民从事农业或手工业。而农业不是一种专门职业,没有专职的农民。农业劳动采取义务劳动制,每人轮流到农村劳动两年,学会耕种技术。农忙季节到来的时候,额外抽调一批城里的劳动力参加突击。城里居民每人都选择一种手艺作为专门职业。这里没有城乡生活层次的差别。

人们从小就学习农业,部分是在学校里接受理论,部分是在城市附近的农田里实习。劳动者除了工作以外,业余时间可以从事科学研究和其他有益的娱乐,这有利于体力劳动者知识化。但是,包括少数管理人员和学者在内的脑力劳动者却可以免除体力劳动。

这里的家庭不限于血缘关系,在人数上有限定:农村每户不少于40人,城市不少于16人,外加儿童若干人。户与户之间人口不平衡的可以相互调整。家长由德高望重的老人来担任。

以上的故事出自托马斯·莫尔的《乌托邦》。

《乌托邦》的全称叫做《关于最完美的国家制度和乌托邦新岛的既有益又有趣的金书》。"乌托邦"一词，是拉丁文的音译，也是音译词中的精品，因为拉丁文的本义就是"乌有之乡"。中文译作"空想"，这就是"空想社会主义"的由来。

托马斯·莫尔是空想社会主义的奠基人。他是英国人，1478年2月7日生于伦敦。他从小便受到良好的教育，14岁时进入牛津大学，攻读古典文学。牛津大学是英国人文主义的中心，莫尔结识了荷兰著名的人文主义者伊拉兹莫，并深受他的影响。16岁时，莫尔转学法律，并在以后的日子里步入了政坛。

莫尔生活的年代，是15世纪末16世纪初，正值英国封建制度解体和资本原始积累的时期。当时英国出现了"圈地运动"，地主贵族竞相用暴力把农民赶出他们的家园，然后用篱笆将大片土地圈作牧场，用来养羊。因为当时毛纺织业迅速发展起来，对羊毛的需求急剧增加导致羊毛价格不断上涨，养羊比耕地更有利可图，一英亩牧场比两英亩耕地的收益还要大。而且，圈地运动在英国延续了好几个世纪。

莫尔亲眼目睹了广大流离失所的农民沦为乞丐和流浪者，不但过着饥寒交迫的悲惨生活，而且还遭受到封建王朝的残酷镇压和迫害，他非常愤慨，同时也在痛苦地思索着如何才能使社会上所有的人都过上平等幸福的生活。

当时，许多远航归来的冒险家纷纷把美洲等地的见闻介绍给了欧洲人。据他们的报道，当时美洲印度安人实行生产资料公有、共同劳动、平均分配，鄙视金银珠宝，因为他们还处在原始公社阶段。

这些新鲜的话题使莫尔惊喜不已，他从中得到了灵感，创设出了他理想中的《乌托邦》。

《乌托邦》一书写成于1516年，同年出版。全书分为两部分，第一部分中，莫尔对英国社会进行了猛烈的抨击，他这样评价圈地运动："绵羊本来是那么驯服，吃一点草就满足了，现在据说变得很贪婪、很凶蛮，甚至要把人吃掉，把你们的田地、家园、城市要蹂躏完啦！"他指出，社会财富集中在少数人手中，这些人"像雄蜂一样"好逸恶劳，靠别人的劳动养活自己。广大劳动人民衣衫褴褛，终年辛勤劳动而依旧食不果腹，衣不蔽体。

莫尔的空想社会主义的核心在于消灭私有制，他认为社会罪恶的根源就是私有制，主张社会改革要治本，不能光治标，局部性的改革是无济于事的，根本的问题在于废除私有制。他说："假使私有制存在，假使金钱是衡量一切的标准，我以为国家的运行就不可能公正顺利。"

在书的第二部分，莫尔驰骋丰富的想象，挥洒笔墨，勾画出一幅美妙的乌托邦社会的蓝图，正是本文开篇所叙述的。

但是，在今天看来，莫尔的乌托邦并不是完美的，而且有极反动的地方，如：乌托邦岛上还存在奴隶，其来源是本国罪犯和买来的外地人；解决岛上人口增殖的办法是向外扩张，强占别国土地，建立殖民地；乌托邦由一名叫马托普的"贤人"来统治。这些都是莫尔思想中的糟粕。

瑕不掩瑜，莫尔的乌托邦客观上反映了资本原始积累时期，无产阶级的先驱者对未来美好社会的向往。莫尔的一生，总在为坚持光明和正义而奋斗，他一贯激烈抨击教会的黑暗腐败。为抗议英国封建专制的加强,他坚决反对英王实行的宗教改革,并因此而获罪,最终为理想而献身:1535年7月6日,莫尔被处以死刑。

"乌托邦"一词从莫尔的著作中飞升出来,已成为纯粹美好社会的代名词。继莫尔之后,空想社会主义有了长足的发展,法国的圣西门、傅立叶和英国的欧文都做出了自己的贡献。这些人是乌托邦的守望者,为了美好的理想,前仆后继。

后来,马克思创立了科学共产主义的学说,空想社会主义是马克思主义的三个思想来源之一。

英年早逝的画圣——拉斐尔

文艺复兴时代是一个需要巨人、也产生巨人的时代。千百年来,中世纪的风尘弥漫在欧洲大陆。苦难的人们住在充满庄严、神圣的上帝与先知们的世界中,并没有体会到幸福。一旦重新掌握了"科学"这把开启幸福之门的金钥匙,人们才猛然发现了幸福的真谛:人并不是神,人要像人一样活着,真情与自由,这才是幸福的全部。于是,人们抓起这无坚不摧的武器开始与高高在上的神们作战。在这场战争中,有一位儒雅的青年,他热情而又矜持。虽然他那瘦弱的身躯只是一闪而逝,但是,人们记下了他的名字与他那辉煌的业绩。他就是被人们尊之为"画圣"的拉斐尔·桑西。

1483年4月6日,拉斐尔在意大利中部的乌尔宾诺城诞生。这是一个幸福的家庭。父母都非常疼爱这个眉清目秀的小儿子。父亲乔凡尼·桑西是本地公爵府的一个画师,他从小就开始教育小拉斐尔,用自己喜爱的文学与艺术悄悄地感染着拉斐尔。也许是拉斐尔生来带有的天赋,也许是父亲乔凡尼细心教导的结果,拉斐尔很小时绘画的水平就已超过了他并不高明的父亲。他经常充当父亲的助手,帮助父亲研磨颜料,调和胶彩,并且常常在父亲的作品上涂上自己得意的一笔。乔凡尼非常欣赏儿子的才能,决定送他去学绘画。

但是,最终这件事并不是父亲乔凡尼主持做的。1494年,小拉斐尔还不到12岁,不幸降临到这幸福的一家人身上。母亲由于长期卧病,终因病情恶化而去世,拉斐尔的父亲乔凡尼在丧失爱妻的打击下也一病不起,终于也追随妻子去了。拉斐尔一下子成了孤儿,幸运的是,父亲的朋友与亲戚非常关心这个柔弱的少年。在他们共同的爱护下,拉斐尔依然顺利地走上了绘画的道路。开始,父亲的一个同事照料小拉斐尔。这位名叫维提的画家在艺术上造诣很高,他笔下的人物温柔、秀气,色彩鲜亮美丽。拉斐尔聪明伶俐,很快学到了这位长辈的全部本领。此后不久,这位长辈不忍耽误这个有才气的孩子,便把他送到意大利中部的文化盛地卑鲁吉亚去深造。

拉斐尔投身于大艺术家卑鲁琴诺的门下。

卑鲁琴诺是当时很出名的艺术家。他教导学生非常严格,不仅要求学生们掌握绘画的技巧,而且让他们学习与艺术有关的知识,如数学、几何学、解剖学、化学以及物理学知识。卑鲁琴诺还要求学生们通读大量的文学、哲学著作以及建筑艺术等方面的书籍。在老师的悉心教导下,拉斐尔奠定了坚实的基础。经过几年的学习,拉斐尔融汇了这一派和谐、秀美的风格。这与拉斐尔从父亲及父亲的朋友那里所学的是一致的。拉斐尔的艺术水平日益提高。到他 17 岁的时候，他已完全学到了老师卑鲁琴诺的技艺。温和、秀丽的风格在拉斐尔手中得到进一步发展。

1503 年，在拉斐尔仅仅 20 岁的时候，他回到家乡，得到小公爵的器重，拉斐尔的才气传播开来。不久，拉斐尔创办了自己的画室。1504 年，拉斐尔的风格已日渐成熟，他创作了一系列优秀的作品，其中以《圣母的婚礼》最为著名。

《圣母的婚礼》取材自《圣经》。传说，圣母玛丽娅与约瑟夫结婚经历了一件离奇的事。当时，许多青年都向温柔、美丽的玛丽娅求婚，按照上帝的旨意，玛丽娅要选择忠实、正直的约瑟夫为伴侣。但怎么区分呢？于是神向玛丽娅说，你要让所有求婚者都手持一茎枯枝，其中能够开花的枯枝的持有者将是你最幸福的、最忠诚的丈夫。这一天，所有的求婚者手拿一茎枯枝聚在教堂前，不明白这位漂亮的姑娘为什么要他们拿着枯树枝。一群人正议论纷纷。这时，主教领着玛丽娅来到他们中间，宣布了谁的枯枝上能开出美丽的花朵，玛丽娅将成为谁的妻子。这一消息让所有求婚者目瞪口呆，枯木能开花吗？看来只有祈祷神灵帮助了。照神的旨意，约瑟夫手中的枯枝绽放出美丽的花朵。于是，圣母玛丽娅顺利地成为了约瑟夫的妻子，其他求婚青年懊恼不已。拉斐尔的《圣母的婚礼》正是描绘了这一瞬间的场面，在主教的主持下，玛丽娅戴上约瑟夫的指环，约瑟夫手持那枝鲜花，玛丽娅身旁是陪伴她的女伴们。围绕约瑟夫的则是那些失望的求婚者，有的把枯枝扔在地上，有的正用手折断手中的枯枝，有的正离身而去。画中人物众多，神态各异，展示了拉斐尔杰出的才华。

1504 年，拉斐尔离开故乡去当时的文艺盛都佛罗伦萨研究深造。佛罗伦萨离乌尔宾诺有一百多公里。中间隔着亚平宁山脉，山脉两边是完全不同的风格。与拉斐尔从小学习的柔和、秀巧的风格相对应，佛罗伦萨是一种体现自然美的雄伟、壮丽的风格，而且更倾向于写实。拉斐尔不满足自己所学的东西，因为，如果不借鉴，永远不会有创新，永远不能有发展有突破。拉斐尔怀着更伟大的目标来到了佛罗伦萨。

在佛罗伦萨的日子里，拉斐尔被这种更为真实的风格所震撼，他用心描摹这里伟大艺术家的作品，他研究马萨卓的壁画，多纳太罗的雕塑，米开朗基罗的雕像等等。拉斐尔流连于艺术的王国。这时，正是佛罗伦萨民主运动高潮时期，民主与自由的思想让拉斐尔幼时的平等观念得到进一步发展。但另一方面，拉斐尔接近的人一般都是贵族，这又使他作品中的人物有一种雅气，这种风格更适合表现女性。因此，拉斐尔的圣母像最为著名，他的圣母像一般取材于现实生活中的柔美女性，加上他生来自有的一种高贵脱俗的气质，使得圣母真实、温柔，充满了人间的气息，同时又自有一种神圣感。这种风格与古代希腊罗马的艺术是很接近的。拉斐尔创作了很多出名的圣母像，有《草地上的圣母》《金丝雀的圣母》《花园中的圣母》等。

经历了佛罗伦萨画风的熏染，拉斐尔的艺术水平又提高了许多。在群英荟萃的佛罗伦萨，年轻的拉斐尔脱颖而出。

1508 年，罗马教皇邀请拉斐尔去罗马工作。罗马当时是政治文化中心，年轻的拉斐尔欣然前往。到达罗马之后，在亲戚的引荐下，教皇让拉斐尔担任"签字大厅"的壁画装饰工作。但由于风格的不同，拉斐尔感到十分为难。因为"签字大厅"这样庄严的场合需要的正是佛罗伦萨一派画风那种雄伟的气势，虽然拉斐尔也在佛罗伦萨细心研究了几年，对这种画风也了解不少，但是，毕竟他自己的风格早已形成，即使加入了不少现实的真实性，但总是有一种细腻柔和的风格。拉斐尔清楚地了解自己的风格与壁画所需风格的差异，但推辞又是不行的。年轻的拉斐尔答应下来，经过无数次的研究、构思，拉斐尔发挥自己的特长，主要选择那些有着高雅气质的人物为对象，在大厅的四壁上描绘出四幅具象征性的人物画，分别以文学、哲学、法学、神学为主题。拉斐尔以自己的才气把年轻人的热情与追求倾注到这四面冰冷的墙壁上，全面地展示了人文主义所标识的追求科学智慧、向往自由的思想。在"文学"主题的墙上，拉斐尔以阿波罗所住的帕尔纳苏斯山为表现中心，巧妙地克服了墙上一个门洞的不完整性。画中，诗歌、音乐之神阿波罗坐在山顶正中，周围是分掌九门文艺的九位美丽、秀雅的女神缪斯，再下面是古今著名的大诗人。在"哲学"一画墙上，拉斐尔以古代最为智慧的柏拉图为中心，周围是众多的古希腊哲学家，神情、姿态各异，但都透出一种睿智、儒雅的风范。据说其中柏拉图的形象取自达·芬奇。而且，拉斐尔把自己也画了进去，成为这一伟大盛会中的一员，拉斐尔自己站在立柱旁边，一袭白衣，神情温雅而自有一种俯视世间百态的哲人气质。"法学"以古罗马皇帝查士丁尼颁布法典与教皇格里高利制订教会法规的故事来体现。"神学"以教会领袖们对三位一体教义的争论来表现，此外，大厅屋顶《诗学女神》的形象，更体现了拉斐尔柔美、秀雅的风格。一位充满青春气质的美丽女神，右手拿书，左手持琴，头戴桂冠，象征智慧与美，身附羽翼，象征幻想与追求。女神面容娇美，温柔细腻。背景是几个童稚的小天使，充分、真实地表达了"诗学"这个主题。

整体来看，这里的壁画中完全没有那种高高在上、气势逼人的情绪，所有的一切都体现出一种平等、温和、自由与欢愉的情感。即使其中气势最为宏大的雅典学派，透露出的也全部是人类智慧的无穷力量。可以说，拉斐尔在其中完美地展现了自己的风格，同时又有巨大的创新，柔美、静雅之中透出一种正义的力量。可以说，"签字大厅"壁画是拉斐尔最为杰出的巨作，一经展出，轰动了整个意大利。

教皇也对拉斐尔这种平和、秀美的风格十分赞美。在拉斐尔完成这里的壁画之后，又让他担任其他几个大厅的壁画装饰。有"赫里奥多罗厅""火警厅"，以及教皇宫殿门廊上的装饰壁画。

拉斐尔这一时期也画了两幅著名的圣母像。即：《座椅中的圣母》与《西斯廷圣母像》。其中《座椅中的圣母》尽量表现了现实生活。拉斐尔把圣母描绘成一个温柔、贤淑的家庭妇女的样子，如同佛罗伦萨画派一样，把神复归为现实生活中有血有肉的人。在更为著名的《西斯廷圣母像》中，圣母玛丽娅抱着圣子耶稣从云端冉冉降落到人间，迎接她的是一男一女两个圣徒，暗示着整个人类。女圣徒巴尔巴娜跪在一旁，脸上充满虔诚与荣耀。男圣徒西斯都仰望着圣母与圣子，眼中充满了祈求，两个小天使在圣母的下方停息，好奇的眼睛望着人间的众相，一副迷惑的沉思状。圣母轻轻托着爱子耶稣，用怜悯、忧伤的眼睛俯视着众生。她要把爱子送来解救人间的苦难。拉斐尔在这幅画中更进了一步，在完美刻画圣母形象的同时，融入了更多的现实主义气息，揭示了封建专制制度下人民生活的艰辛与凄惨。

1520年春天，拉斐尔正在为一个贵族建别墅。这时，他突然接到教皇的通知，要他立刻回梵蒂冈。拉斐尔不知发生什么事,匆忙返回,由于受风着凉而病倒。柔弱的拉斐尔禁不起重病的折磨,几天后因为高烧死去,一个才华横溢的年轻艺术家就这样过早地逝去了。他才刚刚达到创作力旺盛的时期。人们无不为杰出艺术家的早逝悲痛万分。教皇与贵族们给他举行了盛大的葬礼,拉斐尔被安葬于罗马最为古老、最为神圣的万神祠中。

站在时代峰巅的巨人——拉伯雷

　　中世纪是欧洲最黑暗的时期,在基督教神学的统治下,到处充斥着愚昧与野蛮。基督教教众为了维护自己的特权,为了继续满足自己糜乱的生活,他们披着自诩正义、慈爱的教袍到处封杀追求自由与真理的人民。当时的人民如同生活在地狱中一般,见不到一丝自由的阳光,黑暗的时代往往造就伟大的人物。14世纪至17世纪上半叶的文艺复兴掀起了欧洲文化史上的第二个高峰,冲破了基督教神学的阴霾,也出现一大批具人文主义思想的巨人,拉伯雷就出生在这一时代,以他的正直与才华战斗在时代的前沿。

　　弗朗索瓦·拉伯雷是法国文艺复兴运动的代表人物之一,他出生于1494年,也有人说是1493或1495年的,他诞生在法国中部都兰省的施农城,其父是律师,并拥有自己的田庄。拉伯雷童年过着自由自在的田园生活。父母很是疼爱他,优美恬静的乡野风光,淳朴敦厚的农村风俗深深印在他纯洁的心灵中,形成了他追求人性自由的理想。拉伯雷把这一段生活称为:"远离世俗与罪恶的美好日子。"可惜好景不长。十几岁时,他被送到教会学校去学习,后来又进到圣方济各会的一所修道院当了修士。在这里,他开始真正接触各种各样的科学著作。因为,当时只有教徒才有机会接触这些书籍。拉伯雷便如痴如狂地遨游在书的海洋里,但是教会那种死气沉沉的修行与他活泼开朗的性情格格不入,终于他因为轻慢神学经典、醉心于异教邪说的古代文化而遭到迫害,最后只好转到圣本笃会的德马伊修道院去了。圣本笃会是一个比较重视学术的教派,德马伊修道院的院长是一位爱好古典文艺的开明主教,拉伯雷在这里精研希腊文学和哲学,同时对天文、地理、数学、医药、考古、植物学也有很深造诣,拉伯雷的人文主义思想在这里得到自由地成长。后来,他离开修道院,以在俗修道士的身份作了一次周游半个法国的旅行。途中,他考察了各地的法庭与大学。他惊讶于封建法律制度黑暗的内幕与经院教育对人性的摧残,他对法国社会有了更为深刻的了解。后来,拉伯雷在蒙帕利埃大学医学院学医,仅两个多月他就拿到了毕业文凭。此后,医生成了拉伯雷的主要职业。

　　1530年,拉伯雷在里昂行医。医生这个职业,使他得以广泛接触社会各阶层,凭着敏锐的洞察力与深刻的幽默感,他痛心于法国社会的每一个痛疽与溃疡。终于,他不再满足做一名医治人体疾病的医生,他也要医治一下社会的疾病,于是他开始写小说。

　　1532年8月,他的第一本小说《庞大固埃传奇》出版,笔名那西埃,是他把自己的名字拆散后重新组合而成的,小说被抢购一空。1533年,拉伯雷以同样的笔名又出版了第二部小说《高康大》,这两部小说像飓风一样扫荡了法国社会。这两部小说受到城市资产阶级与社会底层人民的热烈欢迎。据说,仅两个月的销售数量超过了《圣经》九年的销售数。但是，书中表露的进步思想受到教会与贵族特权阶层的极端仇视，不久，巴黎法院宣布这两部小说为禁书。1535年，法国国王倒向了天主教，公开镇压新教。一切反对天主教会的进步思想都不能幸免，政治形势顿时险恶起来。拉伯雷处世机敏，又有教会中朋友的庇护，勉强逃脱了恶势力的屠刀。

这两部引起社会震动的小说，先发表的是第二卷，《高康大》是第一卷，讲述了巨人国的故事。传说，在世界之初，亚伯被哥哥该隐杀死了，亚伯的血浸染大地，这一年果实大获丰收，尤其是山楂，又红又好吃，人们吃下这既大又甜美的山楂之后，发生了奇怪的事：每个人身上都长了一个巨大的肿块，有的肿在肚子上，有的肿在肩膀上，有的肿长了腿，有的肿大了鼻子。拉伯雷的巨人是从肿高了身体的支派发展而来，他们身材高大、力大无比。

高康大是巨人高郎古杰的儿子，他在一片饮酒声中从母亲嘉佳的耳朵里钻出来。他刚出世，不是啼哭，而是高声叫着："喝呀，喝呀！""高康大"，高郎古杰脱口而出，意思是"好大的喉咙"，于是，这成了孩子的名字。高康大极爱喝酒，天赋极高，5岁即能做诗。高郎古杰请来"博学"大师，高康大于是接受了一系列经院教育，但他非但没有长知识，反而变得呆头呆脑。父亲气极，轰出了大师，决定让儿子到巴黎求学。于是，高康大接受了人文主义教育，成为一个博学而勇敢的巨人。战争的乌云笼罩了巨人国，敌人一路践踏，抢杀掠夺，直扑巨人国国都。高康大快马加鞭，急奔家园，在约翰修士等人帮助下，将敌人杀得落花流水。

庞大固埃原是民间传说中调皮的小鬼，他趁人们张口大睡之时，朝人的喉咙里撒一把盐，使人醒时干渴难挨。而拉伯雷的《庞大固埃传奇》中的庞大固埃却是高康大的儿子，渴人国国王，一个顶天立地的巨人。

高康大在44岁那年，妻子为他生了庞大固埃。那一年天下大旱，大地干裂，水源枯竭。庞大固埃的出世也十分惊人。"他生时带毛，将为大事；成人之后，必然长寿"。人们这样预言。庞大固埃童年时就力大无比，打死过凶猛的巨熊。他生来聪明，如父亲一样，到巴黎寻找宝藏，不知疲倦地学习知识。但是，战争蔓延到渴人国，庞大固埃奔回故国。面对敌人，他与伙伴们巧胜660名轻骑军，战胜了300多名身穿石甲的巨人，打败无数的"狼人"，活捉叛国首领，平定了叛乱。

这两部小说对所谓神圣威严的教会进行了淋漓尽致的讽刺，恼怒的教会把黑手伸向拉伯雷。但拉伯雷并不屈服，他与黑暗势力进行了顽强而巧妙的斗争。1535年，他离开里昂，与教会的朋友先后三次游历罗马。他在朋友的帮助下得到教皇特许，以在俗教士的身份继续行医，他重回蒙帕利埃大学，取得医学硕士与博士头衔，生活暂时得到保障。同时，他又拿起了笔，写了《巨人传》第三卷，并争取到国王的特许发行证，为了保险，又在卷首冠以献给王后的诗，他第一次署上拉伯雷的真名。经过这样的伪装，小说出版了。字里行间喷射出的批判的火焰，让神学家们哗然而起。巴黎议会最后裁决，小说又被列为禁书，出版商、拉伯雷的好友埃季艾姆被烧死，陈尸街头，拉伯雷不得不逃到当时在日耳曼帝国统治下的麦茨。直到几年之后，他才获准回国。

晚年的拉伯雷为生计所迫，不得不回到宗教界，担任两个小教堂的本堂神父，但仍受到监视。身处笼中的拉伯雷人文主义热情丝毫不减，他向往着自由、恬适的社会生活,但心有余而力不足,他已经老了。多年的亡命奔波使他的身体过早衰老。1553年4月9日,拉伯雷在疾病的摧残下与世长辞。

小说第三卷讲述了寻找神瓶的故事。庞大固埃的属下巴奴日极想结婚,又怕当乌龟,请教了许多医学家、哲学家、神学家,答案都似是而非,巴奴日想去寻找神瓶,求得神谕,于是庞大固埃与他们一起出发了。小说四、五卷讲述了庞大固埃一行海上的奇特经历。他们乘风破浪,到过许多稀奇古怪的地方。有"无鼻岛""混沌岛""吃风岛""教皇岛""钟鸣岛""愚人岛""皮桶岛""丝绸国"等地。经历了许多奇怪的事,最后到达"灯笼国",他们看到了神瓶,得到神谕:"饮"。法国文学家法郎士解释为"请你们到知识的源泉那里……研究人类和宇宙,理解物质世界和精神世界的规律……请你们畅饮真理,畅饮知识,畅饮爱情"。

弗朗索瓦·拉伯雷逝去了,但他给我们留下了巨人国,留下一群顶天立地、不畏强暴的巨人,及那一个个令人捧腹的讽刺故事,不但引人发笑,且深涵哲理。拉伯雷举起人文主义的旗帜,为我们指引了通向光明世界的道路。

西方数学领先东方数学

一元一次方程,一元二次方程,任何学过初中代数的人都会解。但是对三次方程,除了某些很特殊的方程外,一般人就不会解了。在古代,人们很早就会解一次方程了,古巴比伦时代人们已会解二次方程了,东方数学一直领先于希腊罗马。

因为一、二次方程都已解出,人们自然而然开始寻求三次方程的解法,直到16世纪,意大利数学家塔塔利亚才找到正确方法,距人们会解二次方程已数千年,而人们探寻公式解的路徘徊数百年。正是这个解法的出现,西方数学才开始领先于同时代的东方,直至今天。

塔塔利亚本名尼科罗,约1499年出生。他的家是意大利布雷西亚一普通农户。1506年,法国人攻陷了布雷西亚,大肆屠杀意大利人。父亲背着尼科罗躲进教堂,心想大家都信仰天主教,总不能在圣母像前滥杀无辜。没料到,法国骑兵冲进教堂,乱砍乱杀,结果小尼科罗被砍成重伤,头部与下颚鲜血淋漓,他的父亲被人杀害。

他的母亲在教堂中寻找自己的亲人,把儿子救了出来,但没钱为孩子治伤,就用舌头舔愈伤口,居然成功了。命是保住了,但从此尼科罗说话不流利,口吃严重。人们就叫他塔塔利亚,在意大利语里是"口吃者"的意思,后来流传开来,结果成了大名。

塔塔利亚家境贫寒,他刻苦自学,没有钱买笔,就用小白石条在父亲的青石墓碑上写字运算。他天资聪颖,意志坚强,独自学会了拉丁文和希腊文,数学成绩斐然,不到30岁,威尼斯大学聘请塔塔利亚当上了数学教授。

1404年,一元三次方程问题被著名数学家巴巧利提出,结果被费尔罗解开,费尔罗将方法教给了学生菲奥里。菲奥里在波隆那大学任教授,他认为只有自己会解一元三次方程,

然而塔塔利亚通过自己努力,找出一个不完善的解法,高兴之下他说自己会解三次

方程了。消息传到菲奥里耳朵里，他大为恼火，依照当时论辩规则，菲奥里向塔塔利亚提出挑战。年轻气盛的塔塔利亚接受了挑战，心里却忐忑不安，他加紧想办法，结果把自己的解法又改进了一些，但仍然不是最完备的解法。

1535年2月22日，比赛开始了，两人各向对方出30道题，以试水平高低。约定50天为期，谁解出的题多，谁就胜利。

塔塔利亚出了30道几何代数题，他知道这是菲奥里的弱项，而菲奥里认为塔塔利亚不会三次方程解法，出了30道三次方程题。其中有 $x^3+6=7x^2$，$x^3+3x^2=2$ 这样的题目。孰料，两个小时内，塔塔利亚全部解出，而菲奥里却一道也没做出来，直到赛期已过。塔塔利亚被当地人民视为英雄，人们向他求教一元三次方程解法，但塔塔利亚不透露任何信息，原因只有他自己知道，因为还没有完善。直到1541年，塔塔利亚才找到较完善的方法。

这个消息迅速传遍数学界，意大利数学家卡丹登门拜访，他想把塔塔利亚的解法写进自己的《大法》一书中，百般纠缠塔塔利亚。他发誓一定不说出去，于是塔塔利亚把解法编成很难懂的诗给了卡丹，卡丹弄懂诗句的含义，把解法进一步改造，据为己有，发表在《大法》中。人们被蒙蔽了，纷纷向卡丹致敬并把解法称为"卡丹公式"。

为此，塔塔利亚指责卡丹背信弃义，二人展开争论，卡丹派人起哄，自己却不参加，然而最终人们明白了这确是塔塔利亚的功绩。

后来，卡丹的学生和仆人斐拉里解决了一元四次方程的公式求解问题。

这两个成果成为16世纪最壮观的数学成就，西方数学从此领先于东方。

世界第一大教堂——圣彼得

圣彼得大教堂是世界上最大的天主教堂。它集中了当时许多优秀的建筑家、画家的智慧，体现了十六世纪意大利文艺复兴盛期的建筑成就，是意大利文艺复兴运动最宏伟的纪念碑。

圣彼得大教堂建造于1506年，历时一百多年，其间充满着教会反动思想与进步的人文主义世界观的对立与斗争。

圣彼得大教堂座落于罗马教皇城梵蒂冈城内。在这之前，这里原有一座圣彼得老教堂，其规模比现在的要小得多。圣彼得是耶稣的第一位门徒。耶稣受难后，圣彼得与弟子们到罗马传教，后被罗马大帝所杀。公元4世纪，君士坦丁大帝为了笼络人心，把基督教定为国教，并且以身为范，皈依了基督教。后来，罗马人在圣彼得的墓地上造起一座小教堂，就是后来的圣彼得老教堂。16世纪初，教皇尤利叶斯二世为了吹嘘自己的丰功伟绩，宣扬教廷统一帝国的宏图，决定重新修建一座大教堂，以取代那历时一千多年、早已摇摇欲坠的圣彼得老教堂。

公元1506年，教皇为新教堂举行了奠基礼，意大利著名建筑家伯拉孟特的方案在设计竞赛中获胜。伯拉孟特出身平民，原先学画画，后来到意大利研究古罗马建筑，终于成为优秀的建筑家。伯拉孟特的建筑风格是宏伟庄严。新教堂抛弃了巴西利克的造型，采用了正方形与希腊十字迭合的集中式平面。在中央建立一个高大的半圆穹窿，四角用小穹顶衬托，以求内外部空间的大胆明朗。但是，工程的进展颇不顺利。伯拉孟特死后，教堂也没有完工。新教皇立奥大先后任命名画家拉斐尔等人负责设计教堂，要求将原设计改为正统的天主教会的拉丁十字面。但是，由于教会借口建造圣彼得大教堂发售赎罪券，大力搜刮钱财，人民掀起了轰轰烈烈的宗教改革运动。同时，西班牙军队入侵罗马，政局动荡不安，人人惶惶不可终日。圣彼得大教堂的工程不得不停止，一停就是30年。

公元1547年，教皇保罗三世任命当时杰出的雕塑家、伟大的建筑家、画家米开朗基罗主持恢复教堂的工程。米开朗基罗抱着让古罗马所有建筑黯然失色的雄心，把修改的拉丁十字平面恢复到最初的集中式平面，设计了比半圆稍稍拉长的饱含弹性张力的中央大穹顶，工程进展顺利，到1590年基本完成。然而，不幸的是，16世纪末天主教开始了反动统治。教皇保罗五世命令建筑师玛丹纳将米开朗基罗设计的立面拆去，在它前面加了一个巴西利克式的大厅，又退回到天主教正统的拉丁十字面。大厅挡住了大穹顶的部分面貌，大大损害了原计划无比宏伟、庄严及纪念碑性质的风格。这样，教堂部分基本定型，最后完工是公元1626年。

公元1665年，著名的建筑家、雕刻家、巴洛克风格的大师贝尼尼设计了圣彼得大教堂的入口广场。广场呈一梯形与椭圆形的平面集合，椭圆长轴195米，由284根塔司千柱子组成的柱廊围成。广场中心屹立着方尖石碑。广场开辟了广阔的视野，从而使教堂更宏伟、庄严。

教堂本体呈拉丁十字平面，纵轴长212米，横轴长137米，占地约2.5万平方米，教堂十字交叉处的顶部就是那个米开朗基罗设计的巨大穹顶。穹顶直径42米，离地137.8米，是罗马城中最高的建筑物。穹顶由4根约18.6米长的石柱支撑，周围是灯塔式的窗户及双柱式围廊，穹顶上部有一个金色的巨大球体，象征天堂，从教堂中乘电梯可以到达那里。

教堂正面有五扇门，中间为一扇金门。上面刻着关于耶稣、圣母、圣彼得、圣保罗及古希腊罗马的传说。这扇门平时紧闭，只有重大节日时才由教皇亲自开启。两边是灾门与福门。整日开放，再两侧为死门与圣门，与中间的铜铸金门一样，通常是关闭的。

教堂内部，是由4根立柱隔成的5个大厅。墙面用各色大理石砌成，厅内放置着大量名家所作的壁画与雕像。例如，大厅右侧最后一个方柱旁，是米开朗基罗的名作——圣彼得铜质坐像，由于经常被信徒抚摸，变得非常光滑。他的大理石雕像《母爱》以那平民式的圣母形象深深感动着世人。圣母横抱着瘦弱的耶稣受难后的遗体，双唇紧闭，左手微微摊开，绝望地注视着逝去的儿子。那无声的悲痛在周围的空间弥漫开来，显示了艺术家高超的技巧。

圣彼得大教堂作为教皇之都梵蒂冈的大本营，以其规模的宏大，造型的庄严、静穆震撼着世人，更以其饱含众多著名艺术家的风格及所藏的无价的艺术珍品吸引着热爱美的各国人民。它不但是基督教圣地，同时也成为游览观光者必去的艺术中心。

日心说革命

哥白尼教人们用新的眼光去观察世界。地球从宇宙的中心降为随恒星绕动的行星。

在当时肉眼能看到的范围内,希帕克斯和托勒密的地球中心说确实令人信服。原因之一是人们的常识与他们提出的体系相符,原因之二是受亚里士多德的权威影响。

哥白尼在波兰古拉科夫大学就读期间,刻苦钻研前辈科学家的哲学与天文学说,发现了与托勒密的地心说截然不同的理论——毕达哥拉斯学派的理论。毕达哥拉斯认为太阳是静止的,地球和其他行星都绕着太阳转。在公元15世纪人们长期受宗教影响的情况下,这一理论是不可思议的。然而哥白尼暗下决心,要弄清楚天体体系。

1496年,23岁的哥白尼攻读法律、医学和神学,意大利的天文学家德·诺瓦拉教会他天文观测技术。1506年,哥白尼开始研究新的天空运动体系。

1509年,哥白尼写出一个关于日心体系的《概要》,把它送给朋友传抄阅读。1512年,哥白尼被派往波罗的海海滨的弗洛恩堡教堂,此后30年,他一直为穷人治病,深得民心。

1539年,伟大的《论天球的旋转》写成了,系统论述了日心说,但是哥白尼不敢拿出来发表。

在中世纪的欧洲,教会拥有无上权威,统治着人们的思想和行为。托勒密的"地心说"符合宗教神学对宇宙的解释,地球是静止的,宇宙的中心是地球,天神居住在九重天。上帝造日照亮白天,造月照亮黑夜。

公元前300年的大哲学家亚里士多德认为地球是球形的,是周围星绕转的中心。

有了这样的权威,再加上教会势力的庞大,这种地心观念统治了人们1400年之久。

哥白尼不敢立刻把自己的日心说著作公布,就是基于以上社会条件。德国威丁堡大学的青年教授雷提卡斯劝他立刻出版,但他还是谨慎地让雷提卡斯先写了一本小书介绍他的思想。后来雷提卡斯把哥白尼的著作出版事宜委托给奥西安德。奥西安德在哥白尼著作前加了序言,说到:"这只是一个宇宙的数学模型,而不一定是实在世界的真实描写,这个模型是为了方便计算的需要。"人们一直以为是哥白尼亲自写的,却不知其中详情。因为当时的宗教新教领袖马丁·路德坚决反对日心说,所以要想出版而不受残酷迫害,奥西安德只好采用这种办法。

由于认识的局限性,哥白尼只看到了太阳是地球等行星的中心,但他认为太阳不动则是错误的。他的日心说解放了科学,动摇了宗教神学的基础。

哥白尼的书籍印数不多,加上教会对他肆意诽谤攻击加封锁,他的学说流传不很广泛。到1600年,布鲁诺英勇献身,死于酷刑之下,日心说也因而像火种一样传播开来。

尼古拉·哥白尼于1473年2月19日生于波兰维斯瓦纳河畔的托伦,他10岁丧父,由舅父抚养成人。

由于历经波折,1543年《论天球的旋转》一书印刷发行时,哥白尼已经身患重病,据说他只是抚摸了一下书皮,就与世长辞了。

富有批判精神的科学革命者哥白尼于1543年5月24日离开人间。

同一年的革命

科学就是敢于挑战，勇于怀疑，在实践面前检验真理。哥白尼革命性地提出日心说，动摇了旧有的权威，就在他的著作出版的同一年，一个年轻人的著作也出版了，向他所在领域内的权威发出更直接的挑战。

1543年，正当哥白尼逝世和他的著作《论天球的旋转》出版之时，29岁的维萨留斯出版了他的伟大著作《论人体构造》。

古希腊罗马的盖伦，是继希波克拉底之后的一位集大成者，他的医学自成体系，基于大量的解剖，他对人体很多器官和功能描述很准确。但盖伦的解剖是解剖各种动物，当时法律不允许解剖人的尸体。尽管如此，盖伦取得了很大成就，奠定了西方医学的基础。

盖伦的学说又得到中世纪教会的认可，因此他的地位是毋庸置疑的。1533年，维萨留斯进入巴黎大学医学院学习，当时的学院，盛行照本宣科，只从书上找知识，当成真理而不加检验。在解剖课上，教授大多重复盖伦的观点，从不动手操作。维萨留斯感到十分荒唐，不亲自解剖就说明不了问题。

但是每年只能解剖一具尸体，而尸体又很快腐烂掉，当时人们还不会防腐处理。维萨留斯为了更多地了解人体，于是去偷尸体。从刑场上把尸体偷走，趁黑夜运进他的密室，开始解剖，他发现人的肝脏是左右两个叶片，他还发现男人左边和右边的肋骨数相等。盖伦曾说人的肝脏由狗推知，是5个叶片，这显然是个错误。而圣经上说，上帝抽了亚当一条肋骨创造了夏娃，神学家们断言男人两边肋骨数不相等更是错误之至！

不仅如此，盖伦认为人的腿骨像狗一样是弯的，可维萨留斯发现是直的。《圣经》上还说，人身上有一块复活骨，这块骨头不怕火烧并且永不腐烂，它支撑着整个骨架，但维萨留斯却否定了这块骨头的存在。亚里士多德认为人的心脏是思想和感情活动控制中心，而维萨留斯认为大脑是感情与思想的活动场所。

维萨留斯以亲身的解剖为根据，向陈旧的权威发出挑战，遭到了守旧者的嘲笑和教会的迫害，称他是"疯子"和"狂人"。

在上学期间，维萨留斯就和教授发生了争执，结果没有得到学位。后来，意大利帕多瓦大学聘请他当解剖学教授并授予他博士学位。他从教生涯中，亲自做示范解剖，盖伦有不对的地方，他毫不客气地指明，因此受到学生的欢迎和尊敬。

《论人体构造》分为七卷，书中继承了亚里士多德和盖伦的很多看法，但也修正了他们的许多错误。该书的插图数量之多是超过以前任何一本解剖学书的。著名画家提香的学生绘制了插图，极为逼真。

维萨留斯触怒了教会，说他解剖活人，要判处他死刑。幸好西班牙皇族出面说情，死刑改为流放，流放至耶路撒冷朝圣。朝圣归来，在散得岛遇上风暴，全体乘客都被困住，而维萨留斯贫病交加，离开人世，年仅50岁。

维萨留斯全名安德烈·维萨留斯,生于1514年12月31日,其家为比利时布鲁塞尔医生世家,几代人都是御医。维萨留斯本人最后也做了西班牙皇室医生,长达20年。

血液循环理论发现的艰难

在盖伦的生理学中,认为人体主要器官是肝脏、心脏和大脑。肝脏把人体所吸收的食物转化为血液,并注给血液天然灵气,肝脏所产生的血通过静脉流向全身的各个部分,并且仍然通过静脉回到肝脏。

他认为心脏的右心室是静脉系统的一部分,流到此处的血液主要回到肝脏,但其中少数透过心脏的隔膜进入左心室。在左心室,血液与来自肺部的空气混合,又生成"生命灵气"。就这样,生命灵气通过动脉到达全身各处,而进入大脑的部分转化为"动物灵气"。盖伦是古代希腊的医学权威,他的学说一直被人们接受,和基督教会相统一。

维萨留斯已经发现了盖伦很多理论的错误,但是没有意识到血液是全身循环的。维萨留斯的同学塞尔维特在血液循环理论上迈出第一步。

迈克尔·塞尔维特于1511年出生在西班牙的纳瓦拉,在巴黎大学他认识了维萨留斯。后来,维萨留斯被迫离开了巴黎大学,塞尔维特继续研究。他做出了一个重大的贡献就是,在这段时期,他发现血液不是经过隔膜来回流动,而是经由肺动脉进入肺静脉,即"漫长而奇妙的迂回",与这里的空气相混后进入左右室。

塞尔维特利用他发现的循环现象来批评正统的基督教三位一体学说,并把观点写进了《基督教的复兴》一书中,结果新教领袖加尔文到处搜捕塞尔维特。塞尔维特在日内瓦被捕。

1553年10月27日,加尔文将塞尔维特活活烧死,他残酷地烧了塞尔维特两个多小时。

然而真理的冒险后继有人。1537年出生的意大利人法布里修斯又迈出坚实的一步。他曾在帕多瓦大学学医,师从娄皮欧。娄皮欧曾经做过维萨留斯的学生。法布里修斯1565年成为外科教授。1603年出版了《论静脉瓣膜》,描述了静脉内壁上的小瓣膜,基于此,哈维创立了血液循环论。

哈维是法布里修斯的学生,他的发现完成了从维萨留斯开始的四代师生前赴后继的工作。

哈维一连解剖了40多种动物,发现动物的血是循环的,而不是像盖伦说的那样来回流动。

他还发现,人的心脏每收缩一次,就能把左心室中的血液排出50—70毫克。如果每分钟心跳是75次,每次排出70毫升血液,那么每分钟排出的血液将达到4500毫升,近4公斤之多。要是一天下来,就会有6000多公斤!要是按照盖伦的理论,血是不断地造出来,那么这么多血比一天吃的食物和呼吸的空气重得多,而且也不可能有这么多血呆在人身体里。

答案只可能是,同样的血,进行循环。

哈维在 1616 年做了实验。他用绷带把一个青年的左上臂扎紧，不一会儿，绷带以下的静脉，因为血液向心脏回流受阻而膨胀，而绷带以上的静脉，却因为没有血液进入而干瘪了下去。这就证明，静脉血是要回流的。

哈维于 1578 年 4 月 1 日生于英国的一个富农家庭。他曾在剑桥大学取得医学学士学位，后来进入帕多瓦大学，正赶上伽利略任教。1607 年，哈维成为皇家医学院院士。

哈维发现，心脏的每半边实际仍然分为两个腔室，上下腔之间有一个瓣膜把它们分隔开来，但瓣膜能够打开，它有选择功能，只能让上腔的血液流到下腔而不允许倒流。这里的上腔，就是心房，而下腔就是心室。

大动脉与左心室相连，静脉与右心房相通。肺动脉和肺静脉分别将右心室和左心房连通，形成小循环。哈维进一步研究心脏，认为心脏不停地做收缩和扩张运动，它的结构表明它只可能吸收来自静脉的血流，也只可能将血液压往动脉。

1628 年，哈维出版了《心血运动论》。此书一出世，反对他的人便恶意攻击他，说他是疯子，精神病患者。有人叫他"循环的人"，意思是行走在街上的卖药人，这是当时的贬意词。教会还攻击哈维，认为他的著作是"荒诞的、无用的、有害的"。找哈维看病的人也少了起来。

实际上，《心血运动论》这部只有 72 页的小书，确立了血液循环运动规律及其实验依据，是生理学史上划时代的巨著，它宣告了生命科学新纪元的到来。

到哈维晚年，血液循环的观点被大多数人所接受。

1657 年 6 月 3 日，哈维获得了最终的荣誉，在伦敦去世。

英雄布鲁诺

黑暗的中世纪，利用托勒密及亚里士多德的权威，宗教神学确立了绝对统治。哥白尼学说的发布，着实让教会恐慌了一阵，但毕竟没有造成大的影响，人们依然生活在蒙昧的迷信中。

布鲁诺 1548 年出生于意大利那不勒斯的穷苦家庭，他 10 岁时被父亲送进了修道院，20 岁左右，凭着勤奋和才智，布鲁诺已经成为当时著名的学者。文艺复兴思想影响着布鲁诺，他对中世纪的基督教传统持怀疑态度，极力倡导自由，宣扬无神论。

他偷偷读到了《天体运行论》，被革命性的思想吸引了，哥白尼的学说在布鲁诺的心中埋下了科学革命的火种。修道院不能容忍异教徒，革除了他的职务。1576 年，28 岁的布鲁诺开始了长期的流亡生活。

1583 年，布鲁诺到达伦敦，在伦敦他度过了较平和的两年时光，他凭借天才的哲学思想和天文知识，写下了《论原因、本原和太一》以及《论无限的宇宙和多世界》。布鲁诺发展了哥白尼的宇宙说，指出哥白尼的许多错误并进一步认为，宇宙没有边界，宇宙是统一的，自生的，不是神造的。太阳系之外还有无限的星系，太阳不是静止的，处在无限的运动之中，茫茫宇宙没有中心，当然也不存在上帝栖身之所。

布鲁诺深刻的哲学思辨和优美清晰的演说才能使他每到一处都引起轰动。他流亡 16

年之久，各国教会势力联合迫害他，每到一处，布鲁诺都要受到驱逐、恐吓甚至追捕。

布鲁诺是一名真正的勇士，他不屈不挠，向人民传播哥白尼开启的日心说思想。哥白尼以太阳为中心取代了地球，但布鲁诺科学地指出太阳也不是宇宙中心，彻底打碎了人们千百年来的天球体系。世界本没有九重天、七重天，而是许多的恒星带着自己的行星，在茫茫宇宙中运转。整个近代的宇宙论大革命，就是从封闭走向开放，从有限走向无限。布鲁诺走得太远了，他领先当时的人们300年，不仅理解的人少，教会更是残酷地迫害他。

布鲁诺更惊人的学说是：宇宙间某些未知的星球上可能生活有类似人的高等生命。"圣经"中上帝造人是子虚乌有的，人不是惟一的，人是自然之子，宇宙之子。其他星球上完全有可能诞生高等生命，而不仅在地球上。

在宗教神学看来，没有什么比布鲁诺更可怕的了，天主教会恼羞成怒，四处搜捕布鲁诺。罗马教廷下令，在全欧洲境内逮捕布鲁诺。在意大利美丽的水城威尼斯，布鲁诺被人诱骗去讲座，结果落入了教会的毒手。

宗教裁判所的审讯是毒辣无人性的，他们鞭打、火烧，还将一勺勺的热油泼在布鲁诺的身上，威逼布鲁诺放弃自己的思想。布鲁诺坚贞不屈，毫不屈服，只要有一口气在，他就以科学向审判者发难，常常使愚昧的教会哑口无言，只有不断施加更残酷的刑罚。

审讯长达7年，最后，教会再也忍耐不住了，他们被布鲁诺的精神所震慑。1592年5月23日，布鲁诺被判火刑，在罗马广场上处决。

当宣判者念完判词后，让布鲁诺忏悔，并告诉他这样可以免他一死的时候，布鲁诺轻蔑地说："你们比我更恐惧。"他说对了，教会十分惧怕这位坚持真理的科学家，火刑之后，他们惶恐地把布鲁诺的骨灰投入台伯河中。他们怕透了真理，怕透了坚持真理的人。

1889年6月9日，在罗马的鲜花广场，人们树立起布鲁诺的铜像，纪念这位无比英勇的战士，为了人类的进步英勇献身的科学家。布鲁诺的预言实现了，未来的人们会了解我，火不能征服真理。

布鲁诺在烈火中永生。

尼德兰文艺复兴的殿后大将军

1566年，西班牙军队在尼德兰农村展开血腥的屠杀。那最为惨烈的一幕凝结为永恒的一瞬：全村的男女老幼在惊慌中涌上街头；侵略者打破住宅的门窗，从哭泣着的母亲手中夺走了婴儿；不幸的农民们手无寸铁，面对失去了人性的暴力只得乞求怜悯。那个年老的农民跪倒在雪地上，仰起悲苦万分的脸，向杀人者伸出苍白、无力的双手……

这幅作品叫作《伯利恒婴儿的虐杀》。作者名叫勃吕盖尔，是尼德兰文艺复兴运动中最著名的"农民画家"。

"农民画家"其实根本不是农民，也并非出身于农村。他有相当高的文化修养，不但结识了不少同时代的文化名流，甚至还常常到宫廷里转转。

那为什么称这么一位"城里的文化人"为"农民画家"呢？

原来，这位大画家喜欢画农村题材的作品，凡是农村的，例如农民的生活，农民的风习，农民的劳动，农民的婚礼，农民的宴会，农民的舞蹈以及农民的收割，农民的狩猎等等无所不包。而且，他是尼德兰惟一的一个广泛而深刻地描写农民的生活、斗争以及农村风光的画家。此外，最为重要的是，勃吕盖尔在农村题材上取得了巨大成就，他的一切都是以农民而取得的，因而，这位勃吕盖尔先生，当之无愧地当选为"农民画家"。

彼得·勃吕盖尔出生于荷兰北部拉班特州的勃吕盖尔村。关于他出生的年月搞不清楚。一般认为他是1525年出生，也有说是1528年或1520出生的。幼年的勃吕盖尔曾经在安特卫普师从于画家彼得·库克与伊罗尼姆斯·考克。直到1551年，已成为青年的勃吕盖尔才毕业，并成为安特卫普画家联合公会的成员。勃吕盖尔在年轻时并没有表现出过人的天赋。1552年，勃吕盖尔离开安特卫普，开始了历时两年的游历。在这次游历中，勃吕盖尔被大自然的美景迷住了，从此，他选择了自己的题材方向，开始了独具特色的绘画之路。

回国之后，勃吕盖尔创作了大量的风景画与风俗画。其中较为有名的是《七项大罪》《正义与博爱》《尼德兰谚语》《儿童游戏》《狂欢节和四旬斋的争斗》等。此外，在他生命的最后10年中，勤奋的勃吕盖尔大约创作了40多幅油画作品，尤其是在他移居布鲁塞尔后的5年中，勃吕盖尔的技艺更为成熟，作出了许多杰出的名画，其中以《发疯的格丽特》尤为出色。

《发疯的格丽特》是一幅幻想中的人魔大战图。但是，注重现实性的勃吕盖尔并没有把画面处理成神话。在勃吕盖尔的笔下，格丽特成为一位普通的家庭妇女。她一手抱着家庭用品，一手持剑，在房门前与魔鬼争斗。在她的身后，是一大群尼德兰的劳动妇女。面对魔鬼，没有人退怯。人类以高昂的斗争精神，手持利剑和邪恶的魔鬼作战。恶魔面容现出慌乱之色，正欲转身逃掉。这幅画展现出真理必胜的信念。这比文艺复兴的前辈波提切利的《诽谤》又更进了一步。人类正在为了真理而奋战。

勃吕盖尔的题材全部取材于现实生活，展示了敦厚、坚强的农民与自然及邪恶的统治势力英勇斗争的精神，同时也揭露、批判了封建宗教统治的黑暗。例如那幅《伯利恒婴儿的虐杀》，就是借圣经上的故事描绘了西班牙王对人民的残暴。《圣经》上说：希律王听说小耶稣将来要取代他的位置与声望，于是他心惊肉跳，派军队四处寻找，但都未能找到圣子耶稣。于是，残暴的希律王便将伯利恒所有的婴儿都杀害了，因而在勃吕盖尔的《伯利恒婴儿的虐杀》中才出现了"全身铠甲的勇猛武士把利剑刺进幼儿柔嫩的身体"的画面，只是残暴的士兵成了西班牙士兵，那纯洁的婴儿成了尼德兰普通的农民的儿女。

勃吕盖尔晚年依然保持着旺盛的斗志与创作热情，他创作了《绞刑架下的舞蹈》《懒人的天堂》《盲人带路》等名作。

其中以《盲人带路》涵义最为深刻。这是针对当时自称为代表上帝的"羔羊的指路人"的主教与神父们的种种谬论及愚蠢行为的讽刺。中世纪的经院哲学家们自以为学识渊博，但是他们每天争论不休的问题不是什么自然科学，也不是什么经国治世的大论。这些"上帝的奴仆""羔羊的使者"每天竟争论"针尖上能容多少天使""啤酒可不可以拿来做洗礼""老鼠吃了圣餐怎么办"等等诸如此类的莫名其妙的论题。这样的愚蠢之徒能为人民带路吗？

勃吕盖尔的《盲人引路》借用了基督教中最为普通也最为珍贵的《圣经》中的话，对这个问题作了解答（耶稣对法利赛人说）："他们是瞎眼领路；若使盲人领盲人，二者必皆落入坑中。"勃吕盖尔的画面上，一群盲人相互牵着行路。对于优美的自然风景，他们当然一无所见。这群盲人从远处的教堂中走来，第一个瞎子已跌入路边的塘中，第二个扑倒在他身上，而后面的盲人却依然整齐地列队跟在后面。勃吕盖尔在展示了优美的自然风光之余，也让人民对这些可怜的教士们产生同情、怜悯。

此外，勃吕盖尔之所以被称为"农民画家"，还在于他对农村题材的深刻把握，尤其是对风景画作出的巨大贡献。

据说，勃吕盖尔经常以农民的装扮去农村体验自然的生活，淳朴的民俗、民风。这在欧洲画坛上是绝无仅有的。他创作了姊妹篇《农民的婚礼》《农民的舞蹈》。这是其农村作品的代表作。此外，他还创作了许多风景画。其中最为著名的是他在1565年创作的6幅按季节划分的田园风景画，但其中的一幅已遗失。保存下来的是《收干草》《收割》《牧归》《冬猎》《暗日》。勃吕盖尔以写意式的笔触表达了人与自然的微妙关系。在他的这类作品中，有一幅《猎人归来》展示了冬日的雪原与枯树，一个猎人在大自然中独行。那种意境很容易让人想起中国宋代画家敦熙笔下的寒气袭人的雪山与萧瑟的山林。

1569年，这位伟大的农民画家在布鲁塞尔去世。他的两个儿子继承了他的风格，并加以完善和发扬。

彼得·勃吕盖尔作为尼德兰惟一的以农村与自然题材作为自己方向的画家异军突起，而且取得了巨大成就。在他的晚年，爆发了声势浩大的尼德兰革命，但最终被统治阶级疯狂镇压而成为尼德兰人民血泪的回忆。勃吕盖尔吸收总结了凡·埃克兄弟与包什的艺术成就，以最后的辉煌结束了声势浩大的文艺复兴运动，成为尼德兰文艺复兴中最伟大的殿后军。

尼德兰文艺复兴运动，同德国文艺复兴的风格一样，不是佛罗伦萨画派中那种为争取人性的尊严与解放所展现的雄伟气势，也不同于威尼斯画派那种人性的自在、幸福与欢乐，而是以现实的手法揭露和嘲讽社会黑暗。勃吕盖尔作为尼德兰文艺复兴中最后的主力军，充分展现了这一风格特点。据说，在勃吕盖尔临死的时候，因害怕自己留给妻子的作品会连累妻子，就让人都毁掉了，不然，我们会看到一个更为伟大的勃吕盖尔。

欧洲近代第一个唯物主义哲学家

"知识就是力量，要借服从自然去征服自然。"

看到这句名言，我们就会想到培根。是的，培根就是欧洲近代第一个唯物主义哲学家。他在哲学史以及科学史上具有划时代的重要地位。他是英国的唯物主义与整个现代实验科学的始祖。

弗兰西斯·培根生于1561年1月22日。这是伦敦一个新贵族的家庭，他父亲是伊丽莎白女王的掌玺大臣。母亲是一个虔诚的加尔文教派的教徒，颇有才学。在这样一个优越的家庭环境中，培根从小便聪明过人。

培根少年时才华出众，深得老师的喜爱，经推荐，他12岁时便进入剑桥大学读书。当时大学里讲授的哲学都是经院派哲学，把亚里士多德的言语奉为经典，每天要研究的只是一些空洞无用的争论、辩驳。培根对此深为厌恶。他独自去图书馆学习，阅读广泛的书籍，并在实践中加以检验。由于他的聪明与刻苦，他在大学中小小年纪便脱颖而出。他说，理性主义者好比是蜘蛛，只知从自己腹中吐丝织网，经验主义者好像蚂蚁，只知收集材料，而真正的哲学家应当如同蜜蜂，从花园与田野中广泛采集花粉，然后酿成蜂蜜。由于重视观察与实验，培根创立了由个别事例上升到一般原则的归纳法，用以代替了长期统治西方的亚里士多德的偏重演绎法的形式逻辑。

1576年，培根作为英国驻法大使的随员去法国工作。不久，他的父亲病故，培根奔丧回国，其后没有回法国，而是作律师及国会议员之职。1596年，培根被聘为女王的特别法律顾问。1597年，培根出版了自己的著作《培根论说文集》。

《培根论说文集》是一本关于政治与道德的论文集，其文笔优美，富含哲理，给人耳目一新的感觉，因而一经出版便大受欢迎。如他在"论真理"中写道："在世人眼里，真理犹如一颗金贵的珍珠，在阳光下闪闪发光；但它没有钻石或红玉值钱，它们能在掩映变幻的灯光下大放异彩。搀上一点虚谎的道理往往能给人增添无穷的乐趣。"又如他在"论死亡"中写道："成人害怕死亡犹如儿童害怕在黑暗中行走；儿童的那种天生的恐惧因故事而增加，成人对于死亡的恐惧也是如此。复仇之心战胜死亡，爱恋之心蔑视死亡，荣誉之心企求死亡，忧伤之心奔向死亡，恐怖之心先期死亡。"

斯图亚特王朝时，培根历任宫廷要职，可谓平步青云。作为一个哲学家，当时能够担任高官显职的很少，而培根却交了好运。1613年他受命为首席检察官，1616年任掌玺大臣，1617年任大法官，他还多次被授予贵族称号。1602年受封为爵士，1618年又被封为维露乐男爵，1620年又被封为圣阿尔班子爵。他的一生大都在官场中度过。作为一个哲学家，他自有其思想的过人之处，但在官场中久混，也不可能不被风行于上层社会的丑恶行径所侵染。1621年，培根被控贪污受贿，被判决监禁于伦敦塔内，终生被逐出朝廷，不得为官，不得进入国会，而且被处以4万英镑的罚金。后来，由于詹姆士一世对他的偏爱，他被免除了监禁之刑与巨额罚金。从此，培根便脱离政治生涯，专心于自己的哲学及科学研究事业。

对于这次事件，培根承认了自己接受过不正当的馈赠，但坚持说他并没有因此而曲解法律，枉断罪行。而且，培根也说这次对他的判决是英国国会200多年来第一次公正的判决。晚年时，培根回顾自己的官场生涯，不禁感慨道，自己把才能误用在自己最不适宜的事情上了。

但是，培根的主要学术贡献都是在他春风得意的17世纪前期完成的。1605年，他完成了《学术的促进》两卷集，后来又扩大为9卷集。1606年，培根完成他的第三本著作《论古人的智慧》。1620年，《伟大的复兴》出版，这是一部未完成的的巨著，其中出版的部分包括他关于这部巨著的大纲提要以及经常作为单行本出版的重要著作《新工具》。培根最后一部书是《新大西洋》，自己没有完成，直到1627年才由他的秘书劳莱博士整理出版。

1626年，培根在一次冷冻防腐的科学实验中不幸染上风寒，不久去世，终年65岁。

培根是西欧哲学史上第一个比较全面而深刻地批判经院哲学的伟大哲学家。他以自己的伟大著作奠定了英国经验主义的哲学基础，把经验从一向受贬斥的卑贱地位提升到一种科学原则、一种考察方法，对于哲学史与科学史都具有重大意义。他的贡献对于整个人类社会都具有巨大的革命性转变的影响。

塞万提斯与最后一部骑士小说

16世纪的西班牙正处于由封建主义向资本主义转变的时期。但是，反动的君主专制制度勾结天主教势力对人民实行残酷镇压，实行重税政策，资本主义因素并没有得到充分发展，封建势力仍占统治地位。与此同时，西班牙对外进行疯狂的军事扩张，无休止的战争耗尽了国力，经济凋敝，人民起义不断发生。这个殖民大帝国急剧衰落了下来，社会动荡不安，全国笼罩在绝望的情绪之中。

米盖尔·台·塞万提斯·萨阿维德拉就出生在这样一个时代，他父亲是一个穷医生。塞万提斯只读了几年中学。1569年，他作为红衣主教的随从去意大利，开始了解到意大利辉煌的文学与艺术，接受了人文主义思想。1571年，塞万提斯在对土耳其的海战中身负重伤，左臂残废，在回国途中，又被土耳其海盗掳去，在阿尔及尔服苦役。1580年，一次偶然的机会，塞万提斯被赎回国，从此开始文学创作活动。但靠写作是不可能养活自己的，他又当过军需员与收税员，凭微薄的薪金度日。不幸的是，在1587年他按规定征收了厄西哈大教堂讲经师囤积的小麦后，教会将他革出教门。因他为人正直、率真，得罪了贵族与教会，几次被诬陷入狱。身边的不幸使他深切了解到社会的黑暗，感受到下层人民的困苦与悲伤，塞万提斯以人文主义精神，举起了反封建的旗帜，创作了许多作品。如历史剧《奴曼西亚》，短篇小说《惩恶扬善故事集》，长诗《帕尔纳索斯游记》等，对受压迫人民寄予了深切的同情。但是，给他带来巨大声誉，使他得以屹立于世界文学巅峰之上的，却是骑士小说《堂吉诃德》，这也是西班牙最后一部骑士小说。因为塞万提斯写这部小说的直接目的就是消灭骑士文学，反对封建主义的枷锁。他说："我的愿望无非要世人厌恶荒诞的骑士小说，堂吉诃德的真人真事已经使骑士小说立不住脚，注定要一扫而空了。"塞万提斯为什么如此仇恨骑士小说呢？骑士小说原本是欧洲中世纪后期曾经出现的文学形式。但随着资本主义的发展，封建主义在欧洲日渐衰落，依附于封建主义的骑士文学也随之消失。但是，在16世纪的西班牙，因为封建主义尚占上风，这种过时的文学样式仍风行一时。这种政治上支持封建统治、内容上荒诞不经，艺术上千篇一律的东西，严重地毒害了人民，束缚了进步思想的发展。塞万提斯对此种文学极为痛恨。他立志要打倒骑士小说，打倒封建主义的帮凶，便模拟骑士小说的笔法，历时十多年，写下了《堂吉诃德》。

《堂吉诃德》取得了巨大的成功。1605年，此书刚出版，备受读者欢迎，不到一个月竟出现三个盗印的版本。书中对贵族与教会的愚蠢和伪善极尽讽刺，引起反动贵族与教会的惊恐，他们伪造了《堂吉诃德》的续集，肆意歪曲主人公的形象，企图诋毁塞万提斯的声誉，以消除《堂吉诃德》的社会影响。塞万提斯极其愤怒，带病赶写续集，1615年出版，给封建反动势力予以有力的回击。从此，社会上迷恋骑士小说的狂热急剧减退，西班牙再也没有出版一本骑士小说。

但是，疾病击垮了伟大的作家。1616年，他刚写完《贝雪莱斯和西吉斯蒙达历险记》，便在马德里病逝。

塞万提斯的《堂吉诃德》全名为《奇情异想的绅士堂吉诃德·台·拉·曼却》。他假借一个被骑士小说毒害的疯癫的穷乡——堂吉诃德，演绎了一个个荒唐可笑的故事。

这位堂吉诃德没有什么财产，整天无所事事，抱着骑士小说每天看呀看呀，就着了魔，幻想着伸张正义，为民除害；幻想着美妙的爱情与高贵的公主；幻想着无上的荣誉加在他身上。终于，有一天，他被这种伟大却荒唐的激情鼓舞，拾起了祖先留下的长矛破盾，佩上一把锈迹斑斑的宝剑，不顾自己瘦得皮包骨头的身体，骑上家里惟一一匹与他一样瘦弱的瘸腿老马，开始了他骑士生涯的第一次远游。

他为自己选了一位高贵的情人，她的"眼睛是太阳，脸颊是玫瑰，嘴唇是珊瑚……"，他称之为杜尔西内娅公主，其实只不过是邻村一位五大三粗、胸脯长着毛的乡下姑娘。但堂吉诃德却为之神魂颠倒，把世上最美妙的情诗与自己伟大的功绩都奉献给她，求得她对自己的爱情，实际上这位姑娘只懂得喂猪与簸麦子，哪里知道伟大的骑士堂吉诃德这些缠绵的情意。塞万提斯以此对骑士文学中那些矫揉造作的爱情给以尖刻的嘲笑。

堂吉诃德上路了。首先来到一个下等客店，他却认为是城堡，要求城堡主人封他为正式骑士。他想象着在庄严的礼拜堂中，高贵的郡主为他加封，神职人员毕恭毕敬地给他佩上宝剑。而实际上一行人随随便便地站在饮牲口的水槽旁，下等客店店主拿一本草料记账簿充作圣经，煞有介事地给堂吉诃德加封，几个嬉笑的妓女给他挂上那把生锈的宝剑。骑士的受封仪式简直滑稽之极。但是第二天他就因为自己意中人的事与一群毫无关系的商人发生冲突，他被打得头破血流，高傲的骑士衣衫不整地被人送回家，大病一场。

第二次出游，他拉上一个想靠冒险摆脱贫穷的农民——桑丘·潘沙作为自己的随从，因为小说中高贵的骑士都有随从。于是又高又瘦的堂吉诃德骑着瘦马，又矮又粗的桑丘·潘沙骑上小毛驴，主仆二人又上路了。这一次他们遇到的事更可笑。堂吉诃德把风车看作魔鬼巨人，挺起长矛直冲上去，任凭一旁看得分明的桑丘·潘沙的苦苦劝阻也不听，"我们高贵的老爷好像是疯了。"桑丘这样说着，堂吉诃德已被巨大的风车举起，狠狠地摔在地上。桑丘把主人抱上马背，狼狈地回到客店。堂吉诃德又发了晕，坚持说这是魔鬼的城堡，他冲入地堡，把装酒的皮囊全部刺破，鲜红的葡萄酒流满地面。堂吉诃德却认为这是魔鬼的血，他打败了所有恶魔，气急败坏的店主把二人赶出旅店。

塞万提斯以堂吉诃德的现身说法揭露了骑士制度与骑士文学的荒唐可笑，提醒世人，它早已过时了。伟大的《堂吉诃德》击败了依附于封建统治的骑士文学，它标志着西班牙古典艺术的高峰。塞万提斯是欧洲近代现实主义小说的先驱,对欧洲各国的现实主义文学产生了深远的影响。

行星运动三大定律

在肉眼观测星空的时代,第谷作为最后一位杰出的观测天文学家出现,而他的学生兼助手开普勒却登上了这个时代的最后理论高峰。

约翰·开普勒生于德国南部的瓦尔,父亲是军人。1574 年,开普勒 3 岁时患上了天花。这致使他的手与眼都留下了轻度的残疾。为了生计,开普勒进入杜宾根大学学习神学,在他老师那里接触了哥白尼的日心说,成为日心说的拥护者。毕业后,他的大多数同学都去当牧师了,而开普勒却到了奥地利,当上了格拉茨大学的数学和天文学讲师。

讲师是很贫穷的,开普勒只好依靠他的天文学知识编制迷信的占星术历书来养家糊口。

开普勒有出众的数学才华,从小酷爱数学,总想在自然界寻找数量的规律性。毕达哥拉斯学派对开普勒的自然观影响十分巨大。哥白尼体系又具备简单和谐的数学美,他探测六大行星的轨道大小之间的数字,结果为宇宙中只有六颗行星找到了几何学证据。这个证明构想就是被第谷所赏识的《宇宙的神秘》。也正是由于第谷的观测,开普勒才提出了行星运动的规律。当然,《宇宙的神秘》提出的观点是错误的,但是这展示了作者的才华。

1600 年,开普勒同第谷一道工作,他在实际的数据基础上发现以前的构想虽然美妙但不符合事实。

第谷在去世前毫无保留地留下了全部珍贵的资料,委托开普勒绘制星表。开普勒整理第谷的遗作,在此基础上进行了进一步的研究。

开普勒在编制星表时发现,无论用哥白尼体系还是托勒密体系推算出的行星位置,和第谷长期的观测结果相比较,都不是完全相吻合的。差别并不很大,只有 8 分大小的角度,即 1 度的 13% 左右。这个角度十分微小,但开普勒并没有放过此处差异,开始深入考察。

对于这个小差别,开普勒这样说过:"感谢上帝赐给我们一位像第谷这样的天才观测者,这 8 分误差是不应该忽略的,它使我走上改革整个天文学的道路。"

开普勒首先选中了火星为突破口。他经过 4 年的观测和计算,发现传统的偏心圆方法始终解决不了问题。他发现,火星绕太阳的运动在单位时间扫过的面积是一个固定的数值,这说明火星的轨道速度并不均匀,但面积是均匀的,离太阳远时,速度变小;离太阳近时,速度变大,这就是开普勒第二定律。

终于,开普勒发现,火星的轨道不是正圆,而有些像鸡蛋,最后,他想到了椭圆。椭圆在希腊时期已经被阿波罗尼研究得十分细致了,很快,开普勒确定了火星轨道是椭圆。

1618 年,《哥白尼天文学概论》出版了。开普勒把椭圆形推广到所有行星,公布了第三定律：行星公转周期的平方与它同太阳距离的立方成正比。

椭圆打破了完美圆周匀速运动的传统观念，但开普勒不同意布鲁诺的无限观，他废除了水晶天球，保留了恒星天球。

开普勒真正的工作动力是上帝的数学的和谐。他深信上帝是依照完美的数的原则创造世界的，所以根本性的数学和谐就是天体的音乐。正因为如此，他追求的不是合理解释为什么或怎么样，而是描绘上帝的图景。他发现了三大定律，但为什么行星会按这三条定律运动呢？维持太阳系和谐秩序的原因是什么？

开普勒曾经这样说过："月球被地球牵引着，反之月球也吸引着地球上的海水（潮汐）。从太阳那里，有一只看不见的巨大的手，伸向行星，拉着这些行星跟太阳一起旋转。"如果从这里深入研究，就可以发现万有引力，但可惜开普勒与最重要的万有引力擦肩而过。

开普勒行星运动三大定律是：一、行星运行的轨道是椭圆，太阳在其一个焦点处。二、太阳中心与行星中心间的连线在轨道上所扫过的面积与时间成正比例。三、行星在轨道上运行一周的时间的平方与其至太阳的平均距离的立方成正比例。

就这样，天空中的行星按照以上三条规律所描述的轨道运转，人们称开普勒为"天空立法者"，把三大定律称为"开普勒定律"。

开普勒完成了第谷的心愿，制作了当时最完备的行星运动表。这个星表几乎一百多年没有变，天文学家和航海学家使用这个星表，准确定位，十分顺利。此星表被开普勒命名为《鲁道夫星表》。

开普勒还收到伽利略的望远镜，支持伽利略的理论。开普勒一生贫困，虽然是宫廷天文学家，但常常领不到薪水。1612 年，鲁道夫二世去世，新国王几乎完全拖欠了开普勒的薪金。1630 年 11 月 15 日，开普勒去索要拖欠了近 20 年的薪水，染伤寒病而与世长辞。

磁学之父——吉尔伯特

1600 年，《论磁》一书出版了，这部书在物理学理论上留下不朽的历史地位，其作者被尊称为"磁学之父"。他就是吉尔伯特。

1544 年 5 月 24 日，威廉·吉尔伯特出生于英国的科尔切斯特，他在剑桥大学获得医学学位，1573 年在伦敦定居，成为当地的著名医生。伊丽莎白女王听说了他的高超医术，任命他为皇家医学院院长，他成为皇宫御医。

吉尔伯特终身未婚，一直致力于磁现象的研究。他发现放在地球表面的小磁针总有一定的方向，于是他认为地球本身也有磁性，地球就是一个大的磁体。根据小磁针的指向，他确定了地球的磁极，他还总结出同极相斥、异极相吸的磁性吸引规律。吉尔伯特还发现，当小磁针放在地球上除南极北极之外的地方，它有一个朝向地面的小小倾斜，由此发现了磁倾角。

当时人们流行一种说法，即将大蒜抹在磁铁上会破坏其磁性，吉尔伯特通过实验驳斥了这种错误说法。

由于吉尔伯特的实验很有名,传到了女王那里,女王决定视察吉尔伯特的私人实验室。

一天,女王带领很多显贵要员来到吉尔伯特的冷清居所,吉尔伯特做了很多实验,其中有一个实验是琥珀的吸引性。吉尔伯特说,人们一般认为琥珀经过毛皮摩擦后,可以吸引细小的碎纸屑或干草叶末。宗教神学也认为琥珀有某种特殊的神秘能力,但是不然,这种能力并不是琥珀独有,用丝绸摩擦过的玻璃棒,还有宝石、硫磺、火漆都有这种性质。吉尔伯特用玻璃棒演示,果然证明了他的论断。

来宾们都兴高采烈,女王却有些不高兴了。因为女王是一个虔诚的基督徒,而且还是英国新教的首领,她不高兴别人动摇神权。

女王告诉吉尔伯特,他的著作最好用科技通用语言拉丁语来写,而不要用英文,她不希望太多的人知道与神学不符的物理学原理。

吉尔伯特对近代物理学的最重大贡献还有他提出的新概念和定义。他提出了质量、力等术语的范围和本质,认为磁石的磁力强度与其质量成正比。他用希腊文"琥珀"一词创造了英文的"电"这个新词。

吉尔伯特的"力"的概念认识并不准确,他相信万物有灵,而地球的灵魂即是磁力,力像那样放射和蔓延,将四周的物体拖向自身。正是在他提出问题的基础上,后代科学家受到启发,力、重量、质量的研究开始深入起来。

1603年,吉尔伯特患鼠疫去世,享年59岁。他生前赞同哥白尼的日心说,对这个理论的传播起了很大作用。

文艺复兴中的巨人——莎士比亚

文艺复兴是公元14世纪到16世纪欧洲新兴资产阶级反对封建阶级的一次思想文化运动,同时又是一次文化革命运动。当时,欧洲封建社会正逐渐解体,资本主义萌芽刚刚出现,整个欧洲正处在变革时期。但是封建主义仍占优势地位,资本主义自由的发展必须与封建主义作斗争。文艺复兴就是具有人文主义思想的知识分子以学习古代为幌子,举起了反封建的旗帜。

英国文学是文艺复兴时期欧洲文学的顶峰。而莎士比亚正是站在峰尖上的杰出代表。莎士比亚是一个文化的巨人,是一个时代的巨人。

公元1564年4月23日,威廉·莎士比亚出生于英国的一个小镇斯特拉福镇。祖辈务农,父亲经营手套生意,还担任过当地的议员与镇长,家境很富裕。

在莎士比亚幼年时期,斯特拉福镇经常有一些伦敦城里的大剧团到此地巡回演出,小威廉很早就表现出对戏剧的浓厚兴趣。少年的莎士比亚在文法学校学习,接触了古代罗马的诗歌与戏剧,于是在小威廉的心中便有一种朦胧的心愿:将来要写出古人那么伟大的作品。但是不久,父亲的生意破产,家境一下子破落下来,无力供养小莎士比亚继续上学,使他无法走正统的成才之路。少年的莎士比亚被迫辍学,稚嫩的肩膀担起了人生的重担。1585 年，莎士比亚独自去伦敦谋生。出于对戏剧的偏爱，他在一个剧院中落下脚来。开始，他在里面打杂，为看戏的绅士们看管马匹。但是，莎士比亚常常禁不住那精彩的戏剧的诱惑，他偷偷地掀开剧棚的一角，一下子便入了迷，忘记了自己现实的处境。由于莎士比亚的服务不周到，他经常受到绅士们的抱怨，并传到了剧院经理的耳朵里。经理把莎士比亚叫去，见他对戏剧如此迷恋，又见他眉清目秀，像个聪明的孩子，于是把他调到剧团里当了一名演员，经常演一些小角色。这样，莎士比亚如鱼得水，才华渐渐显露出来。后来，他参加了编剧工作，并成为剧团的股东。

莎士比亚的创作从改编旧剧开始。他结交了一些大学生与青年贵族朋友，从他们那里，莎士比亚进一步接触到了辉煌的古代文化，并吸收了意大利文艺复兴时期的文化与人文主义思想。这为他日后的创作奠定了坚实的基础。

开始，莎士比亚对美好的未来充满了幻想。他相信人文主义理想不久就会实现。这使得他早期的作品充满了乐观的浪漫主义色彩。如他在 1595 年创作的《仲夏夜之梦》描写了一对相恋的青年男女在仙人的帮助下，冲破了家庭的阻碍，最后争取到自由的婚姻。1596 年发表的《威尼斯商人》是莎翁早期作品中最著名的喜剧，威尼斯商人为了帮助朋友，从高利贷者夏洛克那里借了一笔钱。但由于自己生意的不如意，没有能力及时还上钱，于是对安东尼奥恨之入骨的夏洛克就坚持要割安东尼奥的一磅肉以抵债。双方围绕割不割这一磅肉展开了激烈的争论，最后富家小姐鲍西娅以巧妙的手段让夏洛克知难而退，放弃了报复。《罗密欧与朱丽叶》是早期悲剧中的典范。故事以两个家族的冲突为背景，演绎了一个凄美的爱情故事。

1601 年以后，莎士比亚对社会了解得越来越透彻，他看到了人性中的弱点与社会的不公。从此，莎士比亚创作出了一部又一部令人惊心动魄的悲剧，其中最为著名的是五大悲剧是：《哈姆莱特》《奥赛罗》《李尔王》《麦克白》《雅典的泰门》等。其中最为人所熟悉的是忧郁王子"哈姆莱特"。

《哈姆莱特》是莎士比亚于 1601 年创作的。《哈姆莱特》的故事情节取材于 12 世纪末的一部丹麦史，前人曾经写过同名的剧作。据记载，1596 年伦敦曾多次上演由托马斯·基德创作的《哈姆莱特》，但剧本已经失传。莎士比亚把这个故事重新改编，从而使哈姆莱特的形象震撼了世界。剧情写的是丹麦王子为父复仇的事。年轻的丹麦王子在德国大学接受人文主义教育。他突然接到父王逝去的消息，怀着悲痛的心情回国奔丧。但是当他回到祖国时，看到的却是母后与新王（他的叔父）大办婚宴。哈姆莱特感到不可思议：父王的尸骨未寒，母后竟然另寻新欢，而这个新欢竟然是叔父。王子在疑惑中彻夜不眠，夜晚时，父王的鬼魂显现，告诉了事情的真相。原来叔父觊觎父王的王位，用毒药杀了父王，堂而皇之地成了国王。王子十分震惊。他陷入了为父报仇与杀害现任国王这种不义行为的剧烈矛盾冲突之中。心烦意乱之际，王子趁机装疯。同时，哈姆莱特的叔父从他的言行中也开始怀疑他已得知秘密，于是用金钱收买了哈姆莱特的两个好朋友去试探他，哈姆莱特苦于找不到证据，他趁戏班子进宫演出的时候，改编了一出用毒药杀死兄长的戏《贡札古之死》让戏班子演出，以此试探叔父。戏到了高潮之时，叔父坐立不安，脸色惶恐，借口退席，这一切都被哈姆莱特看在眼里。他深信不疑，是叔父杀死了父王。叔父觉得事情不像王子表面说的那么简单，趁王子与母后谈话时，宫内大臣自荐去帷幕后偷听。王子正怒不可遏，觉察到帐后有人，以为是叔父，一剑刺去，误杀了大臣波洛涅斯。叔父觉得阴谋败露，便想出一个借刀杀人的方法。让监视他的两个朋友带着密信陪王子去英国。密信上要英王在王子一上岸就杀了他，幸运的是，阴谋又被聪明的王子察觉，他对朋友的出卖行为伤心至极。于是哈姆莱特偷偷换掉密信，让英国国王杀掉了这两个不义的叛徒。王子跟随海盗船回国。回来后得知情人奥菲利娅因父亲被自己杀死，自己又离她远去，经受不住打击而发疯落水而死。而此时奸王又利用大臣的儿子雷欧提斯为父报仇的机会，密谋在比剑中用毒酒、毒剑害死哈姆莱特。结果雷欧提斯偷袭成功，刺中了哈姆莱特，但机警的王子也反手刺伤了他。王后知道儿子已活不成，羞愧难当，饮下毒酒。雷欧提斯知道自己也活不长了，当众揭穿了奸王的阴谋，所有人都为老王的死痛心不已，哈姆莱特在临死前，奋力刺死了杀父篡权的叔父，自己也倒地身亡，全剧以悲壮的场面结束。剧中有许多富含哲理的精彩独白，莎士比亚借哈姆莱特之口传达了一个思想者的声音。例如他对于母亲的善变发出的对于所有女性的感慨："脆弱啊！你的名字就叫女人！"又如"生存还是毁灭，这是一个值得思考的问题……"这一大段独白，无不表现了一个思考社会的人文主义哲人的深刻思想。莎士比亚正是在这一点上突破了前人，使得哈姆莱特如一个高高的巨人俯视着人类社会。

公元 1608 年，莎士比亚厌恶了政治上的纷争，回到自己的故乡，从事传奇剧的写作，有《暴风雨》《冬天的故事》《辛白林》三部，还有一部历史剧《亨利八世》。在传奇剧中，莎士比亚尽展人世的悲欢离合，把希望寄托于将来。

公元 1616 年 4 月 23 日，莎士比亚悄悄地离开了人世。

莎士比亚在短短的 20 多年的创作时间，共完成长篇叙事诗两部，十四行诗一卷，戏剧 37 部，其中很多部都为人们百看不厌。莎士比亚是一个时代的巨人，他独立于文艺复兴的巅峰，以一双哲人的眼睛注视着人生百态，看尽了人世沧桑，表达了他对于人类的思考。人们将永远难以忘怀哈姆莱特的光辉形象，也不会忘记我们伟大的莎翁。

近代物理学之父——伽利略

天空动力学与地上物理学相结合后，有别于亚里士多德的新物理学在伽利略和牛顿手中诞生了。

在列奥纳多·达·芬奇的天才思想里已经蕴含了科学精神。哥白尼在思想界发起了一场革命。吉尔伯特说明了实验方法怎样可以增加知识。到了伽利略，新的科学精神大大发展。

伽利略把吉尔伯特的实验方法和归纳方法与数学的演绎方法结合起来，建立了近代物理科学的真正方法。

1623 年，伽利略发表《试金者》一书，对当时学术界的治学态度和方法作了深刻而尖锐的批评。他认为，人们一贯以权威的迷信结论为判断标准，以权威的观点来证明一切，而不敢面对事实，这是错误的研究态度。他发表了近代自然数学化运动的宣言，阐述了近代机械自然观的基本立场："哲学被写在宇宙这部永远在我们眼前打开着的大书上，我们只有学会并熟悉它的书写语言和符号以后，才能读懂这本书。它是用数学语言写成的，字母是三角形、圆以及其他几何图形，没有这些，人类连一个字也读不懂。"

基于此，伽利略被称为近代物理学之父。伽利略·伽利莱于1564年2月15日生于意大利的比萨，他出世后3天，正是米开朗基罗逝世。伽利略的父亲文森西奥·伽利莱是著名的音乐家和数学家，他对长子伽利略的影响很大。但伽利略的父亲希望伽利略学医，因为这样可以获得丰厚的收入。1585年，不愿意学医的伽利略离开了比萨大学。在那里他没有取得医学学位，但是却对数学发生了极大兴趣。

1589年，伽利略依靠自学的几何学与物理学知识和自己出众的才华，成为比萨大学的数学教授。3年之后到了帕多亚大学，在那里度过了18年比较稳定的生活。

有关伽利略的传说很多，最有名的是"两个铁球同时落地"。据说在16世纪末，伽利略与信奉亚里士多德学说的教授发生争执，于是在比萨斜塔同时释放两个铁球，结果两个重量不等的铁球同时落地。这样他证明了在忽略空气阻力的情况下，物体下落速度与重量无关，从而推翻了亚里士多德的想当然理论。

伽利略晚年的学生在伽利略传记中提到过这件事。但是历史资料表明，伽利略可能并没有做过这个实验，而且这个实验已经有人做过。

1586年，荷兰物理学家斯台文普做过类似实验。他用1：10的重量比，选择了两个铅球，从高30英尺的高度同时下落，结果几乎同时落在木板地面上，发出"啪"的一声。由于空气阻力的存在，声音略有先后，但是已经与亚里士多德的观念不同了，因为差距十分渺小，而按照亚里士多德的观点，应该相差甚远。

据记载，当时为了反对伽利略的理论，有一位亚里士多德派的物理学家真的在比萨斜塔做了铁球实验。1612年的实验证明了两个铁球并不是同时着地，这是为什么呢？原因在于空气阻力。大家由此认为伽利略是错的，然而按照伽利略的解释，他认为他已经胜利了，情况同荷兰物理学家相似，虽然不是同时落地，但相差极微小，而亚里士多德认为，如果重球是轻球的10倍，那么应该以10倍的速度到达地面。

具体的实验并不重要，伽利略从实验中抽象出的理论是正确的，他打破了人们迷信权威的思想习惯。

伽利略是第一位用望远镜观测星空的人，也正是他的发明，结束了肉眼观测星空的时代。伽利略首先发明了温度计。它是一根玻璃管，顶端有一个空气泡，开口端则浸没于水内。

1608年，荷兰的眼镜匠利帕希制造了第一架望远镜。他的一个学徒极为偶然地拿两个凸透镜片叠放在一起观看远处的景物，结果发现远处的景物变得近了，而且还很清晰。于是学徒把这件事告诉了利帕希。通过实验，利帕希成功制作了人类历史上第一架望远镜。他将这架望远镜卖给了政府，政府认为在军事上有很大用处，因此下令保守秘密。

但消息还是传了开来。伽利略根据这个原理，制作了3架天文望远镜，放大倍数是33。

通过望远镜的观察，伽利略首先发现了月亮上有山脉和火山口。原来的哲学家认为月球的表面是完全平滑没有瑕疵的，现在看来有许多大大小小的坑穴和"海"似的东西，后来我们得知是平原。伽利略的观测动摇了教会的宇宙观，否认了"地上事物与天上事物完全不一样"的观念，引起天文界震动。

伽利略还发现金星也环绕太阳运转而且有阴晴圆缺现象，而土星在伽利略的望远镜下呈橄榄状。最令人吃惊的是银河系，茫茫银河竟然是无数独立的星星组成的，密密麻麻，这个伟大发现推翻了托勒密关于恒星天球的假设，证明了布鲁诺"宇宙无限观"的正确性。

1612年，伽利略发现，就连完美的太阳也有污点——太阳黑子。

伽利略接连写了《星界的报告》《关于太阳黑子的信札》等书，发表了革命性的发现，动摇了神学的许多观点。人们争相传诵，"哥伦布发现了新大陆，伽利略发现了新宇宙"，哥白尼的学说深入人心。

很多传统的哲学家不相信伽利略，嘲笑他的发现。宗教神学家敌视他，教会仇恨他。只有开普勒支持伽利略，伽利略发现木星也有卫星，开普勒写信支持他。

伽利略与传统守旧派论战，而教会也开始迫害他，让主教贝拉明警告伽利略，教会将公开做出裁决，宣布他有罪。

为了不使自己受到非人的迫害，加上教皇乌尔班八世的劝阻，伽利略写了一本对话体的书，名为《关于托勒密和哥白尼两大世界体系的对话》。书中借很多历史上学者之口，讨论了有争论的天体运动、潮汐形成和月球表面等问题。虽然如此，伽利略还是受到了审判，在1632年6月22日，教会法庭判处他终生监禁。伽利略在监禁中继续研究力学。

伽利略主要的和最具独创性的工作是为动力学奠定了基础。他提出了匀速运动和匀加速运动，意味着力是改变运动状态的原因。在他以前抛射体的路径，人们认为是沿直线运动，等到推力耗尽才垂直下落。而伽利略看出抛射体的运动可以分析为两个成份：一个在水平向，速度恒定不变，一个在垂直向，遵循落体的定律。这个分析导出了意大利数学家塔尔塔利亚早期的一个发现：抛物体的仰角为45度时，射程最远。

伽利略在数学的动力学方面迈出了最初的也是最难的一步。他的思想从研究为什么到怎么样，开始对物理现象进行描述，这是重大的方法变化。

伽利略还发现如果摩擦力小到可以忽略时，球滚下一个斜面之后，可以滚上另一个斜面直到和出发点一样高的地方，而与斜面的倾斜度无关。如果第二面是水平的，这个球将以恒速在这面上不断地向前跑去。

有一个传说是，伽利略在比萨教堂做礼拜，看到灯吊在空中随风摆动而触发灵感，发现摆的周期时间总是相等。这个传说已经被证明是不可靠的，因为伽利略在比萨教堂时，那盏灯还没制造出来。不过伽利略确实做实验研究了摆，并提出了落体定律。

1980年，教皇正式宣布教会当年压制伽利略是错误的。科学最终胜利了。虽然1642年伽利略就逝世了，离昭雪已经是300多年，但真理随历史存在。爱因斯坦说，伽利略标志着物理学的真正开端。

"我思故我在"——笛卡尔

笛卡尔是一位真正的哲学家，但是他在数学、物理与科学方法上都有杰出贡献。

在科学方法论上，笛卡尔与培根相对照，提出了数学演绎的方法。笛卡尔在数学和力学上做出了重要的开创性贡献，是机械自然观的第一个系统表述者，还被认为是近代哲学的开创者。他第一个提出了彻底的二元论思想。

笛卡尔在1617年从军，时年22岁。他在荷兰奥伦治公爵的军队中，看到布雷达城有一则启事，原来是几何难题招解。如果谁要是解出来，就会赢得全城最优秀的数学家称号。笛卡尔用心钻研了一段时间，把难题攻克了。荷兰多特学院的院长毕克曼十分欣赏笛卡尔，对他说："你的数学基础深厚，才思敏捷，离开军队，搞数学研究吧，你会成功的。"

笛卡尔没有马上离开军队，但一直研究数学问题。1621年，笛卡尔才退出军界。他与数学家迈多治等朋友交往，潜心研究数学。1628年，笛卡尔移居荷兰。当时的荷兰，资产阶级革命已经成功，社会发展很快。笛卡尔进行了20年的研究，取得辉煌的成就。

笛卡尔研究哲学，还从事文学创作。他兴趣广泛，观察思考缜密、深入。他曾经这样说过："虽说我从小就喜欢把空闲的时间用在解决数学问题上，但是这都是些小事情。在这些小事情当中，可能我发现了比普通数学更精确的地方。我抛弃了专门研究算术和几何，使我能献身多方面的数学研究。在细心寻思时，我发现一切科学，所有跟顺序和度量有关的知识都属于数学，它们总要表现在数、图形、星座和声调里。"

笛卡尔发明了平面解析几何的坐标系，意义重大。传说有一天，笛卡尔生病卧床，望着天花板思考数学问题。他对古希腊三大难题很感兴趣，但没能找到答案。在这个过程中，他渐渐偏离了纯几何，想到了一个角度：数和形怎样结合？

他反复琢磨，在床上仰望着天花板，突然看见了屋顶上有蜘蛛网，蜘蛛拉着丝垂下来，一会儿又顺着丝爬，不停地交织穿梭。那纵横交错的直线、圆线在他眼前幻成了数学线。他突然领悟到了：用交叉的线做参考，蜘蛛就好比是动点，它的方位可以确定。而线、面都是点构成的，这里面一定可以找到规律！

于是，平面坐标系就这样诞生了。笛卡尔最初发明的是不完备的斜坐标，很快，直角坐标也诞生了。

笛卡尔的发明似乎很简单，但是坐标系的出现，使得平面内的点可以用有序数对表示，空间内的点可以用三个数共同确定。几何图形和方程建立了联系，几何与代数沟通了，从而可以在运算的层次上处理很多问题，这样更加精确。

几何图形通过坐标系可以转化成方程，而方程也有它的几何性质。解析几何在笛卡尔手中诞生了。这一工具的出现，为三大难题的求解找到了证明工具。人们通过对图形所代表的方程研究，发现了它们没有有理根，从而得知三大难题尺规不可解。

恩格斯高度地评价了笛卡尔的工作："数学中的转折点是笛卡尔的变数。有了变数，运动进入了数学；有了变数，辩证法进入了数学；有了变数，微分和积分也就立刻成为必要的了。"

在解析几何中,点的运动形成图形,就是点的轨迹;把轨迹描绘出来,就是方程。数形结合的意义就在于此。几何曲线与代数方程相联系,直接导致了微积分的出现。解析几何这门学科是军事、航海等的重要工具。

笛卡尔是机械论哲学家,他反对封建神学和经院哲学。1637年,笛卡尔匿名出版了划时代的著作《更好地指导推理和寻求科学真理的方法》,简称《方法谈》。为何不署名字呢?

在1634年,笛卡尔已经写出了《论世界》,总结了他哲学、数学、自然科学上的看法。但是伽利略受到迫害的消息传来,笛卡尔便没有把自己的书出版,因为他赞成哥白尼的学说。

但尽管如此,笛卡尔仍然于1647年被判有罪,宗教法庭将笛卡尔的著作收缴并烧毁。

笛卡尔全名勒内·笛卡尔,1596年3月31日出生于法国拉埃耶一个古老的贵族家庭。

他从小就体弱多病,但十分好学。在耶稣会学院接受古典教育,院长为了照顾笛卡尔,告诉他不必早起,父母也很溺爱他。因此,早晨不起床便成了笛卡尔人所共知的习惯,而他好多的沉思都是在早晨的床上进行的。人们又叫他"躺在床上沉思的哲学家"。

1616年,笛卡尔不愿意过公子哥的生活了,便入伍从军。他在欧洲的许多军队呆过。布拉格战役他也亲身参与。

1649年,瑞典女王邀请他做宫廷哲学家,笛卡尔推辞不去,但女王十分刚愎自用,执意邀请。于是,笛卡尔到达了斯德哥尔摩。结果不出多长时间,就在1650年2月11日去世了。

有一个很重要的原因是,女王的蛮横给笛卡尔身体健康带来了危害。她认为凌晨时间适合学习哲学,结果笛卡尔改变了几十年的习惯,冒着斯德哥尔摩的严寒去王宫图书馆授课。不久,笛卡尔染上了肺炎,因此过早地离开了人世。

笛卡尔不太重视实验,也不从实验中引入定量分析,这和他的数学哲学思维有关。所以,笛卡尔提出了数学演绎方法论。

他认为培根在《新工具》中提出的方法是颠倒的,面对复杂的现象,以它为基础进行推理并不可靠,而演绎的方法依靠逻辑,只要前提正确,就能推导出系列的正确结论。

怎样得到正确的前提呢?笛卡尔指出:怀疑一切。对什么都要怀疑,但不能怀疑"我正在怀疑这件事"。怀疑就是"我思",即指思考分析怀疑之意。通过怀疑确定自己正在怀疑,从而肯定自己在怀疑是"我在"。这就是著名的"我思故我在"。他的二元论认为:物质的本质属性是广延,心灵的本质属性是思维。物质和心灵构成两元。思想与物质是同样实在的,是"我思故我在"表现出的观点。

笛卡尔凭着推理和演绎,在物理方面做出了很多贡献,而他的机械化哲学的影响更为深远。

在《方法谈》中,笛卡尔还给出机械自然观的基本论点。他指出力所做了功(现在人们说的能）的重要，他认为物理学可以归结为机械学，而人体就是一部精密异常的机械，人体的机能均可以用力学来解释。

他接受了哈维得出的血液循环理论，并公开做宣传，使人们改变了对哈维的看法，但他和中世纪某些观点接近，赞成盖伦的学说。

笛卡尔提出了心与物的关系问题，这是哲学领域内的重要问题。他认为物体第一性的质是数学的实在，其中最重要的是广泛延性，第二性的质只是第一性的质经过人类成功的翻译。他认为，真正死的东西是物，除了在开始时从上帝得到运动之外，物就不能有其他活动了，他们没有生命。

笛卡尔的著作还有《形而上学的沉思》《哲学原理》等等。《论世界》在他死后出版。很多观念和教会不符，因此梵蒂冈教会禁止他的著作达十余年。

"自然界厌恶真空"一说的错误

在亚里士多德的自然哲学中，真空即没有任何物质存在的空间，而这种空间在自然界是存在的。《物理学》一书中，亚里士多德论证了真空是不存在的。

伽利略的关于落体的规律如果做标准的实验的话，应该是在真空中，其实这个真空并不是什么都没有，而是没有空气的空间。

直到17世纪，人们仍然认为亚里士多德是正确的，即"自然界厌恶真空"，就连伽利略本人也怀疑真空是否能存在。

1608年10月15日，意大利物理学家托里拆利生于法思扎。1639年，在伽利略逝世前三年，托里拆利成为伽利略的学生。他一直呆在伽利略身边，守候到伽利略生命的最后一刻。

在那时，水泵应用十分广泛，人们抽水进行工农业方面的应用。亚里士多德的物理学认为，水之所以能向上抽就是因为活塞向上抽动所留下的空隙是真空，而大自然不允许真空的存在，因此水就向上填满空隙，从而弥补真空环境。但表面上的理论是经不住深究的，是否水可以无限抽上？按照亚里士多德的观念，水应该能无限向上抽。事实上是，人们发现水只能比原来抽高十多米，也就是说，水面距地面二十多米的井或沟，把抽水泵放进去，根本抽不上水来。

伽利略没有对这个问题进行清楚地研究和解释，把这个课题留给了托里拆利。

1643年，托里拆利与伽利略的另外一名学生合作，研究抽水问题。他们一开始想到做水的试验。

他们想到做一根长长的玻璃管，将管子的一端封住，在管子里充满水。如果大自然真的不形成真空的话，那么把管子开口向下翻过来，没入水中，这样，管子里的水不应该下降，而应一直充斥着整个管子。

可是要超过10多米的玻璃管是很不好找的，即便找到，要对它进行操作更是费劲儿。怎么办呢？

托里拆利想出了办法：用水银。

就这样，举世闻名的托里拆利实验诞生了。在佛罗伦萨，托里拆利在一根四英尺长、一端封闭的玻璃管内注满水银，用手堵住开口翻了一个个儿，使开口冲下，没入水银盆中，然后他松开手，观察玻璃管内水银柱的变化。如果亚里士多德正确的话，那么水银就不应该下降。结果水银向下流了，管内出现了一段真空！

更有趣的是，水银柱降到高约760毫米时，就不再下降了。他们换了大的、小的、精的、细的各种管子，都充满水银，然后倒放在水银盆里，结果发现结果一致：水银柱高约760毫米时，水银就不再向下降了。

"如此看来，真空恐怕并不存在！"他们终于认识到这一点。那么是什么原因使得液体不继续下降而稳定不动了呢？托里拆利准确地认识到，所谓排斥真空的力不是别的，正是空气的力量，由于空气的重量是一定的，所以空气能支撑的水银柱高度也是一定的，如果是水柱，道理也是如此。实际都是有限的高度，不过液体各不相同。原因在于每种液体的密度不同。水的密度就比水银小，所以水柱就高一些，这样产生的压力刚好和空气所产生的压力相平衡。

在这个实验中，托里拆利实际上做成了世界上第一个气压计。

托里拆利打破了自然界不存在真空的错误观点，发现了玻璃管内的真空，被称为"真空的鼻祖"。他发现了大气压力。

波义尔把化学确立为科学

炼金术的发展导致了矿物学与医药化学的诞生。化学真正转为科学，是从波义尔手中完成的。

罗伯特·波义尔1622年出生，是爱尔兰富翁、贵族柯克伯爵的儿子。他也是一位神童。他8岁时进入英国的贵族学校伊顿公学，人们传说他已经掌握希腊文和拉丁文了。

波义尔少年时代就读到伽利略和笛卡尔的著作。1644年他的父亲去世，他匆忙赶回国，继承了一大笔遗产。这样，他的科学研究就有了充足的资金。

1668年，波义尔居住在伦敦，建立了一家私人实验室。他从事化学实验，写出很多著作。

波义尔在提取浓硫酸时发现，酸沫溅落在深紫色的紫罗兰花瓣上，紫罗兰由深紫变成了红色。他敏锐地意识到了这个现象，于是把花瓣放入不同的酸的溶液中，结果发现紫罗兰花瓣变成红色，无一例外。波义尔认识到："只要把紫罗兰花瓣放入溶液中，就可以得知溶液是否为酸性，以紫罗兰花瓣变不变成红色为标准。"

波义尔还发现了从石蕊地衣中提取的石蕊制剂，它的特性是酸能使它变红，碱能使它变蓝。波义尔用纸浸泡在石蕊试剂中，制成了石蕊试纸，至今还在运用。

作为标志，波义尔的化学著作《怀疑的化学家》在1661年出版。此书标志着近代化学从炼金术中脱胎而出。

从波义尔开始，化学成为理论科学，而不只是技术制造。化学成为解释世界、改造世界的学科，从事物质规律的研究。

波义尔清除了旧的元素概念。他反对亚里士多德的四元素说，也反对帕拉塞尔苏斯的三要素说，他认为元素指"某些原初的和单纯的即丝毫没混合过的物体，这些物体不是由任何其他物体组成，也不是相互组成，而是作为配料，一切所谓的完全混和物体都直接由它们化合而成，最终也分解成它们"。

波义尔的元素说，彻底推翻了统治化学长达 2000 年之久的四元素，化学从炼金中分离出来。波义尔证明铜不可能变成金，铅也不可能变成银。

波义尔为化学的发展指明了方向。他说："化学家们到现在还信守着极其狭隘的原则，不需要更广阔的视野。他们看到自己的任务只是制备药剂、制取和转化金属。而我完全从另一个角度来看化学，我不是作为一个医生、一个炼金家来看化学，而从哲学家的身分来看化学。我在这里草拟了化学哲学的计划，希望用自己的实验和观察来完成这一计划，使之走向完善。"

在 17 世纪下半叶，伽利略创立了力学，莱布尼兹、牛顿发明了微积分，牛顿发现了"万有引力定律"，第一次科学革命到来。因为有了波义尔，才使化学赶上了科学革命的大潮。

波义尔在胡克的帮助下制造出了抽气机，这使他能在真空中做实验。1673 年，波义尔发表文章，名为《关于火焰与空气关系的新实验》。他讲述了真空中硫磺的燃烧。在没有空气的情况下，带有硫磺的纸卷只冒烟不着火，而一放进空气，纸卷马上着出蓝色的火焰。从这里，波义尔认识到空气对于燃烧的影响。波义尔认识到一部分空气对动物呼吸有用，一部分空气对燃烧有帮助，但他没能分离出来这些空气，也没有认识到这是同一种气体。

波义尔在物理方面的成就也很大。他在气体力学中提出了波义尔定律。他提出后 14 年，法国物理学家马略特独立发现了这个定律。所以人称波义尔——马略特定律。波义尔用了一端封闭的玻璃管，将水银从开口注入，让空气被挤压到封闭的一端，也就是说用弯管封闭了一部分空气，然后他不断地倒入水银，结果发现空气在压缩时可以产生更大压强，从而寻找出压强与体积的关系。

波义尔制成真空的管子，在管中放入羽毛、铅块等质量、材料、体积不一样的物品，然后把管子垂直竖起，结果管中的物品在没有空气阻力的状态下一起下落，不分先后。

波义尔拒绝了贵族的爵位和伊顿学校校长的职位。在爱尔兰他的墓志铭上刻着："化学的父亲和科克伯爵的叔父。"

波义尔 1691 年在伦敦去世。

出自 17 岁年轻人之手的定理

帕斯卡全名布莱斯·帕斯卡，是 17 世纪的著名物理学家和天才数学家。我们在物理上知道有液体压强方面的帕斯卡定律，而在数学上帕斯卡更做出了非凡的成就。

帕斯卡以神学家出名，他是概率的数学理论的创始人，这种研究从关于赌博机遇的讨论开始，对科学和哲学以及社会统计问题都有重大的现实意义。

1623年6月19日，帕斯卡出生在法国的克莱蒙·菲朗市。他的父亲是一位很有才华的数学家，这为帕斯卡的成长提供了良好的家庭环境。帕斯卡对数学兴趣极大，1640年他就发表了关于圆锥曲线的论文，提出了射影几何的基本定理。

帕斯卡从小体弱多病，但智力高超，聪明勤奋。他只活了39岁，但却成为科学家、哲学家和文学家。他的《致外省人信札》和《思想录》，语言严谨漂亮，思想优美深刻，成为法语文学的精品。

有人说是17岁，也有人说是16岁，不管怎样，这件事就在帕斯卡16～17岁时发生的，即他提出了数学中的帕斯卡定理。

自古希腊的阿波罗尼研究圆锥曲线，1591年出生的法国数学家笛沙格开始了射影几何研究。对射影几何作出贡献的第二人就是帕斯卡。

从13岁起，父亲就经常带帕斯卡参加法国梅森学院的例会，这是法国科学院的前身。帕斯卡能听懂梅森的演讲，并得到了笛沙格的赏识与帮助。

1640年，帕斯卡发表了《略论圆锥曲线》的论文，引出了400多条推论，提出了被笛沙格称为神秘的六边形的射影几何基本定理，作出了自阿波罗尼以来关于圆锥曲线的最重要研究。

这个以帕斯卡的名字命名的几何定理很简洁：若一个六边形内接于一圆（更一般是圆锥曲线），则每两条对边相交而得到三个点，它们在同一条直线上。

也可以说，如果圆内接六边形的三对对边所在直线分别相交，那么三个交点必定共线。

数学史家认定，单就这一个定理，就足以让帕斯卡流芳百世。的确，这时的帕斯卡不过刚刚十六七岁。当时著名的大数学家笛卡尔读到论文时，不敢相信这么重要的定理竟然出自一个少年，他摇头说："17岁的少年不会发现这个定理！"

帕斯卡的工作，开创了射影几何研究，为微积分的诞生创造了预备条件。德国著名的数学家、微积分的创立人之一的莱布尼茨说过："当我读帕斯卡的著作时，我像触电一样，突然间悟到了道理。"

1642年，19岁的帕斯卡还发明了一种可以做加减法的齿轮计算机，并取得专利。这是世界第一台机械计算机。

帕斯卡与气压和液压

物理学中有著名的"帕斯卡定律"，而大气压的单位用"帕"来命名，这都是为了纪念天才的物理学家帕斯卡。

帕斯卡不仅是物理天才，更是真正的数学天才。在这里，我们先讲一讲他在大气压上的研究。

1646年，法国物理学家帕斯卡得知意大利物理学家托里拆利的气压实验，很感兴趣，也开始着手研究大气压。他想"真空在自然界不是不可能的，自然界不是像许多人想象那样以如此巨大的厌恶来避开真空"。

帕斯卡想出一个实验,把水银气压计带上山顶,和山下相比,水银柱应更为降低。他自己身体不好,委托表兄将托里策利将水银仪器带到当地的多姆山。果然,在1英里高处,水银柱下降了3英寸。这个实验重复试做,有力地支持了帕斯卡关于大气压力的观点。

帕斯卡在液体压强上有重要发现,他发现作用于密封液体中的压力可以完全传递到液体内部任何一处,并且垂直地作用于它所接触的任一界面上,这就是著名的帕斯卡原理,也就是帕斯卡定律。

1647年,帕斯卡做了一个奇妙的实验。他定做了一个大木桶,木桶密封得十分好,不漏水不漏气。在大木桶的盖上他开了一个小孔,将一根13米长的很细的管子插在孔中。这一切做好后,他把木桶抬到了外面,放在屋子下面。

然后,帕斯卡用梯子爬上房顶,这时已经挤满了围观的人。帕斯卡对大家说:"在这里我们要做一个实验,看看水能产生多大的压强,这也是为了证明我的一个发现。"

不一会儿,桶里被装满了水。帕斯卡用手提着水壶,对大家说:"我现在要向细管里注水了,因为桶中已经满了,所以细管的水会越注越高,我手里这一小壶水不算重,连一个小孩都提得动,但这些水一旦被拉成细高的水柱,将会产生意想不到的效果。"

帕斯卡让壶里的水缓慢地流,顺着细管流下去,刚刚注了一会儿,壶中的水还没注完,只听"啪"一声炸裂,大木桶被顶开了,水哗哗地流着,人们全都惊讶得说不出话来。真是没想到,会有这么大的压力!

帕斯卡解释说,木桶之所以破裂,是因为细管内的水给木桶里的水以压强,而这个压强被水向木桶内壁的各个方向传递。所以将两个截面面积较为不同的容器连在一起,比如说一根细管连着一个木桶,在小的截面上施加一个很小的压力,在大的截面上就会产生很大的压力,原因就在于液体传递压强。

帕斯卡还发现,水压机是一个杠杆,力与力臂的积保持不变,在两个活塞组成的液压机中,活塞越大,液体的高度变化就越小,它所受的力就越大。

1648年帕斯卡发表了《关于液体平衡的重要实验报告》。他死后出版了《论液体平衡与气体物质的压力》。

显微镜下的世界

首先,我们来讲列文虎克。他是公认的第一个发现透镜下真正复杂世界的人。在他之前也有人用显微镜观察,但都不是真正意义的微观世界。

在17世纪,重要的两大发明是望远镜和显微镜。一个为了研究大,一个为了研究小。宏观与微观永远吸引着人类。

1632年,列文虎克出生了。他的家庭很穷苦,父亲是荷兰特尔夫特城的普通工匠。在列文虎克6岁时,他的父亲去世了。16岁时,列文虎克被迫中断学业,在阿姆斯特丹的一家杂货铺当了学徒。

成年之后，列文虎克自己经营了一个服装店，后来当上了特尔夫特市政大厅管理员。

列文虎克完全是自学成才的。他从当学徒起，就利用业余时间夜读，天文、数学、地理以及动植物学的书都是他向别人借的。

列文虎克心灵手巧。据说有一天，他看到眼镜店的人正在磨制透镜，这引起了他的兴趣。于是，他拜一位老工人为师，学习技术，自己磨制。他制作的镜片比别人的质量都好，放大倍数也高。列文虎克的光学知识不够，所以他没能制出复式显微镜。但是他技术高超，同样的镜片，他的比别人的清晰。

他制作出直径约3毫米的镜片放大倍数高达200多倍。他把镜片镶在木片挖成的洞孔里观察物体，发现了一个令人惊讶的世界。

他把鸡毛放在镜片下，那些细小的绒毛竟然像树枝一样粗壮地排列着，他还看到了数十种树木和植物种子及表皮的纤维组织。

1675年，列文虎克发现了单细胞有机体，就是原生物。这种原生动物是列文虎克在盛雨水的罐子中发现的，它大小只有水虱子的百分之一。他还继续观察马尔比基所观察的毛细血管和血液。

一天，他好奇地刺破自己的手指，观察新鲜的血液，结果"那些让血液呈现为红色的血球竟然十分微小，100万个红血细胞加在一起也没有河边的粗沙粒大"！

列文虎克成为人类世界第一个发现微生物的人，第一个发现并仔细观察红血球的人。他还观察动物的毛细血管，发现血液循环是依赖心脏搏动。他还发现蝌蚪的血流十分神奇，它们体内动脉血向静脉流入时，通路十分细小，每次几乎只有一个血细胞通过。

列文虎克指出，人和大多数哺乳动物及其他的高等动物一样，其红血球是圆形的，而在低等动物那里，红血球是椭圆形的，不是标准的圆球形。1683年，列文虎克发现了比原生物更小的东西——细菌。

从1673年起，列文虎克把自己观察到的情况向英国皇家学会作了报告，但是学会一开始对他置之不理。直到学会的科学家们利用列文虎克的显微镜观察，同样看到了奇异的景象，大家才相信，并于1680年选举列文虎克为皇家学会会员。

列文虎克的技巧十分高超，一生共制作了419枚透镜。他利用体积很小而焦距较短的双凸透镜，制成了高倍透镜显微镜，结果，精确性大大超出了理论上领先的复合透镜。

列文虎克研制出了世界第一架金属结构的显微镜，倍数高达300倍，成为世界上同时代最先进的显微镜。

1723年，列文虎克在家乡病逝，终年91岁，他的著作结集出版为《大自然的奥秘》。

实际上，早在1609年伽利略造出望远镜之后，他就设计显微镜了，并且观察了昆虫的复眼。哈维《心血运动论》中记载了用放大镜观察了动物的心脏。但他们所用的，只能称得上是放大镜观察，真正到达放大倍数的，则要数马尔比基、列文虎克、胡克、斯旺麦丹。

他们发现了有机体的新世界。较早的是马尔切诺·马尔比基。他是意大利人，曾经在波洛尼亚大学获得过医学学位。一开始，他注意观察青蛙的肺。

1660年，马尔比基发现青蛙肺里有复杂的血管网，这些网的结构特别有利于氧气的血液循环，而且这些血管网连接了肺动脉和肺静脉。后来，马尔比基发现了一些十分细小的血管，就是我们现在的毛细血管。毛细血管十分细小，肉眼无法辨认，但在显微镜下却清晰明了。毛细血管将身体各处的动脉与静脉相连，对哈维的血液循环理论所遇的困难恰好作出解释，但那时哈维已不在人间了。

马尔比基认为，呼吸器官的大小与有机体的完善程度有关，有机体越低级，呼吸器官占全身的比例就越大。

1668年，英国皇家学会吸收马尔比基为会员。马尔比基递交了自己的研究成果，是他观察的蚕的内部结构与小鸡的发育内部结构图。

胡克与斯旺麦丹也值得一提。他们是较早进入微观世界的人。胡克在1665年发表了《显微图》一书，把他在显微镜下看到的昆虫器官的细微图案均详细画出。1637年出生的斯旺麦丹，生于荷兰的阿姆斯特丹。他自幼就与达尔文一样，十分喜欢观察昆虫，采集了约三千种昆虫标本。他用显微镜推翻了生命自然发生说，比如"腐为萤""腐肉生蛆"。因为他发现了虫卵。45岁时，由于长期伏案工作，视力与身体均遭到极其严重的损害，斯旺麦丹去世了。但他奠定了近代昆虫学的基础。

默默无闻的天才——巴赫

巴赫的音乐可以说是整个巴洛克时期这座殿堂的圆顶，可以说正是有了巴赫和亨德尔，巴洛克才成为一个伟大的时期，成为开启后代音乐智慧的一束灵光。

说起巴赫，自然要涉及到巴洛克。那么巴洛克是什么意思呢？巴洛克可能最初来源于葡萄牙语，用来称呼形状不规则的珠宝，后来人们把它创造性地用于建筑，指的是建筑上的装饰。直到18世纪，这个词才被用于音乐，但那时却是贬义，指的是音乐的变化随心所欲、滥用音乐技法、变化过度。但在19世纪以后，这个词却取得了褒义，用于音乐上，它表述的是16世纪到18世纪中叶这段时期的音乐。

我们知道，16世纪到18世纪中叶这段时期，教堂在人们的生活中占有重要的地位。所以，巴洛克时期的许多音乐都是用于教堂的，那么它当然便具有诸如宏大的构想、辉煌的效果、结构对称、装饰华丽等特点。相对于欧洲古老的音乐传统，它有自己的特征，如音乐的协奏风格、低声部常用数字低音、主调音乐的加重、歌剧、清唱剧、奏鸣曲、组曲、协奏曲等。但在许多方面，它也依然对传统有很多保持，如对文艺复兴时期复调音乐预行的继承，对位法的运用等。

巴洛克时期的音乐是辉煌的，而巴赫又是巴洛克的辉煌。但伟大的巴赫在他那个时代却历经磨难，辗转飘零。

巴赫的全名是约翰·塞巴斯蒂安·巴赫。他于1685年3月31日出生于爱森纳赫的一个音乐世家。他的前辈维特·巴赫、约翰·克里斯朵夫·巴赫等都是著名的音乐家。

巴赫家族每年都要举行大型的聚会，有时多达120多人，这些聚会常常就成了音乐会。在聚会中组成现成的乐队和歌咏队，热闹非凡，其乐融融。

巴赫的启蒙音乐教育是由他的父亲约翰·昂布鲁瓦兹·巴赫来完成的。这些教育奠定了他以后成为伟大音乐家的基础。但不幸的小巴赫在10岁便失去了双亲，成为孤儿，只得靠他的大哥抚养。而他的这位大哥又是非常专横的，家藏的许多音乐资料、曲谱都不让他翻阅。无奈，小巴赫只能把一些曲谱偷出来，在月光下抄录。从这一时期开始，巴赫毕生都在抄录大师们的曲谱，因此，他能够深刻地理解这些大师。这种虔诚的学习，对以后巴赫的创作产生了不可估量的影响。

1700年，15岁的小巴赫离开了哥哥，开始独立生活。他由童声合唱团的歌手到小提琴师、管风琴师、圣咏学校的乐长，不断变换自己的工作。巴赫时代的德国政治分裂、经济落后，音乐家也是一种地位非常卑微的职业，他们只能依附于一些领主，成为贵族的仆役。由于巴赫不断和他的领主们产生矛盾，他不得不频繁地转换自己的领主。巴赫笃信宗教，这使得他最后选择了教堂，在教堂里作管风琴师，同时写作了大量的宗教音乐，直至最后双目失明，因疾而终。

我们今天是把巴赫作为一个伟大的作曲家来谈论的，但在他的有生之年，巴赫是作为一个管风琴师而闻名于德国的。据说有一次他在德国旅行，当时的弗雷汪里克二世正在举行一个音乐会，并亲自在乐队中演奏天笛。当人们告诉他巴赫来到柏林之后，他立刻中断了音乐会，告诉人们说："先生们，老巴赫来啦！"接着便派人把行装未卸的巴赫找来演奏。其中有一个对巴赫的作品颇有微词的评论家沙伊贝也不得不折服于巴赫高超演奏艺术。他说："这是一位炉火纯青的乐器能手，是一位出类拔萃的拨弦钢琴、管风琴艺术家，世上还没有哪一位艺术家能与他相媲美。我已多次聆听过这位大师的演奏。他那灵巧娴熟的技巧使人为之惊叹，几乎难以想象他能够如此独特、如此敏捷地将双手和双腿这样交叉、分开，并能达到极其宽阔的音程而不混进一个错音。而且，即使他四肢这样摇动，他却毫不挪动他的身躯。"由此，我们可见巴赫演奏技巧的高超。

尽管巴赫作为一名演奏家颇负盛名，但在当时条件下，作为音乐家卑微的社会地位注定了巴赫不幸的一生，再加上生活的不幸，使他历尽了磨难。经历幼年失去双亲的打击之后，死亡的阴影一直笼罩巴赫的心头。而中年的巴赫又经历了丧妻的巨痛。再婚之后，两个妻子给他留下了20个孩子，而他又眼睁睁地将自己的11个孩子送进了坟墓。早年的辛劳地使得他在晚年双目失明，而两次不成功的手术又摧垮了他的身体。诚如德国伟大的剧作家莱辛所言："天才即使不是生在极端贫困的阶层，也是生活在非常艰苦的阶层里。老天好像有意要在这样的阶层里创造出比其他的阶层更多的天才似的。"回顾巴赫的一生，也确是如此。

巴赫是一位天才，但他并未意识到自己是伟大的天才，巴赫的一生纯朴、谦逊。他一生都在不超过400里的地域上生活，献身于家庭和工作。他不是为天才的作品而创作，也不是为后代人而创作。他每一个礼拜所做的只是为下一个礼拜日教堂的需要而工作。他从来没把它们出版过，也从未想到把这些作品认真保存起来，从而使得很多作品散失，但即使如此，他也为后世留下了大量的作品。他的作品在他死后很长一段时间都不能被人接受，人们很少提及和演奏他的作品。

对巴赫作品的重视是从莫扎特开始的。1789年的一天，莫扎特路过莱比锡，参加圣·托马斯学校的一个宗教庆典，而巴赫曾做过这个学校的乐长。在会上，有人弹奏了巴赫的曲子。莫扎特闻听后又惊又喜，高兴地说道："我终于听到新鲜的东西了！我终于学到东西了！"他的话引起了人们对巴赫的注意。以后，人们对巴赫的认识便逐渐深入。特别是后来门德尔松和舒曼发起了一场深入的运动来促使当时的人们来认识巴赫。1850年，人们成立了"巴赫学会"来纪念这位伟大的人物，整理其作品。

今天人们再谈起巴赫，有人会觉得巴赫作品有些单调、沉闷、不太容易领会。但巴赫确实是深刻的。巴赫的深刻首先来源于他作为一名忠实的基督徒的虔诚。而对信仰的虔诚便可使得作品显得纯净而又深刻。巴赫的深刻还来自他高贵的品德。他的谦逊、纯洁使得他的作品晶莹、高尚而寓意深刻。

巴赫的作品不容易领会，是由于我们的欣赏习惯使我们听惯了戏剧化的音乐作品，而巴赫的作品很少有戏剧化的对比，比如调性的对比、速度的对比、强弱的对比等。戏剧化的音乐是对事物两极的描述，比如痛苦与欢乐、善与恶等。而巴赫受原始主义创作的影响，他的每一个单独的乐章，只是叙述单一的一件事情。就好像是一座建筑，一个主旋律先是给你搭一个框架，以后的变奏就都是对这个框架的装修、装饰，使得这一座建筑美轮美奂、完整无瑕。在音乐中，你所有的情绪都被主题之后一处处细微的变化清晰地描述出来。这样，它看似浅显的，实则是深刻的。这种构成也是作为宗教音乐的特征来出现的。因为在神的面前，我们所表达的只能是虔诚。

巴赫作品另一个明显特征是对对位法的运用。这也是巴洛克音乐的特征之一。对位法简单地说就是两个或几个旋律同时进行。只不过是以一个旋律为主，其他的旋律为这一旋律伴奏。这区别于我们常听的主调音乐。在主调音乐里，旋律是中心，而其他的和弦像柱子一样在下面支持着它。在以对位法创作的音乐里，会有许多旋律同时流出。比如巴赫的赋格曲就是这样。但对位与和声也并不是冲突的。比如巴赫的许多作品在竖直上看，音与音之间构成了和声，而水平上看，又构成了对位，但只有像巴赫这样伟大的音乐家才能够做到这一点。

许多普遍而独特的艺术手法在巴赫的作品中得到了具体的运用，比如他的《马太受难曲》。

根据现存的文献，巴赫一生共写了五部受难曲（受难曲是为纪念耶稣被钉十字架而写的大型套曲），而现在仅存有两部。后人把主要词句按《圣经》中《马太福音》记载而写的叫《马太受难曲》，把主要词句按《约翰福音》写的叫《约翰受难曲》。

《马太受难曲》全曲按1950年莱北锡所编的巴赫作品目录分为78首，两部分。第一部分是第1—35首，第二部分为36—78首，演完全曲需3个多小时。在这部作品中，巴赫非常忠实地根据歌词内容谱曲，结构宏大，气势磅礴，而许多细节处理的又几乎天衣无缝。

这部受难曲中有许多角色，比如由男高音用宣叙调唱出的宣道者，由男低音用宣叙调唱出的耶稣基督等。在这部受难曲一开始，乐队的序曲就奠定了受难和痛苦的情绪，然后合唱插入，唱出了教徒们在基督受难时心中的痛楚。这部分全部用卡农曲式，声部丰富，极富表现力。然后由合唱团突然分作两组对比合唱，到那句"啊，最神圣的上帝的羔羊"处，明亮的救赎的真理穿透了尘世的痛苦。

在《马太受难曲》中，受难剧中每当耶稣的声音被听到，弦乐就会插入光辉的和弦，这些常被比喻为圣像头上的光轮。但只有耶稣在十字架上那一次说话，没有被弦乐的光轮所围绕，极细腻地表现出了作品中人物的心理。

在《马太受难曲》中，几乎每一段都是动人心魄的。例如当耶稣被捕时，首先是由合唱支持的女高音和女中音唱出："呀，我的耶稣被捕了。"这不单是字的描绘，而且是整个景象的描绘。接着，两个独唱者像是合唱的领导，当他们对位式的曲调唱出后，被门徒们惊恐的叫喊打破了："放开他，不要捆绑他！"然后当独唱者唱出："他被带走了。呀，他们缚起了他，"我们便听见了乐队那沉重而又有韵律的缓进，好像是冷酷无情的脚步。终曲在两个合唱团的合唱中，表示了人类对耶稣基督受难的痛苦和悲伤。

在《马太受难曲》中，连我们今天的人们都会惊叹于巴赫会用独唱、合唱、对位、和声、乐器、节奏等那么丰富的手段来表现耶稣受难时的情景及各种不同人物的迥异情感。一位欧洲音乐评论家在谈到《马太受难曲》时说："《马太受难曲》中充满崇敬、虔诚和赞美的心情，在音乐艺术中，很少有人能如此地表达出这层深刻的情感。乐曲好像巴赫非常奇妙地读出了每个人的肺腑之言。"还有人说："《马太受难曲》是所有宗教音乐中最伟大、最丰富的典范。"

我们可能会感受到《马太受难曲》的伟大，但这只是他无数伟大作品中的一部。除此而外，巴赫为我们留下了诸如歌曲、古舞曲、组曲、奏鸣曲、前奏曲、赋格曲、清唱剧、圣咏、弥撒曲、受难曲、幻想曲、快奏曲、变奏曲、固定低音舞曲等不同体裁、无以计数的伟大作品。

正因为巴赫作品的伟大与精深，著名的钢琴家、指挥家阿什肯纳吉在某次被问到为何不弹巴赫的作品时，才有如下回答：

"我于巴赫作品总觉有困难，因而不敢弹。偶尔试着弹弹，但听起来很不对劲儿，只好停下来。好像总也弹不出想象的效果。我并不是要为自己开脱，听别人弹的也总与想象中应该有的效果不沾边。大概这与想要表达的音乐的意义与内涵有关。我听过的录音大都是篡改了的巴赫。"

高尔基曾经这样评价巴赫："如果像山峦般地罗列伟大作曲家的名字的话，我认为，巴赫就是其高耸入云的顶峰，那里，太阳在雪白耀眼的冰峰上永远发射出炽热的光辉。巴赫就是那样，像水晶一样莹洁、透明……"

巴赫必将永远放射出炽热的光辉。

世界历史五千年

近代英国

斯图亚特王朝

1603年,伊丽莎白女王王位由远亲来继承。新的国王詹姆士一世崇拜16世纪以来在欧洲形成的专制主义理论,羡慕法国和西班牙的专制制度。他提倡"王权神授",宣扬国王是上帝派来统治人民的,国王的地位神圣不可侵犯。他说:"国王是法律的创立者,而非法律制造国王。"他在登位后的第一届议会上宣称:"议论上帝是渎神,议论君主是叛逆。"他表示不能忍受议会的权力,三次召开议会,又三次解散议会。他迫害清教徒,颁布命令禁止非国教教派组织的存在及活动。为了维持宫廷的庞大开支,他千方百计地大肆搜刮,出售商业公司的专卖权。他公开卖官鬻爵,规定男爵的价格为1000镑,子爵为1万镑,伯爵为2万镑。这些政策,给劳动人民带来灾难,也损害了资产阶级利益,加深了封建势力同人民、资产阶级之间的矛盾。

1625年,詹姆士一世的儿子查理一世即位,推行了比其父还要严酷的封建统治。他们逮捕清教徒并对其严刑拷打,使之大量逃亡海外。他们增加税项税额,还扩大专卖权的范围——连纽扣、别针都包罗了进来。一些买不起专卖权的企业纷纷倒闭,工人失业,商品价格上涨,工商业受到严重摧残。一部分中小资产阶级被迫携带资本移居国外。资产阶级新贵族和封建专制王权的矛盾空前尖锐化了。

查理一世当政的1629年,在征税的问题上,国王同议会发生了争执。国王打算提高酒类的进口税和羊毛的出口税,并提出终身征收这两种税收的要求,遭到议会的拒绝。国王就在这一年解散了议会,开始了长达11年的无议会统治时期。

1640年,查理一世为了筹集镇压苏格兰人民起义的经费,不得不再次召开议会。这届议会于1640年11月3日召开,一直延续到1653年4月,史称"长期会议"。长期会议开幕后,反对派议员猛烈抨击国王的政策,公开挑战国王贵族的权威,要求颁布法案,限制王权。

1641年11月22日,议会通过《大抗议书》,揭露国王暴政,要求建立责任内阁制。查理一世拒绝批准《大抗议书》,并同议会反对派发生了冲突,宣布逮捕反对派领袖。伦敦市民和附近农民得知消息,手持武器,涌上街头,声援议会,保护反对派领袖,使国王的阴谋最终落空。查理一世感到自己在伦敦的处境十分孤立，于 1 月 10 日离开首都，北上约克郡，在那里纠集保王势力，拼凑反革命武装。1642 年 8 月 22 日，查理一世在诺丁汉升起了军旗，宣布"讨伐"议会，挑起了第一次内战。

英国内战过程中，查理一世煽动各地王党叛乱，企图复辟封建统治，但他的一切垂死挣扎都是白费。1648 年 12 月 23 日，议会宣布查理一世为反对议会、发动内战的罪魁祸首，是爱尔兰人和苏格兰人对付英格兰的同盟者。查理一世被交付法庭审判。在审判过程中，每天都有大批群众聚集在法庭附近，高呼"审判"和"处死"等口号。1649 年 1 月 27 日，法庭宣判查理一世为"暴君、叛徒、杀人犯和我国善良人民的敌人"，处以死刑。1 月 30 日，查理一世被押上断头台。

1649 年 5 月 19 日，英国正式宣布废除君主制，成立共和国，斯图亚特王朝的统治暂告一段落。

1649 年，英国宣布成立共和国，结束了斯图亚特王朝的统治。被推翻的封建阶级不甘心失败，积极进行复辟活动。

内战期间固守在北部约克郡的王党分子，内战后仍在负隅顽抗，建立反革命据点。欧洲大陆上的法国、荷兰、西班牙等国因与英国资产阶级利益存在矛盾，也积极支持王党分子及王室成员的反革命复辟活动，提供经费、枪械和其他条件。革命开始不久，查理一世的王后即携带王室大批珠宝逃往荷兰，准备在那里购买军火，接济王军。

查理一世之子查理·斯图亚特于 1646 年第一次内战期间逃往国外，先后定居法国、荷兰。1649 年，当查理一世被处死的消息传到苏格兰后，苏格兰议会立即宣布当时流亡在荷兰的查理·斯图亚特为英格兰、苏格兰和爱尔兰的国王，称查理二世。从此，查理二世的名字就成为保王党人进行反革命活动的旗帜。1650 年 6 月，查理·斯图亚特到达苏格兰，在那里积极作复辟的准备。1651 年 8 月，他亲自率领了两千名士兵向英格兰进攻，很快便被克伦威尔击溃。查理本人因藏匿在厚密的橡树叶下，侥幸未被发现，才保全了性命，事后即逃往法国。然而，以查理·斯图亚特为首的王党分子并没有认输，还是千方百计地准备复辟，军事进攻的活动既未得逞，他们便把希望寄托在国内王党分子的武装叛乱，或是大陆封建君主的武装干涉上。

此时的英国，资产阶级的统治尚不成熟，给复辟造成了可乘之机。

早在护国主克伦威尔统治的后期，人民群众对他的军事独裁就已非常不满了。克伦威尔死后，他的儿子理查·克伦威尔继任护国主。他既无他父亲的威望，也缺乏政治才能，高级军官根本不把他放在眼里。理查曾企图依靠议会同军官集团作斗争，但因后者控制了军队，他不得不屈服于军官集团的压力。1659 年 5 月 25 日，理查被迫放弃了护国主的职位，军官集团掌握了国家政权。为了给军事统治披上合法的外衣，军官集团重新召集"残余的"长期议会，可是不久就把议会撤开了，而成立了一个"安全委员会"，进行直接统治。由此，英国陷入了动乱之中。资产阶级和新贵族为了保卫既得利益、镇压人民，把旧王朝复辟看作是惟一出路。

查理·斯图亚特的复辟，最后是在蒙克将军的策划下完成的。蒙克将军是当时英国驻苏格兰的指挥官。他早年是一个君主主义者，在国王军队里任过职，后来转入议会军，投靠克伦威尔，但从来没有放弃过恢复君主制的念头。他同逃亡到大陆上的王党分子,以及查理·斯图亚特本人都有联系。因此,资产阶级和新贵族把他看成是实现复辟最理想的人物。

1660年2月,蒙克乘伦敦政局动乱之机,带兵南下。奉命去抵抗他的"安全委员会"的军队不堪一击。2月3日,蒙克军队开进伦敦,迫使议会进行改选。新选入议会的成员大多数是主张复辟的考勤老会派分子和保王党人。这就直接为查理·斯图亚特复辟打开了一条通路。

查理·斯图亚特本人在多次反革命武装复辟活动失败之后,也感到凭借武力恢复王位已经毫无希望,准备采取另外的途径。经过同蒙克将军的多次谈判,他于1660年4月4日在荷兰的不列达发表宣言,其主要内容是:赦免所有参加革命的人;实行宗教信仰自由;保障在革命时期获得土地的人的产权;补发军队的欠饷等。这就是《不列达宣言》,以这一宣言的条例为基础,议会同意查理二世复位,并通过决议:"根据本王国古老的和根本的法律,政府是,而且应该是由国王、上院和下院共同组成的。"1660年5月1日,聚集在一起的议会上下两院宣布查理二世为英国国王。5月26日,"流亡者的国王"查理二世被隆重迎回伦敦,登上了他父亲失去的国王宝座,开始了复辟时代。

但是,查理二世不想放弃专制统治的打算。他即位之初虽然承认了议会在税收等方面的特权,确认了"自由大宪章"和"权利请愿书",可很快他就撕毁《不列达宣言》,实行反攻倒算,迫害革命者。英国处于白色恐怖之中。

查理二世首先恢复国教会,并颁布了一系列迫害本国教徒的法令:1661年颁布《社团法》,要求在市政机关任职的所有人员按国教仪式宣誓;1662年的《信仰同一法》要求神职人员承认国教教义,并保证在任何情况下不拿起武器反对国王;1664年的《非法集会法》禁止举行非国教的宗教集会;1665年的《五英里法》再一次要求非国教神职人员按《信仰同一法》的要求宣誓,否则禁止走进任何城市或他们以前所在教区的五英里范围内,非国教教师也在禁止之列。这几个严酷甚至荒唐的法律统称为"克拉伦敦法典"。克拉伦敦是查理二世的谋士和首席大臣,他是《不列达宣言》的起草人,同时又是查理二世一系列政策,其中包括宗教迫害政策的制定者和执行者。在残酷的宗教迫害下,大批非国教徒流亡国外,许多不信奉国教的中小工商业者因缴付罚款而破产,不少人被投入监狱,其中以教友派所受到的迫害最为残酷,仅在1660—1662年间,他们被投入监狱者就在3千人以上。而对于"弑君者"的迫害更加野蛮,参加审判查理一世的法官,凡还在世的一律砍头,克伦威尔、艾尔顿等死者也不能幸免——他们的尸体从坟墓中被挖出,重新施以绞刑,他们的头被砍下来吊在查理一世被宣判的威斯特敏斯特厅里示众。

由于查理二世在流亡期间受到法国国王路易十四的庇护,复位后又继续暗中接受法王每年20万镑的巨额津贴,在对内、对外政策上都受法国支配,这就大大损害了一向以法国为竞争对手的英国资产阶级的利益。查理二世不惜出卖自己国家的利益来恢复封建统治,具有重大战略地位的敦刻尔克就是在这一时期被查理二世卖给法国的。

从另一方面说,复辟王朝为巩固统治,也采取了一些促进工商业发展的措施。查理二世继续执行工商主义政策,鼓励出口,限制进口。在复辟时期,英国工商业有很大发展,外贸和工业每年提供的利润不下200万英镑。

复辟王朝在扩张殖民地方面也取得了相当的进展，先后占领了新阿姆斯特丹（今纽约）、新尼德兰、北卡罗来纳、南卡罗来纳和哈得逊湾附近的地区等。

为了恢复专制统治，也为了讨好法国宫廷，查理二世迈出了恢复天主教的步伐。

查理二世表面上信仰国教，实际上，他在流亡时已秘密地皈依天主教。1672年，查理二世发布《容忍宣言》，迈出了恢复天主教的第一步。这一作法遭到了资产阶级和新贵族的强烈反对。在1673年召开的议会上，议员们尖锐地抨击《容忍宣言》并通过决议：只有议会才有权终止有关教会问题的刑法效力。在这届议会上形成两个党派——"宫廷党"和"地方党"，这就是后来的"托利党"和"辉格党"。

为了避免和议会对抗，查理二世被迫放弃《容忍宣言》。由于怕议会的攻击，查理二世又下令解散议会，直到1677年2月以前15个月内没有再召开过。

1681年，查理二世的最后一届议会召开，地点选在了保王派的大本营牛津。这次会议气氛非常紧张，反对派议员提出"打倒教皇主义，打倒奴隶主义"的口号，许多议员是在武装随从的保护下参加议会的，从国王的寝宫温莎到牛津的沿线都布满了国王的近卫团。反对派再次提出1679年通过的《排斥法案》，要求取消查理二世之弟、天主教徒詹姆士的王位继承权，并永远禁止他返回英国。但《排斥法案》始终没变成法律，这次议会存在一周后也被国王解散了。

查理二世在他生命的最后几年没有再召开议会，实际上实行的是专制统治。1685年2月5日，查理二世死去。由于身后无嗣，他的弟弟詹姆士继位，称詹姆士二世。他是一个狂热的天主教徒，变本加厉地推行查理二世的内外政策，一心一意想恢复天主教在英国的统治。

复辟王朝的倒行逆施，激起了全英国人民的反对，也严重地侵犯了资产阶级和新贵族的利益。他们当年纵容斯图亚特王朝复辟，目的是要建立一个能镇压群众并听命于议会的君主，以巩固资产阶级和新贵族在英国的统治。复辟王朝20多年的统治，恰恰是沿一条相反的道路前进，把英国又推向了内战边缘。于是，他们又开始把目光投向荷兰执政奥兰治亲王威廉和他的妻子玛丽——詹姆士二世的长女。在1688年所谓"光荣革命"中，斯图亚特复辟王朝终于被当初支持它复辟的资产阶级和新贵族所推翻。

敲响封建社会丧钟的人——克伦威尔

就整个世界历史而言，1640年是个具有划时代意义的一年。这一年英国爆发了资产阶级革命，标志着人类社会跨入了资本主义时代。而敲响封建社会丧钟的人，就是这次革命的领袖——奥利弗·克伦威尔。

他为了保护英国资产阶级和新贵族的利益，跃马疆场，挥戈厮杀，使皇家军队望风披靡；他还威坐法庭，庄严宣判，将国王头颅斩落于地，成了革命中叱咤风云的英雄。

1599年4月25日，克伦威尔出生于英格兰东部亨廷顿郡一个中等乡绅家庭，其祖辈曾是英王亨利八世的宠臣，父亲是伊丽莎白女王时期的国会议员。1616年，克伦威尔曾入剑桥大学读书，次年因父亲去世而辍学，不久后即到伦敦读书，专修法律。毕业后，他回到家乡，继承祖业。早年的家庭教育以及学校中强烈的反天主教气氛，使克伦威尔还在革命前就以一个抨击国教主教制的虔诚的清教徒而知名。1628年他当选为国会议员，开始走上政治舞台。

17世纪上半叶，随着英国内部资本主义生产关系的不断发展，资产阶级和新贵族强烈要求解除封建制度对自己的束缚。他们利用国会猛烈抨击封建当局，主张限制王权。同时广大农民和城市平民要求摆脱封建制度的呼声也越来越强烈。于是，二者为了共同的利益就站在了一起。

但是1625年即位的查理一世却变本加厉，加强了他的专制统治。1629年他下令解散国会，逮捕反对派议员，压制任何反政府言行，更加激化了国内的阶级矛盾。

终于在1639年，苏格兰人民发动了起义并向英国进攻。这次起义，点燃了英国资产阶级革命的导火索。

国王查理一世为了筹集军费，被迫于1640年4月重新召开国会。但他没想到，议员中资产阶级和新贵族的代表们却把议会当作公开向封建权威挑战的舞台。这其中就有克伦威尔。

1641年，克伦威尔参与起草了《大抗议书》，列举了查理一世的罪行，指责教会给英国带来的危害；要求实行改革，保证工商业自由，建立大臣对国会的负责制，限制主教权力等。这一抗议书，激起了查理一世的愤怒，竟然企图加害国会议员中的反对派首领，结果被挫败。这时，国王与议会已处于敌对状态。查理一世在1642年1月10日潜出首都，8月22日在诺丁汉组织了大批军队后，向国会宣战。

战争初期，由于议会中许多人想与国王妥协，采取了消极保守的战略，导致了国会军队节节败退。10月，王军攻陷了牛津；11月又进逼伦敦，国会面临着危险。这时，国会中的一些议员清醒过来，一方面组织伦敦民兵，保卫首都；另一方面，又奔赴各地，组织武装力量从外围打击王军。

克伦威尔回到家乡，在自耕农中招募士兵进行严格训练，组成了一支很有战斗力的骑兵队伍。尽管最初只有60人，但由于这些士兵都有坚定的目标和顽强的意志，忠于国会事业，所以在和王军战斗时骁勇无比，连连得胜，队伍也逐渐壮大，被人称为"铁骑军"。就这样，克伦威尔率领他的铁骑军艰难地扭转了战场上的局面，把保王党人赶出了林肯郡。"铁骑军"从此成为国会军中的中坚力量，克伦威尔也因此晋升为中将。

国王查理一世事先怎么也不会想到在马斯顿荒原会发生一场决定其将来命运的重要战争。

马斯顿荒原位于英国北部约克郡以西，这是一片广阔的草原，周围山坡上灌木丛生，草原附近的田地里长满了庄稼，一派祥和景象。1644年7月2日黄昏，草原上下起阵雨，雾蒙蒙地腾起一股无名的肃杀之气。国王军队大部分都集合到这里，正在卸装宿营，埋锅做饭。突然，埋伏在灌木丛和庄稼地中的国会军杀了出来，犹如天兵从天而降。国会军在克伦威尔的指挥下，杀得王军丢盔弃甲，狼狈逃窜。这次战斗，王军损失了4000多名士兵，查理一世在北方的据点被摧毁，战局迅速扭转。

这一仗之后，克伦威尔被誉为"铁人"，和他的"铁骑军"一起闻名全国。1645年1月，国会通过"新军法案"，授权克伦威尔按"铁骑军"模式组建"新模范军"。从此，克伦威尔事实上成为国会的最高军事统帅。

1645年6月，新军在纳斯比战役中一举摧毁王军主力，收复牛津，查理一世仓皇出逃，被苏格兰扣留。不久，英国国会用40万英镑将国王买回，囚禁于赫姆比城堡，第一次内战结束。

内战结束后，国会中出现了分歧。长老派主张停止革命，解散军队，实行君主立宪制，并暗中与查理一世谈判，互相勾结；而以克伦威尔为代表的独立派，则主张继续革命，以争取更多利益。分歧的结果是，克伦威尔把国王移至新军大本营纽马凯特城堡，并且凭武力使长老派重要分子出走，自己则控制了国会。

这时，代表小资产阶级利益和平民的"平等派"于1647年10月提出"人民公约"，要求取消一切特权，实行成年男子的普遍选举制，建立一院制国会。而以克伦威尔为首的上层独立派则认为君主制不能动摇，应保留王位和上院，财产权也不得侵犯。这就引起了广大士兵群众的不满，克伦威尔逐渐失去了民心。

1647年底，查理一世从纽马凯特潜逃，次年初纠集了各地保王党军队掀起了第二次内战。苏格兰军队也乘机进攻英国北部。

面对危机，克伦威尔为了换取士兵的支持，只好答应战后实现"人民公约"。于是，广大士兵群众再度支持克伦威尔，几个月就平定了王党叛乱。8月在普列斯顿战役中击溃了苏格兰军；9月攻占了苏格兰首都爱丁堡，内战很快就结束了。

1648年12月，克伦威尔将查理一世押至伦敦，并逮捕和驱逐了140多个在战争中与王党勾结的长老派议员。1649年1月，在克伦威尔主持下，国会与军队共同设立最高法庭，审理国王案件。27日克伦威尔宣布查理为暴君、叛徒、杀人犯和国家公敌，法庭宣判处以死刑。1649年1月30日，查理一世被推上了断头台。就这样，统治英国近千年的封建制度结束了。5月19日，国会宣布英格兰为共和国，这是世界上第一个具有近代意义的资产阶级共和国。

但是共和国的成立，并不能掩盖国内矛盾的产生。以克伦威尔为代表的资产阶级新贵族拒绝实现人民公约，在经济上又加重了广大农民和平民的不满，人民内部斗争激情又重新高涨起来。

这时，大批无以为生的农民聚集在伦敦附近的圣乔治山上开垦荒地，自称"掘地者"。这一举动很快风行全国，并产生了激进的"掘地派"。1649年9月，克伦威尔派军队镇压各地的"掘地派"运动，这表明克伦威尔及其政权正式脱离了广大人民，走上了专制道路。

国内平定之后，克伦威尔又率大军出征爱尔兰，镇压当地的农民起义，并侵占了爱尔兰2/3的土地。

1650年，查理一世之子查理二世在苏格兰被长老派国会拥为英国国王，发动了复辟王朝的战争。尽管广大农民不满共和政府，但他们更痛恨封建王朝。他们在大敌当前之际，以大局为重，自动拿起了武器，站到了政府军一边同复辟军展开斗争。最终，复辟军被全部歼灭，查理二世逃亡国外。

虽然复辟战争失败了，但保王党残余分子仍然想利用人民对政府的不满，蠢蠢欲动；而广大农民对于日益腐朽反动的共和政府，再也忍无可忍，也正在酝酿着新的暴动和起义。

资产阶级和新贵族已经意识到这内外交困的危险，决定依靠强权建立资产阶级军事专政，克伦威尔的军事独裁统治就应运而生了。

1653年4月20日，克伦威尔命令士兵强行解散国会，又从各郡选择亲信140人，于7月组成"小国会"。12月12日，小国会宣布将政权交于克伦威尔，国会自行解散。16日，伦敦举行盛大典礼，庆祝克伦威尔成为"英格兰、苏格兰、爱尔兰护国主"。

护国主集各种大权于一身，并且是终身制。克伦威尔还兼任英格兰、苏格兰、爱尔兰陆海军总司令；拥有立法权和对国家法令的最后否决权；和国务会议共同拥有行政权。但克伦威尔仍不满足，1657年，他改护国主为世袭制，使自己成为没有国王头衔的国王。

这种独裁统治自然不能造福英国，克伦威尔一方面对内残酷剥削百姓，镇压农民起义；另一方面又对外发动了殖民战争，目的是为了缓和国内矛盾，转移人民视线，弥补战争带来的财政危机。1654年英国取得了与葡萄牙通商的特权，还迫使丹麦允许英国船只自由出入波罗的海；从西班牙手中夺取了加勒比海上的奴隶贸易中心牙买加岛……

但是，这种军事统治是极不稳固的，国内外矛盾不但没有消除，反而愈演愈烈，日益严重的财政危机更加剧了政局的动荡。1658年9月，克伦威尔终于在内外交困中病逝，护国政体也随之瓦解。后来，英国经过了近30年的斯图亚特王朝复辟，终于在1688年11月的"光荣革命"中确立了资产阶级政权的君主立宪政体，完成了这场将近50年的革命。

克伦威尔完成了自己的事业，是伟大的。但是历史也证明了，只有广大人民才是最伟大、最可敬和最不可战胜的！

东印度公司

工业革命后的英国加速了侵略扩张的步伐。很快，英国的殖民地就遍及世界各地，"米"字旗插遍五洲四海，它一时成了"日不落帝国"。殖民地已成了英国资本主义发展的生命线。而在众多的海外版图中，印度对英国的重要性当属第一。

印度地处南亚大陆，是人类古老文明的发祥地之一。从1526年起，印度处于莫卧儿帝国的统治下。这"莫卧儿"初听似有"蒙古"的变音，其实并非蒙古人。其建立者巴布尔是帖木儿的六世孙，为了便于号召民众而自称莫卧儿人。但天不遂愿，改个有鼓动性的称号并没有起到多大作用——16世纪的莫卧儿帝国在表面上维持着一个中央集权的庞大外壳，实际上从未真正统一过，是一个外强中干、四分五裂的封建割据国家。封建贵族的残酷剥削，激起了连绵不断的农民起义。封建统治阶级内部也互相倾轧，纷争不息。统治者无力扭转局势，还不断加强宗教迫害和民族压迫。居住在印度中西部的信奉印度教的马拉特人，不堪这种压迫，断断续续进行了长达一百多年的民族起义，动摇了信奉伊斯兰教的帝国统治。18世纪伊朗和阿富汗的游牧部落相继侵入印度，蹂躏劫掠之后，扬长而去，只留下一片破败凋零的景象。此时的印度，还被古代遗留下来的种姓制度所折磨。婆罗门（僧侣）、刹帝利（贵族）、吠舍（平民）、首陀罗（奴隶），构成印度四大种姓。种姓等级森严，职业世袭不变，不同阶级之间禁止通婚。各种复杂尖锐的矛盾加速了莫卧儿帝国的衰落。正当莫卧儿帝国处于内忧外患、国力极度虚弱之际，英国殖民者闯了进来，征服了印度。

1600年建立的东印度公司，是英国侵略印度的主要工具。起初，东印度公司在印度沿海地区建立许多商站和代理店做商业贸易，他们用金银收购印度的香料、棉织品、丝织品、蓝靛、黄麻等，然后运回欧洲高价出售，牟取暴利。后来，公司日益借暴力、不等价贸易和海盗掠夺聚敛财富。从17世纪30年代末起，东印度公司先后侵占了马德拉斯、孟买和加尔各答，而这些地区都曾有过重要商站和代理店。现在，他们归为英国的省，成为英国入侵印度的据点。

七年战争（1756－1763）后，东印度公司的性质又发生了变化，从一个垄断贸易机构变成一个拥有强大军事力量和广大版图的殖民机构。而1784年，英国国会决议规定东印度公司有任用文武官职之权，大政方针由内阁决策制定。英国彻底成了东印度公司的后台，遥控公司统治印度。公司就是官府，奉英帝国之命在印度的土地上进行垄断贸易，拥有武装，可以宣战媾和，还可以设立法庭审判本国职员和属地的居民。英国通过东印度公司对印度蚕食鲸吞。1757年，经过普拉赛战役，英国占领了孟加拉。1774年，又侵占了奥德。1799年，经过持续23年的战争之后，英国征服了印度南部的封建强国迈索尔。1849年，夺取了印度西北部的旁遮普。从此，整个印度沦为英国的殖民地。

东印度公司能够步步侵入，牢牢控制印度的原因是什么呢？"分而治之"是秘诀。处于上升时期的英国，巧妙地利用了印度的封建割据落后状态和错综复杂的社会矛盾，采取分化瓦解，各个击破，使用"印度人打印度人"的阴毒手段来进行征服和统治。这种"分而治之"的重要支柱就是雇佣军政策。这些雇佣军表面上是由印度的封建王公豢养的，但实际上这些王公受东印度公司的"保护"，雇佣军也就由英国来指挥。可以说，如果没有这支雇佣军，英国征服印度是不可能的。

"分而治之"的另一表现就是，英国施展狡猾的外交手腕，利用印度封建王公之间的矛盾，进行无耻的挑拨离间，然后趁火打劫，坐收渔利。东印度公司曾唆使印度教封建王公攻打伊斯兰教的迈索尔，后来又唆使海德拉巴王公进攻马拉特，并挑拨马拉特封建王公的关系，最后总是在混乱中由公司出面调停，收拾残局，加强统治。

东印度公司用尽卑劣手段，在印度疯狂掠夺殖民利益。

它到处发动殖民战争，攻陷城池，抢劫国库，掠夺金银。1757年，殖民强盗头子克莱武率军攻陷孟加拉首府加尔各答，饿虎般的公司军队冲破了孟加拉的国库大门，扑向堆满各个角落的珠宝。这次行动，抢夺了价值6000万英镑的财宝，仅克莱武一人就抢走了价值20万英镑的各种珠宝，他还觉得"非常遗憾"，没能拿走更多。1799年公司军队攻陷迈索尔首府时，又抢到了价值1500万英镑的珍贵王室珍宝。

为了保证东印度公司的正常收入来源，公司强迫印度农民交纳极为苛重的田赋。1764－1765年，孟加拉田赋实际收额为81.7万英镑，而东印度公司接管的第一年，即1765－1766年度，田赋额增至147万英镑，到了1792－1793年度，这个数字竟已经猛增到340万英镑。本来就苦不堪言的农民更加穷困、悲惨。而对交不出田赋的农民，公司以严刑拷打相逼,直到把他们活活打死。

东印度公司不但对印度农民极尽压榨之能事,对手工业者更加重了剥削。17 至 18 世纪英国需要从印度进口大量棉织品和丝织品。为了保证货源,公司用武力强迫数万名印度手工业者订立合同,硬性规定手工业者应交的产品数量,而对产品只付半价或分文不给。手工业者所得报酬甚至不足以购买原料,纷纷破产倒闭。

东印度公司在印度的另一种掠夺手段,就是垄断鸦片、食盐和烟草贸易。从 18 世纪 60 年代起,公司开始强迫孟加拉农民种植鸦片,缴不上地租的农民,也必须用种植鸦片来补齐不足。印度的鸦片被殖民者偷运到邻近的中国,中国人民的身心遭到了严重的毒害。而英国却从中赚取暴利。鸦片收入约占公司总收入的 1/7。

印度公司替英国在印度乃至包括中国在内的亚洲其他地方掠夺了巨额财富,为英国资本主义原始积累提供了重要来源,大大加速了英国的工业革命,使英国一跃而成为世界上最大的工业国,工业产品源源不断地从英国运往各地。而殖民地人民却反复遭到打击和掠夺,这正如血被抽干的躯体却染上了致命的疾病——印度的原料被抢走后,印度人还要买英国运来的产品。印度的农业、手工业只能走向破产,人民则要面临连年的饥荒。仅 1770 年孟加拉大饥荒,就饿死 1000 万人,占孟加拉总人口的 1/3,许多人口稠密的地区变成了野兽出没的草莽。

从 18 世纪 60 年代起,东印度公司开始走下坡路。看看原因就知道东印度公司濒临破产绝非偶然:东印度公司的职员,上自总督,下至书记员,贪污走私成风,使公司实际收入锐减;公司对印度人民的横征暴敛,激起人民不断起义,而镇压起义和征服各邦需要的大笔开支是财政久已亏空的公司所无力支付的,于是它变本加厉地压榨人民,人民进行更强烈的反抗——这样便有了一条压迫、反抗、再压迫、再反抗的恶性循环链,使东印度公司深陷危机而不能自拔。最重要的原因是,英国工业资本兴起和壮大,使东印度公司代表的垄断商业资本的利益受到排挤。东印度公司的破产,标志着英国工业资本对商业资本的胜利。

在上面种种原因的作用下,失去往日光辉的东印度公司经历了以下几劫:1767 年,公司无法向英国政府交纳规定的 40 万英镑,反而不得不向政府贷款;1813 年,被取消对印度的贸易垄断权;1833 年,被取消对英国的贸易垄断权。最大的灾难还是在 1858 年——东印度公司被英国政府正式取消,政府要踢开这个曾给自己带来巨大殖民利益现在却一无是处的机构,直接统治印度了。

1688 年光荣革命

1685 年 2 月 5 日,英王查理二世死去,詹姆士二世继位。他的封建统治更加变本加厉。

做为一个"君权至上"论者,又是一个虔诚的天主教徒,还是一个遵照法王路易十四旨意的亲法派,詹姆士二世一即位,就大批释放天主教徒,并在宫廷中公开举行天主教祈祷仪式,任命天主教徒为大学校长、军官等,并在牛津成立出版社,印发天主教的宣传品。他还不顾议会拥有批准税收的特权，以自己的权力为中心，私自决定征税。詹姆士二世的这些措施严重地损害了大资产阶级和新贵族的利益，也遭到广大人民群众的反对。这主要是因为新贵族中有许多人曾以贱价购买土地，如果天主教一旦恢复，将会夺去这些土地。就连国教的主教和教士也都反对恢复天主教，对于他们，恢复天主教就意味着丧失领地、什一税和其他世俗福利等。詹姆士二世的统治引起了各级的不满和反抗。

1685年5月11日，王位觊觎者蒙默思公爵发动起义。他带领150人在多塞特郡的莱姆登陆，并发表宣言，许诺恢复自由、各教派宗教信仰自由、每年召开议会、废除常备军代之以民兵等。由于复辟王朝的倒行逆施在广大群众中引起了普遍的不满，农民、手工业者和工人等纷纷参加蒙默思的队伍，起义人数很快达到1.5万人。但人民群众参加起义的热情吓坏了资产阶级，蒙默思本人也发生了动摇，开始对起义采取观望的态度。于是国王有了喘息之机，很快集结了大量兵力，于7月6日击溃了起义军。蒙默思仓惶逃走，而装备很差的起义群众则进行英勇的战斗，近千名起义者阵亡，起义失败了。接着，政府对起义者进行了镇压，而中途逃走的蒙默思本人也被抓获处死。

在镇压起义的过程中，詹姆士二世把军队人数增加到近3万人，其中近一半驻守在伦敦，大大加强了反动统治的力量，使其能肆无忌惮地推行高压专制的反动政策。

《宣誓法》是1673年3月29日通过的一部要求所有从事国务活动的人按国教仪式宣誓，并放弃天主教信条的法律。而此时的詹姆士二世违背《宣誓法》，大量任命天主教徒为军官，在爱尔兰组织天主教徒的军队，让天主教徒参加枢密院，担任政府要职——掌玺大臣阿伦德尔就是天主教徒。在1685年11月召开的议会上，议员们强烈谴责了国王的作法，独断专制的詹姆士二世干脆解散了议会。

1687年4月和5月，国王两次颁布《容忍宣言》，企图恢复天主教，争取不信教派别的支持。宣言遭到了多数教堂的拒绝，没能按詹姆士二世命令的那样被宣读。更有主教向国王呈递请愿书，要求取消《容忍宣言》。詹姆士二世勃然大怒，下令逮捕了各主教共7人并将他们投入伦敦塔监狱。但在审判时，同样反对天主教专制的陪审法庭宣判他们无罪，主教们胜利回到伦敦，受到热烈欢迎。

这样，恢复天主教的政策招致了大多数人的反对。在16世纪上半叶的宗教改革以后，信仰天主教的只有爱尔兰居民中的多数，以及英格兰西部和北部的一小部分贵族，而多数英国人则不信奉天主教。不论是国教会的僧侣、资产阶级者还是一般群众，都不愿天主教被恢复。僧侣担心失去自己在教会中的地位，资产阶级害怕商业活动被损害，群众不愿再受天主教会严酷的精神束缚和经济剥削。1685年，法国为维护天主教的权威大肆残害新教徒，这使人们对亲法派的詹姆士二世是否会采取复辟天主教的行动更加忧虑。

而此时的詹姆士二世虽然气焰嚣张，但他早已失去了可依靠的臂膀，原来忠于国王的托利党贵族和僧侣改变了对国王的态度。这些人害怕反抗会引起人民的革命，便不敢对詹姆士二世采取什么行动，大家心情焦虑矛盾，对国王只有一个愿望——盼他早死，因为詹姆士二世已经55岁了。

资产阶级和贵族又物色好了王位继承人——玛丽。玛丽是詹姆士二世的女儿，本就是王位的合法继承者，她的丈夫是荷兰的执政奥兰治·威廉。夫妇二人都是新教徒，荷兰又是法国的敌人，法国又是英国资产者的竞争对手，这样的安排简直可以让大家都满意，不论资产阶级还是贵族、僧侣，谁的利益都不会被触动。

但命运总是和人作对，英国反天主教独裁的一派又遇到了难题：1688年6月，詹姆士二世的妻子给他生了个儿子，两个天主教徒生了一个天主教徒的王位继承人。这样，玛丽就失去了王位继承权，眼看可以实行的计划就要落空，英国两党——托利党和辉格党感到事不宜迟，决定请求玛丽的丈夫荷兰执政威廉武装干涉英国。6月30日，两党向威廉发出联名邀请，许多军队军官也宣布效忠于他。威廉希望得到英国王位，慨然地接受了这个邀请，宣布将去英国保护"新教、自由、财产及自由的国会"。

在经过一番准备后，威廉率领一支由1.1万名步兵和4000骑兵组成的大军，乘600艘运输舰于11月5日在英国西南部德文郡的托尔贝港登陆。当时詹姆士二世的军队多达4万人，但大多不可靠，他的主要将领避免与威廉作战，一些军官干脆缴械投降，就连王军总司令约翰·丘吉尔也于11月24日投向威廉。许多贵族，这包括詹姆士的小女儿安娜和她的丈夫也投奔姐姐、姐夫这里来了。

身处孤立境地的詹姆士众叛亲离，只好于12月11日逃离伦敦，接着伦敦出现了反天主教的骚乱。伦敦主教、市长、市参议员的会议决定，请求威廉率军赶快开进伦敦，以"恢复秩序"。于是威廉军队加紧向伦敦进发。

12月17日，威廉的一支近卫部队在伦敦逮捕了又重回都城的詹姆士二世。12月18日，他们将詹姆士二世解往罗彻斯特堡，并故意放他从海上逃走了。12月25日，詹姆士二世逃到法国。

詹姆士二世被擒的第二天，1688年12月18日，威廉进入伦敦。21日，他下令召集查理二世的最后三届议会和上下两院议员开会，会议决定威廉为国家的临时元首——摄政，并授权他向各郡发出召开新的立宪协商会议的邀请信。1689年2月，立宪协商会议通过了詹姆士二世"退位"的决议，并立威廉为国王，称威廉三世，立玛丽为女王，称玛丽二世，因玛丽几乎不理朝政，实际王权掌握在威廉三世手中。至此，复辟28年的斯图亚特王朝被推翻了。

1688年12月18日的政变便是英国历史上的"光荣革命"，被英国人称为"合法的""不流血的"革命。而它并不是一次真正意义上的革命。它的胜利，是建立在资产阶级和土地贵族之间，代表不同阶级利益的辉格党和托利党妥协的基础之上的，是借助于荷兰执政威廉的外部力量而实现的。

但"光荣革命"还是有重要的历史意义的，它巩固了资产阶级的革命成果，削弱了王权，并将这些用法律的形式规定下来，这便是革命后于1689年2月13日通过的《权利宣言》了。

《权利宣言》于1689年10月更名为《权利法案》，法案规定今后英国国王必须是国教徒，对国王权利作了种种限制，确定了议会的最高权力，为英国君主立宪制的形成奠定了基础。但《权利法案》只代表了资产阶级的利益，根本不能保障劳动人民的权利。

"光荣革命"还改变了复辟王朝的亲法政策，并同法国进行了长期商业战争，削弱了竞争者，扩大了英国的殖民版图和殖民利益。

"光荣革命"在英国历史上开始了一个长期稳定的时期,为18世纪下半叶的工业革命准备了条件。

英国工业革命

在18世纪下半叶到19世纪上半叶的英国历史上,工业革命成为时代的主题。这是英国历史上的一个重要阶段。

工业革命的发生,首先是英国政治、经济发展的必然结果。

英国是第一个发生具有世界影响的资产阶级革命的国家。17世纪的资产阶级革命推翻了封建专制制度,扫清了资本主义经济发展的主要障碍,解放了生产力,打击和削弱了保王派大封建主的势力,进一步消除了各个地区之间的隔绝状态,加强了全国经济上的联合。英国征服苏格兰后,取消了苏格兰和英格兰之间的边界税率,实行了统一的税制,从而大大地扩大了国内市场。

封建时代各国重农抑商,人们以经商为耻。而革命后由于资产阶级的哲学和政治思想的影响,英国上层社会不以经商为耻,许多贵族、地主都乐于在银行和工商业中投资,积极参加海外殖民和远征等。

由于宗教信仰比较自由,许多人改信新教。新教对经济的发展产生了良好的影响,工商业中的进取精神深入人心。

相比英国而言,欧洲大陆上封建统治还十分严重,宗教限制与迫害时有发生。在大陆上无法生活的新教徒纷纷逃到英国,带来了先进的纺织技术,英国的企业对其善加利用。

在政治上,从17世纪末到18世纪初,英国建立了有利于资本主义发展的君主立宪政体、两党制和内阁制。另外,政府还采取措施保护关税,促进商业、航运和工商业的发展。

制定合适的对外政策也是政府维护商人和工业家在海外利益的手段。对外政策的一个重要任务就是确保海外商路的安全,保证原料的来源,开拓英国商品的销售市场。革命后,英国还把殖民扩张和对殖民地的开拓作为一项国策,到了18世纪,殖民扩张已达到了相当大的规模。

革命后,政府为促进流通,扶植银行信贷业的发展,地主、资本家手中积攒的财富在商业中得到了有效利用。

工业革命需要大量金钱。在资本主义初期,资产阶级对金钱的聚敛就是资本的原始积累,这是工业革命的基本前提。而英国原始积累所包括的两个方面——大量货币集中被少数人占有,大量自由劳动力的出现——实现方式是圈地运动、国债税收、殖民掠夺和奴隶贸易。

圈地运动实际上是英国式的土地革命。它的出现使英国农业发生了根本变化。封建的地产在这一"羊吃人"的过程中变成了近代意义的资本主义财产。而失去土地的大批农民四处流亡,除了劳动力外别无他物,为工业革命提供了自由的劳动力。圈地运动还消灭了自给自足的小农经济，使失去土地的农民开始仰赖市场，从而促进了国内市场的扩大。

从17世纪下半叶到19世纪20年代，英国连年进行对外战争，耗资巨大。为筹集经费，政府增加了国债和捐税。这样，资本家就以向政府放债取息的方式，经过国家税收的渠道吮吸人民血汗，积累大量资本。

18世纪中叶，英国完成了同竞争对手西班牙、荷兰和法国的战争，确立了海上霸主地位。在北美，在亚洲，在澳大利亚……英国夺取了大量殖民地。这些殖民地成了英国资本主义发展的"生命线"，是重要的原料产地和销售市场。工场手工业时期，商业霸权造成工业优势，殖民制度起着决定性作用。

用"罪恶"来形容奴隶贸易最恰当不过了。英国的奴隶贸易始于16世纪下半叶，300多年后英国成为最大的奴隶贸易国。奴隶贩子通过三角航程，用欺骗和暴力牟取资本，数量惊人。

总之，圈地运动、国债税收、殖民掠夺和奴隶贸易积累了资本，造成大量雇佣劳动力，开辟了国内外市场，提供了工业原料，是原始积累的主要手段，为工业革命准备了必要的经济前提。

此外，工业革命还与工场手工业和科学技术的发展密不可分。18世纪下半叶，英国手工工场相当发达，分工更细，技术提高，而自然科学方面，莱布尼茨、波义尔、布莱克等人的巨大成就，也在一定程度上为技术革命准备了条件。

政治、经济、技术前提都具备了，18世纪中叶工业革命应运而生。

由于国内外市场迅速扩大，对工业品的需求量大大超过了手工业生产所能提供的数量，市场的需求刺激了生产技术的变革。于是工业革命随着纺纱机和蒸汽机的发明开始了。时间是18世纪60年代。

首先在棉纺织业方面发生了重大技术变革，因为棉织品物美价廉，是社会必需品，投资少，资本运转较快，不像毛纺织业那样受行会规章的束缚，机械化在技术上比较容易。

棉纺织业的技术革新经历了相当长的一段时间。

1733年，钟表匠约翰·凯伊发明了飞梭织布法，经过改进后得到推广，初步改变了靠手工穿梭织布的落后方法，提高功效两倍。飞梭织布机的运用使棉纱供不应求，造成了纺织和织布之间的不平衡。为解决这个矛盾，英国皇家学会公开悬赏征求新式纺纱机。1761年，英国"艺术与工业奖励协会"呼吁用物质奖励办法鼓励人们发明创造新式纺纱机。在众多设计者里，首先获得成功的是织工哈格里夫斯。

1765年的一天，哈格里夫斯偶然发现，妻子的手摇纺车翻倒在地，但纺车上的轮子仍继续转个不停。他大受启发，想既然纺车轮子有这么大的转动力，为什么只让它带动一根纱锭？如能带动更多的纱锭岂不更好？于是他动手设计了一个能同时带动8个纱锭的手摇纺车，使纺纱速度提高了8倍。哈格里夫斯把这个发明归功于妻子珍妮，这个纺纱机就被取名为"珍妮机"。以后，经改造的"珍妮机"能纺80－130根纱，大大提高了功效。但"珍妮机"纺出的纱细而易断，不能作经线，而且需要人工操作，很费力气。1769年，理发师兼机械师阿尔克莱特制造了第一部水力纺纱机，并取得了专利。

但也有人说，水力纺纱机是钟表匠凯伊发明的。可不管怎样，阿克莱特是第一个实际使用这种机器的人。他的机器开始是以马力作动力的。1771年，他在有水利资源的克朗福德建立了第一座工厂，用水力作动力，从此开始了以工厂代替手工工场的过程。当时的机器运行场面是多么壮观啊！整排的纺纱机在水力的推动下不停地旋转，一批批坚韧结实的棉纱源源不断地生产出来了。水力机纺纱代替人力，纺出的纱可作经线，克服了"珍妮机"的两个主要缺点。但水力机纺出的纱太粗，还不能完全取代"珍妮机"，两种机器只能互为补充。阿尔克莱特水力纺纱厂的规模不断扩大，到1779年已达300名工人，靠水力开动1000个纱锭。同时，一座座阿尔克莱特式的水力纺纱厂雨后春笋般地沿河建立起来，到1790年已达150座之多。大部分工厂都拥有七八百名工人。资本主义的大机器工厂出现了，这是工业革命的重要标志。

后来，童工出身的纺织工人克隆普顿经过5年的反复实践，结合了"珍妮机"和水利机的优点，于1779年发明了骡机——因取前两者之长而得名。这是一种新型纺纱机，后来又经他人改进成自动纺纱机，每架机器同时可纺三、四百个纱锭，而且纺出的棉纱精细而又结实。

纺纱机械化的技术问题基本解决了，纺纱的效率大大提高了。于是纺纱和织布之间又出现了严重的比例失调，织布技术的革新又成了当务之急。

织布机的发明酝酿了很长时间。牧师卡特莱特于1785年制造了一架自动织布机，提高功效40倍。卡特莱特于1791年建立了第一座织布工厂。据一家地方报纸称，在他的工厂里，一个小孩看管水力织布机一天的织布相当于老办法一周织布的数量。

纺纱机与织布机的改革，引起了一系列有关纺织业的其他机器的发明创造，如净棉机——清洗棉花中的杂物、梳棉机——自动梳齐棉絮、自动卷纱机等，漂白、整染等行业也相继实现了机械化。毛、麻、丝纺织工业也逐渐采用机器生产，尽管时间要晚些。

棉纺织工业的技术革命推动了其他工业部门，其中最重要的是动力、钢铁、交通运输和机器制造等工业部门技术的变革。

然而，18世纪70至80年代，棉纺织工业的动力主要是水力，纺织厂必须建在有水的地方。水力不但受到地区和季节的限制，还受到河流落差和流量的限制。这些局限严重地影响了资本主义生产的进一步发展。为了解决这一矛盾，工厂迫切要求发明一种适应性更广的发动机，这就是瓦特发明蒸汽机的客观历史条件。

其实瓦特并不是第一个发明蒸汽机的人。在他以前很久，就有人开始了利用蒸气机的研究。早在1698年，英国人萨维利就发明了蒸汽抽水机，后来纽康门又在萨维利的基础上，于1705年制成了可以用于矿井的蒸汽抽水机。但这种机器效率很低，耗煤量很大。

1769年，瓦特在前人基础上改良了蒸汽机，并取得了专利。经过十多年的改进探索，1782年他又制成了功效更高的复动式蒸汽机。蒸汽机很快获得运用，第一座蒸汽机纺纱厂于1784年建成。瓦特的蒸汽机是科学史上划时代的成就，因为蒸汽机的发明和完善解决了机器的动力问题，使工厂可以设在原料、燃力、交通和市场条件较好的地方。因此，蒸汽机大大促进了机器的运用和工厂的生产，使工业技术的变革出现了新的飞跃。资本主义工业生产迅速发展起来了。

蒸汽机在其他部门也推广了开来。1785年,蒸汽机开始用于棉纺厂,1791年用于织布厂,以后逐渐在毛麻纺工业、煤炭、冶金、交通运输等工业部门广泛采用。

钢铁工业技术的变革在工业革命中具有举足轻重的地位,因为各种机器和交通运输工具都离不开金属。18世纪钢铁工业最重大的突破是用焦炭取代木炭炼铁和炼钢。

18世纪中叶以前的英国炼铁业,主要依靠木炭为燃料,木炭消耗量很大,常把大片森林砍烧一空,炼铁业的发展也受到很大阻碍,铁的产量大幅下降。

1709年,达比发明了用煤炼成焦炭后炼铁的新技术,实现了以煤取代木炭作燃料的宿愿。1784年,在海军服役的工程师科特又进一步设计出了一种以煤为燃料的煤铁炉,能炼出大量质量较高的纯铁,精确地说,功效提高了15倍。科特的发明标志着炼铁工业进入了一个新阶段。1785年在谢菲尔德建成了第一座近代化炼钢厂,熔炉比过去扩大了50倍,英国近代钢铁工业从此建立起来。由于这些技术变革,钢铁产量猛增,质量提高,成本下降,这为在机器制造、建筑等领域用钢铁取代木材和石料创造了条件。

用焦炭炼铁技术的推广、蒸汽机的发明和城市人口的增长等增加了对煤炭的需求量,促进了采煤业的发展。到19世纪初,蒸汽机广泛用于矿井。1815年,戴维发明了安全灯,减少了地下瓦斯爆炸的危险,使煤的开采量也成倍增加了。

随着工业发展而来的是交通运输业的发展。交通运输业的技术变革首先是运河的开凿、河道的疏通、公路的改良、铁路的兴建,其次是运输工具的机械化。

运河首先是为适应笨重物品运输的需要而开凿的。如1759年凿的一条长11英里从里斯到曼彻斯特的运河,使曼彻斯特的煤价下降了一半,轰动了英国,掀起了开凿运河的热潮。水运的机械化相对较晚,虽然用蒸汽机推动木船的试验在18世纪下半叶就开始了,但蒸汽机广泛应用于船运还是19世纪的事。从1788年赛明顿制造船用蒸汽机到1812年贝尔建造的"彗星号"汽船试航成功,前后经历了20多年。1819年,第一艘汽轮横渡大西洋成功。1840年,英国正式建立轮船航运公司。

公路改造的成就也是巨大的。18世纪中叶以前,英国公路状况很糟,一到雨季,公路都变成了烂泥坑。工业革命时,硬路面建造适应了不同时间和天气的通行,大大缩短了公路运输时间。

交通运输中影响最大的是铁路的兴建。人们早就知道在运输中使用木轨,从18世纪60年代起英国开始用铁轨取代木轨。但那时走在铁轨上的是人力或牲畜牵引的小车。人们试图把蒸汽机用于铁路,1804年发明高压蒸汽机的特利维西克发明了火车头,并牵引5节车厢行驶了10英里。1814年,史蒂芬逊又发明了一种更完善的机车。1825年,英国出现了世界上第一条运送旅客和货物的铁路。史蒂芬逊的机车在铁路上以惊人的速度行驶——也许现在人看来这不算什么,但这确实是人类交通史上有里程碑意义的一件大事。从此,史蒂芬逊制造的机车被实际运用于铁路上,他本人便以蒸汽机车的发明闻名于世。在19世纪三、四十年代,英国出现了修建铁路的狂潮。到1850年,英国已建成铁路6000英里。铁路运输的发展使运河退居次要地位。

交通运输业技术的变革降低了运费,加快了货运的周转速度,方便了劳动力的流动,在经济发展中起了巨大作用。

机械制造业的发展还是各工业部门机械化的基础。随着机器运用的普及和机器水平的提高，18世纪出现了简单的工作母机，刨床、旋床、镗床等专业工具相继出现，工业产品的精密程度提高了。

19世纪三、四十年代，一个新的工业部门——机器制造业产生了。机器制造业的出现标志着历时近一个世纪之久的英国工业革命基本完成。

工业革命推动了社会生产力的飞跃发展。

工业革命使工业生产完成了从手工生产方式到机器生产方式，从手工工场制到工厂制的过渡，使经济基础发生了根本的变化。各主要工业部门的劳动生产率成几倍、十倍地增长。工业革命在一个世纪所创造的生产力比过去所有年代创造的生产力还要大。

英国的工业，因首先发生工业革命而遥遥领先于世界其他各国，英国获得了"世界工场"的称号。工业革命加强了英国海上霸主的地位，英国凭借强大实力加紧殖民扩张，攫取殖民利益，为"日不落帝国"的建立奠定了物质基础。而许多国家民族工业受到沉重的打击，几乎破产。

农业生产力也大幅度提高了。工业革命使农业吸收了大量技术成果，耕作工具、方式都发生了变化，产量有了明显提高。但农村发展还是赶不上城市，工业人口增长使农产品供不应求。到19世纪，英国从粮食出口国变成了进口国，从一个农业国变成了工业国。

工业革命还导致了人口结构的变化。英国工业中心从英格兰东南部转到了煤铁资源比较集中的西北部。新兴工业区大量出现，人口迅速增长。农村人口大批涌向了城市。

工业革命也造成了阶级关系的深刻变化，其中最重要的政治后果是工业资产阶级和工业无产阶级的产生。工业革命简化了社会阶级关系，土地贵族、商业资产阶级向工业资产阶级靠拢，以工业资产阶级为主体；农民作为阶级消失，和破产手工业者加入了无产阶级的队伍。一切阶级矛盾转化为工人和资本家之间的对立。在大机器生产制度下的无产阶级受压迫、受苦难的程度最深：严酷的工作条件，长达十五、六个小时的工作日，大量的女工和童工……他们为资本家创造了大量的财富，却收入微薄，常处于失业、饥饿和贫困之中。但是，正是这最残酷的压榨成就了最彻底的革命精神、最严格的组织纪律性。无数无产阶级在苦难中得到集中和锻炼，成为资本主义制度的掘墓人。19世纪30年代，无产阶级成长为一支独立的政治力量登上了历史舞台。

工业革命还促进了社会的变革。随着经济实力的增长，英国资产阶级实力不断上升，最终掌握了国家主权。他们进行政治改革、教育改革，消除封建残余，促进了资产阶级民主制度的发展。

科学文化也因工业革命而发展了。自然科学与社会科学植根于社会生产力这一肥沃土壤，不断有新的突破。

工业革命所造成的生产力巨大飞跃及生产关系和上层建筑领域的一系列重大变化，标志着资本主义的生产方式在英国最终确立，封建生产方式走向消亡，社会大大向前推进了一步。但另一方面，工业革命又带来了广大工人阶级的贫困、失业和周期性的危机，也造成了亚非拉各国遭侵略的深重灾难。

英国工业革命还对世界上其他国家经济和政治产生了重大影响。英国成为欧洲和世界头号强国，国际政治地位提高，在国际事务中的作用大大加强了。工业革命的成果传到欧洲、北美等国，促进了生产力的发展，帮助各地的新兴资产阶级打击了封建势力。

瓜分孟加拉

19世纪末20世纪初，印度民族资本主义（纺织工业、煤炭工业等）冲破了英国设置的重重障碍和限制，不断发展。1907年属于印度资本的塔塔钢铁厂的建立，标志着印度资本主义进一步发展。印度民族力量的加强，势必使它同英国资本主义发生日益频繁的摩擦。1891年，在加尔各答开始建立专门销售印度货的中央市场。1897年，诗人泰戈尔创办"自产商场"。19世纪末，在印度许多地方发生抵制英国货的事件。与此同时，印度民族运动也升级了。在国大党内部，温和派虽然力图保持自己的领导地位，但他们已无力压制来自下面的激进势力。激进派提出的民族独立的口号越来越深入人心。英国殖民者越来越难以控制国大党。1900年，印度总督寇松表达了英国殖民者对国大党大失所望的情绪，他说："国大党正在摇晃垮台，我在印度的巨大野心之一，就是促进它的和平死亡。"

19世纪末，英国已丧失工业垄断地位，受到德、俄等帝国主义国家的激烈竞争，于是变本加厉地掠夺它最大的殖民地印度，从而使英帝国主义和印度人民之间的矛盾激化。

英国把印度变成了侵略亚洲各国的基地，又把在亚洲扩军备战和发动殖民侵略战争的军事费用硬摊派给印度人民，致使印度人民陷于赤贫。从1896年到1906年，约有1000万印度人死于饥荒和疾病。在严重饥荒时期，英国不顾印度人民的死活，继续从印度出口粮食。英国的"从石头里挤血"的政策，激起印度人民的强烈反抗。

为了对付日益高涨的印度民族运动，总督寇松采取了一系列反动措施：取消新闻自由；裁减加尔各答市自治政府的民选议员；取消印度人高级文官考试，恢复任命保护制度；严格监督大学教育和力图限制印度人受高等教育的机会。而寇松最恶毒的政策是强行分割孟加拉省。这是英国在印度"分而治之"的又一次阴谋。

孟加拉省当时拥有8000万人口，是印度重要的经济、政治文化中心，是印度民族资产阶级和无产阶级力量比较雄厚的地方，是印度族解放运动的一个重要发祥地。在东孟加拉，信奉印度教的地主、商人、高利贷者等上层分子占统治地位，而占人口大多数的伊斯兰教的农民则处于被奴役的地位；而西孟加拉相反，上层剥削者是穆斯林，被剥削大众多是印度教徒。

1905年10月16日，总督寇松颁布分割孟加拉省的法案，强行把孟加拉省分割为东孟加拉和西孟加拉两部分。在东孟加拉，英国利用错综复杂的阶级关系和宗教矛盾佯作反对印度教地主，保护伊斯兰教农民，有意挑起宗教纠纷。显然，英帝国主义企图通过瓜分孟加拉，达到分裂、破坏和扼杀印度民族独立运动的罪恶目的。

国大党领导印度人民坚决反对英帝国主义分割孟加拉的阴谋。国大党把分割孟加拉法案正式生效那天定为"国丧"日。当天，全国举行罢工罢市罢课，人们涌上街头，示威抗议。示威群众高呼"祖国万岁"的口号，焚烧英国货和总督寇松的模拟人。加尔各答约 5 万人游行示威，参加者不仅有工人、农民、手工工匠等，也有众多商人、工厂主和地主。示威的人几乎个个将红丝带系在手腕上，其意为孟加拉人都是兄弟。根据当地习俗，手腕上系红丝带的众兄弟纷纷前去恒河洗涤双手，做国丧仪式。因为当天是"国丧"，全孟加拉的人，除了老幼病残外，全部都整日禁食。工厂、商店也关起了大门。

在此次运动中，有两个口号叫得最为响亮，它们是"司瓦拉吉"和"司瓦德希"。这是印地语，意思为"自治"与"自产"。"自治"当然是摆脱英国统治，印度人自己管理国家，"自产"则是抵制英货，用国货。由此，全国掀起了抵制英货活动。在短短的 6 个星期内，加尔各答商人销售了孟买自产布 10 万包。孟买印度资本家经营的纺织厂预售了 6 个月的全部产品，而且无法供应更多的订货。在一年之内，增加了 5000 至 7000 台新织布机。自产布价格上涨，而质量相同的英国布价格下降了 30%–40%。因此，印度地主资产阶级非常乐意支持这个有利可图的运动。那时候，对英国货的抵制还表现在普通百姓人家，女子出嫁的嫁妆，宴请宾客的酒菜，祭祀神灵的供品，也都拒绝英国货。若不用国货，宾客们就不肯入席。孟加拉还发生了许多焚烧英国货的事情。

反英运动向纵深发展，迅速冲破了国大党温和派规定的条条框框，激进派的暴力革命和民族独立主张占上风，工人罢工运动和农民运动日益高涨，特别是无产阶级，虽然还没有自己的政治组织，尚未掌握领导权，但已开始成为反英斗争的主力和先锋战士。反英斗争的这种发展令温和派惊恐不安，加上英国殖民者用扩大民选立法议员名额的小恩小惠拉拢他们，他们转而倒向英国殖民者一边，连自治和抵制英货的口号也不敢再提了。在激进派和工农群众的斗争蓬勃发展的形势下，英国殖民者、封建王公、地主、买办阶级和国大党温和派，结成了反动联盟，企图扑灭日益高涨的反英斗争。

1907 年 12 月，由于分歧越来越大，国大党温和派和激进派公开分裂。国大党激进派首领提拉克是积极的反英主义者，他认为"自治"是人民反抗所提的一切要求的基础。于是他说："已经到了要求司瓦拉吉或自治的时候了。不要再零星求取改革。现在的统治制度只会将国家毁灭，所以必须改变或是连根除去。"提拉克将自治、自产、抵制英货、民族教育列为此次反英运动的四大纲领，并声言自治最重要，是四者中的目标，其余三个都是达到目标的手段。1908 年 7 月，英国殖民政府以"阴谋推翻女王政权"的罪名，将提拉克抓了起来，一个月后宣告判处提拉克 6 年徒刑。这一举动引起了人民更大的反抗。

7 月 23 日，也就是宣告判处提拉克徒刑的第二天，孟买工人首先起来罢工。这次罢工工人包括 10 万多名纺织工人、铁路工人、码头工人和城市运输工人，罢工的性质为政治总罢工。工人们坚持要求立即释放提拉克。罢工工人举行示威游行，同军警发生流血冲突。英国殖民者不得不调来正规军，野蛮地将罢工镇压下去。

孟买工人政治总罢工是 1905–1908 年印度人民反对英帝国主义阴谋瓜分孟加拉斗争的最高峰，也是 20 世纪初印度民族运动高涨中的顶峰，它标志着印度无产阶级开始登上政治舞台。罢工惨遭镇压后，这场民族运动的高潮也渐渐过去了。但由于印度人民的坚决斗争，1911 年英国殖民政府被迫废除了分割孟加拉的法案。

弹 性 定 律

胡克曾经帮助波义尔改进抽气机,他与牛顿同一时代。在力学方面,胡克的贡献最为突出,他是很早就探索万有引力的科学家,并且对万有引力的发现做出了重大贡献。

胡克比波义尔年轻,是波义尔的助手。波义尔对他的影响是很大的。他因此走上了自然科学研究的道路。

罗伯特·胡克1635年出生,年少时体弱多病并且因为患天花而使脸上留下了麻子。他小时没能接受正规教育,但聪明好学的他对新物理学表现得具有超常的领悟能力。

胡克是做实验的大师,他自己制造了显微镜,"细胞"一词也是胡克首创的。本来,胡克用这个词来称呼他在显微镜下发现的软木片上的那些小孔,但后来人们发现,这些小孔充满复杂的液体,是生命组织的基本成份,因此便把它们称作"细胞"了。

胡克在使用显微镜时提出了光的波动学说。他在理论方面取得的成就没有在实验方面的成就大,但胡克定律却是一个重大的理论发现,当然是他在实验的基础上总结而来的。

胡克定律其实是研究万有引力的副产品,但胡克本人没能认识清楚万有引力,却意外地发现了"胡克定律"。

为了研究万有引力,胡克开始在不同地点测物重。在高山、平地、深深的矿井中多次测量进行比较,他想证明自己的一个假设:受到吸引力作用的物体,越靠近引力中心,比如说地心,其吸引力越大;地球上的物体离地心远,其所受吸引的力量就会减小。

在这个过程中,需要测出物体的重量,而不是质量。胡克曾被尊称为现代仪器制造之父,所以他心灵手巧早就名闻遐迩。根据弹簧的变化,胡克想进一步弄清楚具体的数量关系,以求能称重量。

他用相同重量的物品一个一个加挂在弹簧上,记下弹簧的长度,然后重复实验,记下准确数据。最后,胡克对数据进行整理,发现了一个简单而又不为人所知的规律:弹簧的伸长长度和挂物的重量成正比。

他发现,弹簧总是倾向于回到自己的平衡位置,这种倾向表现是一个弹性力,这个力的大小与弹簧离开平衡位置的距离成正比。

这就是胡克定律,也就是弹性定律。

1678年,胡克将这项发现公布于世,十分实用。近代的材料力学利用这个理论来计算物体的形变,而手表的发明更可以看成是这个理论的直接产物。

胡克还认识到,地球和地球表面物体存在某种引力,否则,人们得到的现象应该是好比雨伞旋转与雨伞上的水滴被甩出去一样。可惜胡克未能在实验中证实他自己的关于万有引力理论的一些假设。

胡克是一流的技术实验型物理学家,他做过金匠、木工等工作,制出过风速计、气候钟、雨量计、验湿器等仪器。

伟大的牛顿

伽利略是近代科学的奠基人和开创者。但近一个世纪的物理学在牛顿那里得到了综合并发扬光大。牛顿出生于伽利略去世的当年，这也许象征了科学的亘古流传。

17世纪可以被称为牛顿时代。

关于牛顿的故事数不胜数。牛顿是世界伟大的三大数学家之一，与高斯、阿基米德一起名垂青史。牛顿力学确立了经典物理学的宏伟殿堂。以牛顿力学为基础统一的声学、光学、电磁学和热学，支配着小到超显微粒子、大到宇宙天体的物理世界。牛顿把古典科学发展到顶峰。

爱萨克·牛顿是一个有120英亩土地的小地主的遗腹独生子。出生于林肯郡的耳索普。

按照儒略历来说，牛顿生于1642年12月25日，恰好是圣诞节。而按现在的格里高里历推算，他出生于1643年1月4日。

少年时代的牛顿，是一位普通的少年，没有表现出神童或天才的迹象。他与伽利略相似，喜欢动手制作手工，各种各样的机械工具等等。

牛顿出生时早产，差一点死亡。3岁时，他的母亲改嫁，将他留给外祖父和外祖母照看。牛顿喜欢各种零件。据说，他做过一个以小老鼠为动力的磨坊模型，并且在自己做的风车上装饰有许多灯笼。他特别喜欢做日规，用它来查看时刻。

在上学前，人们认为这个小孩性格有些孤僻，爱自己动手搞一些小制作，别无其他。但牛顿也同时很喜欢数学和绘画。牛顿上小学时成绩平常，12岁时进入格兰瑟姆的文科中学念书，他寄宿在一位药剂师家里，学会了做实验，而成绩开始名列前茅。

牛顿的舅舅对他较为照顾。1656年，牛顿母亲改嫁后的丈夫死去，牛顿回家帮助家里务农，但他干不好农活。他舅舅认为他才能不凡，便很想让他上大学。1661年，牛顿以减费生的身份进入了剑桥大学的三一学院。牛顿听了巴罗的讲座，受益匪浅，学业突飞猛进。1664年，他被选为三一学院的研究生，第二年被选为校委。

在大学，牛顿阅读了很多自然科学著作，为他的一生奠定了知识的基础。他读了开普勒的《光学》、伽利略的《关于两大世界体系的对话》、胡克的《显微图》以及笛卡尔的《哲学和数学方面的研究》，基本上掌握了当时重要的全部数学方面的知识。

1665年到1666年，伦敦流行瘟疫，牛顿回到家乡，在母亲的农场里度过了约两年时光。正是这两年，使得他静思了很多问题，许多创造性的成果都是在这两年中萌芽或成功的。

牛顿注意到行星问题，这就发生了人们广为流传的苹果掉地与万有引力的故事。故事是真是假无从得知，其实科学发现不是偶然的类似苹果落地之类的情况就能成功的，若没有坚实的知识基础和终日废寝忘食的思考，无论如何也不会有灵感出现。

伏尔泰说，牛顿在他的果园里看见苹果熟透后向地上落而找到了线索。这个现象使得牛顿猜度物体下落的原因，并且使他产生了关于地球引力范围的思考。

牛顿同母异父的妹妹汉娜·巴顿的后代于1872年赠给剑桥大学的牛顿手稿中写道："就在这一年，我开始想到把重力引伸到月球的轨道上，并且在弄清怎样估计圆形物在球体中旋转时压于球面的力量之后，就从开普勒关于行星公转的周期与其轨道半径的二分之三成比例的定律中，推得推动行星在轨道上运行的力量必定与它们到旋转中心的距离的平方成反比例。于是我把推动月球在轨道上运行的力与地面上的重力加以比较，发现它们差不多密合。这一切都是1665年与1666年两个瘟疫年份的事。因为在那些日子里，我发现人们在旺盛年代对于数学和哲学比以后任何年代都更加关心。惠更斯先生后来发现了离心力并发表研究成果，我想这些研究成果的取得应当在我之前。"

1665年，牛顿发明了级数近似法；1666年研究颜色，从开普勒第三定律推出行星维持轨道所需要的力与它们到旋转中心的距离的平方成反比关系。他发现了万有引力定律，直到能证明时才发表。

1687年，在哈雷的鼓励下，牛顿出版了巨著《自然哲学的数学原理》，正式发表经过证明的万有引力定律和牛顿运动三大定律。这部书改变了整个科学界和人类的知识与能力，开启了牛顿的时代。

牛顿工作的重大成果有：证明地球上的力学也能应用于地球之外的星球；从大自然的研究中排除了旧的哲学观念，打破了天体的特殊与神圣。

1669年，牛顿当上了剑桥大学的卢卡斯讲座数学教授，年仅27岁。他研究光学，发现太阳光并非单色，而是多种光的合成。牛顿成功地提出折射式望远镜会出现色差，也就是说在透镜周围出现杂乱的光圈。于是，牛顿开始研究反射式望远镜。1671年，牛顿向英国皇家学会提交了发明——反射式望远镜，因此被选为会员。1672年，牛顿向学会公布了他在光学研究上的成果。

当时胡克是学会的实验总监。胡克理论不是十分强，但实验相当有天才。他争强好胜，喜欢发表意见并喜欢与人争优先权。他对很多问题有点滴看法，很有价值，但没能形成系统明确的理论。

牛顿的论文"论光与颜色"遭到胡克的批评，因为牛顿持光的粒子说，而胡克不同意粒子说。牛顿性格较为内向，他更不喜欢别人对他的批评，因此差一点辞职。后来牛顿不再研究光学，而且不发表任何学术研究的论文。直到1679年，胡克主动和牛顿交往，牛顿才改变了做法。

从开普勒第三定律和向心力公式，是很容易推出向心力与半径的平方成反比的。很多人意识到这一点，而且也发现了逆命题：在平方反比于距离的力作用下，行星的轨道是椭圆的。但只有牛顿首先证明出来。

有意思的是，牛顿的《原理》一书出版时，皇家学会拿不出钱资助，哈雷于是用自己的钱资助牛顿。但胡克又说，平方反比定律的第一位发现者是他，而且牛顿的研究工作是由他才产生的，牛顿认为胡克也不是不讲理地胡说，于是在书中确认了胡克的独立发现权。

牛顿的伟大在于使这个定律推广到地球之外，因此而成为万有引力。

牛顿的《原理》出版后，惠更斯专程去和作者牛顿会面。英国诗人波佩赞美牛顿说："大自然和它的规律隐藏在黑暗之中，上帝说：'让牛顿去吧，一切便灿然明朗'。"

一个全新的宇宙图景在牛顿的勾画中呈现。牛顿的动力学与天文学基础是建立在绝对空间和绝对时间概念上的。

牛顿和他的学生们看到，牛顿力学赋予世界画面的惊人秩序与和谐所给我们在美感上的满足，超过凭借任何天真的常识观点或亚里士多德派范畴的谬误概念，或诗人们的神秘想象所见到的、万花筒式的混乱的自然界。

经验是牛顿始终坚持的原则。莱布尼茨和惠更斯对牛顿在哲学上有一定的评价，他们认为牛顿对于万有引力的根本原因未加说明。自牛顿时代以来，还确实没有人能完满地解释，从爱因斯坦的理论看出，这在牛顿建立的绝对时空观世界是无法正确获解的。牛顿始终具有经验主义的哲学态度。

牛顿晚年更加笃信宗教，这和他的性格及心理都有关系。牛顿的研究中也有请出上帝之时，他认为"神控制万物，知道存在着的或可以做出来的万物……既然无所不在，他在凭自己的意志移动他的无限而一致的知觉中枢范围内的物体，从而形成或改造宇宙各部分的时候，就比我们凭我们的意志来移动身体的各部分还容易"。

《原理》出版之后，牛顿被朋友们拉去做社会工作，他表示不再继续研究了。由于他好沉默，因而人们很难得知这位伟人在做什么。

英国的学者丹皮尔认为，牛顿在保卫剑桥大学、抵抗詹姆士二世干涉剑桥大学的独立方面起了很大作用。1689年，牛顿代表剑桥大学当选为国会议员。他当时已经家喻户晓，就连皇宫贵族的少女少妇也附庸风雅地以看《原理》为荣。因此人们很想目睹伟人风采。据说牛顿在国会从不发言，突然有一次，牛顿在座位上站了起来，人们顿时鸦雀无声，期待着牛顿讲话。谁知牛顿只说了一句"请把窗户关起来"，之后就坐下了。

1690年国会解散，牛顿去研究了圣经，1701年再度进国会。1693年时，牛顿得了精神上的毛病，长期忧郁导致他神经衰弱、敏感，心理状态不健康。

1695年，牛顿迁居伦敦，做了皇家造币局的督办，后来成为造币局局长。他运用他的冶金知识铸造了成色很足的货币。

1703年到1727年，牛顿担任皇家学会会长，这使他在与莱布尼茨的争论中处于优势。牛顿常有精神方面的不良症状，也因此引起人们的不同评价，他自私、尖刻的一面暴露了出来。

在当今大物理学家霍金的著作里有这样的评价：牛顿成为第一个被授予爵士的科学家，他与皇家天文学家约翰·夫莱姆斯梯德发生冲突。夫莱姆斯梯德曾提供许多数据为《原理》而用，后来他不提供了。而牛顿不允许人说不，他自封为皇家天文台大总管，让哈雷把夫莱姆斯梯德的工作夺走，强行出版他所需要的数据。

然而夫莱姆斯梯德告到法庭，法庭裁决不得出版，使牛顿很愤怒，他为了报复，把有关夫莱姆斯梯德的引证在《原理》中全部删除。

霍金在著作中认为，牛顿在剑桥积极从事反天主教运动，后来在议会中也很活跃，最终作为酬报，他得到皇家造币厂长的肥缺。他以社会上更能接受的方式，施展他那狡狯和刻薄的能耐，成功地导演了一场反对伪币的重大战役，甚至将几个人送上了绞刑架。

这些评价使我们看到一个更为全面完整的牛顿。

1727年3月20日凌晨，牛顿在睡梦中与世长辞，终年85岁。

法国著名哲学家伏尔泰目睹了牛顿的葬礼，感叹牛顿获得的殊荣。如同法国的先贤祠一样，牛顿被安葬在英国威斯特敏斯特大教堂，那是安葬英雄之处。

关于牛顿的故事举不胜举。人们传说他思考问题，边走边向水中掷石子观察水波现象，结果，把衣兜里的手表扔入湖中。牛顿在数学上发明了微积分等等。他不使用传统的古老的方法解题，善于创造。

有一次，牛顿请朋友吃饭，他请朋友在餐桌旁坐好后，他去另一间屋里去拿酒。谁知一进屋，他想起了一个问题，便一直研究了下去，随后认为该祈祷了，因为他认为饭已经吃过了。于是他穿上白衣进了工作室祈祷，准备工作。他把等待吃饭的人全忘了。

还有一次，一位博士请牛顿吃鸡肉，牛顿说有一个问题，先出去一会儿。博士左等不见人，右等不见回来，于是他先吃了一只，把另一只盖上。又过了一会儿，牛顿回来了，他看到博士吃的剩骨头，恍然大悟地说："亲爱的朋友，我竟然忘了我们已经吃过饭，我还回来吃饭呢！"

晚年的牛顿宝刀不老。1696年，瑞士数学家伯努利出了两个问题，向欧洲数学家挑战。牛顿知道后，当天晚上就解决了，寄给伯努利。伯努利说："我一眼就认出了狮子的利爪，这肯定是牛顿所为。"1716年，据说莱布尼茨也出题挑战牛顿，当时牛顿虽然已75岁了，但只用了一下午就解决了问题。

无论如何，牛顿是一个人，当然也有缺点，就像霍金笔下所述，他有偏执自私的一面，但牛顿毕竟是人类史上伟大的自然学家。在艺术家笔下，牛顿像神一样制定了宇宙定律。

数学微积分、天文物理上的万有引力、运动中的三大定律，新的物理学体系建立、光学领域中的太阳光谱、反射式望远镜，这其中任何一项体现在一个人身上，都可以让他永垂青史，而牛顿一个人就做出了这些发现和发明。

让我们重温一下牛顿的名言："如果我比别人看得远些，那是因为我站在巨人们的肩上。"

"我不知道世人怎么看，但在我自己看来，我只不过是一个在海滨玩耍的孩子，不时地为比别人找到一块更光滑、更美丽的卵石和贝壳而感到高兴，而在我面前的真理海洋，却完全是个谜。"

微积分发明之争

牛顿是伟大的物理学家，也是世界伟大的三大数学家之一。他是微积分的创始人之一。

但现在通行的微积分符号基本采用的是另外一位德国大数学家莱布尼茨的。他们二人为了发明权，曾经有过不小的争执。

在当今世界著名的理论物理学家霍金的著作中是这样认为的："莱布尼茨和牛顿各自独立地发展了数学分支——微积分。微积分是大部分近代物理的基础。现在我们知道，牛顿发现微积分要比莱布尼茨早若干年，可是他到很晚才出版他的著作。随着关于谁是第一个发现者的严重争吵的发生，科学家们激烈地为双方作辩护。然而值得注意的是，大多数为牛顿辩护的文章均出自牛顿本人之手，只不过仅仅用朋友的名义出版而已！当争论日趋激烈时，莱布尼茨犯了一个错误，他向皇家学会起诉，以求解决这一争端。牛顿作为皇家学会主席，指定了一个清一色由他自己的朋友组成的'公正的'委员会来审查此案。更有甚者，后来牛顿写了一个委员会报告，并让皇家学会将其出版，正式地谴责莱布尼茨剽窃。"

牛顿还不满意，他又在皇家学会自己的杂志上写了一篇匿名的、关于报告的回顾。据报道，莱布尼茨死后，牛顿扬言他为伤透了莱布尼茨的心而洋洋得意。

牛顿与莱布尼茨以不同的形式发明了微分学，现在人们认为，他们都是独立发明的。莱布尼茨的符号比牛顿的科学易用，因此通行的符号采用了莱布尼茨的发明。

莱布尼茨从求曲线上任一点的切线问题入手而发明了微分，后来又研究了逆运算积分。

1684年，他在德国《博物学报》上发表文章，简介了微积分，但没有引起注意。于是，1686年莱布尼茨发表了更详细的论文，这篇文章里第一次使用了现在通行的微积分基本符号。结果，正是这篇文章引起了英国与德国科学界的争论，谁该享有发明权。

据载，一开始双方当事人没有在意，他们宣布承认对方的独立发明。后来英国人大张旗鼓的争论使牛顿开始暗中争夺。莱布尼茨于1714年发表了《微分学的历史和起源》，阐述了自己发明微积分的历史背景。

保守的英国数学界拒不承认莱布尼茨较为先进的符号和思想。牛顿之后，英国的数学明显落后了，而争论也中断了英国同德国甚至欧洲大陆的数学交流。

事件中还有很多详情。

1676年，牛顿在写给莱布尼茨的信中宣布了二项式定理，提出流数法。但是牛顿却没有交流自己发现的求极大极小值的方法。莱布尼茨在给牛顿的回信中却提出了和牛顿相近的方法，不过二者角度不同。

从数学实质上看，莱布尼茨远远比牛顿的创造要科学简洁，而牛顿主要把力学与运动学相结合，在这上面的理解程度高于莱布尼茨。二人殊途同归，各有侧重。一是几何法的"流数术"，一是"无穷小算法"的分析学。

1699年，瑞士科学家法蒂奥德揭发莱布尼茨抄袭，结果很多科学家纷纷指责莱布尼茨，情况就像我们前面介绍的那样。没有人相信莱布尼茨的辩解。

1716年11月14日，莱布尼茨逝世，应该说是残酷的论争使他郁郁寡欢辞别人世的。最后，英国皇家学会出面调查，承认了二人的发明，但莱布尼茨已经不再知道了。

76年现身一次

夜空群星闪耀，时而有流星闪现，给人们以无限遐想。在科学不发达的年代，天空带给人更多的是神秘。

彗星是一种特殊的星，它与其他星星的区别在于它的大尾巴。现在我们知道，彗核内有许多冰尘物质，蒸发和消散形成的痕迹就是彗尾。

丹麦17世纪的天文学家布拉尔认为彗星是妖星，说"彗星是由于人类的罪恶造成的。罪恶上升形成气体，上帝一怒之下把罪恶点燃，变成丑陋的星体"。这种宗教式的说法神秘而恐怖。当1682年的夜晚，有一颗披头散发的彗星出现在天空时，人们全都吓呆了。彗星拖着长长的亮闪闪的尾巴，一连几十个夜晚在天边运行，仿佛妖魔降临大地。人们恐惧异常，纷纷向上帝忏悔，但是无济于事，一时间天下大乱，占星家、巫师也趁乱打劫，弄得乌烟瘴气，人心惶惶。

从第谷那里已经得到过这样的结论，彗星不是特殊的妖怪，也是一种天体。另外，开普勒等天文学家也研究过彗星的轨道，但没人认真地计算观察，也没有人得出准确的结论。

天文学史上第一个全力研究彗星轨道的人是爱德蒙·哈雷。他于1656年出生在英国。当时人们传说妖星出现，而哈雷却并不相信，他认为这是一种正常的天体，宇宙中存在的自然现象，决定认真研究它，揭开彗星之谜。

哈雷开始详尽地搜集资料，查检星图星表，当时牛顿的万有引力定律已经问世，哈雷利用定律对1337年到1698年的20多颗彗星进行了详细的研究。

他把彗星的轨道根据时间绘制成图，以便观察比较，结果发现1531年、1607年和1682年的彗星轨道十分类似。哈雷眼前一亮：莫非这是同一颗彗星所为？

结果不出所料，哈雷继续向前查，发现每隔76年左右，这颗彗星就出现一次。于是哈雷向社会宣布：彗星是按固定的周期运行的，在1758年将再度光临地球。

人们都被这个消息惊动了，结果1758年12月24日，彗星光临地球，人们为了纪念哈雷，命名为"哈雷彗星"。1742年，哈雷去世，距他的预言早14年离开人间。

哈雷彗星在1986年光临了地球，不难知道它下一次光临地球的大概年份，现在科学家们早已经可以精确计算出时间了。

哈雷不仅仅发现了彗星周期，在1718年他还发现了恒星的自运转。人们之所以区分恒星与行星，就是因为恒星都是看起来不动的，其实世界上没有绝对静止的东西，恒星的遥远使人们产生了视觉错误。

哈雷被誉为南方的第谷，是第一个观测南半球天空的天文学家。

哈雷与牛顿交往甚笃。正是由于他的鼓励，牛顿写出了《自然哲学的数学原理》，他用自己的钱资助出版。也正是二人的交往，又影响了哈雷，使其在彗星上感兴趣而取得成就。这是科学界相互促进、互扶互助的佳话。

哈雷1678年入选英国皇家学会。他在格林威治天文台工作时，提出了利用金星凌日的机会测定日地距离，推算太阳系大小。他算出的数字直到现在人们仍在采用。

色盲化学家开创新时代

1832年，英国国王召见一位著名的化学家。这位化学家获得了牛津大学的博士学位，身穿博士礼服。

在他看来，衣服是灰色的（实际是红色的），于是便怀着敬意去面见国王。但在场的人却大吃一惊，因为基督教虔诚的信徒是不穿红色衣服的，这很不尊敬。而众所周知，大部分贵族绅士都是基督教礼仪的恪守者。

这位有意思的化学家是谁呢？

他就是道尔顿。

道尔顿是一位自学成才的大科学家。他勤奋谦虚，最终成为19世纪化学界的伟大人物。

1766年，道尔顿生于英国的坎伯兰，他是一位纺织工人的儿子。他只读了几年农村小学，之后就没有进过学校学习。从他15岁起，便协助别人教学，成为一名小学教师，后来又当过中学教师。从此道尔顿就开始了自学、研究、创作的道路。

道尔顿并不是神童，天资也不很高。他是靠着刻苦的精神和顽强的毅力来进行科学研究从而取得丰硕成果的。

举例来说，他对气象一直保持着兴趣。坚持记气象日记，每天观测气温、湿度等等，共记了20万次的观测数据，足见道尔顿的勤奋。

他提出的原子论学说，成为19世纪最重要的化学成就并为现代化学奠定了基础。

原子论学说的主要内容如下：

第一，化学元素是由非常微小的、不可再分的物质粒子即原子组成，原子在化学变化中均保持自己的独特性质。

第二，同一元素的所有原子，各方面的性质，特别是质量，都完全相同。不同的元素的原子质量不同。原子量表现出每一种元素的特征性质。

第三，不同元素的原子以简单数目的比例相结合，形成化学中化合现象，化合物的原子称为复杂原子，复杂原子的质量为所有组成成分的质量之和。

在1801年，道尔顿研究气体时发现了所谓分压定律，就是说，在同样的温度下，混合气体所产生的压强等于各气体在单独占有整个混合气体体积时所产生的压强之和。

1808年，道尔顿出版了《化学哲学的新体系》，由此提出了详细而完整的化学原子论。

道尔顿是化学史上第一个提出原子量概念的人，还是第一个开始自觉测量原子量的人。他引来了大批的化学家继续研究，从而使化学进入了"原子时代"。

在原子论提出之前，道尔顿已经在自然科学研究领域做出了贡献。

1793年，他出版首部著作《气象观测论文集》，并且被任命为曼彻斯特的数学和哲学教授。

1803年10月，在曼彻斯特的文学与哲学大会上，他宣读了《论水对气的吸收作用》一文，首先着重简明地提出了原子论。

道尔顿的原子理论还很死板并且过于武断，但是，科学史专家评价说："他在一个重要的时刻为化学家们提供了许多重要的新概念。特别是他所提出的原子概念，已不是德谟克利特或笛卡尔那种形而上学的概念，而是实证的概念。

"由此原子取得了一个能用数量来表达和能在宏观物体上表现并可用实验方法来检

验的特性,长期含糊不清的原子概念有了精确的定量依据,元素的概念也因此更为明确。从而反映了人们对自然界物质认识的一个新阶段。"

道尔顿一生未婚,不断为科学研究努力奋斗,因为长期在实验室工作,道尔顿得了慢性汞中毒的病症。1844年7月27日凌晨,道尔顿在实验室去世了。

道尔顿原子量概念的提出是近代科学原子论诞生的重要标志,当时的科学条件和手段还不能对原子质量加以确定,所以道尔顿借助了一些假说,但其高度的形象化被人接受。

他自学成才,为人谦虚。1832年被授予牛津大学的最高学位——法学博士学位。他本人去见国王不知道自己衣服的颜色,因为他是一名色盲患者。据此,他还写过关于色盲的文章。

人们为他建了一座大理石雕像,永远纪念这位勤奋谦虚的天才。

平凡而伟大的法拉第

19世纪最伟大的实验科学家是法拉第。

1803年,12岁的法拉第得到了一个意外的机会:有一位当斯先生在皇家研究所工作,他送给法拉第一张票。

法拉第很奇怪:送给我票干什么呢?当时的法拉第是无名之辈,也不是大学生,而是一名小小的装订工。

但由于他在印刷场当童工和学徒,经常忍不住翻看经他手装订的书,所以,虽然他刚刚认完字后就没能上学,竟然利用这样的机会学到了不少科学知识。

他还利用业余时间做了化学实验并装配了发电机。

当斯先生见到法拉第如此勤奋好学时,就送给了法拉第一张票,这是大化学家戴维的科学讲座门票。

法拉第高兴极了,拿着纸与笔去听讲座。戴维的系列演讲共有四次,法拉第认真听讲并做了很详细的笔记。

他高兴地发现,从来没有上过学的他,竟然全部都听懂了。

法拉第1791年9月22日生于伦敦市郊的贫民区。他的父亲有10个孩子,靠做铁匠活养家糊口,所以,小法拉第只学会认字之后便再也没有上学。他一切靠自学奋斗。

戴维的讲座使法拉第对科学研究充满热爱和憧憬。

1812年12月,法拉第满怀希望地寻求帮助。他把自己从头到尾听到的戴维演讲的内容记录整理好,命名为《汉弗莱·戴维在皇家研究院四次化学哲学讲演的记录稿》。

然后,法拉第将笔记寄给了戴维教授,请他审阅。信中,法拉第诚恳地请求戴维给他一个助手的工作。

戴维其实对奖掖后学不感兴趣,在他身上没有谦虚的品质和吸纳的胸怀。他并不想与法拉第有多少联系,出于礼貌,他回了一封信,对法拉第好学的精神表示赞扬,而没有真正给予法拉第什么帮助。

后来，戴维与一位助手发生了矛盾，助手被戴维解聘了，他想到了法拉第的多次请求，于是写信对法拉第说，实验室里有一个工作，不过很艰苦，是洗刷瓶子，工资比法拉第做装订工还要低。但是他毫不犹豫地答应了，愉快地开始上班。

1813年，法拉第成为戴维的正式助手。应该说，戴维是被法拉第的勤劳、聪明、谦虚的优秀品质打动了。在皇家学院里保存的会议文件记载了这样的话语：

"迈科尔·法拉第，22岁。根据戴维爵士的观察，这个人能够胜任工作。他的习惯十分好，上进心强，举止和蔼严谨，聪明好学。"

1813年的秋天，法拉第随从戴维夫妇出访欧洲。他们在法国、意大利、瑞士等国同很多科学家交流，并且做了部分研究工作，这使法拉第得到正规的科学训练并且终身受益。

在出巡访问期间，戴维居高自傲，把法拉第以仆人身份看待，法拉第感激戴维的帮助，善良的他并不在意。

在学术访问中，法拉第见到很多著名的科学家，如伏打电池的发明者伏打。

1815年，法拉第与戴维一起，发明了矿工头上戴着的照明用具——矿工探灯。

1816年，法拉第发表了第一篇论文，成为一名有成绩的研究者。

法拉第在戴维处见到了奥斯特的来信，信中说明了电流的磁效应。于是，在戴维的指导和帮助下，法拉第的第一篇有关电磁学方面的论文诞生了。这为法拉第进入电磁学研究领域开启了大门。

1825年，法拉第在电化学方面取得了开创性的成果。他最先使用"电解""电极""阳极""阴极"等词。

法拉第在实验方面具有极高的天才，他没受过正规教育，因此其数学能力十分欠缺，但是他对实验的理解和洞察却是无与伦比的。

有一个例子可以说明。

1821年，英国化学家沃拉斯顿来到戴维的实验室。他有一个想法，告诉了戴维，二人共同设计了一个实验。

他认为，如果在磁石附近恰当的位置放上一条导线，导线通电后，就会发生转动。

他们二人设计了实验，但是却没有发生预想的结果。这却启发了法拉第。后来，法拉第成功地使小磁针在通电导线周围飞速旋转，电生磁的现象发生了。

法拉第相信，电与磁是可以相互转化的。

他开始寻找磁生电的实验。

在日记中，法拉第记下了"磁能转化为电"这一光辉的思想。他坚定不移地相信这一点，最后表明，他的物理推断力是极其惊人的。

法拉第把线圈和电流计连接好，把磁铁插入线圈或从线圈中拔出，之后去观察电流计，结果什么现象也没能发生。

其实，已经发生了电磁感应现象，不过法拉第没有想到电磁感应现象竟然是一种瞬间的过程。受奥斯特实验影响，法拉第认为电磁感应现象应该是一种稳定效应，结果法拉第屡次失败。

10年过去了。

1831年10月17日，法拉第在一个长筒外面绕上导线，将导线的两端连接上灵敏的电流表。然后用磁棒在线圈中插拔。突然，一瞬间，电流表的指针晃了一下，电流计发生了偏转！

法拉第高兴之余，一共做了几十个类似的实验，终于认识到电磁感应现象原来是一种很短暂的现象。

1831年，法拉第发表了论文，指出变化的磁场产生电流，这是一个划时代的发现。

法拉第从失败中认识到关键在于运动。一定要使磁线与线圈有相对运动。

为了解释电磁感应现象，法拉第于1837年提出了电场和磁场的概念。他认为电荷、磁体或电流在周围空间能够产生一种特殊的物质，即电场或磁场。电作用或磁作用正是通过场发生作用的，它们隔着其他物体也可能发生。

法拉第提出"力线"概念。这是法拉第电磁理论的核心思想。正是力线概念的提出，使得许多电磁现象的定性解释变得十分简单。

法拉第设计了世界上第一部感应发电机，第一个发现了电解定律，第一次发现真空放电现象中的"阴极暗区"，第一回谈到磁力线与电磁场。

是他，开创了电磁学研究的新时代。

1838年，人们发现早在6年以前法拉第就认识到："磁力从磁极出发的传播类似于起水面波纹的振动或者空气粒子的声振动。也就是说，振动理论应用于磁现象，就像对声音所作的那样，而且这也是光现象最可能的解释。"

法拉第预言了电磁波的存在。

1845年，法拉第提出光的本性是电力线和磁力线的振动。

这鼓舞了麦克斯韦等人，从而发展为光的电磁说。

法拉第为人十分宽容。在他做出很大贡献时，戴维逐渐妒忌起来，在法拉第当选皇家会员时，只有戴维投了反对票。但是法拉第不忘戴维的培养和教导，在公开的场合和私下的交往中从不讳认，而且对戴维总是很感激。

法拉第对金钱和名誉看得很淡，他崇尚科学。一直到晚年，法拉第坚持作实验记录，并且开设讲座，希望大家具备科学精神。

法拉第拒绝了封授爵位，也拒绝了当选皇家学会会长。英俄战争时，政府请他研制毒气以用于战场上，法拉第断然拒绝。

法拉第于1867年8月25日在伦敦逝世。

他那平凡的墓碑只有名字和生卒年，以标志他这位人类普通一员存在于世界的时间。

平凡的墓碑后却是一个伟大的灵魂。

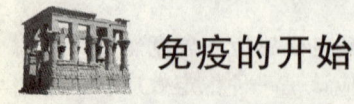

免疫的开始

1823年1月24日，英国医生詹纳逝世了。在伦敦和巴黎，人们为他建造了大理石雕像，刻着这样的碑铭："向母亲、孩子、人民的恩人致敬。"

詹纳是著名的巴斯德博士之前的一位医生，堪称人类史上第一次制服某种疫病的伟大医生。

天花是一种可怕的流行病，但也是极为常见的病。那个时代，几乎所有的人都遭受过天花的威胁。有的人因此而丧命，有的人侥幸活了下来，但却面容被毁，长满麻子，十分难看。

人们在埃及木乃伊上，就发现有天花的痕迹。天花肆虐人间长达千年之久。

著名的物理学家胡克因天花而留下一脸麻子。1751年，美国的第一任总统乔治·华盛顿患了天花，留下了一脸麻子。1774年，法国国王路易十五患上天花，结果一命呜呼。

无论是达官贵人还是平民百姓，"天花面前人人平等"。在18世纪，由于天花的流行，欧洲共有1.5亿人死去。

詹纳就是征服了这种可怕流行病的人，他因此而获得人们广泛的崇敬和感激。

在天花流行传染的过程中，人们发现了一个现象：得过病的人如果愈合康复，则不会再被传染。而轻微患病的人也不会被二次传染。这就表明，人们可以获得免疫能力。

詹纳于1749年5月17日出生，13岁的时候就开始当学徒了。他跟随一位名医，做他的助手和徒工。

一件偶然的事引起詹纳的注意：几位牛奶女工到诊所来看病。在询问病情时，詹纳得知她们竟然躲过好几次天花的泛滥蔓延。

这是怎么回事呢？女工们告诉詹纳，她们自己发现，得了牛痘的人就没有被天花传染。什么是牛痘呢？牛痘就是发生在牛身上的一种轻微的传染病，它的各种表现和病理都和天花相似。不过对牛来说，十分轻微。

女工们告诉詹纳，奶牛跟人相似，也会生痘。如果挤奶的人皮肤有皲裂或伤口，就会被传染，但是只不过稍有不适，过上不几天就一切恢复正常了。几年来，她们没觉得有什么不适，而且也没有患上人类的天花。

詹纳高兴极了，他去牛奶场实地考察，发现挤奶女工的劳动条件不好，她们无一例外地手上起过牛痘一样的包疮，但是谁也没有患上人类的天花而死亡或伤残。

早在16世纪，人们就意识到接种，中国人尝试了种人痘。由于阿拉伯人的商业交流，他们把这个方法带到了欧洲。启蒙运动的领袖狄德罗就提倡过这种方法。但是由于人们不清楚天花的机理，这个机理直到巴斯德博士才得以澄清，那么当时人种人痘很危险，无法掌握病情的轻重，常出现作用量大而使被种的人真的患上天花或作用量小不起作用的情况。

詹纳敏锐地意识到了牛痘的积极作用。于是他进行大量的试验，用动物进行各种尝试，他初步得出结论：种牛痘较安全，可以起到有效的预防作用。

1796年，詹纳做了一项人体实验。他用患了牛痘人的痘疮脓汁感染一名健康的小男孩，结果孩子开始轻微地发烧，身体很不舒服，但绝没有像以前人类患天花那样严重。

詹纳冒着风险使曾经感染牛痘的小男孩再次感染。詹纳心里十分担心，这涉及到一个人的终生健康和生命，没有十足地把握他绝对不会如此，但没有真正地一次人体试验怎么才能推广使用呢？

虽然被试者是同意的，但詹纳的心依然有些发悬。结果发现，男孩十分健康，他幸运地成为世界上第一例种牛痘的临床试验主人公。

1798年，詹纳发表了论文《接种牛痘的原因和效果的调查》，向世界颁布了这一无比重大的发现。

英国的王室成员率先响应，英王认识到了这件事的重要意义，经过调查发现这种方法值得推广，所以王室成员带头接种牛痘，结果人们纷纷不绝，要求詹纳医生接种牛痘。

很快，这种方法在全欧洲推广起来。

当时的教会认为，人是高贵纯洁的动物，上帝不允许种牛痘，这样就会长犄角和蹄子，变成怪物。然而事实表明教会的话全是谎言。

而那时的医学仍以传统的希波拉底和盖伦派为主，很多错误都不加纠正，詹纳很反感这种盲目迷信的做法，所以拒绝参加考试，因此伦敦的医学会不承认他是会员。世界上第一个真正的医生，一个真正能对付一种疾病的医生被无知的同行拒之门外。

但人们都很感谢他，谁都得承认他是一名真正的医生。1823年詹纳去世时，人们就刻下了如本文开头那样的肺腑之言。

物种起源

达尔文。

进化论。

这六个字有多少丰富的涵义呢？

达尔文的进化论是生物科学的一次"伟大的综合"，它标志着生物进化论思想的完整形成。从此生物科学开始进入一个崭新的历史时期。

它是当时历史条件下最科学最完满的进化理论，是现代进化论的主要理论基础。正是在他的理论上，又加入遗传学理论，现代科学的进化论才得以建立。

神创论和物种不变论受到空前重击。

查理·达尔文，1809年2月12日出生在英国的希罗普郡。

他的祖父是一位医生、博物学家、诗人。祖父曾经用诗歌表达自己的进化论思想，也是进化论的先驱者之一。他还发表过《动物学》等多种著作。

达尔文的父亲是一代名医，造诣极深，知识渊博。达尔文的母亲是瓷器收藏家的女儿，爱好花草树木的种植。

达尔文生长在一个拥有浓重的博物传统的家庭。他的祖父与外祖父都是英国科学团体的成员，与发明家瓦特、化学家普利斯特列及工程师博尔顿关系密切。

达尔文从小喜欢大自然、很贪玩、学习成绩并不好。甚至家长和老师认为他的智力比较低下，对他也不抱什么希望。

达尔文进入教会学校，但对圣经的学习不感兴趣。他喜欢旷野或沙滩上的各种自然物品，还喜欢钓鱼、上树摸鸟蛋，搜集其他的物什。

更令大人生气的是，他喜欢打猎、养狗和捉老鼠，以致于父亲生气地训斥他："你这样下去，会给我们这样的家庭丢脸的。"

16岁以前，达尔文上的都是著名的学校，但是却什么都没学到，然而脑子里也有了这样的观点：大自然是上帝所造，上帝为了人类的生存特意创造了地球，而地球的物种一经上帝创出，永不改变。

1825年，16岁的达尔文被父亲送去爱丁堡大学学习医学，继承祖业。然而达尔文不喜欢医学，甚至有晕血症。在这一段时期，他主要的收获是阅读了马克的进化论的书，还掌握了许多生物学知识。

父亲又把儿子转入剑桥大学基督教学院学习神学，希望儿子能成为一名体面的牧师。但是，1828年，达尔文刚进神学院时成绩还很好，没多长时间，他就开始厌恶神学，又要换学科。

父亲生气了，不再管他。就这样，达尔文在剑桥度过了三年。这三年用达尔文自己的话说是"完全浪费"了，他与一些富家的浪子赌博、打猎、酗酒、游玩。

然而这三年他还是有收获的，那就是认识了一位植物学教授亨斯洛和一位地质学家塞奇威克。他更加喜欢研究生物与地质了。

1831年达尔文离开剑桥之前，曾经跟塞奇威克到北威尔士地区进行地质考察。这次考察中，他实际运用并掌握了科学的思维方法：由事实得出一般的结论，要归纳并抽象分析。

1831年8月，达尔文一生的重大转机来临了。英国海军的"贝格尔"准备航行去南美进行考察，主要是测绘地图和考察水文。船上缺一名博物学者。于是，亨斯洛教授推荐达尔文去。就这样，达尔文兴冲冲地赴任了。

据说多亏了亨斯洛教授，因为船长和达尔文的父亲开始都不很同意。

1831年12月27日，"贝格尔"号舰驶出英国的德翁港，穿过大西洋到达南美洲，先到达巴西，在南美洲海岸停留约两年，再从南美洲西海岸的加拉帕戈斯群岛横度太平洋驶向新西兰和澳大利亚、塔斯马尼亚岛，然后从印度洋绕过好望角，穿越大西洋再回到巴西。

这样，环球航行历时五年，到1836年10月回到英国。

每到一处，达尔文积极地采取各种生物和地质标本。他看到：

首先，在南美彭巴的地层中发现了巨大古代动物化石，这种动物有着很多现代动物的集合特征。

其次，加拉帕戈斯群岛的大多数生物都具有南美生物的特征。特别是群岛中每个岛屿的生物只是稍稍不同。他考察了14种地雀，发现这些鸟类和南美的差不多，他进一步证明了这些地雀确实来自南美，它们发生了一定的变化是为了更好地适应环境。

另外，在南美大陆时，达尔文观察到了一条清晰的线索：密切近似的物种，自北向南，顺次更代。

而赖尔的《地质学原理》更帮助了达尔文。他接受了地质渐变的观点。从书中，达尔文深刻地理解了比较历史方法。

物种如此多种多样而连续渐变式的不同，使达尔文认为只能假设物种逐渐变异。

达尔文在这五年中建立了物种渐变进化的萌芽。他说:"当我作为一个自然学者在皇家军舰上航行时,在南美洲看到某些事实,有关生物的地理分布和古代与现存生物的地质关系,我深深被这些所触动。"这些都成为神秘的物种起源问题的曙光。

达尔文最直接的想法是:上帝创造这些如此相似、如此繁琐、如此费精力而不经济的花样物种干什么?

再回到英国时,达尔文已经俨然一位成熟文雅的绅士了。他训练有素,知识丰富,而且很有风度。父亲高兴极了。

通过考察报告的整理,达尔文成为远近闻名的地质学家。1838 年,达尔文当选为地质学会的秘书。

这时,他还没有找到严谨可信的进化论解释和证明,但进化论的观点却越来越明晰坚定了。

1838 年,达尔文组建了自己幸福和睦的家庭,他与青梅竹马的表姐埃玛结婚。他们家庭十分亲密无间,只是由于近亲结婚的原因,致使达尔文的儿女出现生理缺陷,使老人常常增添烦恼和不安。

达尔文的家境殷实而富裕,长辈给了他们很多钱,这使得达尔文能够随心所欲地进行研究工作。婚后,他们定居在伦敦乡下的唐村。在那里,达尔文进一步整理资料,研究进化论。

就在 1838 年,《人口论》跃入了达尔文的眼帘。《人口论》是马尔萨斯(1766-1834 年)的著作,这是有关社会问题与人类问题的研究。

马尔萨斯认为,人类为了资源和生存而展开了斗争和竞争,既可导致消极的后果又可以产生积极的作用。如果不加控制,人口将以几何级数增长,而粮食只可能以算术级数增长,这种比例上的失调终究会导致人口过剩,那么会发生饥饿、瘟疫来平衡控制。

这种物竞天择、适者生存的观念猛然间打动了达尔文。达尔文说:"1838 年 10 月,即我开始系统研究的 15 个月之后,我偶尔阅读马尔萨斯的人口论,本来是为了消遣,并且由于长期不断地观察动物和植物的习性,我已具备很好的条件去体会到处进行着的生存斗争,所以我立刻觉得在同等环境条件下,有利的变异将被保存下来,不利的变异将被消灭。其结果大概就是新种的形成。于是我终于得到了一个据以工作的理论。"

就这样,在赖尔与马尔萨斯著作的影响下,达尔文于 1842 年写成了一个提纲。1844 年,他又写了一个较长的提纲,以自然选择为基础的生命进化论已经成型,初具规模。

但是,达尔文又过了 10 年才重新考虑这个问题,他是一个严谨的人,要继续观察并研究人工选择与变异。为此,他做了不少实验。他要写一个理由充足、逻辑清楚的巨著。

1857 年,达尔文在给阿沙·葛雷的信中比较全面地论述了这个问题。然而意外的事情发生了,因为进化论的思想已经广为流传,所以很多人认识到了这一问题。赖尔就催促达尔文抓紧时间。等达尔文动手的时候,他收到了一封信和论文。

一位名叫华莱士的青年生物学家请达尔文发表意见,并请在有价值的前提下推荐发表。达尔文仔细一看,竟然是自己 20 年来思考的问题。最令人惊讶的是,有很多词和句子都仿佛是达尔文自己说的。

后来，他得知华莱士比自己小 14 岁，也考察过群岛物种并且读了《人口论》。难怪如此。于是，达尔文准备放弃自己的计划了。他认为让华莱士发表文章即可。这种胸襟是很让人赞叹的。

当赖尔得知此事之后，便把华莱士的论文和达尔文的两个提纲都发表了，然后劝说达尔文加紧写作，就这样，一部险些流产的划时代巨著诞生了。

1859 年 11 月 24 日，《物种起源》终于出版。全名是《论通过自然选择的物种起源，或生存斗争中最适者生存》。由于是提纲已先发表，人们早就拭目以待了，初版本 1000 多册著作被抢购一空。

达尔文的进化理论，是以自然选择为核心的进化理论。达尔文指出：生物具有普遍的变异现象。达尔文用家养的变异和自然的变异相对比，用极其丰富的资料证明了这一点。

物竞天择，生物具有普遍的生存斗争现象。生物按几何级数繁殖，这样势必造成生存的竞争。每种生物的产生，其个数都要比生存下来的生物要多得多。种内斗争、种间斗争、生物同环境的斗争是三个主要生存斗争方面。

自然选择是中心理论。自然对所有的变种都进行了选择，并且让最适应的生存下来。这些幸存的变种留下的后代最多。对于进化来说只有那些可遗传的变异才是重要的。达尔文论证了自然选择比人工选择更优越。人工选择产生的后果和"自然"在地质时期内累积的成果相比，是微不足道的。自然比人工远远要高明得多！

尽管达尔文阐释了生物进化的动力和结果，但是由于遗传学尚未建立，所以达尔文的论证是在核心论证上缺乏深度的。而且，斗争性在达尔文的理论中过于强调，而协作性显然有些薄弱。

《物种起源》打击了神创论和物种不变论，在欧洲引起轩然大波。

首先，来自宗教的攻击最多。达尔文不爱辩论争吵，只是接着研究理论。因为他只想在证据十分确凿的前提下发表著作，而使人们信服地接受。

赫胥黎成为达尔文进化论的斗士。在英国 1860 年牛津会议上，赫胥黎给威尔伯福斯主教为代表的神创论以有力的回击。他的讲话使很多人支持进化论。而且赫胥黎还提出："人猿同祖。"

达尔文的进化论中没有涉及人类进化的问题。后来，赫胥黎、海克尔、斯宾塞发展到人类问题，开始解释人在自然中的位置。由于华莱士不同意将进化推广到人，所以达尔文独立地研究。1871 年，他发表了《人类的由来及其性选择》。

由于遗传学尚未建立，进化论中必有缺陷。1865 年，达尔文获得了皇家学会的科普利奖。但这不是因为《物种起源》，而是由于其他的成绩。在达尔文生前，他的《物种起源》理论并没有得到普遍认同，但进化的思想已经深入人心。

1882 年 4 月 9 日，这位伟大的生物学家告别了人世。他安葬在牛顿墓旁，这是人们对达尔文的最高赞颂。

19世纪最辉煌的物理理论

1936年，爱因斯坦在写给富兰克林学会学报的论文中称："法拉第和麦克斯韦的电磁场理论，是牛顿时代以来物理学最深刻的变革。"

电磁学的物理概念基础是法拉第奠定的。他具有丰富而深刻的物理思想，为电磁场的理论建立了物理基础。他的实验技巧相当高，然而数学基础很差，所以无法用数学来描绘电场和磁场。

库仑定律、高斯定律、法拉第定律、安培定律于19世纪分别提出。这一切实践和理论上的工作为麦克斯韦建立统一的电磁理论做好了充分的准备。

麦克斯韦于1831年11月13日出生于苏格兰爱丁堡的一个名门望族。他的父亲知识很渊博，常常带麦克斯韦去听科学讲座，所以他受到科学熏陶是很早的事情。

10岁时，麦克斯韦入了爱丁堡中学，他数学和诗歌都十分出色，15岁时就向英国皇家学会递交了卵形曲线的有关论文，结果发表在《爱丁堡皇家学会学报》上。当时许多教授就跟笛卡尔惊叹帕斯卡那样，不敢相信这出自15岁少年之手。

1847年，麦克斯韦入爱丁堡大学学习数学与物理；1850年秋天，转入剑桥大学，主修数学；1854年，留校工作；1856年，在一所学院任教；1860年，入伦敦皇家学院；1871年，麦克斯韦回到剑桥担任实验物理学教授。

据说，麦克斯韦讲课有点儿霸道，他的课十分之难，以致于很多人听不懂，往往是只有少数的极优异学生能理解而其他人则不知所云。

著名的卡文迪许实验室就是麦克斯韦创建的，也正是他整理出版了卡文迪许的研究手稿并出版印刷，使人们认识到了卡文迪许这个科学怪人和天才人物的物理思想和重大贡献。

一个偶然的机会，麦克斯韦读到了法拉第的著作，立刻被其中准确实在的思想吸引住了，不过有人开玩笑似地说过，法拉第的著作是在做实验报告而不是在写论文。事实确实如此，法拉第没有能以数学的形式进行抽象和归纳。

1855年，麦克斯韦发表了第一篇有关电磁学的论文——《论法拉第力线》。在这篇论文中，麦克斯韦用数学的方法对力线进行了阐述和研究。他认为，电和磁不能单独存在，二者互不可分。

法拉第也见到了这篇论文，这时他已结束了自己的磁学研究。1860年，这是一个值得纪念的时期，物理学上相当于伽利略和牛顿的两个人会面了。法拉第与麦克斯韦相差40多岁，法拉第年已70岁，麦克斯韦正当壮年。在法拉第的家中，二人相谈十分契合。

麦克斯韦是电磁理论的集大成者。他首先提出"涡旋电场"的假设，指出即使不存在导体回路，变化的磁场也能在周围空间激发起一种电力线是闭合曲线的电场，也就是涡旋电场。

麦克斯韦指出，所谓感生电动势正是来源于这种假设的涡旋电场。这是麦克斯韦为建立统一的电磁理论作的第一个重大假设。

第二个假设是"位移电流"。

麦克斯韦认为,安培定律可以把范围应用到非稳恒情况。这样一来,麦克斯韦扩大了安培定律的范围。总电流能够在非稳恒状态下保持连续。电流可以激发磁场,而变化的电场也可以激发磁场。位移电流的概念是麦克斯韦整个电磁理论的核心内容。

1865 年,麦克斯韦发表论文《电磁场动力学》。就是在这里,他总结出一组描述电磁现象的完整方程,这就是麦克斯韦方程组。麦克斯韦方程组揭示了电磁场内的矛盾和运动。在这里,将光、电、磁三者相统一,只表现为优美而简洁的四个基本方程。麦克斯韦用数学方法从麦克斯韦方程组中直接推导出电磁场的波动方程,推算出电磁波的传播速度和光速相等。他预言了电磁波的存在。麦克斯韦写道:"电磁波的这一速度与光速如此接近,看来我们有充分的理由断定,光本身是以波动形式在电磁场中按电磁波规律传播的一种电磁振动。"

1865 年,麦克斯韦因病回家静养,把他的时间用在了整理著作上。1873 年,麦克斯韦最重要的著作《电磁学通论》问世了。在这里,麦克斯韦对电磁场理论作了系统的阐述,证实了方程组解的惟一,建立了完整、严密的电磁理论。这是一部电磁学的百科全书,是电磁理论的集大成之著。

人们被这种玄奥、奇妙的观点吸引住了。19 世纪下半叶中后期,约 1886 年左右,著名物理学家赫兹的实验证明了麦克斯韦预言的电磁波,人们更加缅怀这位英年早逝的天才。

麦克斯韦于 1879 年 11 月 5 日,因长期得病而不幸逝世,年仅 48 岁。现在,无线电波在空中穿梭放射,信息时代不可估量的价值已经展现在人们的面前。

斗争一生的天才诗人——拜伦

1788 年 1 月 22 日,在英国伦敦一个古老没落的贵族家庭诞生了一个漂亮的小男孩。他的名字叫乔治·戈登·拜伦。按说喜得贵子应该是一件高兴的事。但是小拜伦来到世上却是一个错误,因为没有人喜欢这个小家伙。当海军军官的父亲每天出去寻欢作乐,根本不顾这个家,他甚至都懒得看一眼这个小家伙。因为父亲的缘故,母亲心情很不好,常常烦躁粗暴地对待小拜伦。既然出生是一个错误,小拜伦只好靠自己的奋争才得以活下来。但是小拜伦的一条脚却在一次事故中折断了,成为终身残疾。父亲无度的放荡生活不久将家里的财产挥霍干净,又把母亲的财产也偷得一干二净,一家人过着入不敷出的贫困生活,母亲的脾气变得越来越坏。父亲一如既往,毫不悔改,欠下大笔债务。母亲忍无可忍与父亲离婚,拜伦跟母亲迁居苏格兰,父亲则到法国逃债,在小拜伦 3 岁的时候,父亲客死他乡。没有父亲的小拜伦经常受到别的孩子的嘲笑与欺负。贫穷的生活、父母的离异及生理上的残疾使小拜伦过早地成熟,他孤癖、冷傲、毫不屈服,在他幼小的心灵中刻满了生活的艰辛,他知道一切都要靠自己去奋斗。在他受了委曲时,他就把自己投入恬静、美丽的自然,或把自己埋入书本,以拼命的学习来暂时忘记自己的悲伤与不幸,在大自然的怀抱与书的海洋中寻找片刻的欢娱。

1798年，拜伦继承了家庭的爵位与一个小庄园。这使得母子的生活得到较好的改善。由于拜伦的勤奋，1805年他考入剑桥大学学习。大学二年级时，天才的拜伦出版了自己第一本诗集《懒散的日子》。艺术上虽然还不太成熟，但已显示出诗人超凡脱俗的孤傲气质。他表达了自己对现实的不满，对上层社会习俗的轻蔑与鄙视，同时抒发了作者寂寞、孤独的情感。这本诗集遭到匿名文章的讽刺与挖苦。拜伦立即写了长篇讽刺诗《英格兰诗人与苏格兰评论》对其进行有力的反击，充分显示了诗人的才华。

大学毕业后，拜伦获取了世袭议员的席位。但由于家族的没落加上拜伦的残疾以及拜伦永不屈服的个性，拜伦在议会中遭到歧视与排挤。拜伦愤而离开英国，到各地旅行。当时，世界各地的起义运动正在悄悄发展，诗人以敏锐的心灵注意到这一点。1811年，拜伦回到英国。归国途中，拜伦写下了《恰尔德·哈洛尔德游记》的一、二章。诗篇发表之后，获得广泛好评，拜伦一举成名了。

1811年，拜伦回国之后，正赶上国内工人起义运动高涨，英国政府为了保护资产阶级的利益，残酷镇压了工人运动，并在议会中讨论通过《严禁组织机器破坏法案》，要对破坏机器的工人处以死刑。拜伦看尽了下层人民生活的艰辛，对工人阶级的遭遇深为同情，拜伦在议会上发表了著名的演说，反对"法案"的通过。但是，反动统治阶层依然通过了这血腥的立法。拜伦愤怒至极，很快在报纸上发表了著名的讽刺诗《〈制止破坏机器法案〉制订者颂》。在诗中，拜伦揭露了统治者的反动本质。不久，拜伦反对英政府奴役爱尔兰的反动政策，他在议会上发表了第二次演说。由此，拜伦与英国反动统治者之间结下了仇恨。此后，由于世界各国的民族解放运动都遭受不同程度的挫折，拜伦愈感到自己在革命事业上的孤独，感受到自己一人力量的渺小。在这期间，拜伦写下了一系列"东方叙事诗"，如《异教徒》《海盗》《莱拉》《巴里西娜》等。在这些诗中，拜伦塑造了一系列异常孤独、脱离群众的个人反叛者形象，称为"拜伦式英雄"。这些英雄孤傲、顽强、勇敢，企图以个人的力量拯救世界，但每个故事都以悲剧的形式结束，拜伦清醒地认识到这种英雄在精神上是伟大的，但却是注定不能胜利的。由于拜伦的种种反叛行为，反动势力终于忍无可忍，他们趁诗人与妻子分居之时，对拜伦肆意辱骂、诽谤，要把拜伦永远赶出英国。

1816年4月，拜伦孤独地离开英国。在瑞士逗留时，拜伦结识了英国另一位大诗人雪莱。二人结下了深厚友谊，在雪莱的影响下，拜伦写下了许多著名的诗篇。如《普罗米修斯》，这是英国第一首关于工人阶级的诗歌。后来，拜伦移居意大利，他同烧炭党人交往密切，这使得拜伦获得新的战斗的激情。由此产生许多杰出的作品，如《该隐》《审判的幻景》《青铜时代》以及没有完成的长篇叙事诗《唐璜》。拜伦原计划写24章，但只完成了16章，从这没有完成的诗篇中，我们已能发现诗中那深刻的思想与巨大的艺术魅力。唐璜本是古代西班牙传说中一个无恶不做的恶棍。在拜伦的笔下唐璜只是一个普通贵族，诗人借他的游历展示各国的社会生活。唐璜从小接受封建教育，在他16岁时，被邻居美貌的少妇所迷惑。但是他们的私情不久败露，唐璜的第一次恋爱结束了。唐璜逃离西班牙，渡海远走他乡。而美貌的少妇朱丽亚不得不做了修女。唐璜主仆不幸在海上遇到风暴，由于海浪把所有东西都冲走，饥饿的人们开始相互残杀以食人肉。唐璜却独自泗水逃离这群非人非兽的魔鬼。后来，唐璜被希腊海盗头子兰勃洛的女儿海黛搭救。两人一见钟情，在岛上过着无忧无虑的生活。但是兰勃洛突然回来，唐璜被送到土耳其奴隶市场拍卖。海黛独自郁郁而死。土耳其后宫选侍从，唐璜被买去献给荒淫的苏丹王后古尔佩霞兹。但唐璜念念不忘自己的海黛，丝毫不为妖艳的王后动心，他找机会逃出王宫。这时俄国大军正攻打土耳其的伊斯迈尔城，唐璜加入俄军。由于他作战勇敢、表现突出，被派往彼得堡报捷。在叶卡特琳娜女王的宫中，唐璜受到宠幸，最后因生活的放荡染上疾病，御医建议到外地疗养。于是女王让他以外交使节的身分去英国旅行。在英国，高大英俊的唐璜又成了上流社会名媛贵妇的宠儿。诗篇到此结束。拜伦借唐璜的所见所感刻画出欧洲上层社会的荒淫无度的丑恶生活，极力讽刺了那些高贵的人们的伪善无耻的灵魂。

在《审判的幻景》中，拜伦以尖刻、犀利的笔揭露了刚死去的乔治三世的荒淫与暴虐，讽刺了湖畔派诗人骚塞阿谀奉承统治阶层的卑劣行径。《青铜时代》是拜伦讽刺艺术的代表作，揭露了1822年在维也纳召开的所谓"神圣同盟"的"神圣"行为，歌颂了西班牙人的英勇斗争。

1823年，意大利烧炭党运动失败，拜伦离开意大利。渴望战斗的拜伦前往希腊，去参加希腊人民的解放斗争。英勇、正直的拜伦深得希腊人的爱戴，后来成为希腊独立运动的领袖之一。1824年生日那天，拜伦写下了诗歌《今天我度过了三十六年》，号召希腊人民起来斗争。但是此后不久，拜伦得了伤寒病，在恶劣的条件下无药可医，年轻的拜伦终于在4月19日逝世。整个希腊为之哀悼，并为拜伦举行了国葬。

拜伦逝去了。他英勇奋战的一生结束了，但他那战斗者的诗篇依然闪亮着光芒。

诗人一生留下了许多著名的诗篇，其中规模宏大的《恰尔德·哈洛尔德游记》不但是他的成名作，也是他的代表作之一。《恰尔德·哈洛尔德游记》共四章，4700多行诗文。前两章是归国途中所作，后两章是在意大利时所作。哈洛尔德是一个贵族反叛者形象，他高傲、冷漠，既厌恶上层社会的荒淫腐败，又看不起下层劳动者的卑俗。他终日沉浸在痛苦之中，孤独地在各地游历，总想找到一条光明之路，但终究失败。他"孤独而骄傲，宁离人间去独自生存"。

在第一章，作者描写了西班牙人反抗侵略者的斗争，塑造了一位坚强、英勇的西班牙女游击队员的光辉形象：
"爱人战死后，她没有流无用的泪，
首领牺牲了，她站上他危险的岗位，
伙伴逃奔去，她阻止这卑贱的行为，
敌人退了，她率领人马去追。"

第二章中，主人公来到希腊。当时，希腊人甘受奴役还没有起义。诗人以古希腊辉煌的历史激励希腊人只有自己起来，才能得到自由：
"你们的子孙还不奋起，只是空口咒骂，
他们在土耳其的皮鞭下可怜地呻吟，
只能当一辈子奴隶，
言行都一样的卑贱。"
"世世代代做奴隶的人，你们知否，

谁要获得解放，必须自己动手。"
第三章、第四章抒发出了一种必胜的信心：
"自由啊，你的旗帜虽破但仍飘扬长空，
招展着，像雷雨似地迎接狂风；
你的号角虽然中断，余音渐渐低沉。
依然是暴风雨后最嘹亮的声音。"

浪漫现实并存的狄更斯

19世纪中期，英国由一个农业国迅速转变为一个工业国，一跃位居世界第一，有"世界工场"之称。资本主义自由竞争，使大批小资产阶级纷纷破产，而在资产阶级的工厂中，他们为了捞取更多的利润，不顾工人的死活。三、四十年代，工人阶级开始觉醒，展开了大规模的反抗运动，最著名的是世界闻名的英国宪章运动。正是在这一时代，英国诞生了一派出色的小说家，其中最杰出的就是查尔斯·狄更斯。

查尔斯·狄更斯于1812年2月7日在英国南部朴茨茅斯出生。这是一个贫苦的小资产阶级家庭。父亲在英国海军军需处供职，收入微薄，常常入不敷出。1824年，父亲因债务问题被关进负债人监狱，狄更斯与他的兄弟姐妹跟着母亲都搬入了父亲住的监狱，为了挣些钱，狄更斯在一家皮鞋公司做童工。他每天很早从监狱出来，到工厂去工作。他的主要工作是洗玻璃瓶与贴标签，每天工作到很晚，手经常被破碎的瓶子划破，整天伤口都在水中泡着，常常几个月都好不了。因为他是负债人的儿子，经常遭到别人的白眼与辱骂。童年辛酸的经历成为狄更斯一生痛苦的回忆。

后来，狄更斯一家得到一笔遗产，一家人从而摆脱了债务的纠缠。15岁时，狄更斯在一家律师事务所当小职员。他接触各种各样的人物，各种各样的案件，他看到了英国法律制度的黑暗与腐败。1831年，狄更斯进入报界，他努力工作，不久就成为有名的记录员与新闻记者。这使他接触到更加广阔的生活，搜集到第一手材料，更加深刻地了解了英国现实社会。

这时起，狄更斯开始了文学创作。开始他以博慈的笔名发表了一系列杂记，后来集为《博慈杂记》出版。1837年，狄更斯发表了他的第一部小说《匹克威克外传》，这使狄更斯一举成名。此后，狄更斯辞去报社的工作，开始专心写作。

《匹克威克外传》以幽默、轻松的笔调写了匹克威克先生一行四人乘坐四轮马车到外地旅行，他们把沿途的风景、奇闻逸事报导给匹克威克俱乐部的其他成员。作者以讽刺幽默的语言向人们展示了英国社会的现实场景。这一时期，狄更斯还创作了其他几部小说，如《雾都孤儿》《老古玩店》《巴纳比·拉奇》等。其中《巴纳比·拉奇》是狄更斯第一部历史小说。这一时期的作品大都有一个圆满的结局，但也揭露了资本主义制度的罪恶。如《雾都孤儿》写了一个在济贫院出生的小孩奥利佛的故事。小奥利佛出生以来就没有得到过爱，在济贫院中，常常挨打挨骂，吃的是劣质的食物而且吃不饱。于是小奥利佛逃走了。他逃到伦敦在街上流浪乞讨，但是不幸又落入一个盗窃集团手中，被迫偷东西，又受尽欺侮。最后，在一个善良的富翁勃朗罗的帮助下，小奥利佛终于摆脱了盗贼的控制。后来，小奥利佛继承了一大笔财产，从此过上幸福的生活。

1842年，狄更斯应邀访问美国。狄更斯充满着幻想兴冲冲地来到民主的美国。但作家敏锐的眼睛看到了黑暗的奴隶制度以及民主的虚伪，狄更斯大失所望，他对资本主义有了更深的了解。回国后，狄更斯发表了《游美札记》与《马丁·朱述尔维特》，对美国的社会阴暗面大肆揭露。此后狄更斯身上轻松的幽默消失了，代之的是尖刻的讽刺。这一时期，狄更斯的作品主要有《圣诞欢歌》《钟声》《董贝父子》等，其中《马丁·朱述尔维特》最为残酷。小说通过资本家安东尼与鸠纳斯·朱述尔维特父子之间的争斗，揭露资本主义国家虚伪的民主及人与人之间赤裸裸的金钱关系。鸠纳斯满脑子里都是金钱，他为了早日占有财产，竟杀死了自己的父亲，人与人之间的亲情看不到一点踪迹。

在狄更斯的晚年，他达到了艺术的成熟阶段。狄更斯以深刻的思想看透了资本主义社会下的黑暗与罪恶，创作出许多著名的长篇大作。如《大卫·科波菲尔》，是狄更斯的一部类似自传体的小说。狄更斯以他童年深刻的体验展示了资本主义竞争下的罪恶与不平等。狄更斯曾称之为"最得宠的孩子"。《小杜丽》是狄更斯的代表作之一，也是以伦敦负债人监狱马夏西监狱为背景。小说主人公小杜丽的父亲因破产而被关进监狱，因为长期还不起债，在监狱中是老住户，被称为马夏西之父。小杜丽在狱中出生、长大，被称为马夏西的孩子。小杜丽很早就懂事听话。她心地善良，喜欢帮助所有的人，狱中的人们都非常喜欢她。小杜丽精心地照顾父亲，又靠缝纫得来的钱资助她的哥哥姐姐离开监狱，到社会上去谋生。后来，她在一个朋友亚瑟·克仑南的帮助下，得到一大笔遗产，从而还清了债务。一家人离开监狱开始了新的生活。后来，亚瑟·克仑南与别人合资办厂，不幸失败，也被关入马夏西监狱。小杜丽得知后赶到狱中照顾他，两人产生爱情，最后还清债务，结了婚，过上幸福的生活。

狄更斯另一部广为人知的小说是《双城记》，小说描写了法国贵族厄弗里蒙兄弟依仗特权，强抢一个漂亮的农家姑娘供自己玩弄。姑娘的弟弟跟踪来报仇救他姐姐，但不幸在打斗中被侯爵刺成重伤。马奈克医生在散步的时候，被强迫去给姑娘的弟弟看看伤势，但弟弟已经含愤而死。姑娘也已经被折磨得疯了，不久也死去。马奈特医生被侯爵的残暴行为震惊，他给皇帝写了一封信，揭露了这件事。谁知，侯爵反而没有事，马奈特医生不明不白地被投入巴士底监狱。在狱中，马奈特医生遭受非人的折磨，但他在一张纸上记录下侯爵的罪行，立誓要报仇。18年后，马奈特医生又不明不白地被释放。这时马奈特医生全身是病，几乎连动也动不了。由于长期独处，他已不会说话。出狱后，他女儿露茜照顾着他。这时，露茜认识了查尔斯·代尔那，两人产生爱情。马奈特知道了代尔那竟是仇人厄弗里蒙侯爵的侄子之后，非常痛苦，但又看出代尔那是个正直、善良的人。马奈特医生为了女儿的幸福，同意了他们的婚姻。

有一次，厄弗里蒙侯爵的弟弟乘马车在大街上横冲直撞，轧死了一个农家小孩。侯爵大声地责骂下等人在马路上挡道，并抛下一个金币扬长而去。贵族特权阶层的残暴行为激怒了人民，他们愤怒地起来反抗。那个无辜的孩子父亲钻入马车下面，来到侯爵的城堡。夜里，他潜入侯爵的卧室，为儿子报了血仇。法国革命开始了，替代尔那在法国管理事务的盖白勒被革命法庭逮捕。代尔那为了营救盖白勒，冒险回到巴黎。但是当年被害兄妹的姐姐得伐石太太认出了代尔那是厄弗里蒙侯爵的侄子，她一直记着那笔血债，于是决心把代尔那送上断头台，为屈死的弟弟妹妹报仇。代尔那被逮捕。马奈特医生与露茜闻讯后赶到巴黎营救。但是，得伐石夫妇得到了马奈特医生在巴士底狱中写下的对厄弗里蒙侯爵的控诉书。代尔那被判死刑。临刑前一夜，一直深爱着露茜的英国律师卡尔登由于同代尔那面貌相似，他自愿混入狱中，替代尔那受刑，以换取自己心爱的女子一生的幸福。马车载着马奈特医生与代尔那夫妇幸福地远离巴黎时，卡尔登走上了断头台。得伐石太太知道仇人逃走之后，愤怒至极，她要杀死露茜的孩子，在与露茜的女仆的争斗中，不幸被自己的手枪打死。狄更斯以错综复杂的社会关系，展示了法国大革命时血淋淋的场面，揭示了被压抑的人性的爆发，成为现实主义的力作。

狄更斯还有其他一些非常著名的作品，如《荒凉山庄》《艰难时世》《远大前程》《我们共同的朋友》等。其中《我们共同的朋友》是狄更斯最后一部完整的长篇小说。

1869年，狄更斯写下《爱德温·德鲁特》，原计划小说要分十二期在报纸上发表。1870年6月7日，狄更斯工作到深夜，写完了第六期最后一页。疲倦的狄更斯爬上床，想小睡一会，但突然得了脑溢血。1870年6月8日，狄更斯遗憾而终，因为他有好多事情还没有做。但尽管如此，在狄更斯短暂的30多年的创作生涯中，他依然给我们留下惊人的财富。狄更斯一共创作了14部长篇小说、大量中短篇小说以及大量的论文杂记等。狄更斯站在人民的立场上，生动地展现了19世纪英国的生活场景，揭露了资本主义的罪恶，表达了对下层人物、小人物的同情。狄更斯是这一时期英国最伟大的作家。

谁在呼唤春天的到来

把我当作你的竖琴吧，有如树林：
尽管我的叶落了，那有什么关系！
你巨大的合奏所振起的乐音
将染有树林和我的深邃的秋意：
虽忧伤而甜蜜。啊，但愿你给予我
狂暴的精神！奋勇者啊，让我们合一！
请把我枯死的思想向世界吹落，
让它像枯叶一样促成新的生命！
哦，请听从这一篇符咒似的诗歌，
就把我的话语，像是灰烬和火星
从还未熄灭的炉火向人间播散！
让预言的喇叭通过我的嘴唇
把昏睡的大地唤醒吧！要是冬天
已经来了，西风啊，春日怎么能遥远？（节选）

一曲《西风颂》让多少踯躅街头的人看到了春天的到来，使多少失意者重新踏上前进的航船。然而她的作者雪莱却在风华正茂的时候黯然离去，使成千上万的人吟诵着他的诗歌默默地为他祝福。

在英国，最早出现的浪漫主义作家是华兹华斯、柯勒律治和骚塞为代表的"湖畔派"。他们都是消极浪漫主义者，他们对资本主义文明及人与人之间的金钱关系极为不满，向往中世纪的宗法制生活方式。他们致力于写远离现实斗争的题材，讴歌宗法式农村生活和自然风光，并通过缅怀封建的中古以否定丑恶的城市文明。19世纪初期继"湖畔派"而起的诗人是拜伦和雪莱。

波西·比希·雪莱1792年出生于一个富豪的贵族家庭，他所进的学校也是专为培养贵族子弟而设的，先是在伊顿公学，1810年他进入牛津大学。可是，雪莱一开始就对当时教会严格控制的大中学教育深感不满。在牛津大学不过半年，便因为散发了自己所写的小册子《无神论的必要》而被学校开除出去。这激怒了他顽固的父亲，家庭从此和他断绝了关系，只保留对他微薄的金钱接济。他的未婚妻也和他解除了婚约。从此，自19岁开始，雪莱就成了被上层社会排挤出去的流浪儿，但同时，一个日益坚决的革命者也逐渐成长起来。

生活的贫困颠沛再加以社会的诽谤和迫害，丝毫没有顿挫雪莱的坚毅意志。他本人就像所歌唱的"云雀"一样，带着欢乐的歌唱直飞向他所向往的天空，从没有反悔。在资产阶级看来，他是疯狂的，是毒蛇。19世纪英国批评家马太·安诺德有一句"名言"论及雪莱说：雪莱是一个"美丽的然而不切实际的安琪儿，枉然在空中拍着他闪烁的银色的翅膀"。这就是某些评论家在最好的情况下所能看到的一切了。

当然，他的诗歌在群众中很有影响，恩格斯曾指出："雪莱，天才的预言家，和满腔热情的、辛辣地讽刺现实社会的拜伦，他们的读者大多数是工人……"。据马克思的女儿爱琳诺说，马克思曾称雪莱是"彻头彻尾的革命家"。

雪莱的阅读非常广泛，阐述进步思想的书籍如威廉·葛德汶的《政治的正义》、托马斯·潘思的《人权论》等都是他经常阅读的，他对自然科学知识也抱有浓厚的兴趣，对科学的爱好已经给他的推崇理性和对世界的唯物认识奠定了基础。

离校不久，他到了凯斯维克，就是湖畔诗人华兹华斯在那儿歌颂自然之美的地方。但雪莱看到的却是一幅悲惨的景象，在书中他写道："在这凯斯维克，虽然风景是可爱的，但人们却可憎。河里常常发现被不幸的女工所扼杀的孩子。"

1812年2月，雪莱带着他新婚的妻子海瑞特和自己所写的《告爱尔兰人民》小册子，到爱尔兰去鼓动当地的民族革命。这是他第一次也是最后一次的实际革命工作，对他此后的发展有极其重要的影响。

在《告爱尔兰人民》里，他写道："战争对你们的幸福和安全难道是必要的吗？穷人从国家的财富或疆域的扩展得不到任何好处，他们从'光荣'得不到什么，这个字眼不过是政治家用来掩饰他们的野心或贪婪罢了……穷人用自己的血、劳作、快乐和美德当作代价，来买这'光荣'和这财富。他们为了这魔鬼的事业而战死沙场。可悲的是，下层人民所以牺牲自己的生命和自由，不过为了使压迫者更凶残地压迫他们而已。可悲的是，穷人必须把那使他们全家免于饥寒的财物当作税款交出来。……许多丰衣足食无所用心的人们在斥责改革；狠心的、或者无所用心的人们啊，有多少人正在你们权衡利害时忍饥挨饿，有多少人正为了助成你们的快乐而死去。"

这篇文字是相当鼓舞人心的，并且，它的立论完全站在赤贫的无产阶级的一面。

雪莱很重视他的爱尔兰之行，他认为"不是最高贵的成功就是最光荣的殉道"在等待他。他把《告爱尔兰人民》的小册子一面廉价在书市出售，一面还亲自在都柏林以各种方式散发它。除此而外，雪莱还把传单放在用木塞塞好的玻璃瓶中，置于海上任其漂流，或者用氢气球把它送往空中。

据当时报纸的记载，雪莱曾在都柏林的剧场中对爱尔兰的贵族们发表演说，效果非常好，激怒了一些顽固派。

1813年，雪莱发表第一部长诗《麦布女王》。在这部长诗中，他表达了自己最基本的政治、哲学和美学观点。雪莱采取梦幻和寓言的形式，描写仙后麦布女王引领熟睡的纯洁少女伊昂珊的灵魂到宇宙中去观察人类的过去、现在和未来。雪莱通过这个梦幻故事，揭露暴君和僧侣摧残了人类的自由和才智，剥夺了人民的劳动果实，从而使千百万人民忍饥挨饿。他指出，变革是自然的法规，理性的声音终将唤醒人民，推翻暴君、僧侣和政客的统治，一个人人丰衣足食，人类才智获得解放，由道德、理性和科学统治的幸福社会必将出现于世界。

这首长诗的出版以及1811年至1813年所发表的政论，引起了英国统治阶级对诗人的极端仇恨。他们以各种借口造谣中伤，使雪莱的身心遭到不小的折磨。

在此期间，他的第一个妻子海瑞特不能理解他的精神生活。而由于和葛德汶一家人的接近，他热烈地爱上了葛德汶的长女玛丽，两人在1814年7月私奔到瑞士，但同年9月因经济困难又回到英国。这一时期，雪莱为了躲避债主，一度住到小客栈里去藏身。次年他的祖父去世，有一小部分遗产属于他，他的经济状况才好转起来，但雪莱从未富有过，因为他一旦稍有进款，便要慷慨地接济友人。1816年，由于社会舆论的迫害，又鉴于国外生活比较低廉，他和玛丽再度去瑞士，并在日内瓦和拜伦结识。时隔不久，思乡的雪莱又回到英国。就在这一年，最不幸的事情发生了。玛丽的妹妹范妮因为单恋雪莱不能自拔而自杀身亡；接着，诗人的前妻海瑞特也投河自杀，遗下了雪莱的两个孩子，他成了涉讼的对象。她的家人声称诗人没有教养子女的资格，而托利党政府以雪莱是无神论者为借口，竟剥夺了雪莱抚养子女的权利，把他们判给外人抚养了。诗人对此极为愤慨，便在1818年3月全家移居意大利，从此再也没有回国。

在意大利安居初期，雪莱完成了抒情诗剧《解放了的普罗米修斯》，这是他创作的高峰，是雪莱积极浪漫主义诗歌的典范。它是在英国劳资矛盾尖锐化，欧洲民族运动高潮时期写成的。它描写被困的普罗米修斯拒绝天神朱比特的威胁利诱，坚持长期不懈的斗争，终于取得了胜利。诗人在剧中不仅描写了被压迫人民的苦难——饥饿、贫困、奴役，而且指出一切暴君的必然下场，预示一场革命一定会到来，一定会胜利；同时还详细地描写出胜利以后的美好景象——没有阶级、没有压迫，完全自由"正义""理性"和"爱"统治的社会。最后一幕是整个宇宙欢呼新生和春天再来的颂歌。

1819年英国反动统治者残杀曼彻斯特工人群众的"彼得广场事件"对雪莱革命思想的发展具有特别重大的意义。这一事件不仅加深了他对英国统治集团的仇恨，并且使他相信仅靠文字宣传或打动压迫者的理性是不能改变现有秩序的。

正是在这一时期他创作了一系列优秀的、充满战斗号召的政治诗歌。其中最著名的有《给英国人民的歌》《1819年的英国》《"虐政"的假面游行》《写于卡斯尔累执政时期》等。在这些诗歌里，诗人揭露了社会上一切压迫和剥削的形式，统治者的罪恶，法律的不公道，非正义战争的残酷，最后号召被压迫、被剥削者为争取自由而起来斗争。

此外，雪莱写的许多抒情短诗在他的创作中也占有一个很重要的地位。他把景物的描写和革命热情紧紧地结合在一起，如《西风歌》（1819年）、《云雀》（1820年）等作品。

1822年7月8日，雪莱和友人威廉斯自斯培兹亚海港泛舟去雷亨，中途遇到了风暴，不幸溺水。在他短促的一生中，他的革命思想和对未来的坚强信念始终如一。马克思认为，凡是了解雪莱的人都惋惜他在29岁时就夭折，"因为他是一个真正的革命家"，而且如果他不死，他会是一个"社会主义的急先锋"。

如流星般闪耀的勃朗特三姐妹

19世纪四五十年代，在英国文坛上突然升起三颗耀眼的新星。她们就是勃朗特三姐妹。三姐夏洛蒂·勃朗特，五妹艾米莉·勃朗特与六妹安妮·勃朗特。这三姐妹分别以一部巨著轰动了英国整个文学界。正当人们把目光转向这三姐妹时，这三姐妹竟因病先后殒落，年龄都没有超过40岁。离奇的身世更为她们的作品蒙上一层神秘的面纱。

勃朗特三姐妹都出生在英格兰北部索恩顿。父亲帕里克·勃朗特原来做过铁匠，当过教师，后来在卫理会的资助下，在剑桥大学神学院学习，毕业后担任本地教堂副牧师。勃朗特姐弟一共六个。夏洛蒂·勃朗特出生于1816年4月12日，她上面有两个姐姐，大姐玛丽亚，二姐伊丽莎白，夏洛蒂有个小她一岁的弟弟叫勃兰威尔。五妹艾米莉·勃朗特出生于1818年7月30日。最小的妹妹安妮·勃朗特是1820年1月17日出世的。此后不久，勃朗特升为牧师兼教区区长，全家搬到了霍沃斯。母亲玛丽亚·勃兰威尔由于连生六个儿女，身体很弱，经常生病，在小安妮刚满一岁时，母亲去世了。

六个年幼的孩子失去了母亲，这对她们幼小的心灵是个沉重的打击。在霍沃斯这个荒凉的北方荒原上，根本没有什么地方能给孩子们苍白的童年抹上些许亮色。在寂寞的日子里，喜爱文学的老勃朗特自己教孩子们读书、写字，给他们讲各种动听的故事，后来由于教区事务繁忙，老勃朗特请来孩子们的姨妈勃兰威尔小姐照顾孩子们，从此孩子们的世界又迎来了欢乐。姨妈也是个卫理会教徒。在长辈的影响下，孩子们都养成了坚强、孤僻内向的性格。一次，艾米莉被一条野狗咬伤，她一声不吭地走进厨房，用烧红的烙铁把伤口烫焦。直到伤口好了之后，她才跟别人说起这件事。

孩子们渐渐长大了，老勃朗特希望儿女们都做个有文化的人。1824年，老勃朗特先后把四个较大的女儿送进考文垂女子寄宿学校。这是教徒们捐资专门为穷牧师的女儿们办的教会学校。学校里教规特别严格，教师特别粗暴，孩子们的饭食也特别差。尤其是在冬天，每天孩子们都饿着肚子接受残暴的女教师史加契小姐的折磨，许多孩子得了病，互相传染，校方却漠不关心。最终，在这非人待遇的教会学校里，大姐玛丽亚与二姐伊丽莎白染上了肺结核，不久先后去世，只剩下瑟瑟发抖的夏洛蒂和艾米莉姐妹相互依偎。不久，学校里又流行"寒热病"，痛失两个爱女的老勃朗特急忙把两个小女儿救出了这个吃人的魔窟。但这段地狱般的生活已深深印在女儿的心中。在夏洛蒂的名作《简·爱》中，对于简·爱幼时的教会学校学习生活的描写，大都来自于夏洛蒂心灵深处的感受。学校生活结束了，姐弟们开始了自学生涯。家里收藏着许多文学名著，老勃朗特又为孩子们订了一些报刊。在这个偏僻的荒原上，四颗幼小的心灵幻想着美好的未来。1826年的一天，老勃朗特给孩子们带来12个神态各异的木雕人像。这些小木头人成为孩子们最大的快乐之源，她们给小人们起了名字，根据他们的神态分别赋予不同的等级、地位。后来，孩子们开始把想象中的这些人物当作真人来编写故事，开始了他们的文学创作活动，夏洛蒂把写成的故事编为《岛国故事集》分为四卷，分别为《居里亚》《米娜·劳莉》《亨利·哈斯汀上尉》以及《卡罗琳·凡侬》。不久，夏洛蒂又把自己所作的诗歌编订起来，称为《青年》杂志，一共作了6期。孩子们就在这个偏僻的小山村中纺织着自己的文学之梦。

1831年，15岁的夏洛蒂·勃朗特又走进学校大门，开始了新的求学生涯，由于她的聪明与勤奋，一年之后，夏洛蒂便在鹿头学校毕业。1835年，夏洛蒂受到伍勒小姐的聘请到鹿头学校当老师。她的两个妹妹也先后在这个学校学习过。因为学校的课程太多，夏洛蒂每天精疲力竭。1838年，她辞职回家，艾米莉也因为教师工作太累而回家。弟弟勃兰威尔曾在布拉德福开过一个画室，由于不会经营，他背负一身债务也回到家里。第一次对社会的冲击以失败告终。后来，她们零星地当过几次家庭教师。当时，家庭教师的地位是很低下的，具有极强的自尊心的姐妹们终于不能忍受这种生活，愤而归家。1841年，三姐妹决定办学校。她们离乡背井去学习法语为办学校作准备。但这时，姨妈去世，这位一直如母亲一般疼爱孩子们的亲人竟连最后一面都没有见到夏洛蒂与艾米莉，姐妹俩心中异常悲痛。不幸的事接连降临到这些苦难的孩子身上。1844年1月，老勃朗特眼睛失明；后来，学校的计划因为招不来学生而失败；弟弟勃兰威尔因为在当家庭教师时恋爱失败开始酗酒、抽鸦片，脾气变得暴躁，叫嚷着要复仇。姐妹们辛辛苦苦挣来的积蓄都因为弟弟而折腾光了，生活又陷入困顿。但顽强的三姐妹并没有屈服。她们又开始向文学阵地冲锋。1846年5月，姐妹三个自费出版了她们的诗歌合集。为了避免外界对女性的歧视，姐妹三个分别以一个男性的笔名出版作品，三姐称为"柯勒·贝尔"，五妹称为"埃利斯·贝尔"，小妹称为"阿克顿·贝尔"。她们的作品集也称为《柯勒·贝尔、埃利斯·贝尔与阿克顿·贝尔诗集》，其中，艾米莉的诗写得最好，如《回想》《群星》《囚徒》等都是诗中的佳作。有一首《人生》这样写道：

"我鄙视发财，
也嘲笑情爱。
名利原是梦，
醒后不复在。"

夏洛蒂的诗也饱含着作者的深情，例如在《童年的网》中，她这样写道：

"童年时我们织了一张网，
网里天清气朗阳光灿烂，

童年时我们挖了一口井,
泉水清似玉液美如琼浆。
童年时我们种下芥子,
砍下杏树枝条,
现在我们已经长大,
它们是否已在土中腐烂?
它们都已凋残衰亡,
它们都已化为尘土,
因为人生黑暗重重,
欢乐很快从有化无。"

三姐妹的诗虽然已很成熟,艺术水平也很高,但因为她们都是些不出名的作家。诗集出版后,只卖出了两本。在通往文学殿堂的路上,姐妹三个又一次碰壁而归。此后,姐妹三个开始思考自己的作品与现实生活的关系。她们意识到原来那种浪漫的幻想已经过时了。现在需要的是现实生活中的激情。于是,坚强的三姐妹从自己的经历中搜取活生生的素材,开始了新的创作。1846年,姐妹三个终于完成了自己的著作。夏洛蒂·勃朗特写完了《教师》、艾米莉完成了《呼啸山庄》、安妮完成了《安格妮丝·格雷》。书稿寄出之后,依然没有消息。不久,三姐夏洛蒂·勃朗特的《教师》被退回,夏洛蒂没有灰心,依然寄出,但又遭到退稿,前后共被退稿6次。最后,出版商提出要她写一部富有激情的、不要像《教师》一样直白、没有丝毫吸引力的书。于是夏洛蒂又开始了艰苦的创作。最终完成了《简·爱》。交稿之后,出版商非常满意。1847年10月16日,这本著作出版,署名仍然是"柯勒·贝尔"。简·爱的传奇故事立刻轰动了整个英国,柯勒·贝尔的名字也尽为人知。但谁也没见过这个杰出的青年人,出版商也只是与这位作家书信联系。谁也弄不清这位贝尔先生何许人,人们都以为其他两部署名"埃利斯·贝尔"的《呼啸山庄》与署名"阿克顿·贝尔"的《安格妮丝·格雷》也是这位作家的新作。于是出版商急忙把这两部著作也排印出版,一时间关于"贝尔先生"或"贝尔三兄弟"的名声大振,人们都想见一见这一位或几位神秘的作家。几个月之后,安妮·勃朗特的第二部小说《怀特菲尔庄园的房客》也出版了。为了炒作赚钱的出版商假称这部小说是《简·爱》的作者的又一力作。为了澄清被炒的一团谜一样的"贝尔三兄弟"的身份,三姐妹于1848年8月来到伦敦。文艺界人士大吃一惊,扬名天下的"贝尔三兄弟"不但不是传言中所说的一个人,竟然是三个乡下姑娘。当时女性作家是少之又少的,而英国竟一下子出了三个如此出众的女作家,勃朗特三姐妹更引起人们广泛的注意。但是,不幸又尾随着欢乐不期而至。

1848年9月,弟弟勃兰威尔因肺结核死去,在他的葬礼上,艾米莉不小心着了凉,得了急性肺结核不久也死去。向来顽强的艾米莉坦然面对将要到来的死亡,在临死前几小时,她把自己浑身上下收拾得干干净净、整整齐齐,然后躺在床上等待上帝的召唤,她相信自己肯定会进入天国。她脸上带着平静的微笑,死时年仅30岁。不久,小妹妹安妮也染上肺结核,久治不愈。性格温和的小安妮也一点不害怕,她要姐姐陪她去斯卡尔布勒海滨旅行,她要最后看一眼大自然优美的风景。这一趟,小妹妹玩得很开心。但那令人痛心的时刻终于到来了，1849年5月，她在斯卡尔布勒安静地闭上眼。这个平时柔顺的小妹妹至死还关心着她的姐姐，生怕夏洛蒂受不了这种不幸的打击。"勇敢些，夏洛蒂！"说完这句话，安妮就停止了呼吸。坚强的夏洛蒂挺了下来，文坛三姐妹如今只有她孤军奋战。1849年10月，夏洛蒂又出版了表现工人运动的著作《雪莉》。这一年年底，她应朋友的邀请去伦敦旅游，以排遣对妹妹们的思念。夏洛蒂结识了萨克雷等著名作家，又到曼彻斯特访问了当时另一位著名女作家盖斯凯尔夫人。1851年，夏洛蒂再次访问盖斯凯尔夫人，两人结下深厚友谊。后来，两人经常相互来往。1851年，夏洛蒂又开始埋头于新作《维莱特》。1853年，小说完成并出版了。

夏洛蒂对于爱情与婚姻的问题非常苛刻，她如同简·爱一样，要爱就爱自己喜欢的人。她曾说过："如果我找不到理想的人，就永远不结婚。"终于苍天不负有心人，1854年6月29日，夏洛蒂与自己所爱的人尼科尔斯副牧师结婚。婚后的生活很幸福，只是幸福来得太晚，也太短暂。有一次夫妇二人出去游玩，不巧淋了大雨。已经有身孕的夏洛蒂得了感冒，病情越来越重，终于，感冒转成了妊娠败血症，病卧几个月之后，医治无效，夏洛蒂于1855年3月31日去世。文坛三姐妹的最后一名主力也被上帝召去，她留下的最后一部作品《爱玛》只写了一半。

勃朗特三姐妹如流星般逝去了，但她们留下的伟大作品却令她们的名字广为世界人民传颂。

三姐妹中以夏洛蒂·勃朗特的《简·爱》最为出众。简·爱是一个孤女，寄养在舅舅家，舅舅死后，舅妈经常折磨她，她的表哥表姐也常常欺负她。但她依然不能在舅妈家落脚，最后被送进慈善机构办的教会学校。这里更是人间的地狱，许多孩子被折磨而死。简·爱以顽强的毅力忍住了无休止的责骂，她努力学习，终于以优异的成绩毕业，逃离了这个魔窟。简·爱经人介绍在罗切斯特的庄园里给一个小女孩当家庭教师。罗切斯特被简·爱那种独特的气质所吸引，简·爱也被罗切斯特那种民主平等的思想所感动，她知道罗切斯特是惟一一个不轻视她的男性，她爱上了罗切斯特。但是，在举行婚礼之时，罗切斯特的妻弟出现，要罗切斯特中断婚礼，因为罗切斯特原来的妻子还活着。原来，罗切斯特是父亲的次子，按规定不能继承遗产，父亲为了不让他将来受苦，给他娶了一个有大笔财产陪嫁的白莎·梅森。婚后不久，白莎家族遗传的疯病爆发，罗切斯特非常痛苦，一直在外面过着放荡的生活，直到遇到简·爱。但简·爱不想当一个无名无份的情人，她逃走了。她昏倒在荒原上，被圣约翰兄妹救醒。圣约翰是个牧师，他向简·爱吐露了爱情，希望简·爱能跟她一起去印度传教，完成上帝的伟业。就在简·爱要答应圣约翰时，简·爱仿佛听到罗切斯特从远方传来的呼唤。简·爱一下子被心底压抑已久的爱所击倒，她赶回了罗切斯特的山庄，但看见的是一片废墟。原来，一天晚上，罗切斯特的疯妻子放火烧了山庄，她自己也坠楼而死。罗切斯特真的一无所有了，他跟简·爱现在是平等的了。最后，他们两个结婚，有了孩子，过着幸福的生活。

艾米莉·勃朗特的《呼啸山庄》是最受争议的作品，里面充满着野性的复仇力量。随着社会的发展，人们愈来愈发现《呼啸山庄》包涵着深刻的思想价值。艾米莉以一个孤儿的复仇与爱情的纠葛，演绎了人性深处极端的仇恨与极端的爱情的交锋。最终，主人公希刺克厉夫疯了，他一遍一遍呼唤着爱人的名字，孤独地在呼啸山庄附近的荒野游荡。

小妹妹安妮·勃朗特以自己的生活经历为蓝本。创作了《安格妮丝·格雷》。主人公安格妮丝·格雷是个贫苦人家的女儿,在学校毕业后,感觉到她不能再增加家里的负担,决定自己出外谋生。她找到一份家庭教师的工作。但由于家庭教师地位的低下,她经常受到这家主人勃卢菲德的辱骂。强烈的自尊心让她愤然辞职。不久,她又在马雷家里做家庭教师,但是马雷夫妇也无视她的人格与尊严,安格妮丝也经常受到责备。她失望之极,感到非常孤独。这时,只有一位善良的牧师威斯顿来安慰她,对她关怀至极。最终两人产生爱情,过着幸福的生活。另一方面,马雷家的大女儿罗沙利,自小养成轻浮、自私的性格,婚后受到丈夫残酷的折磨。

勃朗特三姐妹因为她们杰出的作品得到世界闻名的声誉,也因为她们离奇的身世更被后人注目。但三姐妹依然保持着自己朴素、纯朴的自然本性,强烈的自尊、顽强的毅力是三姐妹光辉形象的最真实的写照。

英国资产阶级革命最伟大的纪念碑

英国资产阶级革命掀起了世界革命的风暴,它为封建时代埋上了第一把土,同时为新生的资产阶级搭建了第一所现代的住房。英国资产阶级革命的辉煌被载入史册,作为这一时代最伟大的见证者与记录者——圣保罗大教堂则成为这一具有世界意义革命的最伟大的纪念碑。

圣保罗大教堂是英国国家教会的中心教堂,是17世纪后半叶英国最显著的建筑物。它坐落于伦敦城西的卢德盖特山上。以前,这里原有一座圣保罗教堂,系由东撒克逊王在公元604年建造的,因圣保罗是伦敦的保护神,故取名为圣保罗教堂。一千多年来,这座古老的建筑高高屹立在卢德盖特山上,任凭风吹雨打,那哥特式的尖塔高入云天,巍然不动。直到1666年,英国的资产阶级革命已经如火如荼地展开,而复辟的王室暂时取得了统治地位。在这一年夏天的一个夜晚,伦敦城里发生了一场特大的火灾。熊熊燃烧的烈火借着风势,烧毁了城内大部分建筑,这座古老的大教堂也不能幸免,成为一片废墟。不久,王室任命著名的建筑师克里斯托弗·雷恩为总设计师,建一所新的教堂以取代那座旧教堂。雷恩于1675年设计成一个八角形集中式平面建筑,由于国王教会极力干预,不得不改成了拉丁十字形。西立面则被强加于罗马耶稣会样式。到了1689年,英国资产阶级革命最终成功,建立了君主立宪制政体。雷恩重新设计了立面,但由于工程进展很快,拉丁十字平面已经建成,不得不保留下来。这项工程历时35年,耗资75万英镑,到1710年才竣工。这时已90岁高龄的雷恩亲眼看见了这一伟大的建筑,禁不住泪流满面。

圣保罗大教堂是英国最大的教堂,也是世界第三高的教堂。教堂占地总面积5946平方米,主体呈拉丁十字形,它的纵轴156.9米,横轴为69.3米。十字交叉的上方是两层圆形柱廊构成的高鼓座,其上是巨大的穹顶。穹顶直径34米,离地面111米,规模上仅次于罗马的圣彼得大教堂。由于其平面有严格的几何精确性,结构简化,穹顶鼓座及支柱制作得很轻巧，体现了18世纪科学与技术的进步。教堂正门为双柱双层柱廊，尺度适宜，简洁庄重。教堂的西立面采用了古典柱式构图，简单精确的几何关系是立面造型的基础，西立面两侧立有一对哥特式尖塔，带有巴洛克手法。教堂内部宏大开阔，装饰简约，不事奢华，反映了帕拉第奥严格、纯净的古典精神，并注入了英国人讲究功能实效的传统。教堂内部建有一些王公贵人的坟墓和纪念碑。例如曾经打败过拿破仑的威灵顿公爵与海军大将威尔逊的墓室都建在这里。教堂的正门朝西。门前是22级台阶。在正门柱廊上方有一面"人"字形的墙，上面雕刻着圣保罗到大马士革传教的浮雕。"人"字墙正中顶部耸立着圣保罗的石雕像。这位获得新生的保护神如今守卫的是资产阶级立宪制国家的首府——获得新生的伦敦城，而那古老的王朝早已烟消云散了。

老圣保罗教堂早已消失了，新生的圣保罗大教堂也经历了几百年的风雨，它宏伟庄严地屹立在那里，动荡岁月也在其设计与建设中留下了时代的印记。它对于英国伟大的资产阶级革命具有最伟大的纪念意义。

产业革命的序幕

1736年，瓦特出生于苏格兰西部格里诺克的一个工人家庭。瓦特从小就很贫穷，受了很多苦。十几岁时，瓦特就开始当学徒，学习机械修配和制造。

1756年，瓦特学期未满，到了苏格兰的格拉斯哥。他特别想自己开个店，但是他的学徒期太短，不够独立经营的标准，因此没有获得当局的批准。

就这样，瓦特到了苏格兰格拉斯哥大学找到一份工作，即做机修工。作为一名机修技师，瓦特对业务刻苦钻研。他勤奋认真，虚心请教大学里的有经验、有知识的老师。

在大学里，瓦特结识了著名物理学家布莱克教授。从那里，他学到了关于热学的知识，这对他日后的发明益处很大。

17世纪的前期与中期时，人们已经了解了大气压力和真空概念。利用蒸汽做动力很早就有了，1601年波尔塔就在《神灵三书》中设计过一个蒸汽的实验器械。

法国工程技师巴本在1679年制作了"蒸煮器"，就像现代的高压锅。他用自己的"蒸煮器"煮食品、做饭，味道很好，而且熟得很快，易烂可口。

就这样，巴本进一步研制了蒸汽机。他研制了世界上第一台带活塞的蒸汽机。在汽缸底部放有少量的水，一加热，水的蒸汽就会推动活塞。当停止加热时，汽缸下落，可以提供动力。后来，英国政府为了解决排水问题而奖励研究，公开悬赏，希望有人能解决矿井的排水问题。因为矿井太深，用机械排水需要很多人或者牛马，既费时又费力。

英国工程师萨费里发明了蒸汽泵来解决这个问题。1698年，萨弗里的蒸汽泵申请了专利，开始投入使用。蒸汽泵成为世界第一台投入实用的蒸汽机。

进一步的改造是英国工程师纽可门。1705年，纽可门与萨费里讨论问题，改造了他的方案，设计了一台较先进的蒸汽机。纽可门为了提高降温冷凝的速度，向汽缸里装了一个冷水喷射器，于是可以达到快速降温，使空气冷却的目的。1712年，英国的煤场与矿场基本上全换成了新式的纽可门蒸汽机。

瓦特在格拉斯哥大学做了很长时间的技师，到了第六个年头，也就是在1764年，大学买了一台纽可门的蒸汽机用来做实验。可是这台蒸汽机常常不灵。瓦特认真地研究了这种蒸汽机，发现了问题。瓦特发现，纽可门蒸汽机最大的缺点是蒸汽不能有效利用、浪费太多。

关键在于使汽缸不再降温。据说1765年，瓦特想到了空气的弹性，他是在天空中看云而联想到的，这和他一年多冥思苦想有关。因为蒸汽有弹性，所以蒸汽加热膨胀后，会向真空的地方移动。在这个地方另外设计部件，可以进行冷却降温，而使汽缸保持温度。

瓦特对自己想法的产生是这样描述的："那是在一个晴朗的下午，我记得是星期天。我从察罗托街的城门走出，到了草地，又路过旧的洗衣店。我一直考虑蒸汽机的事情。后来进了牧人的农舍。我突然就想到了蒸汽是有弹性的物质，所以可以向真空中移动。要是把汽缸和排气的容器相通，那么蒸汽突然用极大的速度冲进容器，就可以在容器中降温而凝结。当我自己在头脑里把问题想清楚的时候，我还没有走过高尔夫球场呢。"

瓦特所谓增加的装置就是冷凝器。它和一个可以调节的开关相连接，高温的蒸汽注入汽缸之后，开关自动关上，这样密封住气体。做功后打开开关，蒸汽马上进入冷凝器，冷却之后在冷凝器和汽缸内场形成真空。活塞在大气压力下就可以做功。

1669年，瓦特造出来第一台蒸汽机样品，把自己的冷凝器发明申请了专利。

瓦特在布莱克与技师威尔金森的帮助下，解决了汽缸和活塞之间的漏气问题，制出了更加精密的汽缸和活塞。到了1781年，瓦特又改变了蒸汽机只能直线做功的状态，用齿轮装置将活塞的直线往复式运动转化为轮轴的旋转运动。

1782年，瓦特想到更进一步的方案，即双缸蒸汽机，这样一来，蒸汽机效率大幅度提高，终于可以成为机械动力之源了，蒸汽时代由此开始。

新式的蒸汽机被广泛运用，有采矿、纺织、冶金、机械加工等各种行业。马克思认为，蒸汽机的发明，在很短的时间内把世界万事万物都改变了。

1790年，瓦特发明的蒸汽机基本取代了旧的蒸汽机，瓦特还发明了离心调节器，这个发明使蒸汽量得到了控制。

1800年，瓦特被选入皇家学会。

原子可分

万物怎样构成？

这是一个古老的命题。毕达哥拉斯学派认为万物皆为数；西方第一个哲学家泰勒斯认为万物在水；赫拉克利特认为"万物由火构成"。

直到最后，德谟克利特提出"原子说"。

19世纪末，从研究阳极射线起导致了X射线和放射性的发现。

那么，阳极射线本身的组成和性质是什么呢？其说法不一。有些科学家发现阴极射线能穿透某些金属，在磁铁的作用下发生偏转。

1879年，英国物理学家克鲁克斯发现阴极射线是由带负电的粒子组成的。他认为这种粒子是气体分子在阴极上得到电荷所形成的阴离子，同性相斥导致它从阴极射向阳极。他在《论辐射的性质》一文中提出了阴极射线是阴离子流的假说。但是，此假说与事实有矛盾。矛盾推动人们沿着另外的思路去思考问题。

阴极射线性到底是什么？这个问题也是德国物理学界的老问题。很多德国物理学家认为阴极射线是一种以太波，而英国人常认为是粒子流。

汤姆逊1856年出生在英国曼彻斯特郊区。他的父亲从事出版业和书籍的买卖。汤姆逊小时候起就十分爱好自然科学，到20岁那年，他考入三一学院。

1884年，汤姆逊成为卡文迪许实验室第三任主任。

1897的，汤姆逊开始研究阴极射线。他采用的方法主要是由阴极射线在电场和磁场中发生偏转出发。另外他也采用了静电偏转的方法。

这样，汤姆逊用实验证明了阴极射线在电场和磁场作用下都可以发生偏转，而这些射线偏转方式和带负电的粒子相同，这就说明阴极射线是带负电的电子流。

汤姆逊指出：阴极射线粒子是一种质量大约是氢原子质量1/2000的带负电的粒子，它的带电量是基本的电荷单位，它就是电子。

汤姆逊采用的"电子"观念，这个词最早是由英国物理学家斯通尼提出来的。后来，电子成了电的基本单位。

1911年美国实验物理学家密立根精确地测得电子的电荷和质量分别为一个具体数值，这从实验上支持了电子的存在。

自古代德谟克利特的原子说以来，人们一直受原子不可再分的观念影响。电子的发现是科学的又一次革命性事件。

物理学由宏观进入了微观，物质在人们面前展示出了微观结构。

X射线与放射性以及电子的发现，开始动摇经典物理学的观念，打破了传统，使得一些受机械论影响的物理学家在新的发现面前深感物理学的危机，揭开了量子理论和相对论的现代物理学序幕。

原子结构

放射性以及先前的X射线及电子的成功证实，引发了人们对原子结构的思考。

很明显，原子不是不可分，而是由微粒构成。在原子物理的基础上，量子力学发展起来。不过，我们进入奇妙的量子论时，先要弄清楚原子真正的结构，从而得知科学家在探索奇妙微观世界时的思路，这就是读史使人明智的道理。

历史的探索展示了思维的发展。

第一个较有意义模型的提出是威廉·汤姆森即开尔文爵士，其实还有约瑟夫·约翰·汤姆森。在这两位汤姆森的设想中，原子设计成球形，是一种带正电的液体。负电子像蛋糕中的葡萄干一样埋在液体中。如果正负电荷相等，原子就表现为中性，如果"葡萄干"太少或太多，原子就转为正、负离子，从而呈现带电性。

这就是布丁模型，或说枣糕模型、葡萄干蛋糕模型。

在实验中，有些事实符合布丁模型，但是有些问题却不能回答："原子的光辐射为什么会形成？"

还有一些问题，如果枣糕是正电的，为什么有的原子特别容易得电子而有些原子则容易失电子呢？

卢瑟福进一步研究，他做了一个实验，在此之前伦纳特已经做过。他们用放射性的X射线进行穿透铝箔的尝试，铝箔中是无数排列整齐的铝原子。

卢瑟福在铝箔的前面和后面安放了荧光屏，用来观察穿过铝箔的射线和反射回来的射线。实验表明，大多数X粒子可以穿透铝箔，只是略有偏转。粒子穿过了铝原子，而少数粒子被反弹回来，撞到接收屏幕上。穿过去的射线呈现偏转。

由于大幅度的偏转，人们只能用较大的正电荷吸引来解释，进一步，他们还认识到较大的正电荷几乎占有原子的全部质量。

这样，卢瑟福设想修正汤姆森布丁电子原型，他设想原子内部的正电荷及原子质量的大部分都被压缩在一个极小的空间内，而电子在"核"的外面，距核较远。核与电子之间存在间隙。但是这样还不够，这样无法解释为什么电子不被核吸进去。卢瑟福假想了一个力，使它保证电子不被核吸进去。

1911年，卢瑟福公布了"行星模型"。这种把恒星当成核，把行星当成电子的想法发展了汤姆森布丁原型。

不久，人们又发现了困难。按照卢瑟福的设想，原子核是由带正电荷的有质量的小粒子组成，每一个这种粒子都具有与电子电荷相应的正基本电荷。比如说氢原子，就可以看作是一个正核粒子和一个电子绕质子运行。

然而人们研究氦时发现它只有两个电子，那么按照卢瑟福的理论和氦的实际原子量相比，却是4个质子，也就应该有4个电子。这下又相矛盾了。

卢瑟福假定了原子内部有"核内部电子"。

这种假定的关系十分准确，人们由这种关系出发，证实了很多卢瑟福的预言。

卢瑟福假定的物质是错误的。1932年，英国詹姆斯·查德威克发现了中子。人们认识到原子核内不是存在能抵消质子电荷的电子，而是含有不带正电也不带负电的中子。

到此，原子结构大致成形。后来量子理论更好地解决了电子轨道等问题。

卢瑟福因为原子模型而获得1908年诺贝尔化学奖，但是他坚持认为自己的研究属于物理学成就。

他的另一个巨大成就是放射性。这项研究成为现代炼金术的门户。

对于较重的核来说，如果用X射线来射击，X粒子能够碰到核之前由于电力的作用就会发生偏转。然而是否有可能冲破力的作用，而把核击穿呢？

进一步，X粒子有没有可能进入一个原子核而不出来呢？

卢瑟福用气体的微粒进行研究。他设计了一个大玻璃管，管的一端用荧光屏封口，管身有两个阀门，用其中一个阀门抽出空气，另一个阀门送进被研究的气体。

管内装的是放射性物质，以便产生粒子射线。他首先把重核分子气体充进管中，按预想，X粒子穿不透重核原子的中心。果然，荧光屏上没有结果。当卢瑟福充进氮气时，荧光屏出现带电粒子的碰撞表征。

如果是 X 粒子，绝对不可能，因为 X 粒子射不了这么远。进一步研究电性，发现带正电。于是人们确定，这是质子。

这个质子是氢原子核。首先，人们排除了一种可能：氮中的氢和氢原子被 X 射线电离。经实验，这是可以避免的。那么只剩下一种解释了，即 X 射线击中了氮，使氮原子释放出了核内质子。

核内质子一变，元素性质就变了，这就是点石成金的绝妙法术。实验证明，原子量为 4，核电荷数是 2 的 X 粒子轰击原子量为 14，核电荷数为 7 的氮可以产生氧，同时释放一个质子（一个氢核），荧屏闪光。

卢瑟福在用氟、硼、铝做实验时，发现经过 X 粒子的轰击，也可以转变。这个结果是使人呈现奇妙幻想的，因为这说明了人工可以使一物成为另一物，元素之间互相转化。

后来，人们可以准确地观测轨迹，统计个数。原子之外与原子之内形成宏观与微观两极，这两个世界都是无穷无尽。

无限大与无限小，常常引人遐思。

世界历史五千年

近代法国

三级会议

1774年5月10日,路易十五已到弥留之际,他的孙子王储路易·卡佩焦灼地在祖父宫门外踱步,不停祷告,希望国王龙体康复。他这一举动并不是出于孝心,而是害怕在20岁时过早登基。这是一个思想迟钝、行动笨拙、意志薄弱的王储,他只爱修锁和养犬,对政治毫不关心。然而事与愿违,很快"国王万岁"的呼声传来,路易继位,称路易十六。

秉性难改的路易十六很快有了"锁匠国王"之称,他不理朝政,国事便先由首相莫尔泊伯爵左右,继为王后玛丽·安托瓦内特谋划。玛丽·安托瓦内特是奥国皇帝约瑟夫二世的妹妹,为人傲慢轻浮,嗜好赌博,挥霍浪费,被称作"赤字夫人"。

面对祖父遗留下来的困难局面,又遇到粮荒,路易十六一直尝试改革,但波旁王朝面临的最大问题——财政危机还是越来越严重了。从1774年到1789年路易十六统治的15年内,法国国债增加了三倍,每年偿付利息就要花去国家收入的半数以上。虽然,这期间的几任财政总监都曾想法进行财政改革,企图增加国家收入,减少浪费,挽救危机,但都因特权等级和王室的反对而失败。

财政危机的同时,法国又爆发了空前的商业危机。由于大批英国物美价廉货物的输入,法国的棉织品、皮革、制帽等传统工业减产,许多手工工场倒闭,大批工人失业。

尽管国家已濒临破产境地,路易十六及王后仍然挥金如土,买城堡、还赌债……加重了人民的负担。处于水深火热之中的人民忍无可忍,各省纷纷起义暴动。法国大地上正酝酿着革命的暴风雨。

路易十六已走投无路了,他决定召开已多年没有开过的三个等级的会议,即"三级会议"来摆脱政治困境,特别是财政危机,以延续走向末路的波旁王朝的统治。

三级会议始于1602年。自1614年停开到1789年,已有175个年头。会议由教士、贵族和市民三个等级的代表组成,每一等级只有一个投票权,投票结果总是有利于特权等级。然而时过境迁,第三等级已羽翼丰满。资产阶级印发各种小册子呼吁书,广泛宣传自己的主张。出身贵族的修道院长西哀耶斯也认清时事,竟然出了一本《第三等级是什么?》的小册子为他们扩大影响。从此街谈巷议中的话题便多引自书中了——"第三等级是什么?是一切。""没有第三等级,将一事无成。没有特权等级,事事将变得更好。""贵族就是国家的累赘。""国民之中无处安置贵族等级。"……这些思想深入人心,使第三等级群众更加觉悟,他们团结一致,要求增加参加会议的名额,改变按等级投票的方式。

1789年5月初,三级会议准备就绪。选举产生的代表名额共1139名:教士代表291名,其中高级教士代表约占1/3;贵族代表270名;第三等级代表578名,其中律师约占一半,还包括因被本阶级排斥而由第三等级选出的2名教士和12名贵族,如西哀耶斯和米拉。第三等级代表人数众多,生气勃勃。

为了获得金融界的信任和支持,有人建议三级会议在巴黎召开,国王坚持要在凡尔赛,"因为便于打猎。"国王隆重地在办公室接见教士和贵族的代表,而第三等级代表则要分批到他的卧室去觐见;还规定教士、贵族代表穿华丽的服饰,分坐在国王宝座的两侧,而第三等级代表则穿黑色制服坐在大厅的后面。这些都引起第三等级代表的不满。

1789年5月5日,三级会议在凡尔赛开幕。路易十六致辞,强调财政困难,要各位设法充实国库。财政总监内克尔在长达三小时的报告中,竭力掩饰国库亏空严重的事实,闭口不谈改革。第三等级的代表感到极大的失望和愤怒。第二天,掌玺大臣宣布,国王希望三个等级讨论,然后按惯例投那三票。这就更引起了第三等级强烈反对。他们提出应三个等级合厅开会,以人数表决。双方为此僵持了一个多月。

全国人民密切注视着三级会议的进展。巴黎居民成群结队地来到凡尔赛,支持第三等级代表的斗争。人民的鼓舞给第三等级的代表增添了勇气,他们于6月17日毅然宣布单独组成代表全国人民的国民议会,并宣告,如果王朝要解散议会,全国就停止缴纳一切捐税。这个决定产生了很大的影响,第一等级代表开始分化,低级教士的代表两天后加入国民议会。19日晚,国王以整修内部为借口封闭会议厅。20日,国民议会代表不能入会议厅,就转到附近的网球场集合,进行了历史上著名的"网球场宣誓",站立着开会的代表满怀神圣的责任感举臂盟誓:在没有制定出法兰西宪法之前议会决不解散。

23日,路易十六召开御前会议,宣布撤销国民议会的一切决议。他威胁说:"你们的任何草案,任何决议,倘不经我特予批准,即不能有法律效力。"第三等级的代表愤怒异常,拒不服从。米拉波大声抗议说:"我们是受命于人民才来到这里的,除非刀剑相加,我们绝不离席!"在第三等级的坚持斗争下,会议继续进行,决定维持国民议会的所有决议,并宣布议员有人身不受侵犯的权利。

随后几天,许多特权等级中的教士、贵族越来越多地投到国民议会方面,国王最后不得不同意三个等级代表共同议事。第三等级代表的斗争大获全胜,决心以此为契机,完成制定宪法的任务。于是7月9日,国民议会改为制宪议会。他们试图在制定宪法的基础上,建立资产阶级的国家制度,大革命的号角要吹响了。

法国外交大臣塔列兰

人们从维也纳会议上知道了一位拄着拐杖行走的代表——法国外交大臣塔列兰。这可是个手腕高明、极难应付的人。

1754年2月2日,夏尔·塔列兰出生在巴黎的一个贵族家里。童年的他极其顽皮,4岁时爬上衣橱顶玩耍,竟跌了下来,一条腿被摔残了,因而终生不得不与拐杖相伴。塔列兰中学毕业后被送进神学院学习。1775年,21岁的他从神学院毕业,成了圣雷米修道院院长。精明、善于钻营使塔列兰很快升职。1788年,年仅34岁的他就当上了奥顿主教。

1789年大革命来临之际,塔列兰预感到皇家气数将尽,便很快转到资产阶级这一边,当了第三等级的代表,参加了三级会议。他独自谋划,没有和任何人商量,就以自己教士长的身份把大量教会土地献给国库,帮助政府解决财政危机。他这一做法获得了革命者的信任,也为他获得了1790年制宪议会主席的位置。教皇虽然把他逐出了教门,但第三等级视他为"革命的"主教。1791年,当他完成了最后一桩教务——使法国天主教会脱离罗马教皇的控制以后,就永远脱掉了长袍,过起了世俗贵族的生活。

1797年7月,在热月政变以后大资产阶级的政府里,塔列兰被任命为外交部长,开始了他长达40年的外交大臣的生涯。

塔列兰在任期间,贪污受贿,生活豪华,还善于叛卖道德,时时易主,没有人不知道他品质卑劣的。有人形容他长着灰暗苍白的面孔,黯然无光的眼睛,五官都显出傲慢轻蔑。当他向前移动时,与其说是靠那两条瘫腿,倒不如说是身体拖着它们向前爬行。人们评价他的品质说"他没有坚定的信念,没有固定的情操,没有深厚的教养。他几乎不与人争论,因为他从不对一种意见表示可否,他的头脑和他畸形的双腿一样,任医生怎么检查也不得要领。别人的意见对于他,就像一粒种子丢在烂泥里,种是种下去了,却永远不会发芽生长。在他身上,邪恶的念头严重地扼杀了人的本性,因此他的信条很简单:与人为善便是恶,作恶多端便是善,而他更喜欢后者。高尚、仁慈、体贴、博爱这些词,他都了解并使用得十分得体,但却从来不知道它们的含义是什么。塔列兰背叛过督政府,出卖过拿破仑,反对过查理十世……而这些都曾是他的恩主。让我们再看看他的生活:将近中午醒来,从头到脚裹在锦缎里,慢腾腾地来到一面大镜子前仔细端详,然后由众多仆役伺候着洗漱、更衣。仆人们把一件件名贵的衣服,一件件背心递过去任其挑选,他一面当着来访者选来选去,一面处理公务,签阅文件。

这样一个没有灵魂、肢体残缺的人,怎么还会得到大革命时期那么多的宠幸和任用呢?因为人们不得不肯定,塔列兰是有才能的。虽说"无德不是才",但他的力量,足以让人们把这话先弃置一旁。

拿破仑时期,塔列兰思考周密,善于应变,深受赏识,被认为是拿破仑大臣中最聪明的一个。他不用有什么建树,但只忠实执行拿破仑的个人决策就足以令人满意。他最善于的,是把拿破仑的军事胜利用外交文件的形式加以确定巩固。

拿破仑走下坡路时,他卖身沙皇,充当奸细,出卖情报,聚敛金钱。从他叛变到拿破仑帝国崩溃,只过了6年时间。

拿破仑彻底失败时,他支持波旁复辟。这个判断极为准确,因为复辟被欧洲专制君主所接受,暂时保证了法国的稳定,为在连续20年战争之后巩固大革命成果创造了条件。

波旁王朝时期，塔列兰四处奔走，和同盟国缔约，保护法国土地、经济、文化利益。1814年到1815年7月，他率团参加维也纳会议，提出了各国一致认可的"正统主义"为大会宗旨之一。会上，他挤进英、俄、普、奥的四强会议使它变为有法国参与的"五强"会议，为战败的法国争取了相当大的利益。

他精明，极会捞钱，贪污受贿不说，还把从国家档案中偷出来的拿破仑的部分信件卖给奥国首相梅特涅。

七月王朝以后，塔列兰担任驻英大使，竭立建立维护英法友好关系，巩固七月王朝的国际地位。通过他的争取，法国有了不少重要的友好邻居，如比利时。

一个个事实证明，塔列兰的眼光确实高明，实力的确不凡，以他的卑贱人格却获得巨大赏识，不难理解。

1834年11月，80岁的塔列兰退休，结束了一生的政治生涯。1838年5月17日，塔列兰病死在宅邸里。在他临死前，罗马教皇赦免了他，他同教会和解，接受了神甫的临终祈祷。

塔列兰漫长的一生，是在资产阶级同封建势力争夺政权而生死搏斗中度过的。虽然他把自己的恩主——叛卖，为世人所不齿，但他以准确的预见性和善于处理复杂外交事件的能力，为大革命时的法国做了相当大的贡献。我们仍可以说，塔列兰是杰出的外交家和政治家。

法国大革命

这是人类史上一次最深刻、最彻底的资产阶级革命，马克思评价它说："通过自己的猛烈锤击，像施法术一样把全部封建遗迹从法国的地面上一扫而光。"更为可贵的是，法国大革命自始至终都贯穿着广大人民的奋斗与抗争，显示了蕴藏在人民群众中的伟大力量。

18世纪，法国资本主义生产关系在封建社会内部有了较明显的发展。城市中，手工工场大量涌现；纺织、冶炼、煤矿、造船等新兴工业出现了集中的大规模生产，并开始使用现代化的机器。商业比工业发展更为迅速，法国的对外贸易额成倍增长，仅次于英国。各种酒类、布帛、妇女服饰、家具等行销欧洲各地，糖的销售量占世界的一半。在农村，地主、富裕农民不断地驱逐佃农，扩大领地，雇用农业工人，资本主义的农场逐渐增多起来，大商人和高利贷者购买或租佃土地，进行资本主义农业生产。

但是，18世纪的法国仍然是欧洲大陆的一个典型的封建专制国家，农业占统治地位，等级制度尤其严重。

当时，社会分为三个等级，以王室为代表的教士、贵族分别构成第一和第二等级。他们人数只有20余万，占全国人口总数的1%，却占有全国耕地的40%。他们享有种种封建特权，剥削人民，穷奢极欲。王公贵族将打猎、宴客、看戏、跳舞作为日常生活。

资产阶级、城市平民（手工业者、小店主、帮工和学徒等）和农民是第三等级。他们无任何政治权利，担负全部生产和纳税义务。

当时农民约占2200余万,是第三等级的基本群众,他们占全国人口的90%,却只占不到40%的耕地,他们要缴纳的税样也名目繁多,这包括地租、人口税、财产税、盐税、烟酒税、什一税等等,还要向教会奉献"圣礼"。地主养的鸽子飞到地里啄食谷物,农民不得轰赶;地主打猎践踏了庄稼,农民不得要求赔偿。更有甚者,有的领主强令农民整夜拍打沼泽,防止青蛙鸣叫,以免惊醒了自己的美梦。农民还须面对饥荒、兵役……总之,封建特权阶级的压迫逼得大量农民家破人亡,走向反抗。

城市平民也是第三等级中的一支重要力量。他们被讥讽为"无套裤汉"——因为当时贵族都穿紧身套裤,而平民却没有。这一绰号足以见他们深受特权等级压迫和歧视。他们工作沉重,却收入低微,生活困苦,常常买不起面包,在死亡线上挣扎。他们对现状强烈不满,渴望改善自己的处境。

资产阶级在第三等级中人数不多,但影响却最大。由于资本主义工商业的发展,资产阶级力量壮大,成为国内最富有的阶级。资产阶级中不乏律师、医生等知识分子。然而与有钱、有文化的情况相反的是,资产阶级在政治上毫无地位。他们的发展受到封建束缚,强烈反对专制统治、等级特权,反对宗教迷信、愚昧无知,要求改造社会。

第三等级中的不同阶级、阶层尽管处境不同,要求各异,但都反对王权、神权、特权的压迫,不愿照旧生活下去了。

革命前,启蒙思想家代表第三等级的利益,对封建专制制度进行猛烈抨击。他们通过宣传,开启民众智慧,把他们的思想从愚昧、黑暗的封建蒙蔽中解放出来,鼓励他们为争取自由和平等而斗争。

1774年,波旁王朝新皇帝——路易十六在位时期,各种矛盾加剧——政治、经济、国内、国外……人民反抗情绪越来越高涨。

1789年春,路易十六为缓解危机,特别是财政危机,召开三级会议。在三级会议上,第三等级代表不顾威胁,排除困难,坚持斗争,成立国民议会为自己争取权利。因为国民议会把制定宪法作为自己的主要任务,于是改名为制宪议会。在三级会议的会场外,广大第三等级与封建势力坚持斗争,并开始了武装斗争。

1789年7月14日,巴黎的工人、手工业者和小资产阶级攻占象征封建统治的巴士底狱,标志着蓬勃大革命的开始。接着,农村也响起了呼应之声:广大农民拒纳贡赋,进攻贵族城堡。农民的起义巩固了7月14日巴黎人民的胜利,对封建制度的崩溃起了决定作用。7月14日后被定为法国国庆日,法国大革命由此开始,经历了三个阶段。

第一阶段是从1789年7月到1792年8月的君主立宪派的统治。7月14日以后,政权转到制宪议会和大资产阶级手中,他们同王室有密切联系,君主立宪是他们的政治纲领。在人民革命斗争高涨的形势下,他们宣布废除部分赋税,颁布《人权宣言》,通过1791年宪法。但由于君主立宪派害怕革命,不关心劳动人民,因此其措施根本不能解决城市平民和农民的问题。此时,国外势力加紧干涉革命,国内王党分子立刻应和起来。巴黎人民义愤填膺,自动建立新的城市委员会——巴黎公社,和资产阶级中的激进派——雅各宾派一起,共同号召法国人民起义。1792年8月9日夜,起义群众包围王宫。10日,逮捕并监禁了国王。8月10日的起义摧毁了君主政体,结束了君主立宪派的统治,立法议会宣布废除1791年宪法,由人民选举国民议会代替立法议会。

第二阶段是吉伦特派的统治,从1792年8月到1793年5月底。吉伦特派主要代表工商业资产阶级的利益,这派主要成员都来自吉伦特郡,故得名。1792年9月20日,法国人民组织义勇军,在瓦尔密大捷,打退了外国侵略军。次日,国民议会在巴黎开幕,废黜国王。9月22日,又宣布成立共和国,即法兰西第一共和国。1793年1月21日,路易十六被推上断头台。但吉仑特派只考虑自己的发财致富,忽视了人民的利益,不能解决土地问题。吉仑特派还拒绝人民的革命要求,打击巴黎的革命组织。1793年5月,吉仑特派完全失去了人民的支持,实际上成了反对革命的工具。1793年5月31日,人民再次起义。不久,雅各宾派取得了政权。法国大革命上升到最高阶段。

第三阶段是雅各宾派专政,从1793年6月到1794年7月。雅各宾派是资产阶级革命民主派,该派经常在雅各宾修道院开会,是以得名。它的领袖是罗伯斯庇尔、丹东、马拉等。前两位是律师,后一位是医生、物理学家。马拉创办的《人民之友》报是资产阶级民主派的喉舌,他们要求把革命继续推向前进。

雅各宾派上台时,共和国形势十分危急,国内有反革命叛乱,国外有几路外国干涉军入侵。以罗伯斯庇尔为代表的雅各宾派,采取一系列措施,联合人民。他们通过土地法令:规定将逃亡贵族的土地分成小块出售给农民,地价20年付清;无条件废除一切封建义务;烧毁地契文据。这就基本解决了土地问题,加强了革命的群众基础。雅各宾派还制定宪法,实行最高限价政策并采取了"恐怖政策"。这些措施在挽救共和国,拯救革命方面起到了明显的作用:1793年,外国侵略军基本被打退出境;王党军被荡平;社会秩序有了好转,……雅各宾派完成了资产阶级革命的任务,一切应归功于他们善于联系调动群众,挖掘了人民的伟大力量。

但在雅各宾派取得一个个胜利的同时,它自身也走上了分裂。身为资产阶级的雅各宾派,仍以自己的私有财产不可侵犯为准则,为了维护这一准则,雅各宾派滥用恐怖手段,打击面过宽,杀的人过多。当派内分成左中右三派后,中派领袖罗伯斯庇尔将左右两派领袖全部杀害,而失去左膀右臂的罗伯斯庇尔自己,也被反对派通过热月政变送上了断头台。

不过,关于法国大革命的结束时期,人们众说不一。有的认为应是雅各宾派被颠覆时,有的认为是拿破仑第一帝国开始时……但大革命推翻了法国封建专制制度,确立了资本主义统治,推动了欧洲和拉美革命,促成资本主义在世界范围内的胜利,其伟大意义是无人怀疑的。

"自由、平等、博爱"

"自由、平等、博爱"是在法国大革命中首先具体形成和提出的一个三位一体的政治口号。"自由",就是崇尚人权,解放个性,反对王权,提倡人道,反对"神道";"平等",就是法律、道德给人们规划了相同的约束范围,每个人都不例外;"博爱",用卢梭的话解释,就是"人类本是同一上帝的儿女;由于这种神圣的、崇高的、真正的宗教,人们也就认识到大家都是兄弟,而把他们结合在一起的社会是至死也不会解体的"。

可见"大家都是兄弟"也就是要友爱、团结、互助,这就是"博爱"。

"自由、平等、博爱"作为一个完整的口号,不是一下子提出来的,从文艺复兴到启蒙运动到法国革命,它的产生与资本主义的发展紧密相联。而要看它的最终确立,首先要分析一下《人权宣言》。

《人权宣言》是法国大革命初期宣布的、阐明资产阶级社会基本原则的主要纲领性文献。制宪议会在着手起草宪法时,仿照美国《独立宣言》,先拟就《人权宣言》作为宪法基础的原则。

《人权宣言》全名是《人权与公民权宣言》,共包括十七条。第一条开头就写到:"在权利方面,人们生来而且始终是自由平等的。"这是总的基调,肯定人们之间的权利是平等的,反对封建特权与封建等级制。第三条和第六条分别规定:"整个主权的本原主要是寄托于国民";"全国公民都有权亲身或经由其代表去参与法律的制定……在法律面前,所有公民都是平等的。"这两条不仅提出了法律面前人人平等的口号,而且体现了资产阶级"主权在民"思想。第二条、第十条和第十一条宣称:"任何政治结合的目的都在于保护人的自然的和不可动摇的权利。这些权利就是自由、财产、安全和反抗压迫";"意见的发表只要不扰乱法律所规定的公共秩序,任何人都不得因其意见、甚至信教的意见而遭受干涉";"各个公民都有言论、著述和出版的自由"。这几条肯定了资产阶级言论等自由,肯定了人身不可侵犯的权利以及反抗压迫的权利。最后一条,第十七条规定:"财产是神圣不可侵犯的权利。"这一条成为整个《人权宣言》的基础——任何平等、自由、权利都应建立在确保私有财产的基础上。

从上述逐条的分析中不难看出,《人权宣言》集中表达了法国18世纪启蒙思想家的政治主张。

1790年10月5日,罗伯斯庇尔在立宪议会里关于国民自卫军组织的演说时曾第一次提出了"自由、平等、博爱",他建议国民自卫军胸前要佩戴有"自由、平等、博爱"和"法兰西人民"这样印记的字样,同时建议把它写在国民自卫军举的三色国旗上。但罗伯斯庇尔的建议没有被采纳。到了1792年9月21日,法兰西宣布为共和国之后,国民议会才把博爱与共和国联系起来,才把博爱与自由、平等联系起来。约到1793年,这三位一体的著名的资产阶级口号形成了。在"自由、平等、博爱"的旗帜下,1789年的法国大革命一步步走了过来。

"自由、平等、博爱"反映了第三等级反封建的愿望。在争取"自由""平等"的过程中,第三等级各阶层以"博爱"联系起来,推翻了封建王权、等级制度和教会统治。

"自由、平等、博爱"在推动革命的深入发展方面起了重大作用。它鼓舞群众彻底战胜封建势力、击败外国干涉军,使法国革命成为一次杰出的资产阶级民主革命。在这个口号的鼓舞下,法国革命不仅在政治上比较彻底地摧毁了封建制度,处死了国王,宣布了共和,宣布了人人在法律面前一律平等,规定了言论、出版和结社的自由,21岁以上的男性公民享有普选权;在经济上彻底地废除了封建土地所有制,建立了小农土地所有制,用自由竞争代替行会制度,为资本主义发展扫清了道路;在宗教上,没收了教会财产,取消了教会独立,使教士从属于法国政府;此外,它使法国社会生活的各个方面都得到了改造,如改变人的称呼,"公民"一词叫遍街头巷尾,改换基督教的旧历代之以共和新历等。"自由、平等、博爱"这明确的口号、鲜明的旗帜,引导法国大革命走向深入。

因为"自由、平等、博爱",第三等级在精神上、思想上、理论上得到巨大解放,它启发人们的思想,启迪人的智慧,破除迷信权威,把人的精神从蒙昧桎梏中拯救出来。

但是,"自由、平等、博爱"并不是完美无缺的,在法国大革命中,它的虚伪性也暴露了出来。

"自由、平等、博爱"的建立基础是私有财产的不可侵犯,《人权宣言》一面承认自由平等,一面保护资产阶级的私有财产。可见,"自由",只是少数拥有财产的人剥削大多数无财产的人的自由;"平等"也只是意味着少数有财产的人对大多数无财产的人的奴役和压迫;"博爱"也只是意味着资产阶级对劳动人民的剥削和资本主义的虚伪欺骗。

随着大革命的深入,"自由、平等、博爱"的虚伪性暴露无遗。1789年8月26日,立宪会议通过的《人权宣言》,宣布人生而自由平等以后,同一个立宪会议所通过的1791年宪法,却规定按财产多少把人划分为积极公民和消极公民,而没有财产或财产少的消极公民被剥夺了选举权和被选举权。在各届革命政府里,广大人民都是处于被压迫剥削的地位,负担繁杂的税目,挣扎于死亡线上,而一旦他们忍无可忍、起来反抗、争取权利时,得到的只是镇压和欺骗的承诺。

正像一枚硬币有正反两面,"自由、平等、博爱"也有它的两重性。但在法国大革命时代,它的形成无疑是巨大的历史进步。正是它,鼓舞着革命走向胜利。

启蒙运动

18世纪初,法国仍然是一个封建等级森严、专制的、天主教会的国家,封建制度已非常腐朽。与此同时,法国社会内部的资本主义生产关系已有很大增长,资产阶级强烈要求自由发展,同旧制度之间的矛盾日益尖锐。资产阶级要求进行改革和革命,扫除封建制度的阻碍。有了革命的要求,就会产生革命的理论。资产阶级的各个阶层,都涌现出一批理论家,他们著书立说,大声疾呼,批判封建制度的不合理,宣扬建立"合理"的社会制度。他们的宣传启发了人们的反封建意识,所以被称为"启蒙"思想家。可以说,"启蒙运动"是资产阶级为了向封建统治夺取政权、确立资本主义统治而做的舆论和意识形态方面的准备。

"启蒙思想家"所利用的武器,主要是所谓"理性主义",他们不承认任何外界的权威,批判王权、教权,表达资产阶级的意志和愿望。现在,我们正式认识一下启蒙运动的过程及启蒙思想家。启蒙运动开始于18世纪二十年代,经历了一个发生、发展和达到高潮的过程,前后近百年,涉及哲学、政治学、经济学、文学艺术、科学教育各个思想领域,先后约有200位启蒙学者参加,是西欧最壮观的一次文化革命。

启蒙运动的准备阶段早在17世纪就开始了。继哲学家笛卡尔之后，当时的思想家彼埃尔·贝尔等人用科学的武器，对天主教信仰体系发起攻击，他们的科学思想熏陶了新一代启蒙思想家。

进入18世纪，启蒙运动正式开展。发难者竟是一位造反的天主教神甫让·梅叶。他临终时留下三卷巨著《遗书》，公开了隐藏多年的真实思想：他坚决否定一切宗教和教会，揭露教会与专制王朝狼狈为奸，蒙骗、盘剥人民的本质，号召人民奋起斗争，推翻国王和贵族的反动统治，打碎天主教会的精神枷锁。

《遗书》为启蒙运动的展开创造了良好的开端。它表达了第三等级的要求，有广泛的群众基础；它批判教权和专制，指明了启蒙运动的斗争领域——哲学和社会政治。梅叶吹响了新时代的号角，紧接着便有两员大将出现于历史舞台，这就是伏尔泰和孟德斯鸠。

伏尔泰（1694－1778年）原名弗朗索瓦·玛利·阿鲁埃，出生于巴黎一个富裕的资产阶级家庭，早年就读于耶稣会的路易大王贵族中学，天资聪慧。由于等级制度森严，出身资产阶级的他受到歧视，这种下了他反抗的种子。成年后他步入文坛，口诛笔伐讥讽封建制度、教会权威，与贵族发生冲突，于1717年和1725年被两次投入巴士底狱，并于1726年被驱逐出境，从此开始了他大半生逃亡的革命生涯。

伏尔泰高举民主、理性的旗帜，运用各种思想武器，揭露敌人，教育人民，成为深受人民爱戴的启蒙泰斗。他的著作极为丰富，有近百卷之多。代表作是1734年出版的《哲学辞典》，书中反映了他反对教权主义、宗教狂热，倡导英国式君主立宪的思想，是他全部启蒙思想最集中、最明确的理论表现。

伏尔泰从二十年代投身启蒙运动，至法国大革命爆发前10年逝世，在启蒙运动中积极活动了60余年。高寿使他有幸随着运动的发展进程几乎从头走到底。无论从奋斗时间之长和著作数量之巨，还是从斗争范围之广和思想影响之大来说，伏尔泰都是启蒙运动无可争辩的领袖。

孟德斯鸠（1689－1755年），出身贵族世家，还继承了男爵称号和波尔多法院院长的世袭职务。但在大多数世袭贵族极力维护专制统治的时候，他做了叛逆者，感受时代精神，投身启蒙运动。他通过《波斯人信札》《罗马盛衰原因论》《论法的精神》等著作，在揭露专制王朝的腐败和僧俗贵族的罪恶同时，认真探寻历史发展的规律。

孟德斯鸠对启蒙运动的最大贡献，是他具体规划了资产阶级国家的政治模式和各项基本制度，继承并发展了英国哲学家洛克的分权思想，建立了三权分立的政治学说，明确提出立法权、司法权、行政权三权分立。这一学说为以后法国、美国等许多资本主义国家机构的建立提供了系统的政治理论和设计蓝图。孟德斯鸠被公认为堪与伏尔泰媲美的启蒙学者。

18世纪中叶，代表第三等级内不同阶级利益的启蒙学者竞相出现，其中最引人瞩目的是小资产阶级的思想代表、激进的民主主义者卢梭。

卢梭（1712－1778年）祖籍法国，生于日内瓦一个钟表匠家庭。家境的贫寒使少年卢梭遍尝饥寒交迫、浪迹天涯的生活。这种经历，使他广泛接触社会，体察社会黑暗，培养反对剥削压迫、争取民主自由的革命情绪。卢梭1741年来到巴黎，1749年因论文《论科学与艺术》而声誉鹊起。文中，卢梭提出了文明进步造成人类堕落和社会苦难的新奇观点。以后几十年，他又连续发表《论人类不平等的起源和基础》《社会契约论》《爱弥尔》等著作，建立了以反对专制、社会不平等、倡导人民主权论为核心的代表18世纪法国平民和小资产阶级利益的思想体系。他的思想成为第三等级中下层群众的理论旗帜，罗伯斯庇尔本人就是卢梭思想的狂热信徒。

启蒙运动经过伏尔泰、孟德斯鸠和后来卢梭的发动、引导，深入人心，给天主教会和专制王朝以沉重打击，广大青年深受教育，新一代启蒙学者大量涌现。18世纪五十年代，启蒙运动逐渐走向高潮，著名的《百科全书》的编撰和出版是其重要标志。

《百科全书》的第一卷1751年问世，直到1772年才出齐。其中汇集了当时自然科学和社会科学的最新成果，也团结了思想领域的一切反封建战士。它用科学成果对抗宗教迷误；用民主理想反对专制统治，沉重打击封建势力，深入持久地教育人民。参加编撰《百科全书》的启蒙思想家，被尊称为"百科全书派"。

30年间，前后参加《百科全书》编辑工作的有30余人，撰稿者达160人以上，这其中既有老一代启蒙学者伏尔泰、孟德斯鸠和中途决裂的卢梭，也有自然科学家达朗贝、布封、孔多塞、哈勒，哲学家孔狄亚克、奈戎，文学家马孟戴尔、博马舍以及重农学派的政治经济学家魁奈和杜尔阁等人。百科全书派的核心人物是以狄德罗为首的几位唯物主义哲学家，即狄德罗、拉美特利、爱尔维修、霍尔巴赫等人。

狄德罗（1713－1784），他小卢梭一岁，是启蒙学者中的第二代精英人物。他本是制刀匠之子，却聪明颖悟，19岁便得到文学硕士学位。父亲本想让儿子学习法律，他却属意哲学、文学。这与伏尔泰青年时的情况极为相似。但狄德罗并没像伏尔泰那样遵从父命，而是违抗出走，父亲大怒，断了他的供养之费，狄德罗毫不屈从，靠为教会誊写文字、译书、做家庭教师为生，清苦度过了有十年之久，后来才应出版商之约主编《百科全书》。除该书外，他还写有多部论著，无不将矛头直指封建统治和教权制度。他说，宗教神学都是"以最可疑之事，证明最不可信之事物。"他讥讽说，圣经上声称，妇女因触犯上帝遭到惩罚，所以分娩时必遭痛苦。但是母猪生崽的时候也无一个不痛，不知它们为何事也得罪了上帝呢？身为《百科全书》的主编狄德罗，为该书的出版呕心沥血，艰苦奋斗几十年，在伏尔泰等前辈的支持下，克服各种困难，顶住教会、政府和反动文人几次三番、各种形式的迫害，冲破道道禁令，终于按计划将书全部出齐，为法兰西民族建立了一座精神文明的纪念碑。

18世纪的法国启蒙运动，倡导民主和科学，深刻地反映了法国以资产阶级为首的第三等级广大群众反对封建秩序的时代精神，为法国大革命做了充分的思想准备。

伏尔泰——战士、学者、人

毕生致力于揭露和打击黑暗的封建制度与宗教统治；在文学、史学、哲学、自然科学和政治方面拥有大量著作；经历了人生的起伏，更有常人的喜怒哀乐，……他的成就、影响终使他永垂不朽于世界历史——他就是法国启蒙运动的倡导者和领袖——伏尔泰。

一、少年求学，初入仕途

伏尔泰原名弗朗索瓦－玛利·阿鲁埃，伏尔泰是他的笔名。1694年11月22日，他出生于巴黎一个富有的中产阶级家庭，父亲是一位法院公证人——当时为签订法律文件作证的官吏——后任审计院司务。

幼年的伏尔泰即显示出非凡的才华。在其教父沙多芮夫的影响下，他对文学发生了兴趣，3岁时就能背诵拉·封丹的《寓言》，10岁进入耶稣会办的路易大王中学，12岁已能作诗，并爱阅读毕耶尔·贝尔所撰反对宗教、宣扬自由的论著，开始对神学表示怀疑。

路易大王学校是当时最负盛名的一所贵族学校，阿鲁埃的父亲之所以不惜重金送子求学是有原因的。因为当时法国社会等级制度森严，贵族、僧侣教士两大特权阶级不事稼穑，却占有大量土地和特权；资产阶级、广大劳动人民属于第三等级。虽然资产阶级不像市民、农民那样一贫如洗，他们有财产、有文化，在社会上发挥越来越重要的作用，但他们却和其他第三等级一样，毫无政治地位，处处受到剥削、限制。父亲不满足家道殷实却无地位的普通生活，他仰慕"上流"社会，艳羡贵族头衔，因而想让爱子接受"上等"教育以光耀门楣。

少年的阿鲁埃也着实争气，他秉承父意，自律甚严，求学刻苦，立志出人头地。正在求学时的他，已经会在同窗中竭力巴结和讨好贵族子弟了；16岁中学毕业时，他就出入豪贵门庭，混迹于纨绔之中了。他口齿伶俐，妙语连珠，博得了王公贵胄的赞赏。他奉父命深研法律，竟得到官吏们的赏识，获得了一个法国驻荷兰大使秘书的职位，专侍教父大使沙多芮夫。那一年，青年的他正值19岁，意气风发，潇洒倜傥，从法国北部临英吉利海峡的港口城市冈城来到海牙赴任了。

二、受缚礼教，初恋失败

被大家简单称为"阿鲁埃先生"的伏尔泰衣着华丽，羽冠佩剑，举止文雅，一表人才。他喜欢读法国禁止的报刊书籍，热衷于搜集在荷兰出版的所有这类刊物。他注意到一份名叫《精华》的小报，上面充满了对法国伟大的国王及王宫贵族的非议。大使秘书认为通篇都是"胡说八道"，于是好奇地打听这家报纸编辑的底细。

原来，《精华》主编是一位法国妇女，名叫迪努瓦埃夫人。她本是法国南部城市尼姆市的新教徒，为免遭迫害而逃亡到海牙。当时，由于路易十四在1685年废除了保障新教徒信仰自由和同旧教徒受平等待遇的南特敕令，并派大批龙骑兵到各处威逼新教徒改信旧教，致使新教徒大批流亡国外。迪努瓦埃夫人正是其中一位，因而对龙骑兵、天主教徒和新教徒大张挞伐。迪努瓦埃夫人还有一个名叫潘佩特的美丽女儿，她与母亲有同样信仰,却不够虔诚,她质朴、纯真,正处于爱情绽放的花样年华。

阿鲁埃先生开始和潘佩特约会了。伏尔泰快活殷勤,潘佩特温柔多情,两人很快坠入爱河。但好景不长,冷酷的迪努瓦埃夫人很快觉察了两人相爱,大发雷霆,于是妙龄少女挨了平生第一个耳光。打了女儿还不算,编辑女士在伏尔泰上司面前惺惺作戏,痛不欲生,苦苦哀求,大使被搅烦了,终于答应把阿鲁埃遣送回国。

1713年12月18日,年轻的大使秘书登上了一艘开往法国的轮船,途中他始终在思考如何再见情人一面,如何报复像希腊神话中看守母牛的百眼巨怪一样的迪努瓦埃夫人。他想到了宗教,劝潘佩特信仰正统的天主教,那么他就不仅能报效笃信天主教的国王,为主尽力,也能促进爱情之火熊熊燃烧。办法的确牢靠,光明磊落,而实行起来却困难重重。

阿鲁埃使出浑身解数:请神甫专门前去为情人讲经布道;动员姑娘身边的天主教徒来往奔波;写信给潘佩特出谋划策……总之,两人虽无法相见,但少女已经动心改教了。

此时的阿鲁埃——狂热的布道人,固执的传教士,虔诚的天主教徒却已心力交瘁。时光冲淡了爱情,他回到了巴黎的生活中,而初恋情人却迫于母亲的压力嫁了人,成了富有的德·旺泰尔费勒伯爵夫人,最终她皈依天主教回到了巴黎定居。

伏尔泰少年时的这段恋情,并未给他一生留下多少影响,但却令他初次尝到了礼教和父母之命给年轻恋人带来的苦果,对他思想的进步不无帮助。

三、两陷囹圄,呼唤自由

回到巴黎的伏尔泰又过起了贵族社会的诗酒生活。然而此时的他已萌发了自由思想。身在一个变革的大社会中,这种思想的生长有深刻的历史背景。

首先,贵族教会在社会和政治上控制力加强,特权阶级的压迫剥削日益加深,他们同拥有经济实力但无政治地位的新兴资产阶级的矛盾加剧;其次,处于社会最底层的广大劳动人民生活困苦不堪,反抗情绪日益高涨。强烈的阶级矛盾预示着大革命的爆发,启蒙运动即将应运而生。

此时的伏尔泰充当了启蒙运动的旗手。他开始写讽刺作品攻击宫廷的淫乱生活,因而于1717年被捕,在巴士底狱遭禁锢11个月。狱中,他写下了以希腊神话中一个乱伦故事为蓝本的悲剧《俄狄浦斯王》和长篇史诗《亨利亚特》。前者咒骂天上之神的阴险毒辣,后者歌颂波旁王朝开国之君亨利四世对宗教的宽容开明政策。伏尔泰出狱后,《俄狄浦斯王》在巴黎公演,被认为是对摄政王奥尔良公爵乱伦丑闻的讽刺,因而受到热烈欢迎。伏尔泰由此在文学界暂露头角。

然而与此同时,伏尔泰在出狱后例行的短期流放中因言语顶撞了一个品格卑劣的贵族纨绔子弟而遭侮辱性殴打。31岁的他遭"棍打"在"上流"社会中一时传成笑谈。伏尔泰亲自体验到了阶级间的不平等——贵族与平民"道不同不相为谋",他对贵族的愤恨加深了。1725年,伏尔泰重新入狱巴士底,被囚禁后,他被逐出法国,动身去了英国。

四、思想成型，启蒙领袖

在英国的 3 年，伏尔泰深刻体会到英国资产阶级民主制度比法国封建统治优越。在此期间，他研究了洛克的唯物哲学和分权原理，牛顿的科学成就，他结识英国的文学名士，其中包括杰出的讽刺小说家斯威夫特，他尤其喜爱莎士比亚的盖世之作。在学习研读中，他的思想渐具其形。

1729 年伏尔泰获准回国，在此后数年中，他写出了歌颂民主和共和制度的历史剧《布鲁杜斯》和反对宗教狂热的悲剧《采儿》，这两部剧的上演都获得成功。在写作的同时，伏尔泰还投资商业活动，积累财富，使他此后得以过着优裕的生活。

1734 年，年届不惑的伏尔泰在卢昂发表了《哲学书简》。这部书借书信体裁介绍了英国的政治、宗教、科学和哲学。他赞扬英国革命后取得的成就，批评法国的封建制度，宣传唯物主义的哲学思想。他认为人一生下来就应当是自由的，在法律面前应人人平等；他主张在法国建立一个在"哲学家"引导下，依靠资产阶级力量的开明君主制，国内有言论、出版自由等等；他反对天主教会，激烈谴责教士的贪婪和愚民的说教，他称天主教教主为"恶棍"，称教皇为"两足禽兽"，号召人民粉碎教会这个邪恶势力。这样一部富于民主思想战斗激情的书一出版，当然震惊朝廷——著作马上被判为禁书，当众焚毁。伏尔泰被迫流亡在外，最后定居在他的情妇夏德莱妇人家中。

这里是洛兰省边境西雷地方的一座幽静的城堡。1734 年至 1749 年间，伏尔泰在此断断续续居住达 15 年之久。在这段时期中，伏尔泰写下了大量文学、史学、科学和哲学著作：悲剧《梅罗普》《穆罕默德》喜剧《回头的浪子》、讽刺长诗《奥尔良的少女》、哲理小说《查第格》、历史著作《路易十四时代》以及科学论著《牛顿哲学原理》等，这些著作从各个方面攻击教会和封建制度的反动统治。

1750 年，伏尔泰应普鲁士国王腓特烈二世邀请，作为贵客访问柏林。他来到一个比法国更黑暗、更残酷的封建专制国家，却幻想借助"开明君主"的力量，进行某些社会变革，实现启蒙主义理想。然而，被伏尔泰误认为"开明"的腓特烈二世只是把伏尔泰当作宫廷点缀，沽名钓誉，给外人一个"开明君主"的印象，实际上他实行的是军国主义的野蛮扩张政策。伏尔泰尖锐地讽刺了普鲁士官方科学堡垒——柏林科学院——而激怒了腓特烈，二人之间"友谊"很快破裂，伏尔泰客居普国 3 年之后不得不离开柏林。他的政治抱负终因不遇"开明君主"而无法实现。

通过痛苦的经验，伏尔泰决心不再与任何君主往来，他深悟当今之世，哲学家要逃脱迫害，必须学会"狡兔三窟"，于是他努力为自己找寻一个安全的藏身之处。就这样，他于 1755 年在法国和瑞士边境的佛尔奈购置了一所宫堡及其附近地产，在此度过了富裕的一生中最后的 20 余年。此间，他更全力以赴投身于启蒙运动中，与法国年轻一代的启蒙运动者——百科全书派——密切来往。他一面积极从事创作，写出哲理小说《老实人》《天真汉》，哲理诗《自然规律》，史作《彼得大帝统治时代的俄国史》《巴黎国会史》等，一面支持《百科全书》的编纂工作，应狄德罗之邀，撰写若干条目，辑成了重要著作《哲学辞典》。此外，他还关心法国现实，写了许多文章和小册子，以各种名义发往欧洲各地，抨击教会和专制统治，推动了进步的思想运动。更令人钦佩的是，他以高龄病体，积极参加社会活动，为无辜受害人士奔走，最突出的是发生在1762年闻名欧洲的卡拉事件。

1762年，法国土鲁斯地方司法界发生了一宗惨无人道的宗教迫害案。有一个新教徒商人让·卡拉的儿子因欠债而自杀，教会诬陷卡拉，说成是因死者打算改奉旧教而被父亲谋害。法院站在教会一边，将卡拉全家逮捕，加以残酷拷打后，判处卡拉死刑。刽子手用铁棒打断卡拉的胳臂、肋骨和双腿，再把他挂在车轮上活活拖死，然后用火焚尸。卡拉家有人逃到了日内瓦，离佛尔奈很近。伏尔泰对此事做了详细调查后，无比震惊。他满怀义愤地向欧洲各国控诉土鲁斯法院的暴行，为卡拉鸣冤。欧洲的舆论轰动了。法国政府被迫于1766年为这件案子平反。伏尔泰以"卡拉的恩人"的名字受到法国人民的热烈爱戴。

另一事件是在卡拉事件同年，法国阿贝维耶地方又发生一桩惨案。一青年骑士拉·巴尔被宗教裁判所制造的冤案处以极刑，从他身上搜出了一本伏尔泰的《哲学辞典》，也作为罪证之一。该书同时被焚毁。伏尔泰曾努力为拉·巴尔平反，奋斗了十余年，终未成功。

上述的冤案在当时的法国层出不穷。因为国家完全被天主教会控制，教会对新教徒迫害不遗余力。而旧教之中又有许多不同的教派，彼此争吵激烈，相互迫害，一被指为异端，就有家破人亡的危险。伏尔泰以其崇高的声望与法国这种暗无天日的司法界进行坚持不懈的斗争。他的斗争唤醒了法国民众，摧毁了教会威信，为即将来临的资产阶级民主革命铺平了道路。

人民对封建制度愈加仇恨，伏尔泰的威望也就愈来愈高。而启蒙运动的健将，如狄德罗、卢梭、达朗贝尔、爱尔维修、霍尔巴赫、孔狄亚克、布封、杜尔阁等人身为伏尔泰后辈，尽管在某些问题上意见仍有分歧，但在反封建的斗争中却团结在一起，并公认伏尔泰是他们的导师，对他推崇备至。但令后人遗憾的是，伏尔泰老人与激进的后学怪杰卢梭未能结成忘年之交，却成了当时的冤家对头。原因是让·巴蒂斯特·卢梭，曾欲献给伏尔泰一首他自鸣得意的诗作《永世的颂歌》，伏尔泰浏览了一下还给卢梭说："这是一封肯定没有人收的信……"一句话使两位启蒙运动健将结怨至人生终结，真是历史上的一大憾事。

1774年，痛恨伏尔泰的昏君路易十五死了，新即位的路易十六更阻挡不住法国人民对伏尔泰的热爱。他在1778年被巴黎人民奉为伟人迎接归来。群众以无比热烈的情绪欢迎这位84岁的老人，他的到来，比一国之君的驾临更为轰动。伏尔泰在这里会见了美国独立元勋之一的富兰克林，他们的友谊传为佳话。巴黎剧院首次上演他新写成的悲剧《伊兰纳》，他亲自出席观看。演员们在舞台上抬出了伏尔泰的大理石半身像，为它举行加桂冠的仪式，观众报以雷鸣般的欢呼和掌声。在人民的心中，伏尔泰就是自由与理性的化身，他是启蒙运动的巨擘。

五、巨人长逝，真理永存

1778年2月10日傍晚，伏尔泰来到巴黎，居住在塞纳河沿河路和博内路交叉拐角处的维莱特先生家中。当这个消息在全市传开后，一些人蜂拥而至，希望见见心目中敬仰已久的被大家称为"佛尔奈教长"的伏尔泰是什么样子。之所以称呼老人为"佛尔奈教长"，是因为他在定居的佛尔奈进行政治和社会斗争，那里成了欧洲舆论的中心，使伏尔泰赢得了巨大声誉。

哲学家们、男人和妇女们都极狂热地崇拜伏尔泰；而他本人并不以此为满足，他期望得到更尊贵的同胞们的仰慕，他幻想王室的探望，贵族的膜拜，但最终连一个亲王也没来。虚荣心颇盛的老人不禁大怒，加紧与演员的联系，排练新剧，以此指责对他到来无动于衷的可恶的宫廷。

在排练《伊兰纳》时，老人奔忙过度，开始吐血，虽然病情很快好转，但这只是表面的现象，伏尔泰已力不从心，终于长病不起。他的遗产继承者们一心只为钱财，根本无心关照老人死活，垂危的老人被弃置孤屋，忍受煎熬。他一生清洁无比，平时宁可一天换三次，也不让衣服上有个小污点，而卧病时因无人给水喝，竟去吮吸尿液。他悔痛万分，不该陶醉于浮世虚荣。

1778年5月30日，已无人气的老人猛然微言"让我死吧"，不久蓦地大叫一声，离开了人世，享年84岁。

伏尔泰一生屡弱多病，临终经过异常悲惨，死后仍受教会迫害，遗体不得不安葬在外省。直到1791年法国大革命期间，人民才得以把他的遗骸运到首都，在他的柩车上写着下面的一行题词："他教导我们走向自由。"

一位毕生以笔杆为武器进行60多年的反封建斗争的启蒙运动领袖，一位著作近百卷涉及方方面面的伟大学者，一位有着非凡生命经历的18世纪的法国人，他的名字将永远在人类历史上闪光。虽然也有局限，虽然也有偏见，但他自由与理性的民主思想已深入人心。

伏尔泰说过："我们认识了许多真理，我们找到了许多有用的发明。倘使我们还不知道一只蜘蛛和土星的光环之间可能存在的关系，也不必难过，我们继续考察我们力所能及的事物吧。"让我们在这句话的指引下，继续探索真理，找寻并沿着人类发展的正确道路前进吧！

攻占巴士底与人权宣言

三级会议开幕以来，巴黎人民的革命情绪日益高涨，不断举行示威游行。在广场和林荫大道上，特别是在巴勒、罗垭园，经常聚着许多人，听鼓动家主张变革的演说。1789年6月30日，4000名常到巴勒、罗垭园的人，强力释放了10名因抗命而被监禁的国王禁卫军，并抬着他们游行。而被国王派去恢复秩序的军队高呼"国民万岁！"不愿镇压群众。

路易十六表面屈从于国民议会，6月26日却发出秘令，向巴黎调军，用武力消灭国民议会。已识破其阴谋的巴黎人民毫不示弱，立即向议会提出撤走国王军队的要求，可国王却嘲弄、威吓地说：军队是用来保护议会自由的，如果议会对此感到不安，他准备把议会迁到外地去，这无疑更激怒了第三等级的代表。

7月11日，路易十六换军队将领，用反动贵族布勒杜伊代替赞成改革的内克尔。消息传来，群情激愤。巴黎人民走上街头，举行浩大的示威游行，各集会场所挤满了人群。工厂罢工，商店关门，就连戏院也停止了演出。当得知政府军枪杀集会群众的消息后，巴黎人民更怒不可遏，"拿起武器"的呼声传遍全城，不同身份、不同年龄的公民统统武装起来了。

13日早晨，巴黎上空响起了警钟，一次武装起义开始了。每个公民都宣称自己是祖国的战士，在自己的帽子上钉上一个绿色的帽徽，拿起匕首、长矛、梭标、木棍向反动政府军猛攻。在人民英勇斗争中，许多士兵纷纷倒戈。到晚上，巴黎大部分地区已由起义人民掌握，这时资产阶级代表人物也加紧活动，迫使旧政府同他们共同组成新的市政府——常务委员会，决定成立国民自卫军，以恢复和维持市内秩序。

在巴黎东南部有一座巴士底狱，1382年建成，最初是一座军事城堡，目的是防御英国的进攻。随着巴黎市区的不断扩大，巴士底失去了防御外敌的作用，18世纪末改为王家监狱，专门用来囚禁政治犯。

这座阴森可怖的建筑物由坚厚的城墙和几个高大的塔楼组成，塔楼的顶端是8个巨大的炮台，里面有个军火库，装着几百桶火药和无数炮弹，炮口则对准巴黎平民聚居的圣安东郊区；监狱四周有25公尺宽的深水壕沟，只有通过桥才能进去。几百年来，它就像封建君王豢养的恶犬一样，虎视眈眈，时刻准备扑向巴黎市民。它就是法国专制王朝的象征。广大人民早已对它深恶痛绝，期待时机，将它一举捣毁。7月14日，成千上万的起义者，手持武器，高呼着"打到巴士底狱去！"的口号，奔向巴士底狱，将它重重围困。在和平占领巴士底狱的计划失败后，愤怒的群众立即发起进攻。石头、圆木、斧头很快成了攻城器械；起义者不畏枪林弹雨，架云梯，登城墙，开大炮，轰城门，经过四个多小时的激战，百余名起义将士血溅杀场，而后继者毫不退缩，越战越勇。炮声轰响，砖飞石溅，烟雾弥漫……随着一次次的努力，一颗炮弹终于打断吊桥铁索，突破口找到了，很快起义者便扩大战果，潮水般涌入堡垒，释放政治犯，打死负隅之敌，活捉并处死了守军司令德洛纳。

15日，起义者把巴士底狱完全拆毁，封建罪恶的象征只留下断壁残垣、瓦砾石块，人们在其废墟上竖起一块木牌，上面书写着"这里埋葬了巴士底狱"。

巴黎人民攻克巴士底狱，标志着法国资产阶级革命的胜利开始。19世纪末，法兰西第三共和国决定把7月14日这一天作为法国国庆日，一直相沿至今。人民英勇攻占巴士底狱的伟大功绩将永留后世。1790年的7月14日，是巴黎人民攻克巴士底狱一周年的日子，为了纪念这一历史性的伟大事件，法国人民展开了紧张的准备工作。

各地的国民自卫军派出2万人，即从每200人中推选一名代表，前往巴黎参加庆典。

国民议会为此颁布一项法令规定：代表们的一切费用由巴黎各大区分摊，王国军队的代表将由 11000 名老兵组成。这便是历史上著名的联盟节的由来。巴黎市民将接待来自全国各地的代表，和他们一起分享赢得的自由权利，这确是一件振奋人心的大事。

联盟节前一个月，全体巴黎市民便以最大的热情投入了紧张的准备工作。人们的爱国情绪极为高涨，争先恐后提出各种接待的想法和建议。比如有人说，胜利广场的铜像底座上放着许多从外省掳来的塑像，象征国王对全国的统治，现在应把它们立即搬走，"以免伤害外省兄弟们的自尊心"。

胜利广场本身也需要修整了。这方广场本是当年巴黎人打败诺曼人的见证，面积约 30 万平方尺，但它现在到处坑坑洼洼，实在有损国都形象。巴黎人从 6 月中旬起开始实施庞大的整修计划，但直到距 7 日 14 日还有一个星期的时候，还有大半工程未完成。人们都说，除非奇迹出现，否则……

然而，奇迹果真出现了。一位名叫卡特利的国民自卫军士兵给《巴黎记事报》写信建议，动员全体巴黎市民去广场上参加义务劳动，这办法很快得到了响应。报纸出版当天，巴黎人不分男女老少，几乎全城出动直奔胜利广场了。整个工地热火朝天，歌声此起彼伏，人们看到，修女、残疾人、僧侣、法官以及女演员一起齐心协力地同拉一辆装满泥土的两轮车。著名神甫西哀耶斯和后来成为拿破仑妻子的约瑟芬的儿子并肩挖土；修士们在将军的率领下一声不吭地埋头干活……每天参加玛斯广场劳动的人数竟达 25 万之多，但整个工地秩序井然，没有一名巡逻士兵，听不到一句骂人的粗话。许多人带着全家前来劳动：丈夫挖土，妻子装车，子女推车，老人和幼童在一旁加油鼓劲儿。人们互相信任，感人至深：一位青年把手镯戒指连同脱下的衣服往地上一放就去干活，有人提醒他当心东西，他说大伙都是自家弟兄，没有关系。当他收工回来时，财物果真原封未动……

代表们从全国各地赶来了，巴黎居民纷纷腾出自己的房子让他们住，拿出最好的饭食请他们用。

7 月 14 日，联盟节终于来到了。清晨，在茫茫白雾中代表们列队来到巴士底狱，八点钟人们向早已整饰一新的胜利广场进发。队伍穿过市区，成千上万群众夹道欢呼，下午 3 点半，到达目的地，所有人在隆重的庆祝仪式中为祖国祈祷，15 万人在自卫军长官拉法耶特将军带领下庄严宣誓。塞纳河上空久久回荡的是礼炮、军乐和人们保卫祖国的誓言。

1789 年 7 月 14 日法国人民起义胜利后，制宪议会实际上成为全国最高的行政和立法机关，左右大局、操纵议会的是第三等级的代表。在第三等级的代表中，起主导作用的是代表大资产阶级和自由派贵族利益的君主立宪派。其中最重要的人物有半拉波、拉法耶特、巴纳夫、拉默等人。这些人都属于斐扬俱乐部，因此又称为斐扬派。

在巴黎人们起义过程中，大资产阶级就已和旧政府联合组成"常务委员会"。继而，常务委员会决定组建资产阶级国民军。7 月 15 日，金融资产阶级代理人贝野被选为委员会主席，拉法耶特为国民军司令。为防止劳动人民参加国民军，特意规定国民军士兵要有一套华丽的军装，并要自备武器，平民家庭当然无力置齐这些，因此只有资产阶级才有资格参加国民军。国民军士兵都佩带红蓝白三色帽徽。白色代表王室,而蓝红二色则代表巴黎市——这说明大资产阶级依然是忠于王室的。7月18日,国王接受了三色革命帽徽,承认了权力的消失。以后,三色旗成了革命的标志。

1789年夏,农民起义爆发,迫使制宪议会首先注意到了农民问题。8月4日至11日,议会通过"八月法令"打击封建制度,农民得到了一些好处,但土地却没有回到自己手中。为了明确大资产阶级的政治态度,制宪会议在拉法耶特的建议下,决定起草《人权宣言》。

8月26日,《人权宣言》正式发表,它成了资产阶级反对封建的纲领性文件。《人权宣言》宣称:"在权利方面,人们生来而且始终是自由平等的";"自由、财产、安全和反抗压迫"是"人的自然的和不可动摇的权利";"每个公民都有言论、著述和出版自由";"法律是公民意志的表现","在法律面前,所有的公民都是平等的。"宣言提倡人权和法治,从根本上否定了"君权神授"和等级特权;宣布了资产阶级自由、平等以及"人民主权论"和"三权分立"的民主原则,第一次用法律的形式把法国启蒙思想家的思想确定下来。它在打击封建制度,限制王权,进一步启发人民革命意识等方面都起了重大作用,在封建制度尚占统治地位的欧洲大陆产生了深远影响。

但《人权宣言》规定私有财产是"神圣不可侵犯的","任何人的财产不得受到剥夺",承认财产的不平等,在维护资产阶级经济利益的同时也维护了第一、第二等级的财产,而一无所有的广大人民、农民的财产权无从谈起,这些虚伪性说明资产阶级的"人权""平等"只是对其一方而言的,人民仍处于受剥削和压迫的地位。

"八月法令"和《人权宣言》相继出台,而路易十六却不予以承认,还阴谋策动反攻——武力解散议会。1789年10月1日,国王和王后在凡尔赛举行盛大宴会,欢迎反动军官。在宴会上,军官们把三色帽徽掷在地上践踏,佩起白黑徽章——白色代表国王,黑色代表王后——声言要置人民于死地。

这时,巴黎陆续出现粮荒,物价不断上涨,家庭主妇买面包每天都要排几个小时的队。当国王阴谋武装镇压革命的消息传来后,又一次被激怒的巴黎人民立刻行动起来。10月5日,妇女们成群结队,高呼"要面包!要面包!"冒雨奔向凡尔赛。她们把国王、王后和王子分别比喻成面包房老板、老板娘和小老板,边走边喊:"我们去找面包房老板、老板娘和小老板。"沿途中不断有巴黎市民加入队伍。刚打猎回宫的路易十六还没来得及回味猎中乐趣,清算猎物数量,就已经被人民包围在宫中了。经过紧急召集的议会连夜商讨,路易十六被迫批准了"八月法令"和《人权宣言》,答应确保粮食供应。就这样,巴黎革命人民,特别是妇女又一次成功地向世人证明了他们的斗争勇气和巨大力量。

革命实景

大革命时期,内忧外患同时向法国袭来。国难当头,法国人民的爱国热情被极大地激发起来。祖国需要战士，人民纷纷投身战斗。

在抵抗外国干涉军期间，巴黎共有 15000 人应征入伍。其中，很多人被直接派往前线，剩下的人则组成国民志愿营，作为正规军的后备力量。不仅在巴黎，全法国到处都是沸腾的热血。时刻准备捐躯的民众们，争相拿起武器，要将敌人"轰出去"。城市广场上设的简易募兵站总是人头攒动，在一面写着"公民们，祖国处于危急中"的巨大三色旗下，青年、儿童、残疾人和妇女排成一字长龙，踊跃报名，并且要求立即武装起来。人们按捺不住内心的激动，流着眼泪，互相拥抱，发誓宁死也不让国土遭受侵略者蹂躏。不同地位、不同年龄的人都蜂拥而至，高唱着刚写成不久的《马赛曲》，高呼着"法兰西万岁"前来报名。通常是早上报名，中午编组，当天晚上或第二天清早就正式入伍了。

还有一些"集体"入伍的人不愿被拆散，希望呆在一起，编在同一个部队里。曾有 800 名"正在巴黎商学院学习"的年轻人要求单独组成两个营，他们将既是步兵又是骑兵。还有剧团的演职员共上阵，人们一眼便能从队伍中认出这些名人。一批年轻的画家和雕塑家也要求奔赴战场，并且表示他们将在画布和大理石上把军队的光荣业绩记录下来……各阶层的人民——工人、资产者、商人、职员、演员、旧军人、鞋匠、裁缝、假发师、少数未成年的孩子以及妇女都来参加志愿军了。

欢送志愿军的场面也令人不能不为之动容。几百人集合在市政厅前，整装待发。出发的时刻终于来了，新入伍的军人们高唱《马赛曲》大步行进，穿过市区。街道两边挤满欢送的人群，掌声、欢呼声和啼哭声响成一片。每个人的心中都有一团烈火在燃烧，每颗心都体验着激动到顶点的滋味。

志愿军中不乏妇女：有人在报名时女扮男装，有人则直截了当地提出申请。在军队里，她们在非凡勇敢的精神支持下，同男人并肩战斗。但军队里的生活毕竟太残酷，有些姑娘亮明身份，回家支前。而更多妇女则坚持战斗，直到被人发现，才悄然离开，销声匿迹。没人能说清楚，大革命期间参军的妇女们驰骋沙场、奋勇杀敌，创造了多少可歌可泣的英雄业绩，她们是当之无愧的巾帼英雄。

1792 年 8 月 10 日，巴黎人民在雅各宾俱乐部和巴黎公社领导下举行起义，占领杜伊勒里宫，废黜路易十六。有一名贵族弗朗索瓦·德·拉罗什福哥德目睹了起义经过，并把它详细记下来刊登在了报纸上。

8 月 9 日上午，弗朗索瓦·德·拉罗什福哥德参加了国王的弥撒。当时，全体王室成员双膝下跪，虔诚地祈祷，大群朝臣毕恭毕敬地站在靠后的地方，腋下夹着帽子。下午，弗朗索瓦去大剧院看戏。巴黎市内十分平静。可弗朗索瓦却听到了一些令人不安的小道消息，于是他又回到了杜伊勒里宫。王宫里一切正常，除几个卫兵外，不少人在花园里悠闲地散步。弗朗索瓦见此情景，便又回到剧院，直到看完戏后才回到宫中。

晚上 11 点钟左右，传来了不安的消息：看来，今夜情况不妙，恐怕会有人到杜伊勒里宫来闹事。周围的人们希望国王出走，然而国王固执己见，不肯离开。1792 年 8 月 10 日凌晨，君主专制制度覆灭的丧钟敲响了：各路大军纷纷向杜伊勒里宫进发。在这种情况下，当弗朗索瓦及其他贵族得知"国王就寝前的接见"已被取消时，不禁大惊失色，面面相觑，因为这在王宫里是破天荒的头一遭。他们赶快穿好衣服鞋子，准备随国王离开皇宫。

这一夜，没有人能合眼。弗朗索瓦走进国王卧室，只见房里已挤满了人，只有少数人"穿戴整齐"。巴黎市长佩蒂翁神色慌张，小心翼翼地穿过人群，向国王走去。国王表情严肃，命他采取一切措施维持治安。佩蒂翁答应在必要时将不惜动用武力。时间一小时一小时地在流逝，室内气氛十分沉闷，人们疲惫极了，便顾不上礼仪，当着皇帝的面便找地方坐下休息。国王掌门官对此大为恼火：大难已经临头，他居然还想维护宫廷的这种礼仪！三时许，全城钟声四起。拂晓，路易十六在心腹陪同下查看花园岗哨。他神色"痛苦而不安"，但仍"故作镇静"。外面的群众企图靠近国王，侍从们便挽手保护。

10日晚，拉罗什福哥德陪着王室成员离开杜伊勒里宫，去立法会议所在地——骑术院大厅躲避。一路上，国王尚能克制住自己的感情，表面上显得很镇静，而王后则哭得像个泪人儿不时地擦泪，她似乎一直在竭力掩饰内心的慌乱，但是几分钟后又泪如泉涌。年幼的王子看上去还不知道害怕，但他的姐姐却在不停地抽泣。

拉罗什福哥德把几位贵族夫人安置在议会的讲台上。傍晚，他又回到骑术院大厅，看见王室成员已被软禁在会议厅的包厢里。国王脸色沮丧，疲惫不堪，王后在他身旁，手帕和头都已被泪水和汗水浸透了。拉罗什福哥德问王后有何需要，王后请他拿一块干净手帕来。但是，他的手帕被人包伤口用了，只得转身出去找。当他回去想把从一位酒店老板那里借来的手帕交给王后时，哨兵拦住了他不让走近包厢，并扬言要逮捕他。路易十六被捕了，拉罗什福哥德吓得赶快溜走，第二天就离开巴黎。8年后，他才重新回到首都。

革命领袖还是暴君

罗伯斯庇尔，是一个曾经颇有争议的人物。

19世纪有位作家这样描述他：相貌平庸，面容惨白，筋脉都是青色的；他把自己的民主政治吹上了天，并想通过他的"恐怖"政策，也通过他的一些神秘论调来实行这种政治；他伪善成性，只爱权力，把一些人当作反革命分子，另一些人当作极端的革命分子送上断头台。

有人说他是杀人狂，在他的坟头上刻上两句诗："过路人，不管你是谁，切莫为我的命运悲伤，要是我还活着，你就得死亡。"

也有人说：他是一个具有强烈事业心的热情人。法国著名女作家乔治·桑也说："罗伯斯庇尔是大革命的最伟大的人物和历史上最伟大的人物之一。"还有作家阿纳托尔·法朗士称赞他这个"一个不可腐蚀者"，在自己获诺贝尔奖的作品《诸神渴了》之中对他表达深切敬意。

今天的这些争议，早已被公正的观点平息，历史做出了公平的评判。那么罗伯斯庇尔究竟是怎样一位人物呢？让我们纵观他的一生后再做出自己的评价。

马克西米利安·德·罗伯斯庇尔于1758年5月6日生于阿尔图瓦郡阿腊斯城。他的祖父和父亲都是律师。母亲出生在一个啤酒商人家庭。当他6岁的时候，母亲便去世了。三年后，父亲抛弃了罗伯斯庇尔兄妹四人，离家出走，从此音讯全无。外祖父便担起了抚养教育孤儿们的义务。老人先把外孙罗伯斯庇尔送入阿腊斯城的学校上学，1769年让他转入在法国享有盛名的巴黎路易学校。小罗伯斯庇尔勤奋好学，成绩优异。1778年，他于路易学校毕业，进入巴黎大学学习法律。

罗伯斯庇尔思想成型的年代，正是启蒙思想深入人心的时期。他孜孜不倦地阅读启蒙思想家的著作，尤其崇拜卢梭的思想，把他看作自己的导师。随着岁月的流逝，罗伯斯庇尔对卢梭的崇敬与日俱增。1778年当他在巴黎大学学习时，曾到爱尔曼诺尔拜访卢梭。他受到导师的热情接待和深刻教育，更加信仰卢梭提出的人民主权论思想了。在后来的革命过程中，罗伯斯庇尔力图把卢梭的思想付诸实践。

1781年罗伯斯庇尔在巴黎大学毕业后，返回家乡继承祖业，当一名律师。罗伯斯庇尔既熟悉法律，又刚正不阿，敢于抗拒流弊和恶俗，为一些被侮辱和欺凌的人说话。他曾帮助一位农民对领主进行起诉；曾为一个受神甫凌辱的无辜少女进行辩护，并取得胜利。罗伯斯庇尔在阿尔图瓦郡越来越有声望，受到群众的尊敬和爱戴。1788年，他撰写了一本小册子《致阿尔图瓦那人民的呼吁书》，要求改革郡的三级会议，受到当地第三等级的热烈拥护。很快，罗伯斯庇尔被选为阿尔图瓦的代表到巴黎参加全国的三级会议，并在那里参加了雅各宾俱乐部——这是一个经常在圣雅各教堂开会而得名的有共同革命理想的人们的组织。

1789年5月5日全国性的三级会议开幕，7月14日巴黎人民攻陷巴士底狱，揭开了法国大革命的序幕。这期间，罗伯斯庇尔以卢梭的主张为纲领，提出了普选权、剥夺王权的主张，保护革命中小资产阶级的利益。

1791年6月，国王路易十六企图逃亡国外勾结反动势力镇压法国革命，结果被人民抓获。罗伯斯庇尔与保守派展开激烈斗争，主张严惩国王，废除君主制。他针对"国王的人身神圣不可侵犯"的说法反驳道："国王是不可侵犯的！但是人民不也是不可侵犯的吗？国王不可侵犯是建立在虚构之上；人民不可侵犯则是建立在大自然不可违反的权利之上。而你们用不可侵犯的盾牌来掩护国王，怎能将人民的不可侵犯性来作牺牲品呢？"

当时欧洲各主要国家把法国革命看成洪水猛兽，联合起来进行武装干涉。法国人民奋起保卫祖国，保卫革命。罗伯斯庇尔起初反对战争，害怕内患甚于外忧。但当战争真的爆发时，他则坚决主张必须赢得战争胜利，只有胜利才能保卫革命成果。他以热烈激昂的言辞鼓励人民："我们或者重新堕入以前的奴隶制中，或者重新拿起武器。"

随着革命逐步深入发展，罗伯斯庇尔积极的革命活动和激进的政治主张，赢得了群众的广泛信任，他成了雅各宾派的领袖。面对内忧外患，他勇担重任，带领人民举行起义，推翻无能的掌权派吉伦特派，建立了雅各宾专政。

雅各宾专政时期采取了一系列措施，拯救共和国，挽救革命。1793年雅各宾派还制定了新宪法，规定法国为统一的不可分的共和国，凡年满21岁的全体男子皆为公民，废除了财产限制。这是近代史上最民主的资产阶级宪法之一，但它并未付诸实行。

雅各宾派内部很快发生了危机。三位领袖中的马拉被反动派暗杀，丹东变成暴发户，丧失了革命斗志，结果被处决。为了镇压反对派，罗伯斯庇尔采取了引起极大争议的"恐怖政策"。

值得一提的是，在1789—1791年间，罗伯斯庇尔曾主张废除死刑。他认为死刑是极端不公正的，是最具有镇压性的刑法，与其说它能防止犯罪，不如说它能促使犯罪事件增加。但在讨论关于如何处置国王路易十六的问题上时，他从革命利益出发，放弃原来的观点，毅然赞成处死国王。现在，罗伯斯庇尔在政治和经济两方面实行了恐怖政策。起初这本是必要的，它关系到共和国的生死存亡，但后来恐怖的范围日益扩大，被处死的人逐日增多，从1794年6月10日起，平均每天处死50人。这样做的结果，使雅各宾派陷入孤立的处境，给了反对派分子以可乘之机。

但应该看到，罗伯斯庇尔的威信在雅各宾专政时期与日俱增。他廉洁奉公，生活俭朴，获得"不可腐蚀的人"的美名。他两次恋爱，都因重任在身，无暇他顾而没能结婚。1794年6月4日国民议会举行会议，推举罗伯斯庇尔为主席。6月8日，他主持了庆祝新信仰的仪式，当他发表了长篇演说之后，群众高唱赞美诗，大家都热烈向他祝贺，更有人把他比做希腊神话中的音乐之神，给人民指示了文化与道德的原则。但反对派此时也加紧了行动。1794年7月27日，反对罗伯斯庇尔的人们组织进攻，在国民议会阻止他发言，并将他当即逮捕。第二天清晨，罗伯斯庇尔等人未经审判便被送上了断头台，时年36岁，这事件便是"热月政变"。

"热月政变"结束了雅各宾派专政，法国大革命的高潮也随之结束。

现在我们是否能对罗伯斯庇尔作出公正评价呢？相信很多人都会肯定，罗伯斯庇尔虽有过失，但他不愧为一个资产阶级革命家，大革命时期雅各宾政权的领袖，他是一个真正伟大的人物。

热月政变

罗伯斯庇尔在雅各宾专政时期采取"恐怖"政策，最后竟将本派左右两翼的领袖也都送上了断头台。中派的罗伯斯庇尔一下子像人失去了左膀右臂，自己也处于岌岌可危的境地了。

人民对雅各宾派的统治渐渐失望了。在雅各宾专政期间，劳动人民生活依然贫困，农民、工人对许多政策怨恨、不满。1794年春，政府给工商业者发放补助金，恢复奢侈品生产，减轻对投机行为的惩罚，更激起了人民群众的愤怒，甚至引起各行业工人罢工。广大劳动人民不仅对政府失望，还逐渐疏远，甚至怀有敌意。

新兴的大资产阶级、投机家对雅各宾派的作法也痛恨万分。他们反对政府向富人征收特别税、实行最高限价法和极端的恐怖政策。1794年夏季，大资产阶级认为共和国已经巩固，封建王朝无从复辟，便有意于打破雅各宾派的政治束缚，能够更自由地积累资金，掠夺财富。

政府中，国民议会、救国委员会和治安委员会中，反对派的力量也在加强。罗伯斯庇尔领导的救国委员会越来越独断专行，单独裁定了许多依照法律必须由救国委员会和国民议会议事决定的问题。治安委员会的职责也有许多被救国委员会武断取代，他们十分不满，以缄默对抗。救国委员会内部一部分人对罗伯斯庇尔及其拥护者的威信与日俱增，深感不安。卡诺曾说："倘使某一个人的功绩，甚或他的德性当作不可少之物时，就是共和国之不幸。"到1794年夏天，在救国委员会和治安委员会中，反罗伯斯庇尔的委员逐渐成了多数。

罗伯斯庇尔在面临强大反对派的同时，还必须继续日常工作。这其中就包括必须对真正做了有损国家、人民利益的国民议会、治安委员会成员进行惩罚。各地的爱国者控告国民议会中有些特派员在外地贪赃枉法，滥施恐怖。罗伯斯庇尔说："无论在什么地方，都不能再容许有任何党派或罪恶的痕迹。几个罪大恶极的人玷污了国民议会的名誉，国民议会当然是不会受他们压制的。"国民议会中反罗伯斯庇尔的巴拉斯、弗雷隆、塔利安等人心虚了，他们深知，如果罗伯斯庇尔获胜，他们只有死路一条。

1794年7月，罗伯斯庇尔感到反对呼声越来越强大，已觉察有人谋划推翻他。他的情绪一度十分低沉，自7月3日起不再出席救国委员会的会议。而罗伯斯庇尔的敌人则加紧活动，他们投寄匿名信，三番五次地企图暗杀罗伯斯庇尔。治安委员会对街头要求逮捕罗伯斯庇尔的叫嚷不加制止，罗伯斯庇尔意识到，决战临近了。

1794年7月中旬，罗伯斯庇尔看到形势紧急，决定首先在国民议会中发动进攻，希望能够争取国民议会中的动摇分子，以打击最主要的敌人。

7月26日，即法共和历热月8日，罗伯斯庇尔在国民议会发表了一篇精心准备的演说。演说内容主要有两点：首先是回击政敌的责难，为自己辩护。罗伯斯庇尔说："有人责备我们不公平和暴虐……可祖国却责备我们过于宽大。""难道说是我们把爱国人士投入牢狱，是我们到处制造恐怖？这是那些控诉我们的人干的勾当。"第二点是谴责政敌在从事阴谋活动。罗伯斯庇尔声色俱厉地说："我声明，我现在仍然相信有阴谋存在。""革命政府拯救了祖国，现在需要排除一切暗礁来拯救它自己"。罗伯斯庇尔一席话旨在动员国民议会揭露阴谋分子，击败他们。他的一句话最能概括这次演讲的主要目的，他说："我来是为了消除严重的误解，我来是为了熄灭这一可怕的不和的火焰。有人想要用这个火焰烧毁这一自由殿堂和整个共和国。"

但是，慷慨的陈辞却没有得来一星点掌声。罗伯斯庇尔演说结束后，会场上一片寂静，许久没有丝毫反应。因为罗伯斯庇尔的演说不够策略，他没有把犯错误和具有不正当行为的人同进行阴谋活动的人分开，未具体点明阴谋分子的姓名。国民议会中不论是谁——有错的还是有功的，有瓜葛的还是没牵连的——个个认为自己是被谴责对象，人人自危，对罗伯斯庇尔的话，人们一时不知是赞成还是反对。罗伯斯庇尔的讲话，没有能收到预期效果。许多原来支持他的人也改变了态度。

当晚，罗伯斯庇尔来到雅各宾俱乐部。在这里，他拥有广泛、坚定的支持者，受到热烈欢迎。他把白天在国民议会所作的演讲重复一遍，与会群众为之喝彩。他的敌手想要在此发言，却遭到群众的严厉阻止。罗伯斯庇尔过于乐观地看待他在俱乐部的胜利，以为自己仍能争取大多数人的支持，决心第二天再回国民议会与反对派较量。

救国委员会和治安委员会当晚通宵达旦开会，力图协调各派意见，以求一致反对罗伯斯庇尔。至此，各反对派达成统一。

第二天，即热月9日，国民议会会议完全被反罗伯斯庇尔分子操纵。反对派大声诬蔑罗伯斯庇尔，称他"暴君"。罗伯斯庇尔多次想申辩，都遭到阻拦。会场上响起"打倒暴君！"的喊声。大会决定逮捕罗伯斯庇尔，与会各派鼓掌赞同。罗伯斯庇尔的兄弟奥古斯丁与忠实朋友勒巴主动要求分担他的命运，自动受捕。在众反对派的欢呼声中，被捕者们被带出会场。罗伯斯庇尔愤怒地高喊："共和国完了，强盗们胜利了！"此后，罗伯斯庇尔他们被送往监狱。

消息很快传遍巴黎。拥护罗伯斯庇尔的巴黎公社立即召开紧急会议，自行在各区分部发动起义，力图武力解散国民议会。

起义者从狱中救出罗伯斯庇尔等被捕者。但是，罗伯斯庇尔等对领导起义犹豫不决，行动迟缓。很快，国民议会方面毫不迟疑地发起反攻，他们找到罗伯斯庇尔的所在地巴黎市政厅，在半夜时分出其不意带兵攻入。罗伯斯庇尔见反抗已毫无用处，自杀未遂，身受重伤；小罗伯斯庇尔跳窗折断一腿；勒巴自杀身亡。

热月10日，即1794年7月28日，以罗伯斯庇尔为首的22名被捕者，不经审判在游街示众之后被押往刑场，送上断头台。7月29日，巴黎公社72名成员也遭到同样命运。

这就是法国历史上的"热月政变"，它结束了雅各宾派专政。新兴大资产阶级，即热月党人，代替中小资产阶级革命民主派，开始了统治。

热月政变后，巴黎公社被解散，罗伯斯庇尔的拥护者受迫害。政变者还利用一批资产阶级青年，即所谓的"弗雷隆的金色少年"四出活动，搜捕雅各宾派。

大资产阶级摆脱雅各宾专政后，肆无忌惮地追逐暴利，投机倒把，盗窃公款，种种非法牟利的事件层出不穷。巴黎上层社会少数贵族重新恢复沙龙等社交生活，影响了国民议会议员，消磨了革命斗志。

取消最高限价和经济管制之后，市面物价飞涨。1794年，城市粮食供应极为困难，粮商囤积居奇，大搞投机。巴黎人民挣扎在饥饿、穷困、疾病的死亡线上。

1795年春，不能再忍受这种生活的巴黎群众举行了两次起义——芽月起义和牧月起义。

1795年4月1日，即芽月12日清早，蒙马特尔区的建筑工人到国民议会请愿示威，各区工人纷纷响应。示威者的帽子上写着起义的口号："面包，1793年宪法，释放爱国者！"他们冲进国民议会。但由于起义者缺乏明确的行动计划，很快被镇压了。

面包不足的问题更严重了，巴黎街市上乞丐遍布，饿死和自杀事件层出不穷。1795年5月20日，即牧月1日清早，工人们拿起武器，冲进国民议会会场。这次起义收到了一些效果，在武力威胁下，国民议会接受了人民群众的种种要求。但由于起义仍然缺乏组织，很快又被热月党人镇压了。

人民革命受挫，热月党人的白色恐怖笼罩巴黎。亡命国外的保王党人以为复辟的时机已经成熟，便由英国军舰运送至法国登陆。热月党人此时表现出坚决镇压王党叛乱，继续抗击欧洲封建势力组成的反法同盟的姿态。其中的原因不难理解——热月党人是靠革命起家的新兴资产阶级，一旦王党复辟，他们的财产、政权以至性命都难保全。因此，尽管热月党人执政时出现大资产阶级镇压人民的局面，但法国对反法同盟的战争从未停止。

1795年，法国与普鲁士、荷兰、西班牙等国议和，上述三国或退出反法同盟，承认法兰西共和国，或与法国解决领土归属，结成同盟。这样就使第一次反法同盟濒于瓦解。然而，法国与奥地利、法国与英国之间的矛盾却长期难以解决，仍要继续下去。

因为镇压了巴黎人民的起义，平定了王党叛乱，取得了对外战争的胜利，热月党人的政权暂时得到了稳定。为巩固统治，1795年8月，国民议会通过了宪法，即共和三年宪法。

共和三年宪法是一部典型的资产阶级宪法。它规定立法机关由元老院和五百人院组成，享有批准或否决法律之权。行政权由5名督政官组成的督政府行使，督政官每年改选一人。

热月党人为了牢牢地保住政权，又通过"三分之二法"，规定新的750名两院议员中，必须有三分之二为原国民议会议员，这就打破了王党分子妄想通过选举重获政权的梦想。

但遭到挫败的王党分子仍不甘心，他们于10月5日发动暴动，进攻国民议会。巴拉斯指挥军队进行回击。他大胆任用年轻将领拿破仑·波拿巴将军作为前敌指挥。拿破仑调来大炮配合作战，仅用几个小时便粉碎了叛乱。这次战役充分显露了拿破仑的军事指挥才能，使他获得了"葡月将军"的称号。战后不久，拿破仑便被擢升为巴黎卫戍区的副司令，不久又取代原上级巴拉斯晋升为司令官。

葡月暴动事件后，按照新宪法选举出来的立法两院——元老院和五百人院基本上是热月党国民议会的继续。新选出的议员绝大多数是共和派，他们或曾赞成处死路易十六，或曾赞成执行死刑。两院选出的五名督政官都是曾投国王死刑票的。这些议员和督政官后来被保王党称为"弑君派"。1795年10月26日，存在3年之久的国民议会解散了，开始了督政府时期。热月党人执政期间，维护新兴资产阶级利益，同封建势力进行坚决斗争，对小资产阶级民主派和劳动群众加强压迫。纵观这一段时期的历史，可以说热月党人维护了1789年资产阶级革命的成果和原则。

拿破仑传奇

一、雾月政变

正当拿破仑在欧洲各地扫荡封建势力的同时,他了解到法国在莱茵战场屡遭失利的消息。他震惊地获悉:革命政府中混入大批保王分子准备伺机推翻国民政府,恢复封建君主制。腐败无能的督政府已岌岌可危,大资产者急需波拿巴这样的强硬人物领导新政权。历史的偶然与必然锁定了深恶封建制的拿破仑充当了法国大资产阶级的利剑。波拿巴立刻率少数部属回国,与大资产者共谋政变之事。

1799年10月9日黎明,数艘法国舰只穿过地中海的浓雾,在弗雷尤斯靠岸。拿破仑及其部将经历了一个多月的航行,避开敌舰追击,在法国南部登陆。经过一番资金的准备,11月9日,拿破仑开始行动,他派军队控制了督政府,接管了革命政府的一切事务。10日,他把法国议会——元老院和五百人院全部解散,夺取了议会大权,并宣布成立执政府。

政变结束了,按1793年10月国民公会颁布的《革命历》,政变发生在"雾月",因此被史家称为"雾月政变。"

政变后,参与谋划的西哀耶斯、罗热·迪科与拿破仑同为临时执政。12月,新宪法规定"波拿巴公民为第一执政。"他连续采取军事行动,打击了欧洲封建势力对法国的几次反扑。1800年,拿破仑击溃奥地利军队,并进逼奥南部地区,迫使奥皇签订和约。1802年,以沙俄为首的第二次反法联盟又被拿破仑击溃,使俄国对法国的威胁解除了。

对国内,拿破仑也采取了一系列维护其资产阶级统治的措施。他用武力征讨和分化瓦解的手段,镇压了保王党的复辟活动。

1802年,已新开的元老院同意拿破仑为终身执政。1804年12月2日,波拿巴加冕称帝,即拿破仑一世,他的权势达到高峰。

加冕典礼是在法国最大的教堂巴黎圣母院举行的。一大早,已因大典被装饰一新的圣母院内外便拥满了人:帝国各大臣,前来贺礼的各国贵宾,欧洲各国新闻机关负责人以及巴黎平民百姓全聚来了。上午10点,由8匹骏马拉着的华贵马车载着教皇来到圣母院。早以蔑视教皇著称的波拿巴却直到正午才携约瑟芬到来,本已在冷风中瑟缩半日的教皇现在有理由更加气愤——因为马上要登基的波拿巴竟穿了一身猎装。

依照定好的程序,仪式冗长繁杂,持续了约6小时之久。当教皇小心翼翼地捧起皇冠,口中念念有词地要为拿破仑加冕时,他突然一把抢过皇冠,自己戴到了头上,随即又给约瑟芬戴上了一顶凤冠。在此之前,拿破仑早已是哈欠连天,表现得甚为疲惫了。戴过皇冠,拿破仑又将了教皇一军,他当众宣布,从今以后,教皇必须效忠皇上,向他宣誓,把自古已有的规矩翻了个儿。

二、会战马伦哥

对外战争构成了拿破仑一生活动的重要方面。他的军事思想在军事史上占有极重要的地位。从拿破仑掌权到帝国灭亡,法国经历了与第二至第六次的反法联盟的战争。当时,英、俄、奥、普等欧洲大国先后都参加了反法联盟。意大利和德意志若干小国也曾加入反法战争。

1800年6月14日的马伦哥战役是一次重要战役。5月,波拿巴率领法军翻越阿尔卑斯山天险。据说,自古代迦太基名将汉尼拔率军翻越此山后,还没有敢问津者。拿破仑选择大圣伯纳德山口为突破口,下令将大炮拆卸下来,化整为零,全由兵士肩抬手拉,得以越过阿尔卑斯,进入意大利。

那时,奥匈帝国元帅梅拉斯已率军进入尼斯,只留下副统帅奥特及其统领的三万人马,驻守热那亚。法军的不期而至切断了奥军退路。奥军改变战略,奥特的军队一下由后为前,可很快在6月9日与法军的首战中败下阵来。6月14日,奥军主力梅拉斯的大部队上阵,与法军在马伦哥平原上展开血战,强大的兵力使拿破仑也无力抵抗,一时间退守阵地。下午5时左右,在拿破仑急调的德塞将军率炮兵团赶到马伦哥后不久,第二次拼杀就在这块地域不大的平原上展开了。援军的到来极大地鼓舞了法军士气,拿破仑最终以少胜多,反败为胜。1800年底,莫罗率领的法军在霍恩林登打败奥军,奥皇被迫讲和订约。意大利先被法军占领,进而莱茵方面军也取得了胜利,至此,第二次反法同盟全部瓦解。

1801年初,按法奥两国和约,意大利连同莱茵左岸地区,也全划归法国所有,其中包含今天的比利时、卢森堡等地。法国领土的扩张,极大地刺激了拿破仑的野心。

三、乌尔姆战役

1804年12月2日,拿破仑终于通过了加冕礼,当上了法兰西帝国的皇帝。这以后,他继续实行庞大的战争计划。

早在1804年5月18日法兰西第一帝国建立次日,拿破仑便将18名将军封为元帅,其中包括苏尔特、马塞纳、内伊、缪拉、达乌、奥热罗、贝尔纳多特、拉纳、贝尔蒂埃等能征惯战、久经沙场、战功显赫的名将。而称帝的拿破仑,即刻须面对由俄、奥、英三国为主又有瑞典和那不勒斯加入的第三次反法同盟。一直对英国野心十足的波拿巴不得不改变战略,暂时放弃了准备已久的渡海进攻英国的计划,转为抽调布伦港的精兵迎战自东边而来的俄奥联军。

1805年8月29日,拿破仑率军出征。他的军队中包括贝尔纳多特、马尔蒙、达乌、苏尔特、拉纳、内伊、奥热罗诸元帅统领的7个军,还有缪拉元帅率领的骑兵军,加上皇帝身边的近卫军,总数约有17万之多。临出征前拿破仑还下令传旨维尔涅夫海军上将,命他率法西联合舰队出击。9月25日,法军浩浩荡荡渡过莱茵河,直扑奥地利境内。

第三次反法同盟各国原约定，由俄奥联军为主力，自德意志向西攻打法国本土，瑞典在北面予以策应。英俄各派军至意大利南部登陆，由那不勒斯向北，攻打法军。但奥军不顾约定，抢先出动，原因是在1796年和1800年，奥军在意大利曾两度败给拿破仑，这次是急于复仇。然而奥军中缺乏将才，34岁的查理大公率主力10万人南下意大利，欲在兵败旧地雪耻。24岁的腓迪南大公只率不足6万人西征巴伐利亚，但因他少不经事，军务由53岁的老将迈克参谋决断。

拿破仑一面派大军飞速东进，另一方面却不断出现在巴黎，报纸不断发布他的消息，这是他的计谋，目的是让敌人相信他没有率军远征。另外，他还把大军集结在英吉利海峡沿岸，佯装进攻英国。这样，果然使敌人上了当。法军只派马塞纳元帅前往奥军势力集中的意大利战场，牵制敌人主力，其余6个军和骑兵军全力飞赴莱茵河，奥军却丝毫未察觉。那时，各国操练军旅均以每分钟70步为准，拿破仑却要法军迈出120步，经过多年调教，法军果然行进如飞，只在20余天内便走完了平时要走40多天的路程，并无一人掉队。

奥军参谋长迈克纵使老谋深算，也决不会想到拿破仑大军能在短时间内赶到莱茵河。所以由他部署，部队抢先占领黑林山的各个交通要道，并进驻乌尔姆，准备迎击法军的先头部队。可拿破仑早派妹夫缪拉元帅化名易妆潜入敌军中侦察了一番，对迈克的战略了如指掌，他决定从乌尔姆以东突破奥军防线，然后强渡多瑙河，直插敌背，有效地阻止奥俄两军的会合。这样，法4个军从乌尔姆以北向东挺进，继而折向南下，然后西行，从北、东、南三面将奥军退路围住。西边则是正面战场，直对由东而来的法军。如此，奥军已被团团围住成了瓮中之鳖。而迈克却全然不知，妄想进攻法军后方。早从10月6日起，探子便不断将法军欲抄其后路的行踪禀报迈克，而他却不肯相信，直到10月13日，法军已将奥军铁桶似地围住，他才知道情势之危急已如累卵了。

这时，俄军也赶到莱茵河边。拿破仑派缪拉率军拿掉乌尔姆，但缪拉有勇无谋，犯下致命错误。他在进攻中，命令部队在多瑙河北岸进攻乌尔姆的第六军，然后进至南岸，这样在防守上就出现了漏洞，奥军一旦从北面突围，就会溜之大吉，法军多方的准备便会功亏一篑了。

正当迈克发现转机安排如何突围之际，拿破仑买通奸细舒尔迈斯特来到奥军内，散布谣言说英军已在布伦登陆，迅速向巴黎进军，法国内又爆发革命，反对独裁皇帝拿破仑。舒尔迈斯特建议说，奥军现在应固守乌尔姆，千万不能仓促突围。正当迈克不知如何是好的时候，一张法国报纸使他定下了打败拿破仑的决心。报纸上的消息与来访者所说逐一对应，迈克大喜，认为拿破仑已经众叛亲离，奥军终可以洗雪旧辱，赚得盖世之功了。

可惜迈克还是上了当，这份报纸乃是拿破仑在军中印出，专为配合舒尔迈斯特而哄骗他的赝品。与此同时，拿破仑接连调动各路人马，收紧包围圈，如收网一样将迈克牢牢缚住，等到奥军恍然大悟时，法17万大军已兵临城下。16日，伴随旭日东升，法军开始总攻，拿破仑一面下令炮轰乌尔姆，一面又派人面见迈克，劝之投降。17日，法军收到奥军降书；20日，在附近山麓，拿破仑带众元帅受降。老迈克领着16员将领，在白旗引导下依次走过法国皇帝面前,相继放下武器,继而3万多官兵列队投降。而奥皇弟腓迪南大公因先期突围,侥幸逃脱性命,只带了数百人返回本土。

乌尔姆一战,奥军折将损兵5万余名,而法军伤亡只有1500人。这是拿破仑精心运用快速作战取得的成功一役。这次战役,再次显示了拿破仑卓越的军事指挥才能,震慑敌胆,大壮法国军威,加速了第三次反法同盟的瓦解。

四、奥斯特利茨战役

乌尔姆战役之后,库图佐夫率领俄军4.5万人来到维也纳以西的莱茵河——多瑙河的一条支流,地势有利防守——与刚从乌尔姆败下的奥军会合,力量十分可观。这已使拿破仑十分担忧了,更让他无法安心的还有普鲁士。普鲁士皇帝腓特烈·威廉三世是个傲慢自负、精细乖觉的人。战前法、俄两国极力对其拉拢交好,他却丝毫不为所动。其实他的用意十分明确:坐壁上观,等待时机,在战争接近尾声时加入胜者一方,以求分得更多好处。拿破仑的陆军在乌尔姆受降后,海军却在英军打击下遭受灭顶之灾:法西联合舰队受到重创,几乎全军覆没,从此无力再与英国争雄于海上了。腓特烈三世见风使舵,立场迅速发生变化。还有一事就是法军贝尔纳多特元帅率兵从驻地汉诺威开向乌尔姆的时候,迫于日期过紧,没通知便从普鲁士境内穿过了。虽然事后他多方致歉,却仍难平息普方怒火,导致普鲁士倒向俄国一方加入反法同盟。

11月14日,拿破仑收到威廉三世的最后通牒,被告知必须在12月15日前撤出奥地利,否则要被迫迎战。他打发了来使,略加考虑,便定下了作战方略。

拿破仑命缪拉率领骑兵突破俄军防线,继而抢占维也纳并切断俄军后继线。另派三个军紧随缪拉骑兵之后,作为主力与库图佐夫决战。留下一个军任后方警戒,另两个军则横在库图佐夫与普军之间,防止其会合。

库图佐夫也是深明用兵之道的将领。他十分清楚自己的处境,知道单凭俄军之力,决不是拿破仑的对手,他急忙下令撤军,拿破仑一见,立刻命缪拉追击。但缪拉没能缠住俄军,却因追击来到奥京维也纳,忘了本职的他竟率兵一举攻下维也纳。虽然这不是拿破仑的初衷,但法军也因此而虏获大量粮草武器。盛怒下的拿破仑为弥补损失,下令强渡多瑙河。可维也纳在多瑙河南岸,俄军撤退之时,已将桥梁多数炸毁,只留下宏伟的维也纳大桥由奥军把守。守桥的奥军奉命安装好炸药,一旦军情吃紧,便要炸毁此桥。

贻误军机的缪拉决定将功补过。他巧妙安排,命令乌迪诺带领一个营,预先埋伏在大桥南侧的灌木丛中,他自己与拉纳、苏尔特元帅大摇大摆地走上桥头。守桥的奥军惊愕万分,一面举枪瞄准,一面点火炸桥。但缪拉突然喊:"别开枪,法奥两国即要签订停战协定了,我就是与守桥长官商讨详尽事宜的。"奥军闻听此言,不知如何是好,正在此时,埋伏的法军突然发起进攻,以迅雷不及掩耳之势冲入奥军阵地,全数歼灭奥军守兵。这样,法军只用了几分钟时间,不费吹灰之力便夺取了大桥,大部队迅速越过多瑙河,去追赶库图佐夫。

库图佐夫面对强大的追兵,命令部队拼死抵抗,几经血战,以1.2万人的代价冲出法军重围，到达阿罗木次，与在此会面的奥皇弗兰茨二世和沙皇亚历山大一世会师。拿破仑紧追不舍，不久也到达阿罗木次附近，驻扎于 65 公里之外，伺机击败敌人。

针对法军的兵临城下，俄奥联军内部出现了分歧。库图佐夫老成持重主张固守阵地，等待 12 月 15 日普军参战后再与法军决战，28 岁的沙皇年轻气盛，对库图佐夫一再后撤早已心存不满；联军参谋长、奥国将军魏洛特尔，逞强尚武，讥讽库图佐夫怯阵。拿破仑一面侦察敌情，一面又兵不厌诈地假装后撤，似在退兵。他派武官去见沙皇，"恳求"谈判。联军一见此状，连声欢呼，都认为法军无力再战。沙皇也说，拿破仑性情刚强，屈尊求和，足证明其处境之危难。于是，他派多戈卢科夫公爵去和拿破仑谈判，要求法军将意大利及各处占领地区全部退还。拿破仑在会晤公爵的时候，衣衫不整，故作疲惫不堪之态，言辞吞吞吐吐，却装硬回绝沙皇的要求。公爵不知底细，回去报道拿破仑已衰竭无力。亚历山大听后果然中计，决计发兵，欲置拿破仑于死地，除却这个魔头。

沙皇不知，料定他必上当的拿破仑此时正安排阵势，在奥斯特利茨一带布下了天罗地网。在奥斯特利茨小镇西南的两个相连的湖泊，正是歼灭敌军的最好所在。而在湖区北边的普拉岑高地，则是牵动全局的要害之处。他依地形布好军队。俄奥联军总司令库图佐夫还在极力进谏沙皇，但俄奥两国君王都认定拿破仑已是强弩之末了，不肯采纳他的意见。于是参谋长魏洛特尔一手拟就进军方略。他认为法军已不堪一击，便以重兵插入南线，防止法军退向维也纳，正面以少量兵力进攻，欲将法军逼入其布防严密的包围圈中予以剿灭。不料这正中拿破仑下怀，他只以一个军就可与敌军主力周旋，进行牵制，其他的兵力都用来打击正面敌人。库图佐夫明白法军用意，为避免败得过惨，便留下一个军驻守普拉岑高地，怎想沙皇见正面军久攻不克，便武断调来驻守高地的兵力发起进攻。拿破仑轻而易举取下普拉岑高地，在日后的高地争夺战中毫不相让，几番拼杀，北线的联军全部被歼灭。拿破仑又将所有兵力压至南线，魏洛特尔本想用来围攻法军的联军主力，不想反被法军逼上绝路。更精彩的是，拿破仑已将大炮运到普拉岑高地上，命炮兵轰击联军将士们溃逃四散于结冰的湖面，随着炮声轰隆，冰面断裂，联军兵马辎重大部分落入水中。天色昏暗之时，联军彻底失败，死伤被俘 3 万多人，而法军只折损了 8000 人。

这就是拿破仑指挥的又一次著名战役——奥斯特利茨战役。时间是 1805 年 12 月 2 日，正是法兰西第一帝国皇帝加冕一周年。

奥地利战败求和，割地赔款，第三次反法同盟被彻底瓦解了。拿破仑将意大利、德意志的大片领土，以及早已占领的荷兰划入法国版图，建立起一个远远超过本土的"大帝国"。他本人也给亲族宠信加官晋爵，欲意自己的家族长期统治这片广大国土。同时，波拿巴下令在巴黎星形广场修建一座凯旋门，这宏伟庞大耗时近半个世纪的工程，就是今天享誉全球的巴黎凯旋门了。

五、《法国民法典》

雾月政变后取得统治地位的法国第一执政官拿破仑，不满足于现有地位。在他施加压力下，元老院于 1802 年 8 月 2 日通过决议宣告：任命拿破仑·波拿巴为终身第一执政。两年后，他们又颁布新宪法——共和十年宪法，其中给第一执政官规定了挑选后继者的权利。拿破仑越来越像个皇帝，只是缺个正式君主的称号而已。1804 年 12 月 2 日他得以圆此帝梦，加冕封身，成了拿破仑一世。从此法兰西第一共和国被第一帝国所取代。

但拿破仑明白，仅靠几个法令和几场胜仗不足以长治久安地治国，只有凡事有法可依，才能巩固统治。他十分强调立法工作，第一看重的就是民法。1800 年，他委任四位法学家草拟民法典，然后经过逐条斟酌审议，开过 87 次立法会议，最终定下 2281 条，辑成新法，于 1804 年 3 月 15 日由立法院通过，3 月 21 日拿破仑签署法令，以《法国民法典》的名称正式颁布实行。

《民法典》内容丰富，包含了财产权、继承权、经营权、契约法以及婚姻、家庭、夫妻、父母与子女等等诸多方面，处处以大革命的成果为依据，保证了资产阶级的利益和资本主义的发展。

《民法典》明确了土地关系，规定"土地所有制应包含该地上空和地下的所有权，""所有人得在地上从事其认为适当的种植或建筑。"法典还明确规定禁止土地兼并，保护土地所有者的权利，这样不仅维护了资产阶级在生产资料方面取得的胜利成果，同时也保障了农民在大革命中取得土地的合法权利，保护了农村小农所有制。所以《法国民法典》不仅受到资产阶级的一致拥护，也深受农民的欢迎。

其次，《民法典》确认了契约自由的原则，维护并保障了资本主义自由买卖、等价交换和新的雇佣关系。在法典中，如"依法成立的契约，在缔结契约的当事人间有相当于法律的效力""交易范围的物品，除特别法禁止出让者外，均可出售"这类有利于资本主义生产关系发展的条文不胜枚举。

再次，法典中还确认了损害赔偿的责任原则，保护资本主义认为不可侵犯的私有财产，符合新兴资产阶级的利益。法典中明文规定："任何行为使他人受到损害时，因自己的过失而致行为发生之人对该他人负赔偿责任""任何人不仅对其行为所致的损害，而且对其过失或懈怠所致的损害，负有赔偿责任"。

另外，法典中确认了自由、平等的原则。"所有法国人都享有民事权利"，这样的条文否定了封建等级制度及其特权，而"逃亡国外并投靠他国者，丧失法国人资格"，这类内容则考虑到了欧洲其他国家仍占统治地位的封建专制制度，明确背叛资产阶级拥护帝制的人应受到的惩罚。《法国民法典》以前所未有的气魄，进一步强调资产阶级人权、平等的原则。

还应看到，法典中规定夫（父）是一家之长，丈夫有保护妻子的义务，妻子有服从丈夫的义务，还指出夫妻双方离婚必须持有严肃的理由……这些条款，打破了教会对婚姻自由的限制，极力保持家庭作为国家基础的稳定性。

《法国民法典》是典型的资产阶级社会的法典，用上升为国家意志的法律为资本主义发展拓宽道路。上层建筑的适应对经济基础的巩固发展有了极有效的促进作用，加上拿破仑的财政改革，实行经济紧缩，保护关税，改进税制，成立工商业部和法兰西银行，补贴新企业，奖励发明，举办博览会，修公路，开运河，建港口，法国经济显著好转，为战胜敌人提供了物质条件。

1807年，这部《法国民法典》被命名为《拿破仑法典》。它的诞生，对摧毁欧洲封建反动势力起了积极作用，成为欧美各国资产阶级的法律典范，继民法典之后，陆续又有四部法典在拿破仑的指导编纂下诞生，即：《民事诉讼法》（1806年）、《商法典》（1807年）、《刑事诉讼法典》（1808年）、《刑法典》（1810年），它们与《拿破仑法典》一同作为拿破仑对资本主义发展的巨大贡献而闻名于世。

六、拿破仑遇刺记

法兰西第一执政官拿破仑，足智多谋，料事如神，可五短身材的他，却不时遭遇谋害刺杀的事件。1800年最后3个月，每月都有谋杀第一执政官的事发生。

当年10月10日，拿破仑到歌剧院看戏，突然有四个男人手握匕首冲向他的包厢，意欲行刺。好在拿破仑调教下的护卫个个也是精兵强将，赤胆忠心，他们当即将四个大汉擒获，处以死刑。得到栽赃机会的拿破仑硬说这次行刺是雅各宾派的阴谋，便大举捕获多位该派党徒，判了流放与监禁。拿破仑就是智能过人，把本对自己不利的行刺变成了肃清敌对势力的时机。

11月18日，又有行刺第一执政官的密谋案被侦查出来。破案时，拿破仑又故伎重演，捕捉了不少雅各宾派。

到了12月25日，却出了一桩更大的行刺案。事情的经过是这样的：当晚波拿巴要去黎士留大街的歌剧院看戏。从原为杜伊勒里王宫，现为第一执政官邸的家中到歌剧院去，必须要经过圣尼开斯街。下午5点多种，天色渐渐黑下来，圣尼开斯街上一辆看似极为沉重的马车旁站着三个人，高矮不一，但都勇壮非凡。那一天正是圣诞节，巴黎人虽熙来攘往，但都只顾买节日物品，没有人去留心三个大汉的举动。不久，三人之中身形高大的那人向塞纳河边走去，很快带回来一个小姑娘。她看上去只有十三四岁的模样，衣衫褴褛。她是个卖面包的穷人家的女儿，被雇来看守那匹老马。这时，三人中最矮小的那位已将马车横过来，占了不少路面，他一边把马鞭递给女孩，一边示意她看住这匹马，不要让它移动。只是为赚几个小钱贴补家用的小姑娘不问原因，听从吩咐看住了那匹老马。第三个人则麻利地将车上的石子搬下来，堆在车身至另一堵墙中间。这样，马车和石子将路面就全堵住了。一切准备工作就绪，三个人的身份和用意大概也可被猜出来了。的确，他们都是保王党分子，个子高的叫利莫埃兰，矮小的叫圣雷让，另一个叫卡蓬。马车上装的全是火药，为固定马的位置，保证火药起到作用，他们才雇来了那个名叫玛丽亚娜的穷人女孩儿。他们就等波拿巴到来，进行刺杀活动。

晚间8点左右，拿破仑的车队从官邸出发。第一执政官的华贵马车走在最前面，后面还跟着执政夫人和当前权贵的车子。街道两旁的窗户都打开，行人也停下脚步，四处传来欢呼万岁的声音。车子向圣尼开斯街驶去，车速飞快，策马的卫兵轻松驾车踏过石子，除了颠簸，并无大碍。这时，矮个子圣雷让点燃火药引信，连同同伙逃远了。随着一声巨响，可怜的玛丽亚娜当即悲惨死去，街两旁店铺中和旁观的行人也多有被炸死炸伤的，而拿破仑及其后面马车中的人却鬼使神差地毫发未伤。

事情很快得以查明，但因罪犯逃得不知踪影，警务部长富歇奉命又将罪加给了雅各宾派。于是在接下来的大搜捕中，130 名无辜者被流放海外。民主派遭受一连串打击之后，力量消失殆尽。

此时，富歇已率手下查到真正凶犯，擒获并处死了其中两名。高个子利莫埃兰逃到了美洲，隐姓埋名，再也未回祖国，终于客死异乡。知道自己造下冤狱的拿破仑最后也没有为无辜的雅各宾派平反。

此后，拿破仑对保王党恩威并施，抚剿兼备，国内反对势力得到削弱，很快恢复了平静。

七、兵败俄国

拿破仑粉碎了第三次反法同盟后，又一举捣毁了第四次反法同盟。1806 年 10 月 27 日攻入普鲁士首都柏林，11 月 8 日接受最后一支普军投降。1 个月后，拿破仑出征俄国，准备彻底打败俄国。在弗里德兰，他将沙皇的军队杀得大败。拿破仑可谓神功盖世，但却始终不能制服英伦岛国，他想出"大陆封锁"政策，即联合整个欧洲大陆之力，将英国及其殖民地全部排斥在欧陆之外，令其全部产品不能贩入大陆，以此切断英国的海外生命线，英方自然不答应，便将西班牙作为通向大陆的跳板，运进商品，停泊兵船。拿破仑出兵教训西班牙，却陷入西班牙人民起义的泥潭不能自拔。

拿破仑并未从西班牙的挫败中吸取教训，又发出"前进吧，渡过涅曼河！"的命令，于 1812 年 6 月 24 日侵入俄罗斯帝国。

刚进入俄国的法国军队经历了一些零星的交战，都以胜利告终。随后数十天却无仗可打，只是索然无味的行军。早已擅长速战速决的法军远离故土，最禁不起的就是拖延战术，因其后方补给难以为继。俄国找准了路数，各方人马都避开法军后撤，只留给拿破仑荒漠无际的大平原。法军一路上吃尽苦头，损失大量兵卒战马。

8 月 16 日，法军终于得以与俄军在斯摩棱斯克正式交战。已被行军拖得疲惫不堪的法军依然能在拿破仑指挥调遣下战胜俄军，不能不说明新兴资产阶级帝国实力的非凡。9 月 7 日，法军行至莫斯科近郊的鲍罗金诺村，与俄军统帅库图佐夫的军队在此遭遇，一切硬仗下来，俄军损失 5 万之众，败下阵来，连莫斯科也弃守了。法军虽然得胜，但也伤亡了 3 万人马，连同沿路行军时的损耗，尤其是外籍兵的逃跑，全部大军也只剩下了三分之二。

9 月 14 日，拿破仑带领疲惫不堪的兵将进入莫斯科。但库图佐夫实行坚壁清野政策，已下令军需品能带走的带走，不能带走的销毁，军民一起撤走，留给法军的是一座十足的空城。一见到莫斯科城里什么也没有，恼羞成怒的法军火焚莫斯科。一向运筹帷幄的拿破仑此时也一筹莫展了，他惟一盼望沙皇能从俄都彼得堡遣使臣来议和，这样法国才能体面撤军。无奈法国皇帝的愿望在一天天拖延下无法实现，沙皇亚历山大发誓，只要有一个法国兵留在俄国，他就不跟敌手谈判。眼看着寒冬就要来临，被困已久、粮草奇缺的法军明白了沙皇之举，便顾不得颜面，于 10 月 19 日奉拿破仑之命撤军。

撤退途中的法军如老鼠过街，一路遭受俄国军民的袭击。同时，军队内部怨气冲天，冻饿疲病也交错而来。在天寒地冻、风雪交加、四面埋伏的俄罗斯原野上，饥寒交迫的法兵大批死去，道路上尸体纵横，等到12月中旬全部撤出俄国境时，60万大军只剩下残兵弱卒1万人。在收拾了失散兵士后，拿破仑得到了5万多人。只半年内，法兰西第一帝国赖以称霸欧陆的坚强支柱——帝国大军便被削弱瓦解了。法军的大伤元气，国家财产的过大消耗，终使拿破仑再也无法重振昔日威风。

12月18日拿破仑回到巴黎，随即到元老院演说，极力表白大军失利是由于俄国寒冬过早来临。他声称从现在起要为法国谋求"永恒安宁"。但是，欧洲却不能令他安宁。1813年2月，俄普结盟，后又有英、西、葡、瑞典等国纷纷加入，构成第六次反法同盟，与法军多次交锋。10月18日莱比锡一战，法军又遭重创。1814年3月31日，沙皇亚历山大一世带领联军进入巴黎；4月2日，联军控制下的元老院宣告废黜拿破仑的帝位，制定新宪法。

拿破仑搜罗残部，进攻巴黎，但终因多年征战，将帅力不从心，兵力寡不敌众而未能实现。1814年4月6日，悲叹众叛亲离的拿破仑只得在退位诏书上签字。

拿破仑一生好战，征伐四方。他的早期战争对打击欧洲封建势力，扩大资本主义在欧洲的影响有积极的作用。他的胜利，是先进的资本主义制度优于落后封建制度的表现。然而，成也萧何，败也萧何，拿破仑迷信武力，终于玩火自焚，一朝灭亡。他晚年靠拢封建制度，好大喜功，频繁的战争给欧洲各国人民造成巨大的灾难，严重破坏了包括法国在内的欧洲经济的发展。

八、英雄落难圣赫勒拿

在滑铁卢战役中，拿破仑败给威灵顿。1815年6月21日，波拿巴回到巴黎，百万反法联军也长驱直入法国境内。7月7日，联军进入巴黎，拿破仑宣布退位，结束了他的"百日执政"。不久，他被流放到位于大西洋南部，远离欧洲大陆的圣赫勒拿岛。

也许这就是冥冥中命运的安排。早在35年前拿破仑的学生时代，他在整理地理笔记时，偏偏就在本子上写下了大西洋上的这个无名小岛—圣赫勒拿。为什么这个只有航海家才知道的小岛对他有如此大的吸引力呢？谁能说清！

现在，经过两个多月的航行，他终于靠近了这个命运为他安排的归宿之地。站在甲板上举目四望，漠漠的滩岸寸草不生，突兀的峭岩直上云天，海天相接处，灰濛，沓杳……大自然呈现出一片荒凉的景象。再看海湾旁的小镇，情态更加凄凉，镇上低矮的房屋，几乎全被嶙峋的没有一丝活气的巨石压弯了。拿破仑凝视良久，不由地向自愿前来陪伴他的古戈尔叹道："这可不是什么好地方，当初还不如就呆在埃及好了。那样的话，整个东方现在都在朕的掌握之下了。"说完之后，他迎着扑面的海风，嗅着盐腥的空气，听了会儿空寂、夹杂着鸥鸣和浪涛的天籁之声——因为对于他的到来，岛上的人还没有接到通知，于是便没了习惯的喧哗与鼎沸……

但很快，小岛府詹姆斯敦的广场上挤满了密集的人群，他们被军队拦在纠察线外，争先恐后要看一看这个曾经震撼世界的人物。10月17日傍晚七时，拿破仑由送他前来的科克伯思海军司令带领着登上了岸边的十五级台阶,从此再也没有离开这里,直到25年后,他的遗体被运回国内。人们一听说拿破仑到达的消息,一下子涌到城里。在熟悉又陌生的围观中,拿破仑及随从来到了帕坦斯旅馆,住在了这陈设简陋但在当地却最为豪华的建筑的二楼上。在来到岛上的这第一个充满凉意的夜晚,拿破仑和他的随从们都辗转反侧,无法入眠,感受着难以名状的心情——像坠入了深渊,像已被世界永远遗忘,像看见了死神最终将他们的生命从这片小岛上带走……

第二天早上6点半,拿破仑由科克伯思司令带着会见了圣赫勒拿岛副总督。在归途中,拿破仑看见了巴尔孔伯夫妇带着两个女儿——贝蒂和珍妮居住的几幢房屋。这里绿树成荫,山泉飞泻,简直就是失落心灵的最好的庇护、抚慰之地。于是他租下一幢,当天就搬了过来,在这里一直住了两个月。年仅15岁的调皮鬼贝蒂,很快便同他结下了深深的友谊。

1821年5月在岛上住了将近6年的拿破仑溘然长逝。他的遗体于1840年被运回巴黎。他的小朋友贝蒂·巴尔孔伯,后来在英国同一个名叫阿尔贝的人结婚,一直活到1874年,并写了一部引人入胜的《回忆录》。由于丈夫早亡,她的生活十分穷苦,但她始终珍藏着拿破仑送给她的礼物:一只用钻石镶嵌的戒指和几个珍贵的塞弗勒碗碟。此外,她还保留着拿破仑为她批改过的作业。

关于拿破仑,人们永久的印象是他的灰大衣。

从众多描绘拿破仑的画作中,我们不难记住他那特征性的装束——尽人皆知的三角帽和一件灰色的大衣。

这件灰色的大衣是用卢维埃产的毛料做成的,袖笼宽大,穿脱都很方便,拿破仑对其非常喜爱,经常穿在身上。因此,拿破仑给人留下的形象,既不是他当首席执政官时穿的那套镶有钻石的红天鹅绒外衣,也不是行加冕典礼时穿的那种华丽的服饰,而是这件普普通通的灰大衣。所以到了拿破仑三世时代,当人们把旺多姆广场上的一座塑像改换成穿着恺撒式的戎装的拿破仑铜像时,巴黎人见了都觉得很不顺眼。

拿破仑是个不修边幅的人,他对这件大衣之所以每年必穿,就是因为它的舒适。拿破仑也常穿用克什米尔短绒毛料做的上衣和套裤,每天早上都要换一套,每套浆洗三、四次也就弃之不用了。因为他素有在裤子上擦拭笔尖的习惯,每次穿上干净衣服后,过不了两个小时,裤上便留下了点点墨迹。

拿破仑是一个喜欢按照旧习惯生活的人,到了帝国初年,他穿的鞋依然是他在军校读书时为他做鞋的鞋匠做的,款式十分陈旧。拿破仑的心腹仆从孔斯坦说服他让鞋匠给他重新量一下尺寸。鞋匠得到消息,听说要面见皇上,激动不已,他多方询求建议,最后决定按法国人的样子,穿上套裤,戴上三角帽,腰上再挂一把剑,晋见了拿破仑。拿破仑问:"做一双鞋要多少钱?"鞋匠回答"十八法朗,陛下。""太贵了",法兰西第一帝国的皇帝说道。别惊诧这话从他口中说出,这没有什么可奇怪的,因为拿破仑对自己的日常开销比小乡绅还要节俭。他有两顶著名的海狸皮帽,戴旧后,便让人替他拿去整新了。

如果按当时置办时的价值算,拿破仑的灰大衣便是价格最高的。因此,在至今保留的拿破仑的遗物中，这件灰大衣无疑是最珍贵的了。

《马赛曲》

　　法国资产阶级革命，冲破了欧洲大陆的封建黑暗统治，迎来了资本主义的曙光。它的影响在欧洲日益扩大，搞得以沙皇为首的欧洲封建君主坐立不安，他们把法国革命诬蔑成是"法兰西瘟疫""革命的多头蛇"，他们处心积虑要发动武装干涉，"扼杀"法国革命。

　　1791年8月，奥普两皇公开支持路易十六，并扬言要惩罚"罪犯"，恢复封建王权，许多欧洲封建国家相继与奥普结盟反法。

　　法国人民奋起反抗，罗伯斯庇尔、马拉、丹东等人号召人民投入残酷的斗争中。罗伯斯庇尔鼓励人民要有自我牺牲精神，"战争一旦开始，就必须是胜利的。"丹东则激昂地说："就要响起的警钟并不是警报，而是袭击国家敌人的号令。要战胜他们，诸位，我们必须勇敢，勇敢，再勇敢，法国就能得救！"这几句话获得两次热烈的掌声，并成为使丹东声名流传的名言。在汹涌的革命大潮中，各省不顾国王的禁令，组成义勇队，高唱充满激清的歌曲向巴黎城东部前线汇合。

　　从马赛开来的一支义勇队516人，步行27天，于1792年7月3日到达巴黎。他们一路高唱《莱茵军歌》挺进，这首曲调铿锵有力、歌词激动人心的爱国歌曲从南方一直唱到巴黎。此后，这首歌就以《马赛曲》命名，成为奋起保卫祖国的全体革命人民的战歌。历史于是记下了鲁日·德·里斯尔和安托尼·多罗丹·佩索耐尔这两个名字和《马赛曲》的诞生经过。

　　1792年4月20日，驻守在斯特拉斯堡的工兵上尉鲁日·德·里斯尔收到勒曼将军的一封短信：

　　"亲爱的上尉：

　　为欢送志愿军出征，兹定于下星期二在圣艾蒂安广场举行晚会，敬请光临。市长迪特里希一家很喜欢诗歌，而您又擅长作诗，届时您能否为我们朗诵一首新诗？请直言不讳地回复。此致

　　敬礼

凯勒曼"

　　次日，上尉就复信了，在信中他在表达谢意的同时，还附寄了一首题为《我》的诗。该诗共分六段：

I

说话直率，

思想开朗，

我行我素，

这是我的座右铭。

Ⅱ
有来有往,
有止有行,
有清有憎,
这是我的乐趣。
Ⅲ
娴静文雅,
面目清秀,
举止稳重,
这是我向往的姑娘。
Ⅳ
对善者,
赤诚相待,
对恶人,
势不两立,
这是我的准则。
Ⅴ
不讲穿着,
只求正直,
这是我的责任。
Ⅶ
为了祖国,
贡献生命,
这是我的愿望。

这首看来蹩脚的歪诗,却正是里斯尔创作《马赛曲》的灵感来源。因为它而诞生的《马赛曲》,名垂史册。

4月24日,里斯尔应邀参加了晚会,这时他才知道,原来人们要请他写一些"值得向军队推荐的,能够点燃人们心头之火,激励士气,并为群众所喜爱"的东西。明白要求后,他匆匆离开了会场。

他连夜谱写了一首名为《献给吕克纳尔元帅的军歌》表达了对在法国元帅指挥下英勇抗敌的战士们的崇敬,激励他们继续前进。翌日清晨六点,鲁日赶到迪特里希的私邸,一进屋就开始弹唱:

"前进,祖国的儿女们,
那光荣的时刻
已经来临。
专制的暴君,
压迫着我们。

我们的祖国，鲜血遍地，
我们的祖国，鲜血遍地，
那些凶残的士兵，
在到处屠杀人民，
从你的怀抱里，
夺去你妻儿的生命。
快拿起武器，公民们！
快加入战斗，公民们！
前进！前进！
我们万众一心，
把敌人消灭干净！"

听到这激昂的歌词，在场的人无不热泪盈眶，有人不断重复着歌词；有人挥动帽子，高呼法兰西万岁；有人间或放声哭起来。鲁日·德·里斯尔的歌词获得巨大的成功，他自己也被这种爱国场面深深感动。

这首斗志昂扬的战歌在马赛公开发表了，从此无论士兵平民都争相传唱，它鼓舞越来越多的人满怀激情地投入战斗为国献身。由于歌曲被义勇队从马赛唱到巴黎，它便被巴黎人称为《马赛曲》了。

在马赛义勇军开往巴黎的路上要路过维恩市。1792年7月，步伐整齐、高唱军歌的战士们在维恩受到革命政府和群众的热烈欢迎，许多人和着战士们，也唱起了这首早已闻名的曲子，只是歌词因无法搞到，与义勇军们的不一样。神甫安托尼·多罗丹·佩索耐尔带领一批学生，唱着他自己写的歌词"我们将挑起重任，继承父辈未竟的事业……"没想到在当时的气氛下，这些铿锵有力的诗句经孩子们一唱，竟收到预想不到的效果。人们一致认为，它们表达了法兰西青年一代的心声，应该成为歌的一部分。于是这两句便成了《马赛曲》的第七段。

神甫写了《马赛曲》，也获救于它。在恐怖年代里，身为神职人员，他遭到了逮捕，正当法庭准备宣读判决书时，一群学生忽然在窗外唱起了佩索耐尔神甫写的那段歌词。神甫听到后，不禁泪如泉涌。他对法官们说："你们将对我的一生作出判决。我恳求你们同意让这二十几个青年学生唱着这首感人肺腑的歌曲陪我上刑场……"神甫最终被宣布无罪。他回到维恩市，并在那里安度了晚年。

军官鲁日·德·里斯尔和神甫安托尼·多罗丹·佩索耐尔合写成的《马赛曲》成了帮助共和国征服整个欧洲的威武雄壮的军歌。拿破仑也说："《马赛曲》是共和国最伟大的统帅，它所实现的奇迹是不可思议的。"大革命后，《马赛曲》稍加修改，成为法国国歌。

科学院士波拿巴

拿破仑不仅是一个能呼风唤雨、调兵遣将的武官，也是一个深谋远虑、胸怀大略的政治家。在这方面，他不仅重视法律编纂，还重视科学教育。于前者，他主持制定了五部法典，其中以《民法典》最为著名，拿破仑也说："我的真正光荣不在于我打了40个胜仗。不能被遗忘，将万古长存的则是我的《民法典》"。而于后者，他致力于发展法兰西科学院，而且他还如狂热于战争一样曾狂热于追求院士席位。有人曾问他打完仗之后打算干什么，他毫不犹豫地答道："我将退出军界，从事自然科学的研究，争取有朝一日成为法兰西研究院的一名院士。"

但科学院院士不是那么好当的，不论你的科学贡献有多大，你必须等院士席位有空缺时才能补上。但拿破仑的运气总算不错，1797年，院士卡诺的身份因他的政治立场与政府的不一致而被撤销，他的科学院院士席位也随即空了出来，新任督政官要求补选继任者。工作马上开始了，有觊觎院士之名的人立刻蜂拥而至，一下子就有11人争先恐后地报了名，其中大多是著名力学家、工程师和数学家。为使自己宿愿得偿，他们四处游说，互相之间展开了激烈的竞争。正当研究院的第一流科学家为自己不知该投谁一票而大伤脑筋时，不想竞争者的行列中又增加了一个。此人就是远在意大利前线的波拿巴。那11个人一听半路杀出的这个程咬金也要竞选，无不万分沮丧——因为这位年轻的将军在意大利取得一个个辉煌胜利后，如今在法国正受到人们的狂热崇拜。

12月5日，拿破仑为竞选一事回到巴黎。他一到首都，便立即受到人们的热烈欢呼，成为众人注目的中心。那11名对手——无不年迈高龄——看到这情势，对自己的成功前途也感到茫然了。可以想象，他们当时怎样冒着刺骨的严寒，在满是泥泞的道路上艰苦跋涉，又是怎样为给自己多争得一张选票，而敲响全院一百四十四名院士的家门的。可初出茅庐的拿破仑就不同了，任凭道路如何泥泞，他每次出访必有一长列气派不凡的车队相随，黑压压的卫士前呼后拥，不论走到哪里，都受到隆重欢迎，不比不知道，一比就明了，拿破仑的这场竞选活动几乎不费吹灰之力。

但那11个人仍然没有泄气，尽管初选揭晓，形势明朗——拿破仑获胜，但他们希望最后一轮会出现奇迹。

5月15日，正式选举开始了。投票办法规定，每个院士必须根据其对每个候选人的赞同程度，将他们的名字由上而下地写在选票上，就是你愿意选的人写在下面，最不愿意选的人写在上面。随后，人们将每个名字编上号码，统计出每个候选人所得总数，其中三个得数最多的人将被列入正式候选名单，交院士们进行第二轮选举……令人困惑的选举终于结束了，拿破仑以绝对的优势荣获科学院院士称号。他当时难以言喻的欢乐心情和他入院后昙花一现的刻苦学习精神的确不必怀疑。

但竞选结果的统计实在不尽如人意，记录是这样的：

选票共有624张。

波拿巴将军：305票；

狄戎公民：166票；

蒙塔朗贝公民：123票。

共计：624票

总数与加数的差误不可小看，因为人人知道，这些18世纪末法国最著名的科学家们，这些能计算出星星重量，误差不会大于一克的天才，将 305＋166＋123 得出了 624，而不是正确的 594。谁知道原因呢？但即使因此就说拿破仑本不能当选科学院院士，也丝毫不会有损于他久已树下的威望。

波旁王朝复辟

　　拿破仑"百日政变"失败后，路易十八于 1815 年 7 月 8 日在反法联军的护送下重返巴黎。波旁王朝第二次复辟。

　　路易十八面临的是矛盾错综复杂的法国社会，在各种矛盾中，又以政治矛盾最为尖锐。封建势力和资产阶级之间，展开了激烈较量。

　　对革命深怀仇恨的大贵族和高级僧侣，迫不及待地要求恢复革命前的旧制度。他们逆历史潮流而动，企图将社会推向反动。1815 年 8 月进行众议院选举，被选出的议员差不多都是大地主贵族和高级僧侣。众议院 402 个议席中，极端派王党分子获得了 350 席。这个议会被称作"无双会议"。根据议会决议成立的特别法庭，在极短的时间内对参加过法国大革命的"造反者"和拿破仑的军队将士作出了近万件的有罪判决，其中不少人被判处死刑。约近 10 万人被认为有政治危险，革除了国家职务。亡命归国的贵族担任了行政和军事职务。白色恐怖遍布全国。许多地方采用私刑，迫害革命人民。议会还颁布了《煽动造反者惩治法》，对人民的反抗加以残酷镇压。军队受到清洗，刊物遭检查，出版自由被扼杀。这种猖獗的反动政策使法国社会各阶层人心惶惶，人民的不满和反抗情绪急剧高涨。

　　人民的反抗使路易十八也非常忧急，他担心"无双议会"所施行的残酷恐怖会引起革命，不得不在 1816 年 9 月解散了它。"无双议会"解散后所建立的新议会中，君主立宪派分子占优势，也有一部分自由党人。这个议会撤销了特别法庭，实行比较温和的政策。它一直存在到 1820 年。

　　1820 年 2 月，马鞍匠鲁维尔在歌剧院里用匕首将极端派王党首领人物、王位继承者阿尔图瓦伯爵的次子贝里公爵刺死，旧贵族又发动了新的进攻。同年，极端派王党分子黎塞留组织新内阁，重新采用"无双议会"的反动政策，规定可以不经审判随意拘留当局认为的"阴谋者"达 3 个月之久，并建立书报检查制度，取缔了一些资产阶级自由派的报纸。6 月，议会通过了新的选举法。按照该法规定，法国人口中有 1.2 万人有选举权。而法国人口总数是 3000 万！经过选举，极端派王党分子重新在议会中占了优势，在 220 个议席中获得了 198 席。1821 年，以维莱尔为首的极端派王党内阁成立，它力图消灭资产阶级革命的全部成果，使法国回到旧时代。

　　上述的法国各种政治斗争复杂激烈，而不同阶级间的经济斗争就是它们产生的决定因素。

　　复辟的波旁王朝，采取保护大土地贵族经济利益的政策。路易十八实行保护关税政策，特别是对进口粮食征收极高的关税。当国内市场谷物价格下跌时，就禁止谷物进口。这种违反市场自由竞争规律的办法，保护的正是重新占有大量土地的大地主贵族的利益。大地主贵族掌握土地后，使用机器的大农场继续发展，农村的雇佣劳动力比以前更加普遍，但由于他们代表了分散的封建生产关系，小农生产在农业中仍占优势。小农生产的特点就是自给自足、技术落后、水平低下，所以路易十八的政策阻碍了资本主义在法国农业中的发展。

落后的封建生产关系不能适应资本主义的生产力水平。产品成本较原先不断提高，物价随之也在上涨，法国的产品在国内外的销售遇到困难。法国资本主义在重重阻碍中丧失了竞争能力。但历史毕竟应是向前的，复辟时的法国资本主义工业仍然有了一定程度的发展。此时资本主义各国开始了工业革命，随着工业革命的进行，法国工业资产阶级力量有所壮大。

在保护旧贵族利益的同时，路易十八世采取措施维护金融阶层，特别是大银行家的利益。这些人在复辟时期的经济生活中起了重要的作用。拿破仑时代创办的法兰西银行同波旁王朝保持着密切联系，在波尔多等地又开设了一些新的银行和股份公司。证券交易所十分活跃，股票数量迅速增长，商业资产阶级也得到了很大发展，法国对外贸易有所增加。农村对城市产品的需求量也有了提高。

可见，在波旁王朝复辟的过程中，经济的发展造就了代表不同阶级、阶层利益的社会政治集团。

以路易十八为首的王党代表大土地贵族的利益。这个集团鉴于法国大革命后出现的不可逆转的客观现实，在维护旧贵族利益的同时，对革命后出现的一些有利于金融资产阶级和大工商业资产阶级的变化予以容忍。在1814年3月至6月的第一次复辟时期，路易十八就在颁布的宪章中被迫宣布法国实行君主立宪制，保留了大革命时期国民议会所建立的，以后又经拿破仑加以完善和强化的政权体系，确认拿破仑法典继续有效，确认大革命中财产关系的变化，以此来满足大资产阶级的要求，以获取他们的支持。

大贵族和高级僧侣是最反动的势力，他们力图把法国社会拖回到大革命前的状况，恢复封建制度和贵族的特权，恢复与教会勾结和依靠教会的封建贵族统治。

比较温和的贵族以及与复辟王朝合作的那部分大资产阶级组成了君主立宪派，主张实行1814年第一次复辟时宪章规定的原则，反对恐怖政策。

自由党以工商业资产阶级分子和知识分子为主体。其中的君主立宪制拥护者，主张建立代议制政府，实现资产阶级人身、言论、出版、选举自由，在此前提下拥护波旁王朝。自由派中还包括由中小资产阶级分子、知识分子、大学生组成的共和制倡导者，主张推翻波旁王朝，建立资产阶级共和制。一部分自由党人还曾组织起来，企图以密谋方式推翻波旁王朝统治。

就在这个风云多变的社会中，路易十八于1824年9月逝世。其弟阿瓦图瓦伯爵继位，称查理十世。他是一个坚持君主专制统治的顽固分子，他自诩说："从1789年以来只有我一个人丝毫没有改变。"他在位期间，进一步实行反动措施。为了恢复天主教的统治地位，他加强了天主教在国家事务中的作用，让教会管理学校。他颁布了《盗窃圣物治罪法》，根据这个法令，凡被认为污辱圣像、圣物、教会祭器，窃取或毁坏教会财产者，均被处以死刑，行刑前先砍去右手。1825年4月，他又颁布"赔偿亡命者10亿法郎的法令"。根据这个法令，在革命年代财产受到损失的贵族得到了金钱赔偿，其数目比1790年没收的他们的土地的收益大19倍。在这个过程中，大资产阶级遭受了巨大损失。

查理十世继任时期，劳动人民生活日益恶化。由于地租捐税的繁重剥削，农民纷纷破产，工人的生活也每况愈下，工作日延长，劳动强度加大，失业工人也不断增加。同时，物价迅速上涨。例如，1829年，4斤重的面包价格，竟接近于2人的日收入。

波旁王朝的反动政策激化了社会矛盾，人民纷纷起义反抗。这些起义虽然遭到镇压，没有成功，却唤起了民众，为更大规模的反抗创造了条件。七月革命终于爆发了。

维也纳会议

19世纪初，在拿破仑统治的法兰西第一帝国与欧洲许多君主国之间，进行了一场旷日持久的战争。拿破仑代表方兴未艾的新资本主义势力，其他各君主则是旧的封建制度的维护者。战争的结局是拿破仑遭到失败。这说明在当时的力量对比上，封建势力还是占优势的。

1814年4月4日，战败了的拿破仑被迫宣告退位，被欧洲反法同盟囚禁在地中海的厄尔巴岛。法兰西第一帝国灭亡，法国波旁王朝随即复辟，路易十八统治起了法国。5月30日，反法联军与法国签订了巴黎和约，规定法国恢复到1792年战争开始前的边界，放弃全部在战争中占领的土地；同时注明要召开国际会议以处理战后问题。这个会议，就是不久后召开的维也纳会议。

从1814年10月1日到1815年6月9日进行的维也纳会议，历时8个多月。其宗旨是尽可能消除法国大革命的影响，恢复旧的封建统治秩序，并且由各大国瓜分领土，重新安排欧洲的版图。这是一次彻底的分赃会议。

参加维也纳会议的几乎包括了除土耳其以外的欧洲的所有国家。奥地利皇帝弗朗茨一世成为筹备会议的东道主，他的外交大臣梅特涅担任会议的主席。战争中只要参加过作战的国家——不管他参加的是哪一方——也全被邀请来了。除英国、俄国、奥地利、普鲁士、法国以外，还有瑞典、西班牙、葡萄牙、土耳其，还包括德意志和意大利境内的许多邦国，如巴伐利亚、汉诺威等等，代表总数达到了216人。但二百多人不可能地位都平等，真正操纵会议的是俄、英、普、奥四国，后来又有法国参加进来。俄国沙皇亚历山大一世、英国外交大臣卡斯尔瑞勋爵、奥地利首相兼外交大臣梅特涅亲王和普鲁士首相哈登堡公爵成为会议的四巨头，一切问题都由这四国代表组成的"四国委员会"秘密决定。由于四人代表各国不同的利益参加会议，免不了要你争我吵讨价还价，相持不下时他们就干脆宣布会议停开，于是其他国家的代表便只能在无休止的宴会、舞会、看戏、狩猎和各种社交活动中去进行一些非正式的接触。他们从来没有举行过一次商讨事务的会议，实际上在消磨时光，等待几个大国来决定自己的命运。所以当时有人讥讽说，维也纳会议不是议事会，而是跳舞会。看看奥地利皇帝弗朗茨一世的招待会是如何排场吧——宾客中包括一名皇帝、一名皇后、四名国王、一名王后，还有亲王、王公夫人等。为此，每晚要摆宴席四十桌。而身份高贵的宾客和每人带来的成群仆役的马车也挤满了院子，马厩中的马每日不下1400匹。

议事的四大国在瓜分欧洲和瓜分殖民地问题上的矛盾，却比宴会上的宾客和马车还要多也更加复杂。

沙皇亚历山大一世在会议中态度最为强硬，这种狂妄毫无保留地表明了俄国的野心。亚历山大一世力图成为欧洲的霸主，左右欧洲事务。他施展各种诡计，使西欧各大国互相竞争，彼此敌对，相互牵制。会议召开之前，俄国的将军们就放风说，一个拥有60万军队的人是用不着为了协商而烦恼的。在会上，亚历山大露骨地表示俄国要占有波兰，而且在任何协商中都不肯让步。

奥地利的梅特涅是个圆滑的外交家，有着随机应变的手段，但在为奥地利谋取更多好处上却非常执着。他竭尽全力要使奥地利取得在中欧和在德意志的霸主地位，恢复对意大利的统治。为了有利局面的出现，他利用会议主席的身份来往穿梭于各大国代表之间。

普鲁士主张严惩法国，扩张自己的领土，确立在德意志的霸权。威廉三世强烈的扩张欲望表现得十分露骨，他对于自己强大的盟友俄国既逢迎又畏惧。由于不敢直接与俄国冲撞，普鲁士主张牺牲邻邦波兰以壮大自己在德意志境内的"补偿"原则。

其实维也纳会议开始以前，英、俄、普、奥四强的代表就在伦敦进行了频繁的幕后活动。英国和俄国一样占有举足轻重的地位。英国外交大臣卡斯尔瑞坚持维护英国的传统外交政策——大陆均势政策。他主张大陆东边的俄国和西边的法国之间应建立起一个包括德意志等小邦国组成的中间地带，这地带要由英、奥、普三国控制。这样，欧洲各强国间可以互相牵制，防止某一个大陆国家过于强大，变成可以与英国抗衡的对手。在均势状态下，英国就能放手在海外从事扩张活动，不用顾忌来自大陆的威胁了。卡斯尔瑞估计维持均势比较易于被各国接受，他想会议将会比较顺利，问题并"不太复杂"。然而，他过于乐观了。谁知道俄国凭60万大军咄咄逼人，奥地利戒心难除，敏感于与普鲁士、俄国的关系，普鲁士恬不知耻要牺牲波兰维护自己利益。这样，在伦敦幕后的外交活动并未能使四强取得一致意见。

1814年9月20日，经过反复磋商后，四国总算达成了一个协议，即四国同盟，同盟规定领土的瓜分要由四大国来决定，然后再通知其他国家。这个协议明显地体现了四强企图主宰会议，决定欧洲命运的野心。

四国代表为会议所作出的安排，由于法国的介入而发生了某些变化。1814年9月23日法国代表塔列兰来到维也纳。他是以路易十八政府代表的身份前来赴会的。塔列兰一心要为战败的法国重新争得大国地位，打破四强操纵一切的局面。他抓住9月20日四强达成的协议中有"盟国"字样而提出诘问：盟国是什么意思，是反对谁的同盟？不会是反对拿破仑的，因为他在厄尔巴岛。当然更不是反对路易十八的，因为他是和平的主要保障。他厉声说："坦率地说吧，先生们，如果这里还有盟国的话，那么这里就不是我呆的地方。"

几大国的目的都明确了，赞同与反对的立场也就马上有了。奥地利反对普鲁士的"补偿"原则，英国支持奥地利。法国害怕普鲁士强大，也站在英奥一边。1815年1月3日，英奥法三国签订秘密同盟条约，规定三国如遇他敌进攻，将互相援助。以俄普为一方以英奥法为另一方的明争暗斗愈演愈烈，几乎闹到决裂。但有一点可以明确，各国在恢复旧的统治秩序上的观点是一致的。法国代表塔列兰提出了"正统主义"，他说："我什么也不要求，可是我给你们带来了重要的东西——神圣的正统原则。""正统主义"被各大国接受，成为会议奉行的指导原则之一。

正当大国代表为分赃争论不息的同时，拿破仑悄悄离开厄尔巴岛，于3月1日在法国南部登陆，20日抵达巴黎。路易十八仓皇逃跑，拿破仑重登帝位。这一事件使正在维也纳聚会的波拿巴的老对手们万分震惊。英、俄、普、奥、撒丁五国以及被四强控制的荷兰、比利时和德意志一些小国，立即组成第七次反法同盟，以七、八十万的军队向法国扑去。在滑铁卢战役发生的前九天，1815年6月9日大国暂时达成妥协，匆忙签署了《最后决议》，接着，其余各国代表被逐个召去签了字。至此，从未举行过全体会议的维也纳会议，在几个大国搞了8个多月的幕后交易之后，终于收场了。

根据会议总决议，英、俄、普、奥四国攫取了大片别国领土，波兰遭到第四次瓜分。沙俄夺取了拿破仑时期建立的华沙大公国大部分领土，波兹南和格但斯克留给普鲁士，加里西亚仍属奥地利。这样，波兰十分之九的土地被沙俄吞并，只剩下克拉科夫及其毗邻地区组成一个共和国，由俄、奥、普共同"保护"。沙俄继续占有芬兰和罗马尼亚领土上的比萨拉比亚，但由于瑞典失去了芬兰，就把挪威划归瑞典作为"补偿"。

关于德意志的问题，决议基本上采用了梅特涅的计划，将德意志封建割据的状态继续保持下来。各邦国的争权夺势，尤其是普鲁士、奥地利为主宰德意志而进行的斗争，使德意志仍处于动乱之中。沙俄在普、奥之间尽力挑拨，在它的同意下，普鲁士合并了经济最发达的莱茵区和威斯特伐利亚，还取得了萨克森邦五分之二的领土以及原属瑞典的波美拉尼亚。奥地利恢复了对意大利北部伦巴底和威尼西亚的统治，并占领了萨尔斯堡、提罗尔和达尔马提亚沿岸。

意大利又重新恢复了旧日的四分五裂的状态。除上述奥地利获得的领土外，撒丁王国收回了被占领的尼斯和萨瓦的大部分，同时还得到了热那亚，波旁王朝在西西里王国恢复了统治；罗马教皇也恢复了对原辖地的统治。而奥地利的势力还是在意大利占有重要地位。

北欧领土也被重新安排。原属丹麦王国的挪威，被合并于瑞典；丹麦则得到了石勒苏益格和荷尔斯泰因两公国的土地。

按照正统原则，许多旧王朝又重新登上统治的宝座，包括法国、西班牙和西西里的波旁王朝，葡萄牙的布拉冈扎王朝，撒丁王国的萨瓦王朝，荷兰的奥伦治家族以及罗马教皇和意大利一些邦国的旧统治者。

拿破仑"百日"政权被击败后，1815年11月20日反法同盟各国又同法国签订了第二次巴黎和约。据此，法国割让了部分东部边界地区，大体上恢复到1790年时的边界。

此外，还要归还拿破仑从各国掠去的艺术品，赔款7亿法郎，交出全部军舰；在清偿赔款前，盟国军队要占领其军事要塞3—5年。

维也纳会议极力消除法国革命的影响，恢复欧洲旧的封建统治秩序，为欧洲重新安排了一幅政治地图。这是一次包含了大国之间矛盾，大国与小国之间矛盾的反动的分赃会议。

神圣同盟与四国同盟

维也纳会议上的各项决议，是几个欧洲大国幕后炮制而强行加在欧洲各国头上的，决议企图维护封建反动统治，荡除法国革命在欧洲所产生的影响。英国外交大臣卡斯尔瑞曾扬言：会议所产生的决议将至少能维持7年的和平。话虽如此，封建统治者也担心决议不能完全扼杀革命，英国这位卡斯尔瑞又不得不转头向沙皇亚历山大提出，由最后总决议的7个签署国发表一个声明，宣布在必要时将以武力维护决议的执行。而此时的沙皇另有打算，他要充当整个欧洲的宪兵，用自己的军队消灭革命。

早在1804年和1812年，沙皇就曾表示要用基督教的名义把欧洲各国联合起来，在需要之时相互支援。打败拿破仑"百日"政权后，沙皇又在巴黎正式提出了由俄、奥、普三国缔结成"神圣同盟"的方案。之所以说"神圣"，是因为同盟者要在"神圣宗教的崇高真理"，在"正义的、基督教博爱的与和平的箴言"指导下进行活动。依照这个方案，沙皇亲自起草了有关文件和草案。在文件中，三国君主被比作其臣民和军队的"父亲"，并说他们三国的政府和人民今后将要像"一家人"一样地相处。亚历山大还"热情"敞开了怀抱，宣布他们三国热烈欢迎一切承认其"神圣原则"的国家加入这一同盟。

听了这些空洞的漂亮话，各国政要都没把他们当回事。卡尔斯瑞说亚历山大在玄想和胡言乱语。奥国首相梅特涅也认为这是无价值的高调。可是过了不久，他们就发现了这个同盟有着非凡的意义——这是维护他们统治秩序，保障维也纳会议的决议得到实施的重要工具啊！几个国家的政治相同兵力相似，还有什么革命、"暴动"值得害怕呢？奥普两国立即找到沙皇，根据他的文件，三国在1815年9月26日正式签署了建立神圣同盟的条约。后来的事实证明了他们的"正确"，许多人民起义之火被他们共同扑灭，于是欧洲大陆绝大多数的君主都陆陆续续加入了这个同盟。"神圣同盟"，已成了"所有欧洲的君主在俄国沙皇领导下反对本国人民的一个阴谋"。

1815年11月，即神圣同盟建立两个月后，在签订第二次巴黎和约时的英、俄、普、奥又签订了四国同盟条约。条约规定，四国要以武力维护维也纳会议的决议和第二次巴黎和约。这样，四国同盟实际上就成为神圣同盟的一个补充。

五国同盟是四国同盟中又加入了一个签署国——法国。不过这是1818年的事了。法国偿清了全部赔款，于是神圣同盟决定结束联军对法国的占领，吸纳它入伙。

作为大革命的发生国，欧洲大陆各君主都将法国看做麻烦的源头，而既然曾最为

"反动"的法国也和他们并肩作战，大家都异常高兴，亚历山大更自认为功不可没，高叫"和平已经确立"，梅特涅也兴奋地说"现状不会再起变化了"。然而他们完全错误地估计了形势。

1820年，在意大利境内的那不勒斯、皮埃蒙德和西班牙都爆发了资产阶级革命，直接冲击了那里刚刚恢复了统治地位的封建王朝。于是神圣同盟有事可做了。10月20日，亚历山大主持召开了神圣同盟会议，集中讨论镇压意大利革命的问题。11月19日，俄、普、奥三国签署《特劳波协定书》，宣布对任何一国发生的起义，同盟都有权干涉，还说哪个国家顶不住起义、革命的压力进行政府的变动，就要将哪个国家开除出神圣同盟。1821年1月，会议作出决议由奥地利出兵镇压意大利革命。接着，数万奥军侵入那不勒斯，很快将革命镇压。与此同时，奥军帮助撒丁军队将皮埃蒙特的起义扑灭。倒霉的却是亚历山大的俄国部队——俄国想在意大利建立自己的控制，也派出了军队赶来。但军队跋山涉水到达时，革命已被镇压，俄军没有得到进军意大利的借口。

西班牙人民的反抗也使神圣同盟不能容忍。俄国外交大臣对革命进行辱骂并威胁要"纠正"和"消除"革命。1822年10月至12月，神圣同盟在意大利开会商讨出兵一事。亚历山大极想派15万俄军出兵镇压，但受到了法奥两国的阻止，因为他们担心俄军穿越本国国境会对自己造成不利。11月19日，法国出兵镇压革命，而俄军则只能在边境线上驻扎一支"神圣同盟预备军队"。1823年5月23日，法军攻陷西班牙首都马德里，将革命镇压下去了。

除镇压上述革命以外，神圣同盟企图武力镇压西属拉美殖民地的独立战争，但由于各国间矛盾重重而未能实现。

1822年，希腊革命者摆脱了土耳其的统治宣布独立。神圣同盟没能够前去干涉，甚至奥国首相梅特涅公开违反维也纳会议和正统主义原则，主张希腊完全独立。想在巴尔干地区建立主宰地位的俄国没了伙伴，神圣同盟不欢而散。神圣同盟内部的深刻危机暴露出来。1830年，法国七月革命胜利，波旁王朝被彻底推翻，沉重打击了神圣同盟。同盟内部分歧也加大，走向瓦解。

1848年遍布欧洲大陆的革命爆发，神圣同盟彻底崩溃了。

七月革命

这是法国发生的又一场轰轰烈烈的资产阶级革命。有人描述过：人民群众在这次革命中表现出如此勇敢、忠诚、宽厚、慷慨……许多穷人几乎没有衣服，汗流浃背，灰垢满身，缺少饮水而口干舌燥，饥饿使他们精疲力尽，他们拒绝给他们的钱，只接受一点浸酒的面包和水，休息片刻后，补充好弹药又去参加战斗。那些中立的旁观者向他们通报危险，毫不犹豫地救护伤员……，普希金、莱蒙托夫和别林斯基都曾赞扬法国人民的这场伟大斗争。

革命在7月27日至29日三天内进行，也称为"光荣的三天"。

1829年9月，查理十世任命忠于波旁复辟王朝的波黎尼亚克亲王组阁。波黎尼亚克是逃亡贵族，其父母与波旁王朝有密切的关系。其他内阁大臣也都是极端派王党分子。资产阶级和人民群众仇恨这些封建专制制度的残余，对查理十世的倒行逆施进行政治斗争和舆论抨击。

1830年7月25日，查理十世签署了四项敕命，上面规定取缔报纸、期刊等出版自由。凡在20个印张以上的印刷品，都须得到国王或各省省长颁发的许可证方能发行，印刷设备要受到监督保管。敕令还规定了新的选举办法。这些关于取缔报刊自由发行，实行严格审查制度的规定，扼住了资产阶级自由派的舆论喉舌，危害了发行业工厂主和工人的利益，剥夺了商业资产阶级的选举权。四项敕令立即引起了资产阶级、学生、工人群众的强烈不满，成了七月革命的导火线。

7月26日，工人、小手工业者、学生在巴黎的许多地方举行集会，与军警发生小规模冲突。

资产阶级也行动了起来，很快形成了两个政治集会的中心。一个在大银行家拉菲特和卡兹米尔·贝里叶家中，一个在资产阶级著名报纸——《国民报》编辑部。他们最后联合起来，一致推选《国民报》主编梯也尔起草针对波黎尼亚克内阁的抗议书。

7月27日上午，王家军队司令马尔蒙元帅遵照查理十世的旨意，命令军警封闭了进步报刊《国民报》《时代报》。一些印刷工厂、店铺被迫关闭。许多被解雇的工人首先走上街头示威抗议，学生也加入了他们的行列。他们高呼口号："打倒敕令！宪章万岁！""打倒大臣！"下午，军警前去驱散在巴黎歌剧院附近集会的人群，人民群众则以石头相迎。在与军警的冲突中，一名群众被打死，三人受伤。倾刻间，四面响起了"复仇！""拿起武器！"的口号。人民群众的集会示威逐渐变为武装起义。

随后，巴黎许多地区也发生了起义，愤怒的群众打死了一名军警。

起义越来越激烈，巴黎也越来越混乱，又有群众在冲突中丧生。人民更加愤怒了。

7月28日清晨，巴黎人民开始毁街道，筑街垒。他们将各处波旁王朝复辟的标记一律砸烂，插上激奋人心的法国大革命的三色旗，准备战斗。军火商人慷慨提供武器，退役军人也参加了行动。人民向前来镇压的军队投掷石块，士兵多有死伤。

面对这种形势，查理十世的将军们也终于认识到："这不再是骚乱了，而是革命！"他们请求国王采取和平措施，阻止事态的继续蔓延。

然而，查理十世在波黎尼亚克内阁的怂恿下发布了《巴黎处于戒严状态》的命令，以武力镇压人民起义，企图以军事胜利保证政治上的胜利。可是巴黎人民反抗的烈火是扑不灭的。在人民群众的英勇抵抗下，军队受到了阻击，为他们的行动付出了惨重的代价。

武装起义者占领了市政厅，继续构筑和加固街垒。8万多起义人民对国民自卫军的全面进攻很快打响了。他们不顾国王军队的疯狂射击，向国民自卫军主力驻守的卢浮宫和杜伊勒里宫顽强靠近。他们的英勇行动不断取得胜利，也震慑了敌胆。无法镇静迎击的军队士兵有的接受劝降，有的逃出军队。沙里将军更是不知所措，他听错了命令，本来国王命他集中兵力顽抗，他却把士兵撤到卢浮宫的院里集合。于是，国民自卫军如大堤崩溃，起义者顷刻间涌进卢浮宫，士兵们逃往临近的杜伊勒里宫。军队的抵抗已无济于事，他们遭到了彻底的失败。

7月29日下午，在人民起义胜利的形势下，资产阶级议员们采取了篡夺革命果实的行动。30个议员在拉菲特家开会，决定成立临时政府，行使政权。

在起义由开始到胜利结束的过程中，查理十世的态度也在发生着转变。7月26日起义开始时，查理十世非常傲慢，这天，他很早就出去狩猎，晚间才回宫。他的将军两次向他递送战报，警告其王位已受威胁，人民无法阻挡，请求议和。而查理十世的回答却是宣布巴黎戒严，斥责将军失职。当资产阶级代表前来议和时，查理十世认为代表们是来乞求和平，则继续以武力相要挟，他还说："发布戒严令是宪章赋予国王的职责。"当得知一部分国民自卫军由于同情人民与人民联欢时，他叫嚷，如果这样，"就向军队开枪"。

7月29日，国民自卫军溃败、倒戈的消息传来，查理十世呆若木鸡。他不停地重复念着在法国大革命中被人民推上断头台的路易十六的名字。稍稍镇定后，他召集内阁开会商量对策，以图顽抗。为了保住王位，他决定撤消正在指挥军队作战的将军的职位，解散本与他沆瀣一气的内阁，但用这些作法来缓和人民的愤怒情绪已经不可能了。当查理十世的代表宣布国王决定时，革命的资产阶级议员的回答是："革命已经开始，必须使它完成，必须以一个更为自由的王朝取代一个过时的、不可救药的王朝。查理十世不能再回到巴黎人民血染的巴黎。"

7月30日，梯也尔、米涅及一些报刊撰稿人起草声明，拥护奥尔良公爵执政。7月31日，众议院开会欢迎奥尔良公爵。8月1日，查理十世迫不得已任命奥尔良公爵为摄政王。8月2日，查理十世退位，以后逃往英国。8月9日，奥尔良公爵路易－菲力浦正式登上王位，从此开始了七月王朝统治时期。

七月革命是一场资产阶级的革命。这场革命粉碎了在法国实行封建专制统治的梦想，沉重地打击了"神圣同盟"的反动体系，对欧洲其他国家的民主改革和民族解放运动都起到了推动作用。

在革命的过程中，法国人民又一次显示了伟大的革命精神和斗争力量。革命的胜利就是人民群众英勇斗争的结果，而资产阶级的反抗仅停留在笔头和口头上。当人民群众聚集在银行家卡兹米尔·贝里叶的宅邸周围，要求他挺身而出领导运动时，他却竭力驱散人群，生怕这会触犯合法秩序，使自己的财产受到损失。7月29日，人民取得了胜利，国王查理十世如丧家之犬，败局已定，而一些资产阶级议员却说，人民的行动和结果出人意料，超不过明天就会失败。人民的顽强斗争和资产阶级软弱退缩的行为形成了鲜明对照。

七月革命的胜利果实被大资产阶级篡夺，人民的任何民主要求都没有实现。造成这样结果的原因是人民缺乏组织，他们在战斗中虽然充满了对波旁王朝的仇恨，却是自发的、无秩序和没有明确斗争目标的。

七月革命后，金融资产阶级修订了宪法，确立了资产阶级在立法上的权力。国王只有行政权。国王路易－菲力浦是一个在政治上代表金融资产阶级的人物。这种统治本质被马克思比喻为:"七月王朝不过是剥削法国国民财富的股份公司;这个公司的红利是在内阁大臣、议会和24万选民和他们的随从之间分配的。路易-菲力浦便是这个公司的经理"。

1830年七月革命排除了封建制度复辟的危险,巩固了资产阶级的统治地位,促进了资本主义的继续发展。从此无产阶级与资产阶级的斗争在法国逐渐突出起来。七月王朝为增加国库收入,满足资产阶级发财致富的愿望,提高税价,加紧对工人的剥削。工人的愤怒与日俱增,为了维护自身利益,工人组织起义,其中最著名的就是法国里昂工人起义。

波拿巴家族和两个帝国

第一帝国是由拿破仑建立的,从拿破仑1804年加冕称帝到1814年波旁王朝复辟,前后经历10年。这个帝国产生于法国大革命后,仍是大资产阶级的政权。帝国时期,法国在欧洲同英国和俄国争霸;侵略西班牙和葡萄牙;在欧洲诸国推行民族压迫和剥削政策;力图同欧洲封建王朝妥协……这一切导致拿破仑帝国崩溃。但法兰西第一帝国也促进了法国资本主义的发展,打击了欧洲封建制度。

1830年七月革命以后,七月王朝统治法国,国王是奥尔良的公爵路易-菲力浦。因此七月王朝又被称为奥尔良王朝。

七月王朝建立之初,统治者以法国大革命事业的继承者自诩。王朝废弃了复辟王朝的种种封建政策,法国的工业革命得以发展。十几年间,法国的蒸汽机总数增加了几千台,铁路线路的长度由不足40公里猛增至2000公里。随着产业革命的兴旺,工业资产阶级的力量增强,工人运动也活跃起来了。

但七月王朝代表金融资产阶级的利益,他们掌握着大银行、交易所、铁路、矿山……他们用政权为自己谋取经济利益。七月王朝时期,国王、政府极为浪费,大量借债,财政赤字逐年增多。为了弥补亏空,偿还债务,王朝大量征税。这其中的关系就非常明确了:金融资产阶级是王国的债权人,收取极高的利息;工业资产阶级和广大人民是国家的最主要纳税者,不得不遭受残酷的剥削。征税的结果是金融资产者聚敛大量资本,工业资产者缺乏资金。正值工业革命之际,创办工厂、购置机器都需要大量资金,而王国的政策对他们极为不利,这使得工业资产阶级对七月王朝极为不满,而广大劳动人民是王朝政策的最大牺牲者,他们不仅要缴纳重税,还时时要处于工厂倒闭、个人失业的境地中。在这种情况下,广大劳动人民特别是工人阶级的反抗情绪也加强了。

七月王朝的另一个弊端就是无视海外市场的发展。工业革命后,扩大的产量需要更广阔的商品销售市场,国内市场是一方面,海外市场更为重要。工业资产阶级希望七月王朝用各种政治、军事手段扩展海外市场,而金融资本家却担心海外市场的争夺会造成资金损失、国内混乱,损害他们的既得利益。他们以"决不为荣誉花一分钱"为信条,继续维护国内统治秩序,掠夺工业资产阶级和人民的财富,坐看欧洲其他国家在殖民地上的争夺。

七月王朝的种种作法，招来了全国各界的反对。工业资产者和各阶层民众期望通过选举削弱金融资产者，控制议会，修改法律，实行有利于自身的政策。然而，七月王朝对选举权的财产限制很高，法国 3500 万人口中，够资格的选民只有 20 多万。工业资产者和民众要求改革议会选举制度，实行共和制。

为了实现目标，工业资产者除在报纸上宣扬共和之外，还办起"宴会"，实际这是借宴会之名表明政见，组织力量。

1848 年初，工业资产者要在巴黎举行宴会，遭到首相基佐的禁令，于是改期。改期之后临近许多人在香榭丽舍大街聚集，等待宴会召开，又遭禁止。巴黎民众被激怒了。2 月 22 日，聚集群众发动了起义，这便是 1848 年的二月起义。

二月起义推翻了七月王朝，建立了法兰西第二共和国。共和国召集新的国民议会，制定宪法。法国工业资产阶级的力量发展起来了。

1848 年 12 月 10 日，是法国第二共和国选举总统的日子。候选人有 6 位，最后由路易·拿破仑·波拿巴当选。

路易·波拿巴于 1808 年出生于巴黎。他的父亲是拿破仑一世皇帝的兄弟、受封为荷兰国王的路易·波拿巴，他的母亲便是拿破仑的继女约瑟芬与博阿尔内子爵的女儿奥坦丝·博阿内尔。奥坦丝与路易·波拿巴成亲后，生了三个儿子，长子幼年夭亡，只留下了两个。路易·拿破仑·波拿巴便是他们的幼子。

路易·波拿巴与奥坦丝结婚后，夫妻感情向来不和睦。1810 年，因路易·波拿巴在荷兰不肯依长兄之命实行大陆封锁政策而被撤消国王封号。路易·波拿巴便去了意大利的佛罗伦萨，不再参与政事。奥丝坦却反对去意大利，便留在了巴黎。所以路易·拿破仑·波拿巴自幼便随母亲长在宫中。他耳濡目染，把伯父奉作偶像，想要长大后也做个他那样的大皇帝。但是在路易·拿破仑·波拿巴 7 岁那年，拿破仑被反法同盟打败，不久，波旁王朝就复辟了。复辟的波旁王朝不允许波拿巴家族留在法国，奥坦丝只得携子流亡。这时，在意大利的父亲要走了二儿子。路易·拿破仑·波拿巴留在了母亲身边，随母亲过起了流浪的日子，9 岁时才在瑞士的阿伦内伯格定居下来。在瑞士，路易·拿破仑·波拿巴上学读书，然后进入军工学校和炮校学习军事，还曾在大学预科修完了课程。毕业后，波拿巴已非常了解欧洲各国包括法国的国情、政治，决心回到祖国，重振波拿巴家族。

从 7 岁时起，路易·拿破仑·波拿巴心里便种下了对波旁王朝仇恨的种子。随着年龄的增长和学识的增加，他有了较强的抨击复辟王朝的自由主义思想。但是路易·拿破仑自幼长在皇宫，对皇权观念非常牢固，所以他的自由主义其实也很有限，不全面。但因他发誓与复辟王朝作对，便把自己称为"自由主义者"。于是这位"自由主义者"离开了瑞士，去了意大利——这是因为担心法国王朝的盘查。他在意大利时，巴黎发生了七月革命，推翻了复辟王朝。1831 年 2 月，因受法国七月革命的鼓舞，意大利中部发生起义。路易·拿破仑决定回国去做一次冒险。

当年拿破仑·波拿巴退位后，曾在诏书中指定他与再婚皇后玛丽·路易丝的儿子罗马王继承皇位。罗马王没有能继位，依然被称为"拿破仑二世"。1832年，拿破仑二世21岁时青年早夭。路易·波拿巴得知后，认为自己是下一个合法继承人。为了得到幸福，路易·拿破仑决定回国去做一次冒险。

1836年，路易·波拿巴潜回国内，暗中联络了几名当年拿破仑帝国大军中的老部下，谋划出一个煽动士兵政变推翻七月王朝的荒唐设想。他穿上伯父平时最爱穿的灰大衣，戴上一顶拿破仑的三角帽，带领几名老兵于10月31日闯进了斯特拉斯堡驻军的两个炮团。在军营中，他说明来意，号召人们打倒现任国王路易·菲力浦，拥戴他为国王。可是他的行为来得太突然了，许多士兵认定他是疯子，把他这次谋反当做了儿戏。几个小时后，人们将路易·拿破仑的兵器缴下，并将他送交警察局。经审理后，路易·拿破仑被流放美洲，一年后获释，回到瑞士，赶上了他与母亲奥坦丝见最后一面。

母亲去世后，路易·波拿巴没了牵挂，便又燃起了称帝的野心。他明白人们对他一无所知，必须先扬名立业，才能成事。他很快写成一部书《拿破仑思想》。在书中他将伯父颂扬为"平民英雄""大革命的真正代表"。但他本人最清楚，老拿破仑一生最忌讳的就是"平民"与"革命"，而把自己的称帝说成天意。只是为迎合民众看重自由，为得到名声，他才有意这样写的。七月王朝"决不为荣誉花一分钱"，使法国人十分憋闷，大家回忆拿破仑帝国时的强盛，争相购买路易·波拿巴的书。《拿破仑思想》引起轰动，仅在1839年内就接连四版。

急于当皇帝的路易·波拿巴认为时机成熟可以回国称帝了。1840年8月6日，他穿上法国军装，带领几个雇来的人从英国渡海来到法国，在布伦登陆。他一切效仿伯父，认为当年伯父在这里建立了布伦大营，他也可以像1815年老拿破仑由厄尔巴岛回国一样，引来全国军民的归附，一举夺回巴黎，重建帝国。可是，他的声望还远远不够，一本书并没帮他多大的忙，登陆不久他就被擒获了。七月王朝因他一再作乱谋反便判他终身监禁，关在大牢之中。恰恰是在这一年，法国将拿破仑的灵柩从圣赫勒拿岛迎回，由国家拨款100万法郎，在巴黎伤残军人院教堂的大厅建造了灵寝。这一举动使"拿破仑传说"更加盛行起来。路易·波拿巴虽遭终身监禁，却真的名声大噪。波拿巴又在狱中写下了《论消除贫困》一本小册子，博得了贫苦百姓的支持。6年后，路易·波拿巴越狱成功，逃出牢房，潜往伦敦。

1848年巴黎发生二月革命，推翻了七月王朝。消息传来，路易·波拿巴回到国内，表示要投靠新政府。但由于受到怀疑，波拿巴又被驱出法国，重返伦敦。出人意料的是，4月选举制宪议会的时候，竟有许多省份将路易·拿破仑选作议员。于是他又回到了巴黎，坐进了议会大厅。后来，由于新政府处事不当，使波拿巴当选了总统。

人们选举波拿巴做总统，本指望他稳定局面，改变法国动荡不安的现实。但选出总统后，国家却没有大的改观。

按宪法规定，法国选出总统半年之后，要举行立法议会选举。一向仇视共和主义的王党也打出"宗教、家庭、财产、秩序"的旗号参加竞选，其中尤其重视"秩序"，由此他们得了"秩序党"的绰号。秩序党内有两派，一派是"正统派"，全力支持复辟，领导者是复辟王朝第二任国王查理十世的孙子尚博尔伯爵，当时住在国外。另一派是

"奥尔良派"，首领是七月王朝国王路易-菲力浦的孙子巴黎伯爵。很显然，两派都是要恢复王政的，但因他们高叫"秩序"，迎合了人们的思想，于是在大选中获胜，赢得立法议会全数750议席中的约500席，而领导二月革命的共和派，却只得了不足100席。于是秩序党把持了立法议会，将二月革命以来的成果消除殆尽。他们禁止成立政治俱乐部和民众集会；限制新闻自由；禁止工人罢工；清洗共和派官员，甚至在1850年5月将普选权也废除了——普选权是二月革命最重要的成果之一，立法议会自身也是由普选产生的。此外，他们还整顿教育，将教育大权交给天主教会执掌，倾向共和、自由的教师大部分遭到了迫害。

秩序党的倒行逆施，遭到了全国的反对，却给总统波拿巴带来了好处。原来，秩序党并未将波拿巴放在眼里。在他们看来，波拿巴家族是赶不上正统的波旁王室和波旁的旁支奥尔良家族的。波拿巴经常被议会冷落，但他并不在意，甚至还任命秩序党内阁，总理就是奥尔良派的巴罗。波拿巴原本喜欢冒险，但却接连受挫，这次才变得比较沉稳。因他知道自己的实力还不够强大，国中又动荡不安，只能联系秩序党，巩固统治。但波拿巴并未放弃称帝的念头。直到1849年10月底，即他就任总统10个多月之后，才开始行动。

波拿巴首先解散秩序党内阁，起用多特普尔为总理，建立新内阁。多特普尔是波拿巴的亲信，他所建内阁中的部长，都是拥戴总统的，是个波拿巴派内阁。议会中的秩序党对此虽然十分气恼，但也无可奈何——任免内阁是宪法赋予总统的权力。他们将这个内阁叫作"爱丽舍宫党"，因为爱丽舍宫是总统官邸。这样，总统与内阁代表的行政权，与议会代表的立法权，不是分立而是对立的。

波拿巴多遭磨难，已非常老道。他深知，现在的对手就是"秩序党"，想要制服对手，必须树立自己的威信，让对方声名狼藉。为了抨击对手，笼络人心，增强实力，拿破仑命令创办《拿破仑报》，在舆论上压倒对方。他还建立起一个名为慈善团体的"12月10日社"。"12月10日"是波拿巴当选总统之日，故得名。"慈善"团体"12月10日"专收容流氓无产者——地痞、惯偷、赌徒、娼妓无所不包。他们被波拿巴收买，在巴黎和各大城市中心为总统歌功颂德。在总统出巡时，他们便混在人群中将场面弄得十分热闹，甚至喊出"皇帝万岁"的口号。民众们不知真相，也跟着他们对拿破仑产生了仰慕之情。

波拿巴还非常看重军队。他下令为兵士加军饷，赢得了军心。他爱检阅军队，在军士面前显露他作为拿破仑后代的威仪。每次检阅完，他都用烟酒肉肠犒赏三军，引起欢声雷动。1850年10月10日在凡尔赛近郊的萨托里军营阅兵时，总统举行盛大宴会，与全营官兵畅饮联欢。兵士们不断高呼"皇帝万岁！""腊肠万岁！"在这次阅兵时发生了一场风波。当时，骑兵走过总统面前时，呼喊"皇帝万岁！"而步兵走过时却不动声色。原来统领步兵的纳马耶将军事前已接到命令，禁呼口号。下令的人便是秩序党的尚加尼埃，时任巴黎卫戍与国民自卫军司令。因此，波拿巴十分气恼。不久，内阁陆军部长便将纳马耶免职。秩序党不同意，扬言要追究此事。那时波拿巴自觉还没有十足把握制服对手，便退让了一步，撤换了陆军部长。几个月之后，当波拿巴力量足够时，便起来还击,下令撤了尚加尼埃的职位。从此以后,军权落入了波拿巴手中。而此时议会中,竟有 200 多人退出秩序党,令其失去了多数党的地位。

到 1851 年时,秩序党已无法控制内阁、军队、民意及舆论,这些大权已转向总统一边。此时的波拿巴诸事顺意,只对一件事十分担忧。他的总统任期将满,而宪法中规定总统不能连任。据此,1852 年 5 月他便须离任,惟一的办法是修改宪法。于是他赶忙提出修宪。但依照规定,如果修改宪法必须有议会中四分之三的代表投票通过,投票者还不可少于 500 人。修宪最终没有获得批准。波拿巴又想出办法。1851 年 11 月他向议会提出,恢复已被议会废弃的普选权。若这一议案通过,全国选民将感激拥戴总统;若议案被否决,议会会孤立于公民之外,还会抬高总统爱民的声望。可是议会还是否决了这一议案,招来了民众的强烈反对。12 月 2 日,波拿巴见时机成熟,发动了政变。选定 12 月 2 日,意味深长——这是老拿破仑在巴黎圣母院加冕的日子。

12 月 2 日凌晨,波拿巴买通将军马尼昂,逮捕了议会中的重要人物。天亮后,全城贴出总统告人民书,告知总统要解散议会,恢复普选权。上述这些决定还要由全体公民投票表决。同时,波拿巴还平息了少数激进共和派反对者的暴乱。这就是有名的路易·波拿巴政变。事后公民投票,通过了他的决定。

政变后,波拿巴一面制服反对派,一面制定新宪法。他捉拿了数万名各类反对政变的人,将他们监禁或流放。这其中包括秩序党,更有共和派。1852 年 1 月,新宪法出台,总共只有 50 余条,限定了极高的总统权力。宪法规定,总统任期十年,既是国家元首,又是海、陆军统帅。总统可以任免官吏,还可宣战、媾和、执掌司法权,又与议会共有立法权。内阁各部长均分别对总统负责,而总统则不对议会负责,只对"法国人民"负责。由元老院、立法团构成的议会,已形同虚设。因此,宪法虽仍称法国为共和国,但总统权力已超过君主制国家的国王。一切显而易见——这部宪法是为波拿巴一人制定出的。但当时法国社会动荡,集权也有利于稳定局势。

大权在握后,波拿巴重视了工业发展,联系工业界;支持铁路公司合并;鼓励建立动产信贷银行,地产信贷银行;对工业、农业发放贷款,金融界也获得了利益。他的威信更高了。他又下令没收奥尔良王室的财产,用于公众福利事业,人民对他大加称颂。1852 年秋,波拿巴出巡法国中部、西部、南部,在他的演讲中,表露了恢复帝制之意。其实民众拥戴他,原本就是由于他那波拿巴家族的姓氏,已将他当成了皇帝后裔。但许多人也担忧,波拿巴是否会像老拿破仑那样好战。于是波拿巴又大肆宣传说:"帝国便是和平。"

议会中,波拿巴的党羽立即回应他的意图。11 月 7 日,他们颁布法令,宣告元老院决计法国恢复皇帝称号,奉路易·波拿巴为"法国人的皇帝",称拿破仑三世。波拿巴没有马上登基,而是又诉诸选民。选票统计结果显示:赞同帝制的 780 多万人,反对的 25 万人,6 万人弃权。于是,波拿巴又选定 12 月 2 日登基,做了皇帝,他的帝国史称"法兰西第二帝国"。

当上皇帝的拿破仑三世立即修改宪法,把原文中的"忠于总统"全部换作"效忠皇帝";帝国将"服从宪法,效忠皇帝"定为誓词;"自由、平等、博爱"之说也被废去;

国民自卫军也被解散，各政治俱乐部全遭取缔，新闻报刊都要由政府检查；教育上由天主教会管辖。拿破仑三世又将全国划作五大军区，各由一名元帅统管，依照《治安法》，对军队进行严格控制。

第二帝国的专制统治，不亚于拿破仑·波拿巴的第一帝国时期。但正因为专制，国内各派的政治活动才被压制下去，结束了动乱的局面，国家稳定了下来。产业革命因稳定的政局而突飞猛进，十几年内趋于完成。第二帝国的经济发展，远远超过了十九世纪的任何年代。此时，帝国的政策也顺应了产业革命的需要；鼓励民间建立股份合作公司；对煤、铁、钢、机器制造、毛织、航远等重要产业实施减税；修建铁路、公路，改造兴建大城市。如今法国铁路线长度的五分之二，就是第二帝国时修筑的。巴黎如今的格局，也是那时奠定的。此时的银行业，已不再仅从事借贷，而是开始向企业投资；农业因为排水法、开垦法的实施，乡间公路的铺设也迅速得到发展。因为局势平稳，政策得当，法国经济快速发展起来。蒸汽机数量增加了 5 倍；城市人口由不足总人口的五分之二，增至半数以上；农村人口减少，产量却大增，农耕普遍运用机器，还施用了化肥。到了 19 世纪六十年代，法国已可用机器制造机器，完成了产业革命。

经济发展，国力增强，使拿破仑三世忘记了"帝国便是和平"的诺言。于是他与俄国进行了克里米亚战争，在中国同英国结为联军，火烧圆明园；在非洲侵占阿尔及利亚全境，并侵吞塞内加尔；在亚洲还开始侵入印度支那半岛；甚至远征墨西哥。在欧洲他还对奥地利宣战，谋取意大利的领土。人民起初对他的行为没有怨言，但很快就有了反对情绪。到路易·波拿巴在位晚年，对外战争已使国库极为匮乏，兵役越来越繁重，赋税一日甚过一日，人民苦不堪言。在七十年代的普法战争中，法军大败，被迫割地赔款，国力衰弱；人民痛恨帝国，共和运动和工人运动兴盛起来。1870 年 9 月，法兰西第二帝国灭亡。1873 年 1 月，拿破仑三世因病逝世。

18 世纪最后一位伟大的生物学家

拉马克是进化论的伟大先驱。

1744 年 8 月 1 日，拉马克出生了。他是家里的第十一个孩子。而在他前面的十位哥哥和姐姐却早早地夭折了。

拉马克的家庭是破落贵族出身，父母遭受了众多的打击，实在不愿意看到这个小儿子再有什么不测，于是让他学神学，以便将来成为一位牧师，过平平安安的日子。

但拉马克不愿担任神职，他很孝敬父亲，不愿惹他生气，也不愿让父母担心。父亲去世后，拉马克便不再去教会学校了，而是参了军。

正值普法战争之际，拉马克参加了法国志愿军。在战争中，拉马克表现英勇突出，很快被提升为上尉军官，不走运的事情是，他患了颈部淋巴腺炎，被迫退役。拉马克的梦想破灭了，他很想做一名军官。

军官做不成，拉马克又由于退役金太少，去银行找了一份差事。在这期间，拉马克接触到了气象学,他对自然科学产生了浓厚的兴趣。

但是他的人生选择游移不定,他又去巴黎高等医学院进修,一度想成为银行家的他又想做一名医生了。医学课中的必修课有一门便是植物学。

25 岁的拉马克在学习植物学时,常常去特里亚农皇家植物场和巴黎植物园去观察植物,那里也经常有许多演讲。

1768 年,生物史上一个有意义的时刻出现了:

拉马克虽然对植物学感兴趣,但又拿不准到底该怎么做。他打过仗,当过银行职员,现在又学医、学植物,直到近三十岁,还没有什么成就,也没有一个稳定的选择,所以很是苦闷。

这天,拉马克徘徊在植物园里,若有所思,望着一处处的植物出神。巴黎植物园游人如梭,风景优美,但拉马克似乎视而不见。这时,一位年近六旬的老者走来,二人交谈起来。拉马克与这位老者一见如故。

老人的谈话幽深而且隽永。他是那么富有智慧,句句如启天籁。拉马克心中的许多迷雾如同被大风吹走一样,拨开迷雾的话语使他心中充满了阳光。

拉马克通过谈话,决心要走上科学研究之路,献身生物科学。他和老者也相互认识了,原来这位老者就是伟大的启蒙运动的思想领袖和先驱者——卢梭。

拉马克向卢梭请教,他们还一同采集过标本,商量问题。特里亚农皇家植物园的园长是一位著名的植物学家,名叫朱西厄。他自己独立地提出过自然分类法体系,在学术界享有盛誉。他很欣赏拉马克的才能,热情地帮助拉马克,尽自己的经验和条件倾囊相赠。

拉马克从 1768 年下定决心研究植物学开始,经历了 10 年的辛劳。

1778 年,三卷本的《法国植物志》出版了。通过这部书,拉马克进入了法国科学界。植物学家很重视他的研究。

法国皇家植物园园长布丰很欣赏拉马克。在他的努力下,1779 年拉马克当选为法国科学院院士。布丰于 1782 年帮助拉马克求得巴黎皇家植物园植物学家的头衔。器重拉马克的布丰,还聘请拉马克做自己孩子的家庭老师,为拉马克解决经济困难。

拉马克作为园长儿子的导师,出国考察访问,游历了匈牙利、奥地利、德国、荷兰等地,这丰富的阅历为他以后提出进化论奠定了广博而深厚的知识基础。

拉马克终生贫困,他年轻时没能获得多少金钱,而他后来又遭到守旧势力的刁难和攻击,一直没能过上优裕的生活。

1782—1791 年,他被委托编写了《植物学辞典》和《植物图鉴》。在这两本工具书中,拉马克记载了近两千个属类的植物,他还绘制了约 900 幅植物图版。后来,他的著作被收入法国大百科全书。

1788 年,布丰去世,临终前关照后继园长对拉马克多加照顾。就这样,凭着朋友的赏识和自己的能力,拉马克做了皇家植物园的植物标本管理员。

法国大革命爆发了,皇室被推翻,拉马克建议保护科研单位,善待员工和珍贵的标本。他提议可将植物园的名字改成"国立自然历史博物馆"。

国民议会同意了拉马克的请求，而且还设立了讲座。这需要教授进行知识讲解和整理，并进行研究和教学。很多科目都有合适的人选，惟独低等动物学缺少这一职位的合适人才。拉马克是资深生物学家，所以上任弥补了这个空缺。

这时的拉马克已年届五十，时年1794年。低等动物学在当时是最落后的生物学科，人们都不愿意搞这项研究，因为此项研究复杂而且艰难。而最难的项目是蠕虫和昆虫的研究。

拉马克改行埋头苦干，一直到他去世，整整研究了35年。

1801年，拉马克发表了专著《无脊椎动物的分类系统》。这部书将他转入动物学研究近五年的成果进行了概括总结，在世界上第一次提出了进化论的思想，首创了两个科学概念即"脊椎动物"和"无脊椎动物"。

1809年，《动物哲学》出版了。这部书奠定了现代无脊椎动物分类的基础，极为系统地表明了进化理论，明确提出了生物进化的学说。

拉马克是世界最早提出进化论而有条理且合逻辑的人。

首先，拉马克向神权提出了挑战。

他认为，生物的进化是阶梯发展的序列，由简单到复杂、由低级到高级。如果进行动物和植物的分类，必须遵循进化原则。拉马克指出，生物不是上帝原创的，而是自然本身在其漫长的时间内形成的，由进化而来。

在进化的过程中，生物树不断分枝分权，形成一个谱系。

拉马克提出推动生物进化的力量是内部原因和外部原因共同作用。其一是物体内部固有的进化倾向，其二是外部环境的影响。其中内因是大方向，起决定作用，而外因造成了分支，形成谱系。

拉马克提出"获得性"遗传和"用进废退"的理论。

比如说长颈鹿，拉马克认为，某种动物，可能是长颈鹿的祖先。原来这种动物的脖子没有那么长，但是随着环境的变化和它们的主观意志，它们要经常采集树叶，不断地伸长脖子，还有四肢等能使上劲儿的器官也不断地前伸。

在这个过程中确实有些器官会发生变化，而这种变化会日积月累，在后代身上体现出来，每一代比上一代明显，一代一代就成为今天的样子。

拉马克提出的动物进化有主观愿望和获得性遗传，在今天看来是不甚科学的。首先主观性愿望是错误的意识与思维上的认识，至于获得性遗传，没有什么证据表明确实如此。

但拉马克所含的"用进废退"思想却极其有价值，这种说法引导了很多科学家。

拉马克的思想打破了"物种不变"的陈旧观念，保守势力、宗教势力勾结在一起反对他。他意志坚强，相信历史会证明他的价值。

其实，拉马克在失去卢梭与布丰这样的良师益友之后，便没有多少顺心的日子。新任园长不过让他做了一名保管员，以他的才能又何止小小的保管员呢？共和国政府增设讲座讲授时，明知他是植物学上的权威，却留下一个最冷最难的动物学教席给拉马克。

更令人寒心的是居维叶。他是19世纪初期法国生物学"独裁者"，很有天才但却与政府混得火热。他持"灾变说"而反对进化论。居维叶是拉马克一手举荐的,但他处处打击拉马克,已经超出了学术范围。因为他和官方关系极其密切,热爱科学人才的拿破仑受居维叶影响加上自己的偏见,竟然也当面侮辱拉马克。

老人77岁时双目失明,这是由于他长期在显微镜下积劳成疾而成。他在生命的后十年,口述了《无脊椎动物志》最后两卷。

1829年,伟大而坚强的拉马克走完了他达观开朗而又受苦受难的一生。他一生贫困,然而又遭受冷落和打击,失去忘年之交的他一生少有知己。

死后,拉马克连一块像样的墓地也买不上,在贫民窟的公墓草草安葬。

然而他是正确的,那些保守势力没有做到让世人怀念,只有历史铭刻着他伟大的业绩。在1909年,巴黎树立了拉马克的铜像,镌刻了他惟一的亲人——女儿柯尼丽亚的话:"您未完成的事业,后人总会替您继续的,您已取得的成就,后世也总会有人赞赏吧!父亲。"

库仑定律

1785—1786年,法国物理学家库仑发现了电荷相互作用的定律,这一定律标志着电学成为科学。

库仑本来学习的是工程与建筑学,也就是说,他是一位工程师。库仑曾经在法国巴黎的军事工程学院学习,那时他开始阅读牛顿的有关著作。

在18世纪40年代,荷兰的实验中发现了玻璃瓶储电现象,物理学教授马森布罗克发明了莱顿瓶。这种设备其实很原始,它却在电的研究上起了巨大的作用,因为电无法触摸,更不好控制。

人们早期研究电现象时,只是忙于观察放电以及导电等性质,还不知道电的度量。在静电研究中,到底怎样测定电量是一道难题。

在静电研究工作中,有两个人的工作我们要充分肯定,即卡文迪许和库仑。

卡文迪许是科学怪人。

现在世界上有著名的卡文迪许实验室,就是剑桥大学为纪念这位伟大的科学家而建立的。卡文迪许终生未婚,献身科学研究。

他是英国人,贵族出身。因为他的性格郁郁寡欢,很孤僻,不爱凑热闹,也不把研究成果发表出来,只是一味地研究,所以他被称为"科学怪人"。后人认识到了他的很多价值,而他在当时并不为人所注意,只是因为他的遗稿被人发现,许多天才的创见才没有埋入地下从而得见光明。

卡文迪许用英国地质学家米切尔发明的扭秤测出了万有引力常数,在电学方面做出了富有开拓性的工作。但是,直到半个世纪之后,他的工作才被人发现。卡文迪许取得了当时世界第一流的成就,但是由于湮没了50多年,因此已经有别的科学家提出了某些论点。没能充分利用上卡文迪许的研究,是物理学界的遗憾,这主要与卡文迪许本人有关。

卡文迪许用扭秤测万有引力常数,库仑用扭秤测量电荷之间的相互作用力。

1777 年,库仑从磁罗盘的研究出发,发展并深化了扭转的有关理论。他证明出,物体如果发生简谐振动,扭力和扭转角成正比。同此,库仑自己研究出来测量微小作用力的扭秤。

库仑发明的扭秤,其实是一条很轻的水平铁片。在铁片中点上,系着一根长长的细铁丝,整个装置挂在玻璃匣之中,这样就是扭秤了。

库仑把一个带电的球放在铁片一端,另一个带电的球放在铁片的另一端。这样,扭秤就会转动。从而可以发现两个带电球体间的作用力。库仑计算出,这力与球体中心间的距离成平方反比。

虽然如此,库仑发现了电荷间的电力关系,但是具体电流量的大小很难测出。

卡文迪许所用的方法是感觉法。他用手指抓住电极的一端,电流要么到腕关节,要么到肘关节,甚至到身体,由此来估量电流是强还是弱。

这终究不是长久之计。库仑想出一个中间物体。他最终发现,电的引力或斥力与两个小球上的电荷之积成反比例。他和卡文迪许都认识到了这一点。

电学定性定量分析从此开始了,人们把这个关系称为库仑定律,它和牛顿万有引力定律出奇的相似。大自然真是奇妙莫测,遍透玄机。

听诊器的发明

我们经常体检,现在常用的检查内脏的简便仪器是听诊器。

它有一个"盒子",是凉凉的金属制品,用来贴在想诊断的部位,有两根长长的管子挂到医生的双耳,就像听录音机时的耳机。如果带上它,可听到肚子内部的声响。

据说,有一位医生,他是间谍。后来被当地反间谍机构查出来,当搜查他的窃听器时却没有找着。原来这个医生用他的听诊器靠近在墙上,用来偷听屋内情况,如果人们在交谈,自然可以听得很清楚。

在听诊器没有被发明出来以前,医生诊断病情用的基本上是一种方法,传统的摇动或用耳朵直接听。

如果诊断胸膜炎,就要去摇动病人的身体,时而把耳朵贴在胸腔上听。这种办法很麻烦而且又不十分准确。况且还很不方便,比如说男女之间,就较为麻烦。

一个偶然的游戏,刺激了一个简单而又实用的发明。

据说在 1809 年,法国医生利奈克斯在巴黎。一天,天气很好,他在广场上散步。

一群孩子在做游戏。广场边上有一根很粗很圆的大木头,被刨了皮不知要做什么用。一个孩子在木头的一边,耳朵紧紧地贴在木头的截面上,在认真地听着什么。

忽然他高兴地喊了起来:"听到了!我听到了,你敲了 6 下!"

利奈克斯循着孩子的目光看去,木头的另一端也有一个孩子趴着。

于是，他走过去看他们究竟在干什么。只见孩子的手里拿着小钉子。他问到："亲爱的孩子们，能告诉我你们怎样玩吗？"

这几个小朋友做示范给他看。原来很简单，不过是一人敲一人听而已。

利奈克斯于是伏在木头的一端，他听到了清脆的敲击声。突然，他想到了什么，眼睛一亮，说："这下好办了！"

利奈克斯迅速回到了医院，恰好有患者来检查。他于是卷了一个纸筒，用耳朵贴近一端，另一端去听病人的心跳及呼吸，比早时清楚一些，他高兴极了。

从此，利奈克斯按照这个模糊的思路开始试验。他找来各种材料，不同种类的木头，不同种类的金属，空心棒、实心棒，等等。

经过试制，利奈克斯做出了"胸部检查器"，就是现在听诊器的雏形，是用橡胶管做成的并且带了两个喇叭状的听筒。

利奈克斯发明了听诊器，可以比原来清楚许多倍地听到胸腔与腹腔的声音。但是声音各不相同，不同的位置不一样，一样的位置每个人也不尽相同，至于怎样确定病因，则是诊断学上急于解决之事。

利奈克斯认真研究，他积累了丰富的临床经验，悉心记录各种资料，归纳总结出疾病所对应的声音以及一些误诊情况。

1819年，利奈克斯发表了专著《心肺病与听诊法》。这样，听诊器与诊断学有机地结合在一起了。

从此，听诊器成为初步诊断方便、快捷且实用的工具。

1826年，利奈克斯染上结核病，不幸逝世，年仅45岁。

近代化学之父——拉瓦锡

安东·洛朗·拉瓦锡于1743年8月26日出生于巴黎。他的家庭起初比较优越，父亲是一名律师。同样，子承父业是父母的一贯想法。但是拉瓦锡对法律不感兴趣，而是从小就对科学研究情有独钟。

在1754年，拉瓦锡进入马扎林学院学习。著名的达朗贝尔在这里教科学课程。化学家卢埃尔也在此传授知识。卢埃尔经常用实验推翻自己的理论，引导同学们实事求是，勇于实践，勇于怀疑。

拉瓦锡后来上了法学院，获得硕士学位。但是中学教育使他埋下了从事科学的种子。

那时，法国的道路建设有一个难题，就是解决照明设备和路线。当时用的都是点油灯。灯很高，每天都要人去点，还要人——熄灭。不仅费时费力，而且还常常因为不清不明发生交通事故。

1765年，法国科学院公开征奖，解决街道照明问题，题目就叫"大城市的照明"。拉瓦锡写了一篇很富有创见性的论文，这篇论文充分地展示了他的才华。他的方案并没有得到实际运用，但是法国科学院被这篇不俗的论文震动了，经过授奖委员会评议，决定给予拉瓦锡金质奖章。

在授奖大会上，场面十分隆重，各位院士及科学院院长对拉瓦锡赞赏有佳。大家一致赞扬他才华出众，希望他更加努力，早日成为科学家中最荣耀的人——院士。

这一次的获奖坚定了拉瓦锡的科学研究信心，使他认识到了自己的科学才能。他于1767年，同地质学家盖达尔考察，去野外绘制法国的矿藏分布。考察之后，他还写了论比重计的论文。最后，时年24岁的拉瓦锡入选了法国科学院。

我们知道，"燃素说"统治了人类很长时间。斯塔尔认为，燃素包含在所有可燃物之中，物体燃烧的过程是燃素失去的过程。如果燃素重新得到，那么物体就复原了。

对燃素说的彻底否定是拉瓦锡掀起的化学大革命。拉瓦锡用很多种东西做实验，他还用过贵重的金刚石。结果发现，没有空气的话，金刚石就不会燃烧。后来，拉瓦锡发现磷与硫燃烧之后，重量反而增加了，于是他想到可能是空气中某种物质进到硫磷化合物中去了。

拉瓦锡还研究了汞，他发现了汞在高温受热情况下生成物汞灰增加的重量与空气中减少的重量完全相等。如果继续加热所谓汞灰的话，汞灰又成为汞，而空气中那失去的重量又被补足，补足之后的空气没有性质上的改变。

1774年，拉瓦锡为了验证自己的猜测，又设计了新的实验。拉瓦锡把铅和锡放入密封好的容器中，容器中的空气也被密封了。结果发现金属的表面变了，就好像是烧剩下的"灰烬"。这种"金属灰"就是燃烧产物。如果按照燃素说解释的话，固定物的重量会增加。于是拉瓦锡把密闭了的容器称量，结果没有发现增重。于是他想到，金属的质量是否有改变。结果他一称整个固体物，发现重量增加了。那么可以推断，空气的质量（密闭容器里的空气）一定是减少了。

但是要是空气减少了，压力就会变小，外面的大气压大，所以一定会有外界的空气涌入容器之中。拉瓦锡是这样猜测的。结果正如他所猜测的一样，空气涌进了容器，容器的整个重量增加了。

当时人们不知道空气是由很多种气体混在一起而成的。但是拉瓦锡却认识到了金属的燃烧不是"燃素"的作用，而是和空气中的某些成分相化合。

这个结论拉瓦锡没能迅速认识到。不久，他遇到了普利斯特，得知了普利斯特的实验，他于是重新做此实验，得出了"较纯净"的空气，其实是氧气。

拉瓦锡建立了"氧化"概念。

1783年，拉瓦锡向法国科学院公布他的研究理论，开始指出燃素说的很多不成立之处。他认为，他建立的氧化理论可以恰当地符合实验，可以很好地解释燃烧现象。拉瓦锡还举行了一个象征仪式，由他的夫人装成女祭司的样子，向燃素说告别。"驱赶"燃素说的办法是焚烧了几部重要的燃素说代表作，斯塔尔的作品首当其冲。

氧气的发现是化学的革命性进展，氧化理论的建立突破了旧有思维，打开了近代科学的大门。真正的燃烧本质正是氧化过程。

1778年到1789年间，拉瓦锡完成了《化学大纲》。

《化学大纲》是化学史上的四大名著,成为世界化学史的经典之作。《化学大纲》把当时已经认识到的33种元素分成金属、非金属、气体、土质共四类,并且探索了元素周期律。

《化学大纲》准确而具体记载了各种证据和实验,都是为了推翻燃素说,证明氧化理论。这本书以氧化理论为中心,认为化学应该认识到世界上最基本的物质组成——元素。书中的每一种元素都是经过实验认证的。

拉瓦锡还提出了化学反应中质量守恒的原理。他善于运用定量分析法。

早在推翻燃素说以前,拉瓦锡用定量分析的方法研究了"水可变土"的观念。

赫尔蒙特曾经把柳树种在土里,经过雨水的浇灌,土壤烘干后,重量增加了。他这样做是为了证明水能变土。其实是矿物质在起作用,自然界的水是不纯净的,土壤重量的增加是因为水中的矿物质等其他杂质残留在土壤中造成的。

拉瓦锡用纯净的蒸馏水做实验。1768年,他用蒸馏得极其纯净的蒸馏水在密闭的容器中加热,一直让水沸腾了100天。拉瓦锡用仪器精密地测量,发现水中确实有沉淀物。这是怎么回事呢?他又称了称有沉淀物的液体,重量增加了!

但是拉瓦锡没有被表面现象所迷惑。他经过周密地思考,认识到了其中还有器皿在捣鬼。于是他精确地检测了一次,发现玻璃器皿减轻了,也就是说,沉淀物是玻璃器皿造成的。果然,沉淀物的重量和器皿减少的重量恰好相等。

1766年,科学怪人卡文迪许发现了所谓的"易燃空气"。这其实是氢气,但当时谁也认识不到而已。

在1781年时,普利斯特做实验发现,这种可燃空气在空气中燃烧后有小水珠。卡文迪许实验表明确实是水。拉瓦锡不久也得知了这个实验,他凭着理论的敏感,认识到所谓可燃空气肯定是与氧气化合了。他做实验证明了,在实验中生成的水的重量正好等于空气中减少的这两种气体的重量。于是进一步,拉瓦锡指出,水是化合物。

法国大革命很快就爆发了。大革命的领导人之一是著名的马拉。

马拉年轻时也考虑过科学问题,还向法国科学院递交了一篇论文,讨论火的本质。但是他的论文质量实在太差,负责审定论文的正是拉瓦锡。拉瓦锡毫不客气地将论文退了回去,没想到这一坚持科学的举措为他带来了隐患。

马拉对拉瓦锡怀恨在心,认为他骄傲自大,看不起人。

拉瓦锡的家庭是很富有的,但他主要用来科学研究。装备实验室等等需要很多钱,拉瓦锡没有足够的经济来源是不行的。他所处的法国路易王朝有一项制度,王朝征税不是政府办理,政府把收税任务交给税收公司,由他们出面收税。只要完成王朝下达的任务,多余的钱全归公司所有,王朝的政府不再过问。

这一下弄得民不聊生。征税人苛捐杂税,残酷剥削人民。因此,城市平民对税收公司恨之入骨,准备酝酿革命推翻腐败王朝。

拉瓦锡身在旧王朝,便将自己的资金投入到一家包税公司,这样每年可得到可观的提成,虽然没有参与直接剥削,但拉瓦锡也因此成为征税人股东。他的钱基本上花在了实验设备与研究开支上。

大革命时期，1793 年，雅各宾派党人领导政权，他们实行恐怖统治。包税公司的人全都被抓起来，要处死以泄民愤。

雅各宾派只当权了不到两年就被推翻了，因为他们过于残酷。处死拉瓦锡对他们的下台也是一个冲击。拉瓦锡作为一名大科学家，虽然参与了征税，但不是恶劣之极，并且很多人出面为拉瓦锡作保。但马拉对拉瓦锡怀恨在心，所以，他从中作梗，坚持要处死拉瓦锡。1793 年 7 月，马拉被暗杀了，他虽然死掉，然而所谓的革命法庭却急急忙忙地下了命令，对拉瓦锡处以极刑。很多人反对，拉瓦锡也要求给予缓期，但是不仅没有缓，反而被立即执行。就这样，天才的拉瓦锡死了。

仅仅两个月后，雅各宾派被推翻了。试想这样的恐怖政权能存在很长时间吗？大科学家拉格朗日感叹，砍掉拉瓦锡的头很简单，不过是瞬间的事，然而整个法国要是还想长出这样一颗脑袋，恐怕一百年都办不到。

然而历史与人民是公正的，在拉瓦锡死后不到两年时间，人们在巴黎树起了他的纪念铜像。

作为一个科学家，拉瓦锡在法国人民心中留下了不灭的记忆。

1943 年 8 月 26 日，是拉瓦锡的二百年诞辰。这时的法国，正处在德国法西斯的恐怖禁令之下。他们不允法民众上街出门，更不允许巴黎人民举行集会。然而，人们不顾安危，纷纷涌上街头，举行隆重的纪念大会，怀念法国人民的骄傲，反抗法西斯暴行。

拉瓦锡不愧是近代化学的开创者和奠基人。

居维叶的功与过

居维叶是一名神童，据说他 4 岁时就能自己看书学习，14 岁考入德国斯图加特大学学习生物学，正当法国大革命时回到了法国。

居维叶 1769 年出生，法国东部人氏。大革命后，由于拉马克的建议，原来的皇家植物园改名为国家自然博物馆。政府又增设了讲座教授的职位，动物学方面，低等动物学的职位由拉马克担任，高等动物学拟定由圣提雷尔担任教职。

但是圣提雷尔对古生物学很不熟悉，于是拉马克等邀请了 25 岁的居维叶。

居维叶最出众的领域是比较解剖学研究。

居维叶对动物十分熟悉。有一次，居维叶见到一张化石素描，图上是一种从来没有见到过的古代动物形状。有的人说是和蝙蝠相似的动物，有的人说是远古的鸟类。居维叶运用器官学的知识以及定律，仔细观察了图中动物的头部和前肢的特点。然后告诉大家，它是一条会飞的恐龙，后来人们发现居维叶判断十分准确，是翼龙化石。

居维叶提出了系统性原则和类比性原则。这些原则在比较动物学中占有重要地位。系统性原则可以由动物的一个部分推断另一部分，类比性原则可以从已知动物的局部结构推出未知动物的局部结构。

居维叶根据这些原理，根据许多化石，复制出 150 多种已灭绝的古代物种。比如说，有一次，人们普遍认为发现了古人类头骨，大家以为是诺亚方舟大洪水事件以前的人头骨。但是居维叶根据类比与系统原则，指出这个骨头是一种巨大蝾螈的遗骨。

居维叶对动物的形态及相关功能有极强的判断力，有一个故事极为有趣。一次，很多学生装作妖魔吓唬人，带着牛马的面具冲进居维叶的卧室，叫嚷着："我要吃你，我要吃你！"孰料，居维叶被惊醒后只说了一句："你这个样子有角有蹄子，习性应该是吃草才对，吃我是不可能的。"随即又睡觉了。

居维叶提出了更加科学的动物界分类系统，而且开创了化石的分类工作。他已经看到，古生物与现代生物不完全一样，不同地层中的动物化石不同。地层越古老的化石越简单，地层越接近现代的化石越复杂。

又根据解剖事实，居维叶确定了动物在动物序列中的进化位置，确立了各物种之间的亲缘关系。

这样，居维叶成为比较解剖学、古生物化石分类的奠基人。他写成《化石骨胳研究》一书，汇集了他把零碎化石复原动物形态和功能的技能知识，为古生物学打下前提基础。

19世纪，人们在巴黎挖掘化石，化石处在石灰岩地层，刚刚露出一部分时，居维叶便说到："这一定是负鼠化石，其腹部应该有一块小的袋骨，用来支撑它的袋子。"等到化石出来之后，一点儿都不差。人们被他惊人的推断能力折服了。

居维叶的研究，已经为进化论找到了一定证据，但是居维叶是一个有神论者，他相信上帝。他提出了"灾变说"。

灾变说的观点认为：历史上，地球泛滥过多次大洪水，每次大洪水将生命一个不留地毁灭。这些在不同的地层中存在的遗骨就是生命被数次毁灭的证据。

每次大洪水后，造物主都制造新的生命，但是每次制造的都不一样，所以自然每个地层中的生物形态不同。

1825年，居维叶出版了《地球表面的革命》一书，书中阐明了反对进化论的观点。

拉马克与圣提雷尔都有进化论思想，他们与居维叶展开激烈的争论。然而，居维叶面对自己的提拔者和举荐者丝毫不讲道理，从学术以外的角度攻击他们。居维叶利用自己与政府的密切关系，背信弃义地打击拉马克。

他是一名杰出的解剖学家和古生物学家，他积极投入到政治斗争中。投入政治本来是个人选择，无可厚非，但是他利用手中的权势进行个人压制，被称为"19世纪生物学界的独裁者"。

安培的贡献

1821年初，安培提出著名的假说：物体内部的分子中均带有回旋电流，这形成了宏观磁性。这一假说在70年后被证明，由此可知安培在电流磁性等方面的卓越思想。

我们平常总说"电流"，这一概念是安培提出的。在奥斯特与安培之前，电学主要停留在静力范围内。安培首先提出"电动力学",用以指明此学科是研究电荷的运动问题。库仑定律是电静力学中的基本规律,安培定律是电的动力学中的基础法则。

电动力学是从安培手中诞生的。

在他之前的奥斯特只是发现了一个现象,安培却能在此基础上迅速发展,在4个月的时间内由实践到理论,诞生新的学科,可见他是一名理论与实践能力均十分优秀的物理学家。他敏锐地推广研究了电流与电流的相互作用,导出系列规律。

安培提出,不但磁针受电流周围的力的作用,电流自己也互相发生作用。电流元之间的作用力与距离平方成反比,这奠定了电动力学的基础,由电流所生的力归结到平方反比定律,因此同万有引力及磁极间、电荷间的力一致了。这迈出了"场物理学"的一步。

安培于1775年出生在富裕的商人之家。在法国大革命时期,安培的父亲被处决,所以安培养成了孤独郁寡的性格。

他是一位爱陷入沉思的教授。有一次,皇帝邀请他参加宴会,他竟然忘记了。

在奥斯特的发现提出后,安培提出了磁针转动方向与电流方向相关判定的右手定则。继而,安培讨论了平行截流导线间的相互作用。1820年下半年,著名的安培定律提出。

安培在实验中发现,直流电对小磁针有作用,但是圆形导线和矩形导线形成的电流回路对小磁针也有磁力作用。安培利用地球的磁性和电流结合的原理,用圆电流来解释地球磁性的产生,这很有创见。

有一次,物理学家阿拉戈去安培家拜访,看到安培的桌子上放着伏特电堆做成的电源,还有许多仪器。

安培向他解释说,在磁针上空有一条导线,通电之后,导线产生的磁力会使磁针偏转。这就是奥斯特实验。

安培又说:"现在,我这里有一个线圈,我将这线圈通电,可以看到一个现象"。

线圈通电后,安培用磁铁和线圈相作用。阿拉戈看到后有所醒悟地说:"看来,线圈也可以成为磁铁"。

"不错",安培说,"正是电流通过线圈,线圈的两端产生了磁力线,改变电流方向也就改变了电磁铁的两极。"

实验继续下去,通电的线圈把金属中的铁质物品都吸引住了,桌面上的铁屑,铁钉之类物品纷纷向"磁铁"靠拢,被通电线圈牢牢吸住。

安培突然间把电源关闭,电流不存在了,只见通电线圈上吸附着的铁钉之类的物品纷纷落下。

安培就这样发明了电磁铁。

电磁铁灵活易用,对人类生活产生巨大影响。这是电磁理论的一个简单应用,可见电磁学应用的重要性和社会价值。

物理学又一遗憾

在科学史上，总有许许多多的遗憾。比如科学怪人卡文迪许，他不发表自己的东西，结果失去了价值。还有很多科学家做出重大的发现或发明，总因为人生或社会的种种因素而导致遗憾产生，有时这不仅仅是遗憾，而是让人痛心异常。

萨迪·卡诺就是这样一个人。

卡诺出身于一个名门望族。他的父亲是法国大革命时的政府官员，担任要职，并且是著名的数学家，担任过陆军部部长的职务。卡诺弟弟也是政治家，而卡诺的侄子后来则是法兰西第三共和国的总统。

卡诺早期的工作并没有引起人们的注目。

1753年，卡诺出生。1821年以后，卡诺研究蒸汽机，他很想提高热机的效率。

在18世纪中后期，蒸汽机使人们进入蒸汽时代，各行各业都在使用蒸汽机。但是蒸汽机的效率实在是太低了，如果用实际数字来说，烧100千克的煤其实只有5千克有效地被利用。这不仅造成能源的浪费而且也不能很好地提高效率。

据说，卡诺研究蒸汽机是由于一件事情引起的。

1814年12月，巴黎举行一场蒸汽机比赛，卡诺也有所耳闻。结果法国产的蒸汽机磨面比英国产的要少，自然就输了。

卡诺很受震动，决心投入到热机的理论研究中去。

就在1814年，卡诺成为一名军事工程师。卡诺走访了很多工厂，实地考察总结了很多经验。尤其在1821年后，卡诺集中精力研究热机。

1824年，卡诺发表了他一生惟一的一篇论文《关于电的动力的研究》。在这部著作中，卡诺构造了"理想热机"，他认为，多数人在研究和改进蒸气机时，对蒸汽机效率的概念理解是错误的。一般人往往只注重讨论蒸汽机的实用性、安全性以及燃料经济性，而没有找到热机效率提高的根本途径。

卡诺经过近三年的研究，认为理论上的理想热机模型是一个高温热源、一个低温热源和理想的循环方式，三者缺一不可。

卡诺认为，热机工作是由于热从高温向低温流动而热量本身不减少的结果。这好比水从高处向低处流动使水车工作，但水却不减少一样。

这个思想其实是从错误的热质说而来的。

卡诺得出的结论是正确的，但他的出发点是错误的。他信奉热质守恒原理，相信热机工作过程中热量并没有损失，这就使他在论证的过程中采用错误的原则。

而英明的卡诺自己认识到了热质说的错误，从1830年起，他就改变了观点。卡诺自己说过这样的话："热不是别的什么东西，而是动力，或者说是改变了形态的运动，它是一种运动。动力是自然界的一个不变之量。严格地说，动力既不能产生，也不能消灭。实际上动力只改变它自己的形式，也就是说，它有时引起一种运动，有时则引起另一种运动,但决不会消灭"。

把卡诺所说的动力换成"能量",我们说,他已经认识到了能量守恒的原理。进一步,卡诺从极其简单但又十分有效的逻辑推理出发否定了永久运动的理论。

这就是"热力学第二定律"。

然而,卡诺的著作销售情况极其冷清,根本卖不出去。整整 11 年,没有销出去几本,更没有造成什么影响。

至于上面我们引的内容,是他后来抛弃热质说之后提出的能量守恒原理,从而成为发现能量守恒原理的世界第一人,虽然还没有完全科学地丢弃热质说而证明结论,但毕竟功绩不可埋没。

如果说卡诺没有引起世人注意是一个遗憾的话,他的去世则更加令人遗憾。

1832 年,巴黎格外炎热。卡诺积劳成疾,身体十分虚弱。不幸的是,他突然患上了猩红热,紧接着又得了脑膜炎,最后染上了霍乱。

36 岁的卡诺早早地离开了人间。

因为卡诺患的是霍乱,所以他接触过的一切物品都将被烧掉。卡诺的大量著作被烧掉,他的弟弟保留了哥哥的部分残卷,我们今天就看到了能量守恒的理论。至于其他,不得而知。

直到 1878 年,卡诺的著作才发表,但作为物理理论,已经实际上失去意义了。很多人在卡诺之后都认识到了这一定律。

卡诺的热机理论直到 1834 年,才由一位工程师克拉伯龙继续研究,以解析图式清楚地描述了卡诺循环,近似说明了蒸汽机的性能。

卡诺的思想中包含了热力学第一定律和第二定律的部分内容。后来德国医生迈尔、英国焦耳等众多不同地区不同身份的科学家从不同角度提出了这一理论,而克劳修斯在卡诺基础上正式提出热力学第二定律。

英年早逝的卡诺具有热力学史上的奠基意义。

音乐史上的怪物柏辽兹

柏辽兹(1803—1869)是一位具有传奇经历以及独特素质的法国音乐家。柏辽兹在音乐史上已成为一段公案,人们对他的音乐创作,褒贬不一,毁誉参半。法国人德彪西就曾把他叫做"音乐上的怪物,一个例外……不大懂得音乐的人所喜欢的音乐家"。柏辽兹确实怪得异常,他是一个音乐技巧并不算齐备的音乐家,而他的生活经历让人与对他的创作一样感兴趣。他神经过敏的异常气质使人觉得他是一个完全的疯子,但我们也许可以这样说,正是这种相对于常人的反常才造就了这个音乐的天才。

海克托·柏辽兹生于法国南部一座美丽的小城市科德·圣·安德烈。柏辽兹的成长过程与大多数音乐家不同,他从未受过正规的音乐训练。他父亲是当地一位著名的医生,母亲是一位虔诚的基督教徒,家庭并没有学习音乐的优越条件。柏辽兹小的时候只会弹弹吉他吹吹长笛,而且都是业余水平。

柏辽兹的父母衷心地希望他子承父业。1821年10月,柏辽兹遵从父命来到巴黎学医。然而学医并不是柏辽兹所愿意的,他天生就不是一块学医的料。当他第一次走进解剖室,看到那一段段肢体和内脏还在滴血时,立刻疯狂地跳出窗外,恶心不止,呕吐不已!医学院对他来说无异于一座监狱,而他在医学院学习的每一天都不得不像囚犯似的痛苦煎熬。他天生就生就了一对适合音乐的耳朵和一颗适合音乐的心,当他走进巴黎歌剧院听着大师们那异彩纷呈的表演,他跳动的心灵就会被彻底地驯服,安详而平和。相比之下,从医学院来到歌剧院,他就仿佛走进了春天,阳光灿烂。所以他虽然名义上是医学院的学生,却把全身心都投入到了音乐的学习。他整天泡在巴黎音乐学院的图书馆里,如饥似渴地饱读音乐大师们的作品。他深深地明白,自己将来决不会成为一个有名的医生,而是相反,应该去追求自己热爱的事业——音乐。所以1824年1月当柏辽兹获得医学学士学位后,他不顾父母的反对,坚决不肯从医,而顽固地继续学习音乐。这最终导致了他和家庭的决裂,丧失了经济来源。他坚定地走上了学习音乐的征程。

然而他的艺术生涯是如此的艰难曲折。为了维持生计,他不得不在合唱队里充当一名歌手,并招收几个吉他学生,勉强维持生活。后来,柏辽兹的热情打动了歌剧院的经理,他破例恩准这位小伙子坐在舞台下面的乐池里免费听音乐看演出。这是一个难得的机会,使柏辽兹可以认真地观察各种乐器的奏法,聆听它们的音色,琢磨它们的音响效果。他后来之所以能成为"配乐大师",正是从这里起步的。柏辽兹最初在法国公众间取得一个令人赞叹的成就后,其景况每况愈下,再也没有出现像样的成果。他的乐曲在本国的市场遭遇冷淡,这对柏辽兹无疑是一个巨大打击。《哈罗德在意大利》(1834年)和《安魂曲》(1837年)只是多亏一些朋友的热心帮助,才取得一些表面上的成功。《贝文努托·切里尼》(1838年)被人喝倒彩。柏辽兹在上演前大造舆论的《罗密欧与朱丽叶》(1839年)也只不过取得一个勉强的人为的成功。至于为"七月纪念碑"的落成典礼而作的《葬礼与凯旋交响曲》(1840年),人们对它不加理睬,充耳不闻。《浮士德的沉沦》(1846年)甚至没有引起人们的议论。最后他为了开音乐会而债台高筑,他变卖了所有家产仍无济于事。他破产了,不得不逃往国外。柏辽兹在国外却获得了空前的成功,尤其在俄国和英国,所到之处无不名利双收。然而这并不能填补他的祖国带给他的冷漠,他越来越感到孤独、寂寞。柏辽兹生在当时的法国是他的一个不幸。当时法国音乐界的模范人物是腐朽的梅耶贝尔和奥柏,而柏辽兹则完全与他们背道而驰,这导致了柏辽兹生前的寂寞。

在整个音乐史上,尤其在法国音乐史上,柏辽兹显得是那么罕见的一个人,既无古人,又无来者,自弃于传统之外,乖戾矜持,时而平庸低下,时而出类拔萃,简直是一个怪物。正像有些评论家所说的:"柏辽兹的创作中最优秀的东西使人惊叹,其最坏的东西使人恐怖——二者以不同的程度难解难分地混合在一起。"

柏辽兹的爱情经历与他的艺术生涯一样黯淡无光。1827年9月,英国查尔斯·凯恩布尔剧团来巴黎演出莎士比亚的名作,柏辽兹每场必到,他深深地被精彩的表演吸引,几乎神魂颠倒。在他心目中,莎剧中的朱丽叶、奥菲利娅、苔丝德蒙娜无疑就是现实生活中的斯密森小姐（上述三个女主角的扮演者）。他把她幻化成心目中最美丽的天使，并把她想象成自己终生的伴侣。他狂热地给心目中的天使写信，一封接一封，感情挚热，措词激烈，疯狂地追求斯密森小姐。对斯密森小姐的冷漠，他居然不顾一切地冲上后台，当众跪在斯密森小姐面前向她求爱！当然，斯密森小姐无动于衷，剧团同仁微笑着把柏辽兹请下舞台。后来音乐家听信了别人关于她的卑劣的诽谤，他陷于极度的悲苦之中。这却刺激了他创作的灵感，他创作了自己生平第一部大型代表作《幻想交响乐》。在这部乐曲里，他把斯密森小姐描写成一丑恶的形象，以此来抒发他的愤懑。

这沉重的打击使柏辽兹无法正常生活，他决定随便找一个姑娘，迅速完婚。于是他选中了他的一位"好哥们"的恋人——年轻的女钢琴家摩克小姐。他不顾摩克小姐男友的存在，以超常的勇气猛烈地追求摩克小姐，并最终赢得了摩克小姐的芳心。摩克小姐的母亲却刁钻狡猾，她先是爽快地答应了婚事，然后一再拖延，并借机让柏辽兹出国，以此答应他与摩克小姐的订婚。于是柏辽兹登上了去罗马的旅程。在罗马，柏辽兹意外收到摩克母亲一封解除婚约的信，说摩克已经同另外一位有钱的称心如意的人结婚了。柏辽兹怒火中烧，顿起杀机，他迅速购置了手枪、毒药、匕首和一套华丽的女装（他准备男扮女装，行动起来也较方便），然后踏上了回国的路程。他妄想杀死摩克的全家以及她的丈夫。这个天才的疯子并没有如愿以偿。这一次他被警察当成"烧炭党"的密探抓获，并被押回罗马。当他第二次行动时，他的一切行装又在途中被小偷偷走。但他并不因此放弃，而是一声不吭地回到罗马，重新备齐东西，又一次出发。这一次他来到了法国东南端的港口城市尼斯。这里优美的景色使他创作了流芳百世的佳作《李尔王》，而艺术的圣水则洗涤了他报仇的心灵。

当他回到巴黎时，他又幸运地遇到了斯密森小姐。二人于1833年10月3日正式结为夫妇，婚礼在英国驻法大使馆隆重举行。他们幸运地相遇也造成了他们婚后的不幸。柏辽兹在巴黎二遇斯密森小姐时，她已年老色衰且债台高筑。婚后柏辽兹发现她与当年自己幻想中的斯密森小姐毫无相像之处，而且她根本不了解自己。9年之后，他不得不离开了斯密森。这段浪漫史就这样痛苦地结束了。

1854年，柏辽兹第二次结婚，他娶了蹩脚的西班牙女歌唱演员玛丽娅·瑞茜欧。她强迫柏辽兹为她招揽上演的业务，为她安排角色，因此他还闹了许多笑话，但他却十分爱她。他们的生活并不算幸福，瑞茜欧体弱多病，这使得经济上本来就很拮据的艺术家愈发雪上加霜，负债累累。瑞茜欧于1862年病逝。柏辽兹痛苦不堪。1867年2月，更大的打击向他袭来——长年在海上航行、年仅33岁的儿子路苏因病客死于美洲。

柏辽兹从精神到身体都彻底崩溃了。1869年3月8日，柏辽兹孤苦伶仃地离开了这个世界。生前寂寞，死时孤独。

"思想者"——罗丹

"思想者"坐在地狱之门的顶上，俯临下界，面对各种各样的人在无尽的痛苦中挣扎,他陷入了深沉的思索中去。他紧蹙的双眉高高隆起,左手搭在膝盖上,右手托着下颌,沉稳而有力,他身上的每一条肌肉都因为内心思潮的涌动而颤动不已。

这个"思想者"是《地狱之门》作品中最为出色的《思想者》。而赋予这块坚硬的石头以生命与思想的,便是近代历史上最伟大的雕刻家——罗丹。

罗丹是一个更大的"思想者"。

1840年11月12日,佛朗索瓦·奥古斯特·罗丹出生于法国巴黎一个平民家里。他父亲是警察局一个下级雇员,母亲是一个为人役使的女仆。罗丹幼年在舅舅开办的学校里读书。他的舅舅是一位擅长文艺的教育家。在舅舅的熏陶下,罗丹对文艺的悟性很高,但是他更喜欢的是美术雕刻。由于家境困难,他只好上了培养技工与工艺人才的巴黎实用美术学校,这一年他14岁。毕业之后,他立志要进一步深造。他准备进美术学院学雕塑,但是罗丹三次报考都遭到了拒绝。为了维持生活,罗丹做过各种各样的手艺活。默默无闻的工作,使罗丹建立了对劳动人民的感情,也使早熟的心灵开始了对劳动人民苦难的思索,同时也为他后来的创作打下了坚实的基础。

1863年,发生了一件大事,几乎改变了罗丹的一生,同时也造就了罗丹。这一年,罗丹才23岁,正对生活充满着青春的希望。但是,比他仅大几岁的姐姐突然得病身亡。这件事给敏感的罗丹以沉痛的打击。原来生命竟如此轻易地离开了人间。罗丹一下子心灰意冷。他跑到巴黎郊区的一所修道院里出家做了修士,决定远离人世的纷争,幸亏那里的一位埃马德神父通情达理,而且颇具眼光。他看出罗丹具有艺术家的素质,不忍让他就此断送一生。埃马德神父在修道院中给罗丹安排了一间画室,勉励他不要荒废了艺业。罗丹便在这里呆了下来,他每天除了在画室中呆着,便是研究一些哲学方面的书籍。半年之后,罗丹的心情渐渐平静下来。这时,神父又劝他回到世俗的家中,让他在人生的道路中开创自己的艺术道路。罗丹为感谢神父对自己的关爱,为埃马德神父作了一件胸像,表达了自己最真诚的敬爱。

从此,24岁的罗丹开始了新的道路。他除了在博物馆听当时著名的动物雕刻家巴里讲课之外,不久又进入一位学院派的装饰雕刻名家加利哀·卑露斯的工作室担任助手。经过几年的磨练,罗丹的风格已开始形成。这期间,罗丹找到一个守门人作模特儿,创作了他的《伤鼻的人》,作品送到"沙龙"参加竞赛展览,但是没有人注意这件作品。

1870年,罗丹为躲避普法战争而流浪国外,他曾经到比利时去做建筑物上的装饰工作。后来,罗丹又去意大利学习深造。他从意大利回来之后,在比利时逗留时创作了他的名作《青铜时代》。由于这件作品与学院艺术的风格迥然不同,遭到了强烈的攻击与诋毁。"沙龙"评选委员里竟有人诬蔑说,罗丹这件作品不是创作出来的,而是从真人身上翻制下来的。尽管当时给罗丹做模特的士兵挺身出来替罗丹辩护,也无济于事。1878年,这件作品得到当时著名的雕刻家布歇的赏识,联合当时名流为罗丹向政府请求,这样作品才得以与另一作品《施洗约翰》一同展出,随后又被国家收购,并获得了奖章。

《青铜时代》的遭遇,只是因为它不同于冷冰冰的石膏像的"标准美"。这个裸体的男像尽管仍处于一种半醒的状态,外表也并不细腻,却令人感觉到他身上的肌肉似乎在悸动，呼吸也似乎在起伏。它所揭示的主体思想是：人类文化初始与文明的到来，充满了光明的希望与乐观的精神，同时也是人类在摆脱野蛮的原始状态后的一种沉重的觉醒。因此，这件作品也称为《人的觉醒》。

罗丹的《青铜时代》被政府收购之后，又接受了政府一件雕刻定件，题目由他自选。于是，罗丹受但丁《神曲》的启发，计划雕刻《地狱之门》。这件作品是包括186个各式各样的人物的鸿篇巨作。罗丹用了二十年的时光，最后也没有完成。现在保存下来的青铜制品，是在罗丹死后，一位欣赏他的日本富翁出资铸成的。其中最为出名的就是坐在门中央上部的《思想者》，作者把自己全部的思想都倾注到这件作品中，使它也思考着人类的命运。此外，还有处在门顶上方的三个《影》《尤谷利诺》也很出名。

1884年，罗丹接受了加莱市的委托，为该市历史上的义民作纪念像。本来，顾主们只要求制作义民中的欧斯达治就可以了。罗丹经过调查研究后了解到，当时原是有六人到英国侵略军中替全城受死，才取得和谈的条件。因此，罗丹决定做六个人物的纪念像，而只要一个雕像的酬金。

关于这些义民的事迹，历史书上确有记载。14世纪，英法百年战争中，英王爱德华三世围攻加莱市，加莱市人民受困严重缺粮。人们饥饿得一个个倒在路旁，加莱市人民推举出代表请求同英王谈判，以求得到英王的宽恕与赦免。经过谈判，英王提出要6个高贵的加莱市民以供胜利者任意宰杀。市长下令集合了全体市民，传达了这个令人震惊的消息。全体市民一下子缄默了，很久，很久，终于有六个愿为全城人民的安全而自我牺牲的义士，其中最年长最有声望的便是欧斯达治。这六个人按英王的要求与全城人告了别。他们光着头、赤着脚，用锁链锁着脖子，把城门的钥匙拿在手里，离开了城，按要求走向敌人的营垒。英王残酷地折磨他们，几乎就要死了。后来由于英国王后出面请求才赦免了他们。罗丹的《加莱义民》纪念像选择了义士们离城时一刹那的情景。

欧斯达治是一个垂臂老人的形象。他迈着沉重迟缓的步伐，那长长的头发及低垂的严肃面容，透露出他平静的视死如归的坚毅精神。第二个是手持城门钥匙的人，他并不惧怕死亡，只是因为要亲手把全城屏障的钥匙交给敌人而感到痛苦与愤慨。第三人双手捧着低垂的头，看来是要尽量压抑住内心的痛苦。其余的三人是两兄弟与一个青年，似乎没有前三个人那样英勇，但是在"义"的驱使下也走进了为全城人而牺牲自己的行列。罗丹把他们分为两列。三个正在举步的义民排在第一列，其余的略向右转，仿佛正要举步赶上去。这六个义民造型各自独立，但又被同一个决心与行动连为一个整体。显示了罗丹高超的技艺，这件群雕纪念碑于1895年完成，并举行了落成典礼。

在《加莱义民》创作过程中，约在1891年，罗丹承接了文人学会的委托，以1万法郎的稿费为巴尔扎克作纪念像。罗丹保证18个月完成任务，得到了预支的稿费。但是，由于在艺术上严肃地探求，这件作品耗费了罗丹6年的时间。罗丹不仅读了有关这位伟大的现实主义作家的各种资料，还亲自到作家的故乡去考察了解。而且先后找了几位与巴尔扎克面貌、体型近似的模特儿，前后做了五六个不同姿态的全身像与许多头像。罗丹为之做了大量的准备工作。因为，他知道，"巴尔扎克代表着大自然的威力"，代表一种追求真理的精神。最终，罗丹把巴尔扎克塑造成一个披着睡衣、在深夜写作时起身徘徊的形象。他正仰首远望，似乎在思考那浩渺的星空，又似乎正准备以伟岸的身躯迎接黑暗势力的挑战。他硕大的头脑中装着那个想象出来的沸腾的社会，他正沉浸在其中而激动不已。他那雄伟的气质，使人想起巴尔扎克的自勉之辞：拿破仑用剑做不到的，我要用笔来完成。

这样出色的杰作在展出之后，却遭到了可怕的打击，所有自以为是的雕塑家、评论家都聚集在雕像前，加以尖刻的嘲讽："这是什么呀？这是麻袋里装着的癞蛤蟆。"无情的否定，使罗丹白白耗费了六年的心血，退还了预支的稿费。罗丹平静地把这件作品搬回自己房中。他冷静地说道："假如真理不该灭绝，那么我向你们预言，我的雕像终将立于不败之地。"罗丹始终对广大的群众充满信心。他不屑与那些追求浮华者争论。后来，文学会又委托另外一个雕塑家法尔居埃重作《巴尔扎克》，罗丹没有丝毫的不满，他依然如以前一样同法尔居埃交好，并郑重地出席了他的《巴尔扎克》的揭幕式。不久，德国曼海姆市博物馆提出收买罗丹的《巴尔扎克》，并把他翻制成青铜像。尽管这对罗丹具有很大的诱惑力，但他仍谢绝了。因为，他希望他的第一个青铜铸品应该留在自己的祖国。

最终，罗丹如愿以偿了。1939年7月，在巴黎塞纳河左岸，拉斯佩尔与蒙特帕丝两街拐角处，罗丹的《巴尔扎克》铜铸像树立了起来，这是对那些顽固的古典主义学院派与旧势力的莫大讽刺，人民的眼光比他们高明得多。

罗丹说："世间惟有一种美，即宣示真理的美。当一种真理，一种深邃思想，一种强烈情感闪烁在某种文学的或美术的作品中，这种文体，这种图画，或这种颜色一定是优美的，但这种优美性质，只能是真理的反映。"

罗丹追寻到美的真谛，从而创作了许许多多杰出的作品，有肖像的、历史的、神话的、青铜的、大理石的、石膏的、蜡的、有群像、头像、胸像、全身像等等。几乎他的任何一件作品，都是现实主义与浪漫主义的完美结合之作。如其他的一些作品，《夏娃》《吻》《浪子》《失望》《兄妹》《雨果半身像》《肖伯纳胸像》《音乐家莫扎特像》《思》等等，都体现出罗丹对于人类、对于自然的深入探索与追求。正因此，当罗丹在法国遭到顽固的自以为是的学院派群起而攻之时，罗丹的声誉已经传遍了世界。真理是不会灭绝的。到了最后，法国也不得不红着脸承认了罗丹为"近代雕刻家中最伟大的大师"的地位了。

1917年，这位近代雕刻史上最伟大的艺术家与思想家，与和他相爱50年的露丝女士正式举行了婚礼。在战争年代，连炉火都没有，两位老人只能围着被子坐在屋中度"蜜月"，"蜜月"刚结束，露丝女士即去世，其后没过几个月，罗丹也追随夫人而去。这一天，是1917年11月17日。

这位伟大的艺术家逝去了，那位"思想者"依然坐在"地狱之门"的上面，俯视着众生，陷入了沉思。……

"人啊！你往何处去……"

青出于蓝胜于蓝

在19世纪群星璀璨的文坛上，有两颗耀眼的巨星彼此交相辉映着，他们就是福楼拜与莫泊桑。

福楼拜以其不朽著作《包法利夫人》蜚声文坛，并以其优美流畅的语言技巧成为法语中的典范，奠定了他承前启后的文坛地位。莫泊桑何其幸运，成为他的学生，亲自接受他言传身教与悉心指导，再加以自己的勤奋和天才，成就"世界短篇小说巨匠"，这是一段难得的文坛佳话。

莫泊桑于1850年8月5日出生于法国诺曼底一个破落的贵族家庭。他的母亲出身名门，且富有文学修养。莫泊桑从小在母亲的熏陶和引导下，热爱上了文学。上中学后，他得到了著名诗人路易布耶的指导，开始了多种文体的习作。后来，莫泊桑参加了普法战争，以后的不少小说就是以此为题材的。从1872年起，莫泊桑开始了长达10年的小职员生活，小职员的精神面貌和生活境遇也成为他小说的重要主题。1873年对莫泊桑来说非常重要，因为在这一年里，他受教于著名作家、母亲的好友、德高望重的福楼拜门下，并结识了当时文坛上一批极具才华和见识的文学家，诸如屠格涅夫、龚古尔、左拉、都德等。

福楼拜对弟子的严格要求和反复训练是卓有成效的。在莫泊桑拜师学艺的下半年时间里，他的习作堆得高过了书桌。福楼拜经常给他出各种难题，比如有一次他让莫泊桑去观察一匹马吃力地拉车上坡的情景，然后要求他用20种不同的方法来描述这一现象。再比如，他让莫泊桑描绘两个从他眼前匆匆走过的行人，要求他"用画家那样的笔法，三言两语就把他们连同他们的内在精神逼真、传神地再现出来"，达到能和别人明显区分开的效果。

这样，莫泊桑成了一名训练有素的专业作家。他一生创作数量之多、质量之高、速度之快，令人望其项背。莫泊桑果真没有辜负老师的期望，他总共写出了350多篇中短篇小说、6部长篇小说和3部游记，并以其杰出的短篇小说创作成就，获得了"短篇小说之王"的称号。

他的小说不仅被法国视为精品，而且受到世界各国读者的喜爱。他严格遵从现实主义创作原则，既真实、深刻，又含蓄、客观，既广泛地展示了十九世纪后期法国社会的风貌，具有较高的认识价值，又以新颖的切入角度、独特的结构技巧和洞幽烛微的描写方法，营造了独特的艺术氛围，给人以高雅的艺术享受。

莫泊桑的短篇小说包括三个主要内容：反映普法战争的、描写资产阶级社会风俗的，以及反映社会底层人的精神与追求、痛苦与挣扎的。

《羊脂球》是莫泊桑的代表作，也是他发表的第一篇作品。它写的是普法战争时敌军占领区的里昂城里妓女羊脂球同另外九个人同乘一辆马车出逃的故事。除羊脂球外，其他人都是些所谓的上等人，他们有暴发户、资本家、贵族地主及各自的妻子，还有两名天主教修女,一名号称"革命党"的假爱国者。一辆马车浓缩了整个社会。

他们出逃的动机各个不同。羊脂球是因为不愿受普鲁士士兵的侮辱,其余九人或是为了转移财产,避免被敌人勒索,或是想乘机发一大笔国难财。起初,三位有产者及其太太们对羊脂球鄙夷不屑,悄声谩骂,生怕这个"卖淫妇"的社会耻辱玷污了他们的高贵形象。后来,在马车颠簸了一天之后,这些饥肠辘辘的上等人由于仓皇出逃而忘记准备食物,他们开始垂涎于羊脂球那满篮子的美味,恬不知耻地使用美妙的词汇夸赞起她来,并与她显示出亲昵的态度,羊脂球慷慨地献出自己的食品,这些人就毫不客气地一扫而光。

马车在普鲁士军队的关卡受阻,剧情也发展到了关键部分,普鲁士军官无耻地要求羊脂球出卖肉体,却遭到了她断然的拒绝。全车人因此而都被困住了。这些人出于个人利益而施展种种伎俩:暴发户主张把羊脂球捆起来交给敌人,伯爵以他那外交家的风度建议使用巧妙手腕令羊脂球就范。最后,还是两位"圣洁"的修女撒了个谎,说前方有染病的将士需要护理,这使羊脂球动了恻隐之心,并且老修女还引用了《圣经》中的故事,说明只要动机良好,用意正当,任何行为都会得到上帝的宽恕。善良的羊脂球落入这个圈套,为全车人的利益同意了普鲁士军官的无耻要求。

当马车再次上路时,车内的气氛再次发生转折。虽然羊脂球是为了这伙人做出牺牲的,但他们全部对她嗤之以鼻,讥诮冷落。他们自顾自地大嚼着准备丰足的食品,却让那曾经慷慨给予过他们的羊脂球在一旁忍饥挨饿,哭泣呜咽。

这篇小说中,强烈的对比表明了作者爱憎分明的态度。上等人在敌人面前卑躬屈膝,自私自利,出卖同胞,而一个被他们看不起的"下贱"妓女却表现出无私无畏的气节,还保持着一颗爱国之心和做人的尊严。所有富于正义感的人都会对她致以敬意。羊脂球成为深入人心的著名文学人物形象。

此外,《菲菲小姐》和《米隆老爹》都是表现下层人民的爱国热情的作品。

19世纪法国金钱至上的风气,使无数在边缘挣扎的小资产阶级表现出一幕幕丑剧,莫泊桑把他们一一拍摄下来。像为人们所熟知的《项链》,小职员的妻子玛蒂尔德为了短暂的虚荣心的满足,耗费了十年的青春与汗水,到头来竟成一场恶作剧,极其可悲。《我的叔叔于勒》通过孩子的眼来观察父母是如何秉持着金钱的尺度,来确定于勒与他们的亲疏关系。世态炎凉,令人心感到莫大的凄寒。《伞》中的老妻理财甚严,丈夫用了多年的旧伞已破败不堪,她还不舍得丢弃。好不容易换了一把廉价的新伞,就在第一次使用时被丈夫的同事用烟头烫了个洞。老妻心如刀割,她竟拿着伞到保险公司索赔,理由是遭遇意外火灾。这种心胸狭隘、锱铢必较的生活作风是所有卑微的小职员家庭的共同特征。

莫泊桑除短篇小说的成就之外,还创作了6部长篇小说:《一生》《漂亮朋友》《温泉》《皮埃儿和若望》《像死一般强》《我们的心》。

《一生》是莫泊桑的杰作,描绘了贵族少女蒂娜幻想破灭的凄惨一生,谴责了资本主义社会中人与人之间的虚伪、欺骗及道德堕落。小说流露出莫泊桑对诗意的田园生活,对溃灭的庄园贵族文化道德的依恋和惋惜的情绪。

《漂亮朋友》又译作《俊友》，是莫泊桑的代表作。它所反映的社会面最为广阔，通过对杜洛阿发迹的过程的描绘，对社会做出最深刻的暴露和最有力的批判。

然而，莫泊桑这位杰出的艺术家从20多岁起就为疾病所困，在同顽疾的斗争中坚持写作。1893年，年仅43岁的他病逝于神经病院。

继往开来的文学家——福楼拜

在世界文学史上，19世纪的文坛可谓辉煌灿烂，蔚然壮观，享誉四海的作家、作品灿若星辰，不可尽数。然而，无论以怎样的尺度来严格地衡量，法国大师福楼拜和他的代表作《包法利夫人》总不会被人们遗忘和冷落。

福楼拜是一位继往开来的大师。他的《包法利夫人》对于传统文学既是一种很好的继承，又是一种大胆的突破和革新，对后世文学影响重大而深远。

这部作品给予社会无情的揭露，从而引起轩然大波，直至诉诸法庭。当局要求法庭对"主犯福楼拜，必须从严惩办！"结果靠着律师塞纳的声望和辩护，福楼拜才免于处分。然而，马克思的女儿爱琳娜在她的《包法利夫人》英译本导言中却说这部"完善无缺的小说"出版后，"在文坛上产生了类似革命的效果。"

那么，福楼拜的《包法利夫人》到底是怎样的一部小说呢？

一个普通的农家少女，在13岁时就被送到了修道院，接受上流社会所认同的贵族式生活教育，终日憧憬着玫瑰色的浪漫爱情，然而命运却把她推给一位平庸的乡镇医生。她憎恨不幸的婚配，厌恶平庸无奇的生活，逐步走上了移情别恋的道路。她原本把自己对爱情、对生活的美妙理想寄托在情人身上，但她所遇到的全是虚伪卑鄙的小人，没有期待中的幸福，只有一次次被无情地抛弃，并逐渐沦为投机商人争相啃啮的猎物。她的结局是，希望破灭，服毒自尽。

她就是爱玛·包法利夫人。

毫无疑问，爱玛是个堕落的女人。她的纵欲放荡、挥霍淫逸都为人所不齿。然而，读了她的悲惨的故事后，善良公正的读者似乎不忍过多地责备她。相反，人们更多是要为她而哀叹惋惜，洒一掬同情之泪。爱玛原本是天真纯洁的农家少女，并不是天生的罪恶之花，她的沦落要归罪于她生存的那个令人窒息的空间。

爱玛在修道院生活在肃穆的雕绘、典雅的圣乐、超妙的氛围之中，她驰骋着无尽的幻想，加上那些浪漫文学的熏陶，爱玛的心中播下了不切实际、追求享乐和虚荣的种子。爱玛期待的爱情更是带有病态色彩。她期待着一个十全十美的人中俊杰："既壮实又漂亮，生性勇敢，又细腻多情，有诗人的情怀，又有天使的外貌……"不能说这没有合理性，爱玛的追求是积极向上的，对美和崇高的人性的向往应该得到肯定。但这样的爱情观在世俗的现实面前显得多么虚幻缥渺和荒唐可笑啊。

她的丈夫夏尔之所以娶到爱玛，是因为在乡下人眼里，一个医生就是出众的。爱玛以为他就是那个能给自己带来美妙难言的爱情的意中人，但事实上的夏尔平庸、呆板、愚笨迂腐、麻木不仁。这使爱玛深深地失望，在痛苦中煎熬着。正当此时，鲁道尔夫出现了，这个风月老手对待爱玛的态度完全是色情的，而爱玛，单纯地以为自己回到了年少时期的梦想中，轻而易举地被鲁道尔夫掌握在手中，卑鄙的鲁道尔夫从一开始就盘算着如何抛弃爱玛。在被他厌弃了之后，爱玛陷入了伦理道德和被抛弃的痛苦之中，大病了一场。

爱玛又与莱昂有过一段无聊的偷情生活，她的婚后生活一直是痛苦和扭曲的。她在疲惫中对爱情绝望了。此时，落井下石的人出现了，一个精明阴险的投机商设下圈套鲸吞掉包法利家的全部产业，在他的威逼之下，爱玛绝望地服毒自杀了。

爱玛的一生就是这样，她是一个堕落的女人，然而她比周围的"正人君子"们更富于追求美好、向往崇高的品性。《包法利夫人》无疑是一部现实主义的文学作品，它取材于现实，反映着社会，透视着生活，思考着人生。

福楼拜在给朋友的一封信中曾这样意味深长地说："就在此刻，我可怜的包法利夫人，正同时在法兰西二十个村落里受苦、哭泣。"

在《包法利夫人》这部成功的艺术作品中，福楼拜展现了其精湛的文学造诣，他对人物内心世界的细腻刻画，对语言的精雕细刻，字斟句酌，给后世文学起到了典范的作用。人们视他为"法国散文中的贝多芬"，左拉也曾在这部作品出版之后，激动地宣称"新的艺术法典写出来了"。

《梅杜萨之筏》与勇敢者

1816年，法国巡洋舰"梅杜萨"号在非洲西部海岸附近沉没，造成这一事故的那个自以为是的外行船长，扔下了撞毁的"梅杜萨"号以及140多个船员不管，自己首先逃生。遇难的人们靠一个临时拼起来的木筏，在海上飘流了13天，最后只有十多人生还。

造成如此惨痛的悲剧，按说那个船长应承担全部责任。但是，在当时法国黑暗的社会中，统治阶级官官相护，哪里管人民死活。为了保全船长，法国政府竟然严禁声张，封锁消息。在这个有冤难诉的社会中，人民的生活真是暗无天日了。

然而，有一位年轻的勇敢者，他以自己伟大的作品，立即向世界揭露了这件事，表达了对法国政府罪恶统治的强烈痛恨之情。作品一经展出，震惊了法国，轰动了世界。

这位勇敢者便是浪漫主义青年画家——籍里柯。

籍里柯生于法国诺曼底省的鲁安城的一个中等资产阶级之家。这一年是1791年。不久之后，籍里柯一家迁到了巴黎。1808年，籍里柯开始学画。先从师于维尔奈，后来又进入了热浪的画室，与德拉克洛瓦成为同学。籍里柯很早就表现出独创的天才。但是，当时古典主义保守派的老师总看不上他，对他说："你学画是没有前途的，改行干点别的吧！"但是，勤奋好学的籍里柯，自己反复描摹前辈大师们的作品，依然走自己的道路。他的浪漫主义风格也逐渐形成，例如他于1812年创作的《轻骑兵的军官》充满了热烈的色调与激扬的情感。在他23岁时所作的《离开战场的负伤骑兵军官》中，籍里柯以更富有悲剧性的激情，突出了战场上激烈悲壮的战争气氛，德拉克洛瓦十分崇敬他。

1816年，籍里柯到意大利旅行，学习了米开朗基罗的作品。当他回来后听说了"梅杜萨"的惨剧，年轻的籍里柯禁不住怒火中烧，他大骂统治阶级的卑劣行径，决定要用自己的画笔向世人展示这场悲剧。

为了力求忠实地把这件骇人听闻的惨案揭露给世人，他走访了生还的人们，并请当事人帮他照样做了一个木筏的模型。而且，他还到医院去观察濒于死亡的及已死去多日的人。在经过充分的准备之后，籍里柯怀着高度的激情，开始了他伟大的作品《梅杜萨之筏》的创作。他还没有完全画完时，便请他的好友德拉克洛瓦去看一看。当德拉克洛瓦一走进画室，就被画中所表现出来的激情所振奋，他竟激动得像疯子似的跑起来，一直跑到他自己的房中才停了下来。

籍里柯把强烈的浪漫主义激情融入到这幅杰作之中，从而使其成为浪漫主义的代表作之一。画面中是一个倾斜的随波起伏的木筏，木筏之上，人群向前涌起，成为一个前进的三角。同时，倾斜的桅杆在海浪与狂风中向后倒去，也形成一个三角形，这一前一后两股力量激烈的碰撞，造成极度的紧张氛围，筏上的人们有的已经死去多时，有的还在做最后的挣扎，所有的人都表现出对生命的极度渴望，众多的人物以鲜明的黑白交错而构成有力的节奏，增强了起伏动荡的效果。各个人物的动作鲜明奔放，极具个性的感情色彩，给人留下强烈的印象。而且，更为引人注意的是，籍里柯让一个在当时被看作"低贱"的黑人站在这一群勇敢者的最前面，充当了这场悲剧的第一号英雄。他登高远眺，举着破烂的红衬衣向远方的船影呼救。这个举着红色旗帜的形象不但是对罪恶的统治阶级的挑战，而且也显示了籍里柯高度的民主精神。

《梅杜萨之筏》以现实主义为基础，加以浪漫的想象，显示了自由奔放的激情，蕴涵着积极向上的人生理想，从而产生了震撼人心的艺术力量。1819年，这幅画一经展出，轰动了整个巴黎。它像一颗炸弹投入一潭死水中一样，激起了冲天的巨浪，由于它揭露了统治阶级的黑暗统治，而且又是以浪漫主义对古典主义的宣战，遭到了学院派无情的攻击。1820年，籍里柯又把这幅作品在英国伦敦展出，获得了极大的成功。这位伟大的勇敢者最终向他人传达了这幕真实的惨剧，同时又把浪漫主义的反叛精神吹送到各地的青年心中。

但是，这位具有天才的艺术家竟然还没能走到他艺术的高峰便不幸逝世了。1824年1月，籍里柯因坠马而身亡，终年只有33岁。

一位勇敢者逝去了，但却掀起了浪漫主义对古典主义的伟大斗争。在这场战斗中，接过籍里柯手中画笔的，便是籍里柯的好友——德拉克洛瓦。最终，他继承并发展了籍里柯的浪漫主义精神，成为了浪漫主义运动中最伟大的画家。

《泉》与安格尔

"永恒的美和以自然为基础的艺术才算艺术，而希腊人的艺术都是那样精美无瑕，使人感到'希腊的'这个形容词简直变成了'美的'同义语了，世上惟有他们是绝对的真实，绝对的美"，安格尔如是说。

为了追求这种"希腊的"永恒的美与自然为基础的艺术，安格尔终其一生，寻找到了美的钥匙，这就是他于70多岁时画出的《泉》。

《泉》是安格尔的代表作。在深色的背景下，一个裸体的少女正扛着一个水罐在洗澡。她柔嫩的脚下是质感很坚硬的青灰色岩石。周围零星地点缀着几朵娇小的野花，从而烘托出一种安静、纯洁的氛围。少女的身体以米洛的维纳斯的姿态反立，同样以柔美的曲线变化展现在眼前，少女用两手扶持着左肩上的水罐，那清澈的流水正流过那玉雕一般的躯体。没有表情的脸上，现出一种纯洁、无邪的神态，尤其是那双美丽的大眼，更充满了童稚，如泉水般宁静、清亮。从整幅画面来看，那洁白无瑕的裸体与深色的背景形成强烈的对比，使少女纯净的形象更为突出，好像她一下子就能走到我们世俗的中间，作品取名为《泉》，即纯洁、宁静之意，也是万物之源的意思。这两层意义包涵其中，使这位裸体少女更体现出古代希腊雕刻的风范。应该说，《泉》的确是艺术中的珍品。

但是，安格尔终其一生，只得到了这一件神灵工作，他的其他作品大多体现了女性一种富贵、慵懒的媚态，这方面的代表，主要在《土耳其浴室》中得到充分的展现。

《土耳其浴室》也是安格尔晚年的作品，安格尔说："美的形体——在这里一切都是富有弹性的和饱满的。"由于柔和的圆线，在人的视觉与心理的感觉上不受任何阻力，故能引起舒适的快感，安格尔在女性的饱满柔软的肉体上，找到了他的这种"美的理想"。《土耳其浴室》的轮廓就采用了一个完满的圆形。展现在其中的，是一间土耳其浴室，在这间看起来非常宽阔的浴室中，安格尔以裸体的女性几乎将画面填满，留下的上下两个空间，也是完美的半月圆形，其中的裸女，身体丰满，给人一种强烈的肥腻的"肉感"，她们姿态各异，有坐着的，有躺着的，有站着的，有的弹奏着音乐，有的在凝神细听，有的做着各种各样的姿态，她们全都神情冷漠、平静，但那种慵懒的媚态依然透过那丰满的肉体展现出来。可以说，安格尔的这幅《土耳其浴室》展现了一种低级的肉体美，也可以说它展现了当时社会中那种停滞不前的懒惰的风气。

但是，要是说安格尔是关心现实、追求社会进步的，那便是高抬了他了。

安格尔出生于1780年。他从师于当时著名的艺术家大卫。他成名之后，一直是法国古典主义学院派的首领，多年担任美术学院的领导工作。但是，安格尔对现实的革命斗争却是一点兴趣也没有的。他斥责籍里柯的作品应该从博物馆中扔出去，他对德拉克洛瓦更是厌恶至极，把这位浪漫派的大师当作一个"怪胎推销员"而不屑与之为伍。这种顽固的保守态度正是典型的古典主义学院派的作风。安格尔追求的是一种唯美的古典主义。他于是高喊"要创新，要跟上我们时代的步伐，一切都在变，事物已在起变化"这一正确言论是"荒唐的格言"，是"诡辩"。因此，安格尔的"艺术与美"已成了脱离时代、徒然追求形式的空洞的美。这位学院派大师已把美带进了死胡同。

但是，安格尔以其87岁的高龄对艺术孜孜以求的精神是可贵的，他一直顽强地坚守自己的立场，直到他1867年去世。此外，安格尔作为一个古典主义的伟大巨匠，在其长寿的一生创作的大量作品中，也不乏优秀之作，尤其是他的素描与肖像作品。他在这方面无愧于一个大师的称号，但他创作的其他作品，如《荷马的礼赞》《路易十三的誓言》《拿破仑的凯旋》《圣女贞德》等，艺术成就都不太高。

安格尔是一位杰出的艺术家，但不是一个杰出的"人"。

得到人类最大的赞扬和感谢

让我们看这样一段话，他是不是出自品德高尚的人之口：

"一个只寻觅那些强暴的征服，一个只是想方设法地维护人道。后者把人类的生命放在一切的胜利之上。前者却为个人的欲望而牺牲千千万万的生命。以我们为工具的定律竟要在屠杀场中医治那战争定律的流血伤口。我们用消毒的方法做成的那些绷带能够救活成千上万的伤兵。究竟哪一个定律能够克服另一个定律呢？这只有上帝知道。但是，我们所能保证的是：法国的科学一定要顺着人道的定律，努力去扩大生命的界限。"

说这段话的人就是——巴斯德，一个令人尊敬的人。

巴斯德是法国杰出的化学家和生物学家，也是微生物学的伟大创立者。

谈到巴斯德，我们先讲一个故事。这是巴斯德最辉煌的工作——征服狂犬病。

狂犬病又称"恐水症"。人要是被带有狂犬病病毒的动物抓伤，病毒就会进入人体，死亡率几乎高达百分之百。

即使是现在科学昌明的时代，因狂犬病发而死的人比以前大大减少，但也还有不小心或不能避免而遭到"狂犬"咬伤的人病发而死的。狂犬病不仅仅在狗身上可以携带，在一些其他家禽家畜或兔子等类动物身上也可以发作并传染。

在19世纪下半叶中期，1880年前后，法国一些地区开始出现传染病，人们调查发现是狂犬病流行。

巴斯德焦急地研究着。

他一直认为，狂犬病是由于细菌所致，于是，他取来疯狗的血液在显微镜下观察，结果发现，什么异常都没有，和健康的狗一样。其实现在我们知道，狂犬病是病毒所致，病毒比病菌要小得多，一般的显微镜根本就观察不到。

然而这一切巴斯德在当时是不知道的，所以他不能培养细菌。那怎样取得疫苗呢？

巴斯德想了很多办法。

他把疯狗的脑髓干燥起来，使病毒变得活动迟钝，毒性减弱，然后他将这些弱性的病毒注射到动物体内，观察反应。结果在动物体内产生了抗体。这种方法就是免疫。

也就是说，把活动性很微弱的疫苗注入生物体内，激发生物体产生抗病毒作用，从而挽救生命。

但是狂犬病不是病菌，无法培养疫苗，而干燥疯犬脑髓的办法很不可靠。巴斯德经过研究，发明了活体培养法。

他把狂犬病的毒液注射入兔子的脑膜，当一只兔子死了以后，再提取出来脊髓，接种到另一只兔子的脑膜。这样经过很多次，狂犬病毒毒性变得很微弱。

因为被咬伤的狂犬病患者一般不是当时发作，而是有潜伏期。通常是一或两个月，所以这时候打入狂犬疫苗，就可能挽救一个人的生命。

利用活体培养法，疫苗终于成功了，但是还没有真正用在人身上。

谁来做这个既危险又幸运的人呢？

1885年7月6日，一位母亲抱着一个小男孩到处求医。她每到一家诊所，医生们就摇头叹息。

这位母亲急得伤心落泪："我的孩子刚刚9岁，他还小呀，上帝啊，救救他吧"，边说边呜呜地哭着，十分可怜。

再看这个男孩，他的身上有好几处伤痕。小男孩由于惊吓和伤痕，伏在妈妈的怀里浑然不觉。原来，不知那里来的野狗，把可怜孩子扑倒在地，男孩越挣扎，狗越咬得厉害，等到母亲赶来，惨剧已经酿成。

一个医生见到这个惨景，轻声安慰说："还有点办法，但实在没有太大希望，你去请巴斯德先生看一看吧。"

痛不欲生的母亲一听，怀着一线希望来到了巴斯德诊所。她说："教授，请您想一想所有可能的办法吧，求求您了！"巴斯德是一位仁慈善良的医生，他既不愿见死不救，又不能治病反而害了人。他说："请您听好，情况是这样的，我这个实验从来没在人身上试过。"

男孩的母亲一听，顿生希望："教授，请您立即实验吧，我知道事情的危险，我可以做好最坏的准备。"

就这样，巴斯德用试制出来的毒性十分微弱的疫苗为小男孩注射了人类史上第一支满含希望的预防针。这是第一次在人的身上运用啊！

这样还不够，巴斯德逐渐加大毒性。我们前面已经说过，免疫的原理就是这样，其实是注射进人体经过处理的病毒，这种病菌或病毒进入人体后，激发起人的抵抗能力，这样遇上真正的病菌或病毒，也就可以抵抗了。

1885年7月16日，巴斯德注射了最后一支疫苗。这支疫苗的毒性很大，可以使一只兔子立时毙命。

大家满怀希望而又忐忑不安地等待着。

潜伏期过了！

更长的时间过了！

小男孩得救了，人类第一次人体预防狂犬病成功了。

消息轰动欧洲，遍及全世界。患者不远万里来求救，本来已经举世闻名的巴黎又多了一道风景。

巴斯德于1822年12月27日出生于法国的汝拉省多次。

巴斯德的父亲是拿破仑手下的一名士兵，曾经得到战地授勋的殊荣。然而巴斯德出生时，家庭已经很贫困了，全家靠制鞋为生。小时候的巴斯德表现出过人的绘画天赋，然而后来他又被科学吸引了，于是放弃了要当艺术家的理想，开始投身于科学的求知之路。

21岁那年，巴斯德才进入巴黎高等师范学校。他原来在中学时成绩并不好，到了大学，对化学产生了兴趣，最后取得了优异的学绩。

巴斯德取得的第一个成就是关于酒石酸的旋光性。

巴斯德发现了两类酒石酸盐的晶体，一类溶解后具有左旋光性，而另一类溶解后则具有右旋光性，当两者相混合之后，旋光性都消失了。这项研究对立体有机化学发展作用很大。

为此，英国皇家学会授予他伦福德奖章。

1849年，巴斯德任职斯特拉斯堡大学，为化学教授。1854年，里尔大学聘巴斯德为化学教授兼理学院院长。1857年，巴斯德任巴黎高等师范学校的教务主任。

对酒石酸的研究，促使巴斯德研究另一个问题：酒变酸问题。当时法国酿酒一直使用酵母，酒常会发酸变质。一些酒商向巴斯德请教，他们试图得到一种化学物防止酒变酸。

结果巴斯德发现了圆形酵母菌和杆状微生物，前者使酒正常发酵而后者使酒变酸。

有机化学之父李比希与巴斯德发生了争论，因为李比希认为发酵是化学反应，不是生物造成的。

巴斯德继续研究这个问题，结果发明了简单易用的加热密封法。直到现在，人们加热食物的原理还是由此而来，因为加热可以杀死那种杆菌。

问题刚解决，困难随后跟到。

细菌从哪里来呢？不是神创的，就一定是自己生出来的，比如说"腐草为萤"等等。巴斯德通过实验证明了生命不能无中生有，驳斥了"自然发生说"，提出了生命来自生命的"生生说"。

巴斯德的成就是巨大的。

他又面临一项任务：法国南部的蚕病。

在1865年到1870年间，应老师杜马的邀请，巴斯德带上显微镜观察病蚕。结果发现有两种微生物。一种可以使蚕得胡椒病，一种可以使蚕得内部肠道病。而病蚕卵生出的蚕没有好蚕。

如此一来，就要销毁所有的病蚕和病卵。这就是对付病虫瘟疫的办法。现在欧洲的口蹄疫与疯牛病也是如此，当然，这是因为没有更好的办法。

巴斯德就是这样为了一件又一件的多数人利益的事情而工作，同时赢得了崇高的声誉。

更为重大的成就还在后面。

巴斯德提出微生物理论后，那些明智而进步的医生们都开始采用消毒法。这样，多少年来的陋习——不知消毒被打破了。新的方法在李斯特的推广下愈来愈被多数医生使用，遍及全欧洲和整个世界。

而巴斯德却又提出了免疫说。我们曾经提到种牛痘的詹纳，他只知道这种方法但却不知道原理。

巴斯德对微生物进行了 20 年的研究。1877 年起，他开始研究高等动物和人。

当时，法国流行牛、羊疾病。病羊一发病，就浑身颤抖，喘气不止，接着就开始瘫痪并且出血，尸体会很快胀大。

巴斯德发现，病羊的血液与脾都变成黑色，而且内脏不再有弹性，变得松软粘稠。这种病叫炭疽病。当时已经提出是某种细菌所致，但争论纷纷。巴斯德经过上百次实验，得出了定论，澄清了各种观点。

然而怎样防止呢？

这要看巴斯德在研究鸡的霍乱中所得的结果。

鸡的霍乱死亡率高达 90%，而且会接触传染，如果死鸡的粪便污染了食物，其他鸡就会被传染。

巴斯德用鸡的软骨做成了培养基，结果培养出来了这种病菌，他发现如果长时间搁置病菌，病菌会减少减弱。如果把毒性变得十分微弱的细菌注射给健康鸡，那么它就不怕传染了。

由这个结论出发，在细菌的层次上发现了免疫学的基本原理，这就是伟大的巴斯德，是他为人类带来征服很多种疾病的办法，使人的平均寿命延长 30 年。

巴斯德首先研制了炭疽病的预防疫苗。

当时人们的观念十分落后，别说免疫了，就是巴斯德先前的病菌说在法国也还未得到认可，法国保守的医生仍然不消毒，一直随着细菌说深入人心后才在卫生所普及。

巴斯德制出疫苗防疫，许多人因不懂而反对。但是实践是检验真理的惟一标准，巴斯德决定公开试验，说服保守的人。

1881 年 5 月 5 日，默伦农业学会提供了 60 只羊供试验之用，另外还有母牛。试验的公开地点是普耶堡农场。

人们从附近赶来。各种专家学者和医生也汇集于此。有一大批保守的庸医，要等着出难题，还有的要拆穿巴斯德"骗人"的把戏。

动物分成两组，一组被当场接种。过了一段时日之后，真正的较量开始了。5 月 31 日，试验公证人拿出了有毒的炭疽病菌液，开始向接过种与没有接过种的动物身上注射。

巴斯德毕竟有些担心，因为各种情况都有万一呀。助手将有毒液体推入未接过种的动物体内，这时有人说："不应该一支全部推入，而应一半一半，打一半进入没接种的动物体中，剩下一半打入接种动物体中，然后每一支都这样做，以防你们作弊。"

巴斯德的助手照这个人的说法去做了。又有人提出加大剂量。巴斯德犹豫了一下，这要求不十分合理，加大剂量可不是有十足把握，因为浓度过高，非平常得病可以达到。

他一犹豫，有人说："瞧不敢了吧，肯定有鬼。"这样一来，巴斯德教授反而坚定了信心，做过多次实验了，再者说即使失败了也没什么可怕的。

就这样，在各种提议都被满足的情况下，试验完毕。结果，未接种的动物全部死亡。而接过种的动物们均安然无恙！那几只加大剂量注射过的牛羊一开始确实出现了轻微的不良症状，但最终都平安过关！

全球轰动，世界沸腾。

因为免疫法的伟大发明，巴斯德和助手们荣获了勋章。教授当选为法兰西科学院院士，获最高终身荣誉。

在这基础上，巴斯德教授开始研究狂犬病疫苗，于是文中开篇的事情就发生了。

9岁的小男孩名叫迈尔斯特。看到这个经过14次注射而痊愈的孩子，伟大和蔼的老人哭了。

小孩扑到巴斯德的怀里，望着这位为自己精心打针，照顾自己而且日夜操心劳累的恩人说："巴斯德爷爷，您怎么哭了？"

年已六旬的巴斯德回答道："孩子，你的病治好了！"

巴斯德开创了科学免疫学。

1888年，巴斯德研究所成立了。而早在1868年时，巴斯德突然中风，身体状况日益下降，他已经不能亲自参加典礼了。我们看到文中开篇所引的讲话，是由巴斯德所述、由他的儿子代表而宣读的。

为了"想方设法地维护人道"，巴斯德不索取任何有碍于这项标准的回报。他发明的巴斯德消毒法免费推广，至今世界通行。他没有得到金山，只在人们心中种下了崇敬。

小男孩迈尔斯特后来做了巴斯德研究所的门卫。

1895年9月28日，巴斯德与世长辞。

迈尔斯特做了巴斯德墓的守护人。

1935年止，约有51057人在巴斯德研究所进行狂犬病疫苗接种。其中总共只有151人因此病而死。

1940年，小迈尔斯特已经成了老迈尔斯特。

纳粹攻占巴黎，法西斯要无理地开启墓穴。

老迈尔斯特宁死不屈，自杀身亡。

著名物理学家西铎尔说："在科学史上，我们首次有理由抱有确定的希望，就流行性疾病来说，医学不久将从庸医的医术中解放出来，而置于真正科学的基础上。当这一天到来时，我认为，人类将会知道，正是您才应得到人类最大的赞扬和感谢。"

我想我们需要做的是，记住巴斯德说过这样的话：

"科学一定要顺着人道的定律，努力去扩大生命的界限。"

前进者的脚步

1855年，巴黎举办了声势浩大的万国博览会。在美术展览上，浪漫主义大师德拉克洛瓦与古典主义首领安格尔的作品成为最引人瞩目的"压轴之作"。有一个大胡子的画家也送去两张大型油画《画室》与《奥尔南的葬礼》，但遭到官方主办者的极力贬斥而被赶了出来。大胡子画家非常气愤。于是,他自己动手在沙龙展览厅旁边搭了一个小木棚,挂出了"现实主义者库尔贝的个人展览会"的牌子,以示与官方的展览会相抵抗。在这里,库尔贝展出了他自己的40幅作品。其中,他的《画室》挂在了这个展厅的中央。

《画室》是库尔贝的代表之一,原名叫做《在我的画室里,一个集中了我七年艺术家生活的真实的寓言》,后人嫌这个题目太长,遂改称《画室》。但是,原来的题目固然太长,却能帮助人们了解画家的创作意图:这是画家对自己生活与艺术观的一个总结。一改为《画室》,含义反而模糊不清了。

画面中,画家自己堂堂正正地坐在正中间,以突出艺术家独立的人格与思想。左边的人群,代表他在家乡生活中常触及到的人物。有农民、工人、猎人、牧师、犹太商人等。这一群体是画家要在艺术中反映的对象。右边的一群人,属于画家在巴黎艺术生活圈子里经常来往的人。其中有诗人波德莱尔、哲学家普鲁东、小说家商弗勒里、收藏家勃鲁耶等。满画室的人里,却只有两个人在看画家作画。一个是小孩,他代表"无邪的眼睛",一个是女裸体模特儿,她正逐渐把遮在身上的披布取下,她代表画家的艺术原则,即赤裸裸的"真实"。这幅充满了民主、自由气息的作品被官方的万国博览会拒绝了。但是却把浪漫主义大师德拉克洛瓦给深深地感动了。他在日记中写道:"我深深地被这种作品吸引住了。我认为他们拒绝这样的作品是拒绝了当代最卓越的绘画作品。"

是的,这当然是当时最卓越的作品。从这次展览之后,库尔贝随同他杰出的作品闻名于世。他此后到过德国、瑞士、比利时、荷兰等国家,都受到了热情的欢迎——库尔贝已经成了国际公认的大画家了。这时,法国政府很没面子,为了表示他们懂得欣赏美的艺术,拿破仑三世于1870年授予库尔贝与其他著名艺术家勋章,但是却招来更大的丢脸——库尔贝与杜米埃一口回绝了这种荣誉。这使得拿破仑三世对他恨之入骨。

1871年,巴黎发生了史无前例的无产阶级大革命,并建立了第一个无产阶级政权——巴黎公社。库尔贝成为革命政府的一员,并担任了美术委员会主席的职务,在他的职权内,他为保护卢浮宫及收集文物作出了贡献。此外,在库尔贝的支持下,拆毁了拿破仑纪功柱。他还提出了一些关于艺术自由方面的原则。但是,公社很快失败了,库尔贝被捕入狱,他没低头。这一期间,库尔贝画的黑色背景下的鲜红果子,暗示了对黑暗势力的反抗。评论家说道:"画中有从容不迫的感觉,明显地证明了画家道义上的镇静和坚韧不拔的生命力。"

反动法庭无理地指控库尔贝在"公社"期间"破坏文物",对之处以巨额罚金,并没收了他所有的财物与作品。

1872年,库尔贝出狱,为了避免政治迫害,于1874年逃亡到瑞士。

1877年12月31日,库尔贝因病而逝于威维。这位忠实于现实、忠实于自己的硬汉逝去了,他以顽强的精神为扫除古典神话的陈辞滥调,表现现代的生活而奋斗了一生。

居斯塔夫·库尔贝于1819年6月10日在法国北部比昂松附近的奥尔南出生。他父亲是一个葡萄园种植主,家境富裕。他的祖父是雅各宾党人,曾参加过1789年法国大革命,库尔贝幼年时经常听祖父讲大革命时代的故事。这种革命的激情,感染着小库尔贝，使他从小便向往着革命。

库尔贝原来学习法律，但因为偏爱绘画，1839 年在巴黎先后拜两位画家学画，并常到博物馆中去临摹古代大师们的佳作。库尔贝非常喜欢 17 世纪荷兰画家的作品。而且，库尔贝又与无政府主义者普鲁东交往甚密，从而养成了独立自由的个性。后来，库尔贝又参加了无产阶级的革命活动。严肃的现实主义精神，使得他的艺术表现出了革命的激情。

库尔贝最初是以肖像画成名的。1844 年，库尔贝创作了自画像《带黑狗的男子》初次被选入沙龙，从而成为了他的成名作。随后，库尔贝又创作了自画像《受伤的男子》《束皮带的男子》等肖像画，显示了画家真实而粗豪的表现手法。

1848 年的二月革命对库尔贝影响很大。不久，他参加了无产阶级的六月起义。在白色恐怖的年代里，库尔贝回到了故乡，积极从事绘画创作，产生了许多著名作品。如《奥尔南的午后》《奥尔南的葬礼》《奥尔南的葡萄收获》《石工》《赶集回来》《睡着的纺织女》《筛谷的女人》《雪景》《画室》等。

《奥尔南的葬礼》是一幅大型油画，画家如实地描绘了自己家乡在埋葬死者时的仪式。画面上的众多人物各有不同的表情，其中如市长、检察官、神父等人不过是例行公事地来表演一番仪式而已，面部冷漠无情，只有死者的眷属才显出了哀悼的样子。这幅画以令人惊异的笔触，使风景的色彩带上绝妙的透明感，再加以红、白、青各色调，使整个画面形象丰富起来。画家用严肃而朴实的笔法强调了画面的塑造性，从而打动了每一个观众的心。

《石工》是库尔贝在路旁所见到的真实情景。库尔贝在给朋友弗朗西斯·维埃的信上写道："弯着腰，身体被烈日烧灼，头戴麦秆草帽的七十岁的老人，他那粗布的裤子上打着补丁，脚上穿着古老的木鞋，破袜子露出脚。在老人旁边是个满头尘土、皮肤被太阳灼成褐色的少年……"库尔贝正是有感于这样悲惨的生活，才把他们请到自己的画室中来完成这幅巨作的。

《石工》画面长达 3 米，画上的人物与真人同样大，从而更具有"挑衅"与"示威"的性质。画面上有两个人，左面是一个孩子，个子虽然不矮，但仍未发育成年，更显出其柔弱不堪。但是，这么一个孩子却在尽力搬起一块巨大、沉重的石头，他弯着腰，双手抱着，膝盖顶着，几乎就要跌倒在地上。右边是一个老人，他已经太老了，被破旧的草帽遮住的脸上露出干瘪的嘴巴，显然，牙齿已经全脱落了，这样一位老者仍在劳作着，他可能已经搬不动石头了，他跪在地上，双手持镐，一下一下敲打着石头，那样子好像他要永远干下去，直到倒毙在地上。这两个在烈日下从事这种沉重劳动的穿着破衣裤的工人，从小的到老的，使人想起他们一生的命运。库尔贝没有画出他们的面孔，是为了强调没有人重视他们，他们就这样默默地度过一生，而灰色的背景，更使人心生压抑之感，库尔贝用阔大的笔与刮刀涂上去的颜色，给物像增加了坚实沉重的力量，土地、石块、身体，特别是工人粗厚的衣服，似乎比真实的事物更具有可触的"重量感"与"体积感。"

这幅《石工》展出后遭到了激烈的围攻。这从他朋友商弗勒里给乔治·桑的一封信中可以看出，小说家商弗勒里在艺术观上与库尔贝一致，他写信给乔治·桑，是向这位很有威望的浪漫派小说家请求支援，由于人们敌视库尔贝的艺术，把一顶"写实主义"的帽子强加给一切他们要反对的人。正如把浪漫主义的名称强加于1830年的艺术家一样。

商弗勒里道出了库尔贝遭受攻击的真正原因。那就是他以真人同样大的尺码描绘了诚实的中产者、农民、村妇。人们决不允许给一个打石头的工人以皇太子的待遇，贵族们看到把那么大的画布用来表现普通老百姓，大为恼火。原来只有那些衣装华丽、戴着勋章、板着官僚面孔的君主贵人，才有权享受与真人同样大的尺码，如今，居然为了一个躺在棺材里的奥尔南农夫，集合起一群农民与下等人为他送葬，而且画了一张只有当年拉吉叶表现巴黎统治者给圣灵做弥撒时才有权采用的那么大的画幅。

商弗勒里称赞道："《奥尔南的葬礼》《石工》是两幅杰作，自大卫的《马拉之死》后，在法国还没有谁画出比这还惊人的作品！"

但是，当库尔贝的声名已远播世界的时候，法国的旧势力对待画家还重复着老一套的讥笑手法："丑陋万岁，只有丑陋才是可爱的！"他们又把30年前施于维克多·雨果与浪漫派的故伎搬弄出来，令人不能不惊异于陈腐而可悲的旧势力总会从灰烬中复燃。"历史的脚步是缓慢的，三十年间我们并没有前进多少。"商弗勒里这样感慨道。

时间是飞逝的，历史却在慢慢地蠕动。陈腐的旧观念依然存在，难道前进者永远都将受到这样的礼遇？

超时代的文坛巨匠——斯汤达

斯汤达，原名亨利·贝尔，是法国批判现实主义文学的奠基人之一。高尔基把他与巴尔扎克相提并论，称他为真正的天才艺术家，他曾这样评述："斯汤达是在资产阶级胜利之后，立即就开始敏锐而明确地表现它的特征的第一个文学家，他揭示出资产阶级社会内部腐化的不可避免和它的愚蠢的短见"。但是，斯汤达一生却默默无闻，他的价值与才学并没有被他那个时代的人们所认可。巴尔扎克对于斯汤达平淡的一生也不可理解，他曾写道："贝尔先生是当代高人之一，这位第一流的观察家，这位卓越的外交家，无论是文字，无论是谈话，曾经多方证明他的见解高超，他的学识广博，结局只是奇微塔味歧阿的领事，的确令人难以解释"。其实，这是可以理解的。因为他的作品不是为他的时代所写的，而是超前的。他曾说过："我一定要为二十世纪而写作"，"到1880年的时候，将会有人了解我"。斯汤达的预见是正确的，随着社会的发展，斯汤达的作品愈来愈被人们重视，他的名字在沉寂的历史中，愈来愈发出耀眼的金色光芒，斯汤达是个超越时代的文学巨匠。

斯汤达于1784年生于法国一个小城格朗诺布市，他父亲是一个思想保守的律师。在小贝尔7岁的时候，母亲因病去世，此后，小贝尔便由外祖父与姨祖照看。外祖父思想开明，从小就介绍一些启蒙作家的作品与优秀的古典文学作品给小贝尔。姨祖性格正直刚强。这两个长辈的优秀品质从小就给小贝尔很大的影响。1799 年，贝尔在中学毕业后到巴黎谋职。

1800 年，贝尔在拿破仑的军队中任职，后来随军到意大利，在军队中当龙骑兵中尉。到了 1802 年，贝尔辞去军职，闲居巴黎。在这段时间中，他研究了许多思想家的论著，阅读了大量古代著名文学家的作品。1806 年，贝尔重回军队，这时他的眼界开阔了许多，更加崇拜拿破仑。1812 年，他随军远征俄罗斯，目睹了莫斯科在大火中化为灰烬，但法军却遭到惨败。战争结束后，贝尔也结束了自己的军旅生涯。

波旁王朝复辟后，亨利·贝尔侨居米兰。从 1814 年开始，他学习写作，用各种笔名发表了一系列作品。主要有《海顿、莫扎特和梅达斯泰斯的生平》《意大利绘画史》等。1817 年，亨利·贝尔发表了《罗马、那不勒斯和佛罗伦萨》，正式开始使用"斯汤达"这一笔名。他态度激进，经常谈论一些关于政治、社会的问题。他批判复辟的波旁王朝，并且与意大利烧炭党人有来往。他被奥地利当局视作"危险分子"，被驱逐出境。

1821 年，斯汤达回到巴黎。他依然激烈反对波旁王朝。在英国的报刊上常发表一些巴黎时评，后来结集为《英国通讯集》出版。他还发表了《论爱情》《罗西尼的生平》《罗马漫步》等，而最为重要的是他的美学论著《拉辛与莎士比亚》。在书中，他明确地反对为封建王权服务的古典主义文学，指出它已过时了，新时代需要的是浪漫主义的狂风。

1827 年，斯汤达发表了第一部小说《阿尔芒斯》，又被称为《爱的悲剧》。小说以一对贵族青年的爱情悲剧故事为线索，嘲笑了复辟贵族的苍白与绝望的嘴脸。1829 年，斯汤达又发表了短篇小说《法尼娜·法尼尼》，主要是揭露贵族阶层的自私自利的本性。

1830 年，斯汤达的《红与黑》发表。这部伟大的作品奠定了斯汤达在文坛上的地位。

《红与黑》，原名《于连》，直到在印排时，才被作家改为具象征意义的《红与黑》，小说的情节取材于一桩真实的刑事案件。1827 年，斯汤达在格勒诺布勒《法院公报》上看到一桩杀人案的报道：一个名叫贝尔特的青年家庭教师，与主妇私通，后来事情败露，贝尔特在绝望之际枪杀了这个主妇，被交付民事法庭审判。斯汤达以此为线索，进行了大量改造，终于使其成为广阔深入地展示历史的巨著。小说副题为《一八三〇年纪事》，其用意在于描绘出 19 世纪三十年代法国的真实本质。

主人公于连生活在复辟王朝时期。他是外省小城维立叶尔市一个小锯木厂主的儿子，由于小于连生来体弱，不能从事体力劳动，被父亲所嫌弃。但于连才智超群，喜欢读书，一心想出人头地。有一位拿破仑的军医非常喜爱他，教他学习了拉丁文与拿破仑的辉煌历史。于连对于拿破仑非常崇拜，但是拿破仑的伟大时代已经过去了，为了寻求出路，于连到了德·瑞纳市长家里当家庭教师。市长是个粗鲁鄙俗、麻木不仁的贵族官僚，因为反革命有功，复辟后出任市长，他对下属与仆人蛮横粗暴，他看不起于连这样的下等平民，他明白地告诉妻子，"要保持我们的地位与权威，所有在你家生活的人，只要他不是贵族，他接受了工钱的，都是你的奴仆"。于连出于对市长的报复心理，与市长夫人发生了暧昧关系。后来，他们在相互了解、相互同情的基础上，产生了真正的爱情。但是好事不常在，他们的关系败露，于连被迫离开了市长家。一直想出人头地的于连在两条路都已堵死之后，不得不进入阴森可怖的贝尚松神学院学习，想通过这条路，求得以后有个好结果。但是学院内竟然特务多如牛毛，教派斗争也非常激烈。虽然于连事事小心，依然被卷入教派的斗争。他无法再在神学院立足，于是随着被迫离职的彼拉院长去了巴黎。经人推荐当了德·拉·木尔侯爵的私人秘书。由于他才干出众，聪明机灵，很受侯爵赏识。同时，侯爵的女儿也被于连独特的气质所吸引，两人产生了爱情。但是，木尔侯爵对女儿要嫁给一个没有身份的穷小子大为光火，但禁不住女儿的逼迫，而且女儿已经怀孕，侯爵被迫答应了于连的婚事，替他弄了一个德·拉·伟业骑士的称号，法兰西陆军中尉的军衔以及一个年收入 20600 法郎收入的庄园。正在于连踌躇满志时，贵族阶级与教会勾结，设下圈套，逼迫市长夫人写了揭发信，侯爵因此取消了他与自己女儿的婚约。于连一怒之下赶到维立叶尔市，将正在教堂祈祷的市长夫人用枪打伤，于连因此被处以死刑。市长夫人始终真爱着于连，最后公开到监狱探望于连，但已挽救不了于连。于连死后，她也悲伤而死，而侯爵女儿则亲手持着情人的头颅，亲吻他，并亲自把他埋葬。小说通过于连个人奋斗而失败的故事，控诉了社会阶层的不公。统治阶级不允许那些高傲的平民敢于反抗权贵，敢于在上流社会中如贵族般生活。斯汤达以象征性的笔法揭露了法国社会的本质，富含哲理性。《红与黑》是斯汤达最优秀的作品，也是同时代法国文学中屈指可数的佳作。

1830 年七月革命之后，斯汤达被任命为意大利一海滨小城奇微塔味歧阿的领事，一直到他逝世。这段时间，是斯汤达的收获季节。他创作了大量出色的作品，如《回忆拿破仑》《一个旅游者的见闻录》《意大利遗事》以及与《红与黑》一样杰出的作品《巴马修道院》，还有一部未完成的长篇《吕西安·娄凡》，也被称为《红与白》。

1842 年，斯汤达因病回到巴黎，3 月 23 日因中风不治而逝，一生寂寞的斯汤达死时仅有妹妹、堂兄与作家梅里梅三人送殡，遗体葬在蒙马特尔公墓。墓碑上用拉丁文刻着作家生前自己拟定的碑文："亨利·贝尔，米兰人，写作过，恋爱过，生活过"。

现实主义大师——巴尔扎克

1799 年 5 月 20 日，这是一个平凡的日子，是法国大革命之后动荡的岁月中极为普通的一天，劳苦的人民在为一块黑面包而奔波，贵族先生、小姐们又多了一天花天酒地的生活。这一天又是值得纪念的，因为这一天，在法国南部一个偏僻的小城图尔市，一位幸福的母亲正慈爱地望着自己刚生下的婴儿，小男孩正用响亮的啼哭向这个罪恶的世界宣告自己的降临，他就是《人间喜剧》的父亲，后来闻名世界的现实主义大师——奥诺·德·巴尔扎克。

巴尔扎克的父亲原来是农民，后来在大革命中凭着钻营取巧而发迹，跻身于中等资产阶级行列。中学时，小巴尔扎克并无突出表现，调皮爱闹，学习成绩一直不好，他的老师与父母并不认为他将来会有什么作为。虽然小巴尔扎克自己喜欢读书，并在幼小的心灵中立志当一位大作家，但他的天赋一点也没有显现出来。1814年，他随父亲来到巴黎。1816年至1819年，他在法科学校学习法律，并在一家律师事务所当文书，毕业前后，又当过律师助手。这是他父亲为他安排的，想让他以后能够有份工作，但这是违反巴尔扎克本人的意愿的。他仍痴迷于写作，但在这三年中，透过律师事务所的窗口，巴尔扎克第一次看到了巴黎社会的黑暗腐败，看到了在"平等""公正"的法律背后，司法界丑恶的勾当，这使他更厌恶司法界。毕业后，巴尔扎克放弃了司法界的工作，决心投身于文学事业，在启蒙思想影响下，巴尔扎克开始练习写作。由于他的一意孤行，父亲断绝了他的经济来源。于是，巴尔扎克不得不卖文为生，经济的困顿使他常常忍饥挨饿。创作上的失败更使他心灵上遭受创伤，面对现实，巴尔扎克不得不考虑怎样首先摆脱金钱上的压力，然后从事自由的创作。

于是，巴尔扎克投笔从商，想赚一笔钱，满足他挥霍的生活与写作。开始，他经营出版业，与出版商合作，想通过出版一些古代大文学家的袖珍本全集来赚钱。但是，当他满怀希望地把自己亲自筛选的莫里哀与拉·封丹的作品投入市场，结果令他大失所望，他的书几乎无人问津。他失败了，灰心了，任凭那精美的封面落满灰尘。但更要命的是，巴尔扎克为此欠债1万多法郎。后来他又经营印刷厂与铸字厂，不幸的是，这两个厂子1828年底先后倒闭。巴尔扎克欠债6万多法郎。这无疑使巴尔扎克的生活雪上加霜，每天的日子就是东躲西藏，逃脱债权人的纠缠，又得为每天所需的那一块黑面包而奔波。上天真是有意同我们的大作家开玩笑，我们的巴尔扎克本想摆脱金钱的束缚，却不料被困进更深的陷阱。巴尔扎克被金钱所困，总想时来运转，一下子得到大笔钱财，他突发奇想，要去开废银矿，但终究不了了之。事业无成，且背负巨债，这无疑对我们的巴尔扎克那敏感的性格有很大影响。经历这一段艰苦的生活，他对金钱的作用有了深刻的体验，对无依无靠、一事无成的小人物的生活有了真切的认识，对法国社会的罪恶与腐败有了更深的认识。这是巴尔扎克所得的一笔巨大财富，其价值远远超过了那6万法郎。这一段生活成为作家发掘不尽的创作源泉，最终使之扬名天下。

经商失败，巴尔扎克重新拿起了笔。1829年3月，他出版了长篇小说《朱安党人》，这使他一举成名，从此一发不可收拾。在其后的20年时间里，巴尔扎克以惊人的毅力与速度创作，一直到他病逝。从此，巴尔扎克完全抛弃了原来无聊的创作题材与风格，为自己确定了现实主义的方向"法国社会将要作历史学家，我只能当它的书记"。

巴尔扎克没有进步的政治态度，也没有完整独特的思想体系，但他以求实的态度记录日常生活的凡人小事，从而真实地展示了一部法国社会史。其作品中真实地触及法国大革命的余波、拿破仑帝国统治、波旁王朝复辟、七月王朝建立、1848年欧洲革命等重大事件，展示了一个政治斗争激烈、社会生活动荡、思想观念混乱的年代，真实地再现了新兴资产阶级与封建贵族在反复较量中最终登上历史的舞台，并确立了自己的统治的历史时期，写尽了隐藏在金银珠宝下的丑恶。巴尔扎克把自己绝大部分作品编为一部巨著——这就是世界闻名的《人间喜剧》，其中包括90多部小说，分为风俗研究、哲学研究、分析研究三大类。其中风俗研究又分为私人生活场景、外省生活场景、巴黎生活场景、政治生活场景、军事生活场景和乡村生活场景六个部分。这部巨著涉及各种各样的人物 2400 多个，真实地展示了法国社会，特别是巴黎上流社会。这部巨著中最著名的就是《欧也妮·葛朗台》和《高老头》。

《欧也妮·葛朗台》写了一个极其吝啬的百万富翁与他女儿的故事。葛朗台原是一个穷木匠，在大革命中，依靠钻营取巧，商业投机与高利贷盘剥而发财，他虽然是百万富翁，但你从他的生活中绝看不出来，他住的房子破破烂烂，穿的衣服看不出到底是什么颜色的，吃的是发霉的面包，惟有那双眼一看见金钱就亮光闪闪，恨不得一把抱在怀里。他把自己的女儿当诱饵，从求婚者那里获利，但他又不让自己的女儿出嫁，纯洁而孤独的欧也妮爱上了堂兄查理，但老葛朗台知道他身无分文，把他赶走，终于，女儿年纪大了，不再有求婚者登门。葛朗台临死时给女儿留下巨额金钱，对她说："将来到那边儿向我交帐。"留下孤独寂寞的欧也妮度完凄苦的余生。

《高老头》写了一个退休的面粉商人高里奥的故事，高里奥靠面粉发家，为了追求金钱与地位，把大女儿嫁给贵族，小女儿嫁给银行家。出嫁时，他分给女儿们大笔钱财做嫁妆，希望能换取女儿的爱。但随着两个女儿一次次地敲榨老父亲，高里奥一分钱也没有了，他卖掉了房子，住进盖伏公寓，并且吃得日益低级，最后成了公寓中最破落的人。但金钱并未换来女儿的爱，当他身无分文时，女儿们离他而去，不再见他。临死时，他希望能见女儿一面，但女儿们忙着参加舞会，最后是一个大学生拉斯蒂涅安葬了他。

巴尔扎克对自己作品中的人物情感至深，经常把作品情节当为现实，一次他独自在房中痛哭流涕，朋友吓了一跳："发生了什么事？"巴尔扎克擦擦眼泪道："高老头死了。"

巴尔扎克为作品中人物的不幸而痛哭，而他自己由于长久的创作，过度的劳累，身体也越来越差。巴尔扎克害怕死亡，因为他有很多东西还没有写出来，于是在疾病缠身中，他更加勤奋，争分夺秒地创作，在他写完最后一部力作《农民》后，他已被病魔缠身，几乎无药可救了。而他的私人生活也是不幸的，当他孤独地在病床上呻吟，他的妻子却在别人的怀抱中温存。

1850 年 8 月 18 日夜半，伟大的巴尔扎克离开了人世，离开了这个被他尽情描绘的罪恶的世界。只留下大卫·安热尔斯基的作品——巴尔扎克的巨大的大理石雕像依然注视着人间。

奥诺雷·德·巴尔扎克安葬在佩尔·拉雪兹公墓。在他的葬礼上，维克多·雨果这样评价他的好友："这部独具匠心的巨著的作者属于伟大的革命作家的行列——这一点，不管他本人是否意识到，也不管他是否乐意，是否赞成。"

而巴尔扎克曾经这样评论自己的工作："总有一天，人们将会知道：我只靠自己的笔来营生，我的钱袋里从未装进过一枚非劳动所得的铜币，无论赞扬或是谴责，都不会使我激动，我是在一片仇恨的喊叫声中，在文学界相互对骂中，从事我的创作，用我无畏的笔写出我的作品的。"

浪漫主义的雄狮——德拉克洛瓦

德拉克洛瓦看完了籍里柯还没有画完的名作——《梅杜萨之筏》后，被激情所鼓舞，像一头发了疯的狮子一样在大街上奔跑，奔跑……胸中就像燃起了一团火，他激动不已，一口气跑回了家，躺倒在床上，心情依然久久不能平静，他回想着《梅杜萨之筏》中那些奋力求生的形象，开始了深入的思考。不久，德拉克洛瓦便完成了一幅作品——《但丁的小舟》。

《但丁的小舟》取材于但丁的《神曲》中"地狱"第八篇，描写了但丁与罗马大诗人维吉尔二人乘小舟到地狱斯帝吉河游渡的情形。

赤身裸体的幽灵在波涛汹涌的地狱之河中挣扎着求生，那凄厉的愤怒的吼叫与可怕的呻吟声让但丁胆颤心惊。突然，在小舟的左边，有个幽灵双手攀住了船舷，努力想爬到小舟上去。但丁一看，吓了一跳，原来这个幽灵是佛罗伦萨人阿金蒂，这个人在世时与但丁家族为仇作对。但丁正吓得要死，维吉尔一把把这个幽灵推到水中去了，并说：在阳世的时候，这个人妄自尊大，无善无禄，所以死后他的影子还在这里咆哮如雷，那里有许许多多自命为大人物的，将要如蠢猪一般躺在这里，遗臭万年！

这幅画不但显示了艺术上的大胆革新，而且也显出了画家对当时统治阶级政治的不满。也正因为此，这幅《但丁的小舟》一经展出，立即遭到了社会上广泛的嘲笑、指责与讥讽，许多批判家甚至愤怒地向他提出抗议。但是，当时作为沙龙展览审查委员之一的格罗却十分欣赏这幅作品，认为这幅作品连鲁本斯也要为之失色。于是，格罗亲自去取，让自己的画框师为它配框，并亲自把它挂在展览厅的最显眼的位置，这幅浪漫主义的杰作终于在新旧两派斗争中取得了胜利，它是对古典主义挑战的一支有力的投枪。德拉克洛瓦也因为自己这第一幅杰作而名声大振。于是，他接过了籍里柯的浪漫主义大旗，开始踏上辉煌之路。

在《但丁的小舟》仍在被人争论的时候，第二年德拉克洛瓦又创作了他第二幅名作《希阿岛的屠杀》。这幅作品是大力声援被奴役的希腊人民反抗压迫、追求自由的起义运动斗争的名篇。

当时，希腊人民为了摆脱被土耳其帝国奴役的地位，追求自身的解放，展开了声势浩大的起义运动。这一正义的斗争，在当时曾引起了欧洲正直人士的广泛同情，他们以各种方式援助希腊人民的起义，当时英国的大诗人拜伦就是亲自身赴希腊人民的革命斗争的，但起义最终失败了。土耳其人在希阿岛上大肆屠杀起义的劳动人民。德拉克洛瓦创作的这幅作品，无疑是对被压迫的国家与人民的支持与同情，同时也是对侵略者暴行的控诉。

德拉克洛瓦以热烈而丰富的色彩，明暗对比的效果与人物精神紧张的态势充分地展示了土耳其人的暴虐行径。这幅作品于1824年在沙龙上展出时，遭到更为强烈的抨击，连原来极为欣赏他的格罗也称之为"是对绘画的虐杀"。当时的浪漫主义主力军戈蒂耶高兴地说:"这是恐怖的影色……强烈的色彩,画笔的愤怒,它使得古典主义者如此不满与激动,以致他们的假发都发抖了,而年轻的画家却感到非常满意。"

是的,能够为人民争取独立、自由的革命力量做出一点贡献,德拉克洛瓦也是高兴的。

1825年,德拉克洛瓦到英国旅行,不但游览了许多名胜,也拜访了许多画家,学习了他们的经验。回国之后,他的风格更为成熟,创作了许多以文学为题材的作品,如《哈姆雷特与掘墓人》《书斋中的浮士德》《萨尔达纳帕尔之死》《加俄与巴斯加之战》等等。

其中尤以《萨尔达纳帕尔之死》最为著名,被称为"第二号虐杀",色彩迷离,透出一种深深绝望的气氛。它描写了亚述第一王朝的最后一个暴君萨尔达纳帕尔在皇宫被围之际,将宫女爱姬全部杀死之后又自杀的惨烈情景。画面上烟尘弥漫,妇女的肉色与行刑者的褐色形成鲜明对比,人物的姿态各异,展示了慌乱、惊恐的氛围。1828年,此画在沙龙展出,又一次受到了非议与责难,有人说"这是对艺术的凌辱",是"线条与色块的混同"。当时的保尔·克洛戴认为:这是一幅难看的画,人们可以看到像家畜一样的裸体,附属的东西就没有地方画了。甚至雨果也批评这幅作品,他指着画中的女人说:"你们并不美,而是有害的,美的崇高的线是明亮的,但却被割断了,在你们脸上闪烁着亮光,即光的刺眼的鬼脸"。德拉克洛瓦对受到这样的责难非常生气,他说:"我完成了第二号虐杀,却受到如驴一般的评判员的责难"。

1830年7月23日,法国巴黎人民奋起推翻了复辟的波旁王朝。年轻的画家德拉克洛瓦亲自感受到革命浪潮的强大力量,人民英勇的奋斗以及波旁王朝的崩溃使画家激情澎湃,当年就完成了他的代表巨作《自由领导人民前进》。

这幅画中,只出现了一个寓言性的形象:举着三色国旗的半裸的"自由之神",她象征着法兰西民主共和国的自由理想。她赤脚袒胸,左手持枪,右手擎起三色国旗在向人民发出庄严的号召。其余的人物都是非常现实的人物,带礼帽的职员,举刀的工人,一个受伤的人仰着头,望着理想中的"自由之神"。特别是在"自由之神"左边,一个挥舞双枪的勇敢的少年毫无顾忌地在炮火中前进,他身上体现出这场革命的全民的性质。整个画面气势庞大,工人、市民、儿童与革命的知识分子各持武器追随着"自由",踏着烈士们的尸体奋勇前进。在炮火硝烟弥漫之中,隐现出巴黎圣母院的远景。

这幅画让这个年仅32岁的画家声名大振,俨然是一位浪漫主义艺术的领袖人物了。

德拉克洛瓦说:"艺术——就是诗,没有诗就没有艺术"。这已成为浪漫主义创作的原则之一。德拉克洛瓦正是在现实主义的基础之上,加以浪漫主义的构思,从而使作品产生一种诗一般的激情,达到美的目的。

法国七月革命之后,革命果实为大资产阶级大银行家所攫取,他们的统治更为反动、黑暗。德拉克洛瓦的热情与理想在现实面前,全都烟消云散。在失意之时,德拉克洛瓦独自去了北非旅行,东方艺术中的明亮的线条和神秘的色彩,让德拉克洛瓦忘记了祖国的黑暗。这一阶段,德拉克洛瓦又创作出许多优秀作品,如《十字军进入君士坦丁堡》《利贝卡被劫》《阿尔及尔的妇女》《美狄亚杀子》《猎狮》《相斗的马》等,展示了自然的风光及异国神秘的情调，把自由、解放的理想寄予到广阔的自然与神秘的东方。

德拉克洛瓦作为浪漫主义运动中举足轻重的人物，为艺术作出了伟大贡献。他继承了提香、鲁本斯等人的传统而又进一步创新。他对于色彩的科学规律也有很深的研究。在籍里柯、康斯坦堡等人的基础上，最终创作出色彩丰富而又纯净、鲜明的伟大作品，把浪漫主义推向了高峰。此外，德拉克洛瓦对后世许多人都产生过很大影响，如一些现实主义画家杜米埃、柯罗等，还有印象派特别是后期印象派的画家，都从他的造型与色彩方面受益匪浅。

德拉克洛瓦以狮子般的勇气与热情为后世艺术家开辟了道路，被称为"浪漫主义的雄狮"。

尤金·德拉克洛瓦于1798年4月26日生于巴黎附近的加林支·圣·毛瑞思，1863年在巴黎逝世。

画坛"抒情诗人"与巴比松派

近处高大的树木，雄壮的枝干好像在舞动，透过叶丛的阳光闪烁迷离，明净的湖水与远方的景物像隔在一层纱幕后边，像是笼着轻烟的梦，让人觉其清幽可喜而不能确知其形状。在这个幽静温柔、洋溢着浪漫气息的环境中，有一个穿着红裙的妇人与两个孩子正在采菌类。她们鲜艳的衣服与曼妙的姿态，与这个宛如仙境般的林野十分谐和地融合在一起，构成这幅美术史上杰出的风景画——《湖》，又称为《孟特芳丹回忆》。

这幅旷世名作的作者，就是19世纪法国最伟大的风景画家——柯罗。他的画中，尤其是风景画中，常常充满浪漫的诗意。虽然他的作品是现实主义的，但是却含有抒情诗的韵调与音乐一般的节奏，因此，柯罗又有画坛上"抒情诗人"的美称。

让·巴蒂斯特·柯罗于1796年出生于法国巴黎一个经营妇女服装的富裕商人家庭。他的父亲与英国风景画大师——特纳的父亲一样，原来也是理发师，柯罗出世之后，他才改行，随同柯罗的母亲做妇女服装，生意兴隆。少年时，柯罗也曾随同经商，后来，柯罗爱上了绘画。本来，柯罗的父亲准备拿出10万法郎让他去经商，但柯罗却决心从事绘画，只要他父亲每年供给两千法郎，使他得以学习绘画或旅行就行。父亲没办法，只有同意了。

于是，柯罗开始学画。这一年是1820年，柯罗刚刚24岁。柯罗拜师于古典风景画家维克多·贝尔丹学习风景画。

柯罗自幼喜欢游历名胜山川，1825年到意大利住了三年，充分感受了地中海的阳光与自然景色。1829年回国后不久，柯罗又与朋友们到各地旅行，之后又两次旅行意大利，三次游瑞士，后来又到过荷兰与英国，并且和巴比松派画家为伍，也进入了枫丹白露森林之中。他经常跋涉于田野与森林之中，被自然界的和谐与生命力所陶醉。他说：

"我惟一的爱人是大自然,我终生对她忠贞不二"。果然,柯罗一生沉溺于自然之中,终生未婚。

由于柯罗喜爱自然风景,因此与专门创作风景画的巴比松派相交甚密。巴比松派是法国最负盛名的风景画派,因为这些画家选择了景色迷人的枫丹白露附近的森林区,居住在一个叫做巴比松的小村子来进行他们的艺术创作。他们风格相近,形成派别,因此称为巴比松派。有些人把柯罗也划入巴比松派,其实是不太恰当的,因为柯罗并不住在巴比松,而且,虽然巴比松派风景画十分有名,例如泰奥多尔·卢梭的《走下汝拉山的奶牛群》、杜比尼的《瓦兹河畔》、迪阿兹的《枫丹白露的森林》、还有特洛杨的《牧群》等等都是杰出的作品。但从整体来看,柯罗的艺术水平显然比他们高出许多,柯罗的艺术活动完全是独立的。

柯罗喜欢交朋友,他谦虚、大方、乐于助人。在他从父亲那得来的两千法郎,大部分他都拿来周济了穷苦的朋友,如法国著名的漫画家、油画家杜米埃,风景画家卢梭等都曾得到过他的帮助。有一次,柯罗正在作画,一个穷青年画家来向他借五百法郎,柯罗觉得数目太大,没有立即答应,但是他坐下来后却心神不安,再也画不成画了。最后,柯罗终于派人把钱给那青年送去,他这才心安理得地坐下来工作。

柯罗待人温和、质朴,他总喜欢赞扬别人,而自己则不愿意出风头。有一次,在一位艺术鉴赏家的客厅里,人们议论起法兰西最伟大的画家应该是谁,库尔贝毫不犹豫地说:"当然,是我"。这时,他突然看到柯罗也在场,于是立刻补了一句:"还有您"。而柯罗却常常感到很多人都比自己强,他曾衷心地赞美卢梭,他说:"卢梭是一只雄鹰,而我,只不过是一只在灰色的云后低叫一两声的云雀而已"。

是的,柯罗在风景画上,正是喜欢用一种银灰色或褐色的调子去表现宁静、阳光灿烂的或浓雾弥漫的自然景色,而且把自己优美的"云雀"的歌声融入到画中,从而透露出一股淡淡的、抒情的诗意。

柯罗的作品有许多,近3000幅,其中的名作除了《孟特芳丹的回忆》之外,还有《阵风》《春天树下的小道》《海边的村庄》《林妖的舞蹈》《阿拉斯附近路旁的茅屋》《杜埃的钟楼》等风景画也十分著名。尤其是他的《杜埃的钟楼》,是他晚年的代表作。当时正是1871年法国巴黎公社起义的时候,虽然柯罗是同情公社的,但是他那时已经75岁了。朋友们为了这位老人的安全,还是把他转移到一个名叫杜埃的小镇去暂住。柯罗从楼窗上,以五天的时间画成了他面前钟楼下的街景。

《杜埃的钟楼》的风格与《孟特芳丹的回忆》的风格完全不同,这幅作品的风格又恢复到柯罗早年游历意大利时形成的风格,即采用阔大的笔法,画面明晰、单纯而朴实,只是这幅作品的风格,在单纯简练之外更为老练沉着。

柯罗不仅是一位伟大的风景画家,而且也是一位杰出的人物画家。他的作品如《戴珍珠的女子》《沐浴》等都显示出一种朴素、单纯之美。

柯罗的作品艺术价值很高,但是他成名较晚,到他50岁时才卖出第一张画。成名后,求购他作品的人越来越多,"沙龙"展览会请他做评选委员,政府授给他勋章,但他始终保持谦逊之风。他说:"好出风头,糟蹋了每个人,首先是所有画家"。

柯罗一生喜爱自然,描绘自然,他不为名,不为利,只是出于一种真心的热爱。可能正是因为这个原因,柯罗的作品才远远超出同代画家,成为法国最伟大的风景画家,同样也使我们受益,能够欣赏到超脱世俗的杰作。

1875年,这位伟大的风景画家在巴黎去世。在他弥留之际,他还说到:"我衷心希望,在天堂里也能绘画。"

这位一生痴迷于自然,痴迷于绘画的伟大画家,至死也仍然对自己的事业充满了极大的热爱之情,如同俄国那位著名的芭蕾演员佳里菲娃一样,一生对天鹅充满热爱,临终时,如同要准备上场一样,说道:"把我的天鹅裙准备好"。随即,这位"纯结的天鹅"飞去了。同样,伟大的风景画家,也投入到自然的怀抱,融入到自然中去了。

伟大的人,将是真正的人。

政治讽刺画大师——杜米埃

大鼻子的拿破仑三世驾着小船——这个船就是老拿破仑·波拿巴的帽子,这是拿破仑三世的依靠。当年作为拿破仑徽号的那只展翅雄鹰,现在已经成了落汤鸡,有气无力地拉着这只小船往前走。水快干了,船就要搁浅了。路易·拿破仑哭丧着脸,感到他的前途不妙。

这幅画叫做《拿破仑之舟》。菲里普倒台之后,路易·拿破仑仗他伯父老拿破仑·波拿巴曾经的威名,当选了总统。有个画家看出他的野心,从而画了这幅《拿破仑之舟》加以揭露讽刺。

一个法官审问偷东西吃的穷人:"为什么要偷?"穷人惶恐地答道:"我饿!"法官说:"我到时候也会饿,我怎么不偷?"肥胖的法官躺在舒适的沙发椅上一副自以为聪明、洋洋得意的样子,那个精瘦的穷人一付饥饿而又惊恐的样子。

我们不禁笑了,笑里带着气愤不平,这幅画叫做《审问》。

一位大律师正读着新出的报纸,喜笑颜开的脸上显出无限敬佩之情。

标题:"他看到吹捧自己的文章——这文章是他自己化名写的"。我们笑了,笑里带着鄙夷不屑,竟有人如此恬不知耻地看待自己的文章,欣赏自己的卑鄙行为。

一个衰老的妇人站在侧幕的后边,替舞蹈演员们打着响铃,台上一位美丽的舞女,正享受着观众们狂热的欢呼,老妇人自言自语道:"我年轻的时候比你还要美!"我们笑了,笑里含着辛酸。

画面上,三个画家在同一张画上拼命赶超。标题:"展览前夕"。

我们又笑了,这种粗制滥造的情况,今天不是也有吗?

画面上,刚登台的部长梯也尔,溜到"言论自由"的女神后面,抽出大棒正要向女神砸去。

标题为"谋杀母亲的人",因为,这位部长靠许诺给人民以言论自由而登台,如今又翻过来扼杀这个"自由神"了。

所有这些尖刻的讽刺画都出自于一个小个子青年手中，他以尖锐的画笔对反动的黑暗势力进行了顽强不屈的斗争，对人民群众寄予了深切的同情。他就是杜米埃，法国最杰出的政治讽刺画家。

著名的诗人与美术评论家波德莱尔说："杜米埃的素描，与安格尔水平一样高，可能比德拉克洛瓦还要好"。杜米埃就是凭着手中出色的画笔与反动统治势力进行坚决斗争的。法国国王菲里普在位时，极力地搜刮民脂民膏，对于不满者严刑以待。杜米埃就是不听话，他画了一张讽刺漫画《高冈大》，揭露菲里普这种吞吃人民血汗的丑恶行径。结果被毒打一顿，判入狱监禁6个月。入狱后，他一边痛得叫唤，一边说："在这个美妙的地方，人们并不怎么太快活。可我是快活的，至少是与众不同嘛！"出狱后，他依然毫不留情地坚持自己的揭露、讽刺批判的工作。他身体虽然受些苦，但他知道那个"高冈大"的形象早已传遍了世界。

画面之上，菲里普如16世纪拉伯雷小说《巨人传》中一个食量极大的典型形象——高冈大的样子：鸭梨形的头脸，臃肿肥大的身躯，他坐在沙发里张大了嘴，从他的嘴巴下面到地面支起一架十多人高的梯子，他的大臣们背着装满了金钱的口袋爬到他的嘴巴边上，把金钱倒进国王肥大的肚子中去。下面还有些官员正在偷着干一些贪赃受贿的丑事，而旁边一大群身材矮小、饥饿不堪的人民正满面愁容地望着这个庞然大物。画面如此形象、逼真，怪不得杜米埃要坐牢了。

奥诺莱·维克多·杜米埃于1808年2月26日在马赛市出生。父亲是一个很喜欢文学作品而且自己又会写诗的玻璃工人，他在马赛市赢得了诗名，后来移居巴黎。但是不知为何，一家人非常贫困，使得小杜米埃很小时候就在社会上谋生。

杜米埃自幼非常喜爱绘画，但遭到父亲的反对，先把他送到一个法院执事家里作仆役，接触了法律界的各种人物。那些声名赫赫的大法官与大律师们万万没想到，就在那个时候，这个瘦小的少年已经看穿了他们的灵魂。

后来，杜米埃又换过几次职业，但由于对艺术的偏爱，一有空他就去博物馆中学习研究前辈大师们的作品。父亲见他如此，便不再勉强，先后把杜米埃送到几个画家那里，但由于杜米埃不喜欢他们，只学了很短的时间，最后杜米埃在一位不著名的石版画家查理·拉米列那里学习了石版画技术。虽然，杜米埃起点不高，但由于他的勤奋与天赋，最终他成为了一位优秀的石版画家。

杜米埃早期的作品保存下来的很少，在当时人民革命情绪高涨的时候，杜米埃把自己的艺术事业转到了政治讽刺画方面，并且走到最前端，取得了伟大成就。

杜米埃在七月革命之后首先讽刺的是查理皇帝与当时的僧侣们，主要作品有《请你们再给我一点时间》讽刺了查理皇帝逃亡英国的丑行。《饥饿的人们必得饱足》抨击了僧侣们的假仁假义。其中最为有力的一幅是《七月英雄》，这幅石版画描绘了一个在七月革命中受伤的英雄，他站在塞纳河岸上，一条系着石块的绳子套在脖子上，准备跳河自杀。英雄身上贴满了当票，这个细节描绘，揭示出这位英雄走到绝路的原因，英雄在革命之后竟受到这样的命运，从而有力地揭发了七月王朝的"德政"。

1831年11月，里昂工人起义遭到残酷镇压。其后，杜米埃又创作了许多著名的作品，如著名的《高冈大》《洗衣妇》《杜美特》《立法肚子》《放下幕布，滑稽戏演完了》《出版自由》《伽尚》《退耳》等。到了1835年，王朝颁布了九月法令，政治性漫画不能再出版了，《漫画》杂志也被迫停刊。杜米埃只好转入到风俗画方面，他创作了许多组画，还为许多文学作品作了木刻插图等。

　　1848年的二月革命，推翻了七月王朝，杜米埃又能够用画笔向丑恶发动进攻了。他不但用版画艺术，而且还经常用油画与水彩画作为斗争的武器。

　　杜米埃独具一格的油画不为当时的人看重，直到他去世的前一年才开了第一次个人油画展。但是，他逝世的20多年后，在1900年的展览会上，杜米埃的作品才震动了美术界。他的作品显示出米开朗基罗与罗本斯的特点及伦勃朗对于光暗的处理技巧。杜米埃集名家之长，大大地发展和成了自己的油画风格。例如他的名作《一八四八年共和国》，画面上一个妇人手持三色国旗坐在那里，两边各有一个孩子在吃奶，这幅象征性的作品第一次显示了杜米埃的豪放、概括、朴素而有力的风格。

　　杜米埃永不妥协地战斗着，于是拿破仑三世想以拉拢收买的手段来对付这些让他头痛的艺术家们。当时杜米埃与库尔贝都被授予勋章，但两人都拒绝了，杜米埃在拒绝时还说道："我太老了"。实际上，杜米埃精神十足，他就是凭着这种精神与反动势力作斗争的。

　　1871年3月18日，法国掀起了世界上第一次轰轰烈烈的无产阶级大革命，建立了巴黎公社。这时期，以库尔贝为首的巴黎艺术家同盟于当年4月成立，杜米埃当选为执行委员。公社失败后，杜米埃没有被白色恐怖吓倒，他依然坚持斗争，创作了针对性极强的作品，如《在西班牙》《谁在打击共和国》《议员专车中的右派议员》等，作品中依然是永不妥协的革命激情。要知道，当时作家的处境非常艰难，除了反动势力的威胁，他的眼疾已严重到几乎完全失明的程度，贫困得几乎连房子也没有了，幸亏当时伟大的风景画家柯罗常常周济他，但是病疾与困苦依然折磨着他。

　　1879年2月11日，这位为理想、为人民而奋战终生的伟大战士终于安息了。

浪漫主义的大师——雨果

　　1855年的深秋，风卷愁云，淫雨连绵，52岁的雨果又一次遭到驱逐。当时他正侨居在泽西岛，他前年发表的政治讽刺诗集《惩罚集》被独裁者、暴君拿破仑三世痛恨不已。狼狈为奸的英国政府为了讨好拿破仑三世，便下令让雨果从它那里滚开。雨果只得拖家带口地来到也格恩西岛，一个比泽西岛更小更艰苦的地方。不多的积蓄很快用完了，一家人愁容惨淡。正在雨果束手无策之时，一位朋友提醒他，把你收藏的宝藏拿出来吧，还是活命要紧。雨果无奈地笑笑，他哪里有什么宝藏，有的只是厚厚一叠历年创作的记载着他辛酸与泪水、欢乐与收获的诗集，总共11000行。诗集在友人的帮助下很快出版了，并且获得了奇迹般的成功，在初版刚刚问世时就被抢购一空，这就是著名的《静观集》。

《静观集》里既有令人陶醉的田园诗，也有描写民生疾苦的社会诗；既有歌咏恋情的爱情诗，也有探索宇宙人生奥秘的哲理诗。此外，还有一些记叙童年往事、家庭生活的诗以及一些论文诗、讽刺诗，像一只变幻莫测的万花筒一般。诗集中悼念他溺水夭亡的大女儿的诗，如《明天，天一亮》《啊，记忆》《赠维勒基耶》，感人至深，是法国抒情诗中的佳作。

这部诗集体现了雨果作为抒情诗人的出众才华，但这位法国浪漫主义文学大师却是以他不朽的小说创作而雄踞文坛。在他长达60多年的创作生涯中，诞生了数部文学史上举足轻重的名著。最出色的是长篇小说《悲惨世界》和《巴黎圣母院》。此外还有《海上劳工》《笑面人》《九三年》《艾尔那尼》等闪烁着异彩的名篇佳作。

雨果的全名是维克多·雨果，1802年2月26日生于靠近瑞士的贝桑松城。他的父亲是拿破仑手下的一名将军、亲信重臣，效忠于"共和国"，母亲是波旁王朝的拥护者，忠于王室。雨果生活在两种截然对立的政治思想中，由于母亲的影响，他更倾向于保皇主义。

雨果从小就聪慧超群，富于文学才能。1817年，15岁的雨果以一篇《读书乐》参加法兰西学院文学大赛，脱颖而出，倍受关注。20岁时又因诗集《颂歌和杂诗》获得路易十八所赐的年金，被誉为"法兰西文学的希望"，并被吸收为法兰西文艺学会成员，可谓少年得志。

雨果25岁时发表了剧本《克伦威尔》及其序言。该序言被认为是浪漫主义的宣言，在文学史上具有划时代的意义。当时社会的文学思潮基本是古典主义，作品多数毫无思想，而且矫揉造作，附庸风雅，适合于上流社会王公贵族们的口味。针动这种现象，雨果指出，在不断变更的社会形式中，没有永恒不变的艺术，因此，盲目模仿古代是非常荒谬的，在新时代里，文学必须抛弃古典主义的桎梏。他大胆地打破了古典主义悲剧因素和喜剧因素不可逾越的规范，主张将崇高优美和滑稽丑怪融为一体。他认为，"万物中的一切并非都是合乎人情的美……丑就在美的旁边，畸形就在优美附近，丑怪藏在崇高的背后，美与恶并存，光明与黑暗相共"，文艺的真实"产生于崇高优美和滑稽丑怪的非常自然的结合"。

《巴黎圣母院》是雨果这一浪漫主义思想在创作实践中的集中表现。故事发生在15世纪的巴黎，围绕美丽的吉普赛女郎爱斯美拉达，几个男子上演了一幕美与丑、善与恶的激烈搏斗。一开场就是鲜明的对比，一边是奇丑无比的敲钟人加西莫多被狂热的人群哄抬着游行取乐，一边是美丽非凡的吉普赛女郎爱斯美拉达带着心爱的小羊在众人眼前轻快地跳舞。圣母院的副主教克罗德被她吸引而生邪念，指使养子加西莫多拦路劫持爱斯美拉达。途经这里的国王侍卫长法比及时救下了爱斯美拉达，因而获得了她热烈的爱情。克罗德出于妒恨，在法比同女郎幽会时刺伤了他。潜逃后，他把罪过嫁祸于爱斯美拉达，自私卑劣的法比也不为她作证。最后，在克罗德的操纵下，女郎被判处绞刑，罪名是"女巫以妖术害人"。克罗德乘机下手，诱惑女郎只要以身相许就可免于一死，却不想遭到她的痛斥。在临刑时，那个奇丑无比的加西莫多出人意料地救出了爱斯美拉达，并尽全力来保护她。最后爱斯美拉达出于对法比纯真的爱又一次被逮捕，走上了绞刑架，万恶的克罗德被加西莫多从钟楼上推下，殒命了。

加西莫多是外丑内美的善良人，而法比是外美内丑的伪君子。爱斯美拉达与克罗德，一个是善的化身，一个是恶的代表。在《巴黎圣母院》中，人物自身和人物之间的对照实质上是真善美与假恶丑的对照。雨果借助美丑对照原则的最终目的不是宣扬丑怪而是崇尚优美，是为了让人们"带着一种更新鲜更敏锐的感觉朝着美而上升"，雨果还通过加西莫多的一段歌唱提出了美在心灵的价值标准，心灵美的核心是仁爱精神，这正是雨果人道主义思想的核心。

《悲惨世界》表达的是雨果以一个资产阶级作家的人道主义立场对悲惨处境中的不幸者的关注。小说第一部的《序》中，雨果说道："只要法律和习俗所造成的社会压迫存在一天，在文明鼎盛时期人为地把人间变成地狱并使人类与生俱来的幸运遭受灾祸就不可避免；只要本世纪的三个问题——贫穷使男子潦倒，饥饿使妇女堕落，黑暗使儿童羸弱——还得不到解决，只要在某些地区还可能发生社会的毒害，换句话说，同时也是从更广的意义上来说，只要这世界上还有愚昧和困苦，那么，和本书同一性质的作品都不会是无益的"。

冉阿让是小说中纵贯始终的人物。他身强力壮，心地善良，以拼命工作换来的微薄收入来抚养姐姐的七个子女。失业后，饥寒交迫的他偷了一块面包，却被叛服五年苦役。因为四次越狱都失败了，所以他总共坐了十九年牢。长期非人的牢狱生活给他铸就了一副铁石心肠，他一出狱便带着报复社会的心理，在无处容身的情况下，他遇到了米里哀主教。对于他的盛情款待，冉阿让报以偷盗银器并潜逃掉，在被抓获后，主教非但不惩罚他，反而又赠他一副银烛台，因为他要赎回冉阿让的灵魂，主教的精神感化起到了巨大的震撼作用。冉阿让从此改邪归正，努力为善。后来，他改名换姓，经营工商业，兴办福利，救济穷人，被推选为蒙特洛伊市长。但又因救助无辜者而暴露了过去的身分，被再次下狱。同时小说又写了一个名叫芳汀的贫苦而又诚实的姑娘，被人诱骗到手后沦落到社会底层，伪善而残忍的资产阶级道德和法律剥夺了她工作和生存的权利，最后被迫出卖肉体。她的私生女在寄养人那里遭受非人待遇，被越狱的冉阿让救出并带走了，几年后，长成美丽的姑娘珂赛特。最后，冉阿让在珂赛特夫妇俩的抚慰中闭上了眼睛，离开了这个悲惨的世界。

《悲惨世界》是一部反映穷人命运的辛酸史。这部小说描绘了广阔的生活画面，同时穿插了各种社会政治事件。穷苦人民受压迫的苦难，资产阶级的日常生活，直至拿破仑战争和人民群众的革命起义，构成了一幅幅五光十色的动人画面。这是一部现实主义和浪漫主义完美结合的作品。雨果怀着一颗对下层人民的赤诚之心，真切地寻找着根除社会苦难的救世良方，他幻想通过道德的力量，用仁慈、宽恕和博爱来唤醒人性中善的东西，重铸人的灵魂，从而改造整个社会。但这是不切实际的，从而削弱了作品对社会的批判力度。

《悲惨世界》标志着法国文学由浪漫主义向批判现实主义的过渡，它的思想意义和艺术成就无愧于艺术明珠的赞誉。

然而,这位呼唤着自由与正义的伟大作家在现实生活中遭到了巨大的迫害,他的一生中有十九年的时间在海外流亡中度过,但他始终不屈不挠地坚持着正义的立场,并信心百倍地宣布:自由归来时,我自归来!

当他于1885年5月22日悄然逝去之后,法兰西为他举行了前所未有的隆重国葬。

世界历史五千年

德国的兴起

一个曾经癫狂的沉思者

1749年8月28日,德意志中部莱茵河畔的法兰克福市风光秀丽、景色宜人。一个中产阶级家庭忙忙碌碌、进进出出,人们的脸上都洋溢着笑容又略显得有些紧张,因为一个新的生命将要在这个家族中诞生。这时他们还不知道,上帝耶和华已经将整个德意志的智慧和才思赋予这个生命之上。他就是作为一名旗手引领了德国思想界和文艺界一代风流的歌德。

约翰·沃尔夫冈·歌德是18世纪中叶到19世纪初期德国和欧洲最重要的作家。他出生的年代正是欧洲社会大动荡大变革的时代。腐朽的封建统治面临着各种摧毁性的打击而走向崩溃,革命的浪潮风起云涌,整个欧洲就如暴风雨来临的前夕一样,一片喧腾。正是这样一种社会状况给人们自由地思考提供了一个条件,于是欧洲思想界出现了一个繁荣、活跃的局面。这就促使歌德不断接受先进思潮的影响,从而加深自己对于社会的认识,创作出当时最优秀的作品。

歌德的父亲曾是当地的一个参议员,很注意对歌德的教育;他的母亲是市长的女儿,博学多才,善于讲故事,从小就培养了歌德对文艺的兴趣。歌德还经常到剧院去观看各种演出,接触到莫里哀、高乃依、拉辛的戏剧。他还广泛地阅读了许多古典的名作,这些都为他以后的文学创作打下了一个坚实的基础。

年少的歌德立志要从事文学事业,通过文学来抒发自己的情怀,来表达自己对人生世态的感悟,来唤起德意志人民自强不息的奋斗意识。但是他的父亲却认为文学只不过是达官贵妇茶余饭后聊以打发时间的谈资而已,根本不能作为一生的职业。他坚决要求歌德学习法律,将来做一名律师。1765年,无奈的歌德只得遵从父亲的意见进入莱比锡大学学习法律。但是,他对文学艺术的执著追求没有一丝松懈,他自己钻研古希腊艺术,同时开始按照宫廷文学的风格学习写诗,摹仿莫里哀的作品写喜剧。1768年,他因患重病而回家休养。

1770年4月,歌德到斯特拉斯堡继续学习。在这里他认真地研读了荷兰哲学家斯宾诺莎的著作。斯宾诺莎认为天地万物皆富神性,山川河流,树木花草,日月星辰,各色人物都是天地之间的精华，都应一律平等。这就是在当时盛行一时的泛神论思想。实际上泛神即为无神。这种思想对歌德世界观的形成起了积极的作用。

在这里，歌德还认识了许多年轻朋友，有些就是后来德国狂飙突进运动的积极推进者。其中尤以赫尔德对他的思想和创作的影响为大。赫尔德是当时德国著名的思想家、作家和狂飙突进运动的理论家，他介绍歌德接触到荷马的史诗、品达罗斯的颂歌和莎士比亚的戏剧以及英国启蒙运动文学的作品，引导他搜集和学习民歌。歌德很快就接受了时代先进思潮和文学运动的影响，并且成为狂飙突进运动的积极参加者。

1771年10月14日这一天，法兰克福市举行纪念莎士比亚的活动，地点就在歌德家里，歌德为此准备了一篇演说。当时正值德国的文学运动——"狂飙突进"兴起之际，歌德是这一运动的旗手。他的这篇演说对莎士比亚倡导的解放人的精神推崇备至，对墨守成规的法国古典戏剧进行了猛烈抨击，字里行间充满了自信和渴望创造的热情，充分反映了歌德要求个性解放、冲破一切束缚的狂飙突进精神。

年轻的歌德"吹起了号角"，试图"把所有高贵心灵从所谓趣味高雅的心境里唤醒"，试图使睡眼朦胧的德国重新焕发出青春。

在1771–1775年这一段时间里，歌德一方面做律师，一方面从事文学创作。在这些作品中，大都充满了狂飙突进运动的反叛精神，主要作品有剧本《葛兹·冯·柏里欣根》、中篇小说《少年维特的烦恼》和诗剧《浮士德》的雏形《原浮士德》。此外，他还写了许多抒情诗和评论文章。

其中《少年维特的烦恼》一书在全世界都引起了一场轩然大波，不少痴情的少年男女效仿维特自杀，以致于歌德不得不另著文章以劝告世人要珍惜生命。实际上，我们从各种关于歌德的传记中不难看出，维特的烦恼正是作者自身心境的一个写照。通过这样的一个爱情悲剧，歌德揭露和批判了当时德国社会许多不合理的现象，表达了觉醒的德意志青年一代的革命情绪。当然，小说中维特的形象也有他消极的一面。他并不想进行社会变革，只要求个性的自由抒发；他与封建社会格格不入，然而只停留于孤独的感伤和愤慨当中，直至最后绝望自杀。这些都反映了狂飙突进运动本身的弱点。在当时，莱辛就曾指出维特的性格过于软弱。

1775年6–7月间，歌德曾作瑞士之游。回来后，受到魏玛公爵卡尔·奥古斯特的邀请到了魏玛，结束了他的青年时代。

歌德在魏玛当过枢密顾问，当过部长，后来还升任首相。在这里，他踏踏实实地进行实际工作，以实现他的社会改良的理想。"他的气质，他的精力，他的全部精神意向都把他推向实际生活，而他所接触的实际生活却是很可怜的"。他在魏玛委曲求全、孜孜不倦从事了十年的实际工作。但是，作为一个作家，一个沉思者，他与恶俗难以相容，到处是溜须奉迎，到处是尔虞我诈，他感到自己诗意的、积极的生命将被扼杀，于是他选择了逃离。

1786年6月，他来到了意大利。在这里，他徜徉于威尼斯、佛罗伦萨、罗马等文化古城，广泛而深入地研究建筑、雕塑、绘画等古罗马艺术，在对这些古代艺术的研究中，他接受了温克尔曼的观点，把纯朴、宁静、和谐作为艺术的理想，追求一种"高贵的单纯和伟大的静穆"这样一种审美至境，完成了从一个颠狂的狂飙突进运动的参与者到一个静默的沉思者的转变。反映在他文学创作上的是创作风格的转变，即从激情的肆无忌惮的喷发到平和的、返璞归真的自然叙述。

他这一时期的主要作品有《在陶里斯的伊菲格尼亚》和《哀格蒙特》等作品，也写了《塔索》和《浮士德》的部分章节。从这些作品可以看出，歌德一方面没有放弃前一时期的理想，不断地探索改革社会，实现启蒙理想的道路；另一方面他逐渐转向抽象的"人性"的探索，主张用道德说教来代替现实斗争，妥协的调子越来越占上风。

1788年6月，哥德从意大利回到魏玛。他摆脱了政务，致力于文学创作和自然科学的研究。1789年，法国大革命震动了欧洲，开始，歌德肯定这次革命，歌颂革命将"揭开一个新的时代"；但是，他对暴力斗争却又极其厌恶，写了一些讽刺革命群众的诗歌和剧本。

这一时期，他的思想是相当矛盾的，"在他心中经常进行着天才诗人和法兰克福市议员谨慎的儿子、可敬的魏玛的枢密顾问之间的斗争，前者厌恶周围环境的鄙俗气，而后者却不得不对这种鄙俗气妥协、迁就。因此，歌德有时非常伟大，有时极为渺小；有时是叛逆的、爱嘲笑、鄙视世界的天才，有时则是谨小慎微、事事知足、胸襟狭隘的庸人。"

90年代以后，歌德进入他创作的高峰时期，《威廉·麦斯特》《赫尔曼与窦绿苔》《亲和力》《浮士德》都是在他的中晚年写成的。其中，《浮士德》一书可以认为是歌德一生心血的结晶。

《浮士德》是歌德的代表作，它的创作持续了将近60年之久。歌德在斯特拉斯堡求学期间，就曾创作过《原浮士德》。《浮士德》的第一部完成于1806年，第二部完成于他逝世前不久。

《浮士德》的结构庞大而复杂。第一部包括25场，前面另有《献诗》《舞台上的序剧》《天上序幕》三个小部分。第二部也包括25场，分成5幕。全剧没有首尾连贯的故事情节，而是以浮士德的思想发展为线索，贯穿始终，可以称为哲理性的诗剧。

《浮士德》以文艺复兴时期到19世纪初期德国和欧洲的社会现实为背景，通过主人公努力追求的一生，概括了资产阶级上升时期先进的知识分子不满现实、极力探索人生意义和理想社会的全部过程。它不仅是德国文学史上一个空前伟大的成就，而且与荷马的史诗、但丁的《神曲》等齐名，被列为世界文学史上的伟大史诗之一。

1832年3月22日，一代巨星殒落了，整个德国都沉浸于无比的悲痛之中。歌德是德国民族文学的最杰出的代表，他的创作把德国文学提高到全欧的先进水平，并对欧洲文学的发展做出了巨大的贡献。

一个挑战德国的豪侠

约翰·克·弗·席勒是德国著名的剧作家、诗人，1759年出生于一个医生家庭。他年轻时学过法律，后从事文学创作，成为与歌德齐名的德国启蒙文学家，同时也是德国古典文学的创始人。

席勒出生的年代，正是欧洲社会急剧变革的时代，新与旧进行着激烈的交锋。封建制度的墓门已经打开，因此，这也是它挣扎最激烈的时候，各种丑恶和腐朽的东西纷纷从潘多拉的盒子里跳出来，跑到德国这个大舞台上进行它们歇斯底里的表演。整个德国都被那暗淡的愁云所笼罩。但德国的青年们没有消沉，没有退缩。他们如草原上驰骋的野马，如搏击长空的苍鹰，在这大动荡、大变革的时代里狂飙突进。他们力图唤醒醉眼朦胧、在无聊的昏暗中半死不活、心里不乏激情却没有骨气、没有累到需要休息、却又懒到无所事事、在桃金娘和月桂树丛里打着呵欠、东游西荡、虚度光阴的德国的先生们，他们以诗歌、小说、戏剧作为标枪，投向腐朽的德国黑暗势力，力图挽救危机四伏的德国大厦。席勒与歌德就是他们最杰出的代表。

席勒在青年时期，在狂飙突进精神的影响下写出了他的成名作《强盗》（1780年），确立了他的反对封建制度、争取自由和唤起民族觉醒的创作道路。在《强盗》第二版的扉页上，席勒写了"打倒暴虐者"的口号，并且引用古希腊名医希波克拉特的话："药不能医者，以铁治之；铁不能治者，以火治之。"战斗热情极为强烈。恩格斯说这部剧作是"歌颂一个向全社会公开宣战的豪侠的青年"。

1783年，席勒写出了他的代表作《阴谋与爱情》。这个作品反映的是德国市民阶级和封建统治阶级间的激烈矛盾。剧中女主人公露易丝的性格体现了当时德国进步青年反对封建制度，要求自由、平等的思想。席勒借她的口喊出了"等级的限制都要倒塌，阶级可恨的皮壳都要破裂！人都是人！"这样振聋发聩的声音，可以说是整个时代的心声。恩格斯称"这部作品是德国第一部有政治倾向的戏剧"。

自此以后差不多有将近10年，席勒没有进行创作，他转向历史和哲学的研究。在研究中，他着眼于历史发展中的民族运动，把历史和德国当前社会问题联系起来进行考察。

正是基于这样的研究，席勒后来的几部历史剧都是借古喻今，对德国社会进行批判和控诉。但是，这些作品总是要力图传达席勒对某一社会问题的独特思考，这样作品就成为某种思想的传声筒。因而，就不可避免地使作品的文学性受到伤害。恩格斯敏锐地认识到了这一点，对他提出了善意的批评。

在他的后期作品中，当以《华伦斯坦》（1799年）、《奥里昂的姑娘》（1801年）和《威廉·退尔》（1804年）最为著名。

《奥里昂的姑娘》取材于英法百年战争中的女英雄贞德的斗争事迹。她使法国转败为胜，免于亡国之辱。

《威廉·退尔》取材于14世纪瑞士的英雄传说，表现了反对暴君、争取自由的要求。

席勒不仅是剧作家、诗人，在美学理论上，他也有自己杰出的著作，对美学的发展起了很大的推动作用。

在哲学上，他是康德的信徒。他的美学理论是唯心主义的。

1795年，他完成了自己的美学著作《美育通信》，这是席勒写给丹麦王子奥格斯堡公爵的27封信。这部著作晦涩难读，但并不脱离现实。可以说，它是对法国大革命进行哲学沉思的产物。歌德说过："贯穿席勒全部作品的是自由这个理想。"这对《美育书信》是完全适用的。席勒认为，法国大革命没能解决政治自由问题，通向自由之路不应当是政治经济的革命，而应当是审美教育。应当把美的问题放在自由的问题之前，正是通过审美，人们才可达到自由。

为什么席勒把美的问题放在自由的问题之前呢？

因为席勒认为，美学理论的出发点是人。要实现政治自由，先决条件是要有具备完整性格的人，而这种人又只能通过审美教育才能培养出来。因此，他首先从历史的高度对人性及其演变作了分析，进而把美育同人类的崇高理想和历史的发展前景紧密联系起来。

但是，席勒从抽象的"人性"出发，不了解"人的本质是一切社会关系的总和"，他把历史的发展看作是人性分裂和人性复归的过程，把历史发展的动力归结为文化、教育，这完全颠倒了社会存在和社会意识的关系，是一种典型的历史唯心论。

席勒的美学思想在他于1795年写的《论素朴诗和感伤诗》中得到进一步发展，它最早区别了现实主义与浪漫主义两种文化创作方式的特征和理想，并且指出了二者统一的可能性。他的出发点依然是以人性为基础的唯心史观。任何诗人都企图表现人性，都是从自然取得灵感，只是由于时代不同、人性发展的程度不同，对自然的感受方式不同，因而具有不同的创作方式。他所讲的自然，既包括自然界和现实社会，也包括人的自然本性。

他正是要在人性或人道主义的基础上追求现实主义和浪漫主义的统一，这无论是在当时还是在现在，都具有进步的意义。

席勒在美学史上占有重要的地位。他所提出的许多美学问题都是十分重要和深刻的。批判地继承席勒的美学遗产是美学史研究的重要任务之一。

1805年，这位敢于向任何黑暗、丑恶势力宣战的豪侠终于走到了他人生的尽头。但他留下的却是熠熠生辉的不朽著作和凛然的一身正气。

乐圣贝多芬

路德维希·凡·贝多芬1770年12月16日在德国美丽的小城波恩市降生。他们家是音乐世家，祖父路易是宫廷乐团的乐长。父亲约翰也在宫廷里任职，是个高音歌手。当时，音乐家在德国的地位是特别低的。尤其是在宫廷中任职的音乐家，被蔑称为"音乐仆役"。微薄的薪金，使得贝多芬一家不得不干一些别的副业才能勉强度日。幼年的贝多芬视此为"最大的不公平"，养成了他高傲、圣洁的禀性。贝多芬的一生充满着战斗的激情，他幼小的心灵立志要改变这个不平等的世界。

1773年，贝多芬的祖父路易去世。家境更为窘迫，母亲不得不出外帮佣。小贝多芬被父亲带到乐团里去玩。在那里，小贝多芬表现出对音乐极强烈的爱好，在其他乐手哄着小贝多芬玩时，他很快学会弹奏羽管键琴，父亲被儿子的天赋所震惊，他觉察到儿子将来一定会成为出众的音乐家。于是，约翰开始正式教儿子学钢琴。在父亲严格的教导下，小贝多芬进步很快，在他6岁时，他已能弹出完美的作品，并且学会了演奏小提琴等多种乐器。1778 年，贝多芬由父母带领到科隆与荷兰的鹿特丹等地作巡回演出，很受观众欢迎，这是小贝多芬的首次登台演出。外地美丽的风光，独特的风俗令贝多芬大开眼界。

　　幼年的贝多芬很小就退学专门学习音乐。1780 年，幸运的贝多芬成为当时德国最著名的音乐教育家聂费的学生。聂费看出这个聪明伶俐的学生有很高的天赋，便以一套独特的训练方法倾囊而授。贝多芬在这里开始接触广阔的艺术世界。聂费引导贝多芬去欣赏文学名著与美术杰作。这为贝多芬的音乐生涯打下了坚实的基础。此外，聂费蔑视权贵的刚烈性格对高傲的贝多芬也有很大影响。1782 年，贝多芬也开始了"音乐仆役"的生涯，他在瓦尔特斯坦伯爵的乐团担任管风琴师助手。这样，贝多芬的表演机会多了，他天才的演奏技艺很快传遍波恩，许多贵族慕名而来，请他去演出。高傲的贝多芬并不知足，他知道，自己还有很大的潜力。1787 年，贝多芬自己弄了点路费来到维也纳，经朋友的介绍拜访了当时音乐之都最耀眼的名星钢琴之王莫扎特。当时，莫扎特正在与几位高贵的客人谈话，丝毫没有在意这个貌不惊人的年轻人，随手抓了几张乐谱让他去弹。高傲、倔强的贝多芬受此轻慢，暗下决心一定要引起这位大师的注意。于是，他以莫扎特的作品旋律为主题，即兴发挥，优美的琴声立刻吸引了莫扎特，他抛下这几位贵客，又拿过一张乐谱对这位年轻人说："这是我刚作出的一支曲子的主题，你根据它弹个即兴曲吧！"贝多芬拉过来，粗略地看了看，便弹了起来，莫扎特被这位年轻人的才华惊呆了，就是自己也不能如此轻易地弹出这么美妙的旋律呀。莫扎特听完后激动地向那几位尊贵的客人介绍道："大家注意！将来震惊世界的人一定是他。"于是，莫扎特欣然收下了这个优秀的学生。但不久，贝多芬最爱的母亲去世了，他匆匆返回家里。由于母亲去世，父亲情绪低落，整日酗酒，养活一家人的重担落在了少年贝多芬身上。为了挣钱糊口，贝多芬只好又去歌剧院演奏，并给贵族担任家庭教师，但是傲慢的贵族少爷根本瞧不起贝多芬。一次，贝多芬去给一个贵族学生上课，学生竟让老师在前厅等了两个小时。贝多芬非常恼火。在上课时那个学生又弹错了键，贝多芬用木板重重地打了他的手心。那位贵族学生摸着通红的手掌，可怜地望着贝多芬，说："今天您怎么这么急躁？"贝多芬平静地答道："我的耐心已在前厅消耗尽了！"由于他的脾气他丢了很多份工作，一家人又陷入困顿。更不幸的是，惟一的小妹妹由于没有人照顾夭折而去。贝多芬也染上了天花，虽然死里逃生，但脸上落满斑点。顽强的贝多芬没有气馁，他帮助两个弟弟找了工作，自己去波恩大学哲学系作旁听生，继续深造。这时，法国大革命爆发了。欧洲各国的封建统治也摇摇欲坠。革命的浪潮让贝多芬激动不已，他不能再在这个小城呆下去了。1791 年，奥地利著名作曲家海顿路过波恩，发现了贝多芬的才华，于是希望贝多芬去维也纳。经过多方努力，1792 年 11 月，贝多芬带着简单的行李直奔维也纳，他拜师于海顿门下，并且在维也纳定居下来，一直到他去世。

　　贝多芬在海顿门下刚呆下不久，就对海顿那种墨守陈规的教法不满，于是师徒两人分道扬镳。但海顿依然十分满意这位学生，他在写给朋友的信中说："贝多芬迟早会攀登到欧洲最伟大的作曲家之列，而我将为能把自己说成是他的老师而感到自豪。"海顿热情地向科隆推荐贝多芬。此后，贝多芬又跟维也纳的几位有名的音乐家学了交响乐、四重奏与歌剧的创作方法。贝多芬经过刻苦的学习，技艺非凡。后来，贝多芬投身于李希诺夫斯基公爵门下,年俸600盾。在维也纳,贝多芬充满激情的即兴演奏很快迷住了维也纳人。各地都邀请他去演出。贝多芬名声大振。但是,由于"音乐仆役"的出身,他依然被别人低看一等。1801年,贝多芬与一位伯爵小姐朱丽叶·琪查尔迪相爱。但她父亲因为贝多芬低贱的身份,硬拆散了这一对情人。遭受恋爱失败的打击,贝多芬情绪变得恶劣,更为不幸的是,他患上了神经性耳聋,听力逐渐衰退。贝多芬断绝一切来往,独自隐身于维也纳一个偏僻的地方。终于,高傲顽强的贝多芬又抬起了头。在给朋友的信中,他这样写道:"我将扼住命运的咽喉,不容许它毁灭我。哦!能把生命活上千百次那多美好啊!"1802年夏天,他在医生的指导下到维也纳郊外的海里根什塔特村疗养,但情况更糟,弹琴是不可能的事了,于是他改为创作,陆续完成了《d小调奏鸣曲》(也叫《暴风雨奏鸣曲》)、《第二交响曲》《第二小提琴钢琴奏鸣曲》等一系列作品。1804年,贝多芬完成了他的三部杰作《英雄交响曲》《热情奏鸣曲》及歌剧《菲台里奥》。《菲台里奥》是贝多芬一生中创作的惟一一部歌剧,大受欢迎。但贝多芬依然过着穷苦的生活,甚至有一次被警察当作流浪汉抓了起来。但贝多芬依然如痴如狂地创作,丝毫不在意这些。一天,贝多芬走进一家饭店要吃午饭,突然灵感出现,美妙的旋律在脑中回荡,他随手拿过菜单便写起谱来,很久,侍者立在他旁边等待他叫饭。写完之后,贝多芬抬头猛然看见了侍者,说:"结账吗?"周围的人都知道这位伟大的音乐家,善意地笑起来,侍者笑道:"您还没有叫饭呢!"贝多芬这才觉出,自己的肚子确实很饿了。由于拿破仑大军攻打奥地利。维也纳人纷纷外逃。贝多芬不能演出,日子更加艰难,最终被房东赶出来,他不得不去求助一个朋友。1806年,贝多芬去好友弗朗茨那里,碰到弗朗茨美丽、大方的妹妹丹兰莎。两人又坠入爱河。丹兰莎得到哥哥的同意与贝多芬订了婚。沉浸在幸福之中的贝多芬创作了《第四交响曲》,但是,不久两人的婚事又告吹了。原来,丹兰莎也出身贵族,她父母坚决不同意这桩有辱声誉的婚事。贝多芬再次经历爱情的打击。1808年,拿破仑大军践踏欧洲各国,遭到各地人民的反抗,如火如荼的人民解放战争开始了。在革命热情的鼓舞下,贝多芬联想到自己所遭到的不幸,他以愤怒的激情完成了他的《第五交响曲》,即《命运交响曲》。乐曲共分四个乐章,表达了战斗的激情,坚定而有力。

写完《命运交响曲之后》,贝多芬为了逃避城市的庸俗,经常到郊外田野中散步,在大自然的怀抱中,他寻找到欢乐。于是他又奋笔完成了《第六交响曲》即《田园交响曲》,以表达他对自然的热爱。

1809年10月,拿破仑大军攻占了维也纳。李希诺夫斯基公爵迎接了拿破仑的军官。他们听说名扬世界的贝多芬就在此地时,惊喜万分,纷纷表示要见一见这位世界一流的音乐家。公爵便把贝多芬叫来,这几位军官诉说了景仰之情。可是贝多芬却非常冷漠,因为他们是侵略者。当公爵为了讨好来宾,要求贝多芬演奏一曲时,贝多芬一口回绝。他看不起公爵这种下贱的样子,更痛恨公爵命令自己的傲慢态度。他冒着倾盆大雨愤然离去。回到家里,贝多芬给公爵写了一封信,其中说道:"公爵,你所以成为一个公爵,只是由于偶然的出身,而我所以成为贝多芬,完全是靠我自己。公爵现在有的是,将来也有的是,而贝多芬却只有一个。"是的,岁月无情,它记住的只是那些伟大的人。此后,贝多芬离开公爵府,但是当时贵族阶层狼狈为奸,他们再也容不得这个敢于反抗的贝多芬。后来，洛勃科维支用年俸 4000 弗洛林招贝多芬去做了"音乐仆役"。高傲的贝多芬为了生存不得不仍走父辈的老路。但是，贝多芬时刻没有忘记自己的屈辱，他渴望着战斗，身体中充满着反抗的激情。1810 年，贝多芬为歌德高昂的《哀格蒙特》配曲，曲中饱含着为自由斗争的精神。1812 年，贝多芬在捷克的泰普里茨见到了这位让他崇敬已久的大诗人。但已成为魏玛公国枢密顾问的歌德已一心为官了，他再也不是那个高喊战斗、高喊自由的歌德了。一次，他与歌德在城外散步，遇到一群贵族迎面走来，歌德摘下帽子恭敬地闪到一旁让路，贝多芬恼怒地说："您不该让路！"说完背着双手高傲地向贵族迎面走去。贵族都知道是大名鼎鼎的贝多芬，客气地向他致意，贝多芬这才还礼作答。但他对歌德的行为却大为不满。歌德虽然也很欣赏贝多芬的才华，但他却对贝多芬音乐中的战斗激情非常反感。两人不欢而散。

1815 年，欧洲各国开始了对拿破仑的反攻。贝多芬被胜利的消息鼓舞，接连完成《第七交响曲》与《第八交响曲》。贝多芬同时也积极地支援前线斗争，为救济伤员筹办大型义演活动。这是贝多芬最为高兴的时期。但是，不久贝多芬自由的理想破灭了。君主拿破仑被打倒了，各国的封建势力纷纷上台，人民依然被践踏在社会的底层。自由的思想艺术纷纷被取缔，激进的贝多芬更是首当其冲。贝多芬被迫退出乐坛，他的生活更为艰难。

在沉寂的日子里，贝多芬的耳朵完全失聪。作曲也更难了，但战斗不息的贝多芬知道自己不能放下笔，不能离开音乐。他请人特制了一支小木棒。在创作时，他把小木棒的一端插在钢琴箱里，用牙齿咬住另一端，利用小木棒的振动，来"听"自己弹出的旋律的效果。1823 年，贝多芬便靠这独特的装置完成了规模庞大的《庄严弥撒曲》，献给大主教鲁道夫，以求取世界的和平。全曲严格按照弥撒祭曲的程式写成，分为五个章节。分别为"我主怜我""荣耀归主""我信我主""圣哉、圣哉""神之羔羊"。随着世界斗争局势的发展，贝多芬看到了群众的力量。凭艺术家的敏锐的直觉，贝多芬把目光投向了人民。"人民艺术家的作品，应该为穷苦的人们服务。"贝多芬这样说。

1824 年，贝多芬在新的激情下完成了《第九交响曲》（也称《合唱交响曲》），这是贝多芬最后一部力作。它表达了世界人民对于封建专制的反抗与斗争，对于自由的追求与渴望。贝多芬的朋友听说他完成了《第九交响曲》，纷纷写信要求欣赏一下，贝多芬答应了。剧场选择在维也纳的卡德剧院。1824 年 5 月 7 日，沉寂多年的贝多芬出现在乐池中。久违的观众报以一次又一次热烈的掌声。当时，国王出现人们也只给以三次鼓掌欢呼。伟大的贝多芬一出现，人们都狂热起来，欢呼竟达五次之多，从未出现过的盛况把维持秩序的警察都惊了，好一阵过后，才纷纷跑出来制止过分狂热的场面。贝多芬虽然听不见，但也被眼前的场面所感染，流下了激动的泪水。演出开始了，贝多芬情绪激昂地站在乐队前。虽然他听不见任何一种乐器的声音，也听不见歌者的演唱，他只凭自己的记忆，凭着自己的激情全力指挥下来。听众完全被这久违的充满激情的音乐所陶醉。他们如痴如狂，为之歌为之泣。演出获得了巨大成功。

1825 年，贝多芬搬进了一幢名叫"黑西班牙人"的大厦，贫困的生活使这位已进入暮年的伟人常常生病。虽然身受疾病与饥饿的折磨，贝多芬依然紧握着笔，捍卫着这片自由的王国。他还要写《第十交响曲》，还要为《奥德赛》与《浮士德》配曲，他还有很多事情没有做。但是，上帝已不忍心再让这位伟人在世间受苦。1827年3月26日，维也纳上空阴云密布，狂风卷着乌云，惊雷挟着暴雨，贝多芬在床上安然睡去。伟大的音乐家逝世的消息让全世界痛惜不已。葬礼那天，几万人来到"黑西班牙人"大厦前默立。但是，由于贝多芬出身低贱而且没有留下财产，他只能葬在一个很小的公墓里。奥地利著名戏剧家格里尔帕策在他的墓前致词道："从今天起，他将成为历代的伟人之一，永世长存。"

贝多芬离去了，他以自己勤奋的一生留下了256部作品，包括交响曲、奏鸣曲、歌剧、协奏曲、合唱曲以及改编的民歌等。

1888年，出于对贝多芬的热爱与怀念，维也纳音乐之友协会会员自愿捐资，在中央公墓买了一块墓地，把贝多芬与另一位穷苦一生的音乐天才舒伯特一起迁葬进去。贝多芬墓前那块洁白的大理石墓碑上，刻着一把镀金的竖琴，写着"贝多芬 1770－1827"，没有一丝浮华，人们不愿用那种庸俗的东西打扰这位巨人。

欧洲的数学王子

首先，我们看一道截至18世纪、已经流传了2000多年的著名难题。

题为：仅用尺规作图，可以作出哪些正多边形？在边数为100以内，有多少种正多边形可以仅用尺规作出？

求作圆的内接正多边形是古代尺规作图中的著名难题。

从理论上分析，圆周可任意等分，因此可以作出任何相应的正多边形。但是限制只能使用真尺和圆规，就不一定能任意作出正多边形了。

早在公元前的古希腊时期，亚历山大城的学者帕普斯在《数学汇编》中记载了这样的问题："蜂房是许许多多的六棱柱，这种设计可以避免杂物，并且使用同样多的原材料，正六边形要比正三角形和正方形都具有更大的面积。"

也就是说，在周长相同的情况下，正六边形比正三角形和正四边形的面积要大。换句话说，用绳子围成的正三角形、正方形、正六边形相比较，应当是后者的面积最大。

由这个问题的研究，人们想到能否把一个圆任意等分，这样就可以顺次连结等分点从而得到一个正多边形。

作正多边形问题就是等分圆周问题。

这就是有名的古希腊四大几何难题。

阿基米德指出，运用尺规作图的方法，可以画出正三边形（正三角形）、正四边形、正五边形和正十五边形，从而可以等分圆周。到底是什么样的几边形不能作出，或者说什么样的几边形能作出呢？

阿基米德证明了尺规作图不能作出正七边形。除非利用曲尺等标刻工具，才能作出正七边形。

之后再也没有进展，人们普遍认为，正的五、六、十、十五边形可以作出，而正的七、十一、十三、十七边形不能作出，所以推测，凡是大于5的质数，正几边形就无法作出。

1796 年，一位 19 岁的德国哥廷根大学生作出了惊人的发现，他作出了正十七边形。他就是后来数学史上三大数学家之一的高斯。

高斯的手稿在大学传开，人们议论纷纷，教授们兴高采烈。

这位 19 岁的"神童"打破了两千多年的禁区，创造了几何史上的奇迹。

5 年之后，高斯给出了等分圆周的一般规律。后来，许多数学家利用这个规律寻找其他正多边形的作法。

1832 年，数学家力西罗作出了正 257 边形，演算过程写了 80 页纸。

最有趣的是，数学家盖尔美斯花了 10 年时间作出了正的 65537 边形，手稿竟然有满满一提箱，也就是说，这么多的步骤才能把圆用尺轨 65537 等分！这个手稿至今还在哥廷根大学保存着。

高斯于 1777 年 4 月 30 日，出生在德国的布伦瑞克城。他的父亲是一位农民的儿子，是一名喷泉技师，可能担任引水站站长的职务。在做技师时，父亲经常给人家打短工、干杂活，还做过园艺工人。

高斯全名为卡尔·弗里德里希·高斯。父亲管教比较严格，而母亲善良能干。但高斯没有受到父母知识上的启蒙。

高斯的舅舅是高斯的启蒙者，他很爱高斯，常常为高斯讲很多科学现象，但他也没有很高的学历，只是位绸缎工人。

在很小的时候，高斯就表现出过人的数学天赋。据说那是在入学以前，高斯又静静地看着爸爸算账。他就是这样，对数字感兴趣。当大人们算账的时候，他从来都很专注。

这一次，他的父亲算账算得很麻烦，费了半天劲，老高斯得出一个数来。他迟疑着想着开销的收入问题，这时高斯说话了："爸爸，您这次算得不对。"

什么？老高斯不相信自己的耳朵："亲爱的儿子，你说是什么呢？"

高斯告诉了爸爸正确的答案。老高斯重新算了一遍，果真是高斯说得对，而这时高斯还没有上学。

高斯经常自豪而幽默地说："我还不会说话的时候，先学会算术了！"这是他晚年的回忆。

后来，老高斯索性把家里的账目全都交给了 10 岁左右的高斯，高斯运算轻松准确。

人们熟知的是高斯求自然数 1 到 100 之和的故事。上小学时，高斯的数学老师叫布德勒，他是城里人，特别瞧不起乡下的孩子，对乡下人也抱有很大的偏见。他认为乡下孩子和乡下的人们又穷又笨，不值得一教。

不知怎么回事，这位老师有一天对孩子们生了气，他决定全体惩罚："你们听好了，从 1 加到 100，把和算出来！如果算不出来的话，就别想回家吃饭，家长来也没有用！"

说完之后，布德勒悠然自得地看起书来。谁知，就在他欣喜地翻开书还没看几眼的时候，高斯站起来了："老师你看。"

"去！去！去！看什么看，再胡捣乱可不许上课了。"布德勒不耐烦地说。

"老师，这是答案，没有错的。"

布德勒向演算板上一瞟，这下惊讶得他半天说不出话来："天哪，这是怎么回事？"
只见高斯的方法是：1＋100，2＋99，3＋98，……，50＋51。

然后是101×50，为5050。

这就是等差数列的计算方法，这不是他讲过的方法。

老师没有批评高斯，内心受到很大的震动，他对高斯很是器重并且毫不掩饰地说："高斯比我强。"

布德勒为高斯提供了很多更深入的课本和数学著作，并尽自己的能力指导高斯的学习。

14岁时，高斯在当地已经很有名气了。据说他看书着迷误进了公爵的花园，公爵和夫人发现这个少年竟然钻研如此高深的书，很是器重。就决定出资让高斯学习，他们成了高斯的长期保护人。其实在事实上，高斯是被公爵费尔南迪召见的。以上的传说反映了人们对科学传奇的爱好。

高斯在高中，读的是文科哲学班。后来，在他15岁时，进了卡罗琳学院学习。整整三年间，高斯学习语言学和数学，对牛顿、欧拉、拉格朗日等人有很深的理解。

18岁时，高斯进了著名的哥廷根大学。这时候他很矛盾：语言学与数学，到底学哪一个呢？两个都很爱好，但是大学的分科教学不允许"鱼与熊掌兼得"，而且高深的理论也不一定能同时被一人掌握。

结果，1796年3月30日，高斯公布了正十七边形，就是前文提到的古希腊第四难题。这个问题的初步解决，使高斯选择了数学，从此成为世界级的数学大师。

在他19岁以前，也就是11岁时发现了二项式定理；17岁时提出最小二乘法。他如此年轻就取得突破性的成果，被人们称为"欧洲的数学王子"。

高斯一生谨慎，他的日记也是用自己所能理解的符号记的。也正是因为他后来成为权威，特别顾及自己的地位，所以有很多轰动式的发现和创举他不敢向世人宣布，这种保守使他丧失了非欧几何的创立权。

代数基本定理的第一个严格证明就是高斯发现的。1799年，高斯在哥廷根大学的博士论文证明了：每一个实系数方程至少有一个实根或复根。

代数基本定理在代数乃至整个数学中至今起着基础的作用。

高斯后来又给出第二、第三个证明，到他晚年71岁高龄时，还提出了第四个证明方法。

1807年起，高斯担任了哥廷根大学的数学教授和天文台台长，从此成为哥廷根大学的骄傲。

高斯的研究涉及数论、概率、椭圆函数、复变函数、统计，均作出了大的贡献。由于他在十分成熟的条件下才发表，所以，多数著作以遗稿的形式出版。

在天文学方面，高斯提出了三次观测确定行星轨迹的方法。1801年，意大利天文学家观测到了金牛座一颗星与星图不合，连续西移。由于战争原因，他没能及时通知同行，结果这颗星已经找不着了。高斯根据这位天文学家的观测，计算出了轨道，结果人们发现这是人类发现的第一颗小行星，不到半年，天文学家又发现了第二颗小行星，分别命名为谷神星与智神星。

高斯生前发表了 155 篇尽善尽美的论文。在二次世界大战前,哥廷根大学整理他的遗作,出版了《高斯全集》。

1855 年,高斯去世,终年 78 岁。他在生前得到了极高的荣誉,家喻户晓,举足轻重。但是他保持着沉默寡言的风格,生活也十分俭朴。人们称他是神童或天才时,高斯淡淡地说:"假若别人和我一样能够做到持续地思考数学真理,他们会作出同样的发现。"

高斯最爱的定理就是正十七边形的研究,因为这使他一生发生了重大选择,从而进入数学殿堂,所以在他的塑像下,底座是正十七边形的台基。而高斯的墓碑上,刻有正十七边形的图案。

人们评价道:"高斯是 19 世纪科学群峰中最高的一座。"

克劳塞维茨与《战争论》

在世界史上,有许多名人。但是,像克劳塞维茨这样的名人却不多见。他仅凭一部未完成的著作,便获得了世界性声誉,从而成为了资产阶级军事思想体系的奠基者。

卡尔·玛·克劳塞维茨是一个德国人。他于 1780 年 6 月生于普鲁士王国马格德堡附近的布尔格镇上一个小贵族家庭中。当时,普鲁士拥有一支 20 万人的军队,普鲁士国王腓特烈二世勇猛好战,他亲自统帅军队,征战四方。克劳塞维茨当时就在波茨坦一个步兵团中当一名士官生。那时,他才 12 岁,不久,克劳塞维茨所在的步兵团被调上前线,同法军作战。克劳塞维茨在围攻美因兹城的战斗中,英勇作战,表现突出,15 岁时便升为少尉。不久之后,他便被送到柏林军官学校学习深造。

当时,任柏林军官学校校长职位的是当时一位著名的、有远见的军事家——盖哈特·香霍斯特将军,他著有《军官手册》等书,致力于军事制度的改革,后来曾担任普鲁士军事改革委员会主席。在这位将军的教导下,克劳塞维茨刻苦学习,成绩优异,深得这位将军的赏识,两人结下了很深的友谊。1805 年,克劳塞维茨毕业,由盖哈特·香霍斯特将军推荐为奥古斯特亲王的副官。

这时,正是世界风云变幻莫测的时代。拿破仑·波拿巴在法国革命中夺得政权,他连年征战,大肆掠夺各国的土地、财富,深为各国统治者所痛恨。欧洲各国封建主集结军队,组成联军,共同对付拿破仑大军。无奈每次都被强大的法军击溃。克劳塞维茨参加了第四次反法同盟的战斗。1804 年 10 月 14 日,普鲁士军与法军在耶拿会战。结果,普军又一次大败而逃,拿破仑乘胜追击,在 10 月 25 日攻占了柏林,克劳塞维茨也在战乱中被俘。

克劳塞维茨亲眼目睹了普鲁士军队的溃败。在法国军中作俘虏时也了解到法国军队的风范。他深刻地感觉到在封建统治下的普鲁士军队的腐败无能,于是他便下决心立志于军事改革,并收集了不少资料。1807 年 10 月,克劳塞维茨获释。不久,他便参加了其恩师盖哈特·香霍斯特主持的军事改革工作。对普鲁士军队的建设提出了许多很有价值的改革建议。例如,针对当时只有贵族、容克地主子弟才能担任军官的陈规陋习,提出了废除农奴制，取消贵族及容克地主的特权，要求从优秀士兵中选拔军官，军士不论出身高低，一律平等。

由于克劳塞维茨工作出色，1810年秋天，他被任命为柏林军官学校教官，同时担任王太子腓特烈·威廉四世的军事老师。1812年4月，拿破仑正要举兵大力征伐俄国前夕，普鲁士王威廉三世准备同拿破仑结盟。克劳塞维茨对普鲁士王的这种作法非常不满，他愤而辞职，投到俄国军队中去。

在俄国军队中，克劳塞维茨担任了参谋长。拿破仑大举进攻俄国时，克劳塞维茨同俄军一起奋战，在斯摩棱斯克争夺战与波罗丁会战中，克劳塞维茨表现出了军事上的才华。拿破仑大军遭到沉重打击，不得不败退到普鲁士境内。1813年3月，克劳塞维茨高高兴兴地回到了柏林。

次年，克劳塞维茨重返普鲁士军队。1815年担任布吕歇尔军团第三军参谋长，不久又升迁为莱茵军团参谋长。从此，他开始全面总结对拿破仑大军的战争经验与教训，从事战争理论的研究工作。

1818年，克劳塞维茨被任命为柏林军官学校校长。不久，便升为将军，年仅38岁。在担任校长期间，他开始全身心地投入到军事理论研究工作中去，并把在担任莱茵军团参谋长期间的零星创作整理出来。克劳塞维茨分析了130多个典型战例，完成了许多评论文章。他把自己经过独立思考得来的以及在同许多亲历战争的人物的谈话中得来的经验都表达了出来，他希望自己的研究成果能够对后世有用。但是，克劳塞维茨却不想凭此获取名利地位，他坚持要把这部书留到他死后再出版。因此，他也就不急急忙忙地赶字数，他每次动笔前都是经过深思熟虑的，他严肃认真地对待着自己的创作。

1830年春天，克劳塞维茨被调到炮兵部工作。这时他的著作修改工作还未完成，由于事务繁忙，他把3000多页手稿分别包封起来，准备以后再修改。1830年8月，克劳塞维茨调任布勒斯劳第二炮兵监察部总监；年底，他又调任格乃译瑙军团参谋长。公务更加繁忙，克劳塞维茨也没有时间去整理自己的手稿。

1831年11月6日，克劳塞维茨不幸染上霍乱，他望着自己那依然包封完好的手稿，遗憾地闭上了眼睛。

幸运的是，他的妻子玛丽·冯·克劳塞维茨把丈夫生前的所有手稿均整理出版。起名为《卡尔·冯·克劳塞维茨将军遗著》，共十卷。其中较完整的就是《战争论》，分为三卷。其他的七卷主要是一些对于战争史的研究与评论。

《战争论》是一部未完成的著作，分为三卷共八篇。前六篇虽然已经誊写清楚，但依然只是一些素材的组合，距离克劳塞维茨自己的要求还有很大差距。他本来想重写，只是一直没有时间。第七篇与第八篇则仅仅是第一遍草稿。这八篇分别为《论战争的性质》《论战争理论》《战略概论》《战斗》《军队》《防御》《进攻》与《战斗计划》，共124章，书的最后附有克劳塞维茨为普鲁士皇太子讲授军事课的材料以及《关于军队的有机区分》《战术或战斗学讲授计划与提纲》两篇文章。

克劳塞维茨在书中辩证地论述了战争与政治的关系以及战争的本质。他说：“战争不仅是一种政治行为，而且是一种真正的政治工具，是政治交往的继续，是政治交往通过另一种手段的实现。如果说战争有特殊的地方，那只是它的手段特殊而已。”此外，他还具体地分析了战争的各个环节方面，并提出了自己独到的见解，并加以实战与理论上的论证。

克劳塞维茨自己把这部书定名为《谈战争》，因为，他认为自己并没有构建战争的理论大厦，称不上什么军事论著。他曾经说过，自己只是对于战争实例进行深入分析，为后来者提出有益的见解。在他于1827年写的一篇《说明》中，他说："尽管这部著作没有完成，我仍然相信，一个没有偏见、渴望真理与追求信念的读者，在读前六篇时不会看不见那些经过多年的思考与对战争的热心研究所获得的果实的，而且也许会在书中发现一些可能在战争理论中引起一场革命的主要思想。"

克劳塞维茨对自己辛勤的劳动成果充满信心。只是由于书没有完成，而成为他一生的遗憾，我们也对于没能看到克劳塞维茨的真正的著作而深为遗憾。但是，即使是这么一部未完成的著作，也依然奠定了克劳塞维茨在军事理论史上的地位。他的著作反映了资产阶级的革新与进步精神，是世界军事思想史上一个重要的里程碑，是资产阶级军事理论方面的经典之作。它使得克劳塞维茨获得了世界性的声誉，成为资产阶级军事思想理论体系的奠基人。

古典哲学的集大成者

"他是第一个想证明历史中有一种发展，有一种内在联系的人。"

他在"每一个领域中都起了划时代的作用。"

"他"是谁？

他就是德国古典哲学的集大成者——黑格尔。

乔治·威廉·弗里德里希·黑格尔于1770年出生于符腾斯图加特城一个税务员家庭。他小时一直规规矩矩地上学、读书。惟一与众不同的是，他聪明、好学，遇见什么不解的事都非要弄明白不可。他有特别强的独立思考能力。

黑格尔7岁时上小学，10岁时上中学，18岁时进入了图宾根神学院学习哲学与神学。在这里，黑格尔的才能便充分显示出来了，他有极强的思辨能力。在神学院中，他除了学好必修的功课之外，对古代及近现代著名的哲学人物与作品都进行了深入的研究。这时，黑格尔形成了他自己关于世界观的体系，虽不完善，但足以证明他所遇到的事物。1793年，黑格尔以优异的成绩毕业。开始时，他先后在瑞士伯尔尼与法兰克福做过家庭教师。1801年，经当时著名哲学家谢林介绍在耶拿大学任编外讲师，由于他的学术水平高深，不久便升为副教授。这时，黑格尔仅仅35岁。身怀绝世之才的黑格尔不想平淡地呆下去，他有许多思想要向世人告白。于是不久，他开始写《精神现象学》。1806年10月13日，黑格尔匆匆脱稿，以便出版商及时出版。在书中，黑格尔高度地赞扬了拿破仑，称之为骑在马背上的"世界灵魂"，他说："我看到皇帝——这个世界灵魂，骑马穿城而过，去检阅军队。"

1807年，黑格尔因为学校战时停课，一时无所事事。不久，他担任了海德堡物理学会名誉会员，后得到同乡尼特哈默尔介绍，前往巴伐利亚的班堡担任《班堡日报》的编辑。不久，精力充沛的黑格尔的《科学体系：第一部，精神现象学》在班堡与维尔茨堡出版。他把书寄送给谢林征求意见，但是谢林反应冷淡，他甚至说黑格尔剽窃了他的观点而又叙述不当。两人于是闹翻而决裂。

1808 年，黑格尔转任纽伦堡文科中学校长，全才的黑格尔兼教哲学、古典文学及高等数学科目。这时，黑格尔的哲学思想体系日渐完善，并在学术界引起重视。他的一个学生把黑格尔在《精神现象学》上的贡献称之为当代的"亚里士多德"，而把谢林称为柏拉图，其意不言自明，柏拉图是开路者，而后者贡献更大。

黑格尔恃才傲物，因此与同事们关系不是太好，但是他依然凭借自己的学术成果而当选为年度校长。可是却遭到评委的反对，黑格尔愤而辞职。这一年，弗里斯的《逻辑学体系》出版，黑格尔依然我行我素，他直言不讳地说："《逻辑学体系》是毫无意义的出版物。"其后不久，黑格尔自己的《大逻辑》出版。在这里，黑格尔第一次应用到了辩证法思想。一年之后，《逻辑学》第二册《本质论》出版，这是他最为重要的著作之一。恩格斯说："他真正的自然哲学是在《逻辑学》第二册即《本质论》中，这是全部理论的真正核心。"这几本著作，奠定了黑格尔在当时学术界的地位。1816 年 7 月，黑格尔先后接到海德堡、爱尔兰根、柏林三所大学的聘请书。

1916 年秋季，黑格尔来到巴登公国的海德堡大学担任哲学教授，接替了弗里斯的职位。10 月 28 日，黑格尔发表就职讲演，公开宣称"普鲁士国家就是建立在理性基础上的"。一反他青年时的论调。那时，他崇拜卢梭，崇拜拿破仑，向往资产阶级的民主与自由，反对封建专制制度，热烈地向往革命。并且，他与他的同学们一起在图宾根近郊种植了一棵"自由之树"。这前后不同的态度，表明了黑格尔的思想日渐保守。但他的学术水平却无可挑剔。第一年，他的学生有四个，第二年便一下增为十个。这一年，他的《逻辑学》第二卷主观逻辑、概念论出版，列宁称赞这部书说："在黑格尔这部最唯心的著作中，唯心主义最少，唯物主义最多，'矛盾'，然而这是事实。"

1817 年，黑格尔受到普鲁士文化教育卫生大臣阿尔滕斯坦的邀请，去接任费希特逝世后悬虚的哲学教席遗缺。1818 年 10 月，黑格尔到柏林大学就任哲学教授，年薪比他在海德堡大学任教时多一倍，虽然他想从政的愿望再一次落空，但依然满意地呆了下来。1819 年，叔本华也来到柏林大学任编外哲学讲师，他把开课时间定在黑格尔讲课的时间，结果，叔本华的听讲者人数寥寥，课程未授完，叔本华便悄悄离开了学校。

黑格尔对于文学艺术非常喜爱。他每到一处，必先打听是否有著名的作家、艺术家在此地。在柏林也是如此，他经常参加一些文学艺术集会。有一次，黑格尔听一场莫扎特乐典演奏会，一曲完了之后，黑格尔向该队指挥克莱因兴奋地表达自己的欢愉之情，但由于他不善言辞，越着急越说不清，口吃得越厉害，克莱因最后总算明白了黑格尔赞美的意思。他后来说："这一来，我算真喜欢这位口吃的哲学家了。"

1821 年，黑格尔出版了《法哲学原理》。在书中，黑格尔宣称君主立宪是最高、最完善的政体，这表明，黑格尔又站到了资产阶级立场方面去了。阿尔腾斯坦大臣复函黑格尔，称他为"普鲁士复兴的国家哲学家"。

由于黑格尔的哲学适应了普鲁士国家的需要，他在柏林大学的讲座吸引了不少听众，黑格尔主义一时颇为流行。他的学生为他与歌德举办联合生日庆祝会，使黑格尔的影响更为广泛。1826 年，叔本华再次来到柏林大学讲课，时间仍与黑格尔讲课时间相同，因无人听讲，他又悄然收场，黯然离去。但是，这时唯物主义哲学开始成长起来。黑格尔的学生费尔巴哈与他告别时说："我听了您两年课，我两年来完全献身于研究您的哲学。但是，现在我感觉到需要求教于与思辨哲学直接相对立的其他科学，即自然科学。"后来，费尔巴哈成为了著名的唯物主义哲学家。

1828 年，这时黑格尔 58 岁。第一学期，他讲授自然哲学时，听课学生 68 人，与此同时，里特尔讲授古代哲学史，讲课时间正与黑格尔相同，他的学生 84 个。这表明黑格尔哲学已出现衰落的迹象，但是，他在某些课程中，依然具有无与伦比的魅力。例如，在他讲的关于证明上帝存在的说明时，听课学生约有百人，并一度达到 200 人。1829 年 10 月，黑格尔接受普鲁士国王的任命，担任柏林大学校长职务一年，成为钦命青年导师。

1831 年，由于黑格尔表现出来的对于政府的顺从与拥护，普鲁士王威廉三世授予他三级红鹰勋章。这一时期，黑格尔主要是讲授法哲学，还修订了《精神现象学》以及为《精神现象学》与《逻辑学》的再版写序言。

1831 年 11 月 14 日，黑格尔感染了霍乱病，在柏林逝世。按照他的遗嘱葬在费希特与佐尔格墓旁。

黑格尔逝世后，黑格尔哲学依然风行了 10 年之久，"黑格尔主义"的独占统治达到了顶点，它甚至感染了与之相对立的思想势力。这一时期，黑格尔的观点浸入了大量的各种科学之中，甚至渗透了通俗读物与日报之中。当时所谓的"有教养的意识"，就是从这些通俗读物与日报中汲取这种思想材料的。他的著作除了生前出版的《精神现象学》《逻辑学》《哲学全书》（其中包括《小逻辑》《自然哲学》《精神哲学》）、《法哲学原理》等，逝世后又由他的学生整理出版了《哲学史讲演录》《历史哲学》《美学讲演录》等。他在柏林大学的哲学讲座的遗缺也由他的一位学生接任。

但是，并没有人完全理解黑格尔的哲学思想，这成为他一生的遗憾，也成为他屡遭误解的原因。著名的革命文学家海涅曾经说过这样一件事：在他听黑格尔讲课期间，有一次，海涅对于"凡是现实的都是合理的"这句话表示疑惑不解，黑格尔怪怪地笑了笑，对海涅说："也可以这么说，凡是合理的必然都是现实的。"黑格尔说完连忙转过身向四周瞅了瞅，只有亨利希·贝尔注意到这句话，他这才放了心。随后，黑格尔对海涅说："只有一个人理解我"（指他的学生罗森克兰茨），但随后又激愤地加了一句："甚至他也不了解我。"

伟大的黑格尔逝去了，他的伟大的著作以历史主义与辩证法为基础构建了哲学发展史上第一个完整的包罗万象的客观唯心主义哲学体系。他也因此而获得了巨大的声誉。但是，这一切都是建立在别人对他的哲学的不完整的理解甚至是误解之上的。不知这是他的幸运还是他的不幸？

普法战争

对于 19 世纪法国小说家都德的爱国小说《最后一课》,许多青年印象深刻,知道它是以 1870 年到 1871 年的普法战争为历史背景的。

普法战争在欧洲近代史上,算得上是有着某种承前启后作用的阶段性事件之一。

普法战争爆发于 1870 年 7 月。普鲁士和法国两国统治阶级挑起这场战争,各抱有自己的政治目的。

普法战争前,德意志处于大小邦国林立、各自为政的分裂状态。1848 年以后,普鲁士和萨克森等邦国大工业开始发展,经济出现高涨。但是资本主义在德意志的继续发展面临着各邦分裂这样一个巨大障碍。所以,统一问题就历史地提到日程上来。其可能的方式,一种是通过自下而上的革命,建立统一的民主共和国;另一种是通过王朝间的战争,建立统一的大帝国。

1861 年,威廉一世继承普鲁士王位,任用俾斯麦为首相兼外交大臣。俾斯麦是普鲁士容克地主利益的代表人物,机智深算,桀骜不驯,手腕悍辣。他认为统一德国必须以普鲁士为核心,而且必须对另一大邦奥地利以及当时欧洲大陆霸主法兰西第二帝国进行战争才能达到目的。他宣称:"解决当前时代的大问题,不是演说,不是投票,而是铁和血。德意志所期待的不是普鲁士的自由主义,而是它的武装。"

果然,1866 年 6 月 17 日,俾斯麦即以两年前普、奥联合侵犯丹麦后分赃问题为由,发动侵奥战争。只用了 7 个星期,奥地利败北,被迫求和。俾斯麦老谋深算,以比较宽容的条件于 8 月 23 日在布拉格与奥订立和约,其用心在于这样做有利于其后对法进行战争。

普奥战争的结局,奥地利被迫退出德意志邦联,从而使普鲁士消除了统一道路上的内部主要障碍。1867 年,俾斯麦即组成了以普鲁士为首的北德意志邦盟,有莱茵河以北邦国二十二个,人口 3100 万。但南部的巴伐利亚、符腾堡、巴登和黑森-达姆施塔特四大邦国仍在邦盟之外。俾斯麦决心要把南部德意志各邦统一进来,建立德意志帝国。但是统一德意志的事业障碍重重,除了南部德意志各邦反对之外,最主要的是法兰西第二帝国的阻挠。

当时的法国历史上叫法兰西第二帝国,帝国的皇帝是路易·拿破仑·波拿巴,即拿破仑三世。拿破仑三世是一个政治阴谋家和军事冒险家,在 1848 年革命失败后,他窃取了法兰西第二共和国总统大权,又于 1851 年 12 月发动政变,废除第二共和国,恢复了帝制。他是法国金融贵族和工业大资产阶级反动势力的代表,推行了一整套反动的内外政策;对内实行军事独裁制度,建立了一支 50 万人的军队和 50 万人的警察官僚机构,疯狂镇压国内的民主运动和工人运动;对外实行沙文主义的侵略扩张政策,连年发动对外战争,例如第二次鸦片战争期间,1857—1858 年和 1860 年英法联军两次侵略我国,拿破仑三世就是罪魁祸首之一。他在位期间,侵略用兵远及亚非拉三洲,很少有一年不打仗的。这样一个强横霸道的国际野心家,当然决不肯坐视近邻德意志走向统一和强大，而必然要进行干涉和阻挠。拿破仑三世曾公开说："德意志应分成三部分，永远不得统一。"

普奥战争后，以普鲁士为首的北德意志联邦的建立，使普鲁士成为法国在欧洲的劲敌，这对于法国大资产阶级称霸欧洲的野心是一个严重的打击。因此，拿破仑三世指望通过对普战争来阻止德国的统一，并且乘机夺取法国资产阶级垂涎已久的莱茵河左岸地区。同时，十九世纪六十年代末波拿巴王朝的反动独裁统治已激起了各阶层人民的广泛不满，法国社会的阶级矛盾，特别是无产阶级和资产阶级的矛盾十分尖锐，革命大有一触即发之势。拿破仑三世妄想通过打一场胜仗来摆脱帝国内部的政治危机。正如皇后欧尼贞对她儿子说："如果没有战争，吾儿就不能做皇帝了！"

在普鲁士方面，俾斯麦则除了决心搬开统一道路上法兰西第二帝国这块拦路石外，也还垂涎于法国矿产丰富并有重要战略价值的阿尔萨斯和洛林两地。在这种情况下，双方都在积极地准备战争，普法交兵势不可免。

因此，法国和普鲁士两国统治阶级都迫不及待地想同对方打仗，双方都为此进行了长期的准备，剩下的问题只是如何寻找一个对自己有利的交战借口。而西班牙王位继承问题正好提供了这样的借口。

西班牙女王伊沙贝拉为1868年西班牙革命所推翻，王座虚位以待。俾斯麦派人到西班牙收买新成立的临时政府，提议请普鲁士国王的堂兄利奥波德亲王去继承西班牙王位。这个计谋一旦实现，法国就有腹背受敌的危险，因此拿破仑三世向普鲁士提出抗议。虽然普王已劝利奥波德放弃西班牙王位，但拿破仑三世仍命令法国驻普大使要求普王再作一个书面声明，保证永不容许任何一个普鲁士亲王继承西班牙王位。普王同法国大使这次会见是在埃姆斯温泉进行的。普王拒绝作出这种保证，并把这次会见的结果用急电通知俾斯麦。俾斯麦故意将电文进行了修改，这份篡改了的"埃姆斯急电"终于成为普法战争的导火线。

1870年7月19日，法国对普鲁士宣战，普法战争就此爆发。

战争一开始，就暴露了法军的腐朽和无能。当时，法国的兵力不超过40万人，而能立即调到前线的只有20万，其中大部分部队的装备还不齐全。军需品不足，军用地图短缺，军队编制上也极为混乱。接到作战命令时，有的将军找不到自己的部队，有的部队则找不到自己的长官，甚至有的军官还呆在非洲的阿尔及尔尚未动身。在这种情况下，双方尚未交锋，法国统帅部的作战计划就破了产。

拿破仑三世原以为可以靠自己拥有的军事优势，采取先发制人的突然袭击的战略，快速攻入德境，打败普鲁士。但是，在亲自担任前线总司令的拿破仑三世到达边境要塞麦茨的时候，那里只有10万军队，军队的装备、弹药和粮秣均无保证。应征入伍的士兵有的要长途跋涉好几百公里，才能取得必需的装备。这样，按作战计划在拿破仑三世到达麦茨的第二天法军就要鸣炮进攻，现在却停留在国境线上达一个星期而毫无作为。有利的进攻时机被错过了。

法军行动迟缓，坐失良机，普军却由此赢得了集结兵力的充裕时间。所以，8月2日当法军闯入德境，立即遭到普军的迎头痛击。8月4日，普军就开始了全面反攻。8月6日，维尔特一战，挫败了麦克马洪元帅所率领的法军六个师，法军很快全线崩溃。

拿破仑三世眼看形势不妙，就立即把帅印交给了巴赞元帅，自己坐上一辆马车狼狈向西逃跑。巴赞军遭到普军几次阻击之后，败入麦茨要塞，被包围得水泄不通。这样，法军的主力部队很快被分割成两部分：由巴赞元帅率领的一部分被包围在麦茨要塞；由拿破仑三世和麦克马洪元帅率领的另一部分在30日退守色当。

9月1日拂晓，色当会战开始了。法军占据着坚固的阵地同普军对抗。但是，普军组成一个包围圈，在他们占领的高地上以700门大炮向色当轰击。炮弹雨点般地落到城内，全城一片火海。法军官兵争先恐后地向堡垒里钻，乱作一团。麦克马洪元帅也被打伤了。无奈之下，拿破仑三世在中央塔楼上竖起白旗，向普军投降。拿破仑三世还向普王写了一封无耻的降书，内容如下："我亲爱的兄弟，因为我未能死在我的军中，所以我只得把自己的佩剑献给陛下。我继续做陛下的好兄弟，拿破仑。"

9月2日，法国皇帝、法国元帅、39名将军和8万6千名兵士都当了俘虏，还有650门大炮也被普鲁士所缴获。这次战役在法国历史上叫"色当惨败"。马克思评论这次溃败时写道："1870年法国的灾祸在近代世界史中是无与伦比的事！它表明：官方的法国、路易·波拿巴的法国、统治阶级及其国家寄生虫的法国是一具腐烂的尸体。"

色当惨败的消息传到巴黎，人民愤慨到极点。9月4日巴黎爆发了革命，工人和小资产阶级群众涌进了波旁王宫。在汹涌澎湃的革命洪流冲击下，第二帝国就像纸房子一样倒塌下去，法兰西第三共和国宣告成立，以此结束了法国历史上王朝统治的时代。但乘机取得政权的资产阶级共和派，表面上宣称成立"国防政府"，实际上执行卖国政策。而普鲁士并不以色当的投降为满足，继续大举进犯法国。9月19日，普军包围了巴黎。1871年1月28日，法国卖国政府同普鲁士签订了屈辱的停战协定，5月10日又缔结了《法兰克福和约》，割让阿尔萨斯和洛林，赔款五十亿法郎。普鲁士由于在战争中的胜利，德意志民族的统一终于最后完成。1871年1月18日，德意志帝国在法国凡尔赛宫宣告成立，普鲁士国王也就当了德意志帝国的皇帝。

俾斯麦在统一过程中扮演了主角。不管其主观动机如何，他为促进统一而推行的政治外交和军事战争策略，在客观上顺应了历史发展的潮流，成为一个"从上面进行的普鲁士革命者"，不自觉地充当了1848年革命的"遗嘱执行人"。因此，应当肯定俾斯麦的历史功绩。

由于德国的统一是由普鲁士通过"自上而下"的王朝战争完成的，统一后的德国继承了普鲁士的君主制度、官僚警察制度和军国主义传统，容克阶级的社会政治势力原封不动地保存下来，这些封建残余使德国成为欧洲最富于侵略性的国家。

此后，德国资本主义迅速发展，跨入了世界先进国家之林。统一后的德国成为欧洲和世界上举足轻重的强国，这导致了国际政治格局的重大变化。

普法战争在法国却造成了另一种结果。由于战争之后阶级矛盾和民族矛盾更加激化，最终导致了巴黎公社无产阶级革命的爆发，其深远影响自更不待言了。

至于法国小说家都德，身逢其时，痛祖国丧失阿尔萨林、洛林二省而写了充满深沉爱国激情的《最后一课》。第一次世界大战后，阿、洛二省重归法国，可惜那时都德已去世20多年，不能亲见失土光复了。

"铁血宰相"俾斯麦

19世纪上半叶的欧洲,还不存在现在的德国,只有一个松散的德意志联邦,实际上仍保持着封建割据的局面。这种情况很不利于德国资产阶级的发展进程。但是,德国出了一位可与英国克伦威尔、法国的拿破仑相媲美的传奇式人物。正是由于他的出现,统一了德意志诸邦,把一群任人欺凌的小国变成了当时世界第二强国,这个人就是"铁血宰相"俾斯麦。

俾斯麦1815年4月1日出生于普鲁士勃兰登堡申豪森一个容克地主家庭。俾斯麦的祖辈靠暴力掠夺了大量土地,成为易北河边远近闻名的容克贵族。

俾斯麦出生时的德意志,是个松散的政治联邦,有34个君主国和4个自由市。奥地利是"联邦会议"的主席。普鲁士联邦是仅次于奥地利的大邦。普王腓特烈·威廉三世在国内推行封建强权统治,政局十分动荡。

俾斯麦出生后不久,全家就搬到柏林以北的波美拉尼亚居住,经营着三个小庄园。童年时代的俾斯麦很顽皮,但是非常聪明。在他上中学期间,就不但能娴熟地使用英、法两种语言,还会讲俄语、荷兰语和波兰语。课余时间,俾斯麦还喜欢读歌德、席勒、莎士比亚的作品,他对历史书籍最感兴趣,从中他了解到欧美诸强壮大的历程和许多资产阶级的人文知识。这些对他的一生产生了十分重大的影响。

1832年5月,17岁的俾斯麦进入了汉诺威的哥廷根大学深造。在大学期间,俾斯麦家族狡猾和残暴的个性开始在他身上显现出来。他喜好喝酒、打架,入学不久就加入了排外性很强的汉诺威大学联合会,在9个月中就进行了25次和同学之间的决斗。后来,失望的母亲将俾斯麦转到了柏林大学,主修法律。这时,已成人的俾斯麦开始关注社会,关注国内甚至欧洲大陆的局势。这时英国已成为世界第一强国,法国随着工业革命的发展也正在强大起来。而德国则由于其分裂的状态而阻碍了自身的发展,俾斯麦不禁深深地为祖国命运所担忧。

毕业之后不久,母亲就去世了,俾斯麦只好回到不善经营的父亲身边,帮助他治理庄园。不久之后,俾斯麦就显示了其高超的管理才能以及随之而来的强硬个性。

庄园在父亲旧的方式的经营下已经财政拮据,面临衰败的危险。俾斯麦回家之后,不顾父亲的意见,大刀阔斧地进行改革。他采用西欧资本主义的方式对庄园进行管理,引进先进机械,推广优良品种,大幅度提高了粮食产量。另外,他还把一部分土地租给自由农耕种,自己则坐收租税。他不单只进行农业生产,还经营木材生意,扩大了财源。俾斯麦已从一个单纯的容克地主,转化成了容克资产阶级。

在治理庄园的过程中,俾斯麦对下层农民的生活毫不关心,只是不断地加大工作量,从中得到更大的利益。其庄园中的农民整日劳累不堪,但又不能表现出丝毫怨意,否则就会有严厉的惩罚在等着他们。

在俾斯麦的治理下,家业不断地扩大,社会地位也得到了很大的提高。这种声望使得俾斯麦在1847年顺利地当上了普鲁士的议员,开始了他的政治生涯。

当时的欧洲，正处在1848年席卷全欧洲的反封建革命运动前夕。德国的资产阶级工商业取得了很大发展，但也受到了封建割据势力的阻碍，于是他们提出了革命的口号，要建立适应本阶级发展的新政权。

1848年，革命爆发了，德国各地农民纷纷起义，捣毁地主庄园，焚烧地契，声势很大。但俾斯麦的庄园却十分平静，农民在他的压制下丝毫不敢反抗。并且，俾斯麦还是个顽固的保王派，他还曾在自己的领地上组织军队，时刻准备着前往柏林"保王救驾"。他还进谏国王，要求将议会解散。总之，俾斯麦的这种强硬的个性很快得到国王赏识，1851年至1859年被任命为普鲁士驻德意志联邦代表会的大使。在任职期间，俾斯麦有机会同各国政治家进行广泛接触，其中包括法国皇帝拿破仑三世及皇后欧仁妮。俾斯麦的眼界大开，同时也深深地体会到由于国势衰弱而低人一等的耻辱感，从此他下定决心，一定要统一整个德意志联邦，使德国成为世界强国。

1861年，新王威廉一世即位，俾斯麦就谒见国王，提出德国统一的方案，虽然最终未被采纳，但却使国王感觉到这个人是个不可多得的人材。

1862年，俾斯麦被委派到巴黎担任驻法大使。刚刚到任几个月，在9月20日，就被皇帝召回柏林。原来国内皇帝和议会之间产生了矛盾。国王希望能增加军费，进行军事改革，以便有实力与奥地利对抗，为统一德国做准备。而议会则担心一旦皇帝手中军事力量增强，就会限制议会对国家的影响。双方斗争甚为激烈呢。国王渐渐处于不利境地，已经写好了自己的退位诏书，这时突然想起了那个强硬的俾斯麦。国王隐约觉得这个人一定有能力扭转普鲁士的局势。

9月22日上午，国王在巴贝尔斯贝格宫接见了俾斯麦。国王诚恳地将形势介绍给了俾斯麦，并且明确承认，如果他不施以援手，自己将被迫退位，并让俾斯麦观看了退位诏书。俾斯麦毫不迟疑，马上答应出来组阁政府，但也提出了自己的要求：能在必要时违反议员意志进行陆军改革和建立新的兵役制。国王说："既然如此，我的责任就是设法同你一起继续斗争，我就不退位了"。从此，俾斯麦和威廉一世就成了患难之交。国王在俾斯麦出任首相的几十年间，始终信任他，支持他；俾斯麦也忠心耿耿地为了国王而东征西战，毫无二心。1862年9月23日，俾斯麦被任命为首相兼外交大臣，从此德意志走上了统一的道路。

俾斯麦出任首相后，大刀阔斧地进行改革，实行强权统治，根本不把议会放在眼里。他说："德意志的未来不在于普鲁士的自由主义，而在于强权"，"天下的大问题不是靠演说，不是议会辩论就能解决的，只能靠铁和血"。"铁血宰相"之称就源出于此。他解散资产阶级议会，禁止他们集会，查封其报纸，普鲁士处在俾斯麦的专制统治之下。

俾斯麦也深知德国统一是大势所趋，要挽救普鲁士的君主政体只有顺应历史潮流，掌握统一运动的领导权。他知道统一过程阻碍重重，一方面国内的资产阶级和无产阶级都在争夺运动的领导权；一方面，无论是法国还是俄国，都不会容忍自己身边崛起一个统一而强大的德意志帝国。于是，俾斯麦决定以强大的武力为后盾，扫除障碍，实行一场自上而下的王朝统一战争。

1864年，"铁血宰相"俾斯麦迈出了统一德国的第一步，拉拢奥地利，发动了对丹麦的战争。当时丹麦受沙俄的影响很大，如果俄国出兵，战争就很难胜利。但当时俄国受波兰起义的影响和英法列强施以的巨大压力，形势十分被动。俾斯麦就是狡猾地玩弄外交手段，向沙俄表示"亲善"和"支持"。就这样，普奥联军在沙俄的默许下很快吞并了丹麦的两个小公国——荷尔施泰因和石勒苏益格。前者归奥所有，后者归普所有。这就为以后两者摩擦埋下了祸根。

外交事务中"没有永恒的朋友，只有永恒的利益"，这句话在俾斯麦身上得到了完美的体现。

俾斯麦统一战争的第二个目标恰恰就是刚刚还是朋友的奥地利。

由于俾斯麦的安排，使得普鲁士在石勒苏益格的占领部队不得不经常通过奥地利占领的荷尔施泰因。两国因此不断产生摩擦。于是俾斯麦一边故意与奥谈判，希望奥地利能将荷尔施泰因让于普鲁士，普鲁士给予一定的经济补偿；一方面又暗下搞外交活动，同法国和意大利结盟，争取俄国对其行动持中立态度，做好同奥地利进行战争的准备。

奥地利当然不愿让出荷尔施泰因壮大普鲁士的实力。于是一切准备妥当的俾斯麦在1866年6月挑起了奥普战争。战争形势顺利地按着俾斯麦的预计发展。7月3日的萨多瓦战役中，普鲁士就军队取得了决定性的胜利，迫使战败的奥地利签订了屈辱的不平等条约：奥地利把威尼西亚让归意大利，从此退出德意志联邦。这样普鲁士就建立起了一个由它领导的北德意志联邦，包括21个邦，3个自由市。

普奥战争的胜利，改变了国内局势。以前极力反对他的资产阶级，纷纷拜倒在他的脚下，疯狂拥护"铁血政策"，军事预算顺利追加，宪法纠纷问题随即解决了。

北德意志统一了，除奥地利外，德国西南部与法交界处，还有巴伐利亚、巴登、符腾堡、黑森四邦在法国暗里支持下保持着独立地位。统一南德的问题摆在俾斯麦眼前。

俾斯麦毫不犹豫，悍然发兵，攻入了不久前还是盟国的法国，挑起了著名的普法战争，迈出了统一王朝战争的第三步。拿破仑三世并不把德军放在眼中，认为普法战争不过是"到柏林的军事散步"。但这一次他想错了，他的对手不是别人，而是俾斯麦。由于当时欧洲列强与法都有矛盾，谁也不愿出手相助。德军势如破竹，在1870年9月2日的色当战役中大败法军，并且生擒了波拿巴三世。战败的法国只好同德国签定了屈辱的《凡尔赛和约》，法国向德国赔款50亿法郎，并把矿产资源丰富的阿尔萨斯和洛林两地割让给德国。凭借着这些不义之财，德国经济迅速发展，一跃成为世界第二大强国，发动了罪恶的第一次世界大战。这是后话，暂且不提。

至此统一南德的障碍已除，1871年1月18日，威廉一世在法国凡尔赛宫宣布德国统一，成立德意志帝国，自己就任帝国国王。我想在那个时刻，威廉一世心中不知对俾斯麦怎样感激呢。要没有这个宰相，他早在10年前就退位了，更别提当上整个德意志帝国的皇帝。

德意志统一之后，俾斯麦又采取了许多措施，加强对德统治。对内他统一法律颁布宪法、规范政体、统一货币和度量衡、成立银行、剥夺教士特权等等；对外积极推行大陆政策，在1873年和俄、奥成立"三皇同盟"，孤立法国，从国内和国际两方面为德国资本主义的发展创造了条件。

随着德国资本主义工农业的发展，工人阶级队伍急剧壮大。他们在马克斯和恩格斯的直接领导下,成立了自己的政党——社会民主党。有了领导核心的工人运动开展得轰轰烈烈、如火如荼,德国成为了国际工人运动的中心。

1872年,德工人运动领袖倍倍尔和威廉·李卜克内西以"叛国"罪被判刑。1878年10日,俾斯麦又推出了所谓的"非常法",规定任何团体、报刊及其印刷品或集会如系"社会民主党的,社会主义或共产主义的,旨在推翻现存国家和社会制度,而又以危害公安、特别是破坏居民群众和睦的方式表现出来的活动"一律予以禁止。并且,支持这些团体和行动的任何行为都将受到惩处。

据不完全统计,在非常法实施的12年中,强行解散了330多个工人组织,流放900多名工人运动积极分子,1300多种出版物遭查禁。

与此同时,俾斯麦还不断谋求对外的扩张,改变自己极少殖民地而与大国实力不符的形象,他们在非洲、亚洲等地展开掠夺,但遭到了海上霸主英国的全力反抗。当时,德国海军势力单薄,还不敢得罪英国,不得不收回触角,以保证自己在欧洲的强国地位。

俗话说:一朝天子一朝臣。

1888年6月,威廉二世继位,俾斯麦失去了一个强有力的靠山,而二世对俾斯麦的强硬、粗暴很是反感,也不愿自己身边有个功高盖主的宰相,二人经常发生摩擦。

深知好景不再的俾斯麦于1890年3月辞去了担任了近30年的宰相职务,回到自己的庄园,一代风流人物过起了孤独的生活。

1898年7月,俾斯麦在卡尔斯鲁厄去世,享年83岁。

为德国资本主义织裹尸布的人

"梭子在飞,织机在响,
我们织布,日夜匆忙——
老德意志,我们在织你的尸布,
我们织进三重的诅咒,
我们织!我们织!"

一看到这首坚强有力的、饱含愤怒的诗,我们一定会想到属于我们工人阶级的杰出诗人海涅。这首《西里西亚纺织工人》正是我们的诗人支援西里西亚工人起义时创作的最为人所熟知的一首。

亨利希·海涅于1797年12月13日出生在莱茵河畔杜塞尔多夫市一个破落的犹太家庭。父亲是一个小商人,收入微薄。家庭的贫困,社会对犹太人的歧视,使幼小的亨利希·海涅的心灵饱尝苦难。1795年,拿破仑率大军狂扫莱茵河流域,对德国的封建制度进行了一些民主改革,这使得犹太人的境况好了一些,因此,海涅从小就敬佩革命的拿破仑。

1819年,海涅在叔父的资助下,先后在波恩大学与柏林大学学习法律与哲学,接受了黑格尔的关于"我们先完成我们的哲学,然后完成我们的革命"的哲学观点。他积极参加柏林犹太文化科学协会的活动，为犹太人所遭受的苦难而斗争。青年的海涅开始创作诗歌，抒发个人在封建专制下的压抑与苦闷，主要有《青春的苦恼》《抒情插曲》《还乡集》《北海集》等，后来结集为《诗歌集》出版。1825年，海涅在哥本哈根大学毕业，获得法律博士学位。

大学毕业后，海涅到各地去游历，广泛地接触社会，扩大了他的视野，使他加深了对现实的认识。这期间，他写了四部散文旅行札记，描绘了优美的自然风光，表达了对封建的反动势力与教会的黑暗统治的痛恨，寄予了对劳动人民的深切同情。这四部札记有《哈尔茨山游记》，写的是自己的祖国，《观念——勒·格朗特文集》表达了对拿破仑的崇敬，第三部《从慕尼黑到热那亚的旅行》《璐珈浴场》写了诗人在意大利的生活，第四部《英国断片》揭露了资产阶级的贪婪与残暴。海涅已从关注个人转向了关注社会，成为一个现实主义的革命诗人。1830年，海涅被法国七月革命的热情所振奋，写下了著名的《颂歌》，由于海涅激进的革命倾向，德国国内的反动势力对他痛恨至极，海涅受到了愈来愈严重的迫害。1831年5月，海涅怀着对法国革命的向往，流亡巴黎。

在巴黎，海涅接触到欧洲各种社会思潮。其中对他影响最大的就是法国的空想社会主义，海涅结识了法国著名作家巴尔扎克、乔治·桑等人以及波兰音乐家肖邦，这使得海涅对社会进行了更为深入的思考。他研究了法、德两国的文学与政治，写了大量论文，如著名的《论浪漫派》。海涅旁征博引，从文学、政治与宗教的关系中，剖析出德国浪漫主义文学的本质，指出它是专制主义的最有力的支柱。

19世纪四十年代，德国也进入了如火如荼的革命时期。海涅积极地投身于祖国的解放斗争之中。1843年2月，海涅在巴黎结识了无产阶级伟大的导师马克思。马克思给予他很大的帮助。他们结下了深厚的友谊。这期间，海涅完成了他的代表作《德国——一个冬天的童话》，海涅流亡12年之后第一次踏上祖国的大地，本来充满幻想的诗人被现实的德国社会震惊了。12年过去了，封建的君主依然高高在上，美丽的祖国依然四分五裂，反动统治疯狂地镇压人民运动。12年过去了，祖国如旧，在强烈的愤怒的激情下，海涅写下了这首著名的长诗。在诗中，海涅利用游记的形式，借用德国关于红胡子大帝的古老传说，把德国描绘为一切生机都已死亡的死气沉沉的冬天，号召人们不要再等待幸福的天国，应该团结起来，建立我们自己的天国，把一切罪恶都消灭掉。诗人表达了旧时代消逝，新时代必将生长的信念，他以狼为象征，表达了自己的革命信念：

"我永远是一只狼，

我有狼的牙齿与狼的心。

我是一只狼，

我也将要永远嗥叫，

跟着狼群——"

恩格斯称赞道："德国当代最杰出的诗人亨利希·海涅也参加了我们的队伍。"

1844年，德国爆发了西里西亚纺织工人起义。海涅热情地投入祖国的革命事业，创作了许多著名的诗篇，其中包括那篇《西里西亚纺织工人》。

革命风暴过去之后，海涅对资产阶级民主革命派的叛卖行为大为不满。胜利的希望重新躲藏在浓重的黑暗中，海涅处于极度的苦闷之中。由于病情恶化，海涅瘫痪在床，

但是我们的诗人依然保持着战斗的激情,对反动势力充满了愤恨:

"我的心摧毁了,武器没有摧毁,

我倒下了,

但没有失败。"

晚年的海涅对共产主义依然充满信心,坚信未来是工人阶级的社会。但同时,敏感的诗人担心胜利的无产阶级会毁灭自己美丽的诗歌。

1856年2月17日,海涅在巴黎病逝。这位浑身充满战斗激情、一往无前的杰出诗人倒下了,但他那伟大的诗篇与光辉的形象必将激励我们永远前进。

古典主义和浪漫主义的折衷者——门德尔松

19世纪初期的德国,是封建阶级没落资产阶级崛起的时期,这一时期民主力量的日益活跃及其对封建腐朽统治的反感,表现在音乐文化领域,即是进步的音乐家采用不同的形式对同时代的封建贵族以及落后市民阶层的审美趣味及艺术风尚进行了无情的嘲讽,并与之进行了坚决有力的斗争。同时,这一时期也是德国音乐史上最灿烂辉煌、成果最丰硕的时期之一,在古典主义结束和浪漫主义产生的链接点上,便诞生了门德尔松这样一个与当时音乐家不同的"特殊"人物。

门德尔松(Felix Mendelssohn Bartholdy,1809-1847年)是德国19世纪三四十年代最著名的社会音乐活动家之一。和人们印象中的艺术家大都行为怪异、历经坎坷、命运多舛不一样,门德尔松诞生在一个相当优越、富足的家庭,正如Felix在德文中的意思一样,"幸运""幸福"笼罩在他那非凡的头顶上。良好的家族底蕴——祖父摩西是德国著名的哲学家,人称"犹太苏格拉底";父亲是一位银行巨人,德国屈指可数的亿万富翁;母亲是一位大珠宝商的女儿,多才多艺,是门德尔松的启蒙教师——使门德尔松从小就接受了系统正规的全面教育,而父亲在自己花园中建造了可容纳几百人的音乐厅,对他的成长及其在音乐上取得的成就起到了难以估量的重要作用。

由于富足的家庭背景及门德尔松家族在当地的巨大影响,门德尔松从小就接受了第一流专家的教育和指导,从5岁起就学习了拉丁文、希腊文、历史、文学、算术、钢琴、作曲、和声、对位,此外,他还接受了贵族式的教育,学习了社交礼仪、骑马、游泳、击剑、舞蹈等。这为他以后在音乐上的发展奠定了坚实的基础。在父亲组织的沙龙上,门德尔松谛听了专业管弦乐队与合唱团的演奏与演唱,并结识了黑格尔、海涅、史文德、韦伯、采尔特、莫舍列斯等社会名流。在高雅、文明的熏陶下,门德尔松养成了性情谦和的性格,品质高尚,温文尔雅,内心明朗、和平、安静。

门德尔松从小就表现出了出众的艺术才华,9岁即登台表演钢琴独奏,10岁时进行音乐创作,到11岁就写出了大合唱、喜剧歌、风琴曲、钢琴奏鸣曲、钢琴三重奏、小提琴鸣曲、歌曲及其他大量作品。

1821 年 11 月，柏林声乐学院院长采尔特将门德尔松介绍给了德国文学巨匠歌德。门德尔松以其高雅的气质和出众的才华博得了歌德的好感。与歌德的忘年之交使他受益很深。歌德博大深邃的思想，明睿丰富的智慧，勇于进取的精神和崇尚古典美的高雅趣味对门德尔松艺术观的形成起到了重要的奠基作用。

　　1823 年 2 月 3 日，在门德尔松的 15 岁生日宴会上，采尔特激动地高声宣布："从今天起，亲爱的孩子，你已不再是一个学徒，而是我的同事，是音乐大家族中独立的一员了。我以海顿、莫扎特和音乐之父巴赫的名义，授予你同事的称号。"这对门德尔松来说是一个巨大的评价，同时也是无尚的荣誉。

　　1829 年，年轻的门德尔松开始了为期三年的旅行演出，他走遍了欧洲许多文化圣地及历史名城。演出期间的见闻与旅行又激发起了他的创作灵感，构思并创作了一系列优秀的音乐作品，而这期间他又结识了他温柔、娴静、纯洁、美丽的妻子。美满的婚姻使他以极大的热情和动力投身到紧张的工作中去。

　　繁重的工作、频繁的社会活动使他患上了疾病，而胞姐芳妮的突然离去又给了他沉重的打击。公元 1847 年 11 月 4 日，不满 39 岁的德国音乐家门德尔松便英年早逝了。

　　门德尔松的一生是短暂的一生，但也是有争议的一生。

　　浪漫主义音乐的特点之一是超越现实，而对个人精神情感的表达也是一个特点。这在门德尔松创作的《仲夏夜之梦》序曲中有集中的表现。

　　引子，从木管弱奏的四个和弦开始，这飘渺的音响，描绘出朦胧夜色、虚幻仙境的故事背景；小提琴奏出的序曲基本主题及第二主题，刻画了雍容华贵、神采奕奕的仙王、仙后形象，并把欢快情绪推向高峰，而发展部再次呈现的仙人起舞的欢快场面与再现部从缓慢到快速发展，则把乐曲情绪推向高潮。序曲充满了诗情画意和梦幻迷离。

　　由此可见，门德尔松的幻想与大自然主题最为接近，他对幻想主题的偏爱，既不逃避现实生活，也无隐晦、邪恶。他用肯定的态度对待生活和大自然。

　　门德尔松站在时代的立场上，在浪漫主义的基础上又发扬了古典主义的精髓。自小接受的传统文化教育对他影响很深，他拜访过歌德，听过黑格尔的演讲，并且崇拜巴赫、莫扎特和贝多芬。1829 年，出于自己的文化眼光和对德国音乐文化传统的崇尚，他组织并指挥演出了巴赫的《马太受难曲》，使巴赫重新复活。1835 年门德尔松被任命为莱比锡城布业工会管弦乐指挥。此外，他还领导了莱比锡的爱乐协会"格万大厅"，上演曲目也主要是传播亨德尔、巴赫、维也纳古典乐派作曲家和舒伯特等德国民族的古典音乐作品。

　　门德尔松继承了德国民族古典音乐文化的传统，其创作、指挥和音乐教育等多种活动的展开也都与此有关。

　　但是门德尔松的许多作品缺乏令人开扩眼界的真正的深刻性，也没有不可言传的神秘性。他的趣味和爱好主要是古典乐派的音乐，从中汲取创作和谐和清晰而富于逻辑的思维。这与古典主义艺术崇尚秩序、平衡、控制和规范的完美相符，而与浪漫主义看重的自由、运动、激情和不受拘束相违。因此，后人就批评他，说其音乐像是暖房里培植的花朵，缺乏深刻的感情，缺乏戏剧性冲突，缺乏深刻性和英勇性，是保守的。

　　"他只想做和他的性格相适合的事，此外他什么也不做"，他的朋友德弗林如是说。

这就是门德尔松，他的性格是反对脱离现实的。对他来讲，和当时的社会秩序取得艺术上的谅解是一种感情上的必要。由此可见，门德尔松音乐的局限性是由他的性格和周围所处的环境及社会思想决定的。他不是一位伟大的音乐家，但他是，而且将继续是一位大师。他对无言歌体裁的创用，音乐会标题序曲的创立，配器手法的发展以及指挥方法的革新都是一笔珍贵的财产，并且将推动音乐的发展。鲁宾斯坦在评论门德尔松时这样写道："和其他伟大的作曲家比较起来，他不够深刻严肃和伟大——"，但是，"他的创作是形式和技巧完美的典范，是美好悦耳的典范……他的无言歌是抒情作品和钢琴妙品的宝物……他的小提琴协奏曲新颖而美丽，是充满高尚演奏技巧的独一无二的作品。这些作品使他得以与音乐艺术的最高的代表并列"。

历史总是需要一种人——比如门德尔松，集作曲家、指挥家、钢琴家、社会活动家和音乐教育家于一身的音乐大师——以解决时代的不协调。舒曼之所以向门德尔松表示敬意，可能就在于他是古典主义与浪漫主义的折衷者吧。

集作曲与评论于一身的伟大音乐家——舒曼

舒曼是19世纪上半叶德国音乐史上最突出的浪漫主义音乐家，也是欧洲音乐史上最杰出的音乐评论家。舒曼的一生，积极进取，执著勤奋，浮士德式的奋进精神使他以毕生的精力去追求自己热爱的事业。我们今天来研究舒曼，一方面不得不为他的天才以及伟大的熠熠放彩的成就所折服，另一方面又不得不怀着崇仰的心态去学习他那为事业献身的热烈情怀。

舒曼于1810年6月8日生于德国撒克逊州的茨维考城。他的父亲是一位文化素养较高的出版商。他热爱文学，曾翻译过拜伦和瓦尔特·司各特的一些著作。舒曼自幼受父亲的影响，从小就热衷文学，涉猎群书，尤其喜欢读歌德、拜伦的作品，作品中散发的浓郁的浪漫主义气息令年幼的舒曼如醉如痴。而且他开始动手写作，以致于在中学时代他已经写出了大量的抒情诗、三个剧本和两部长篇小说。早就为他以后的音乐生涯打下了坚实的基础。

同时，音乐天赋也如蓬勃萌发的春草似的在他身上显现出来。他能随手在钢琴上弹奏一些当场自制的小曲，这些小曲都是他灵感的迸发，他弹奏起来并不需要冥思苦想。而且他还能用这些小曲准确地描摹小伙伴的言行、性格，当他弹奏完，他的小伙伴们都能准确地指出曲调模仿的是谁。从这里我们似乎能看到作为音乐家的舒曼与生俱来的敏感、细致、善于表达内心深处的情感。做一个音乐家，这是幼年舒曼的一个最高理想。虽然年纪轻轻，但是每当他手抚钢琴，他便能自然地沉浸在快乐幸福之中。舒曼多么希望自己将来能成为一个钢琴家呀！

然而，上天似乎真的故意为这些一流的天才设置障碍，不幸的事件发生了。1826年，也就是舒曼16岁时，他的父亲去世了。他的母亲没有受过正规教育，目光短浅，思想偏执。她不允许舒曼继续攻读音乐,而是强迫舒曼进入莱比锡大学攻读法律。她期望自己的儿子将来能成为大律师,能挣大钱。舒曼不得不暂时屈服,就这样,这个天才的音乐旅程也暂时受到阻隔。在大学里,他苦苦煎熬。他从小酷爱浪漫主义文学,自身是一个极富浪漫主义气质的人,怎么能安下心来学习那些枯燥无味、死气沉沉的法律呢?他的面前有两条路可走,一条是按母亲的旨意走下去做一个律师;另一条是做母亲的叛逆者,固执而坚定地走自己愿意走的路:做一个音乐家。现实的疲乏与理想的引诱苦苦地折磨着他,他将何去何从呢?舒曼聪颖过人,天赋极高,如果他始终遵从母亲的意愿,也许会成为一个很出色的律师,但音乐史上必定无疑会减少辉煌的一页。可舒曼并没有迷失自己,两次偶然的事件促使他最终做出了自己的抉择。

一天晚上,舒曼参加了一位朋友家中举行的小型音乐会。在这里,他结识了当时声名显赫的音乐教育家弗莱特列克·维克以及他9岁的女儿克拉拉。年幼的钢琴家克拉拉娴熟的表演使舒曼找回了自己的童年,他一直潜伏未泯的理想再一次燃烧起来,他决心拜维克先生为师,向他学习钢琴演奏。从此,这两个人与舒曼有了千丝万缕的联系,而且克拉拉后来成为舒曼的妻子,成了舒曼精神上的支柱。另一次偶然事件是舒曼有幸聆听了"小提琴之王"帕格尼尼的演奏,那精彩的表演又一次让舒曼躁动不安,狂热不已。他再也不能忍受枯躁的法律学习,于是抓起笔来几乎声泪俱下地给母亲写了一封长信,恳求母亲同意自己放弃法律学习,去继续自己的音乐生涯。最后在维克先生的帮助下,舒曼的母亲终于答应了。舒曼成功了!音乐史将幸运地添上一个辉煌的名字。

年轻的舒曼如鱼得水,刻苦异常,他干脆搬进了维克先生的家,不分昼夜地用功练琴。他为了增强自己右手中指的灵活性,背着老师偷偷"发明"了一种机械装置——在天花板上安装一个滑轮,轮上穿过一根绳子,绳子的一端系住一个小铁锤,另一端系在右手中指上。他利用中指拉动铁锤,企图练就中指的灵活性。然而,这种"头悬梁锥刺骨"似的虐待使他遭受了巨大的损失。中指韧带损伤,关节巨痛,令他无法再从事钢琴演奏。成为一名钢琴演奏家的理想破灭了!

"文章憎命达,魑魅喜人过",命运再一次捉弄了天才。舒曼并不因此气馁,他决定以后转向作曲和音乐评论。"塞翁失马,焉知非福",作为作曲家和音乐评论家,他照样成功了!

舒曼于1834年在莱比锡创办了《新音乐报》,这是当时进步音乐思想的喉舌。在这个刊物上经常出现一个团体——"大卫同监社"。这是舒曼团结当地志同道合的朋友组成的一个想象中的团体,向当时音乐界陈腐、保守、庸俗的市侩风气展开尖锐的斗争。大卫是《圣经·旧约》中的领袖人物,英勇善战,酷爱音乐。在这个团体中,舒曼虚构了两个人物:弗洛列斯坦和约瑟比乌斯,通过这两个人物的对话、辩论和交流,舒曼发表自己对音乐、人物的各种看法和观点。舒曼利用《新音乐报》不仅批判了当时音乐界堕落不振的颓风,揭示了古典遗产的真正价值,并且以卓越的远见,鼓励了后起的青年音乐家如肖邦、柏辽兹、李斯特、勃拉姆斯等。他的第一篇评论向世界宣告了肖邦的天才,而最后一篇文章则推荐了当时还默默无闻的勃拉姆斯。

舒曼的创作是从钢琴音乐的写作开始的。他的重要作品有《狂欢节》《交响练习曲》《克莱斯勒利安娜》《幻想曲》等。舒曼的作品更侧重于情感与心理状态的表现,使乐曲的表现手法更加细致、更加灵活。

在舒曼的音乐生涯中，有一个人是必须提及的，这就是他的妻子克拉拉。克拉拉幼年丧母，而父亲又非常刻板严厉。幼年的克拉拉缺少母爱，孤苦伶仃。舒曼的出现使她有了感情的依托，他们在一块练琴、学习、散步。她非常喜欢舒曼，喜欢他的幽默与机智，更羡慕他的天才。他们朝夕相处，形影不离。然而他们越来越亲密的友谊遭到了维克先生的不满。维克先生是一个非常势利的人，他希望克拉拉能嫁一位有钱有势的上流贵族，所以他不能再容忍舒曼继续待在自己家里。

然而这并不能阻止那炽热的爱情。专横的维克先生把克拉拉带离莱比锡，长期在外地旅行演出。距离的遥远并不能妨碍他们心灵的贴近，于是他们把各自的相思都诉诸书信。维克先生对此愤怒异常，严密监视女儿的行踪，而且给舒曼写了一封措词严厉的信，说他有一支手枪是专门为舒曼准备的，维克的蛮横遭到了门德尔松、肖邦等人的强烈抗议，他多年的老友李斯特更是与他断然绝交。这些都丝毫不能改变维克的铁石心肠。他居然在克拉拉18岁生日那天，把鼓足勇气登门造访的舒曼当众赶出自己的家门！最后还是克拉拉迈出了决定性的一步：她在1839年第一次离开父亲单独演出成功后，主动去找舒曼，而没有回到父亲那里。那时，她年仅20岁。老维克并没有因此认输让步，而是把这件事诉诸法庭，让法庭干预此事。有情人终成眷属，经过1840年多次艰苦的诉讼，法庭最终裁决克拉拉有权自主决定自己的命运。老维克以惨败而终。舒曼焦灼的灵魂终于得到了爱情之水的浇灌。1840年9月13日，舒曼与克拉拉的婚礼在莱比锡郊外一座普通教堂里举行。来宾很少，新郎新娘只邀请了几位真正的知己。当然老维克没有参加。舒曼一生写过250首歌曲，其中138首写于辉煌美好的1840年。

克拉拉是一位伟大的女性。她承担起全部家务，全心全意支持丈夫的工作。她知道，做一个卓越的钢琴家必须向一个天才的作曲家让路，这才是惟一正确的选择。而丈夫的每一次成功都令她从内心里感到喜悦。当我们评论舒曼的伟大天才时，决不能忽略这位默默奉献的伟大女性。

过度的紧张工作以及以前曲折的爱情经历给舒曼的打击很大，造成的祸根开始渐渐发作，舒曼感到焦灼不安，精神失常。这种很多天才与生俱来的神经质的痛苦，使舒曼经常不能自已，恐惧、发狂，以致于1854年冬季的一天，他只身跳入莱茵河，结果幸运地被渔民救起。1856年7月29日，舒曼以其46岁的生命告别人世，在克拉拉的怀抱里辞别了自己的爱人。

舒曼去世时，克拉拉只有37岁。此后，她在这个世界上又安详地度过了40个春秋，没有再婚，艰难地把7个女儿拉扯成人，安详平静地度过了自己的余生。

歌剧大师瓦格纳

歌剧是一种把诗和音乐结合在一起的综合艺术，产生于17世纪初期的意大利。歌剧的产生需要一系列的条件，而在17世纪初期，这些条件都已经具备。比如：

当时处在文艺复兴的末期，那时的人文艺术家追求对人内心世界和情感生活的揭示。而当时流行的复调音乐只能让人去注意音乐的旋律而忽视歌剧的内容。这时,他们便需要一种有别于复调音乐的新的综合艺术形式。

在 16 世纪,复调音乐逐渐向主调音乐过渡,人们的和声观念得到发展,并且逐渐远离复调音乐,一步步建立起了现代和声学。

在文艺复兴时期,各种综合艺术得到了较快的发展。像 16 世纪的牧歌中音乐与诗的结合并向戏剧的渗透等。

以上一些主观需要及客观条件促成了 17 世纪歌剧的产生。歌剧产生后,经过蒙特威尔第、格鲁克等人的改革,逐渐向现代形态转化,并且在 18 世纪初又产生了一种新风格的歌剧——喜歌剧,和传统的正歌剧相对立。

在德国,随着歌剧的传播与发展,它的地位于 19 世纪跃至重要地位。在 19 世纪后半期,瓦格纳的歌剧雄霸了整个德国,并对整个欧洲的歌剧产生了深远的影响。

既然歌剧是戏剧、诗与音乐的结合,那么在歌剧中,戏剧与音乐到底哪个重要便一直成为人们争论的对象。

在拉摩和格鲁克看来,音乐应该绝对服从于戏剧,他认为"质朴和真实是一切艺术作品美的伟大原则"。"音乐的使命在于辅助歌词加强情绪的表现,增加戏剧的趣味,而不是以耀眼的装饰,炫耀的人声来干扰或减弱戏剧情节。"而在另外一些人看来,比如以斯卡拉蒂为代表的那不勒斯乐派,他们忽视戏剧,只想到了歌剧中的音乐。

瓦格纳天才地把它们融合在了一起,把歌剧发展成了音乐戏剧,通常简称"乐剧"。

理查德·瓦格纳 1813 年 5 月 22 日出生于莱比锡的一个小官吏家庭,他的父亲卡尔·瓦格纳是一名警察局的记录员,他很有艺术修养,既会写诗,又懂戏剧。他的母亲罗西娜是一个很有音乐素养的人。在瓦格纳出生五个月后,他的父亲便因病故去。后来他的母亲带着九个孩子在德累斯顿改嫁给演员、戏剧诗人兼画家路德维希·盖叶尔。

瓦格纳的继父给了他无微不至的关怀。他在自传《我的一生》中曾这样写到过他的继父:"这个人非常好。我两岁时,他就把我们全家接到德累斯顿,后来又以最大的关怀教育我。"他的继父开始想让他学画,但他却厌倦于"没完没了地画眼睛"。而在他的周围,他看到的几乎全是演员:他的继父是一名演员,他的姐姐罗莎丽 15 岁便开始演戏,他另外两个姐姐克拉拉和露易丝也是演员。他的兄弟为了当演员甚至放弃了学医。这使得他从小就对戏剧很熟悉,只是瓦格纳并不想做一名演员,他只想写戏剧。

瓦格纳的天才表现在他富于幻想的性格和奇特的构思。他在 13 岁时就写了一部悲剧,在这出剧中,他让里面 42 个人物在前四场相继死去,到第五场,为了不让舞台过早地空起来,他又安排他们的幽灵——再现。瓦格纳 11 岁开始学弹钢琴,但效果似乎不是很好,他说:"在我整个一生中,我没有能学会弹钢琴。"

在音乐上,是韦伯和贝多芬给了他很大的启发。在听到贝多芬为戏剧《哀格蒙特》的配乐后,他便决定用音乐装备自己 13 岁时创作的那部戏剧。而他在 8 岁时,就能背出韦伯的歌剧《自由射手》中的许多旋律。

瓦格纳开始的创作是很不成功的。他于 1839 年同妻子敏娜来到巴黎,那时的瓦格纳身无分文,他也无法找到一个合适的工作。这时他写出了歌剧《漂泊的荷兰人》的脚本,呈给了一个歌剧院的经理。

触动他写作这部歌剧的是，他去伦敦时在海上遇到的一次大风暴。在风暴里，敏感的瓦格纳想到了这样一个传说：失事的船将会回来。有一天，一名勇敢的水手——那个漂泊的荷兰人在众魔鬼面前起誓：不管狂风暴雨，他都必须绕一个海岬航行，他必须驶遍这个海岬所有的海岸，直到世界末日的来临。魔鬼们接受了他的誓言，也给了他这样一个得救的机会：每隔七年，他就可上岸设法结婚，如果他可以找到一个忠实于他的妻子，他就可得到解脱；否则，他将继续他那永无休止的航行。七年之后，荷兰人离船上岸，没有人想嫁给他。但这时一个姑娘猜到了他不幸的命运，动了怜悯之心，向他表白了自己的爱情，并发誓爱他至死不渝。可是荷兰人拒绝了她，又回到了海上。而姑娘为了履行自己的誓言，对他所爱的人忠贞不贰，便投身在了大海的波涛之中，与此同时，魔船沉入了海底，荷兰人得到了解脱。

在这部歌剧中只有四个人物：荷兰人、桑姐、桑姐的父亲格兰特、她的未婚夫艾里克。没有比这再简单的主题了，但也没有比这更动人心弦了。

剧院经理对他的这个主题很感兴趣，便花了500法郎买下了这个脚本。但他出于不信任，把这个脚本给了别人谱写。

出于无奈，瓦格纳最后只好离开巴黎回到德国。这时，他得到他的歌剧《黎恩济》将在德国上演的消息。1842年10月20日，《黎恩济》在德累斯顿上演，获得了极大的成功。这部歌剧的成功，成了瓦格纳辉煌事业的开始。1843年1月2日，由他自己创作的《飘泊的荷兰人》也在德累斯顿上演，受到了很热烈的欢迎，但人们并没有理解这部歌剧的实质精神及其象征意义。

1848年，瓦格纳参加了德累斯顿人民反对国王的"五月暴动"，失败后被迫流亡瑞士。在流亡期间，他创作了他的巨著《民伯龙根的指环》。这部巨著包含了一个序曲和四部歌剧，这四部歌剧分别是《莱茵的黄金》《女武神》《齐格弗里法》和《众神的黄昏》。这部作品来自日耳曼一个古老的传说：尼伯龙根族的一个矮人想办法得到了莱茵河底的黄金，他用这黄金打造了一个指环，得到它就可以统治全世界。日神之王佛旦俘获了尼伯龙根族的矮人阿尔贝利希，逼他交出财富和指环。但绝望的阿尔贝利希诅咒指环将给所有碰过它的人带来灾祸。佛旦只得被迫让出指环，以此交换他所爱恋的女人弗莱姬。从此，他力求重新得到指环，但已是徒然。由于无法制止爱情和权力在他身上的可悲冲突，他把所有天神召到瓦尔宫，在黄昏之时自焚于众人面前。

佛旦的女儿布兰希尔法为了同他所爱的英雄齐格弗里德结合而放弃了神的身份。他们两人共同完成了崇高的使命，把世界从黄金的恶运中解救出来，拯救了世界，尼伯龙根的指环重又回到了莱茵河的深处。

在1862年，瓦格纳得到了德皇的特赦回国。后来在路易二世的帮助下，在法国南部的拜鲁伊特建造了拜鲁伊特歌剧院。剧院建成后，分四场完整地演出了《尼伯龙根的指环》。

除了《漂泊的荷兰人》和《尼伯龙根的指环》外，瓦格纳的其他歌剧作品还有《特利斯坦与伊索尔法》《纽伦堡的名歌手》《罗恩格林》《帕西法尔》等。

除了音乐家，瓦格纳还是一个诗人、哲学家。他的歌剧一般都是他自己写脚本。在哲学上，他与尼采、叔本华的哲学紧密呼应。尤其是尼采，他对瓦格纳的哲学观推崇备至。

1882 年，瓦格纳带着全家去威尼斯疗养。1883 年 2 月 13 日，他心脏病突发，病逝于意大利，后来他的遗体被运回拜鲁伊特安葬。

重建古典音乐的艺术家——勃拉姆斯

每一个时期，每一种艺术都有其相反的潮流，但是通常持不同意见的人是落伍者，他们中间很少有伟大的艺术家。但这里要谈的，他不是一般的反对者，不是一些口出怨言的小作曲家，备战的理论家，不成功的技巧演奏家，刻薄的批评家和顽固不化的哲学家，而是超越于以上各种人的世界上最伟大的作曲家之一——勃拉姆斯。

1833 年 5 月 7 日，不知道自己未来命运的勃拉姆斯诞生于德国北部的一个城市——汉堡。作为职业乐师的父亲与母亲的结合，和许多传奇音乐大师演奏的音乐一样充满了戏剧性。有一次演出结束后，勃拉姆斯的父亲——约翰·雅各布·勃拉姆斯偶然认识了一个中年妇女克里斯蒂娜。克里斯蒂娜，长相平平，脚有点瘸，年长约翰 17 岁。但就是这样的一个女人，因做得一手好菜而让约翰陶醉不已。在一个星期后的一个幸福的一天，约翰便和克里斯蒂娜步入了婚礼的殿堂。

勃拉姆斯的诞生并没有给这个家庭带来幸运，他们依然住在阴暗的贫民窟里，父母当初结婚时的戏剧性的浪漫情调早已消逝得无踪无影，取而代之的，则是无穷无尽的磕碰、烦恼和忧愁。童年的勃拉姆斯是贫苦的，但也是幸福的，因为他有一个懂得音乐的父亲，正是音乐，才使他幼小的心灵有了寄托。为了增加一些家庭收入，他 13 岁的时候，便开始给夜总会伴奏，后又给剧院演出伴奏，并做了私人教师。这期间，他写了许多舞曲、进行曲和管弦乐改编等。这锻炼了勃拉姆斯的写作能力，使他接触到了德国的民间音乐、城市音乐，为其日后的创作打下了必要的基础。

贫穷与不幸往往是孕育天才的沃土，在这块苦涩的沃土中，勃拉姆斯迅速成长。他没有进过专门的音乐学校，但是他却认识了一位"专业"的音乐教师马克森。正是在马克森严格的教导下，勃拉姆斯进步很快。在学习专业理论知识与钢琴技能之外，马克森还介绍了德国古典音乐与德国民间音乐，引导他对巴赫、贝多芬的作品和德国民歌产生了浓厚的兴趣。勃拉姆斯后来能跻身一流音乐大师之列，马克森功不可没。1882 年，49 岁的勃拉姆斯将他所写的 B 大调第二钢琴协奏曲献给了他的长者、教师和朋友马克森，以示尊敬和怀念。

是的，勃拉姆斯的童年是不幸的，严峻的现实生活使他变得很孤僻，沉默寡言，但这丝毫不能阻止他那奋发向上、不甘沉沦的年轻的心。他除了如饥似渴地汲取音乐先辈们的遗产外，还认真研究了但丁、歌德、席勒等文学巨匠的著作，提高了艺术素养。

1853 年，20 岁的勃拉姆斯离开汉堡，到欧洲各地进行演出，并结识了匈牙利小提琴家约瑟夫·约阿希姆，以及李斯特和舒曼夫妇等人。

"年轻的鹰"，这就是舒曼对勃拉姆斯的爱称。对于勃拉姆斯的才华，舒曼给了他高度的评价：所有现象告诉我们，他是一个负有使命的人！他的同行欢迎他走上世界的舞台,在这里,许多人遇到痛苦和失望,可是他也会遇到成功和荣誉。我们欢迎这位步伐豪迈的巨人。

舒曼不仅是勃拉姆斯的老师,而且还是亲密无间的朋友,但由于过度的紧张和疲劳以及艺术家特有的敏感和多疑使他的健康每况愈下。1854年,舒曼突发精神病并住进医院,身为学生和朋友的他便义不容辞地担负起照顾克拉拉及其子女的重担。

在这时期,克拉拉的美丽、温柔、娴淑、文静深深地打动了勃拉姆斯,爱情的种子在他心底悄然萌发并疯狂生长。他对克拉拉的爱是热烈的,是疯狂的:"你已经使我,并且是每天都使我越来越对爱情、友爱和自我克制的性质感到惊讶。除了思念你,我什么事情也不能做。"天才的音乐家梦寐以求地憧憬着与克拉拉的幸福结合,但与此同时,他又为一种深深的内疚与罪恶感所折磨:舒曼是他极为爱戴尊敬的恩人、前辈和朋友,他怎能如此不仁不义,乘人之危呢?……他想到了自杀。柏拉图式的爱情,深深地折磨着勃拉姆斯,这也就是我们所说的疯狂的爱。

在克拉拉身上,我们看到了什么是爱,什么是崇高。作为一个比勃拉姆斯大14岁、并且已是7个孩子的母亲,她完全理解一个正处在单相思中的年轻人的心理,她也是为了他的前程,他的才华、他的青春而和蔼委婉地拒绝了他。

1856年,舒曼辞别了这个可爱的人世。怀着对舒曼的悲痛和对克拉拉难言的感情,勃拉姆斯开始漫无目的地在欧洲游荡。其间,他开始了为期10年的为舒曼谱写的一部大合唱《德意志安魂曲》的创作。

19世纪六十年代,在德国残酷的反动统治之下,社会民主思想遭到压制,知识分子表现了徬徨的情绪,勃拉姆斯也不例外。他一方面对祖国寄予希望,一方面又退缩到个人的天地里;再加上魏玛乐派和莱比锡乐派论争带给他的痛苦。1862年,勃拉姆斯离开德国,迁居维也纳,担任合唱队的指导和"音乐之友"协会的交响乐队指挥。在这期间,他放弃了青年时代的管弦乐和协奏曲的创作,而转向室内乐、抒情歌曲、合唱曲等方面来,并研究了古典作曲家亨德尔、舒曼的作品和当地的民歌。

勃拉姆斯一生对工作严肃认真,严肃得似乎过了头。在普通人看来,他是一个自讨烦冗、过分细致的怪物。他的每一部作品,都经过仔细推敲。如其《第一交响曲》用了近15年的时间才完成,而他青年时代写的B大调三重奏则在37年后又重新改写一遍。

生活上的勃拉姆斯懒散邋遢,不拘小节,衣服没有纽扣,不修边幅,衣服乱扔,性格古怪,说话刻薄。如在一次各界名流聚集的晚会上,勃拉姆斯出言辛辣,极尽挖苦讽刺之能事。最后,他走到门口,转身向大家鞠了躬,说:"如果在座的哪一位今天晚上没有受到我的冒犯,那就请他原谅我的疏忽。"

勃拉姆斯终身未娶,因为他始终忘不了克拉拉,尽管其后有过几次恋爱的经历,但每次过后,他都会写出一部新的不朽的篇章。晚年,勃拉姆斯生活相当优裕,但其内心却异常孤独,他选择了舒曼推崇的"F——A——E"3个音构成的格言"自由"——然而——孤独"作为自己晚年生活的归宿。

1896年夏,克拉拉去世,勃拉姆斯失去了最后的精神支柱,极度的哀伤悲痛使他处于崩溃状态。在给克拉拉圣洁的遗体撒下一把纯真的泥土后,他对人们说,自己去另一个世界的日子已经不远了。1897年4月3日,勃拉姆斯与世长辞。人们把他埋葬在著名的维也纳中央公墓他无限景仰的艺术大师贝多芬身旁。

勃拉姆斯生活的年代，正是浪漫主义音乐盛行的时代，浪漫主义艺术重视的是自由、运动、激情和不受拘束的表现形式，而古典主义则崇尚秩序、均衡、控制和规范的完美。勃拉姆斯选择了古典主义的因素，就是要使音乐重返到自己的天国里去。但他的"反潮流"更倾向于用音乐特有的语言去反对当时浪漫主义音乐创作中过多受文学制约，以及幻想有余而理性不足的缺点。勃拉姆斯对德国古典音乐传统的发展，是对过去伟大艺术的一种渴望，一种无法克制的向往，是一种对之进行挽救的欲望，或毋宁说是一种责任。

勃拉姆斯说过："德意志的统一和巴赫全集的出版，是我一生中最大的两件事"，这就是说德国的统一，更激起了他的民族自尊心和自豪感，而巴赫作为一个古典主义音乐家则更受到了他的推崇。勃拉姆斯的内心有一种"不准落在贝多芬的交响曲造诣之下"的责任感。这需要说明，对古典主义音乐的创作，并非是要恢复其原来的传统，或说照搬，而是一方面追寻英雄时代的源泉，另一方面要在浪漫主义盛行的时代重新建立并达到新的高度。可以说，勃拉姆斯无论是在艺术上，还是在生活中，都是一位内心担负着过去、怀着苦味良心的人。或者说，过去和现实之间的分裂，是新的创作和悔恨，由此而来的内在的敏感性，使勃拉姆斯的人生成了哈姆雷特式的人生。

舒曼说过，勃拉姆斯的音乐"表达了我们时代最高的理想"，他的大多数作品都实践了古典主义的传统，如他的交响乐，按通常的四乐章结构进行创作，第一章的曲作也和古典格局相近，技巧运用古典主义的复调对位，不设标题等。而在他的钢琴曲创作中，从某种意义上讲，他不依靠情感的激发去创作音乐，而是通过古典音乐所具有的对乐音给予组织，发展的逻辑性和严密性，但是，我们应该明白的是，勃拉姆斯交响乐中的和声词汇、色彩浓郁而且层次丰富的管弦乐音响都是浪漫主义的。勃拉姆斯创作本身表明，重建古典，实际上是为音乐创作提供了一种新的动力，他只是以贵族式的精神去缅怀过去，去追求古典音乐所特有的善。

勃拉姆斯最重要的代表作之一就是他的四部交响乐。可以说，这四部交响乐就是他一生情感心灵的写照。《第一交响乐》：运用了古典主义音乐传统的表现手法；复调对位，配以结构密集的和弦，还有音响及配器，表现出了沉重、阴郁、晦涩的个性化情绪。这可能与他童年及少年时的生活及心情相对应。《第二交响乐》：在严肃深沉的潜流上流露出平静的田园气息，而第三乐章中的抒情、中庸、优雅的速度，穿插其中的小夜曲，则是一首音乐的诗篇；乐章末，则有爽朗充沛的精神气质。这应与其青年时的心情相对应。《第三交响乐》：表现了勃拉姆斯的温柔、深刻与怀旧。音乐透露出了多种性格，英雄的、抒情的、悲伤的，反映了他内在的矛盾性。很明显这与舒曼和克拉拉有关，还有当时的社会环境。《第四交响乐》：在这首歌曲中充满了悲剧气氛。前三乐章中充满了生活气息，而末乐章则表现了严峻、肃穆，甚至死亡，这应是勃拉姆斯晚年情感心灵在交响乐中的写照。

勃拉姆斯是德国古典主义音乐大师中的最后一人，他在欧洲音乐史上占有崇高的地位，汉斯·比罗在搞音乐评论时曾有一个"3B"的概念，其时它实指三人，一是巴赫（Bach），一是贝多芬（Beethoven），而另一个即是勃拉姆斯（Brahms）。事实上，巴赫和贝多芬也是勃拉姆斯名义上的老师和受崇者。由此可见，勃拉姆斯在德国、在欧洲，甚至在世界音乐史上都占据一席之地。

八匹马与大气压拔河

在德国，与意大利和法国几乎同期，也有人研究真空问题。著名的马德堡半球实验就是一个举世闻名的成功实验。

盖里格是马德堡市市长，也可以译为格里克或盖里克。他同时是一位物理学家。

1643年，意大利物理学家托里拆利通过实验证明了大气压的存在并获得了真空，但是亚里士多德的学说统治已久，人们还是半信半疑。在德国，真空问题仍在争论。

盖里格于1602年出生，他出身于名门望族，游历于荷兰、法国、英国，成为一名兼通法律和数学的工程师。

他认为实验是自然科学中最有用处的，于是他开始做实验，以获取更大的真空。

一开始，他使用葡萄酒桶，装满了水。他想把水抽干，不就是真空了吗？但是桶密封性不好，结果没能成功。后来，盖里格发明了抽气机，他不断改进抽气机，结果终于可以获得比较接近真空的空间。

他用薄铜片做成铜球，开始抽走里面的空气，抽着抽着，一声巨响，球被压瘪了。于是他用了厚一些的铜做了球，结果球没有被压坏，但他想把空气再送进球里，结果场面也非常惊险，巨响不绝于耳。

盖里格制成了很多真空的球，他发现在这种条件下，小动物不能存活，火焰不能燃烧，而水果蔬菜却可以保鲜。

1654年的一天，天空晴朗。人们集中在马德堡市的中心广场。消息早已传出，市长要展示马与大气压的比赛。

学者、百姓、贵族、还有德皇腓迪南二世。盖里格和助手们把两个精心制作的直径为50厘米的铜球壳抬上来，垫上橡皮圈，涂上油脂和在一起，两个半球吻合地扣好了，油脂是为了使球不透气。盖里格在解释，说球中是空气，如果直接来人，一拉就开，因为球内球外的大气压力平衡，而一旦把球抽成真空，外界的大气压会作用在球的表面，把球压住。这时谁要是再想把球分开，就相当于和大气压比赛。

盖里格用自制的抽气机把半球内的空气抽了出去，球内形成真空了，气嘴拧紧后，两个半球严丝合缝。

工作准备完毕，盖里格令马夫牵来8匹大马，观众们倍感惊奇，很多人表示不相信。一会儿，球的两边各拴上4匹马，这样8匹马分成两组，向相反的方向拉。马夫用皮鞭猛抽马匹，8匹高头大马猛力向前，结果铜球纹丝未动。

人群沸腾了，议论纷纷，人们被这饶有趣味的场面吸引住了。盖里格又命令马夫一边增加四匹马，16匹马猛拉之下，只听到一声巨响，广场上如同起了一个炸雷，两个半球被拉开了，在那一瞬间，外面的空气以极快的速度冲进球内，引起爆裂。

马德堡半球实验使大气压的观念深入人心。是物理学史上著名的实验，人们为了纪念这次实验，把两个铜球命名为马德堡半球。

现在，铜球被陈列在展览厅，人们看到铜球，耳边似乎回响起盖里格的声音："大气压是普遍存在的。"

二进制数之父

现代计算机广泛采用二进制。可以说，二进制数改变了技术时代，使得高科技以崭新的面貌出现。真正的二进制算术是莱布尼茨提出的。在此前有很多二进制，但只有莱布尼茨是数学上明确用二进制数的人，也是他发明了这一数制。

有意思的是，很多人认为他是受《易经》的启发，其实不然，莱布尼茨运用他的知识研究《易经》是相互启发的过程，他的二进制运用更为熟练有效。

莱布尼茨在《致德雷蒙的信·论中国哲学》文章出指出："《易经》，也就是变易之书。在伏羲以后许多世纪，文王和儿子周公以及在文王和周公以后5个世纪的著名的孔子，都曾在这64个图形中寻找过哲学的秘密。……恰恰是二进制算术。……《易经》中的阴爻'– –'，就是0，阳爻'—'就是1。这个算术提供了计算千变万化数目的最简便的方式。"

法国传教士鲍威特（就是白晋）1687年到达中国，他在1698年首次把易经六十四卦排成相应的数字。他与莱布尼茨十分友好。到1701年，莱布尼茨弄清了二进制数表，4月份将表送给了鲍威特。鲍威特给莱布尼茨寄去了《伏羲六十四卦次序图》和《伏羲六十四卦方位图》。

基于此，莱布尼茨发表了论文《论中国伏羲二进制数级制》。莱布尼茨揭示了易经中卦的数学现象，揭示了六十四卦与二进制的联系，并认为二进制为中国古代伏羲的发明。

但我们说，虽然莱布尼茨这样谦虚地认为，但作为科技意义和思维科学意义的数学来说，二进制数是莱布尼茨的发明。

电子计算机的电路，用通电和断电这两种状态表示最可靠，正好对应二进制的两种状态即1和0。

莱布尼茨是德国著名的哲学家和数学家，于1646年7月1日出生于莱比锡名门世家，他的父亲是一位哲学教授，在他6岁时，父亲就去世了，大量的藏书和良好的家境为他的成长提供了有利条件。

莱布尼茨8岁时自学拉丁文，12岁时学习希腊文，少年时代就掌握了几门外语，15岁时考入著名的莱比锡大学，开始研究数学。大学毕业后，莱布尼茨获得法学博士学位，在外交界工作。他是哲学家、数学家，并且有卓越的语言才能和外交活动能力。

1666年，莱布尼茨就读于何尔道夫大学，发表了《论组合的艺术》，显示了他的数学天才。这篇论文讨论了数理逻辑的思想，成为近代数学重要分支——数理逻辑的创始。

1672年，莱布尼茨作为大使出访巴黎，在长达4年的时间里，结识了荷兰数学家惠更斯。他一生与 1063 个人通过信，交流哲学与数学观点。他的近 15000 千封信涉及到很多科学领域。他一生一直过着独身生活，把业余时间都用在了科学与哲学研究上。

莱布尼茨设计了一台机械计算机，比帕斯卡设计的第一台计算机要高级，可以运算加减乘除，因此入选皇家学会。

微积分是莱布尼茨伟大的发明。但由于和牛顿的争吵，他一直蒙受"抄袭"的不白之冤。

1693 年，莱布尼茨发现了活力守恒定律，就是现在的机械能守恒定律。

莱布尼茨在他的科学与社会活动中促成了一件意义重大的事情——柏林科学院的成立。在考察了伦敦的皇家学会和法国巴黎科学院之后，莱布尼茨在 1700 年帮助组建了柏林科学院，并出任第一任院长。

莱布尼茨首次在数学中引进了"常量"以及"变量""函数"等概念。他对变分法的建立做出了贡献。

微积分基本公式又叫牛顿-莱布尼茨公式，它揭示了定积分与不定积分这两个截然不同的概念间的联系。从此以后，人们得到了求定积分的一般方法，并使得不定积分的问题在数学分析和应用中显出重要意义，积分学开始独立出来。

数学上还有著名的 18 世纪贝努利-莱布尼茨诡论，促使人们对复变量对数函数的研究。严格来说，莱布尼茨的微积分概念是不准确的，柯西的出现，才使得现在的教科书出现了科学的、现代的推导。

星云假说与宇宙起源

我们现在身处的世界，它究竟从何而来？怎样而来？天上众多的恒星与行星是怎样形成的？时间怎样产生？空间怎样产生？

很多神话都讲述了他们认为的宇宙的由来。不同民族的神话阐述了他们民族的关于人类起源和宇宙起源的看法。

总的来说，统治东西方文化观念的是神创说。到了近代，由于科学与近代哲学的发展，人们对世界从哪里来提出探询。当代的宇宙大爆炸学说是最新的解释。

1748 年，法国的科学家布丰就认为地球和行星是太阳与彗星剧烈碰撞后所遗留下的残片形成的。他的这种假说是不符合科学的，但是已经摆脱了神创论的旧习惯束缚，走上了科学探讨宇宙起源的道路。

而 18 世纪的科学思想，却让人更加重视除很多大物理学家、大化学家与生物学家之外的大哲学家的工作。

真正在科学价值上具有重大意义、在神创宇宙观上打开了缺口的人，是德国的大哲学家康德。

1755 年，《白色通史和天体论》出版，彰明了康德的星云假说，这种思想在 18 世纪初始终没有占主流，但在拉普拉斯那里得到了集大成式的总结和更科学的发展。

康德认为，太阳系的起源是原始星云造成的。起初，星云的微粒散布在广大的空间，不均匀地分布着。渐渐地，较大的粒子具有较大的引力，使其周围的粒子向它们聚集。而较大粒子具有的引力与所吸引的粒子的引力聚在一起，或者形成更大的引力的团体以吸引其他团体，或者向其他引力团体靠拢。

也就是说，大质点不断汇集，采用一种滚雪球似的过程。就这样继续下去，形成若干个引力中心，或为中心天体。太阳就是太阳系的中心天体，也是引力中心。

太阳吸引周围的微粒，它不断吸引，下落物越多，引力越大，而引力越大吸引速度越快。但引力不是单纯的吸引力，在各种微小粒子之间，又存在一种相互排斥的力。由于斥力，使得向引力中心下落的天体不遵循直线运动而是偏转。于是垂直的下落运动变成围绕引力中心的圆周运动。微粒凝成的团块就这样变成一个巨大的漩涡。

在巨大的漩涡中的物质，主要集中在垂直于其转动轴的平面上，形成圆盘状的结构。这个由质点形成的圆盘状的结构就是一个星系，比如说太阳系。

至于卫星的生成，行星的生成，均和运动及斥力有关。

牛顿建立经典物理学的时候，不知道宇宙内是怎么出现的第一推动，于是他让上帝推了一下宇宙，宇宙就转起来了。而康德丢开了神力，以运动做为世界的本原力量，这就是他的革命所在。难怪恩格斯说："是从哥白尼以来天文学取得的最大进步。"

康德的理论把宇宙从神学中解放出来。

现在，人们把宇宙起源的星云假说，称为"康德—拉普拉斯假说"。这一假说成为19世纪的主流。是康德为人类科学地探论宇宙的起源开了先河，他是一位不折不扣的理论物理学家。

哲学家的习惯是追求终极本原，康德在研究地球、恒星、行星的演化过程中，认为牛顿定律只描述了图景而没有解释图景，哲学家的思维方式使他寻求"初始原因"从而进一步提出了星云假说。

康德最先指出潮汐摩擦力有一个重要作用即促使地球的旋转渐渐迟缓。而这种摩擦又靠了它的反作用，迫使月球从同一面对着地球。他指出地球自转时地面各带线速度的差异，可以解释"贸易风"及空气的其他类似的不断流动现象。

康德是德国古典哲学的奠基人，也是德国古典美学的奠基人。他生于东普鲁士的哥尼斯堡，父亲是一位制革匠。康德1724年出生，1740年至1745年大学期间攻读自然科学、哲学和神学。

1770年康德正式成为哥尼斯堡大学的教授。他的讲座是形而上学、逻辑、数学，一直到他逝世。康德是一位典型的德国学者，具有形而上学的思维特征。他的著作大多是晦涩难读的哲学作品。

1770年前他主要研究自然哲学，1770年后研究哲学。他的哲学基本上是想调和此前的西方哲学经验主义和理性主义。他的《判断力批判》是西方美学史上的重要著作。

发现新行星

在 18 世纪以前，人们只知道太阳系的六大行星：金星、水星、地球、火星、木星和土星。那时的人们认为土星是太阳系的边缘，土星是离太阳最远的行星。

1781 年 3 月 13 日，在英国居住的德国天文学家赫歇尔观测星空。他用望远镜观察金牛座，搜寻恒星。

正是晚上 10 点多钟，是观察星星的大好时机。整整 7 年了，赫歇尔养成的习惯是每晚观测星空。他自己制作成功反射式望远镜，用来求得准确的结果。

突然，有一个暗蓝色的天体在星座间缓缓移动。用赫歇尔自己的话来说，"星云状恒星或彗星"显出了圆面。根据颜色和形状判断，这不是恒星！

没有恒星能够在望远镜里显出圆面，这是赫歇尔的经验。连续观察几天后，赫歇尔发现这颗星的轨道近似一个圆，也就是说，与行星相似，而它的轨道在土星的外面，这个发现太令人激动了。

原来，很多人其实看见过这个新星，不过都把它当成了恒星，有人把它当成了彗星，连赫歇尔一开始也误认为它是一颗彗星。

不容置疑的证据是：望远镜中出现了圆面，就这样，新的行星发现了。

天文学界轰动了，而英国也被震动了！太阳系被扩大了，哥白尼"日心说"又添加了有力的证明。人们的视野更加广大，思维更加开阔了，19 世纪另外两颗行星就是受此影响发现的。

1733 年 11 月 15 日，弗里德里希·威廉·赫歇尔出生于德国的汉诺威。他的父亲是一名乐器演奏员，在军队中服役。

14 岁时，赫歇尔就接了父亲的班，当上了军乐队里的乐手。但是他并不想当兵，于是辞去了职务，搬到英国居住。在英国，他赖以谋生的手段是教授音乐。他做过乐队指挥，后来还当了教堂风琴手，同时教人音乐演奏。这样，赫歇尔的收入还很可观。

但他不仅要养家糊口，还要进行研究。他对天文发生了极大的兴趣，读了光学和行星的著作，于是观察天空。但要观察天空，必须要有望远镜。

望远镜很贵重，好的望远镜更加贵重。于是赫歇尔决定自己做，因为他实在买不起贵重的望远镜。他自己反复制作打磨，做出了一架十分优质的望远镜。

后来，赫歇尔的妹妹也到了英国，兄妹二人都是天文爱好者，二人一起做望远镜，就这样，1774 年他们做出了世界上最好的望远镜。正是这架望远镜，使赫歇尔取得了惊人的发现。1787 年，他们又制成了口径为 45 厘米的中型望远镜。1789 年，赫歇尔又制成了口径是 122 厘米的望远镜，这是他一开始制作的望远镜的 8 倍。

就这样，一名默默无闻的音乐人成为举世闻名的天文学家，人们称赞他是天空开路人。

新的行星发现了，如何命名呢？

有的提议，就叫"赫歇尔"星吧，这可不行，赫歇尔反对道："我是一个平凡的人，不能因为有一点点成绩就居功自傲。"按照惯例，新发现的人拥有命名权。赫歇尔和大家讨论来讨论去，最后同意，就依照前面五大行星吧。前五大行星的命名都是统一的希腊神话中神的名字。于是，天文学家波德起了一个名字：乌兰纳斯。

在希腊神话中，乌兰纳斯是土星神名所代表的神（萨都恩）的父亲。我国在翻译时译成了天王星。

赫歇尔就是发现天王星的第一人，他的妹妹是人类历史上第一个女性天文学家。

因为这巨大的发现，赫歇尔如愿以偿地成为一名职业科学家。1781年，皇家学会决定吸收赫歇尔为会员。

英王乔治三世亲自接见这位异邦侨居的而且是业余的科学家，册封他为皇家天文学家。他的每年薪金达到200镑，可以专门从事天文研究。赫歇尔研究了星团和星云。

他发现，在茫茫宇宙的区域里，很多地方的恒星密度十分大，恒星集中，远远高于其他天域，于是他想到这应该是恒星成团出现。他的先进的望远镜，使得很多被误认为是星云的恒星团以真实的面目呈现在世人面前。当然，星云也确实存在，这一点赫歇尔业已指出。

1800年的时候，赫歇尔用十分精确的温度表进行实验，他研究太阳光谱的各种色光的热作用。在这个过程中，赫歇尔发现了太阳光中的红外线作用。他科学地推测得出了红外辐射的性质。

在赫歇尔那里，诞生了彩色光度学。

他对双星的研究做出了重要的贡献。他发现了在恒星中有互相绕行的双星现象。人们大多数情况下都认为双星之间是纯粹偶然，没有必然的规律。赫歇尔却告诉人们，双星存在着科学的引力作用，牛顿定律不仅仅在地球和太阳系，就是在遥远的恒星上，万有引力的定律也是正确的，双星就是宇宙空间内万有引力定律的强有力证明。

1782年，赫歇尔发表了双星表，记载了共227对双星，到1784、1821年两次增加，共增加579对。赫歇尔对天文的观测一向以准确、精细著称。

他对恒星采用计数的测量方法。他先确定好星空位置，一步一步地，详详细细地把这个位置内的恒星数出来，做好记录。

通过恒星计数，赫歇尔发现太阳系可能是处在银河系中心附近的地方，而不在银河系的正中心。现代的观测证明了他的推断。

通过恒星计数，赫歇尔还发现银河系的形状，他指出银河系是一个扁平状的圆盘一样的数以千亿万亿计的星体组成的物体。

1783年，赫歇尔取得了又一重大的天文学成就。这可以算为他的几大重要功绩之一。他通过研究数颗恒星的运动，发现太阳系正在发生偏移。太阳自己也在运行，它不是在空中不动，而是朝武仙座以极其缓慢的速度推进。

只不过因为这实在太微小了，人们难以觉察出来。赫歇尔打破了太阳静止的假说。更进一步说明，茫茫宇宙没有中心，太阳系也不是真正的中心。这些论证和天才的布鲁诺的哲学推测相符。让我们更加赞叹布鲁诺的天才预见能力，也更加缅怀这位人类进步史上真正的英雄。

赫歇尔制作的最先进的望远镜是在十个助手的协助下完成的，这是一巨型望远镜。

整整用了四年时间,赫歇尔才完成了 40 英尺长、口径 48 英寸的望远镜的制作。

利用先进的天文望远镜,他发现了土星的两颗卫星。

但是这个大望远镜因为太重而变了形。

赫歇尔在南非的好望角建立了天文台。

他的儿子约翰·赫歇尔也成为著名天文学家,父子二人共同创建了英国皇家天文学会,他荣任第一任会长。

1822 年 8 月 25 日,赫歇尔逝世。

这位自学成才的天文学巨匠,是 18 世纪最伟大的天文学家。